中国田野考古报告集

考 古 学 专 刊

丁种第九十四号

安阳孝民屯

（四）殷商遗存·墓葬

中册

中国社会科学院考古研究所　编著

文物出版社

北京·2018

ANYANG XIAOMINTUN

IV - LATE SHANG BURIALS

Volume 2

(*With an English Abstract*)

by

The Institute of Archaeology

Chinese Academy of Social Sciences

Cultural Relics Press

Beijing · 2018

第二章　墓葬分述（续）

第六节　殷墟四期晚段墓葬

SM27

位于 ST2125 东半侧中部。墓室开口于地表扰土下。墓口中部有一东西向盗洞，宽约 50 厘米。盗洞将墓室及棺室大部扰乱。方向为 20 度。（图 2 - 221A、B；彩版二〇二，1、2）

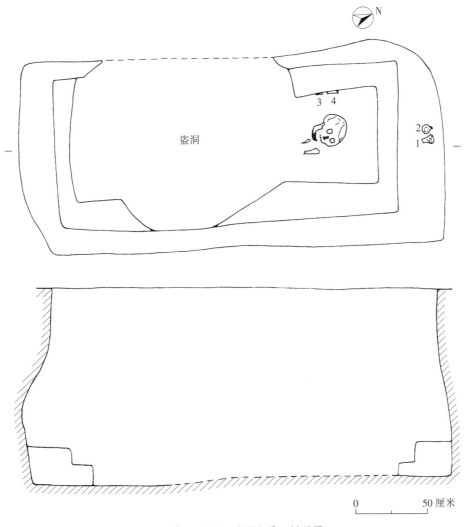

图 2 - 221A　SM27 平、剖面图

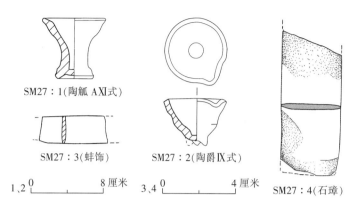

SM27：1(陶觚 AⅪ式)

SM27：3(蚌饰)　　　SM27：2(陶爵Ⅸ式)

1、2 0 ⌐—————— 8 厘米　　3、4 0 ⌐————— 4 厘米

SM27：4(石璋)

图 2－221B　SM27 出土遗物

长方形竖穴土坑墓，墓室口小底大，四壁下部均向外倾斜，南、北壁下端呈弧形。壁凸凹不平，底较平。墓口距地表深 20 厘米，墓口长 244、宽 104 厘米，墓底长 290、宽 130 厘米，墓深 130 厘米。填土为黄花土且经夯实，较硬，夯层厚 6～10 厘米。（图 2－221A）

椁室二层台北宽 30、南宽 25、东宽 15、西宽 10 厘米。棺二层台北宽 13、南宽 10、东宽 20、西宽 15 厘米。棺、椁二层台均为熟土。

应有腰坑，被盗毁。

葬具为木质椁、棺。椁长 235、宽 100、残高 25 厘米。棺长 206、宽 65、残高 15 厘米。

墓主头北脚南，面向上，由于盗扰较严重，尸骨仅存头骨。

随葬品有陶觚 1 件（位于北椁二层台上）、陶爵 1 件（位于北椁二层台上）、蚌饰 1 件（棺室北端西壁下）、石璋 1 件（棺室北端西壁下，头骨西侧）。

陶觚　1 件。

SM27：1，A 型 Ⅺ 式。泥质灰陶。修复。器形极矮小，敞口，腹上宽下窄，圈足极矮，素面。口径 7、圈足径 4.2、高 6.4 厘米。（图 2－221B）

陶爵　1 件。

SM27：2，Ⅸ 式。泥质灰陶。完整。器形矮小，敞口，小流，无鋬，腹内收，尖底，小锥足，口沿外侧有浅凹槽一周。口径 6.8、高 5 厘米。（图 2－221B）

石璋　1 件。

SM27：4，残。白色砂岩。扁平长条形，中部略厚。尖端残失。残长 7.5、宽 3.3、厚 0.3 厘米。（图 2－221B；彩版二〇二，1）

蚌饰　1 件。

SM27：3，残。体呈扁平长条形，不辨器形。残长 3.7、宽 1.5、厚 0.2 厘米。（图 2－221B；彩版二〇二，2）

墓葬年代：殷墟四期晚段。

人骨鉴定：

头骨保存较差，被挤压变形严重。

女性。35～40 岁。

头骨性征明显。牙齿磨耗 3 ~ 4 级。

牙齿磨耗相对较重。

SM28

位于 ST2226 与 ST2225 之间偏西一侧。开口于地表扰土下。墓口中部有一东西向盗坑，盗坑宽 65 厘米，盗坑将墓室及棺室扰乱。方向为 15 度或 195 度。（图 2 - 222；彩版二〇二，3）

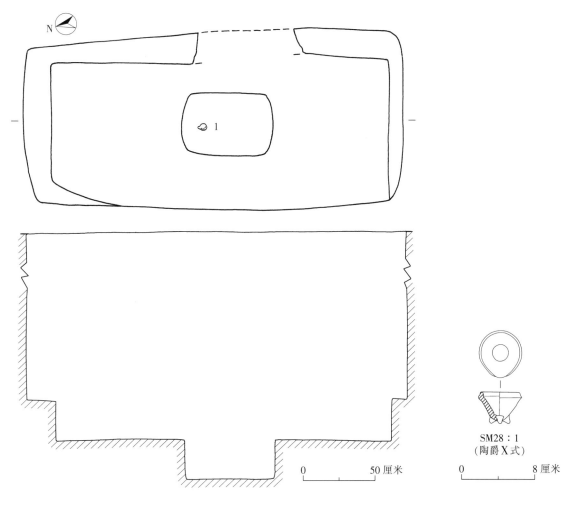

图 2 - 222 SM28 平、剖面图及出土遗物

长方形竖穴土坑墓，壁较直，底较平，南、北壁下端略外弧。墓口距地表深 25 厘米，墓口与墓底长 260、北宽 105、南宽 115 厘米，墓深 157 厘米。填黄花土且经夯实，较硬。夯层厚 6 ~ 10 厘米。

二层台为生土，宽 10 ~ 20、高 26 厘米。

腰坑长 60、宽 40、深 26 厘米。

葬具为长方形木棺，棺长 230、宽 80、高 26 厘米。

墓主被盗扰严重，骨架没有保存下来。

在腰坑开口部位发现 1 件陶爵。

陶爵 1 件。

SM28：1，X式。泥质灰陶。完整。极矮小，侈口，小流，浅腹内收，尖底，小泥丁足，口沿外侧有浅凹槽一周。口径4.6、高3.3厘米。（图2-222）

墓葬年代： 殷墟四期晚段。

SM29

位于ST2225西南部。开口于②层下，直接打破生土。墓室西南部为一近代盗洞盗扰至墓底。方向为20度。（图2-223A～C；彩版二〇二，4、5）

长方形竖穴土坑墓，墓壁略外扩，口小底大。墓口距地表25～30厘米，墓口长240、宽94厘米，墓底长274、宽102～112厘米，墓深约225厘米（图2-223A）。填土为红褐色花夯土，土质坚硬。夯

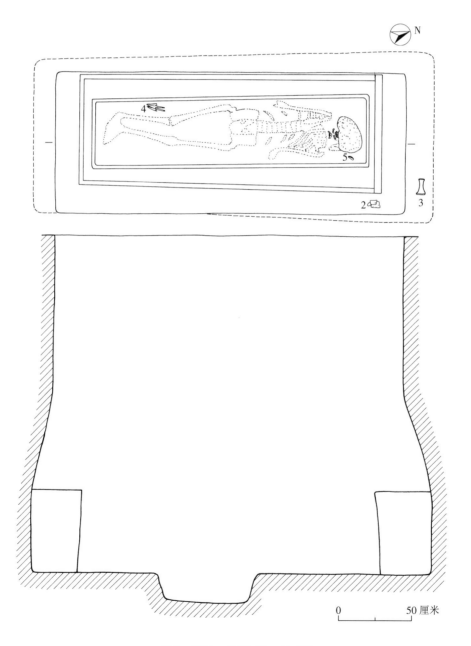

图2-223A SM29平、剖面图

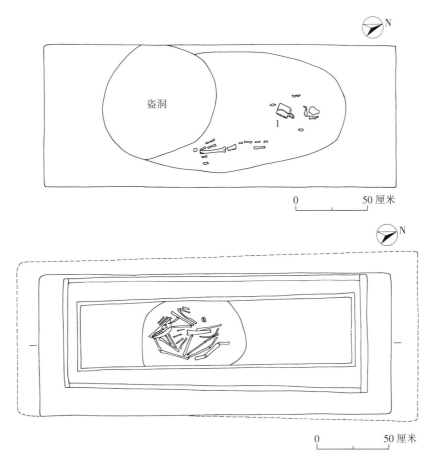

图 2-223B　SM29 填土殉狗平面图及腰坑殉狗平面图

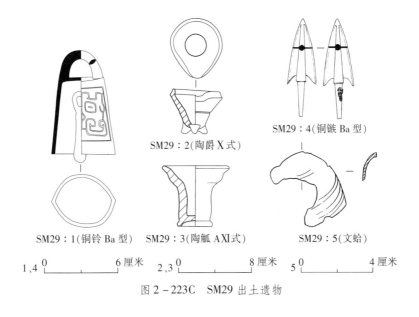

SM29:2(陶爵 X 式)

SM29:4(铜镞 Ba 型)

SM29:1(铜铃 Ba 型)　SM29:3(陶觚 AXⅠ式)　SM29:5(文蛤)

1、4 0 　　6 厘米　　2、3 0 　　8 厘米　　5 0 　　4 厘米

图 2-223C　SM29 出土遗物

层厚 8~10 厘米，夯窝直径 6~8 厘米。夯窝清晰无排列，为单束夯。距墓口 100 厘米的墓中部填土中殉一狗，为盗坑所破坏，残留有散乱碎骨，出一件铜铃（图 2-223B）。

　　墓底四周有一周高 55、宽 15~35 厘米的熟土二层台。

　　墓底中部有一长 70、宽 44~50、深 20 厘米的圆角长方形腰坑。坑壁为斜壁，内殉狗一条，头南

面西，侧卧。（图2-223B）

葬具为一棺一椁，已朽成木灰。椁盖上有猪和羊左前腿骨。椁长210、宽74~80、高55厘米。椁侧板厚3~4厘米。棺为齐头长方形，暗榫卯。棺长190、宽47~50厘米。棺侧板厚3~4厘米。棺板上鬃有黄漆。棺底黑白色，残留物厚0.1~0.2厘米。

墓主头骨被压成扁平，多朽成粉状。仰身直肢，头北面东，骨骼范围长度165厘米。

在东北端二层台上出陶爵和陶瓿各1件。墓主下肢西侧出铜镞2枚，头骨东侧出文蛤1枚。

陶瓿　1件。

SM29：3，A型XI式。泥质灰陶。完整。器形极矮小，敞口，短直腹，下腹部略外鼓，矮圈足，素面。口径7.4、圈足径3.8、高6.4厘米。（图2-223C）

陶爵　1件。

SM29：2，X式。泥质灰陶。修复。极矮小，侈口，小流，浅腹内收，尖底，小泥丁足，口沿外侧有浅凹槽一周。口径5.7、高4.8厘米。（图2-223C）

铜铃　1件。

SM29：1，Ba型。残。体大，铃腔瘦长，铃腔截面呈椭圆形，平顶，上有半环形梁，口缘平直，棒槌状铃舌，略短于铃体。铃身两面饰梯形凸弦纹，内填阳线饕餮纹。通高8.4、口缘径3.8×4.6、厚0.2厘米。（图2-223C；彩版二〇二，5）

铜镞　2件。形制、大小相同。

SM29：4，Ba型。微残。形体大，镞体呈柳叶形，前锋尖锐，中脊截面呈菱形，双翼尖直，椭圆形长铤，关长于本。通长7.8、铤长2.7、翼宽2.6厘米。（图2-223C；彩版二〇二，4）

文蛤　1件。

SM29：5，残。单扇小文蛤，蛤背中部残，根部有磨制痕迹。残宽3.8厘米。（图2-223C）

墓葬年代：殷墟四期晚段。

人骨鉴定：

骨质极差，腐朽严重。

男性？30~40岁。

肢骨粗壮，骨密度1级，残牙磨耗多3级。

SM44

位于ST1123东北部。开口于扰土层下，SM44东北角打破属殷墟三期的灰坑H19的中部。方向为13度。（图2-224；彩版二〇三，1）

长方形竖穴土坑墓，墓壁垂直，墓底较平。墓口距地表深15厘米，墓口长220、宽75~85厘米，墓深75厘米。墓室内填土为黄褐色花夯土，土质较硬。

墓底四周有熟土二层台，宽12~20、高28厘米。

墓底未见腰坑。

葬具为木棺，长190、宽55~60厘米。

墓主仰身直肢，头向北，面向东。骨骼腐朽严重。

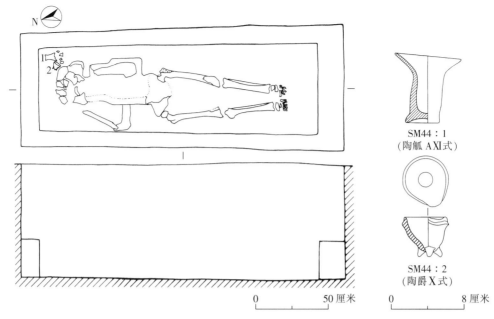

图 2 - 224 SM44 平、剖面图及出土遗物

随葬有陶觚1件（位于头骨右上角）、陶爵1件（头骨右上角觚旁）。

陶觚 1件。

SM44：1，A 型 XI 式。泥质灰陶。修复。器形极矮小，敞口，短直腹，圈足极矮，素面。口径 6.8、圈足径 3.4、高 6.8 厘米。（图 2 - 224）

陶爵 1件。

SM44：2，X 式。泥质灰陶。修复。极矮小，敞口，小流，浅腹内收，尖底，小泥丁足，口沿外侧有浅凹槽一周。口径 5、高 4.1 厘米。（图 2 - 224）

墓葬年代： 殷墟四期晚段。

人骨鉴定：

骨质极差，皆呈粉状，仅存其形，

性别不明。40 ± 岁。身高约 165 厘米。

牙齿磨耗 4 级。

SM62

位于 ST1340 中部。开口于②层下，直接打破生土。方向为 10 度。（图 2 - 225A ~ C；彩版二○三，2、3）

长方形竖穴土坑墓，墓壁略外扩，口小底大。墓口距地表 35 ~ 40 厘米，墓口长 200、宽 70 厘米，墓底长 210、宽 70 厘米，墓深约 180 厘米。填土为红褐色花夯土，土质坚硬。夯层厚 8 ~ 10、夯窝直径 6 ~ 8 厘米。夯具为单束夯，夯迹无规则。（图 2 - 225A）

墓底四周有高 45、宽 10 厘米的熟土二层台。土质为红花夯土，质地较硬。

墓底中部有一长 50、宽 22、深 18 厘米的圆角长方形腰坑。坑壁较直，在腰坑中部出贝 2 枚。

葬具为一棺，已朽成木灰。长方齐头框。棺板上髹有红漆。棺底板髹为黑白色，厚 0.1 ~ 0.2 厘米。根据残迹判断，棺长 190、宽 50、残高 45 厘米。两侧棺板和前后挡板厚约 5 厘米。

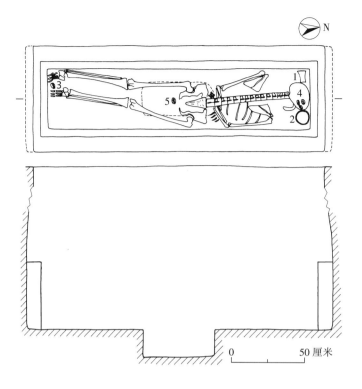

图 2 - 225A SM62 平、剖面图

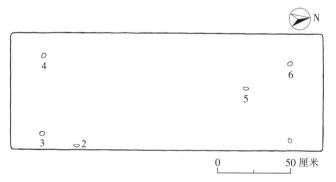

图 2 - 225B SM62 墓底桩孔图

　　墓底有 6 个木桩孔洞。墓室南北两端各有 3 个。北侧 3 个孔呈品字形分布，两个位于北侧，另一个于两者的中部偏南位置；南侧的 3 个孔呈曲尺形分布，一个位于西侧，两个居于东侧。这些孔的平面呈圆形和长圆形，直径 1 ~ 3.5、深 3 ~ 4 厘米。（图 2 - 225B）

编号	位置	形状	直径（厘米）	深度（厘米）
1	北部东侧	圆形	2.5	4
2	南部东侧偏北	长圆形	1 × 3	4
3	南部东侧偏南	椭圆形	3.5	3
4	南部西侧	椭圆形	2 × 3	4
5	北部中间偏南	椭圆形	1.5 × 3.5	4
6	北部西侧	椭圆形	3	4

墓主头部被压成扁平，其他部分保存较好。俯身直肢葬。头北面东，双手交叉放于腹部，右手在上，左手在下。

在墓主头两侧出土陶觚、陶爵各 1 件。在墓主脚趾处有贝 1 枚，嘴里含贝 3 枚。腰坑内有贝 1 枚。

陶觚 1 件。

SM62：1，B 型 II 式。泥质灰陶。修复。器形矮小，喇叭口，粗腹，近直筒形，矮圈足，素面。口径 7.6、圈足径 4.2、高 8.3 厘米。（图 2－225C）

陶爵 1 件。

SM62：2，VIII 式。泥质灰陶。修复。器形矮小，敞口，小泥条鋬，腹内收，尖底，三锥足，素面。口径 9.3、高 8.4 厘米。（图 2－225C）

贝 6 枚。A 型货贝。

墓葬年代： 殷墟四期晚段。

人骨鉴定：

骨质较好，头骨、肢骨较完整，椎骨、肋骨略残损。

男性。40±岁。身高约 170 厘米。

盆骨、头骨性征明显，耻骨联合面清晰。骨密度中等。

卵圆形颅、中长颅、高颅、狭颅、斜额、狭额、眉弓突度大，鼻根凹深，鼻根突起明显，高面、中眶、中鼻、面部扁平度大，平颌型等。

牙齿磨耗大，普遍 5－6 级，与耻骨联合面年龄特征不一致。上下颌 I2－P1 皆磨耗过重，尤其上颌左 I2CP 为重。第 2－5 腰椎和第 12 胸椎明显增生。下颌左右 I1 生前脱落，齿孔闭合，左 M2M3 生前缺失，齿孔闭合。上颌左右 P2 生前缺失，齿孔闭合。未发现明显龋齿。

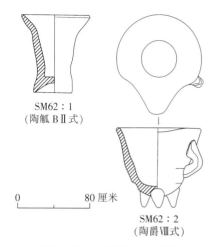

图 2－225C　SM62 出土遗物

SM83

位于 ST1328 北部略偏东，一部分在该探方北隔梁下。其西边被一现代扰坑打破。方向为 9 度。（图 2－226A～E；彩版二〇四）

长方形竖穴土坑墓，口小底大，墓壁外扩。墓口距地表约 65 厘米，墓口长 220、宽 85～90 厘米，墓底长 252、宽 100～101 厘米，深 240 厘米。该墓内填较硬的黄褐色五花土，接近 110 厘米深度的墓葬填土，几乎完全被现代坑扰乱。（图 2－226A）

墓底四周有二层台，生土台被熟土台所包围。二层台宽 18～31、高 45 厘米。在距墓口 140 厘米的南端墓壁上留有 10 厘米宽的木制工具使用痕迹。

墓底有一腰坑，平面呈圆角长方形，口大底小，口长 76、宽 47 厘米，底长 56、宽 30、深 25 厘米，其内殉葬一狗，骨架保存完整，头南面西，四肢并拢。葬于坑内。（图 2－226B）

葬具为木棺。根据棺底板灰痕迹可知，棺长 214、宽 67～71、高 45 厘米。南北两挡板贯穿于东西两侧板。榫卯结构不明显。（图 2－226C）

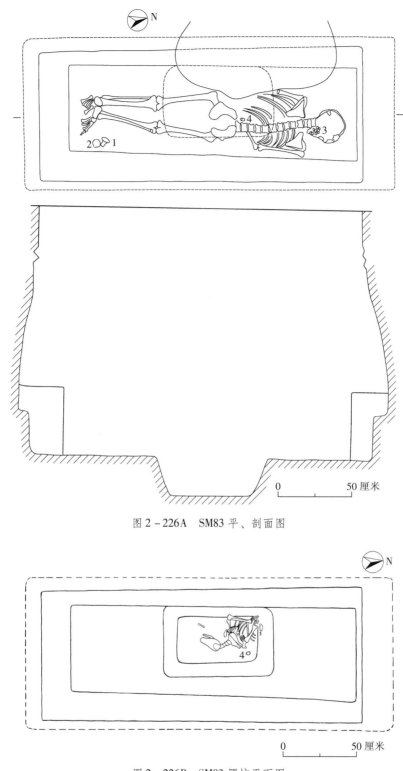

图 2 - 226A SM83 平、剖面图

图 2 - 226B SM83 腰坑平面图

在墓底上有对称排列的 9 个圆形和椭圆形木桩孔洞。（图 2 - 226D）

墓主为俯身直肢葬。骨架腐朽严重，头北面东，已破碎。左上肢肘关节至手部被现代扰坑毁掉，右手置于腹部，双脚向右并拢。经鉴定墓主为 30 ~ 35 岁的男性。

随葬品有陶觚 1 件（置于双脚东部）、陶爵 1 件（置于双脚东部）、货贝 10 枚（9 枚于含嘴内，1

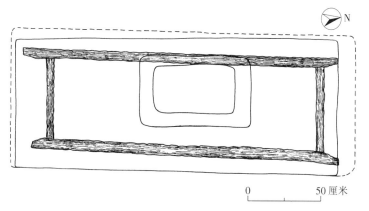

图 2 - 226C SM83 木棺结构图

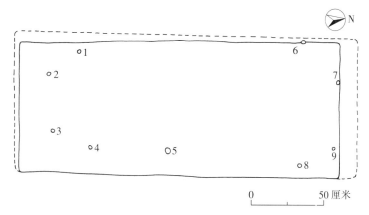

图 2 - 226D SM83 墓底桩孔图

枚置于腰坑东北部)。

陶觚 1 件。

SM83:2，A 型XII式。修复。口径 5.9、圈足径 3.1、高 4.9 厘米。(图 2 - 226E)

陶爵 1 件。

SM83:1，X 式。完整。口径 5.4、高 4.6 厘米。(图 2 - 226E)

贝 10 枚，均为 A 型。

墓葬年代：殷墟四期晚段。

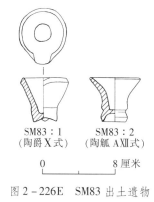

图 2 - 226E SM83 出土遗物

SM85

位于 ST1328 的东北部，东与 SM224 相邻。方向为 8 度。(图 2 - 227A ~ D；彩版二○五 ~ 二○七)

长方形竖穴土坑墓，其墓壁在距墓口深约 275 厘米处略有外扩，墓底基本与墓口大小相同。开口距地表 65 厘米，墓口长 285、宽 120 ~ 130 厘米，墓深 444 厘米 (图 2 - 227A)。在距墓口 340 厘米深处的墓壁上，留有明显的木制工具痕迹，其宽度 9 厘米。填较硬的黄褐色五花土，并经夯实。在距墓口 385 厘米的填土中，殉葬一狗，头南，面向不清，骨架较为零乱。并在其东殉葬有一禽类 (图 2 - 227B)。

墓底四周有宽 17 ~ 30 厘米的熟土二层台，高 54 厘米。在二层台内夹杂有杂乱无章的极薄的红色、黑褐色漆皮。

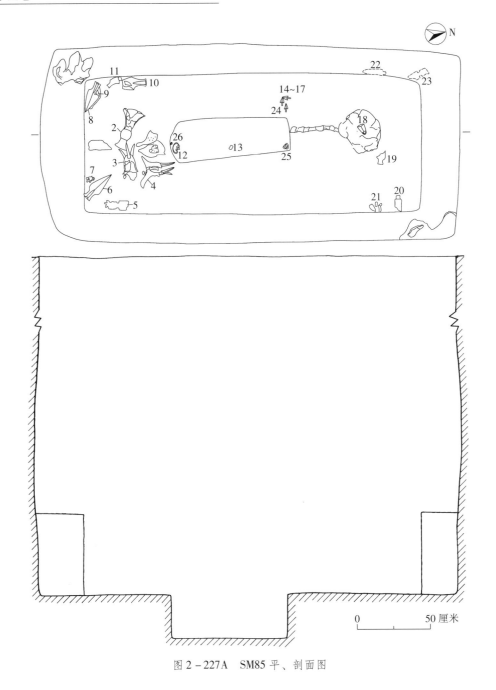

图 2 - 227A SM85 平、剖面图

墓底中部有一长方形腰坑，长 82、宽 22～27、深 29 厘米，其内殉葬一狗，骨架不清，已成为黄色粉末状。

葬具仅有一棺。棺长 230、宽 89～92、厚 54 厘米。棺盖板呈纵向排列，已成白色灰状，有朱红和黑褐色漆皮，棺底部铺有纵向排列的七块木板，其宽度为 11～15 厘米不等，板与板之间有 2 厘米左右的缝隙（图 2 - 227C）。中间一块木板鬃黄漆。另外在板灰上夹杂有少量的丝麻。

墓主骨架腐朽严重，呈黄色粉末状，仅残留模糊的头部和一段脊椎，头北，面向不清，葬式不详，年龄和性别均无法鉴定。

共发现随葬品 26 件，主要放置在棺内南部，即墓主人的脚部。其中有铜瓤 1 件，铜爵 2 件，铜戈 8 件，铜矛 3 件，铜镞 5 枚，铜铃 3 个（其中一个是填土内殉狗所系），陶瓤 1 件，陶爵 1 件，贝 1 枚。

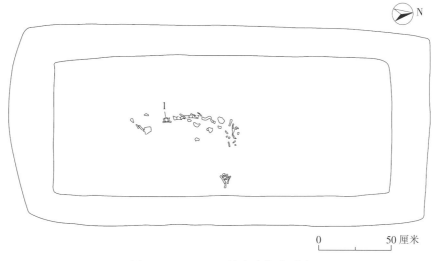

图 2－227B SM85 填土殉狗平面图

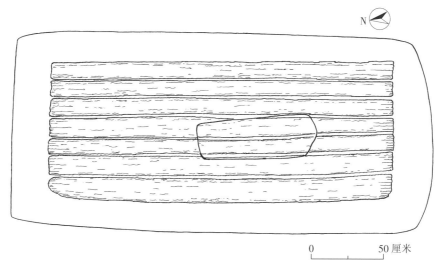

图 2－227C SM85 木棺底板图

陶觚 1件。

SM85：7，残。仅剩口、腹、足部残片，矮圈足。无法修复，口径 4.4 厘米。（图 2－227D）

陶爵 1件。

SM85：12，X 式。完整。口沿外侧有浅凹槽一周，腹下部有凹弦纹一周。口径 6、高 4.8 厘米。（图 2－227D）

铜觚 1件。

SM85：2，D 型。修复。体粗大，质较厚重，口、足部不规整。腹部饰两条浅扉棱，间饰四枚乳丁，腹上、下部各饰二周凸弦纹。通高 22.5、口径 13.1～13.6、底径 7.9、口沿厚 0.3 厘米。重 0.843 千克。（图 2－227D；彩版二〇六，1）

铜爵 2件。

SM85：3，C 型。残。柱帽上饰涡纹，上腹部饰三周凸弦纹。通高 21.4、柱高 3.8、足高 9.4、流至尾长 18.5、流长 8、流宽 3.6、腹壁厚 0.3 厘米。重 0.942 千克。（图 2－227D；彩版二〇六，2）

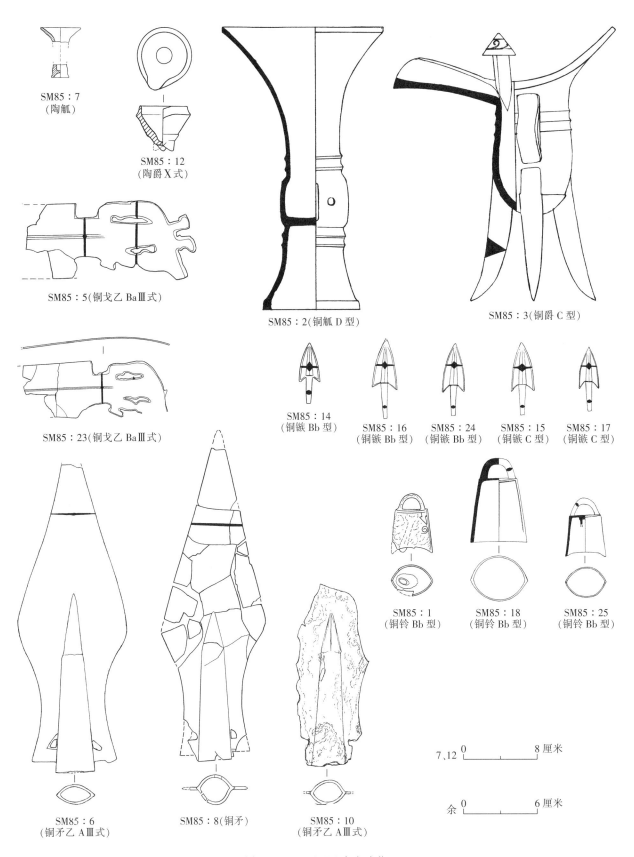

SM85：7
（陶瓠）

SM85：12
（陶爵Ⅹ式）

SM85：5（铜戈乙BaⅢ式）

SM85：2（铜瓠D型）

SM85：3（铜爵C型）

SM85：23（铜戈乙BaⅢ式）

SM85：14
（铜镞Bb型）

SM85：16
（铜镞Bb型）

SM85：24
（铜镞Bb型）

SM85：15
（铜镞C型）

SM85：17
（铜镞C型）

SM85：1
（铜铃Bb型）

SM85：18
（铜铃Bb型）

SM85：25
（铜铃Bb型）

SM85：6
（铜矛乙AⅢ式）

SM85：8（铜矛）

SM85：10
（铜矛乙AⅢ式）

7、12 0 ⊢⊣ 8厘米

余 0 ⊢⊣ 6厘米

图2－227D SM85出土遗物

SM85：4，C 型。残。形体略倾斜，锈蚀较重。銎内尚存范土。通高 21.2、柱高 3.8~4、足高 9.2、流至尾长 19.4、流长 8、流宽 3.6、腹壁厚 0.2 厘米。重 0.799 千克。（图 2 - 227D；彩版二〇六，3）

铜戈 8 件。

2 件为乙 Ba Ⅲ式。轻薄。

SM85：5，残损严重。残长 14、援残长 4、援中脊厚 0.3、内厚 0.1 厘米。残重 0.048 千克。（图 2 - 227D）

SM85：23，残长 12.5、援残长 3.8、援中脊厚 0.3、内厚 0.1 厘米。残重 0.066 千克。（图 2 - 227D）

其余 7 件（SM85：9、11、13、19~22）残损严重，不辨形制。

铜矛 3 件。SM85：8 残损严重，另 2 件为乙 A Ⅲ式。

SM85：6，乙 A Ⅲ式。残长 24.4、叶长 23.5、叶最宽 9、叶厚 0.2、銎腔径 1.2×2.3 厘米。重 0.208 千克。（图 2 - 227D；彩版二〇六，4）

SM85：10，乙 A Ⅲ式。残长 14.7、叶残宽 6.5、叶厚 0.1、銎腔径 1.2×2.3 厘米。重 0.095 千克。（图 2 - 227D；彩版二〇七，1）

铜镞 5 件。3 件为 Bb 型，2 件为 C 型。（彩版二〇七，5）

SM85：14，Bb 型。残。形体较小，通长 4.9、铤残长 2.1、翼宽 1.7 厘米。（图 2 - 227D）

SM85：16，Bb 型。通长 6.1、铤长 2.8、翼宽 2.2 厘米。（图 2 - 227D）

SM85：24，Bb 型。通长 5.7、铤长 2.5、翼宽 1.9 厘米。（图 2 - 227D）

SM85：15，C 型。完整。通长 5.7、铤长 2.5、翼宽 2 厘米。（图 2 - 227D）

SM85：17，C 型。通长 5.5、铤长 2.2、翼宽 1.7 厘米。（图 2 - 227D）

铜铃 3 件。均为 Bb 型。铃腔截面呈椭圆形，平顶，上有半圆形梁。

SM85：1，完整。体较小。素面，锈蚀严重。通高 4.7、口缘径 2.1×3.1、厚 0.1 厘米。（图 2 - 227D；彩版二〇七，2）

SM85：18，残。体较大，铃舌残失。铃身两面饰梯形凸弦纹。通高 6.8、口缘径 3.2×4、厚 0.2 厘米。（图 2 - 227D；彩版二〇七，3）

SM85：25，残。口缘内凹弧度增大，铃舌残失。素面，锈蚀严重。通高 4.7、口缘径 2.2×3、厚 0.1 厘米。（图 2 - 227D；彩版二〇七，4）

贝 1 枚（SM85：26）。A 型货贝。

墓葬年代：殷墟四期晚段。

SM93

位于 ST2322 中部偏南。开口于扰土层下。墓葬中部为一长方形盗洞拦腰打破，其直接打破生土。方向为 14 度或 194 度。（图 2 - 228；彩版二〇八，1）

长方形竖穴土坑墓，墓壁竖直。墓口距地表约 30 厘米，墓口长 243、宽 105~115 厘米，墓底长 245、宽 88~113 厘米，墓深约 300 厘米。填土为黄褐色花夯土，质地较硬，夯窝直径 5 厘米。

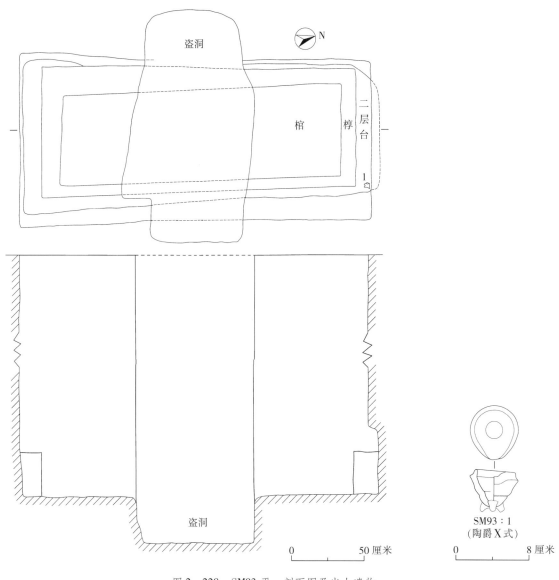

图 2 - 228 SM93 平、剖面图及出土遗物

熟土二层台中部被破坏。二层台残宽 5～15、高 27 厘米。

墓底被盗扰，是否有腰坑不明。

葬具为一棺一椁，由于被盗严重，仅可知棺椁的尺寸。椁南北长 215、宽 80、残高 34 厘米。棺长 192、宽 61 厘米。

墓主被完全扰乱。

在二层台东北角残存陶爵 1 件。

陶爵 1 件。

SM93：1，X 式。泥质灰陶。完整。极矮小，侈口，小流，浅腹内收，尖底，小锥足，口沿外侧有浅凹槽一周，腹下部有凹弦纹一周。口径 5.2、高 4.5 厘米。（图 2 - 228）

墓葬年代：殷墟四期晚段。

SM103

位于 ST2221 北中部。开口于①层扰土下，直接打破生土。方向为 14 度。（图 2－229；彩版二〇八，2）

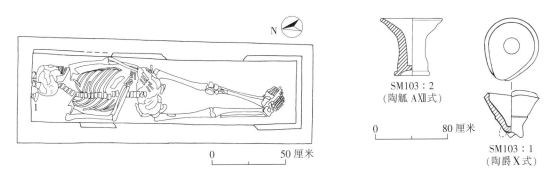

图 2－229　SM103 平面图及出土遗物

长方形竖穴土坑墓，墓壁竖直。墓口距地表 20～30 厘米，墓口长 200、宽 65～70 厘米，墓深约 100 厘米，填土为红褐色花夯土，土质较硬，夯层厚约 20 厘米，夯窝稀疏。

墓底有一周高 12～14、宽 10～13 厘米的熟土二层台。

葬具为木棺，棺盖上未髹漆。在棺板上髹有白漆。从残迹判断，棺长 179、宽 40～45、残高 12－14 厘米。

墓主骨架保存一般。墓主仰身直肢，头北面东，右臂弯曲放于腹部，左手置于股骨，双足并拢，足尖向东。

在北部棺盖上置陶爵、陶觚各 1 件，恰好陷落于墓主头顶部。

陶觚　1 件。

SM103：2，A 型ⅫⅠ式。泥质灰陶。修复。器形极矮小，小敞口，短腹，下腹部略鼓，圈足极矮，素面。口径 6.8、圈足径 4、高 6.1 厘米。（图 2－229）

陶爵　1 件。

SM103：1，Ⅹ式。泥质灰陶。微残。极矮小，侈口，小流，浅腹内收，尖底，小锥足，口沿外侧有浅凹槽一周，腹下部有凹弦纹一周。口径 6、高 5 厘米。（图 2－229）

墓葬年代： 殷墟四期晚段。

人骨鉴定：

骨质较差，骨骼多呈粉状，头骨、肢骨残损严重。

女性。30～35 岁。身高约 162 厘米。

盆骨性征明显。骨密度大。牙齿磨耗 3 级。

卵圆形颅，中长颅、高颅、狭颅、中高面、中眶，鼻颧角较大。

跖骨上跪踞面不明显。下颌右侧 M3 为阻生齿。

SM104

位于 ST2220 内。开口于②层下，打破生土。方向为 15 度。（图 2 – 230A ~ E；彩版二〇八，3；彩版二〇九）

长方形竖穴土坑墓，口小底大。墓口距地表 50 厘米，墓口长 220、宽 95 厘米，墓底长 231、宽 100 厘米，墓深 183 厘米。（图 2 – 230A）

填土为灰黄色夯土，夯层厚 20 ~ 25 厘米，夯窝不甚清晰。在距墓口约 95 厘米处有一狗架，头骨

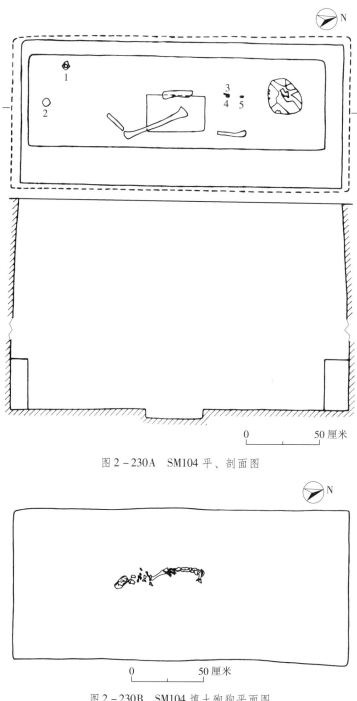

0　　　　　50 厘米

图 2 – 230A　SM104 平、剖面图

0　　　　　50 厘米

图 2 – 230B　SM104 填土殉狗平面图

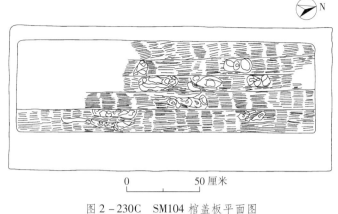

图 2 - 230C　SM104 棺盖板平面图

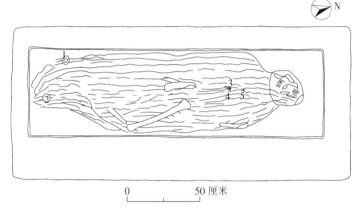

图 2 - 230D　SM104 墓主服饰范围示意图

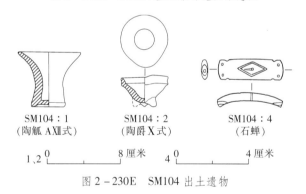

SM104：1　　　SM104：2　　　SM104：4
（陶觚 AXII式）　（陶爵 X式）　　（石蝉）

图 2 - 230E　SM104 出土遗物

已朽，头向南。（图 2 - 230B）

　　墓底四周有高 33、宽 11～28 厘米熟土二层台，经夯打而成。

　　墓底有一腰坑，长 40、宽 25、深 6 厘米，空无一物。

　　葬具为一棺，从残存迹象看，棺长 204、宽 60、残高 33 厘米，棺盖板共有 5 块，每块宽 10～15、长 120～204 厘米，棺盖板上有红色和黄色两种漆皮。（图 2 - 230C）

　　墓底东南角及中部西壁下有桩孔各一。

　　头骨已成扁平，葬式不明，头向北。墓主身上穿或盖着彩绘服饰，图案以红、黑、黄三种颜色为主，但具体图案已无法分辨。（图 2 - 230D）

　　随葬有陶觚、陶爵、石蝉各 1 件。

陶觚 1件。

SM104∶1，A型Ⅻ式。泥质灰陶。修复。器形极矮小，小敞口，短直腹，圈足极矮，素面。口径6.9、圈足径3.6、高5.8厘米。（图2-230E）

陶爵 1件。

SM104∶2，Ⅹ式。泥质灰陶。微残。极矮小，敞口，小流，浅腹内收，尖底，小泥丁足，口沿外侧有浅凹槽一周。口径5.2、高3.3厘米。（图2-230E）

石蝉 1件。

SM104∶4，完整。淡青色。体呈长方形，头部圆弧形，嘴至底有一穿孔，点状双眼，用凹槽区分头、腹，背微鼓，腹至尾部有三角形刻纹。通长3.6、宽1.2、厚0.5厘米。（图2-230E）

另外2件石器（SM104∶3、5）腐朽，不辨形制。

墓葬年代：殷墟四期晚段。

人骨鉴定：

骨质极差，仅余头骨粉末及少量肢骨粉末。

性别不明。30~40岁。

残牙磨耗4级。

SM108

位于ST2320东部中间，西距探方西边130厘米。开口于①层扰土下，直接打破生土。方向为18度。（图2-231；彩版二一〇，1、2；彩版二一一，1）

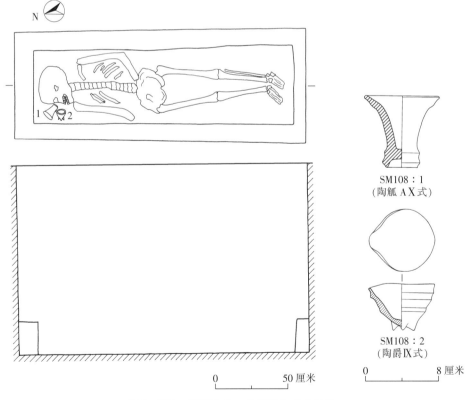

SM108∶1
（陶觚 AⅩ式）

SM108∶2
（陶爵Ⅸ式）

0　　　　　50厘米

0　　　　　8厘米

图2-231 SM108平、剖面图及出土遗物

长方形竖穴土坑墓。墓口距地表 20～30 厘米，墓口长 200、宽 70～75 厘米，墓底长 200、宽 70～75 厘米，墓深约 125 厘米。填土为红褐色花夯土，土质较硬，夯层厚约 20 厘米，夯窝隐约可辨，直径 5 厘米左右。距墓口 5 厘米的墓室填土中出有绵羊左前腿，只见一左桡骨。

墓底有一周高 22、宽 8～14 厘米的熟土二层台。

墓底无腰坑。

葬具为木棺。棺长 180、宽 48～50、残高 22 厘米。棺板上饰白、黄漆。棺盖由 3 块纵向木板构成。每块长约 180、宽 10～15 厘米。棺板间隙约 3 厘米。棺板略向下塌陷。棺盖板上北部置一猪左前腿。

墓主骨架保存较差，朽成粉状。俯身直肢，头北面西，双手交叉压于身下，双膝双足并拢，足尖向西。

在墓主头西侧出有陶觚、陶爵各 1 件，口内含贝 1 枚。

陶觚　1 件。

SM108∶1，A 型 X 式。泥质灰陶。修复。器形矮小，敞口，腹上宽下窄，矮圈足，腹下部有凸棱一周。口径 8.2、圈足径 4、高 7.6 厘米。（图 2－231；彩版二一一，1）

陶爵　1 件。

SM108∶2，IX 式。泥质灰陶。修复。器形矮小，侈口，小流，无錾，腹内收，尖底，三足成小泥丁，口沿外侧有浅凹槽一周。口径 6.4、高 5.5 厘米。（图 2－231）

贝　1 枚。A 型货贝。

墓葬年代： 殷墟四期晚段。

人骨鉴定：

骨质较差，腐朽残损严重，仅余其形。

性别不明。30±岁。身高约 157 厘米。

牙齿磨耗 2～3 级。

SM201

位于 ST2420 西部。开口于扰土层下，西侧被晚期盗坑打破，直接打破生土。方向为 10 度。（图 2－232A～C；彩版二一○，3）

长方形竖穴土坑墓，墓壁竖直。墓口距地表约 56 厘米，墓口长 205、宽 60 厘米，深约 120 厘米，填土为黄褐色花夯土，质地紧密、坚硬，包含有烧土粒。距墓口 58 厘米的填土内有一殉狗。骨架保存较差，仅存有头骨和少量肢骨。从残存迹象判断殉狗头向南。（图 2－232A、B）

墓内无二层台和腰坑。

未见有葬具痕迹。

因被盗扰，墓主骨架仅存下肢骨和一小块下颌骨。通过残存现象判断，墓主头北，葬式为直肢。

在西侧盗坑内出土陶爵、陶觚各 1 件。

陶觚　1 件。

SM201∶2，A 型 XII 式。泥质灰陶。微残。器形极矮小，小敞口，短直腹，小圈足，素面。口径 5.9、圈足径 2.5、高 5.3 厘米。（图 2－232C）

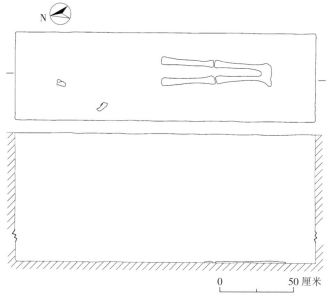

图 2-232A　SM201 平、剖面图

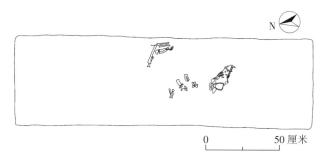

图 2-232B　SM201 填土殉狗平面图

陶爵　1 件。

SM201：1，X 式。泥质灰陶。完整。极矮小，侈口，小流，浅腹内收，尖底，小泥丁足。口径 4.8、高 4.4 厘米。（图 2-232C）

墓葬年代：殷墟四期晚段。

人骨鉴定：

因被盗，骨质极差，仅余部分牙齿。

性别不明。30±岁。

牙齿磨耗中等。

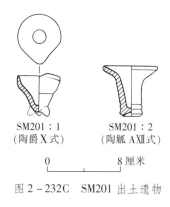

SM201：1
（陶爵 X 式）

SM201：2
（陶觚 AXII 式）

图 2-232C　SM201 出土遗物

SM205

位于 ST2021 北部。其北壁距探方北壁 20 厘米，东壁距探方东壁 300 厘米，西壁距探方西壁 520 厘米。开口于扰土层（①层）下，直接打破生土。方向为 6 度。（图 2-233A~D；彩版二一一，2、3；彩版二一二）

长方形竖穴土坑墓，墓壁外扩，口小底大。墓口距地表约 50 厘米，墓口长 214、宽 74~80 厘米，墓底长 242、宽 105~113 厘米，墓深约 204 厘米。填土为褐色花夯土，质地较硬。（图 2-233A）

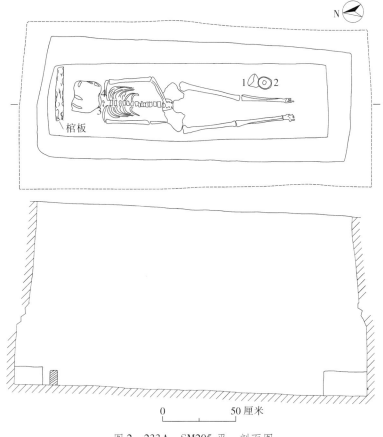

图 2 - 233A SM205 平、剖面图

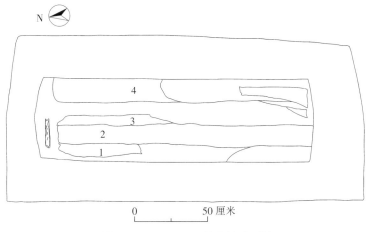

图 2 - 233B SM205 棺盖板平面图

墓底四周有高 12 ~ 16、宽 20 ~ 30 厘米的熟土二层台。东二层台下有完整的猪左前腿骨。

葬具为木棺。长 191、宽 45 ~ 52、残高 12 ~ 16 厘米。在棺盖上铺有一层纺织品，纺织品上鬃有红漆和黑漆构成的图案。红漆在下，黑漆在上。棺盖板有 4 块，南北向纵向放置。棺板均已残断。棺板上鬃有白漆。自西向东分别编号为板 1、板 2、板 3、板 4。（图 2 - 233B）

板 1 残长 173、宽 4 ~ 12 厘米。与板 2 紧密相连。

板 2 仅根据少量痕迹判断其存在，长约 173、宽约 14 厘米。其与板 3 紧挨着。

板 3 仅有少量痕迹，残长 80、宽 7 厘米。

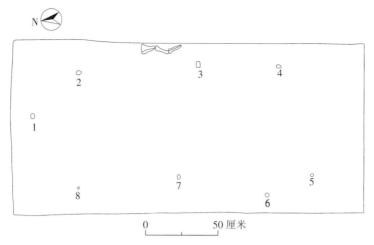

图 2-233C SM205 墓底桩孔图

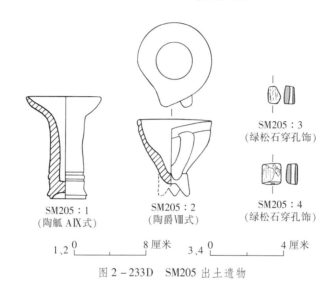

图 2-233D SM205 出土遗物

板 4 保存较为完整，长 173、宽 16 厘米。

在墓主头前北侧有一段残长 35、宽 3.5 厘米的棺挡板。

在棺底部，墓主骨架下发现有席纹，当是在墓主下葬以前，先铺有一层席子。

墓底发现有 8 个木桩孔洞。墓室南北两端各有 1 个，东西两侧各有 3 个，排列对称、整齐。这些孔的平面有长方形和椭圆形，直径 1~4、深 16~26 厘米。（图 2-233C）

编号	位置	形状	直径（厘米）	深度（厘米）
1	北部	长方形	2.5×3	21
2	东侧北部	椭圆形	2.5×3	24
3	东侧中部	长方形	3×4	20
4	东侧南部	椭圆形	3×2	26
5	南侧西部	圆形	2	19
6	西侧南部	椭圆形	2.5×3	23
7	西侧中部	椭圆形	2×3	21
8	西侧北部	椭圆形	1×1.5	16

墓主头部被挤压变形，肋骨、骨盆已成粉末，其他部位已腐朽。仰身直肢，头北面西，左前臂置于腹部。

在墓主左下肢外侧出陶觚、陶爵各1件，颈部出钻孔绿松石2件。

陶觚 1件。

SM205∶1，A型Ⅸ式。泥质灰陶。修复。器形矮小，喇叭口，腹呈直筒形，圈足极矮，腹下部有凹弦纹二周。口径8.4、圈足径4.3、高10.9厘米。（图2-233D）

陶爵 1件。

SM205∶2，Ⅷ式。泥质灰陶。完整。器形矮小，敞口，拱形鋬，腹内收，尖底，三锥足。口径8.2、高8.1厘米。（图2-233D）

绿松石穿孔饰 2件。

SM205∶3，完整。绿色。不规则管状，中部有贯穿孔。长0.9、宽0.5厘米。（图2-233D；彩版二一一，2）

SM205∶4，完整。绿色，有光泽。扁圆管形，一面较平，一面鼓起，中部有贯穿孔。长0.9、宽0.8、高1厘米。（图2-233D；彩版二一一，3）

墓葬年代： 殷墟四期晚段。

人骨鉴定：

骨质极差，多呈粉状，仅余其形。

性别不明。40±岁。身高约154厘米。

残牙磨耗3级强、4级弱。

SM209

位于ST2021中西部。开口于扰土层（①层）下，直接打破生土。墓室的南北两端各有一近代盗坑，直接扰到墓底。方向为10度或190度。（图2-234A~D；彩版二一一，4；彩版二一三）

长方形竖穴土坑墓，墓壁略外扩，口小底大。墓口距地表约50厘米，墓口长290、宽115厘米，墓底长290、宽约135厘米，墓深约210厘米。填土为红褐色花夯土，质地较硬。夯层厚8~10、夯窝直径6~8厘米。夯迹排列无规律。夯具为单束夯。墓口下130~140厘米下填土为盗后的扰土。（图2-234A）

墓底四周的二层台为盗坑所破坏，残高50、残宽16~22厘米。

从各种迹象判断，葬具有椁，长200、宽80、高50厘米。棺因盗扰无存。

在西侧二层台上残存有4块横向盖板，呈黑白色，每块残长10~14、宽10~20、厚约0.1厘米。椁的结构呈十字扣，四出头。椁侧板残长160~200、板厚6~7厘米。椁挡板长92、厚7~9厘米。椁底板用4块木板组成，残长80~110、宽11~22、厚0.1~0.2厘米。（图2-234B）

墓底北端残存有椁的一部分和一根垫底枕木。横向枕木为长方形，挖一个深8厘米的槽。垫木长125、厚10~12厘米。南端可能被盗毁。木棺痕迹不明显。

墓底残存有6个木桩孔洞。墓室东西两侧各有3个，排列对称、整齐（图2-234C）。这些孔的平面呈长方形或椭圆形，直径3~10、深6~9厘米。列表如下：

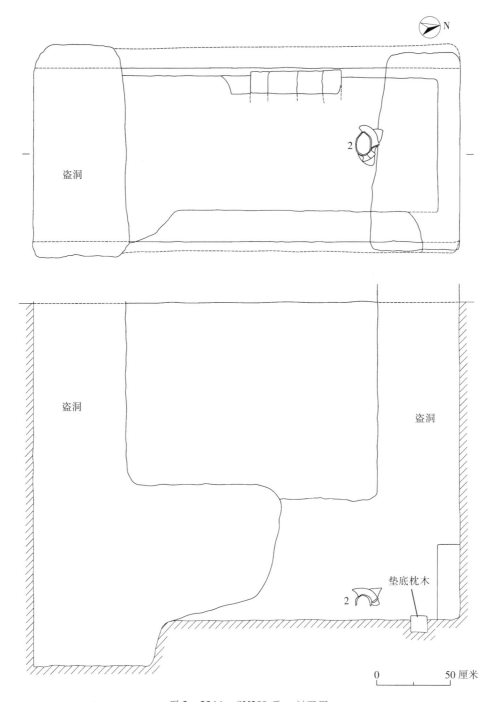

图 2－234A　SM209 平、剖面图

编号	位置	形状	直径（厘米）	深度（厘米）
1	东北角	长方形	8×10	9
2	东侧北部	椭圆形	3.5	7
3	东侧南部	长方形	9	6
4	西侧南部	椭圆形	3.5	6
5	西侧北部	椭圆形	3	6.5
6	西北角	椭圆形	3.5	7

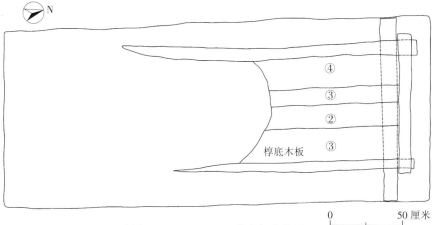

图 2-234B　SM209 椁底板结构图

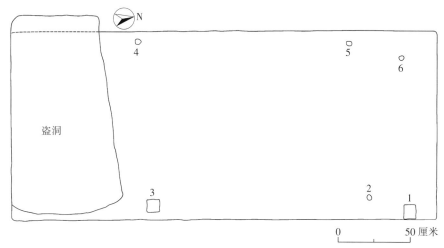

图 2-234C　SM209 墓底桩孔图

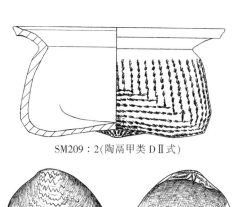

SM209：2(陶鬲甲类 D Ⅱ 式)

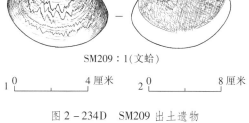

SM209：1(文蛤)

图 2-234D　SM209 出土遗物

墓主骨架盗扰无存，仅在盗坑内出有碎骨。

距墓口 200 厘米的墓坑中部填土中出文蛤 1 扇，墓底北端扰土中出残鬲 1 件。

陶鬲　1 件。

SM209：2，甲 D 型 II 式。夹砂灰陶，修复。体大，扁体，厚胎。宽折沿，方唇，内壁口沿下有凹弦纹一周，短颈，腹矮胖，三袋足肥硕，无足根，矮裆近平。腹及袋足饰竖向粗绳纹，裆部饰横斜粗绳纹。口径 23.2、高 11.7 厘米。（图 2 - 234D）

文蛤　1 件。

SM209：1，完整。单扇小文蛤，蛤背光滑，上有褐色锯齿纹，根部磨出一小孔。残宽 4.6 厘米。（图 2 - 234D；彩版二一一，4）

墓葬年代：殷墟四期晚段。

SM214

位于 ST2125 中南部。开口于扰土层（①层）下，直接打破生土。方向为 18 度。（图 2 - 235A ~ C；彩版二一一，5；彩版二一四）

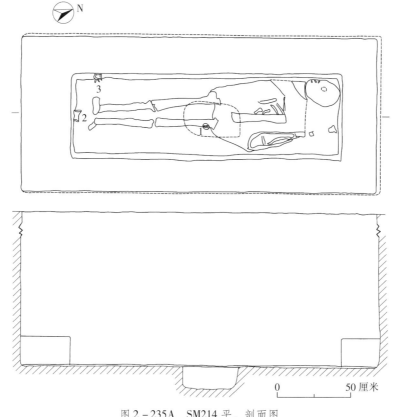

图 2 - 235A　SM214 平、剖面图

长方形竖穴土坑墓，墓壁外扩，口小底大。墓口距地表 25 ~ 30 厘米，墓口长 243、宽 105 厘米，墓底长 248、宽 108 厘米，墓深约 170 厘米。填土为红褐色花夯土，质地较硬。夯层厚 7 ~ 8 厘米，夯窝直径 6 ~ 8 厘米。夯窝排列无序，夯具为单束夯。距墓口 80 厘米的墓室中部有一殉狗，侧卧，头南面东，前肢被缚于背后，后肢屈于腹下。（图 2 - 235A）

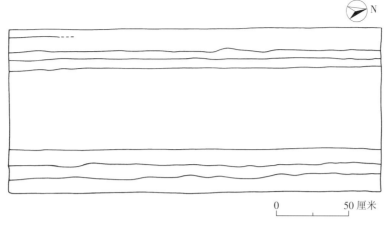

图 2 - 235B SM214 墓室底部木板图

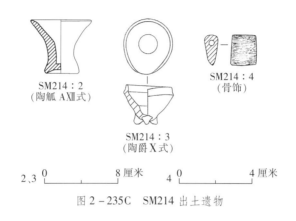

图 2 - 235C SM214 出土遗物

墓底四周有高 20、宽 26 ~ 36 厘米的熟土二层台。

墓底中部有一长 40、宽 24、深 15 厘米的圆角长方形腰坑。腰坑壁较直，平底，内空无物。

葬具为木棺。棺的形状为齐头长方框，以暗榫卯结合。棺已朽成木灰。棺盖朽塌入棺中，上髹有红、黄漆，板厚 0.1 ~ 0.2 厘米。由残迹判断，棺长 190、宽 50、高 20 厘米。棺侧板和前后挡板厚 3 ~ 5 厘米。棺底厚 0.1 ~ 0.2 厘米。

在墓底有用木板铺成的木框，西边四块，东边三块，每块宽 5 ~ 8 厘米，两端直抵墓壁。南北两头加榫卯结构的横板。木棺正居木框中部。（图 2 - 235B）

墓底发现有 3 个木桩孔洞。墓室北端 1 个，南端 2 个。这些孔的平面有长方形和椭圆形，直径 2 ~ 5、深 8 ~ 12 厘米。

墓主骨架保存较差，由于树根的挤压而有所变形，头至盆骨朽成骨粉，下肢较为清楚。墓主葬式为俯身直肢，头向北。

在墓主脚下端有 1 件陶觚，左小腿外侧有 1 件陶爵。在墓主右腿上端出贝 1 枚。二层台内出 1 件骨饰。

陶觚 1 件。

SM214:2，A 型 Ⅻ式，泥质灰陶。修复。器形极矮小，敞口，腹上宽下窄，矮圈足，素面。口径 6.6、圈足径 3.6、高 5.7 厘米。（图 2 - 235C）

陶爵 1 件。

SM214：3，Ⅹ式，泥质灰陶。完整。极矮小，侈口，小流，浅腹内收，尖底，小泥丁足，口沿外侧有浅凹槽一周。口径5.7、高4.2厘米。（图2－235C）

骨饰 1件。

SM214：4，完整。体短小，由动物肋骨锯截而成，一端有一圆形钻孔，表面有切削痕迹。长1.5、宽1.4厘米。（图2－235C；彩版二一一，5）

贝 1枚。A型货贝。编号SM214：1。

墓葬年代： 殷墟四期晚段。

人骨鉴定：

骨质极差，上肢腐朽严重，仅余其形，下肢仅余残段。

性别不明。中年。

残牙磨耗4级。

SM232

位于ST1814西北部，西距探方边280厘米。方向为15度。（图2－236A、B；彩版二一五，1、2）

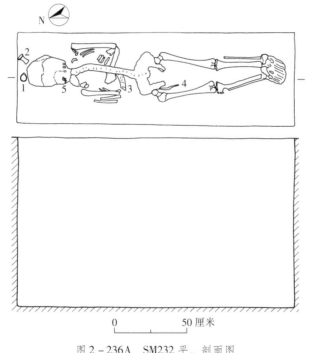

图2－236A SM232平、剖面图

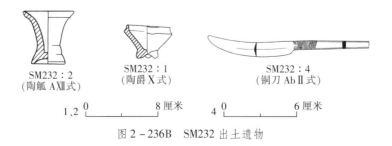

SM232：2
（陶瓠AⅫ式）

SM232：1
（陶爵Ⅹ式）

SM232：4
（铜刀AbⅡ式）

图2－236B SM232出土遗物

长方形竖穴土坑墓，墓壁较直。墓口距地表30~40厘米，墓口长190、宽60~62厘米，墓深112厘米。填满红褐色花夯土，土质较硬，夯窝稀疏无规律，夯层不明显。（图2-236A）

墓主骨骼保存极差。头骨扁平，全身骨骼腐朽呈粉状，只显其形，头北面西，俯身直肢，左臂向上外屈，右臂内屈手放于腹下，双足并拢，足尖向西。口内含贝1枚。

未见葬具。

随葬品有陶爵、陶瓠、石戈、铜刀、贝各1件。

陶瓠 1件。

SM232:2，A型XⅢ式。完整。口径5.7、圈足径3.6、高5.6厘米。（图2-236B；彩版二一五，4）

陶爵 1件。

SM232:1，X式。完整。口沿外侧有浅凹槽一周。口径5.2、高3.6厘米。（图2-236B）

铜刀 1件。

SM232:4，Ab型Ⅱ式。完整。通长13.2、柄长6.2、刀身宽1.2、柄宽0.7、背厚0.2、柄厚0.3厘米。重0.012千克。（图2-236B；彩版二一五，2）

石戈 1件。

SM232:3，残损严重，不辨形制。

贝 1枚。SM232:5，A型货贝。

墓葬年代： 殷墟四期晚段。

人骨鉴定：

骨质较差，头骨、肢骨碎裂严重。

男性。30~35岁。身高约165厘米。

肢骨性征较明显。牙齿较大，牙齿磨耗与骨密度较一致。

SM234

位于探方的西南部。开口于②层下，直接打破生土。墓室南部为近代盗坑打破。方向为10度。（图2-237A、B；彩版二一五，3、4）

长方形竖穴土坑墓，墓壁略外扩，口小底大。墓口距地表约80厘米，墓口长260、宽120厘米，墓底长272、宽120厘米，墓深约565厘米（图2-237A）。填土基本被盗掘扰乱。

墓底有一周熟土二层台，高67、宽13~29厘米。

墓底中部发现有腰坑，呈近椭圆形，长约82、宽约37、深约35厘米，内殉狗，头朝南。

葬具为一棺，由于被盗严重，仅留有少量痕迹，具体尺寸不详。

墓主骨架被毁。

在西二层台中部偏南出有陶爵、石璋各1件。

陶爵 1件。

SM234:1，X式。泥质灰陶。修复。极矮小，侈口，小流，浅腹内收，尖底，小泥丁足，口沿外侧有浅凹槽一周，腹下部有凹弦纹一周。口径5.6、高5.6厘米。（图2-237B）

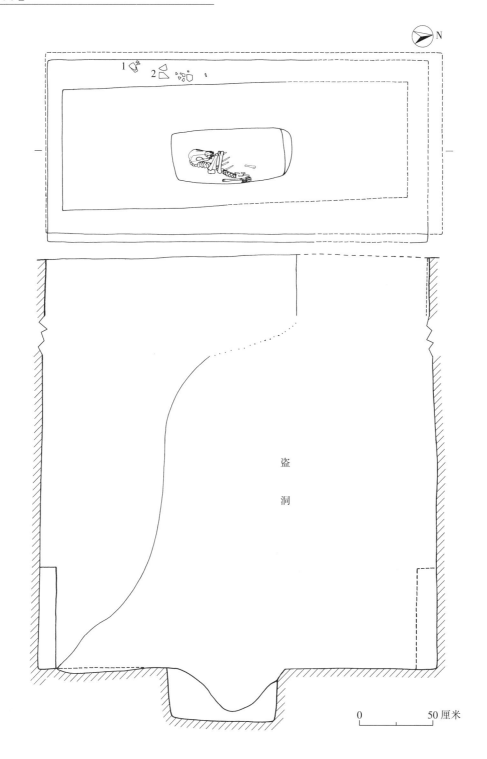

图 2 – 237A SM234 平、剖面图

石璋 1件。

SM234：2，残。大理石质。扁平长条形，中部略厚，两缘稍薄。直柄较窄，尖端较宽，呈不对称的斜三角形。打磨光滑。残片大者长14.7、宽4.5、厚0.3厘米。（图 2 – 237B）

墓葬年代：殷墟四期晚段。

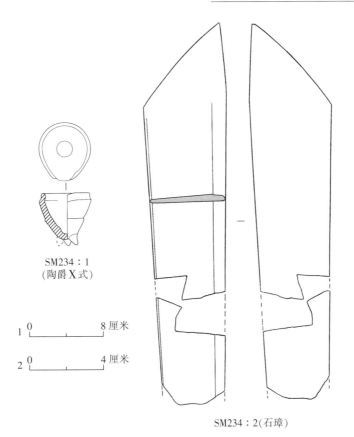

SM234：1
（陶爵Ⅹ式）

1 0 _____ 8 厘米

2 0 _____ 4 厘米

SM234：2（石璋）

图 2－237B　SM234 出土遗物

SM235

位于 ST1915 东南部，北距 SM233 约 20 厘米。开口于①层（扰土）下，直接打破生土。被盗，盗沟位于墓室北部，深至墓底。方向为 4 度。（图 2－238A～C；彩版二一六，1、3）

长方形竖穴土坑墓，口略小于底。墓口距地表 30～40 厘米，墓口长 200、宽 82 厘米，墓底长 210、宽 82～83 厘米，墓深 125 厘米（图 2－238A）。填土浅灰色，质松软，含较多木炭和红烧土，为盗扰的回填土。

墓底有一周熟土二层台，宽 12～15、高约 20 厘米。

在墓底中部有一长方形圆角的腰坑，长 55、宽 27～30、深 20 厘米，斜壁，平底，内殉一狗，头南，前腿屈于脊背，背微东弓，保存较差。（图 2－238B）

葬具为木棺，被扰，仅在二层台内壁发现有大量白漆痕，木棺长 180、宽 53～57、残高 20 厘米。

墓主骨骼保存极差，头骨残留有一少部分已呈粉状，上身及上肢已不见，中部略显盆骨形状，下部残留小腿及脚趾。头北面东，仰身直肢，双足并拢，足尖向西，骨骼范围长度 150 厘米。

在墓主头东侧，随葬有铅罐 1 件，略残。另在墓主口内有榧螺 4 枚。

铅罐　1 件。

SM235：2，残。侈口、方唇、束颈、折肩、斜腹内收，底残失，通体素面，体一侧从口至腹部有一道铸缝。残高 13.8、腹径 13.8 厘米。（图 2－238C；彩版二一六，3）

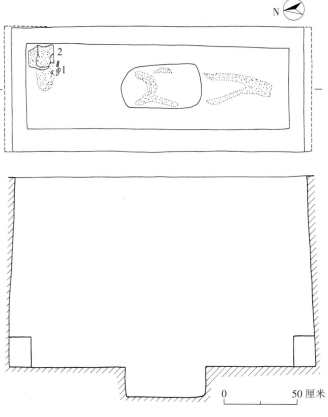

图 2 – 238A SM235 平、剖面图

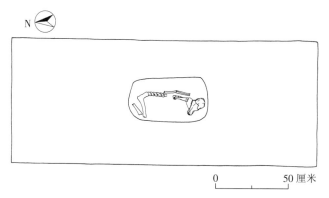

图 2 – 238B SM235 腰坑殉狗平面图

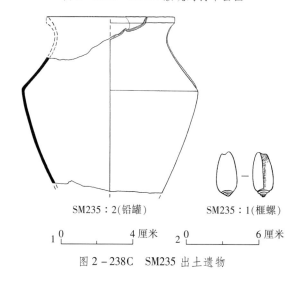

SM235：2(铅罐) SM235：1(榧螺)

图 2 – 238C SM235 出土遗物

榧螺 4 枚。

SM235：1，完整。背中部磨出一长方形孔。长 2.2 厘米。（图 2 - 238C）

墓葬年代： 殷墟四期晚段。

人骨鉴定：

骨质保存较差，仅余部分头骨片和部分下肢骨片，破损严重。

女性？14 ~ 16 岁。

肢骨残片较为细弱，肢骨缝未愈合。M1M2 完全萌出，开始磨耗。

身高约 152 厘米。

SM236

位于 ST1914 东北部，北端进入 ST1915 约 40 厘米。开口于①层下，直接打破生土。方向为 8 度。（图 2 - 239A ~ C；彩版二一六，2、4）

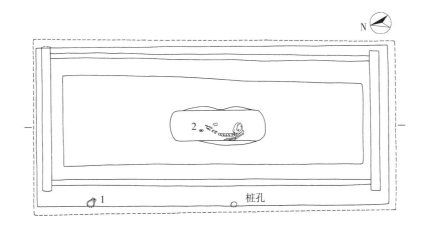

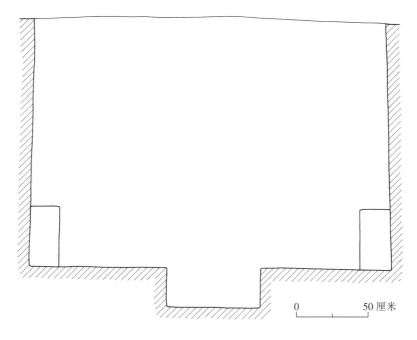

图 2 - 239A SM236 平、剖面图

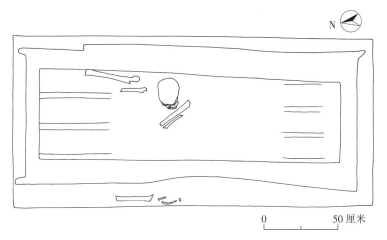

图 2 - 239B　SM236 棺椁结构图

长方形竖穴土坑墓，墓底略大于口。墓口距地表 30 ~ 40 厘米，墓口长 240、宽 105 厘米，墓底长 247、宽 112 ~ 116 厘米，墓深 165 厘米（图 2 - 239A）。填土为浅灰色，土质松软，含较多零星烧土及碎木炭，推断为早期被盗后二次回填。

墓底二层台宽 18 ~ 32、高约 40 厘米。

墓底中部有一长方圆角的腰坑，长 65、宽 20、深 25 厘米，直壁平底，内殉一狗，保存极差，头南嘴上，向西弓背，前腿屈于脊背、后腿及肋骨已朽无。

葬具有一椁一棺。椁上部腐朽后挤压变形，木椁的四个角均向两端长出 5 ~ 7 厘米的板头，板厚 4 厘米左右。接近墓底时，椁板痕迹形状清晰。椁长 230、宽 85 ~ 87 厘米，两端挡板长 94 ~ 96 厘米，四角长出木椁 3.5 ~ 4 厘米，厚 6 厘米，两侧板厚约 3.5 厘米，髹白漆。

SM236：1
（陶爵 X 式）

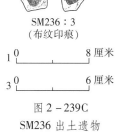

SM236：3
（布纹印痕）

1 ⊢—————0—————8 厘米

3 ⊢—————0—————6 厘米

图 2 - 239C
SM236 出土遗物

棺已朽。长 205、宽 53 ~ 60 厘米，棺底板保存完整，有三块纵向木板，宽 15 ~ 17 厘米，髹白漆（图 2 - 239B）。底板上残留有部分彩绘布纹，白色打底，上饰黑、黄、赭红等线条，但看不出图案形式。布纹细密匀称，应是丝织品类。

墓底西侧中部有一个木桩孔洞，椭圆形，直径 3 ~ 3.5、深 10 厘米。

墓主骨架被扰后随意乱放。头位于墓室中部，其南，北两侧有部分腿骨，西侧二层台上有部分肱骨和肋骨。

随葬有陶爵 1 件，置于二层台内西北部；贝 1 枚，置于腰坑内。

陶爵　1 件。

SM236：1，X 式。泥质灰陶。残。残存口、腹、足部残片若干。侈口，小流，浅腹内收，尖底，小泥丁足。残高 4.3 厘米。（图 2 - 239C）

布纹印痕　1 块。

SM236：3，残。土块上有白色纺织品印痕，经纬线清晰。一平方厘米经线 15 根，纬线 15 根。（图 2 - 239C；彩版二一六，4）

贝　1 枚（SM236∶2）。A 型货贝。

墓葬年代：殷墟四期晚段。

人骨鉴定：

骨骼保存较差。

女性。35~40 岁。

头骨性征明显。密度中等，牙齿磨耗 3 级强。

卵圆形颅，长颅、高颅、中颅、中高面、中阔面、中眶、狭鼻、鼻颧角大、中颌型等特征。

牙齿磨耗较小，其中上颌左右 M1 有明显龋齿至齿根。

SM353

位于 ST1708 西南部。墓口南部和中部被盗沟打破。方向为 10 度。（图 2-240A~D；彩版二一七、二一八）

长方形土圹竖穴墓，墓壁较直。墓口长 280、东西宽 120 厘米，墓底长 280、宽 147 厘米，墓深 630 厘米。（图 2-240A）

墓圹填土为红褐色花夯土，质地坚硬，夯层厚 8~10 厘米，夯窝直径为 6~8 厘米，夯迹无排列。该墓被盗破坏严重，距墓口 520 厘米下为盗后扰土或淤土。

有熟土二层台一周，由于盗扰，残宽 17~30、残高 40~75 厘米。东二层上中部放置有黄牛左前腿。

墓底中部有一长 100、宽 42~45、深 50 厘米的圆角长方形腰坑。坑壁较直，内殉有一狗，头向南。（图 2-240B）

葬具为一椁一棺，已成木灰状。从残存迹象判断，椁为长方形，暗榫卯结构。椁长 230、宽 102、高 75 厘米。四侧椁板厚 3~5 厘米，上髹有白漆。棺的形状、结构与椁相同。棺长 208、宽 70、高 40 厘米。四侧棺板 1~2 厘米，上髹有黑、红漆，棺底用四块木板组成，残宽 9~17、厚 0.1~0.2 厘米，上髹有红、白漆。（图 2-240C）

该墓被盗扰严重，墓主右脚骨保持原状，其余骨架被扰于墓底北端，葬式倾向为仰身葬（依脚趾骨判断）。

在其中一盗洞中部距墓口 500 厘米扰土内出 1 件铜铃；在距墓口 530 厘米，墓圹扰土内出石戈与铜镞各 1 件，在东侧二层台上出 1 件陶爵，在墓的北端被扰墓主乱骨处，出土铅提梁 1 个、铜戈 1 件、残玉戈 2 件，贝 1 枚。在北端棺底上出 1 件铅器与 1 件残玉戈，在墓底西北角扰土内出 1 件铜铃，残铜器数块，蚌器数块。在墓底中部腰坑扰土内出 1 件铜铃。

陶爵　1 件。

SM353∶4，X 式，修复。腹下部有凹弦纹一周。口径 6.6、高 4.7 厘米。（图 2-40D）

铜戈　1 件。

SM353∶7，乙 Ba 型Ⅲ式。残长 30.1、援残长 21.3、援宽 4.7、内宽 2.8、援中脊厚 0.4、内厚 0.2 厘米。重 0.092 千克。（图 2-240D）

铜铃　3 件。均为 Ba 型。

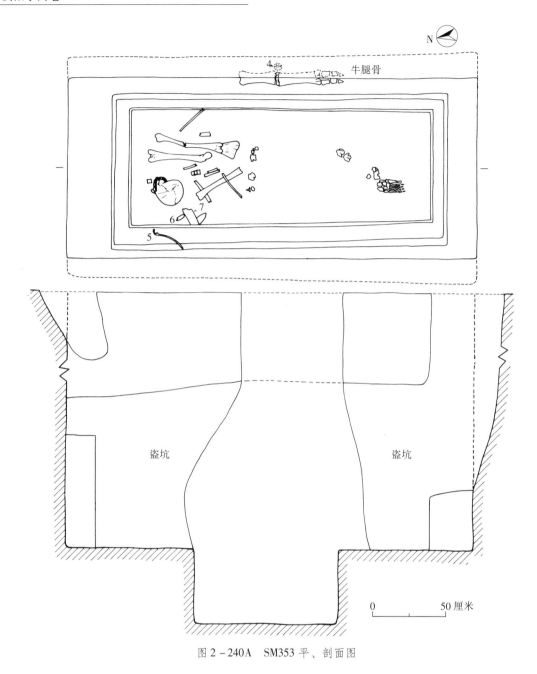

图 2 - 240A SM353 平、剖面图

SM353：1，残。棒槌状铃舌，略短于铃体。素面。通高 7.8、口缘径 3.5×4.2、厚 0.2 厘米。（图 2 - 240D；彩版二一八，1）

SM353：12，残。体大。棒槌状铃舌，略短于铃体。铃身两面饰梯形凸弦纹，内填阳线饕餮纹。通高 7.5、口缘径 3.5×4.2、厚 0.2 厘米。（图 2 - 240D；彩版二一八，2）

SM353：15，残。体大。棒槌状铃舌，略短于铃体。铃身两面饰梯形凸弦纹，内填阳线饕餮纹。残高 5.2、口缘径 3.3×4、厚 0.2 厘米。（图 2 - 240D；彩版二一八，3）

铜镞 1 件。

SM353：3，残损严重，不辨形制。锋尖及两叶残，中脊截面呈菱形，短圆铤。（图 2 - 240D）

铜戈 1 件。

SM353：13，残。锈蚀严重。乙类，质地轻薄，残长 30 厘米。

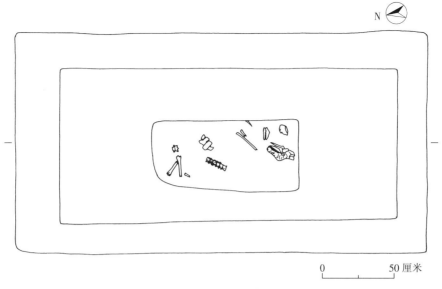

图 2 - 240B　SM353 腰坑殉狗平面图

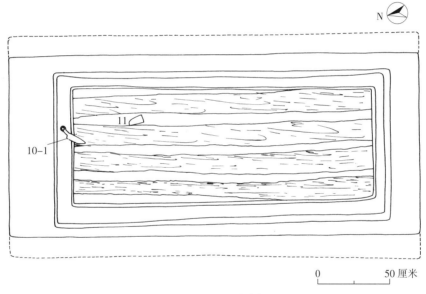

图 2 - 240C　SM353 棺底板平面图

铅提梁　1 件。

SM353：5，残。弧形长条状，残为二段，其中一段一端残存半个圆环。残长 15.6、宽 1.3 厘米。

残铅器　1 件。

SM353：10 - 1，残。残为三段，窄条形，其中一段一端有半圆形残环。（图 2 - 240D）

铅铃舌　1 件。

SM353：10 - 2，圆头形。一端有环。长 3 厘米。（图 2 - 240D）

玉戈　3 件。

A 型　1 件。

SM353：6，残。青色，有白斑。斜三角条形援部残片，后端残，边刃锐利。双面打磨。残长 6.3、宽 1.5~2.1、厚 0.3 厘米。（图 2 - 240D；彩版二一八，4）

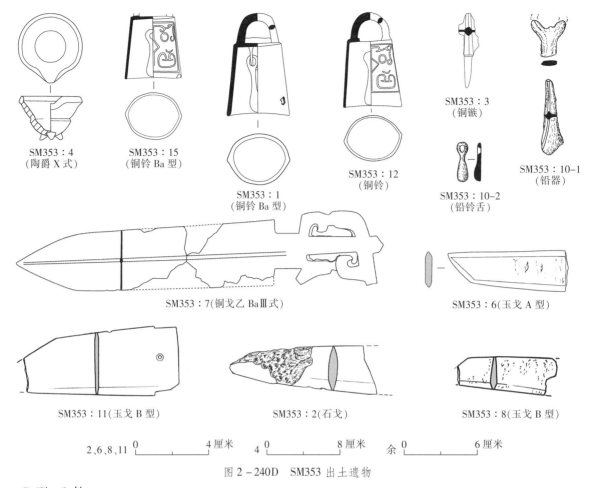

图 2-240D　SM353 出土遗物

B型　2件。

SM353:8，残。青白色，有杂斑。无内，援本、末残失，无中脊，两侧厚薄不均，一面中部有两道线痕。残长5.3、援宽1.9、援厚0.3~0.4厘米。（图2-240D；彩版二一八，5）

SM353:11，残。青灰色，有杂斑。短直内，援部无中脊，援末残。内中部有一对钻孔。双面抛光。残长8.2、内长1.1、内宽3.2、援宽3.6、援厚0.2厘米。（图2-240D；彩版二一八，6）

石戈　1件。

SM353:2，残。白色。残存三角条形援，中间厚，两缘较薄。残长7.9、宽2.5、厚0.4厘米。（图2-240D；彩版二一八，7）

蚌饰　1件。

SM353:14，残朽严重。扁平状薄片，长方形或圆角长方形，个别残片上有一小穿孔。

贝　1枚。A型。

墓葬年代：殷墟四期晚段。

人骨鉴定：

男性。20~25岁。

头骨、肢骨、配髋骨性征明显。肢骨极粗壮，骨密度极大，皆1级。牙齿磨耗1~2级。

头骨特征：卵圆形颅，长颅、高颅、中颅、面部不清。

第一跖骨上跪踞面不明显。椎骨未见骨赘。

SM354

位于 SST1613 的中部。开口于①层下，直接打破属殷墟三期的 H24。方向为 10 度。（图 2 –
241A ~ E；彩版二一九、二二〇）

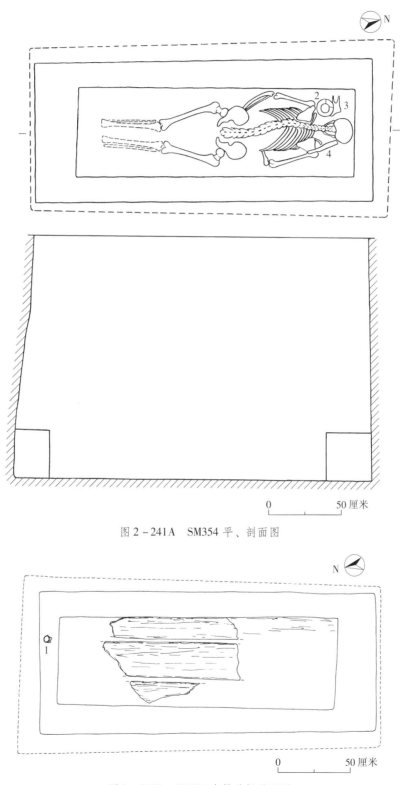

图 2 – 241A　SM354 平、剖面图

图 2 – 241B　SM354 木棺盖板平面图

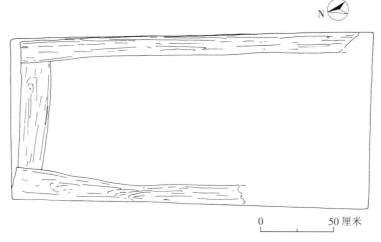

图 2 - 241C   SM354 墓底铺板平面图

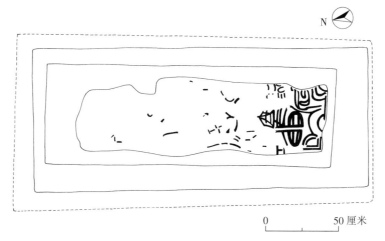

图 2 - 241D   SM354 墓主服饰图案

长方形竖穴土坑墓，墓壁略外扩，口小底大。墓口头端宽足端窄，南北长 230、头端（北端）宽 95、足端（南端）宽 92 厘米，墓底长 243 ~ 248、北端宽 118、南端宽 107 厘米，墓深约 161 厘米。填土为灰褐色花夯土，质地略硬。（图 2 - 241A）

墓底有熟土二层台，高 32、宽 19 ~ 32 厘米。

墓底未见腰坑。

葬具为一棺，棺盖板虽然只残存部分板痕，但可看出由三块纵板组成，从西往东分别宽 13、24、14 厘米，板间距 2 ~ 3 厘米。棺盖板上局部残留红色漆皮。棺侧板厚 4 厘米。（图 2 - 241B）

棺底还发现有垫板压在二层台下，东西两端可看出两根纵板，宽 13 厘米，北端可看出一块横板，宽 20 厘米，横板与东西两根纵板内侧榫接。（图 2 - 241C）

墓主裹有彩绘织物，从清理的情况看，至少下颌骨以下周身皆裹有，有的地方有起伏，显然是织物皱褶。彩绘织物为黄色麻布，红色漆彩作底，以黑漆为线条绘出图案，有的地方填涂白彩。白彩有的可看出呈细小方格状，但与布有别，似漆，可能是麻布的印痕。南端的彩绘图案比较清楚，为几周弧线构成，稍北为一纹样较独特的图案。其他部位图案漫漶不清，但看出基本以直线和弧线为主。在清理时还发现有的地方黑漆线条下还有一层黑色线条，明显为两层叠压，因恐两层图案会混杂难辨，

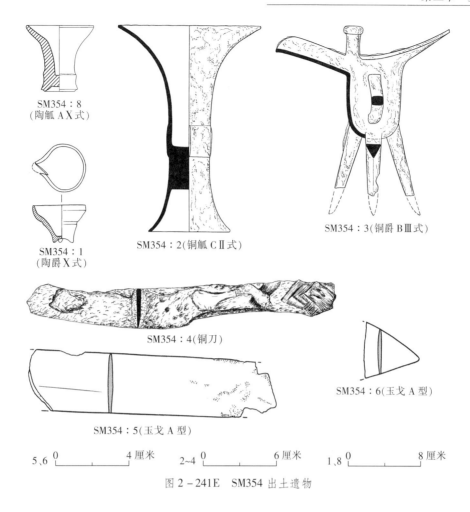

SM354：8
（陶觚 A X 式）

SM354：1
（陶爵 X 式）

SM354：2（铜觚 C Ⅱ 式）

SM354：3（铜爵 B Ⅲ 式）

SM354：4（铜刀）

SM354：5（玉戈 A 型）

SM354：6（玉戈 A 型）

5、6　0━━━━4厘米　　2~4　0━━━━6厘米　　1、8　0━━━━8厘米

图 2－241E　SM354 出土遗物

未将下层清理。（图 2－241D）

在股骨下可清楚看出被人骨压着的彩绘织物，可见人骨下也是有彩绘织物，与人骨上的应是连为一体的，足证彩绘织物是裹在墓主身上的。人骨下解剖的一小块为髹红色漆彩的黄色织物，不见黑色彩绘图案，也可能是解剖的部位较小的缘故。

这种彩绘织物与二层台上发现的作为棺罩的"布幔"当有区别。

棺内人骨织物下发现席子残片，呈人字格，人骨下铺有席子。

墓主俯身直肢，头北面下。双臂顺放于体侧。双足骨腐蚀不存。

北二层台东北部出陶爵 1 件。墓圹内墓主头端西北角出一套铜觚爵，皆口朝下，用织物包裹，织物经纬呈细方格状，1 平方厘米有 10 根×10 根经纬线，表层呈白色，其下为红色漆彩。墓主头端东侧有 1 把青铜刀。股骨略上处发现 1 枚贝。人骨下还发现 1 件玉戈，质地较差，距北二层台边缘 52 厘米，东端距东二层台边缘 28 厘米。东北角二层台内发现 1 件残玉戈，玉质较好。

陶觚　1 件。

SM354：8，A 型 X 式。完整。腹下部有凸棱一周。口径 7.4、圈足径 3.9、高 7 厘米。（图 2－241E）

陶爵　1 件。

SM354：1，X 式。残。口沿外侧有浅凹槽一周，腹下部有凹弦纹一周。口径 5、高 4.2 厘米。（图 2－241E）

铜觚　1 件。

SM354:2，C 型Ⅱ式。残。腹部饰两条浅扉棱，间饰四枚乳丁，腹上、下部各饰一周凸弦纹。锈蚀严重。通高 16.4、口径 11.6、底径 6.7、口沿厚 0.2 厘米。重 0.495 千克。（图 2 - 241E；彩版二二〇，1）

铜爵 1 件。

SM354:3，B 型Ⅲ式。残。形体瘦小，锈蚀严重。柱帽尖较平，上有木材朽痕，上腹部饰三周凸弦纹。残高 13.6、柱高 2.3、足残高 4.3、流至尾长 14.3、流长 5.7、流宽 2.8、腹壁厚 0.2 厘米。重 0.341 千克。（图 2 - 241E；彩版二二〇，2）

铜刀 1 件。

SM354:4，残。锈蚀严重。刀身前端残失，背略弧，刃略凸；直柄，柄后端残失。柄部有木材朽痕。残长 25.4、柄残长 12、刀身宽 3.3、柄宽 2.4 厘米。（图 2 - 241E；彩版二二〇，3）

铜渣 1 件。

SM354:9，残损严重。

玉戈 2 件。A 型。

SM354:5，灰白色，部分受沁。扁平片状，内后端弧弯，下侧有一缺口；长条形援，援末残失，无中脊。双面打磨。残长 13.2、内长 3.2、内宽 3.2、援宽 3.2、援厚 0.2 厘米。（图 2 - 241E；彩版二二〇，4）

SM354:6，灰色。残存三角形援末，中部略厚，双面打磨。残长 3、宽 2.8、厚 0.2 厘米。（图 2 - 241E；彩版二二〇，5）

贝 1 枚（SM354:7）。A 型。

墓葬年代：殷墟四期晚段。

人骨鉴定：墓主为俯身葬，头朝北。

人骨保存情况较差，仅髋骨残片、下肢骨及足骨采集。可供观察。

墓主左侧股骨头矢状径为 48.1 毫米（落入男性个体的变异区间之内）[1]。髂骨翼厚，坐骨大切迹较深。据以上形态特征推测，墓主可能为男性。骨骺完全愈合，据此推测墓主应为成年个体。下肢骨虽保存，但断裂，仅据长骨的保存状况目前无法进行身高估算。

墓主双侧股骨头关节面上可见珊瑚样骨质疏松的小孔。双侧距骨各个关节面均可见针尖样骨质疏松的小孔，舟骨关节面上也可见针尖样小孔。双侧第一距骨远端关节面背缘骨赘生成。双侧第一趾骨近端关节表面凹陷。

SM359

位于 ST1611 西南部，开口在①层下，打破 F27 西南角，西距 SM389 约 50 厘米。墓中部有一盗沟，一直到墓底。方向 15 度或 195 度。（图 2 - 242A ~ C；彩版二二一，1）

长方形竖穴土坑墓，口小底大。墓口距地表深 40 厘米，墓口长 220、宽 90 厘米，墓深 315 厘米。墓底长 250、宽 120 厘米，填土为黄褐色花夯土，质较硬，出土有绳纹灰陶片，红陶片，兽骨残片。（图 2 - 242A）

---

[1] 男性股骨头矢状径一般大于 45.5 毫米，该数值远超过男性变异区间临界值（Stewart 1979：120），但考虑到一定的群体差异，这个数值区间在这里仅做参考。

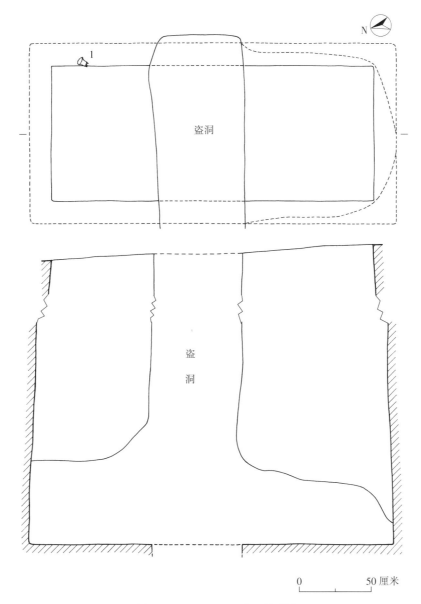

图 2-242A SM359 平、剖面图

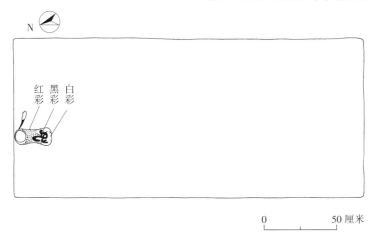

图 2-242B SM359 彩绘图案

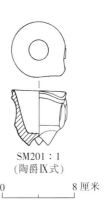

SM201：1
（陶爵Ⅸ式）

图 2-242C SM359 出土遗物

该墓底部被扰乱，仅留二层台一残角，为熟土。扰乱的填土中，发现一块纺织品残片。由红、白、黑三彩组成。（图2-242B）

未见葬具、尸骨。

在该墓东北角出土有1件陶爵。

陶爵 1件。

SM359：1，Ⅸ式。修复。口沿外侧有浅凹槽一周。口径5.9、高5.9厘米。（图2-242C）

墓葬年代： 殷墟四期晚段。

SM360

位于ST1613的中东部，西壁离SM356仅12~15厘米。开口于②层下，打破H24（殷墟三期），直至生土。方向为11度，与SM356方向一致。（图2-243A、B；彩版二二一，2）

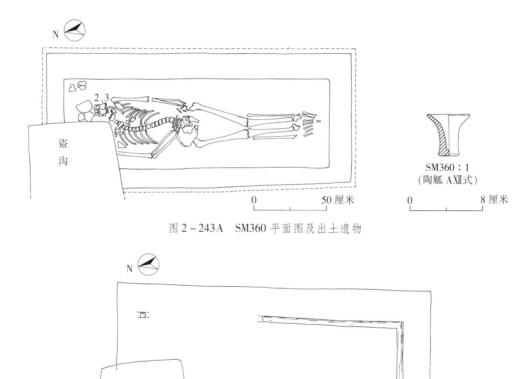

SM360：1
（陶觚 AⅫ式）

图2-243A SM360平面图及出土遗物

图2-243B SM360棺底结构图

长方形竖穴土坑墓，口小底大。北部被盗沟所打破，残余部分墓口长209、宽为89，残留深度为59厘米，填土为灰褐花土，含有黄土粒，土色与H24土色相近。（图2-243B）

墓底四周有二层台，东二层台宽约20、南宽约18、西宽约16、北宽约15、高约22厘米，黄花夯土。

墓底没有腰坑。

木棺不甚清晰，个别地方见有棺漆皮。墓室底部有棺板边框的痕迹，长182、宽58厘米。

（图 2 - 243B）

墓主骨架保存基本完整，因盗沟所打破，头部与右臂部分残，仰身直肢，头向北。头部与躯干基本居于墓葬中央。头骨碎为三块，上下颌带牙齿也碎为三块。肩微耸，右手与左手自然伸直在盆骨处，右手趾骨应叠压在左手。两腿紧闭伸直，两脚趾内敛。

二层台内有陶觚 1 件。墓主口中含贝 2 枚。

陶觚 1 件。

SM360∶1，A 型ⅩⅡ式。泥质灰陶。残。口部残，短直腹，足部缺失。残高 4.4 厘米。（图 2 - 243A）

贝 2 枚（SM360∶2、3）。A 型货贝。

墓葬年代：殷墟四期晚段。

人骨鉴定：墓主骨架外形保存基本完整，但骨质保存状况较差。该墓因被盗沟打破，墓主人头部与右臂部分残，仰身直肢，头向北。头部与躯干基本居于墓葬中央。颅骨及下颌骨残破，碎为三块。肩微耸，右手与左手自然伸直在盆骨处，右手指骨应叠压在左手。两腿紧闭伸直，两脚趾内敛。

采集的人骨保存情况较差。头骨腐朽不堪，仅额骨、枕骨残片、上、下颌骨残段及 29 颗牙齿保存可供观察。右侧锁骨残段、双侧肩胛骨残片保存。双侧髋骨残破，除耻骨外大部保存。骶骨残。脊柱后段保存相对较好。上、下肢骨骨干残段保存，除右侧桡骨和左侧腓骨外，其余长骨近、远端关节面均腐朽。手部骨骼零星保留，足部骨骼多数保存。

墓主眶上缘圆钝，枕外隆凸欠发达，骨盆肌脊不明显，坐骨大切迹浅而宽，耳状面较小，耳前沟明显。据以上性别特征判断，该个体可能为女性。骨骺完全愈合；耳状面形态 4 级（Lovejoy 分级系统），第一、二臼齿磨耗程度 3~4 级（吴汝康分级系统），但前部牙齿磨耗相对较重；综合以上信息推断，该个体应为中年个体，年龄 35~40 岁。仅据四肢长骨保存状况目前无法进行身高估算。

墓主前部牙齿磨耗严重，齿冠大部磨平，仅左侧下颌犬齿唇侧面显示多条线型釉质发育不全。左侧上颌第二前臼齿、第一臼齿、右侧上颌第二臼齿和右侧下颌第三臼齿均为龋齿，病变侵蚀整个齿冠。下颌左侧第三臼齿咬合面龋齿。多处上下颌齿槽唇侧或颊侧面可见由根尖脓疡造成的瘘孔。多颗牙齿咬合面可见轻微的釉质剥脱现象。左侧肩胛骨关节盂表面粗糙不平。双侧髋臼窝关节面上缘可见粗糙的新骨形成现象，右侧并伴有针尖样骨质疏松小孔出现。左侧股骨远端外侧髁关节面上呈现边缘硬化型的骨质疏松，形似珊瑚样小孔。颈椎椎体及上下关节突关节面均呈骨质疏松样病理改变。胸椎椎体边缘骨赘生成，中段个别胸椎椎体压缩性骨折，第 10 至第 12 胸椎椎体及第 2 至第 4 腰椎上下表面均可见许莫氏结节（Schmorl's nodes）。胸椎及腰椎椎体侧面呈边缘硬化型疏松的小孔。腰椎椎体边缘骨赘生成明显。

SM366

位于 ST1604 南部中段，南半部进入 ST1603 北部中段。开口于①层下，墓上部被一个晚期坑及几条东西向宽 20、深 30 厘米的晚期沟打破，打破生土。方向为 8 度或 188 度。（图 2 - 244A ~ C；彩版二二一，3）

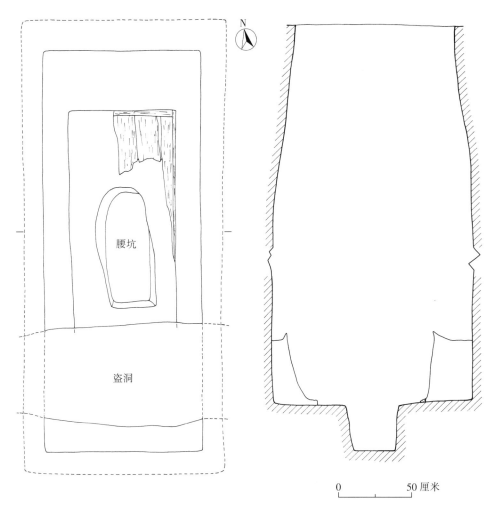

图 2-244A SM366 平、剖面图

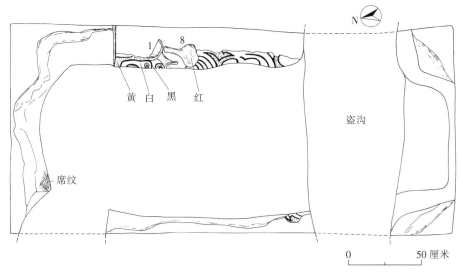

图 2-244B SM366 二层台漆器、布幔图

长方形竖穴土坑墓，墓壁外扩，口小底大。墓口距地表 25 厘米，墓口长 268、东西宽为 108 厘米，墓底长 303、宽 138~140 厘米，墓深 300 厘米。填土为浅灰黄夯土，土质坚硬，夯层厚约 25 厘米，夯窝清晰，直径 8 厘米左右。(图 2-244A)

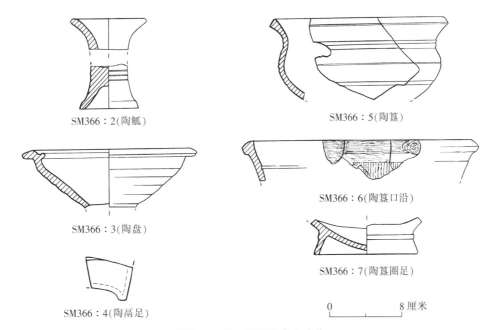

SM366：2（陶瓿）

SM366：5（陶簋）

SM366：3（陶盘）

SM366：6（陶簋口沿）

SM366：4（陶鬲足）

SM366：7（陶簋圈足）

0　　　　　8厘米

图2-244C　SM366出土遗物

因被盗扰，除在扰土内有几块狗骨外，填土中未见完整狗骨架。距墓口215厘米处的西北角填土中出一件东西长约20厘米、拧曲状的红漆器。

墓底二层台被扰不成形，但从棺底残留部分推断二层台宽31～60厘米，高度为50厘米，熟土。二层台上出两件髹漆器物，一件为豆，侧倒状，另一件不明，口部朝东北，侧倒状，分别放于墓东二层台偏北部。二者均以红、黑漆髹成。漆器之上盖有一层席子，被盗扰及腐朽严重而只有墓北部二层台内西侧一小块比较清楚。两件器物下有一块残长130、残宽15厘米布幔，为麻织品，上部图案有四种颜色，各有条形黑漆，内带点状黄漆，大部分为红、白漆，似以白漆图案作底纹。（图2-244B）

墓底中部有长80、宽35厘米的不规则形腰坑，坑壁向外敞，深30厘米。内未见遗物。

葬具为一棺一椁。从残存的迹象判断，椁宽74厘米，长度不明。北侧板厚4厘米，椁底板厚2～3厘米，椁板上髹有白漆。棺不明。

未见墓主骨骼。

墓东侧二层台上放有2件漆器，一件为豆，另一件形状如瓿（SM366：8）。另在盗扰土中出土一些残碎的陶器，器类有瓿、簋、盘、鬲等。

漆豆　1件。

SM366：1，侧躺在二层台之上，已残，品质不佳。髹红底黑彩。通高20厘米。（图2-244A）

SM366：8，与漆豆在一起，状如瓿，尺寸不明。

陶瓿　1件。

SM366：2，有上下两段，疑为同一件。泥质灰陶。素面，弦纹。推测高度9.6、口径8.2厘米。（图2-244C）

陶盘　1件。

SM366：3，残圈足。泥质灰陶。口径19、残高6.2厘米。（图2-244C）

陶鬲足 1件。

SM366:4，泥质灰陶小鬲足，素面。残高4.7厘米。（图2-244C）

陶簋 共有3个碎片，但相互不能黏合。

SM366:5，残缺圈足。侈口，束颈，鼓腹。饰弦纹。口径19.6、残高8.8厘米。（图2-244C）

SM366:6，簋口沿。沿截面呈四边形，沿内侧有凹弦纹。（图2-244C）

SM366:7，簋圈足，低矮。圈足径11.6厘米。（图2-244C）

墓葬年代： 殷墟四期晚段。

SM371

位于ST1803的西北角。开口于①层下，打破SM372，并打破生土。方向为186度。（图2-245A~C；彩版二二二，1、2；彩版二二三，1、2）

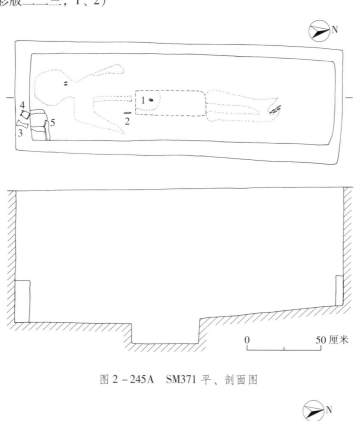

图2-245A SM371平、剖面图

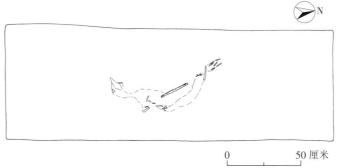

图2-245B SM371填土殉狗平面图

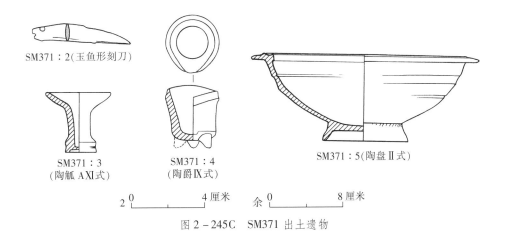

SM371：2(玉鱼形刻刀)

SM371：3
(陶瓬 A XI式)

SM371：4
(陶爵 IX式)

SM371：5(陶盘 II式)

图 2－245C　SM371 出土遗物

长方形竖穴土坑墓，墓壁较直，口与底尺寸相当，墓底南低北高。墓口距地表 55 厘米，墓口长
225、东西宽 73～77 厘米，墓深 79～88 厘米（图 2－245A）。墓内填土为红褐色花夯土，土质坚硬，
夯层厚 15～20 厘米，夯窝清晰。直径 7、深 4 厘米。在距墓口 30 厘米的墓室中部有腐朽的一条殉狗，
头南，弓背（图 2－245B）。

墓底有一周高 20～28、宽 5～10 厘米的熟土二层台。

墓底中部有一腰坑，长 47、宽 16、深 13～17 厘米。壁直，坑内有贝 1 枚。

葬具有一棺，从墓内残存痕迹看，长 210、宽 56～58、高 20～28 厘米。

墓主骨骼磨蚀成粉状，只能看清轮廓。墓主头南面西，直肢。

在墓主的右胸处有玉鱼形刻刀 1 件，头骨右上方有陶盘 1 件。南二层台内出土陶瓬 1 件、陶爵
1 件。

陶瓬　1 件。

SM371：3，A 型 XI 式。泥质灰陶。修复。器形极矮小，敞口，短直腹，圈足极矮，素面。口径
7.6、圈足径 3.3、高 6.4 厘米。（图 2－245C）

陶爵　1 件。

SM371：4，IX 式。泥质灰陶。修复。器形矮小，侈口，小流，无鋬，腹内收，底稍平，小锥足，
口沿外侧有浅凹槽一周。口径 5.8、高 6.6 厘米。（图 2－245C）

陶盘　1 件。

SM371：5，II 式。泥质灰陶。修复。体较小，腹较浅。敛口，平折沿，沿面内侧微凹，矮圈足。
盘内壁饰凹弦纹一周。口径 25.1、圈足径 9.5、高 9.2 厘米。（图 2－245C；彩版二二三，1）

玉鱼形刻刀　1 件。

SM371：2，残。白色，整体受沁，粉化。鱼形，直体，头部残，有一小圆穿，阴线刻出背鳍，尾
部斜出刻刀。残长 5.3、宽 0.9、厚 0.2 厘米。（图 2－245C；彩版二二三，2）

贝　1 枚（SM371：1）。卵黄货贝。

墓葬年代：殷墟四期晚段。

SM375

位于 ST1903 东南部，部分压在东隔梁下。开口于①层下，直接打破生土。方向为 190 度。

（图2-246A～C；彩版二二二，3；彩版二二三，3～5）

长方形竖穴土坑墓，口小底大。墓口距地表60厘米，墓口长276、东西宽116～121厘米，墓底长293、宽127～130厘米，深203厘米（图2-246A）。北、西、南三壁内凹，东壁略凸。墓内填土以黄褐色夯土为主。填土中含烧土、红色绳纹陶片、木炭等。夯窝清晰，直径7～9厘米。在距墓口116厘米深处墓室中北部有一具狗骨架。狗架下出土一个铜铃。铜铃上有布的痕迹。在西北部也出土了一个铜铃（图2-246B）。在墓的四角发现有狗的骨骼。但是骨架过于散乱，难以辨别具体葬式。

墓内有一周高67～73、宽16～40厘米的熟土二层台，南二层台上放置绵羊头骨、左前腿骨及猪下颌骨。

墓底中部有一长79、宽30、深20厘米的长方形腰坑。腰坑斜壁，内空无物。

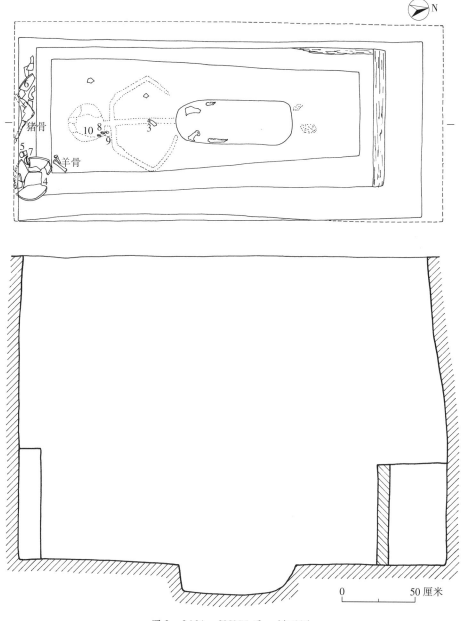

图2-246A SM375平、剖面图

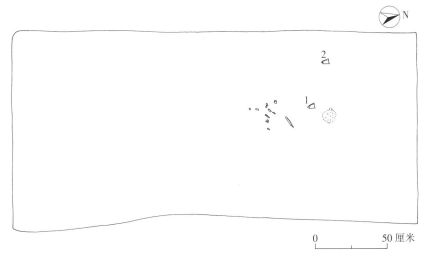

图 2－246B　SM375 填土殉狗平面图

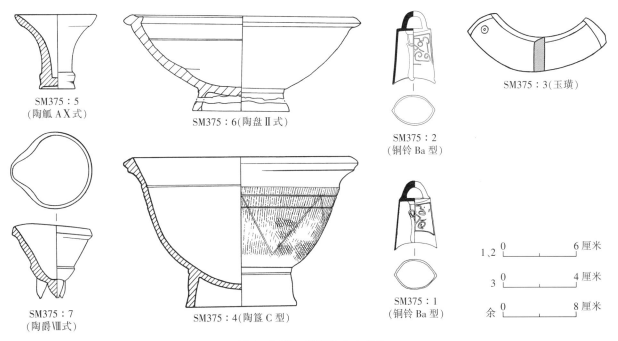

SM375：5
(陶瓤 A X 式)

SM375：6(陶盘Ⅱ式)

SM375：2
(铜铃 Ba 型)

SM375：3(玉璜)

SM375：7
(陶爵Ⅷ式)

SM375：4(陶簋 C 型)

SM375：1
(铜铃 Ba 型)

图 2－246C　SM375 出土遗物

　　葬具为一椁一棺。其中椁长 239、宽 90～98、高 67～73 厘米。从西边与北边的残存痕迹来看，北边椁板厚 8 厘米，西边厚 4 厘米。西侧有白漆。棺长 211、宽 55～75 厘米。高度不详。棺板厚度不清。棺上有红漆。在椁与棺之间未有遗物。

　　墓主由于腐朽且被压成扁平，骨骼已成粉，下肢骨轮廓不清，身高不详。墓主头朝南，仰身直肢，两手臂入于腹部，盆骨陷落于腰坑内。

　　墓主口内有 3 枚 A 型货贝，胸部出土 1 件玉璜。在南二层台上出土 4 件陶器，分别是陶簋、陶瓤、陶爵、陶盘。

　　陶瓤　1 件。

　　SM375：5，A 型 X 式。腹下部有凸棱一周。口径 9.1、圈足径 4、高 7.9 厘米。（图 2－246C）

　　陶爵　1 件。

SM375:7，Ⅷ式。完整。口沿外侧有凸棱一周。口径8.2、高7.9厘米。（图2－246C）

陶盘 1件。

SM375:6，Ⅱ式。残。沿面内则有凹槽一周，盘壁饰凹弦纹一周。口径25.8、圈足径10.5、残高10.1厘米。（图2－246C）

陶簋 1件。

SM375:4，C型。修复。器内壁口沿下饰凹弦纹一周，沿面饰浅凹槽一周，器表腹部饰凹弦纹二周，三角划纹及细绳纹。口径25.6、圈足径12.2、高16厘米。（图2－246C）

铜铃 2件。Ba型。铃身两面饰梯形凸弦纹，内填阳线饕餮纹。

SM375:2，完整。通高5.8、口缘径2.4～3.3、厚0.1厘米。（图2－246C；彩版二二三，4）

SM375:1，残。通高5.5、口缘径2.3×3.4、厚0.1厘米。（图2－246C；彩版二二三，5）

玉璜 1件。

SM375:3，残。青白色，有花斑。圆弧形片状，残器不规整。两端断面经打磨，一端上有一个双面桯钻圆穿。两面抛光。残长7.6、宽1.7、厚0.7～0.8厘米。（图2－246C；彩版二二三，3）

贝 3枚（SM375:8～10）。均为A型。

墓葬年代：殷墟四期晚段。

SM384

位于ST1702东北角。开口与扰土层下，打破西北角墓葬SM382与生土。在墓东侧略偏北处，有一晚期井打破该墓，该井亦为一盗洞；在墓深210厘米至墓底处破坏较严重，致使墓东壁凹凸不平。另在墓北侧还有一长方形盗沟，沿墓壁而下，至底部扰乱范围扩大。方向为12度或192度。（图2－247A～C；彩版二二四、二二五）

长方形竖穴土坑墓，北壁至底部略外扩，而南壁至底部略内收。墓口距地表115、南北长292、东西宽120～126厘米，其北侧略宽于南侧，墓底长294、东西宽123～130厘米，墓深380～389厘米。填土为黄色花夯土，土质坚硬。每夯层厚约15厘米，为单束夯，每个夯窝直径为4～5厘米。

墓底四周有一周熟土二层台，高65～70厘米。因被盗坑破坏，其残宽为：东侧及西侧宽5厘米，南北两侧二层台残宽12～13厘米，而西侧南端的二层台最宽处为21厘米。（图2－247A）

墓底中部建有一腰坑，但已被晚期井破坏，仅存西南角，腰坑深7厘米。

根据墓底西侧残存的板灰痕，及东南角残存的板灰痕判断葬具应为一木棺，其上髹有黑、红、白、黄四种漆痕。棺长260、宽93～100、高65～70厘米。

墓底有木桩孔洞共计42个，集中分布墓底中部及北部的区域内，而自墓北壁往南230厘米处至墓南壁无桩孔洞分布，木桩孔洞皆呈圆形，最小直径1厘米，最大直径2厘米，深浅不一，最浅者2厘米，最深者10厘米。呈相对集中状分布。木桩孔洞内填土呈灰色，质松软。（图2－247B）

已扰乱，未见墓主。

在距墓口360～380厘米处被盗沟所扰乱的填土内，出有器物7件，有铜镞、铜铃、陶簋、陶盘、石器等。在南侧二层台上放置有陶器2件、牛腿骨1支，呈东西向摆放。

陶簋 1件。

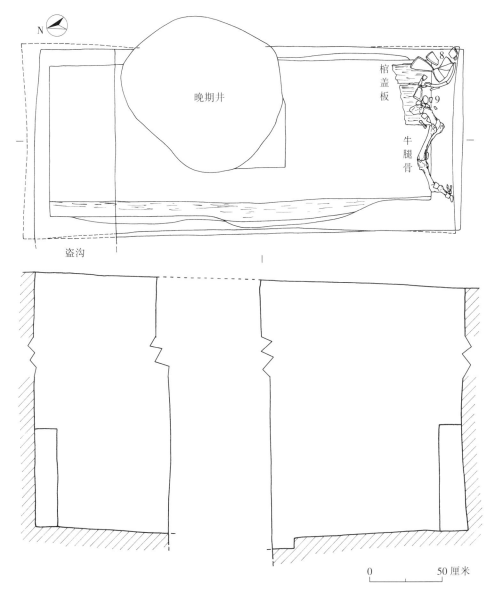

图 2 - 247A　SM384 平、剖面图

SM384:8，C 型。修复。器表腹部饰凹弦纹三周，三角划纹及竖绳纹。口径 24.9、圈足径 12.5、高 15.5 厘米。（图 2 - 247C）

陶盘　1 件。

SM384:9，Ⅱ式。修复。盘内壁饰凹弦纹一周。口径 24.4、圈足径 8.8、高 10.4 厘米。（图 2 - 247C；彩版二二五，1）

铜镞　2 枚。Ab 型Ⅱ式。形体较小。

SM384:1，翼后尖残失。通长 4.6、铤长 1.5、翼残宽 1.8 厘米。（图 2 - 247C；彩版二二五，2）

SM384:7，锋尖和翼后尖残失，残长 4.8、铤残长 1.9、翼残宽 1.9 厘米。（图 2 - 247C；彩版二二五，2）

铜铃　2 件。Aa 型Ⅱ式。

SM384:2，素面。通高 5.4、口缘径 2.6×3.3、腔壁厚 0.1 厘米。（图 2 - 247C；彩版二二五，3）

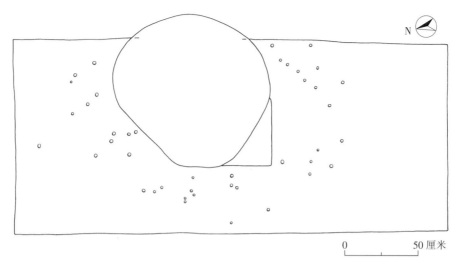

图 2 - 247B　SM384 墓底桩孔图

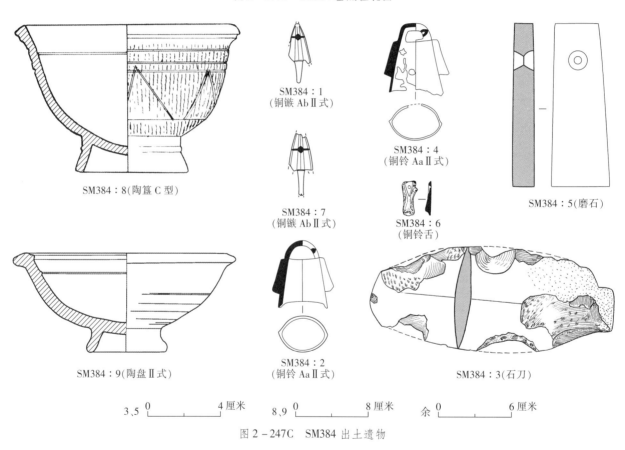

图 2 - 247C　SM384 出土遗物

SM384：4，Aa 型Ⅱ式，素面。通高 5.7、口缘径 2.5×3.6、腔壁厚 0.1 厘米。（图 2 - 247C；彩版二二五，4）

铜铃舌　1 件。

SM384：6，残。圆头短条形，顶端有小环。残长 2.7 厘米。（图 2 - 247C；彩版二二五，5）

石刀　1 件。

SM384：3，残。白色砂岩，风化严重。残器呈不规则形，中部略厚，双面弧刃。表面凹凸不平。残长 13.2、最宽 5.5、最厚 0.6 厘米。（图 2 - 247C；彩版二二五，7）

磨石 1件。

SM384∶5，完整。黄褐色砂岩。体宽而厚，扁平长梯形，上端有一对钻孔。长8.6、宽2.4～3.1、厚1.2、孔径0.8厘米。（图2－247C；彩版二二五，6）

墓葬年代：殷墟四期晚段。

SM389

位于ST1511东南部，东邻SM359。开口于①层下。方向为15度。（图2－248A～D；彩版二二六）

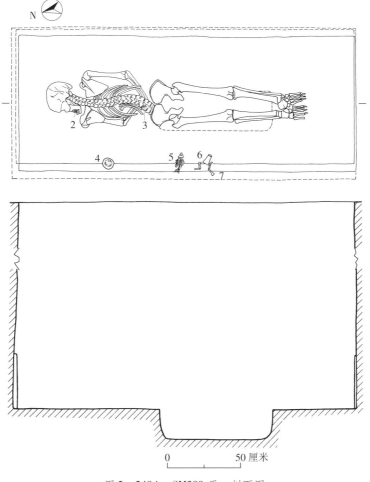

图2－248A SM389平、剖面图

图2－248B SM389墓底铺板及腰坑殉狗平面图

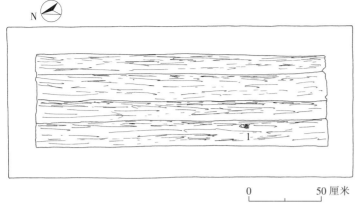

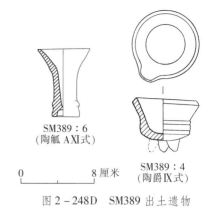

图 2-248C　SM389 棺盖板平面图　　　　图 2-248D　SM389 出土遗物

平面形状呈长方形，该墓周壁较直，东壁南边有挖墓留下的脚窝。墓口距地表深 35 厘米，墓口长 230、宽 90 厘米，墓底长 235、宽 100 厘米，深 285 厘米。墓内填土为黄褐色花夯土，质较硬，内出土有绳纹灰陶片，夯层厚 10~15 厘米。（图 2-248A）

熟土二层台长 230、宽 3~10、高约 36 厘米。

腰坑距墓口深 285、长 77、宽 26、深 20 厘米，呈圆角长方形，内殉有狗骨架 1 具，头向南，为屈肢葬。（图 2-248B）

葬具为木棺，长 230、宽 89、高 36 厘米。棺盖板共有 4 块，每块板宽 10~20 厘米（图 2-248C）。墓底有铺板，四角为三角形暗榫卯结构，几乎贴近墓室四边，压在二层台下。长 230、宽 92 厘米（图 2-248B）。

墓主骨骼完好，俯身直肢，头向北，面向下。

在棺盖上部有鱼骨残片（SM389:1）；墓主左、右手骨下各有 1 枚货贝；墓主口内含 4 枚货贝；另在棺的西侧发现有陶爵、陶觚、鱼骨（SM389:5）和兽骨（SM389:7）残块等随葬品。

陶觚　1 件。

SM389:6，A 型Ⅺ式。完整。腹下部有凸棱一周。口径 5.6、圈足径 3、高 7.1 厘米。（图 2-248D）

陶爵　1 件。

SM389:4，Ⅸ式。修复。口沿外侧有浅凹槽一周，腹部饰凹弦纹二周。口径 7.6、高 5.5 厘米。（图 2-248D）

贝　6 枚，均 A 型。

墓葬年代：殷墟四期晚段。

人骨鉴定：

人骨保存情况较差，仅部分头骨残片、残破的右侧上颌骨、部分下颌骨残段、11 颗牙齿及除荐椎外其余部分脊柱采集可供观察。

墓主颅骨骨壁较厚，眶上缘圆钝，下颌角区粗糙，外翻明显。脊柱椎体较大。上述性别特征均提示墓主可能为男性个体，但据以上信息并不足以推断性别，仅供参考。椎体骨骺环完全愈合，第三白齿萌出，齿尖磨平。仅据以上信息推测，该个体为中年个体。仅据四肢长骨保存状况目前无法进行身高估算。

墓主右侧枕骨髁边缘骨赘生成。右侧上颌及左侧下颌犬齿唇侧面均可见多条线型釉质发育不全。重度牙结石。上颌右侧第一臼齿咬合面可见轻微的釉质剥脱现象。颈椎左侧上、下关节突关节面边缘骨质增生，第3至5颈椎左侧上、下关节突关节面骨质象牙化。多个胸椎椎体边缘骨质增生。多个腰椎椎体骨质增生，左侧上下关节突关节面边缘骨质增生，同时第4与第5腰椎之间左侧的关节突关节面骨质象牙化。

SM394

位于 ST2006 的中部略偏东南。开口于②层扰土下，被 H204 灰坑打破，本身直接打破生土。方向为6度。（图2－249A～C；彩版二二七，1；彩版二二八，1）

长方形竖穴土坑墓，墓壁略外扩，口小底大，底部较平。墓口距地表深40～50厘米，墓口长220、宽88厘米，墓底长232、宽118厘米，墓深125厘米。坑内填土为黄褐色花夯土，土质较硬。（图2－249A）

墓底中部有一长63、宽34、深16厘米的圆角长方形腰坑，内空无物。

从墓内残存的迹象判断为一棺，棺底部铺一层木板。木棺位于墓室中部，棺板上有红漆，红漆非常鲜艳，从现存的迹象看，棺长190、棺宽62厘米。木棺北部盖板上放置两条鱼和一只动物腿骨。东西两边的棺底铺板贴近墓壁。（图2－249B）

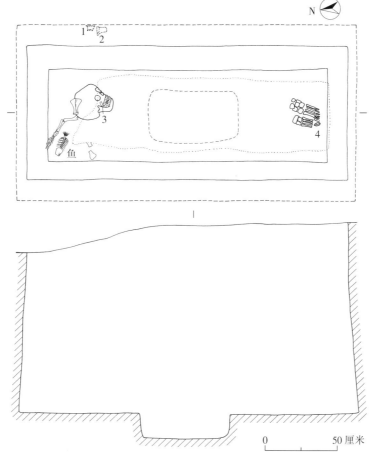

图2－249A　SM394 平、剖面图

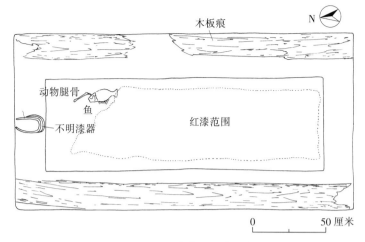

图 2-249B SM394 木棺及墓底铺板平面图

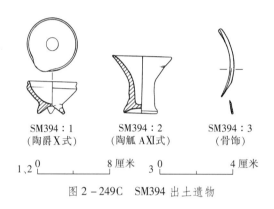

SM394：1
（陶爵 X 式）

SM394：2
（陶觚 A XI 式）

SM394：3
（骨饰）

图 2-249C SM394 出土遗物

该墓主仅见头骨与趾骨，头骨也被压扁平，其他肢骨及椎骨仅留有部分痕迹。此墓主应为仰身直肢，头向北，面向东。

墓内出土 5 件随葬品。陶爵与陶觚各 1 件，位于墓主头部东侧紧挨墓壁处。骨饰（残）在墓主的嘴内，贝（4 枚）位于趾骨下边。另外，在棺室北面有不明漆器 1 件。

陶觚 1 件。

SM394：2，A 型 XI 式。泥质灰陶。修复。器形极矮小，敞口，短直腹，圈足极矮，素面。口径 6.6、圈足径 3.6、高 6 厘米。（图 2-249C）

陶爵 1 件。

SM394：1，X 式。泥质灰陶。完整。极矮小，敞口，小流，浅腹内收，尖底，小锥足，口沿外侧有浅凹槽一周。口径 5.6、高 3.4 厘米。（图 2-249C）

骨饰 1 件。

SM394：3，完整。牙黄色。弧形薄片，一端有一单面钻孔，另一端磨制成斜刃。打磨光滑。长 3.5、宽 0.6、厚 0.2 厘米。（图 2-249C；彩版二二八，1）

贝 4 枚，A 型货贝。

墓葬年代：殷墟四期晚段。

人骨鉴定：

女性？40～45 岁。

头骨性征不明显，眶上缘钝厚，直额，其他特征女性化。下颌牙齿磨耗严重，达 4~5 级。
第一脚拇指上有明显的跪踞面痕迹。

SM395

位于 ST2006 的西部偏南。开口于②层扰土下，直接打破 H272 及生土。方向为 4 度。（图 2－250A ~
D；彩版二二七，2；彩版二二八，2~4）

长方形竖穴土坑墓，墓壁不太整齐，南北向的墓壁略向外扩，底略大于口。墓口长 238、东西宽
82 厘米，墓底长 255、宽 82~97 厘米，墓深 210 厘米。填土为黄褐色花土，土质较硬。（图 2－250A）

墓底四周有一周宽 9~35、高 56 厘米的熟土二层台。

墓底中部有一长 60、宽 34、深 19 厘米的腰坑。腰坑内殉狗一条，狗架保存较差。狗头向北。（图
2－250B）

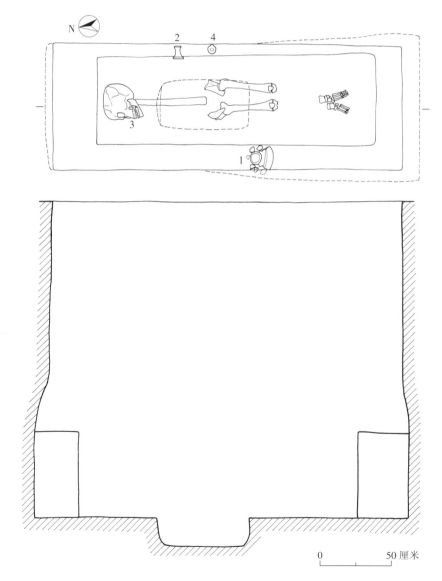

0   50 厘米

图 2－250A　SM395 平、剖面图

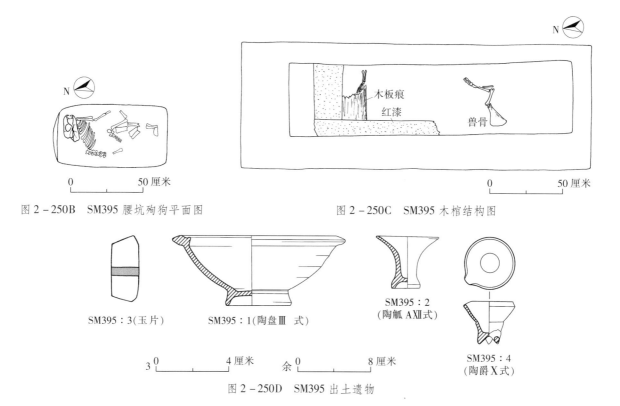

图 2 - 250B SM395 腰坑殉狗平面图

图 2 - 250C SM395 木棺结构图

SM395：3（玉片）　　SM395：1（陶盘Ⅲ式）　　SM395：2（陶觚 AⅫ式）　　SM395：4（陶爵 Ⅹ式）

图 2 - 250D　SM395 出土遗物

　　葬具为一棺，棺长 190、宽 58 厘米，棺高应是二层台的高度 56 厘米。棺盖板及底只有部分痕迹。从痕迹来看，似乎棺底板是横向短板相连，这在殷墟墓葬中不多见。在盖板之上有一只兽腿骨。（图 2 - 250C）

　　墓主头已被压成扁状，上肢与肋骨均已成粉状，只有部分头骨、股骨及趾骨保存略好。墓主的葬式应为仰身直肢，头北面西。

　　墓内共出土 4 件随葬品：陶盘位于西二层台之上的中部；陶觚、陶爵位于东二层台内；玉片在墓主嘴内。

　　陶觚　1 件。

　　SM395：2，A 型Ⅻ式。泥质灰陶。修复。器形极矮小，敞口、短直腹、矮圈足，素面。口径 6.8、圈足径 3.2、高 5.5 厘米。（图 2 - 250D；彩版二二八，2）

　　陶爵　1 件。

　　SM395：4，Ⅹ式。泥质灰陶。残。极矮小、侈口、小流、浅腹内收、尖底、小锥足，腹下部有凹弦纹一周。口径 5、高 4.5 厘米。（图 2 - 250D）

　　陶盘　1 件。

　　SM395：1，Ⅲ式。泥质灰陶。修复。体较小、敛口、沿面中部微凸、内则微凹、浅腹、矮圈足。素面。口径 19、圈足径 7.4、高 7.3 厘米。（图 2 - 250D；彩版二二八，3）

　　玉片　1 件。

　　SM395：3，完整。乳白色。四边形，边角均打磨光滑。通体抛光。长 3.3、宽 1.4、厚 0.4 厘米。（图 2 - 250D；彩版二二八，4）

　　墓葬年代： 殷墟四期晚段。

人骨鉴定：

性别不明。成年。

SM397

位于 ST1814 西南部。墓葬北部和南部发现两处盗沟。方向为 15 度。（图 2 - 251）

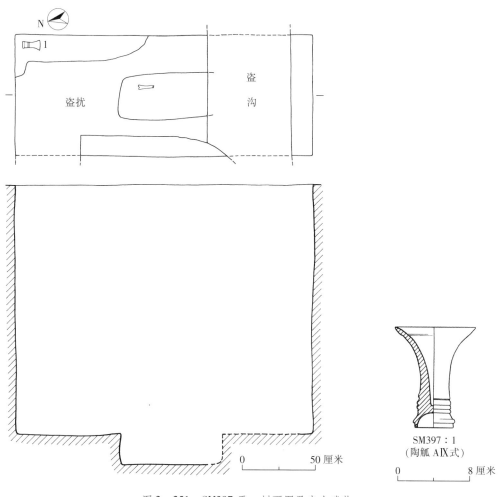

图 2 - 251 SM397 平、剖面图及出土遗物

长方形竖穴土坑墓，墓壁较直。墓口距地表深约 20 厘米，墓口长 202、宽 80 厘米，墓深 165 厘米，填土为黄褐花夯土，土质较硬。

墓底有一周宽 17、高 34 厘米的熟土二层台，但因盗遭破坏，仅余留东北角二层台、东二层台北部和西二层台中部。

墓底中部有一圆角长方形腰坑，残长 60、宽 30、深 20 厘米。腰坑内有一条殉狗，因盗扰只残存一段狗骨。

未发现葬具。墓主尸骨无存。

在东北角二层台上，发现陶觚 1 件。

陶觚 1 件。

SM397:1，A 型Ⅸ式。泥质灰陶。修复。器形矮小，喇叭口，腹呈直筒形，矮圈足外撇下折，腹下部有凹弦纹四周。口径8.9、圈足径4.2、高10.5厘米。（图2-251）

墓葬年代：殷墟四期晚段。

SM401

位于 ST1807 西北角，北端伸入 ST1807 北隔梁。开口于②层下，直接打破生土。中间有一近代盗洞直达墓底，墓底盗扰严重，空无一物。方向为10度或190度。（图2-252）

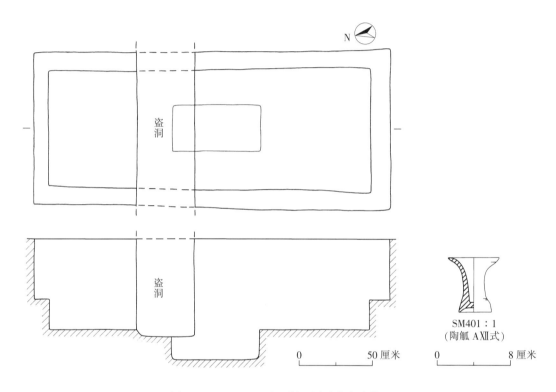

图2-252 SM401 平、剖面图及出土遗物

长方形竖穴土坑墓，周壁较直。墓口距地表50厘米，墓口长244、宽100厘米，墓深60厘米，填土为灰黄色土，被扰动过，较松散。

墓底四周有一周高20、宽10~14厘米的生土二层台。

墓底中部有南北向腰坑，长约60、宽约30、深约20厘米，内空无物。

未发现葬具，墓主情况不详。

在盗洞内距墓口约40~50厘米处，出土1件陶瓿、1枚贝。

陶瓿 1件。

SM401:1，A 型Ⅻ式。泥质灰陶。修复。器形极矮小，小敞口，短直腹，圈足极矮，素面。口径5.7、圈足径3.6、高5.7厘米。（图2-252）

贝 1枚（SM401:2）。A 型货贝。

墓葬年代：殷墟四期晚段。

SM404

位于 ST1713 中部。开口于 ST1713 第①层现代堆积层下，西壁被晚期灰坑打破。被盗，在中北部发现有长方形盗沟。方向为 17 度或 197 度。（图 2-253A、B）

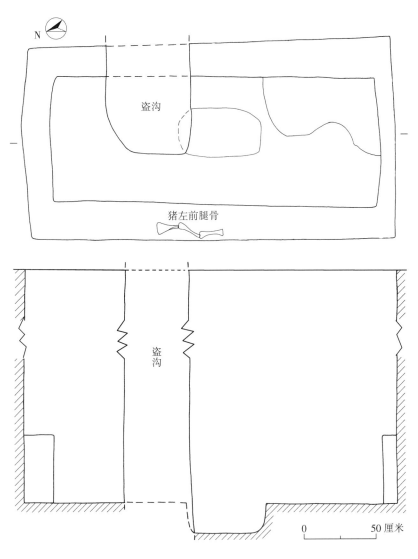

图 2-253A　SM404 平、剖面图

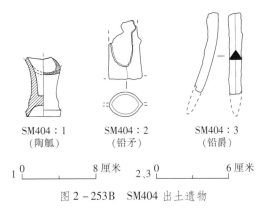

图 2-253B　SM404 出土遗物

长方形竖穴土坑墓,墓壁较直。墓口距地表深约 30 厘米,墓口长 255、宽 132 厘米,墓深 330 厘米,填土为黄色夯土。(图 2-253A)

墓底有一周熟土二层台,距墓口深 285 厘米,长 226、宽 10~25、高 45 厘米。西二层台上有猪左前腿骨。

墓底中部有一圆角长方形腰坑,残长 55、宽 32、深 20 厘米。腰坑北部被盗沟打破。

葬具为一棺,长方形,长 226、宽 85、高 45 厘米。

未发现墓主骨骼。

盗沟内出有铅器残片及陶觚等。

陶觚 1 件。

SM404:1,泥质灰陶。残。仅剩腹、足部残片,腹下部略鼓,矮圈足。圈足径 3.7、残高 5.8 厘米。(图 2-253B)

铅矛 1 件。

SM404:2,残存骹部,銎截面呈椭圆形,不辨别形制。(图 2-253B)

铅爵 1 件。

SM404:3,残存三棱状锥状足一只。(图 2-253B)

墓葬年代:殷墟四期晚段。

SM407

位于 ST1712 西南角,开口于①层下,打破生土层,墓口距地表 45 厘米。方向为 15 度。(图 2-254A、B;彩版二二七,3;彩版二二八,5、6)

平面呈长方形,口小底大。墓口长 230、宽 95~100 厘米,墓底长 265、宽 120~124 厘米,墓深 270 厘米。墓室填土夯打比较稀疏,夯窝直径 8~12 厘米。20 厘米以下,夯窝较密,直径 5~8 厘米,夯层 30~40 厘米。(图 2-254A)

熟土二层台宽 16~25、高 23 厘米。东二层台有席纹彩绘,并放有猪左前腿骨。西二层台北部放置一件陶觚。

墓室底有腰坑,长 80、宽 35、深 42 厘米。

葬具为木棺,长 220、宽 63~75、残高 35 厘米。木棺之上髹漆。

墓主骨架保存较差,已朽成粉末状,只能看到其大致轮廓,头向北。

二层台上放置陶觚、爵各 1 件。墓主头前放置 2 把铅矛、1 把铅戈。身体两侧放置有铅觚、铅爵和铅戈各 1 件。

陶觚 1 件。

SM407:5,A 型 X 式。完整。器形矮小。腹下部有凸棱一周。口径 7.8、圈足径 3.8、高 8.2 厘米。(图 2-254B)

陶爵 1 件。

SM407:8,IX 式。完整。器形矮小,口沿外侧有浅凹槽一周。口径 7.1、高 6.4 厘米。(图 2-254B)

铅觚 1 件。

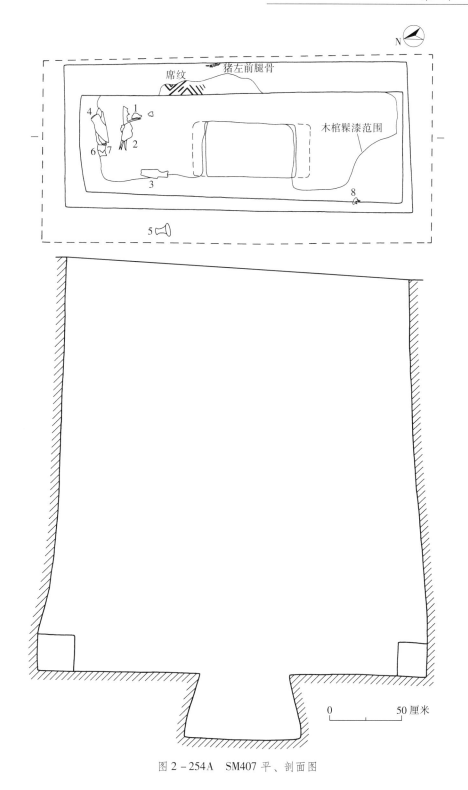

图 2 – 254A SM407 平、剖面图

SM407:1，残。形似 C 型铜觚，残损严重。大喇叭口，柄较细，腹及圈足残。最大残片高 9.5、口径 13.2 厘米。（图 2 – 254B）

铅爵 1 件。

SM407:2，残。形似 C 型铜爵。体较高大，流尾残失，流口有菌状立柱，深腹，卵形底，三棱锥状足，残，鋬残失。腹上部饰三道凸弦纹。残高 8、腹径 5.8 厘米。（图 2 – 254B）

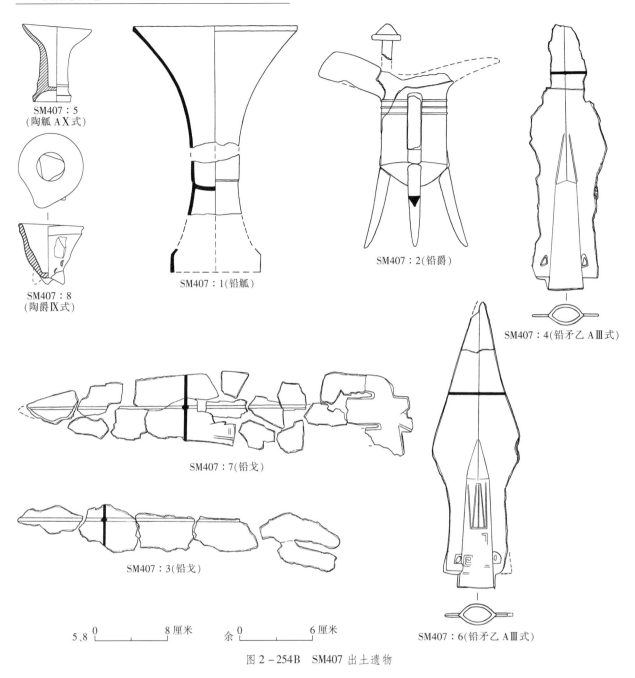

图 2 - 254B　SM407 出土遗物

铅戈　2 件。

SM407：7，残。形似二类 Ba 型铜戈。质较轻薄，残内呈鸟首形，余残碎。（图 2 - 254B）

SM407：3，残损严重，不辨形制。（图 2 - 254B）

铅矛　2 件。乙 AⅢ式。

SM407：4，残。残长 15.8、叶残长 14.9、叶残宽 6、銎腔径 1.4×2.5 厘米。（图 2 - 254B；彩版二二八，5）

SM407：6，残。残长 21.8、叶残长 20.8、叶最宽 6.8、銎腔径 1.3×2.4 厘米。（图 2 - 254B；彩版二二八，6）

墓葬时代：殷墟四期晚段。

SM423

位于 ST1807 西北部，东邻 SM422。开口于近代扰坑下，直接打破生土，东南角打破 F43。北端有一盗洞，宽 65、东西长 137 厘米，内填土色较杂，土质松散。方向为 6 度。（图 2 – 255A ~ E；彩版二二九、二三〇）

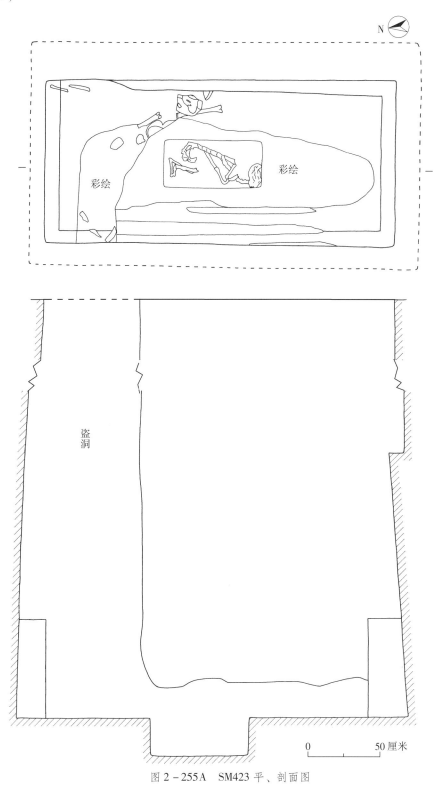

图 2 – 255A　SM423 平、剖面图

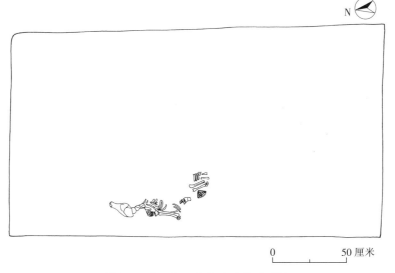

图 2 - 255B　SM423 填土殉狗平面图

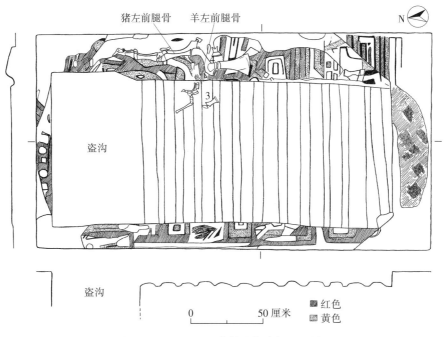

猪左前腿骨　羊左前腿骨

盗沟

盗沟

0　　　　　50厘米

■红色
■黄色

图 2 - 255C　SM423 布幔及椁盖板平、剖面图

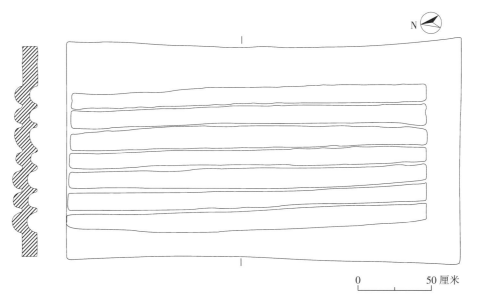

0　　　　　50厘米

图 2 - 255D　SM423 椁底板平、剖面图

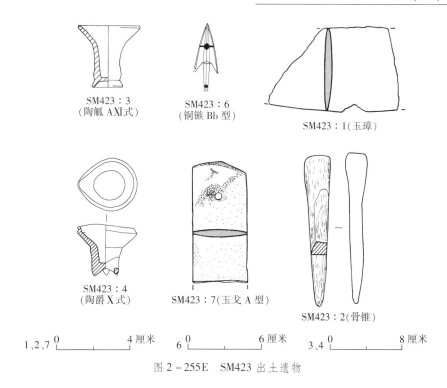

SM423：3
（陶觚 AⅪ式）

SM423：6
（铜镞 Bb 型）

SM423：1(玉璋)

SM423：4
（陶爵 Ⅹ式）

SM423：7（玉戈 A 型）

SM423：2(骨锥)

1、2、7　0 ____ 4 厘米　　6　0 ____ 6 厘米　　3、4　0 ____ 8 厘米

图 2－255E　SM423 出土遗物

长方形竖穴土坑墓，口小底大。墓口距地表约 70 厘米，墓口长约 240、东西宽 110 厘米，墓底长270、宽 150 厘米，墓深 440 厘米。填土为黄褐色花夯土，土质坚硬，夯层厚 15～20 厘米，夯窝清晰，直径 6～8 厘米，深约 2.5 厘米（图 2－255A）。距墓口约 300 厘米填土中，有殉狗一条（图 2－255B）。靠近墓室西部，头朝北，侧卧，四肢朝东。

墓底四周有一熟土二层台，高 65、宽 20～26 厘米。东、西、北二层台上均有华丽的彩绘布幔痕迹，南二层台上有席纹痕迹。二层台上的布幔极有可能与椁盖板之上的为一整块。只是椁盖板之上的布幔因盗扰、塌陷而不清晰。布幔主要以黑、红、黄、白四色搭配，图案以大型回纹为主。（图 2－255C）

墓底中部有一长 67、宽 31、深 25 厘米的腰坑，内有一狗骨架，头向南，腐朽严重，骨架只能看到大概轮廓，从迹象看，前腿捆绑于背上。腰坑底部有贝 1 枚。

葬具为一棺一椁。椁长 210、宽 100、高 65 厘米。椁盖板用圆木固定（因北部被盗洞打破，从残留迹象看，余 11 根），每根直径 4～10 厘米（图 2－255C）。圆木之间的平面上有木灰痕迹，应为椁板痕迹。墓底有圆木痕迹，应为椁底枕木。从迹象看，枕木长 242～245、直径 10～24 厘米（图 2－255D）。因墓底盗扰严重，棺木轮廓不清，只残留一小部分漆皮和木灰痕迹，

因墓底盗扰严重，墓主的葬式、头向不详。从腰坑殉狗头向判断，墓主头向可能朝北。

在二层台东侧丝织物上，出土陶爵 1 件，在椁盖东侧中部出土陶觚 1 件（残），在东侧二层台丝织物上放猪左前腿骨 1 只。椁室盖板之上有羊左前腿骨。

陶觚　1 件。

SM423：3，A 型Ⅺ式，修复。素面。口径 6.6、圈足径 3.4、高 6.8 厘米。（图 2－255E；彩版二三〇，1）

陶爵　1 件。

SM423：4，X式，修复。口沿外侧有浅凹槽一周，腹下部有凹弦纹一周。口径5.3、高5.5厘米。（图2－255E）

铜镞 1件。

SM423：6，Bb型，微残。形体较大。通长5.4、铤长2.2、翼宽1.8厘米。（图2－255E；彩版二三〇，2）

铜片 1件。

SM423：5，残损严重，不辨器形。

玉戈 1件。

SM423：7，A型。残。灰白色。无内。长条形援，无中脊，中间略厚。柄部有一对钻孔。残长6.3、援宽2.9、援厚0.4厘米。（图2－255E；彩版二三〇，3）

玉璋 1件。

SM423：1，残。灰白色。残存前端，呈不对称的斜三角形。双面打磨，风化严重。残长7.1、宽4.3、厚0.3厘米。（图2－255E；彩版二三〇，4）

骨锥 1件。

SM423：2，残。顶端宽，尖端呈三棱形，截面近三角形。通体打磨。长8、顶宽1.2、厚0.7厘米。（图2－255E；彩版二三〇，5）

贝 1枚。A型货贝。

墓葬年代：殷墟四期晚段。

人骨鉴定：

男性。30±岁。

盆骨、肢骨性征明显。肢骨粗壮度和骨密度1级。牙齿磨耗3级。

SM424

位于ST1902的西北角，部分压在北隔梁下。开口于①层下，直接打破生土。方向190度。（图2－256A、B；彩版二三一，1；彩版二三二，1）

长方形竖穴土坑墓，口大底小，墓底南低北高。墓口距地表55厘米，墓口长220、东西宽79～87厘米，墓底长207、宽67～71厘米，墓深243厘米。（图2－256A）

墓内填土以黄褐色花土为主。土质坚硬，经过夯打，夯窝清晰，直径9、深4厘米。夯层厚12～15厘米。当清理到170厘米时出现了一层厚10厘米左右的红褐土。只不过这种土很少。填土中未见任何遗物。未见殉狗。

墓底东、南、北有高4～15、宽12～15厘米的熟土二层台。在南二层台上放置有器物。

墓底中部有一腰坑，长73、宽24～33、深7～12厘米。椭圆形，坑壁略斜，坑内无物。

葬具为木棺，髹红漆，棺板厚2厘米。从墓中二层台长、宽来看，棺长177、宽55、残高15厘米左右。棺已腐朽。

墓主骨骼被压扁且腐朽，只能看清轮廓。墓主头朝南，面向东，直肢。

在二层台上出土陶簋、陶盘、陶爵各1件。二层台内出土陶瓠1件。在墓主嘴中含有玉鸟1只。

图 2－256A SM424 平、剖面图

陶瓿 1 件。

SM424：4，B 型 Ⅱ 式。泥质灰陶。修复。器形矮小，喇叭口，粗腹，呈直筒形，矮圈足，腹下部有凸棱一周。口径 8.4、圈足径 4.2、高 8.4 厘米。（图 2－256B）

陶爵 1 件。

SM424：5，Ⅸ 式。泥质灰陶。修复。体矮胖，敞口，小流，小泥条鋬，腹内收，底近平，小锥足，口沿外侧有浅凹槽一周。口径 7.4、高 6.8 厘米。（图 2－256B）

陶盘 1 件。

SM424：3，Ⅱ 式。泥质灰陶。修复。口径较小，敛口，沿面加宽，沿中部微凸，沿内有凹槽一周，浅腹，圈足略高。素面。口径 22.7、圈足径 9.9、高 9 厘米。（图 2－256B）

陶簋 1 件。

SM424：2，C 型。泥质灰陶。修复。侈口，厚方唇，深腹略鼓，圜底，圈足矮且外撇。器内壁口沿下饰凹弦纹一周，唇面饰纵向绳纹，器表腹部饰凹弦纹二周，三角划纹及竖绳纹。口径 24.2、圈足

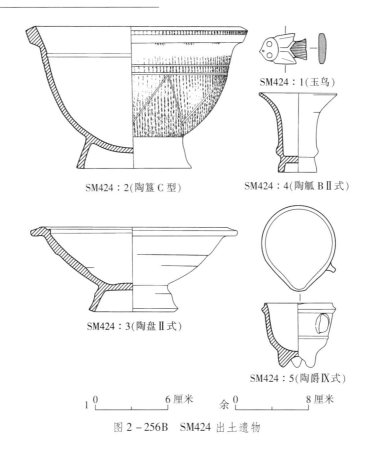

SM424：1(玉鸟)

SM424：2(陶簋 C 型)

SM424：4(陶瓠 BⅡ式)

SM424：3(陶盘Ⅱ式)

SM424：5(陶爵Ⅸ式)

1 ⊢0────────6 厘米   余 ⊢0────────8 厘米

图 2－256B　SM424 出土遗物

径 12.6、高 15 厘米。(图 2－256B)

玉鸟　1 件。

SM424：1，完整。青色，有白斑，局部受沁。作滑翔之势，短喙前伸，减地凸眼，双翅展开，阴线示羽，喙部单面钻孔。背面抛光。玉鸟眼球为米粒大小的绿松石镶嵌而成。长 3.8、宽 2.3、厚 0.6厘米。(图 2－256B；彩版二三二，1)

墓葬年代：殷墟四期晚段。

SM425

位于 ST1902 的西部，北边相邻 SM424。南边相邻 SM426。开口于①层扰土下，直接打破生土。方向 184 度。(图 2－257A、B；彩版二三一，2；彩版二三二，2~4)

长方形竖穴土坑墓，直壁。墓口距地表 60 厘米，墓口长 220、东西宽 75~80 厘米，墓底长 240、宽 85~89 厘米，墓深 150 厘米。填土为经过夯打的红褐花土。夯窝清晰，直径 6 厘米。夯层不清。填土中未发现有遗物。(图 2－257A)

墓内有一周高 18~22、宽 16~24 的熟土二层台。在二层台的东南角内放置 1 件陶盘。

墓底未发现腰坑。

葬具为一棺。棺长 200、宽 48~56、高 18~22 厘米。由于棺板已腐朽，所以看不清棺板木质的厚度。但棺壁留有板灰。

墓主尸骨由于腐朽且被压成扁平，所以只能看清轮廓。只有大腿骨还未完全腐朽。从轮廓上看，墓主头朝南，仰身直肢，两手臂放于腹部。尸骨下未见腰坑。骨骼范围长度 152 厘米。性别、年龄不详。

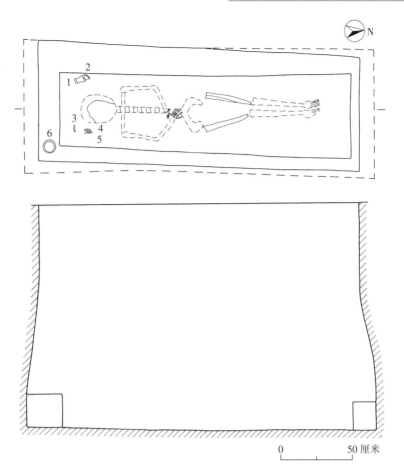

图 2－257A SM425 平、剖面图

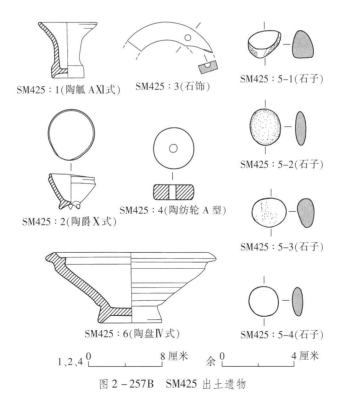

SM425：1(陶觚 A XI式)　　SM425：3(石饰)　　SM425：5-1(石子)

SM425：2(陶爵 X式)　　SM425：4(陶纺轮 A 型)　　SM425：5-2(石子)

SM425：5-3(石子)

SM425：6(陶盘 IV式)　　SM425：5-4(石子)

图 2－257B SM425 出土遗物

在墓主头部的西南角放置1件觚和1件爵，头东部放置纺轮1件、磨光石子5枚，头部的右方放置半钻孔的石饰1件。东南角二层台内陶盘1件。

陶觚 1件。

SM425∶1，A型Ⅺ式。泥质灰陶。完整。器形极矮小，敞口，短腹，圈足极矮，素面。口径6.5、圈足径3.5、高5.8厘米。（图2－257B）

陶爵 1件。

SM425∶2，Ⅹ式。泥质灰陶。完整。极矮小，侈口，小流，浅腹内收，尖底，小泥丁足，口沿外侧有浅凹槽一周。口径5.1、高3.8厘米。（图2－257B）

陶盘 1件。

SM425∶6，Ⅳ式。泥质灰陶。修复。器形很小，敛口，宽沿，沿面中部凸起，沿内有凹槽一周，浅腹，矮圈足。素面。口径18.6、圈足径6.9、高7.4厘米。（图2－257B）

陶纺轮 1件。

SM425∶4，A型。完整。体呈扁圆形，中间有圆形孔，轮沿中腰平直。素面。直径2、孔径0.4、厚0.8厘米。（图2－257B；彩版二三二，2）

石饰 1件。

SM425∶3，残。乳白色。半环形窄条，一面有一未钻透圆孔。残长4.5、宽0.8、厚0.5厘米。（图2－257B；彩版二三二，3）

石子 共5枚，其中黄色2枚，灰色3枚。

SM425∶5，完整。体呈扁圆形或不规则形。（图2－257B；彩版二三二，4）

墓葬年代：殷墟四期晚段。

SM426

SM426位于ST1902西南部。开口于①层下，直接打破生土。方向195度。（图2－258A、B；彩版二三三，1；彩版二三二，5）

长方形竖穴土坑墓，墓四壁内凹，口小底大。墓口距地表深60厘米，墓口长196、宽79～84厘米，墓底长230、宽114～117厘米，墓深256厘米。填土为黄褐色五花土，经过夯打，夯窝直径6～7厘米，填土中含木炭、烧土等，当清理至175厘米往下时，中间的夯土最硬。填土中未发现殉牲及随葬品。（图2－258A）

墓底有一周高36～40、宽15～20厘米的熟土二层台。二层台上有红漆痕迹。

墓底中部有一腰坑，长90、宽40、深19厘米。腰坑斜壁，殉狗，腐蚀严重。

葬具为一棺。其中棺长195、宽67～73、深36～40厘米。由于棺已腐朽，木质及棺板厚度不清。但棺壁内留有一层白色板灰。

墓主尸骨由于腐朽且被压成扁平，所以只看清轮廓，墓主头朝南，面向不清。直肢，两手放于腹部。盆骨以下至小腿骨置于腰坑内。墓主骨骼痕迹长度152厘米。墓主身上有一层红漆，可能是木棺红漆浸染所致。

墓主口内含有2枚贝（SM426∶5）。

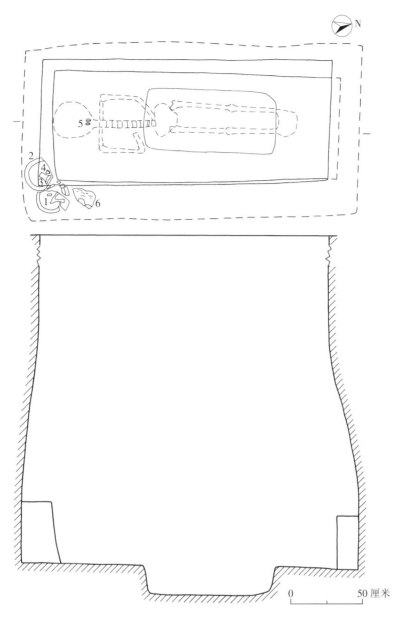

图 2 – 258A　SM426 平、剖面图

在东南角二层台上共出土 4 件陶器。分别是陶簋、陶瓯、陶爵、陶盘。并在陶器的北边有猪头骨、左前腿骨。

陶瓯　1 件。

SM426：3，A 型 X 式。泥质灰陶。修复。器形矮小，敞口，短直腹，矮圈足，腹下部有凸棱一周。口径 8.2、圈足径 3.8、高 8 厘米。（图 2 – 258B）

陶爵　1 件。

SM426：4，IX 式。泥质灰陶。修复。器形矮小，侈口，小流，无錾，腹内收，尖底，小锥足，腹部饰凹弦纹一周。口径 6.9、高 5.4 厘米。（图 2 – 258B）

陶盘　1 件。

SM426：2，II 式。泥质灰陶。修复。口径变小，敛口，沿面加宽，沿中部凸起，内则有凹槽一周，

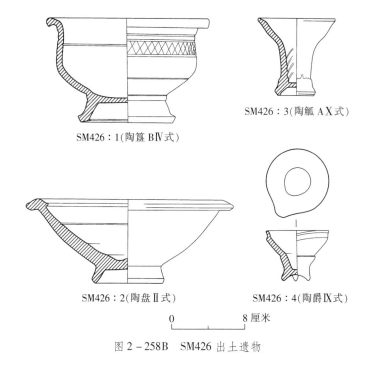

SM426：1(陶簋 B Ⅳ式)

SM426：3(陶觚 A Ⅹ式)

SM426：2(陶盘 Ⅱ式)

SM426：4(陶爵 Ⅸ式)

0   8 厘米

图 2 - 258B   SM426 出土遗物

浅腹，矮圈足。盘内壁饰凹弦纹一周。口径 22.8、圈足径 8、高 8.9 厘米。（图 2 - 258B；彩版二三二，5）

陶簋 1 件。

SM426：1，B 型 Ⅳ式。泥质灰陶。修复。体较小，侈口，圆唇，窄折沿，束颈，圆鼓腹，圜底，圈足较高且外撇。器内壁口沿下饰凹弦纹一周，器表颈部饰网形划纹一周，上、下饰以凹弦纹二周，腹部饰凹弦纹一周。口径 17.9、圈足径 10.8、高 11 厘米。（图 2 - 258B）

贝 2 枚。A 型。

墓葬年代：殷墟四期晚段。

SM428

位于 ST1914 东南部。开口于①下，直接打破生土。北部有一盗沟。方向为 13 度。（图 2 - 259A、B；彩版二三三，2；彩版二三四）

长方形竖穴土坑墓，南北两壁略内收，东西两壁略外扩，南北两端口略大，东西壁口小。墓口距地表 20 厘米，墓口长 240、东西宽 92 ~ 96 厘米，墓底长 227、宽 98 ~ 102 厘米，墓深 285 厘米。填土为红褐色花夯土，土质较硬。夯层厚 17 ~ 22 厘米。夯窝清晰。直径 7 厘米，深约 4 厘米。距墓口 70 厘米中西部，棺西侧内有一只完整的绵羊左前腿骨，可能在棺盖上，由于棺盖朽烂，塌陷至棺内西侧内壁旁。（图 2 - 259A）

墓底四周有高 35、残存上部宽为 2 ~ 10 厘米的熟土二层台。二层台上部保存较窄，底部保存较宽。底部宽 9 ~ 22 厘米。

墓底中部有一长 65、宽 30、深约 20 厘米的圆角形腰坑。腰坑壁略斜。内有狗骨架一具，狗头朝南。

葬具为一棺。从残存迹象看，棺长 190、宽 57 ~ 62、残高 35 厘米。两侧棺板厚约 4 厘米。棺板上

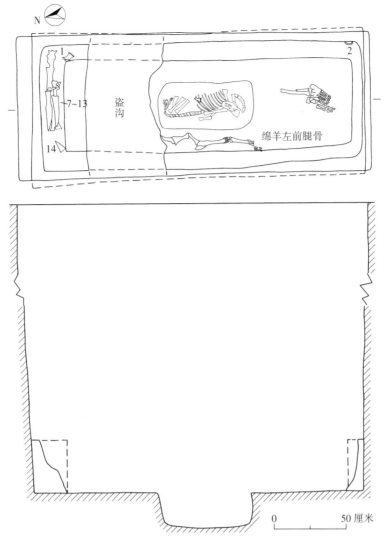

图 2－259A　SM428 平、剖面图

鬃有黑漆。

由于 SM428 被盗严重，从残存的脚趾骨判断，葬式应为头向北。其他情况不详。

在二层台东北角上部出陶瓠 1 件。东南角二层台内出土陶爵 1 件（残）。从墓主残存的脚趾骨下出土贝 4 枚。在北二层台下有 4 件铜矛与 4 件铜戈。

陶瓠　1 件。

SM428：1，A 型Ⅻ式。泥质灰陶。修复。器形极矮小，小敞口，短直腹，矮圈足，素面。口径 6.7、圈足径 3.8、高 6 厘米。（图 2－259B）

陶爵　1 件。

SM428：2，Ⅸ式。泥质灰陶。修复。器形矮小，敞口，小流，无鋬，腹内收，尖底，小锥足，口沿外侧有浅凹槽一周。口径 6.5、高 6 厘米。（图 2－259B）

铜戈　4 件。均为乙 Ba 型Ⅲ式。体长，较轻薄。曲内呈鸟首形，有歧冠；长条形援，残，中部有线状中脊，援末呈三角形。

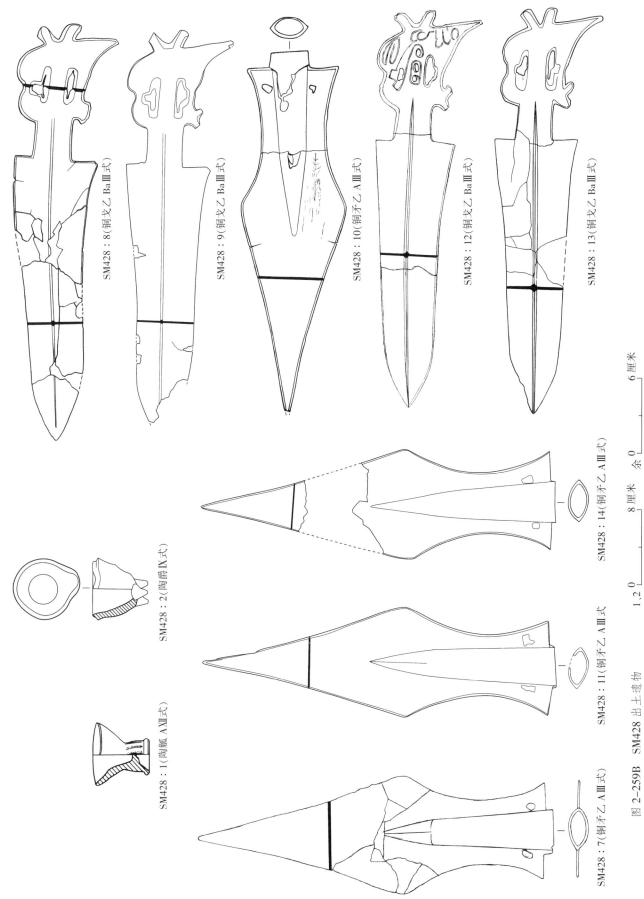

SM428 : 8（铜戈乙 BaⅢ式）

SM428 : 9（铜戈乙 BaⅢ式）

SM428 : 10（铜矛乙 AⅢ式）

SM428 : 12（铜戈乙 BaⅢ式）

SM428 : 13（铜戈乙 BaⅢ式）

SM428 : 2（陶爵Ⅸ式）

SM428 : 1（陶觚 AⅫ式）

SM428 : 14（铜矛乙 AⅢ式）

SM428 : 11（铜矛乙 AⅢ式）

SM428 : 7（铜矛乙 AⅢ式）

图 2-259B　SM428 出土遗物

SM428：8，残。残长 33、援长 21.9、援最宽 6.4、内宽 3、援中脊厚 0.4、内厚 0.2 厘米。重 0.163 千克。（图 2－259B）

SM428：9，残。残长 31.5、援残长 20.7、援最宽 6.5、内宽 3.1、援中脊厚 0.4、内厚 0.2 厘米。重 0.159 千克。（图 2－259B）

SM428：12，残。残长 31.2、援长 21.2、援最宽 6、内宽 3、援中脊厚 0.5、内厚 0.2 厘米。重 0.176 千克。（图 2－259B；彩版二三四，4）

SM428：13，残。残长 32.1、援长 21.6、援最宽 6.4、内宽 2.9、援中脊厚 0.4、内厚 0.3 厘米。重 0.172 千克。（图 2－259B；彩版二三四，5）

铜矛 4 件。均为乙 A 型Ⅲ式。体大，较轻薄。叶呈亚腰形，叶底两侧有穿孔；骹截面呈扁圆形。

SM428：7，残。残长 29、叶长 28.2、叶最宽 9.4、叶厚 0.2、骹腔径 1.2×2.7 厘米。重 0.210 千克。（图 2－259B；彩版二三四，1）

SM428：10，残。残长 28、叶长 27.1、叶最宽 8.6、叶厚 0.2、骹腔径 1.4×2.5 厘米。重 0.208 千克。（图 2－259B；彩版二三四，2）

SM428：11，残。残长 29.2、叶长 28.7、叶最宽 8.7、叶厚 0.2、骹腔径 1.4×2.5 厘米。重 0.178 千克。（图 2－259B；彩版二三四，3）

SM428：14，残。残长 16.5、叶残长 15.8、叶最宽 8.8、叶厚 0.2、骹腔径 1.4×2.6 厘米。重 0.160 千克。（图 2－259B）

贝 4 枚。A 型。

墓葬年代： 殷墟四期晚段。

SM430

位于 ST1914 西南部。开口于②层下，西墓壁被晚期南北向沟破坏，被盗，其本身直接打破生土。方向为 18 度。（图 2－260A～C）

长方形竖穴土坑墓，墓北壁略外扩，口小底大。墓口距地表约 50 厘米，墓口长 230、东西宽 110 厘米，墓底长 236、宽 110 厘米，墓深 248 厘米（图 2－260A）。墓北部填土为黄褐色花夯土，土质坚硬。夯层 18～22 厘米。夯窝清晰，直径 4～7、深约 4 厘米。发掘至 140 厘米深时，出狗骨架 1 具，狗头朝南，狗头被盗坑破坏（图 2－260B）。南半部被盗坑扰乱。

墓底四周有一高 44、宽 15～30 厘米的熟土二层台。

墓底中部有一长 53、宽 30、深 25 厘米的圆角长方形腰坑。腰坑壁略外斜，腰坑被扰，有零星乱兽骨，可能为狗骨。

葬具可能是一棺，由于该墓被盗严重，未发现木棺残存迹象。从被保留的二层台之间长度、宽度推测，棺长约 190、宽 70～75、残高 44 厘米。

该墓主残留有一段腿骨，从腿骨判断，墓主头应朝北，但性别、年龄、身高不详。

在墓底近腰坑东边缘部出土残陶瓠 1 件。

陶瓠 1 件。

SM430：1，A 型Ⅹ式。泥质灰陶。微残。器形矮小，敞口，腹上宽下窄，矮圈足，腹下部有凸棱

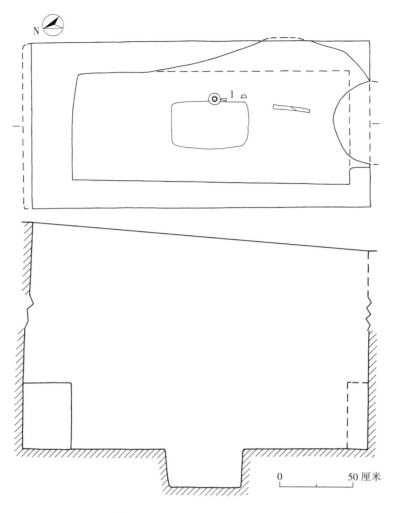

图 2 - 260A　SM430 平、剖面图

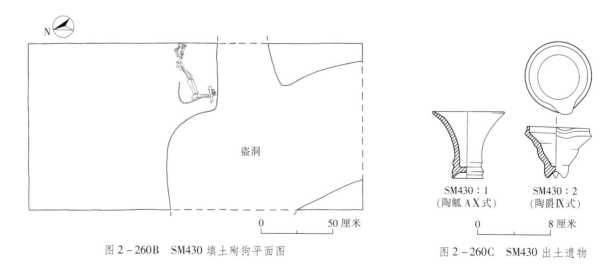

图 2 - 260B　SM430 填土殉狗平面图

图 2 - 260C　SM430 出土遗物

SM430 : 1
(陶觚 A X 式)

SM430 : 2
(陶爵 IX 式)

一周。口径 7.9、圈足径 3.4、高 7 厘米。(图 2 - 260C)

陶爵　1 件。

SM430 : 2，IX 式。泥质灰陶。修复。器形矮小，敞口，小流，无鋬，腹内收，尖底，三足成小泥

丁，口沿外侧有浅凹槽一周。口径7.7、高5.4厘米。（图2-260C）

墓葬年代： 殷墟四期晚段。

SM433

位于ST2003探方西南侧，东邻SM443。开口于②层黄土下，打破生土。方向198度。（图2-261A、B；彩版二三五，1、3）

长方形竖穴土坑墓，墓底南高北低。墓口距地表70厘米，墓口长225、宽95厘米，墓深71～73

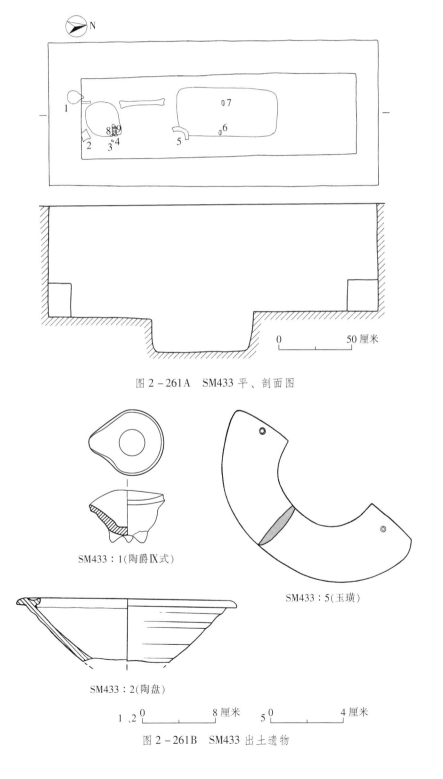

图2-261A　SM433平、剖面图

SM433：1（陶爵Ⅸ式）

SM433：5（玉璜）

SM433：2（陶盘）

1、2 0————8厘米　5 0————4厘米

图2-261B　SM433出土遗物

厘米（图2－261A）。墓室填土为黄花夯土。在距墓口37厘米处出一条殉狗，已朽。

墓底有一周熟土二层台，高21、宽16~22厘米。

墓底中部有腰坑，长70、宽30、深25厘米。

葬具为木棺，已朽为木灰，长188、宽53、残高21厘米。棺上髹有红漆。

墓主尸骨已朽为骨末，仰身直肢葬，头南面东，双手交叉于腹部。

共有随葬品9件：其中陶爵1件，位于南二层台上；陶盘1件，残，墓主头南部；贝6枚，2枚出于腰坑（SM433：6、7），4枚出土墓主人口中（SM433：3、4、8、9）；玉璜1件，位于墓主人腰部。

陶爵 1件。

SM433：1，Ⅸ式。泥质灰陶。完整。器形矮小，敞口、短流、无鋬、腹内收、底近平、小锥足，口沿外侧有浅凹槽一周。口径7、高5.5厘米。（图2－261B）

陶盘 1件。

SM433：2，泥质灰陶。残。敞口，折沿，沿面内侧有凹槽一周，斜腹内收，底残失。盘壁饰凹弦纹数周。口径约24厘米。（图2－261B）

玉璜 1件。

SM433：5，完整。青色，有白色杂斑。约占完整玉璧的二分之一，两面各有一单面桯钻圆穿，器身略鼓，两缘略薄。两面抛光。长12.1、宽2.8~3.3、厚0.3~0.5厘米。（图2－261B；彩版二三五，3）

贝 6枚，均为A型货贝。

墓葬年代：殷墟四期晚段。

SM438

位于ST2106西北角，SM437和SM439的中间。开口于①层下，直接生土。方向为5度。（图2－262；彩版二三五，2）

长方形竖穴土坑墓，无棺葬，口大底小。墓口距地表约50厘米，墓口长220、宽76~80厘米，墓底长200、宽50~62厘米，墓底深170厘米。填土为浅灰色花夯土，土质较硬，夯层不明显。

墓底未发现二层台和腰坑。未发现葬具。

墓主人骨保存一般。头骨碎裂变形，肋骨被打断稍显凌乱错位。墓主头北面东，俯身直肢，双臂弯曲，右上左下交叉压于腹下，双手放于盆骨外侧。双膝双脚并拢。

随葬品有陶爵1件，位于墓室东北角；陶觚1件，位于墓主颈部东侧；货贝1枚，含于墓主口内。

陶觚 1件。

SM438：2，A型Ⅺ式。泥质灰陶。微残。器形极矮小，敞口，短腹，圈足极矮，素面。口径6.9、圈足径3.8、高6厘米。（图2－262）

陶爵 1件。

SM438：1，Ⅹ式。泥质灰陶。完整。极矮小，侈口，小流，浅腹内收，尖底，小锥足，口沿外侧有浅凹槽一周。口径5.4、高4厘米。（图2－262）

贝 1枚。A型货贝。

墓葬年代：殷墟四期晚段。

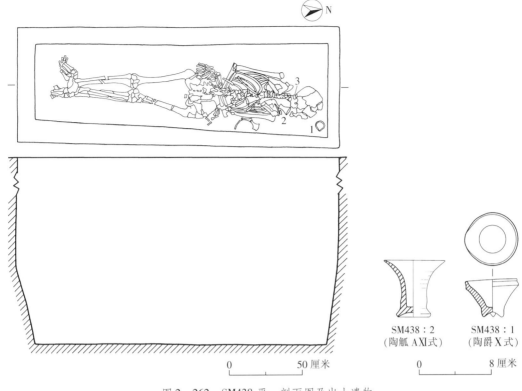

图 2 - 262　SM438 平、剖面图及出土遗物

人骨鉴定：

男性。中年。

盆骨性征明显。骨密度 1 级。牙齿磨耗达 5 级。

第一跖骨上跪踞面明显。腰椎增生明显，骨赘呈周缘性唇状。一枚龋齿。

SM439

位于 ST2106 西北角。开口于①层下，打破 SM552（殷墟三期）及生土。方向为 3 度。（图 2 - 263；彩版二三六，1）

长方形竖穴土坑墓，墓葬口大底小。墓口距地表约 50 厘米，墓口长 255、宽 82 ~ 84 厘米，墓深 200 厘米。墓底长 240、宽 76 - 78 厘米，填土为浅灰色花夯土，土质坚硬。夯层厚约 20 厘米，夯窝稀疏，分布无规律，夯窝直径 6 ~ 8 厘米，剖面呈半球状。

墓底有一周熟土二层台，北端宽 25、南端宽 20、两侧宽 10 ~ 13、高 10 ~ 17 厘米。

葬具为木棺，在二层台内壁残留有黄白漆，中部残留有红漆。根据二层台推测木棺长 195、宽 53 ~ 54、残高 10 ~ 17 厘米。

人骨保存极差，全身骨骼朽为黄褐色骨粉，只显其形。墓主为俯身直肢，头北面东，双臂弯曲手压于腹下，双膝双脚并拢趾尖向西。性别年龄不详。

随葬品有陶爵、陶觚各 1 件。1 件铜戈压于墓主胸下，用粗麻布包裹。货贝 2 枚，1 枚含于墓主口中（SM439：4），1 枚握于墓主右手内（SM439：5）。

陶觚　1 件。

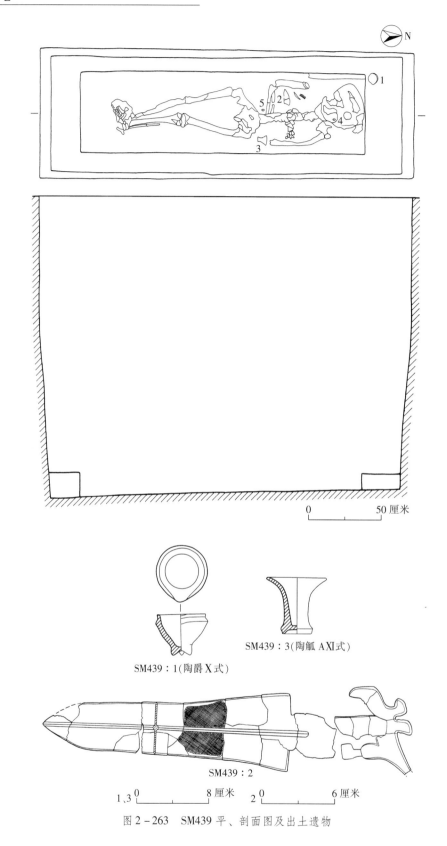

图 2 - 263　SM439 平、剖面图及出土遗物

SM439：3，A 型Ⅺ式。泥质灰陶。残。器形极矮小，敞口，腹上宽下窄，圈足极矮，素面。口径 6.6、圈足径 3.2、高 5.9 厘米。（图 2 - 263）

陶爵　1 件。

SM439：1，X式。泥质灰陶。完整。极矮小，侈口，小流，浅腹内收，尖底，小泥丁足，口沿外侧有浅凹槽一周。口径5.3、高4.3厘米。（图2－263；彩版二三六，1）

铜戈　1件。

SM439：2，残损严重，不辨形制。（图2－263）

贝　2枚。均A型。

墓葬年代：殷墟四期晚段。

SM441

位于ST2107东北部。开口于1层下，直接打破生土。方向为9度。（图2－264A、B；彩版二三六，2、3；彩版二三七）

长方形竖穴土坑墓，口小底大。墓口距地表约50厘米，墓口长220、宽85厘米，墓底长240、宽98～108厘米，墓底深315厘米。填土为黄褐色花夯土，土质较硬，夯层厚约20厘米，夯窝稀疏，分布无规律，夯窝直径8～10厘米，剖面呈半球状。（图2－264A）

二层台为熟土，北端宽23、南端宽25、西侧宽19～20、东侧宽26～27、高16～17厘米。

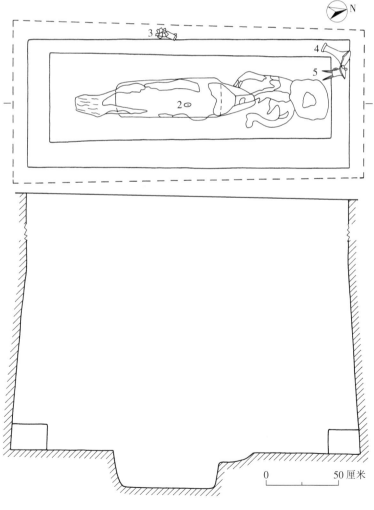

图2－264A　SM441平、剖面图

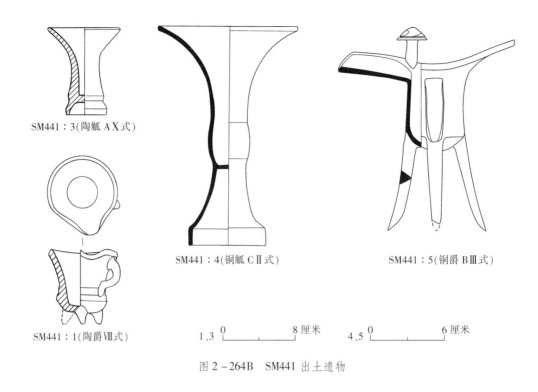

SM441：3(陶觚 A Ⅹ 式)

SM441：1(陶爵 Ⅷ式)

SM441：4(铜觚 C Ⅱ 式)

SM441：5(铜爵 B Ⅲ 式)

1,3 ⊢0━━━━━━━━━8厘米┤   4,5 ⊢0━━━━━━6厘米┤

图 2－264B　SM441 出土遗物

腰坑居中稍偏南，长方形圆角，长 72、宽约 24、深 24 厘米，北端口沿向北扩一三角状浅坑，深度 0～6 厘米，内空无物。

葬具为木棺。棺盖朽后塌入棺内，棺盖上放置部分随葬品，覆盖有布幔。残存较多彩色线段，有黑、白、黄、赭红等，保存较差，已看不出图案形状。根据二层台推测木棺长 192、宽 54～59、高 17 厘米，髹白、黄漆。

墓主保存极差，大部分骨骼朽为骨粉，只显其形，头北面西，仰身直肢，双脚并拢，脚趾尖向前偏西，墓主性别、年龄不详。

棺盖上有 1 件陶爵；二层台下陶觚、铜觚、铜爵各有 1 件。腰坑内卵黄货贝 1 枚。另外，棺盖上还随葬有两条鱼和一条狗腿。

陶觚　1 件。

SM441：3，A 型Ⅹ式。修复。腹下部有凸棱一周。口径 8.1、圈足径 4.4、高 9.3 厘米。（图 2－264B）

陶爵　1 件。

SM441：1，Ⅷ式。完整。腹下部饰凹弦纹二周。口径 7.6、高 8 厘米。（图 2－264B）

铜觚　1 件。

SM441：4，C 型Ⅱ式。完整。通体素面。腹内底部及圈足上部尚存有范土。通高 17.2、口径 11.6、底径 5.6～6.4、口沿厚 0.3 厘米。重 0.489 千克。（图 2－264B；彩版二三六，3）

铜爵　1 件。

SM441：5，B 型Ⅲ式。修复。柱帽饰涡纹，腹部素面。通高 16、柱高 2.8、足高 7、流至尾长 14.3、流长 5.7、流宽 2.6、腹壁厚 0.2 厘米。重 0.421 千克。（图 2－264B；彩版二三六，2）

卵黄货贝　1 件。SM441∶2。

墓葬年代：殷墟四期晚段。

SM446

位于 ST2206 东北部。开口于第①层扰土下，墓室东南端打破 H269，打破 SM447。墓室两端被盗扰，盗坑呈东西向，宽约 80 厘米，该盗坑同时打破 SM446 和西侧的 SM447。墓室口部西端及墓室西半部被扰，墓室东半部保存较完整。方向为 260 度。（图 2－265；彩版二三八，1）

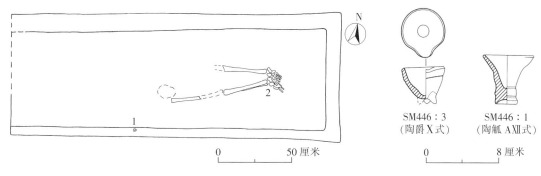

图 2－265　SM446 平面图及出土遗物

长方形竖穴土坑墓，墓壁较直。墓口距地表深 50 厘米，墓口长 225、宽 82 厘米，墓深 170 厘米，填土经夯实，较硬，黄花土较杂。

二层台为熟土二层台，台高 25、宽 6~12 厘米。

葬具为木棺，棺的长度不详，宽 65、残高 25 厘米。

墓主骨架以上部分被扰，情况不明，仅存下肢骨且骨质疏松，部分已朽成粉状。

在南二层台偏西侧上放置陶瓿 1 件，墓主脚部有贝 8 枚（SM446∶2），盗坑填土内出陶爵 1 件。

陶瓿　1 件。

SM446∶1，A 型Ⅻ式。泥质灰陶。修复。器形极矮小，小敞口，腹上宽下窄，小圈足极矮，素面。口径 5.8、圈足径 2.5、高 5.1 厘米。（图 2－265）

陶爵　1 件。

SM446∶3，Ⅹ式。泥质灰陶。修复。极矮小，侈口，小流，浅腹内收，尖底，小泥丁足，腹下部有凹弦纹一周。口径 4.4、高 4 厘米。（图 2－265）

贝　8 枚，A 型货贝。

墓葬年代：殷墟四期晚段。

SM553

位于 ST2206 东部居中。开口于第①层扰土下，打破其东部相邻的 SM554，被一东西向盗沟扰乱。方向为 15 度或 195 度。（图 2－266）

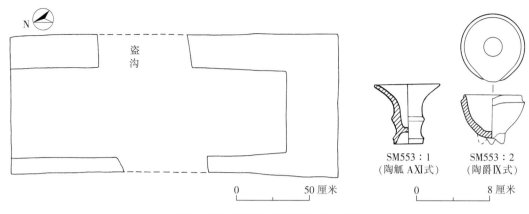

图 2 - 266 SM553 平面图及出土遗物

长方形竖穴土坑墓，墓壁较平整。墓口距地表深 50 厘米，墓口长 225、南端宽 95、北端宽 90 厘米，墓深 170 厘米，填土经夯实，较硬，十色黄花夯土，较杂。

熟土二层台东部宽 25、南部宽 38、西部宽 10、高 20 厘米。北二层台被扰乱。

葬具为一木棺，髹红漆，棺被扰残。

墓主情况不明。

在盗坑填土内出陶觚、爵各 1 件。

陶觚 1 件。

SM553:1，A 型 XI 式。泥质灰陶。腹下部有凸棱一周，高 6、口径 7.2 厘米。（图 2 - 266）

陶爵 1 件。

SM553:2，IX 式。泥质灰陶。修复。器形矮小，敞口，小流，无錾，腹内收，尖底，小锥足，口沿外侧有浅凹槽一周。口径 6.9、高 5.1 厘米。（图 2 - 266）

墓葬年代： 殷墟四期晚段。

SM555

位于 ST1713 东隔梁下南部，部分跨至 ST1814 探方内。开口于①层下，打破生土。被盗。方向为 15 度。（图 2 - 267）

长方形竖穴土坑墓，墓壁略外扩。墓口长 250、东西宽 90 ~ 108 厘米，墓底长 270、宽 125 厘米，墓深 380 厘米。该墓被盗，东半部为灰褐扰土。西半部填土为黄褐色花夯土，土质较硬。夯窝清晰，直径 6 ~ 8、深 4 厘米。夯层厚 15 ~ 22 厘米。

墓底四周有一高 60 厘米的熟土二层台。南头残宽 43、东边二层台残宽 10、西边二层台残宽 25、北面二层台残宽 13 厘米。盗沟从 SM555 东半部直接盗至墓底。

墓底中部有一腰坑，长 60、残宽 21 ~ 30、深 20 厘米。腰坑东部被盗坑打破。

由于被盗严重，墓内未留下任何葬具遗迹，不详。

未发现墓主骨骼。

从该墓盗沟填土内出土陶觚 1 件，腰坑内出土贝 1 枚。

陶觚 1 件。

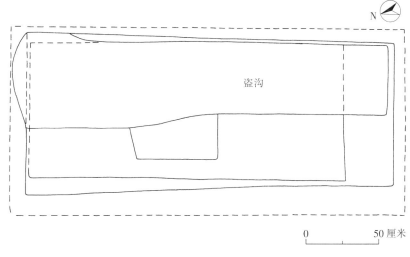

SM555：1（陶觚 A XI式）

0   8厘米

0   50厘米

图 2 - 267　SM555 平面图及出土遗物

SM555：1，A 型 XI 式。泥质灰陶。修复。器形极矮小，敞口，短直腹，矮圈足，腹下部有凸棱一周。口径 5.9、圈足径 3.2、高 7 厘米。（图 2 - 267）

贝　1 枚。A 型货贝。

墓葬年代：殷墟四期晚段。

SM558

位于 ST3708 西中部，墓室的西半部进入 ST3808。开口于①层下，打破 SM559，直接打破生土。方向为 185 度。（图 2 - 268A ~ C；彩版二三八，2；彩版二三九，1、2）

长方形竖穴土坑墓，口小底大。墓口距地表约 50 厘米，墓口长 260、宽 115 ~ 120 厘米，墓底长 332、宽 140 ~ 155 厘米，墓深 210 厘米。墓壁不平，两侧中部外弧。填土黄褐色花夯土，土质坚硬，夯层不明显，北部被扰。（图 2 - 268A）

二层台分三层。逐层向内缩。北端宽 20 ~ 25、南端宽 30 ~ 38、东侧宽 16 ~ 17、西侧宽 6 ~ 26 厘米，高约 50 厘米。墓室外圹的东北角打破 SM559，为避开 SM559 骨架，内圹的北部向西偏。内圹长 278、宽 103 ~ 107 厘米。椁二层台北端宽 15 ~ 17 厘米，南端与内圹平齐，两侧宽 10 ~ 15 厘米，高约 26 厘米。棺二层台两端宽 33、两侧宽 17 ~ 25、高 10 厘米。

腰坑居墓室中部偏南，平面呈长方圆角形，长 100、宽 35 厘米，深 28 厘米。内殉一狗，头向北，骨骼凌乱，有一铜铃放于上面人骨之上。（图 2 - 268B）

葬具为一棺一椁。二层台内残留有白漆，推断椁长 260、宽 76 ~ 85 厘米，高度不详。棺长 198、宽 43 ~ 50 厘米，高度不详。

墓主保存较差，全身朽为粉状，只显其形。右臂及胫骨等被扰无，脚骨向上错位。头向南，面向东。直肢葬，年龄、性别、身高不详。

在椁二层台西南部陶爵 1 件。

陶爵　1 件。

SM558：3，泥质灰陶。残片。仅剩腹部残片，无法修复。

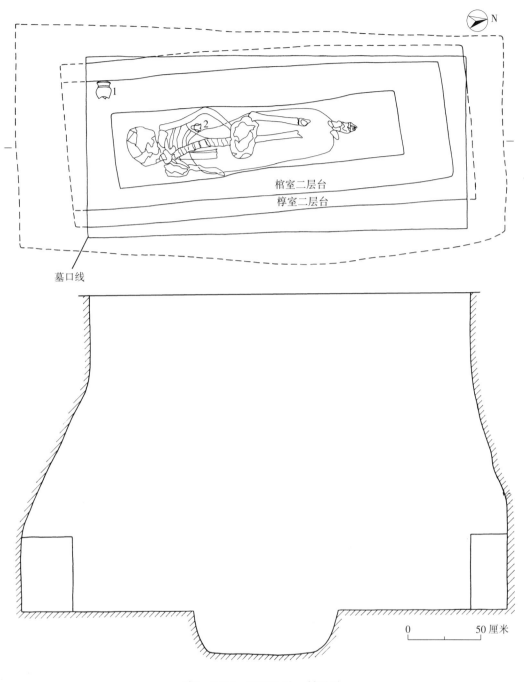

图 2－268A　SM558 平、剖面图

陶鬲　1 件。

SM558：1，乙 B 型。完整。颈腹部饰凹弦纹四周。口径 10.8、高 9.6 厘米。（图 2－268C；彩版二三九，1）

铜铃　1 件。

SM558：2，Ab 型。残。素面。通高 5.3、口缘径 2×3.2、腔壁厚 0.2 厘米。（图 2－268C；彩版二三九，2）

墓葬年代：殷墟四期晚段。

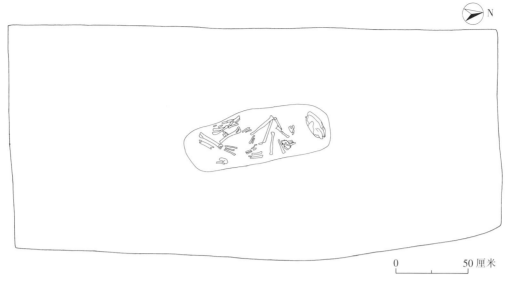

图 2 – 268B　SM558 腰坑平面图

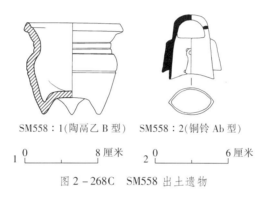

SM558：1(陶鬲乙 B 型)　　SM558：2(铜铃 Ab 型)

图 2 – 268C　SM558 出土遗物

SM560

位于 ST1238 西北部。开口于②层下，打破生土。被盗。盗坑，位墓室中部偏北，东西长 200、宽 70 厘米，其西端与墓边齐，深至墓底。开口层位与土色与墓室相同，属早期被盗。方向为 13 度或 193 度。（图 2 – 269）

长方形竖穴土坑墓。墓口距地表约 100 厘米，墓口长 215、宽 83～90 厘米，墓底长 215、宽 83～90 厘米，墓深 295 厘米。填土，黄褐色花夯土，土质较硬。偏北部被扰，夯层不明显。

墓底四周有熟土二层台，宽 14～21、高 28 厘米。

葬具为木棺，墓底残留有红、白漆。根据二层台推断，木棺长 180、宽 51～59、高 28 厘米。

墓主被盗扰，情况不明。

在盗沟填土中发现陶盘 1 件。

陶盘　1 件。

SM560：1，Ⅱ式。泥质灰陶。残。仅剩口、腹部残片若干。平沿，沿面内侧微凹，浅腹。口径约 25 厘米。（图 2 – 269）

墓葬年代： 殷墟四期晚段。

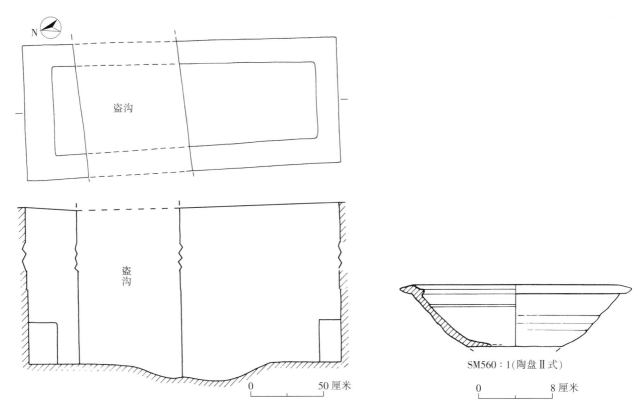

图 2 - 269 SM560 平、剖面图及出土遗物

SM561

位于 ST3608 北中部，其北边缘进入 ST3609 约 20 厘米。开口于①层下，直接打破生土。被盗。方向为 190 度。（图 2 - 270）

长方形竖穴土坑墓。墓口距地表约 50 厘米，墓口长 245、宽 120 厘米，墓底长 245、宽 120 厘米，墓深 190 厘米。墓壁平整。填土黄褐色花夯土，土质坚硬，夯层不明显。盗沟位于墓室南部，长 200、宽 55 厘米，深至墓底，填土浅灰色。

墓底有熟土二层台，北二层台宽 20、南端被扰、两侧宽 13 ~ 15、高 18 厘米。

腰坑居墓室中部，平面呈长方形，长 57、宽 32、深 22 厘米。内殉一狗，头向北，折向脊背而反向南，脊背向西呈弓状。

葬具一棺一椁。木椁残留有板灰，二层台内壁有较多白漆，据二层台推断椁宽 90 厘米，南北两端被扰，长度不详，残高 18 厘米。木棺无迹象，据常规分析，椁内应有木棺。

在椁底垫有圆木，墓室西侧一根保留较好，其南部被破坏。残长 155、宽 7 ~ 8 厘米，底剖面呈弧形，中部及东侧有数处圆木残断痕迹。

墓主骨骼被盗扰，在盗沟内出有零星人骨。从腰坑殉狗的头向判断，墓主头向应朝南。

盗沟内发现陶鬲 1 件。

陶鬲 1 件。

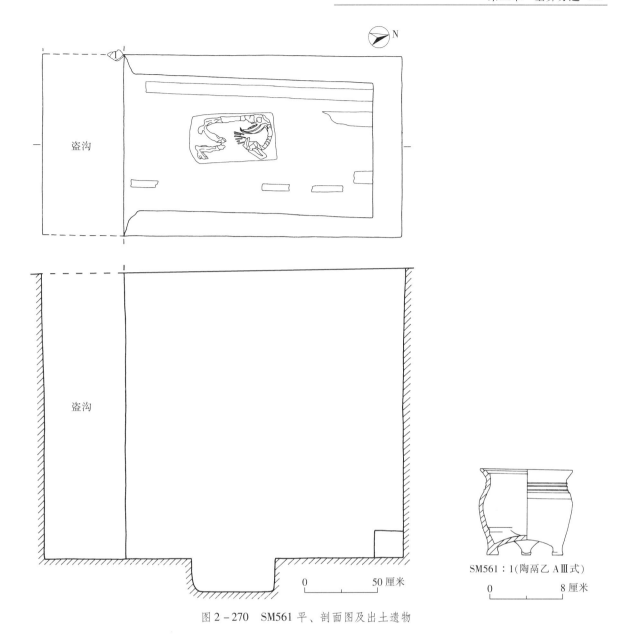

图 2 - 270　SM561 平、剖面图及出土遗物

SM561:1，乙 A 型 Ⅲ 式。泥质灰陶。修复。小型鬲，近方体。侈口，小方唇，窄折沿，沿面有凹弦纹二周，短颈，鼓腹，裆近平，较高，平足尖。颈部饰凹弦四周。口径 10.2、高 9 厘米。（图 2 - 270）

墓葬年代： 殷墟四期晚段。

SM564

位于 ST1813 东壁下，西边是 SM563。开口于②层下，南边有一盗沟（东西向），直接盗到墓底。方向为 5 度或 185 度。（图 2 - 271）

长方形竖穴土坑墓，墓壁略外扩，口小底大。墓口距地表 75 厘米，墓口长 225、东西宽 96 ~ 100 厘米，墓底长 265、宽 109 厘米，深 240 厘米。填土为黄褐色花夯土，土质紧密，但夯层、夯窝不明显。

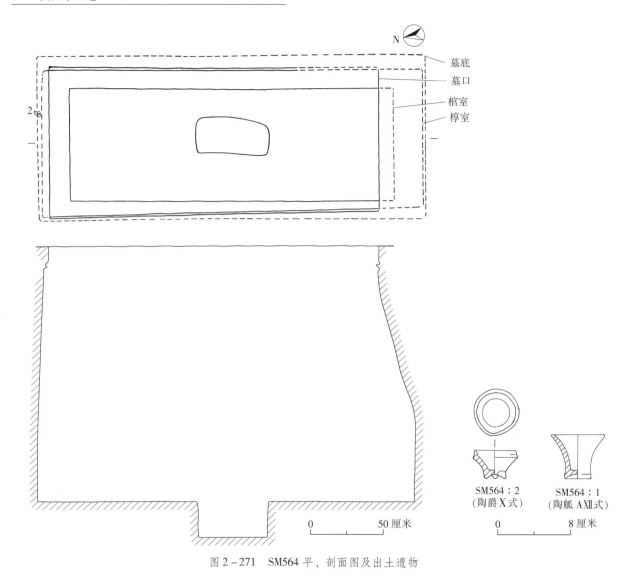

图 2-271 SM564 平、剖面图及出土遗物

未发现二层台，但从墓底木质椁室痕迹判断，应有二层台，被严重盗扰，无存。

墓底中部有一长 50、宽 24、深 24 厘米的圆角形腰坑。腰坑壁略斜，腰坑内无物。

从该墓残存迹象看，为一棺一椁，椁长 260、宽 91~97、残高 55 厘米。椁板外髹漆两层，内层为白漆，外用黄漆。棺长 220、宽 75 厘米。两侧棺板厚约 4 厘米。棺板上髹漆两层，内白漆衬底，外用红漆装饰。棺椁之间相距 10~20 厘米。

由于该墓被盗严重，墓主尸骨未存。

M564 盗沟扰土内出土陶瓿 1 件，盗沟内出土贝 1 件，椁北中部出土陶爵 1 件。

陶瓿 1 件。

SM564:1，A 型Ⅻ式。泥质灰陶。修复。器形极矮小，小敞口，腹上宽下窄，圈足极矮，素面。口径 5.9、圈足径 2.9、高 4.6 厘米。（图 2-271）

陶爵 1 件。

SM564:2，X 式。泥质灰陶。修复。极矮小，敞口，小流，浅腹内收，尖底，小泥丁足，口沿外侧有浅凹槽一周。口径 4.1、高 3 厘米。（图 2-271）

贝 1 枚。A 型。

墓葬年代： 殷墟四期晚段。

SM574

位于 ST1812 东北角，西邻 SM573、东近 SM575。开口于③层下，直接打破生土。方向 15 度或 195 度。（图 2 - 272A ~ C；彩版二三八，3）

长方形竖穴土坑墓，南壁上半部内收，下半部外扩呈带状，北壁斜内收，南北壁基本竖直。墓口距地表 90 厘米，墓口长 250、东西宽 100 ~ 112 厘米，墓底长 245、宽 100 ~ 120 厘米，墓深 250 厘米（图 2 -272A）。填土为黄褐色五花土，经夯打。但夯层不明显。填土中未见其他遗物。

墓底四周有熟土二层台，椁室二层台宽 12 ~ 25、高 45 厘米，棺室二层台宽 18、高约 23 厘米。二层台上有遗物。

墓底中部有一腰坑。腰坑长 74 厘米，宽 24 厘米，深 25 厘米。腰坑南北两边为斜壁，内有 4 枚贝。

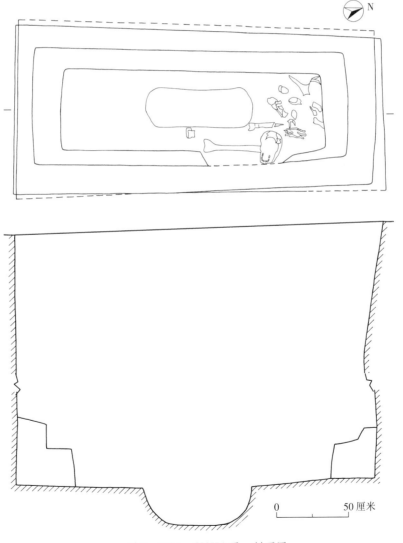

图 2 - 272A SM574 平、剖面图

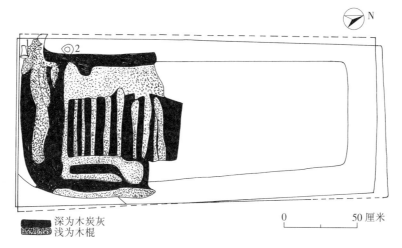

深为木炭灰
浅为木棍

0 ——— 50 厘米

图 2 - 272B　SM574 椁盖板平面图

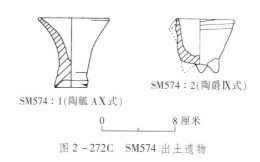

SM574：1(陶觚 A X 式)

SM574：2(陶爵 IX 式)

0 ——— 8 厘米

图 2 - 272C　SM574 出土遗物

葬具为一棺一椁。椁长 217、宽 78、高 45 厘米。墓室北侧的椁已被盗毁，但南侧的椁较为完好，椁盖板较为清晰。残存椁盖板为东西向木棍组成，共 11 根。其中南壁下最大的一根长 65、直径 8 厘米。最短的一根长 25、直径 2 厘米。东西两边也有南北向的木棍痕迹，可能为椁室侧板痕。最长的一块长 95 厘米，直径 4 厘米。最短 42 厘米，直径 3 厘米。木板之上有少量黄漆（图 2 - 272B）。棺已腐朽，棺长 180、宽 70、高 30 厘米。

早期被盗的原因，墓主骨架严重不全。头骨位于盗沟中。棺室北部有零星几块人骨。

西南角二层台上出土陶觚和陶爵各 1 件。

陶觚　1 件。

SM574：1，A 型 X 式，泥质灰陶。修复。腹下部有凸棱一周。口径 8、圈足径 3.5、高 7.3 厘米。（图 2 - 272C）

陶爵　1 件。

SM574：2，IX 式，泥质灰陶。完整。口沿外侧有浅凹槽一周。口径 7.2、高 5.6 厘米。（图 2 - 272C）

贝　4 枚。B 型货贝。

墓葬年代： 殷墟四期晚段。

人骨鉴定：

骨质极差。

性别不明。40 ~ 45 岁。

头骨壁较厚，骨片碎裂严重，仅存下颌 2 枚牙齿，磨耗达 4 ~ 5 级。

SM576

位于探方 ST2613 的西南部，少部分进入 ST2612 北部。开口于①层下，打破 SM722。此墓被盗扰，一条长方形盗沟横贯墓室南部，将墓室大部分扰乱。方向为 19 度。（图 2 – 273A、B；彩版二三九，3、4）

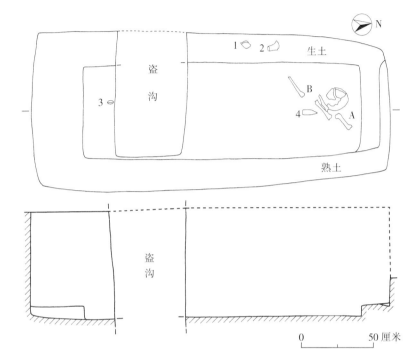

图 2 – 273A SM576 平、剖面图

长方形竖穴土坑墓，墓壁竖直，口底同大。墓口距地表深 15 厘米，墓口长 245、北侧宽 80、南侧宽 102 厘米，墓深 72 厘米。填土为深灰褐色花夯土，内包含有炭粒、红烧土粒和料礓石小颗粒。（图 2 – 273A）

二层台已被扰乱，宽 35、现存部分高 9 厘米，北侧和西侧二层台为生土二层台，东侧和南侧二层台为熟土二层台，在墓底北端残留有少量熟土二层台，可能是由于当时挖就二层台时不平，后填土所致。

墓底无腰坑。

墓内葬具因盗扰不存，从二层台判断，应有木棺，且墓底红漆痕迹看木棺上髹漆。

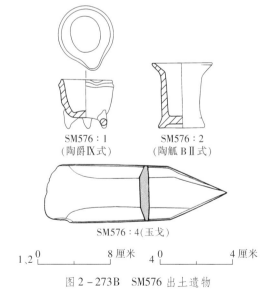

SM576：1
（陶爵Ⅸ式）

SM576：2
（陶觚BⅡ式）

SM576：4(玉戈)

图 2 – 273B SM576 出土遗物

墓主尸骨被扰乱至墓室北端，仅保存头骨和少量上肢骨。墓主头骨位于墓室北侧。在头骨旁放有一猪腿骨和羊肩胛骨，当为随葬的兽骨被扰乱至此。

西侧二层台上中部发现陶爵和陶觚各 1 件。在墓底棺框内的南部大约是墓主脚部位置发现货贝 1

枚。在墓室北部头骨南部的胸颈位置发现玉戈1件。

陶觚 1件。

SM576：2，B型Ⅱ式。泥质灰陶。修复。器形矮小，喇叭口，腹较粗，呈直筒形，圈足极矮，素面。口径6.6、圈足径5、高6.8厘米。（图2-273B；彩版二三九，3）

陶爵 1件。

SM576：1，Ⅸ式。泥质灰陶。修复。器形矮小，侈口，小流，无錾，腹内收，底稍平，小锥足，口沿外侧有浅凹槽一周。口径6、高5.2厘米。（图2-273B）

玉戈 1件。

SM576：4，残。青绿色，有杂斑。无内，援部无中脊，圭首形援末，锋尖锐利，边刃圆钝，本部较薄。双面抛光。长9.9、宽3、厚0.7厘米。（图2-273B；彩版二三九，4）

贝 1枚（SM576：3）。A型。

墓葬年代：殷墟四期晚段。

人骨鉴定：

男性？35~40岁。

头骨壁后，斜额，眶上缘钝厚。牙齿磨耗3~4级。

SM579

SM579位于SM2014中西部，开口于①层下，被北部盗坑打破，直接打破生土。方向为15度。（图2-274A、B；彩版二三九，5；彩版二四〇，1、2）

长方形竖穴土坑墓，墓壁略外扩，口小底大。墓口距地表约20厘米，墓口长250、东西宽约100厘米，墓底长255、宽118厘米，墓深465厘米。填土为红褐色花夯土，土质坚硬。夯层厚10~22厘米，夯窝清晰，直径5、深约4厘米，五根木棍集束夯筑。（图2-274A）

墓底四周有高45、宽9~23厘米的熟土二层台。

墓底中部有一长73、宽20~24厘米的圆角长方凹腰形腰坑。腰坑为斜壁，深约20厘米。内有狗骨架一具。狗头朝南。骨架基本完好。（图2-274A）

葬具为一椁一棺。从残存迹象判断，椁长240、宽88~98、高度45厘米。两侧椁板厚4厘米。椁板外有漆三层。内层为白色衬底，中间为黑漆，外层用黄漆。

棺长230、棺宽63~70、残高45厘米。棺、椁之间间距6~20厘米。两侧棺板外有漆两层，内层为白漆，外层用黑色漆装饰。两侧棺板厚约4厘米。

由于该墓被盗，扰乱较重，仅残留有两段腿骨。从残存迹象看，头骨应朝北，但墓主性别、年龄、身高不详。

在深430厘米的盗坑内出土陶觚1件，西边二层台北部出陶爵1件。棺内右边腿骨西出铜刀1件，残。棺、椁之间东边北部出铅锛1件（残）。

陶觚 1件。

SM579：1，A型Ⅻ式。泥质灰陶。残。喇叭口，直筒形腹，较粗。通高6、口径6.4厘米。（图2-274B）

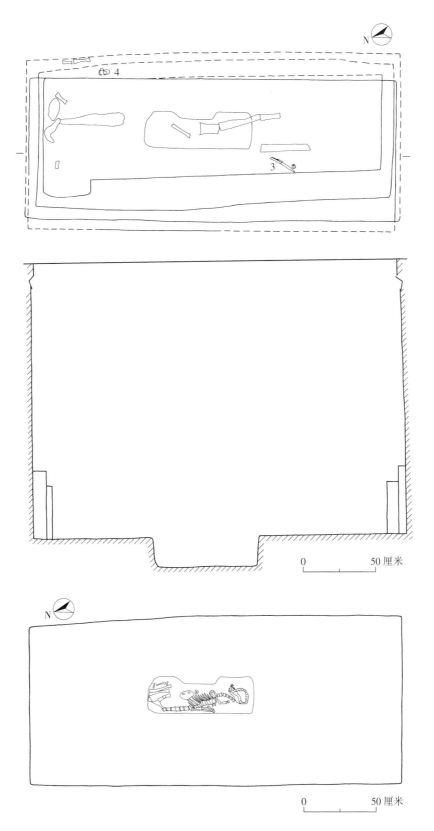

图 2 – 274A　SM579 平、剖面图及腰坑殉狗平面图

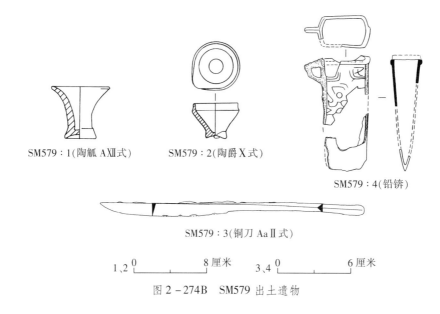

SM579：1(陶觚 AⅫ式)　　SM579：2(陶爵 Ⅹ式)

SM579：4(铅锛)

SM579：3(铜刀 AaⅡ式)

1、2　0 ———————— 8厘米　　3、4　0 ———————— 6厘米

图 2 - 274B　SM579 出土遗物

陶爵　1 件。

SM579：2，Ⅹ式。泥质灰陶。完整。极矮小，侈口，小流，浅腹内收，尖底，小泥丁足，口沿外侧有浅凹槽一周。口径 4.8、高 3.8 厘米。(图 2 - 274B)

铜刀　1 件。

SM579：3，Aa 型 Ⅱ 式。完整。直背，凸刃。刀身截面呈楔形；细条形直柄，截面呈三角形。通长 21.6、柄长 10.6、刀身宽 1.2、柄宽 0.6、背厚 0.2、柄厚 0.5 厘米。重 0.026 千克。(图 2 - 274B；彩版二三九，5)

铅锛　1 件。

SM579：4，残。残存銎口和刃部。銎口近长方形，一侧有半圆形穿耳，銎两面饰简化饕餮纹，双面直刃。残长 5.4、刃宽 2.5、銎径 2×3.5 厘米。(图 2 - 274B)

墓葬年代：殷墟四期晚段。

SM585

位于 ST1811 北部偏中处，墓北壁距 ST1811 北壁 105 厘米。开口于①下，墓开口部分被扰坑打破。在墓北部沿墓壁而下有一盗坑，邻近于墓底处扰乱整个墓葬。方向为 10 度或 190 度。(图 2 - 275；彩版二三九，6、7)

长方形竖穴土坑墓，呈口大底小状。墓口距地表 114 厘米，墓口长 200、宽为 66~76 厘米，墓底长 193、宽 58~61 厘米，呈北宽南窄，墓南侧残深 43 厘米，墓北侧深 94 厘米。填土为黄褐色花夯土。土质坚硬。

墓底中部略偏南处有一圆角长方形腰坑，南北长 56、东西宽 20、深 22 厘米。

根据清理出来的现象判断，葬具应为一棺，长 193、宽 58~61 厘米。其上有红漆、黑漆。其结构不详。

墓主尸骨已扰乱不见。其性别及葬式不详。但在墓底北侧残存有牙齿。

棺北西侧有铜刀 1 件，其上叠压铜锥 1 件，棺北东侧有残陶觚 1 件。扰土中出玉环 1 件。

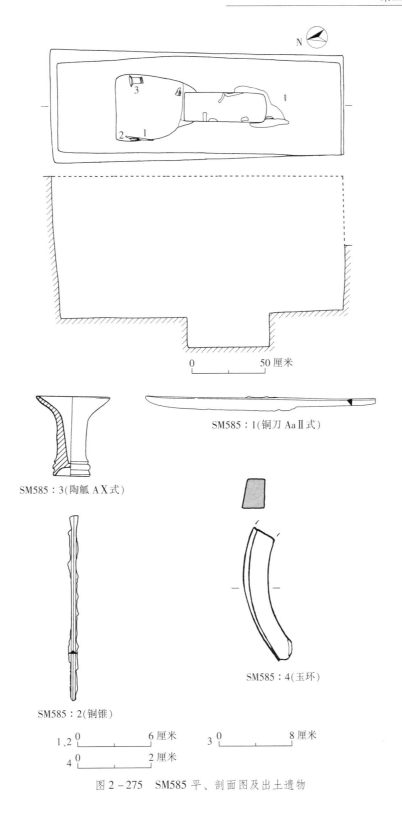

图 2 - 275　SM585 平、剖面图及出土遗物

陶觚　1件。

SM585：3，A 型X式。修复。腹下部有凹槽一周。口径8.1、圈足径4.2、高8.6厘米。(图2 - 275)

铜刀　1件。

SM585：1，Aa 型Ⅱ式。完整。通长18.9、柄长6.6、刀身宽1、柄宽0.5、背厚0.2、柄厚0.4厘

米。重0.015千克。(图2-275；彩版二三九，6)

铜锥 1件。

SM585:2，残。三棱状细长条，残为三段。残长14.1、宽0.4厘米。(图2-275)

玉环 1件。

SM585:4，残。青褐色，受沁。残存一段，厚薄不均，抛光不精细。残长3.5、宽0.6、厚0.8~0.9厘米。(图2-275；彩版二三九，7)

墓葬年代：殷墟四期晚段。

SM588

位于ST1811北隔梁的中部，其北侧伸入与ST1811相邻的ST1812内，南侧与SM585相对，其直线距离为60厘米。方向为13度。(图2-276A、B；彩版二四〇，3；彩版二四一，1、2)

长方形竖穴土坑墓，口大底小状，略呈北宽南窄。墓口长207、宽为78~81厘米，墓北侧深160厘米，南侧残深108厘米。墓底长202、宽70~76厘米。填土为黄褐色花夯土。土质坚硬。夯窝清晰，为集束夯。夯窝直径6厘米，深3厘米。(图2-276A)

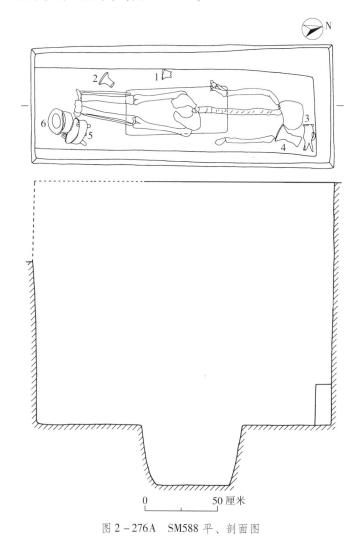

图2-276A SM588平、剖面图

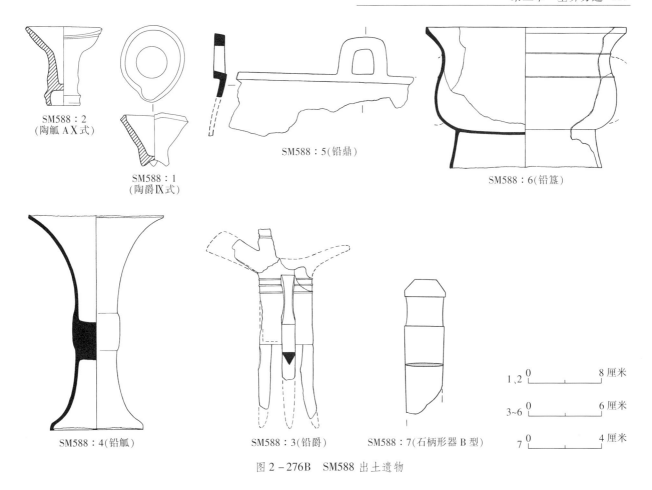

SM588：2
（陶觚AX式）

SM588：1
（陶爵IX式）

SM588：5(铅鼎)

SM588：6(铅簋)

SM588：4(铅觚)

SM588：3(铅爵)

SM588：7(石柄形器B型)

	1，2	0	8 厘米
	3~6	0	6 厘米
	7	0	4 厘米

图 2 - 276B　SM588 出土遗物

墓底北侧及东西两侧留有熟土二层台，北侧宽 10、高 27 厘米，东侧宽 6～7、高 28 厘米。西侧宽 11～18、高 27 厘米。

墓底中部有圆角长方形腰坑，南北长 70、东西宽 30、深 40 厘米，内有残碎货贝 1 枚。

葬具为一木棺，残存的板灰痕较薄，其上髹有红、黑漆。棺长 192、宽 54、高 27 厘米。

墓主头北面西、俯身直肢，手指骨朝两侧。墓主已腐朽，脚趾骨、肋骨不见。骨骼上能观察到残留的纺织品痕及其上绘的黑红相间的图案。

棺盖板南部西侧置陶爵、陶觚各 1 件。棺内随葬品 5 件，依次为：头部东侧铅觚、铅爵各 1 件。墓主右脚趾骨外侧铅鼎、铅簋各 1 个。墓主身下脊椎骨处有石柄形器 1 件。

陶觚　1 件。

SM588：2，A 型X式。修复。腹下部有凸棱一周。口径 8.2、圈足径 4.1、高 7.9 厘米。（图 2 -276B）

陶爵　1 件。

SM588：1，IX式。褐陶，完整。口沿外侧有浅凹槽一周。口径 6.9、高 5.4 厘米。（图 2 -276B）

铅鼎　1 件。

SM588：5，残。形似 B 型铜鼎。残损严重，仅存二只方形立耳和口沿、腹部残片若干。耳高 3.1、耳根宽 4.2、耳厚 0.7 厘米。（图 2 -276B）

铅簋　1 件。

SM588：6，残。形似 B 型铜簋，残损严重。侈口、束颈、微鼓腹、平底，矮圈足，无錾，颈部饰

二周凸弦纹。口径 16.6 厘米。(图 2 - 276B)

铅觚 1 件。

SM588:4, 残。形似 C 型铜觚，残损严重。喇叭口，柄较细，腹略鼓，圈足较矮，底部下折。腹部饰二条浅扉棱，体两侧有铸缝。高 16.8、口径 11.5、圈足径 7.5 厘米。(图 2 - 276B; 彩版二四一，1)

铅爵 1 件。

SM588:3, 残。形似 B 型 Ⅲ 式铜爵。体较瘦小，流尾残失，流口有菌状矮立柱，浅直腹，平底，三棱锥状足，残，半环形鋬。腹上部饰三道凸弦纹，体两侧有铸缝。残高 13.6、柱高 1.8、足高 6.2 厘米。(图 2 - 276B)

石柄形器 1 件。

SM588:7, B 型。残。石灰岩，灰白色。扁平宽长条形，体薄。梯形柄首，柄部两侧略内收，两面各饰阴线二道，体一侧有刃，柄末端出斜刃。残长 7.1、最宽 2.2、厚 0.1 厘米。(图 2 - 276B; 彩版二四一，2)

贝 1 枚。A 型。

墓葬时代： 殷墟四期晚段。

SM590

该墓位于 ST3610 西南角，其南端进入 ST3609。开口于①层（扰土）下，直接打破生土。南部有一不规则盗洞，深至墓底，填土与墓室相同，土质松软。方向为 187 度。(图 2 - 277A、B; 彩版二四一，3 ~ 5)

长方形竖穴土坑墓，口小底大。墓口距地表约 50 厘米，墓口长 245、宽 115 厘米，墓底长 253、宽 138 厘米，墓底深 267 厘米。填土为黄褐色花夯土，夹有层层铁锈土，土质坚硬，夯层厚度不匀，厚 15 ~ 30 厘米。夯窝稀疏且大，分布无规律，窝径 13 ~ 15 厘米。剖面呈半球体状。(图 2 - 277A)

二层台底部被扰，仅保留一周椁二层台，北端宽 10、南端宽 21、两侧宽 19 ~ 22、高 32 厘米。二层台边缘不整齐。

二层台内有一层被扰乱的漆皮及板灰痕迹，其范围长 217、宽 76 ~ 80、残高 32 厘米，与棺迹重合，根据其范围分析，为一棺一椁。

腰坑居墓室中部，平面呈圆角长方形，长 47、宽 33、深 23 厘米。内殉一狗，保存较差，朽为粉状。头向南，背向西。(图 2 - 277A)

墓主保存较差，大部分骨骼朽无，只显其形。头向南面向东，仰身直肢，年龄、性别不详。

在盗洞填土内，发现陶鼓风嘴 1 件，墓室南部发现铜刀 1 件，墓室西南角发现陶爵 1 件。

陶爵 1 件。

SM590:3, Ⅸ式。泥质灰陶。修复。器形矮小，侈口，无鋬，腹内收，尖底，三锥足，口沿外侧有浅凹槽一周。口径 7.6、高 7.1 厘米。(图 2 - 277B)

陶鼓风嘴 1 件。

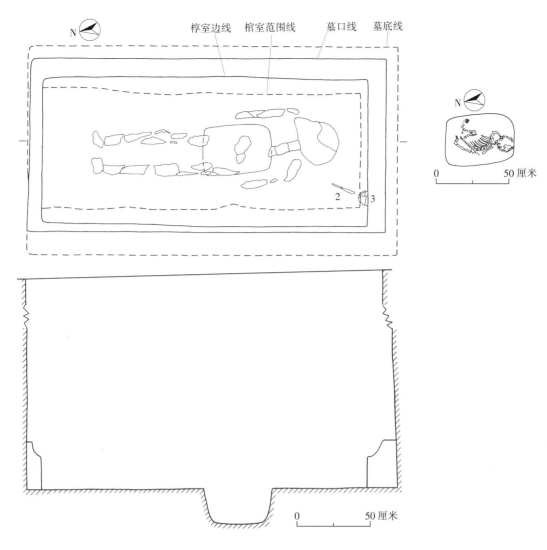

图 2－277A　SM590 平、剖面图及腰坑图

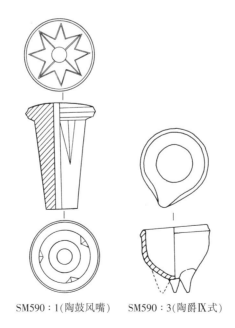

SM590：1(陶鼓风嘴)　　SM590：3(陶爵Ⅸ式)

SM590：2(铜刀 Aa Ⅱ式)

图 2－277B　SM590 出土遗物

SM590：1，泥质灰陶。修复。嘴呈圆饼状，周郭较直，面微鼓，上饰一星纹，中间有一圆孔；管上粗下细，刻有一周三角形凹坑。通高5.8、嘴径3.9、管径1.8厘米。（图2－277B；彩版二四一，3）

铜刀 1件。

SM590：2，Aa型Ⅱ式。残。直背，凸刃。刀身残，截面呈楔形；细条形直柄，截面略呈三角形。刀身、刀柄不易区分。残长17.2、柄长8.5、刀身宽1.6、柄宽0.7、背厚0.2、柄厚0.4厘米。重0.021千克。（图2－277B；彩版二四一，4）

墓葬年代： 殷墟四期晚段。

SM594

该墓位于ST3609中部偏东北，其南端与SM593相接。开口于①层下，其南部打破F67，北部直接打破生土。盗沟位于墓室中南部，其东部在墓圹内，西部打破墓壁，东北长180、宽47～53厘米，填土与墓中填土相近，土质松软，深至墓底。方向为197度。（图2－278A～C；彩版二四二）

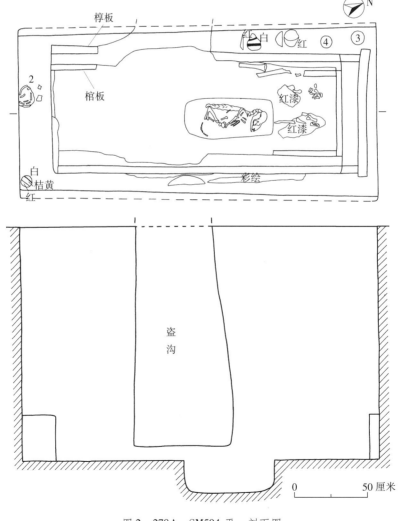

图2－278A SM594平、剖面图

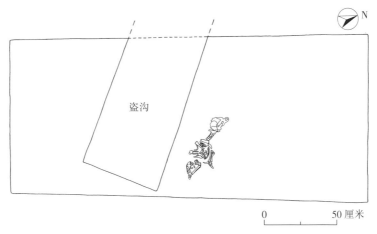

图 2 – 278B　SM594 填土殉狗平面图

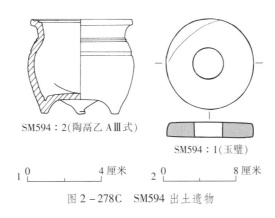

图 2 – 278C　SM594 出土遗物

长方形竖穴土坑墓。墓口距地表约 50 厘米，墓口长 245、宽 102～112 厘米，墓底长 245、宽112～118 厘米，墓深 155 厘米（图 2 – 278A）。填土为黄褐花夯土，土质坚硬，夯层夯窝不明显。距墓口 20厘米的填土中殉葬一狗，保存较差，已朽为粉状，只显其形。头向西北（图 2 – 278B）。

椁二层台北端宽 13、南部宽 23、两侧宽 18～20、高 30 厘米，中部被破坏。东侧二层台残存有布幔，图案不清，有黑、白、黄、红四种颜色。范围长约 90、宽约 5 厘米。棺二层台两端被破坏，两侧亦残缺不起，保存部分高约 20 厘米。

墓室中部偏北有一长方形圆角的腰坑，长 60、宽 23～27、深 18 厘米，内殉一狗，头向北，背向西，保存较差。

葬具为一棺一椁。椁北端和东侧立板痕迹清晰，南端及西侧中部被扰，椁宽 79～85 厘米，侧板厚5 厘米，北端挡板长 85 厘米，两头超出木椁 2～4 厘米，厚 6 厘米。墓底北端保存有木棺残痕，宽 57厘米，长度高度不详，板厚 3.5～4 厘米。

墓主骨架被扰不见，北部残存有小腿骨残段及两堆趾骨，推断墓主头向南，葬式不详。

在盗沟填内出土玉璧 1 件。南二层台上有陶鬲 1 件。椁二层台西北角有 2 件漆器。另有 3 件无法采集，分别进行了清理解剖。西侧二层台偏北部有 2 件。北边 1 件近似圆形，直径 10～11 厘米，剖面呈锅底形，深 5 厘米，内壁东半部饰红漆；南边 1 件平面似陶爵口部，圆口带流，直径 10、流径 12、深 2 厘米，内壁满饰彩绘，流口及后部饰红色，中间为白色，其间用黑线相隔。第三件位于椁二层台东南角。平面呈圆形，直径 8 厘米，内壁饰红、橘黄、白三色，其间用黑线相隔。

陶鬲　1件。

SM594:2，乙A型Ⅲ式，泥质灰陶。修复。沿面有凹弦纹二周，腹上部饰凹弦纹一周。口径11.2、高10厘米。（图2-278C）

玉璧　1件。

SM594:1，完整。乳白色。扁平圆环形，器形较规整，孔较大，单面管钻。两面抛光，边缘一侧略薄。直径4.8、孔径1.6、厚0.7~0.9厘米。（图2-278C；彩版二四二，3）

墓葬年代：殷墟四期晚段。

人骨鉴定：

男性？壮年。

肢骨粗壮，1~2级。骨密度1~2级。

第一跖骨上有明显跪踞面痕迹。

SM595

该墓位于ST3611西部偏南，其西南角在探方西边缘上。开口于①层（扰土）下，直接打破生土。方向为203度。（图2-279A~E；彩版二四三、二四四）

长方形竖穴土坑墓，墓壁平整、规范，口小底大。墓口距地表约50厘米，墓口长243、宽98~105厘米，墓底长255、宽120~124厘米，墓深295厘米（图2-279A）。填土为红褐色花夯土，土质坚硬，夯层厚约20厘米。夯窝稀疏，分布无规律，窝径6~8、深3~5厘米，剖面呈半球状。距墓口90厘米处填土中殉一狗，保存较差，头向北，背略西弓，前腿缚于脊背，颈系铜铃（图2-279B）。

东西壁北部基本对称分布有4个脚窝。东壁四个脚窝详细情况如下：距墓口48、宽高各15、深6厘米。距墓口93、宽15、高18、深7厘米。距墓口128、宽高各14、深6厘米。距墓口158、宽14、高24、深8厘米。（图2-279A）

椁二层台两端宽23~25、两侧宽22~28、高约60厘米。棺二层台北端宽2、南端宽12、东侧宽10、西侧宽13、高约13厘米。二层台有7个直径6~8厘米的大夯窝痕迹（图2-279C）。

腰坑居于墓室中部偏北，长84、宽43、深25厘米，直壁。其东侧中部放置一狗头，骨骼朽。（图2-279C）

葬具为一棺一椁。椁保存不好，二层台北壁附有红、黑、白漆，据二层台推断椁长207、宽70~74厘米，高60厘米。棺盖上覆有布幔，图案不清。棺盖中部放置一把铜戈，塌陷入棺室。棺底板为三块木板，每块宽10~13厘米，髹白漆（图2-279D）。棺长193、宽50~53厘米，残高15厘米，立板厚3~3.5厘米。

墓主骨骼保存较差，头骨朽为粉状，上肢、盆、股骨已朽无。肋骨及胫骨略显其形。头向南，仰身直肢。墓主性别、年龄不详。

位于棺盖上有铜戈1件，用布包裹。布纹细密，推测为丝绸类。在棺椁间东南角，有铜矛2件，形状大小相同，器身轻薄，为明器。在棺二层台上有陶鬲1件。

陶鬲　1件。

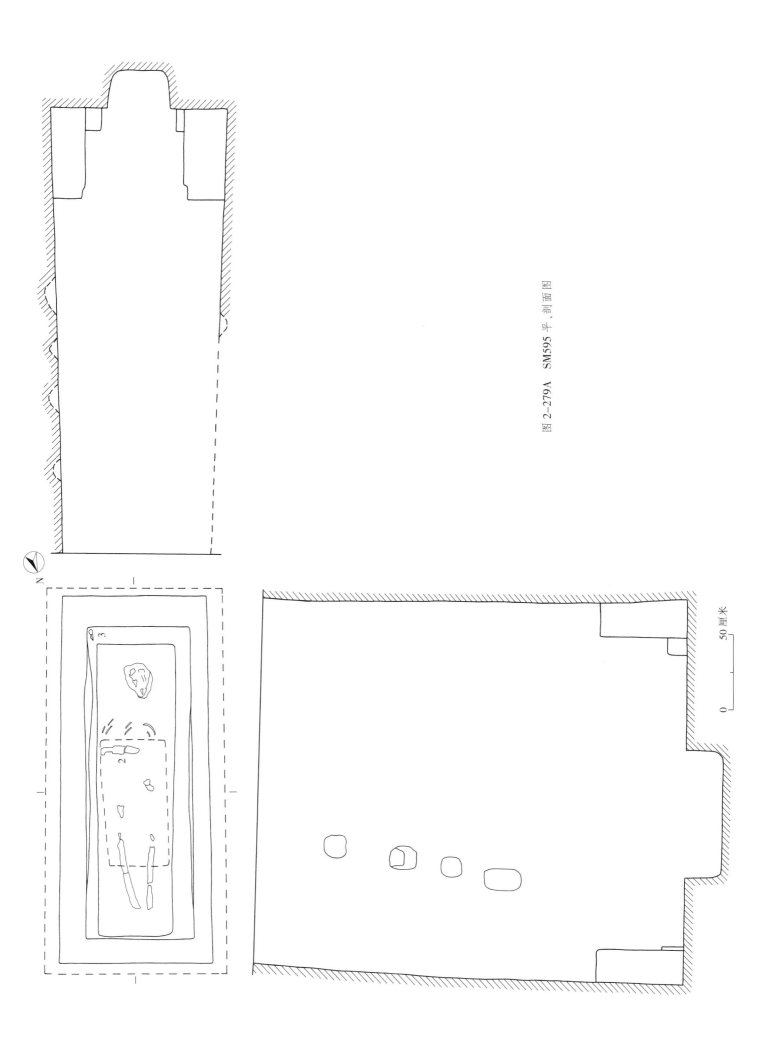

图 2-279A　SM595 平、剖面图

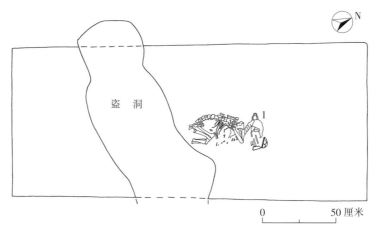

图 2 - 279B SM595 填土殉狗平面图

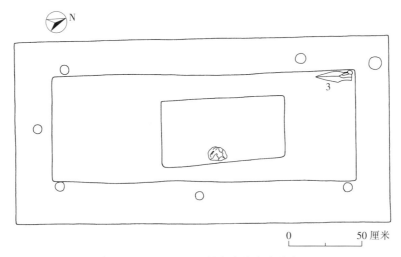

图 2 - 279C SM595 二层台上大夯窝痕迹图

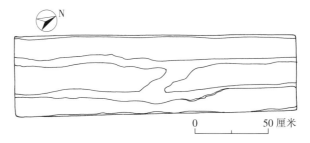

图 2 - 279D SM595 棺底板平面图

SM595:4，乙 A 型Ⅲ式。泥质灰陶。修复。小型鬲，近方体。侈口圆唇，窄折沿，沿面有凹弦纹二周，短颈，鼓腹，平裆，较高，有足尖。颈腹部饰凹弦纹三周。口径 9.4、高 7.8 厘米。（图 2 - 279E）

陶范芯 1 件。

SM595:5，残。红烧土，一面弧形，一面凹凸不平，均素面。似为大型容器范芯。残长 9.3、宽 5.3、厚 3.8 厘米。（图 2 - 279E）

铜戈 1 件。

SM595:2，乙 Bb 型Ⅱ式。残。体大，轻薄。内后端下垂，无纹饰，无阑；长条三角形援，

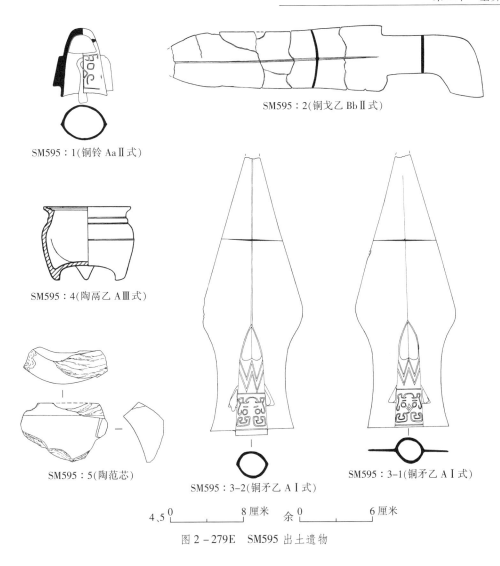

SM595：2(铜戈乙 Bb Ⅱ 式)

SM595：1(铜铃 Aa Ⅱ 式)

SM595：4(陶鬲乙 A Ⅲ 式)

SM595：5(陶范芯)

SM595：3-2(铜矛乙 A Ⅰ 式)

SM595：3-1(铜矛乙 A Ⅰ 式)

4、5 0 _____ 8厘米　余 0 _____ 6厘米

图 2－279E　SM595 出土遗物

残，中部有线状中脊。残长 26.8、援长 18.8、援最宽 5.3、援厚 0.2、内厚 0.2 厘米。重 0.104 千克。（图 2－279E；彩版二四四，2）

铜矛　2 件。

形制相似，乙 A 型 Ⅰ 式。残。体较轻薄。叶呈亚腰形，较宽，中部有线状中脊，叶底两侧有穿孔；骹截面呈椭圆形。骹两面饰三角纹和简单饕餮纹，叶中部有三角形纹，略下凹。

SM595：3-1，叶长 21.8、叶最宽 8.3、叶厚 0.1、銎腔径 1.6×2 厘米。重 0.143 千克。（图 2－279E；彩版二四四，4）

SM595：3-2，骹部残失。叶残长 21.6、叶宽 8.2、叶厚 0.2、銎腔径 1.82 厘米。重 0.152 千克。（图 2－279E；彩版二四四，5）

铜铃　1 件。

SM595：1，Aa 型 Ⅱ 式。残。铃腔瘦长，铃腔截面呈椭圆形，两侧有扉棱，无顶盖，上有半环形梁，口缘内凹，铃舌呈棒槌形，顶端有小环。铃身两面饰梯形凸弦纹，内填阳线饕餮纹。通高 5.5、口缘径 2.5×3.8、腔壁厚 0.2 厘米。（图 2－279E；彩版二四四，3）

墓葬年代：殷墟四期晚段。

SM596

该墓位于 ST3611 西南部。开口于①层（扰土）下，直接打破生土。有一盗洞，直至墓底，顺墓圹而下。土色与填土相同，质松软。方向为 195 度。（图 2－280A、B；彩版二四五，1～3）

长方形竖穴土坑墓。墓口距地表约 50 厘米，墓口长 270、宽 104～110 厘米，墓深 195 厘米，填土为红褐色花夯土，土质坚硬，夯层不明显。在距墓口深 25 厘米处，殉一狗，颈系铜铃。保存较差，头

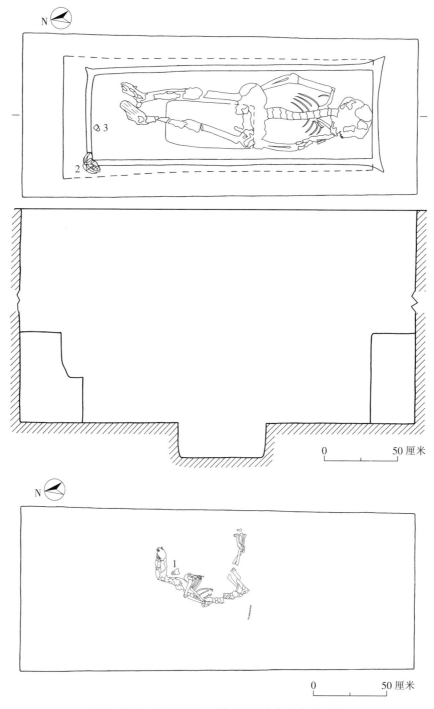

0 _____ 50 厘米

0 _____ 50 厘米

图 2－280A　SM596 平、剖面图及填土殉狗平面图

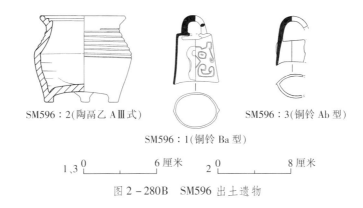

SM596：2(陶鬲乙AⅢ式)　　　　　　SM596：3(铜铃 Ab 型)

SM596：1(铜铃 Ba 型)

1、3 0 —————— 6 厘米　　2 0 —————— 8 厘米

图 2－280B　SM596 出土遗物

向北，背向西弓，前腿屈于脊背，后腿向下直伸，尾巴上翘。（图 2－280A）

木棺杇后塌陷，二层台出现较靠上，高 60 厘米，内边沿不太整齐，下部木棺轮廓清晰，边沿整齐。较上部二层台向内收缩，高 30 厘米，北端宽 47、南端宽 30、两侧宽 21～27 厘米。

腰坑居墓底中部长方形圆角，长 60、宽约 30、深 23 厘米，直壁。内殉一狗，头向南，背向西。骨骼杇。狗头与墓主头向一致。

葬具为木棺。棺盖塌陷入棺内，残存有部分彩绘痕迹，可辨认出红、黄、黑、白四种颜色，图案不清。东北部发现有盖在棺上的席纹。木棺四周立板痕迹明显，南北长 190、宽 57～59、高 30 厘米。木棺的四周均向外突出一尖角。南端挡板向内凹，北端挡板向外弧。立板厚 3.5～4 厘米。

墓主骨骼保存较差，骨骼杇为粉状，只显其形，墓主头南面西，仰身直肢，双手放于盆骨两侧，双脚并拢，趾尖向东。

西北角二层台上有陶鬲 1 件，棺内南端有铜铃 1 件。

陶鬲　1 件。

SM596：2，乙 A 型Ⅲ式。泥质灰陶。修复。小型鬲，近方体。侈口，小方唇，窄折沿，沿面有凹弦纹二周，短颈，鼓腹，平裆，较高，有足尖。颈腹部饰凹弦纹六周。口径 9.4、高 9.2 厘米。（图 2－280B）

铜铃　2 件。

SM596：1，Ba 型。残。铃腔瘦长，铃腔截面呈椭圆形，平顶有一孔，上有半环形梁，口缘内凹，圆头状铃舌，略短于铃体。铃身两面饰阳线饕餮纹。通高 5.4、口缘径 2.6×3.3、厚 0.1 厘米。（图 2－280B；彩版二四五，3）

SM596：3，Ab 型。残损严重。铃腔扁短，铃腔截面呈扁圆形，一侧有扉棱痕迹，无顶盖，上有半环形粗梁，口缘残，未见铃舌。残高 3.9 厘米。（图 2－280B）

墓葬年代：殷墟四期晚段。

人骨鉴定：

骨质极差，仅余粉末状痕迹。

男性？35～40 岁。身高约 165 厘米。

骨质保存差，不易判断性别。粗壮度 2 级，骨密度 2 级。牙齿磨耗 3～4 级。

SM597

位于 ST3611 中部偏南，东距 SM598 约 50 厘米。开口于①层（扰土）下，直接打破生土。方向为 195 度。（图 2－281A、B；彩版二四六，1；彩版二四七，1、2）

长方形竖穴土坑墓。墓口距地表约 50 厘米，墓口长 230、宽 110～117 厘米，墓深 60 厘米，填土红褐色花夯土，土质坚硬，夯层、夯窝不明显。（图 2－281A）

二层台两端宽约 20、两侧宽 19～22、高 14～16 厘米。

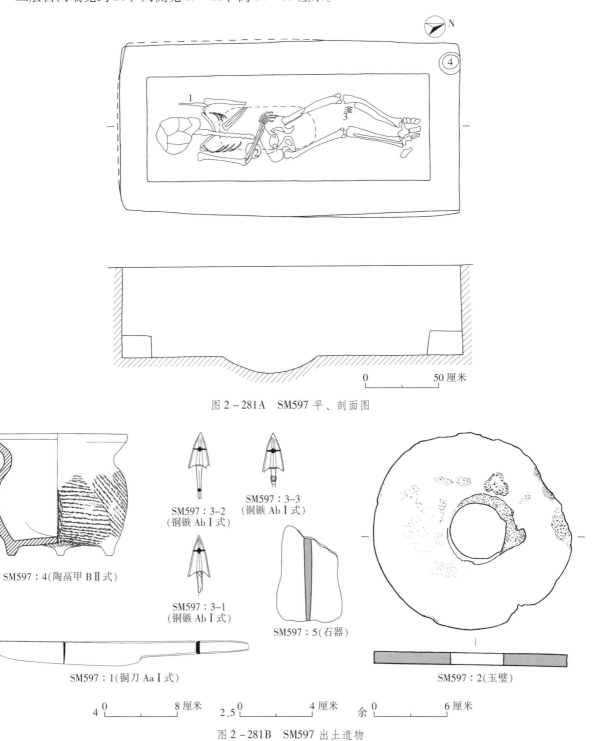

图 2－281A SM597 平、剖面图

SM597：4(陶鬲甲 B Ⅱ 式)

SM597：3-2
(铜镞 Ab Ⅰ 式)

SM597：3-3
(铜镞 Ab Ⅰ 式)

SM597：3-1
(铜镞 Ab Ⅰ 式)

SM597：5(石器)

SM597：1(铜刀 Aa Ⅰ 式)

SM597：2(玉璧)

图 2－281B SM597 出土遗物

腰坑居墓底中部，长方形圆角，长66、宽约28、深11厘米，斜壁。内空。

葬具为木棺。发现有板灰及白漆，据二层台推断，棺长193、宽约70厘米，高度不详。

墓主骨骼保存较差，肋骨朽无，头骨朽为粉状。墓主头南面西，仰身微西侧，双膝微向内屈，左臂上折，手放于胸部。右臂微屈，手抚于左腹部。墓主骨骼范围长度约175厘米。

墓主头部西侧有铜刀1件，右臂下有玉璧1件，两腿间有铜镞3枚，头骨下有石器1件，口内有贝1枚。西北角二层台内有陶鬲1件。

陶鬲　1件。

SM597：4，甲B型Ⅱ式。修复。器表及裆部饰中粗绳纹，颈部经修整，足根部强纹稍抹平。口径15、高12.8厘米。（图2-281B）

铜刀　1件。

SM597：1，Aa型Ⅰ式。完整。通长21.2、柄长9、刀身宽2、柄宽1、背厚0.2、柄厚0.3厘米。重0.038千克。（图2-281B；彩版二四七，1）

铜镞　3件。均为Ab型Ⅰ式。

SM597：3-1，微残。形体小，残长4.5、铤残长1.6、翼宽1.8厘米。（图2-281B）

SM597：3-2，形体较大，短翼，扁棱形长铤。通长5.2、铤长2.5、翼残宽1.7厘米。（图2-281B）

SM597：3-3，形体较大。残长3.2、翼残宽1.8厘米。（图2-281B）

玉璧　1件。

SM597：2，残。黄褐色，有杂斑，整体受沁。扁平圆环状，管钻大孔，略偏向一侧。直径10.4、孔径3.1、厚0.6~0.8厘米。（图2-281B；彩版二四七，2）

石器　1件。

SM597：5，残。残存柄部，扁平长方形。残长4.9、宽3.5、厚0.5厘米。（图2-281B）

贝　1枚。A型货贝。

墓葬年代：殷墟四期晚段。

人骨鉴定：

男性。25~30岁。

肢骨粗壮，骨密度大。牙齿磨耗2级，M3刚萌出。

SM599

该墓位于ST3611东北部。开口于①层（扰土）下，直接打破生土。方向为194度。（图2-282；彩版二四五，4）

长方形竖穴土坑墓，东北部墓壁内缩，墓底北部略高。墓口距地表约50厘米，墓口长217、宽57-64厘米，墓深70厘米，填土为浅灰色花夯土，土质坚硬，夯层不明显。

南端有生土二层台，宽18、高7~8厘米。

无腰坑。

未发现明显的葬具痕迹。

墓主保存较差，头骨碎裂变形，大部分骨骼朽无，上臂仅存左下臂残段，下部保存两膝盖及小腿。

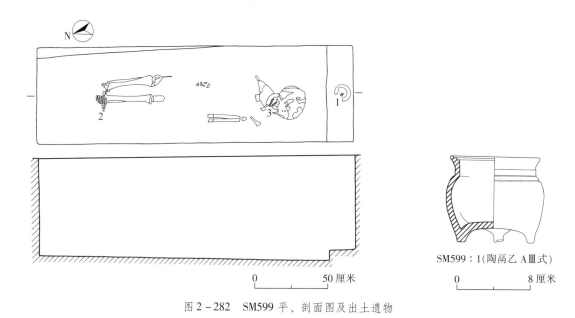

图 2-282 SM599 平、剖面图及出土遗物

墓主头南面西，仰身直肢，双脚并拢，右上左下叠压，趾尖向西。

南部二层台上放置陶鬲1件。脚趾尖处与墓主口内各有贝1枚。

陶鬲 1件。

SM599：1，乙A型Ⅲ式。泥质灰陶。修复。小型鬲，近方体。侈口，小方唇，窄折沿，沿面有凹弦纹二周，短颈，鼓腹，平裆，较高，足较平尖。颈腹部饰凹弦纹三周。口径9.8、高9厘米。（图2-282）

贝 2枚。A型。

墓葬年代：殷墟四期晚段。

人骨鉴定：

女性？14～16岁。

恒齿完全萌出，肢骨缝完全未愈合。

中等摇椅形下颌。

SM612

位于探方的中部偏东。开口于①层下，打破生土。被盗。方向为10度。（图2-283A、B）

长方形竖穴土坑墓，口小底大。墓口距地表深25厘米，墓口长232、北边宽93、南边宽89厘米，墓底长257、宽110~120厘米，墓深265厘米。填土为花土，夯实，分层不明显。填土内出一件陶饼。（图2-283A）

墓底四周有熟土二层台，宽29、高22厘米。

腰坑已被扰乱，长70、宽30、深12厘米，坑内发现一狗腿骨，保存极差。（图2-283A）

葬具为木棺，长196、宽55-60、残高22厘米。

墓主只残留胫骨和足部，头部有骨末。俯身直肢。

墓主头下有1件铅戈。在东侧二层台内发现陶爵、陶觚各1件。

陶觚 1件。

SM612：3，B型Ⅱ式。泥质灰陶。微残。器形矮小，喇叭口，腹较粗，呈直筒形，矮圈足，腹下

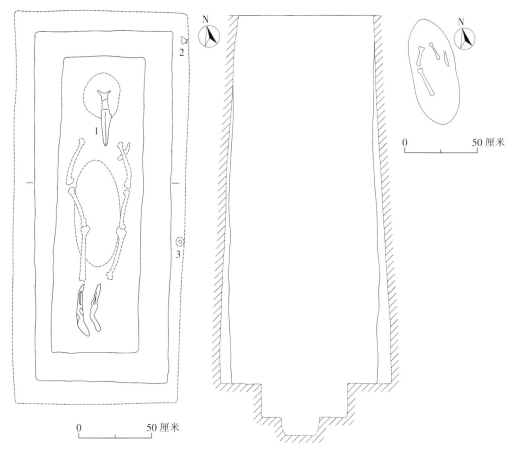

图 2 – 283A　SM612 平、剖面图及腰坑平面图

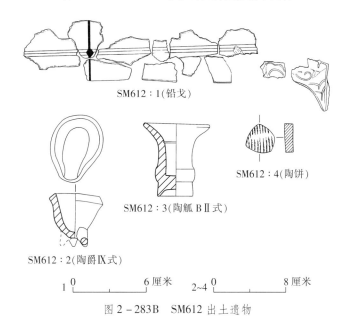

图 2 – 283B　SM612 出土遗物

部有凸棱一周。口径 7.2、圈足径 3.8、高 7.8 厘米。（图 2 – 283B）

陶爵　1 件。

SM612:2，IX式。泥质灰陶。完整。器形矮小，敞口，小流，无鋬，腹内收，尖底，小锥足，口沿外侧有凸棱一周。口径 5.8、高 5.6 厘米。（图 2 – 283B）

陶饼 1件。

SM612:4，泥质灰陶。不规则四边形，边缘磨平，一面饰中粗绳纹。长2.8、宽2.6、厚0.8厘米。（图2-283B）

铅戈 1件。

SM612:1，残损严重，质轻薄，不辨形制。（图2-283B）

墓葬年代： 殷墟四期晚段。

SM624

位于ST2706西北部。开口于③层下，被H369打破，打破SM627及生土。未被盗。方向为20度。（图2-284）

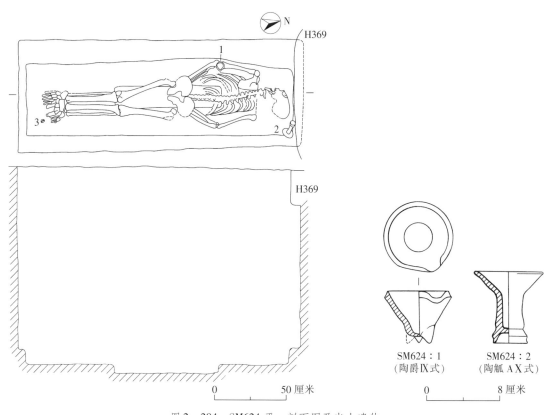

图2-284 SM624平、剖面图及出土遗物

长方形竖穴土坑墓。墓口距地表深约78厘米，墓口长约196、残宽约70~74厘米，墓底长约184、残宽43~51厘米，墓深约130厘米。填土大致分两层，上层为灰褐土，含烧土块，质较硬，下层为灰土，质较松软。

熟土二层台长约184、宽5~22厘米。二层台内发现少量碎骨。

腰坑大致为长方形，长约74、宽约15、深约6厘米。

葬具为木棺，长183、宽53厘米。

墓主头朝北，面朝西，俯身直肢，较完整，保存较好。

北二层台上放1件陶瓿。墓主左肘部紧挨二层台处有1件陶爵，左肋、脚部各有1枚贝，口含2

枚贝。腰坑内有3枚贝。

陶觚 1件。

SM624∶2，A型X式。泥质灰陶。微残。器形矮小，敞口，短直腹，矮圈足略外撇，腹下部有凸棱一周。口径7.6、圈足径3.8、高7.6厘米。（图2－284）

陶爵 1件。

SM624∶1，Ⅸ式。泥质灰陶。完整。器形矮小，敞口，小流，无鋬，腹内收，尖底，小锥足，口沿外侧有浅凹槽一周。口径7.4、高7.5厘米。（图2－284）

贝 7枚。均为A型。

墓葬年代：殷墟四期晚段。

人骨鉴定：

男性？40±岁。

上肢男性化程度高于下肢。牙齿磨耗4级。

SM626

位于ST2804西北角，向西伸入ST2704。开口于H370之下，打破H371。未被盗。方向为100度。（图2－285A、B；彩版二四六，2；彩版二四七，3）

长方形竖穴土坑墓，周壁较平整，口小底大，四壁由口至底向内倾斜。墓口距地表深150、东西长235、南北宽100厘米，墓底南北宽113、东西长255厘米，墓深90厘米。填土黄色花夯土，上下一致未分层，填土较纯净，土质较硬而致密，内含有少量陶片和动物碎骨，有明显夯打痕迹。夯窝直径

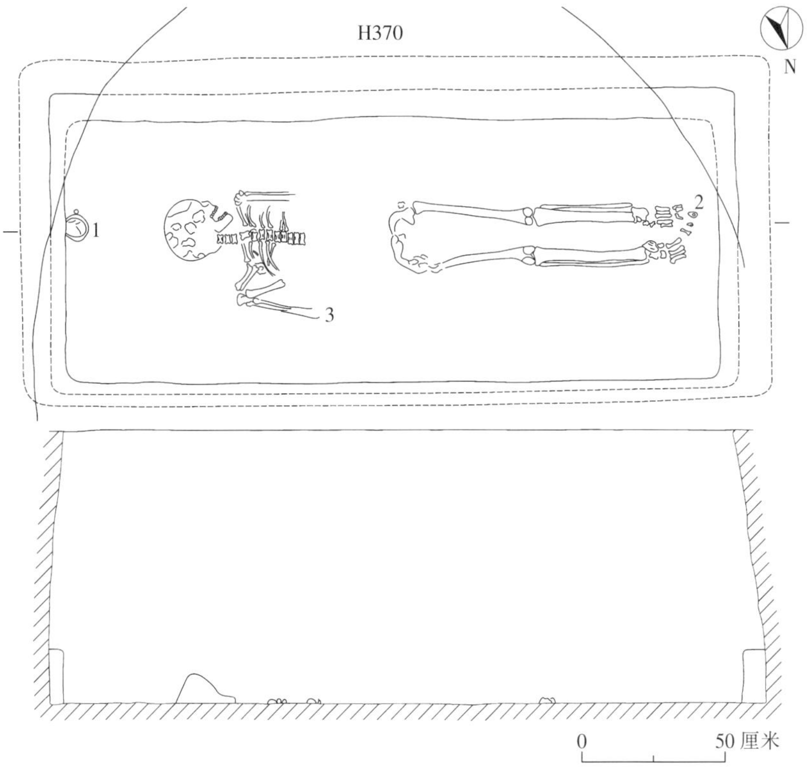

图2－285A SM626平、剖面图

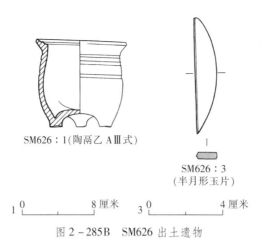

SM626：1(陶鬲乙 A Ⅲ式)

SM626：3
(半月形玉片)

1 0   8 厘米   3 0   4 厘米

图 2 - 285B   SM626 出土遗物

5 ~ 8 厘米。(图 2 - 285A)

熟土二层台宽 3 ~ 10、高 16 ~ 20 厘米。

葬具为一棺，在墓底发现明显的黑漆痕迹，棺长 225、宽 88、残高 16 ~ 20 厘米。

墓主人骨保存较好，为俯身直肢葬，墓主头东面南。

随葬品分别置于二层台及棺室内。二层台上陶鬲位于头部正上方，保存较差；棺室内随葬品分别为置于墓主人左臂肘部的半月形玉片和置于脚后的 2 枚保存较好的货贝。

陶鬲   1 件。

SM626：1，乙 A 型Ⅲ式。泥质灰陶。修复。小型鬲，近方体。侈口，小方唇，窄折沿，沿面有凹弦纹二周，短直颈，微鼓腹，平裆，较高，粗足尖。颈腹部饰凹弦纹三周。口径 10.1、高 9.2 厘米。(图 2 - 285B)

半月形玉片   1 件。

SM626：3，完整。青灰色，部分受沁。半月形，或为玉器加工留下的边角料。直边有切割玉料时错位形成的痕迹。双面抛光。长 6.1、宽 1、厚 0.4 厘米。(图 2 - 285B；彩版二四七，3)

货贝   2 枚。A 型。

墓葬时代： 殷墟四期晚段。

人骨鉴定：

女性。30 ~ 35 岁。

头骨、肢骨象征明显。牙齿磨耗 3 级。

左右第一跖骨上跪踞面明显。胫骨下端跪踞窝明显。

SM630

位于 ST2707 东侧北部。开口于②层下，被一晚期坑，G8 和 SM601 打破，打破生土。被盗。方向为 200 度。(图 2 - 286；彩版二四六，3；彩版二四七，4、5)

据残留的形状判断为长方形，口大底小。墓口距地表 90 厘米，墓口长 213、宽 72 厘米，墓底长 201、宽 53 厘米，墓深 73 厘米。棺底铺有一层朱砂。填土黄褐色，部分坚硬，被盗洞扰动的地方土质疏松。

二层台被盗洞打破，只剩下东北和东南角的一小部分，宽约 4、高约 13 厘米。

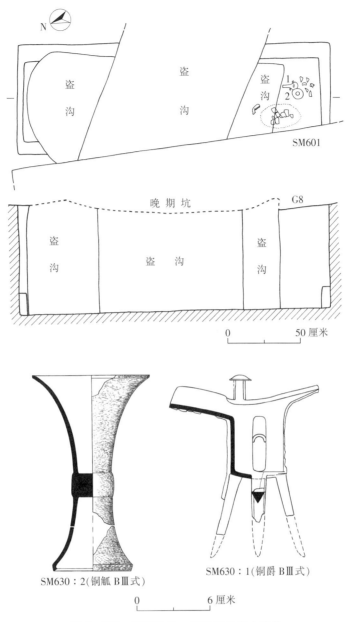

图 2-286　SM630 平、剖面图及出土遗物

从二层台判断，葬具应为木棺，尺寸不详。

墓主头向西南，因骨架破坏严重，葬式无法判断。

在头骨的东侧随葬青铜爵和青铜觚各 1 件。两件器物皆倒立并依靠在一起，觚在西，爵在东，都有不同程度的破损。

铜觚　1 件。

SM630：2，B 型Ⅲ式。残。腹内底部残存有范土。口径 9.5、通高 15.6 厘米，口沿厚 0.2 厘米。重 0.335 千克。（图 2-286；彩版二四七，4）

铜爵　1 件。

SM630：1，B 型Ⅲ式。残。通体素面。流尾中部至腹底部有铸缝。残高 13.3、柱高 2.3、足残高 4.5、流至尾长 12.3、流长 4.7、流宽 2.8、腹壁厚 0.2 厘米。重 0.261 千克。（图 2 - 286；彩版二四七，5）

墓葬年代：殷墟四期晚段。

SM631

位于 ST2707 中东部。开口于②层下，被 G8、H389 和 SM601 打破，打破生土。未被盗。方向为 205 度。（图 2 - 287；彩版二四七，6）

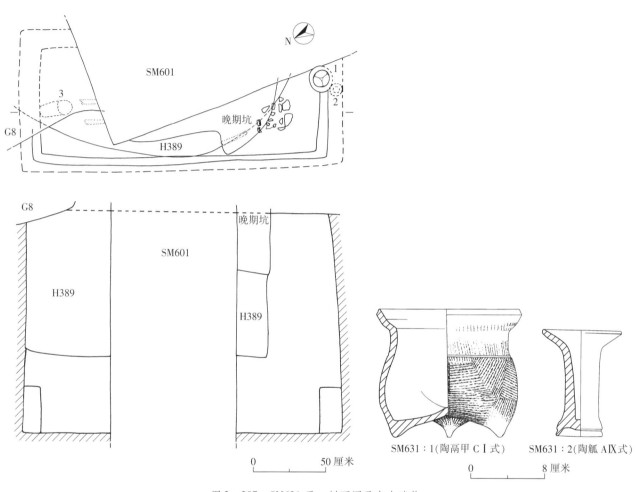

图 2 - 287　SM631 平、剖面图及出土遗物

长方形竖穴土坑墓。墓口距地表深 110 厘米，墓口长 200、宽 80～90 厘米，墓底长 218、宽 95 厘米，墓深 145 厘米。墓底铺有一层朱砂。北部墓壁完整，由口至底部向外倾斜，较平整。填土红褐色土，质地干硬，经过夯打。

熟土二层台宽 10～15、高 30 厘米。

从二层台判断，葬具应为木棺。

墓主头向南，面向西，仰身直肢葬。只剩下头骨碎片，脚骨和左上肢骨，其余部分都已被 SM601 打掉，骨架下铺有一薄层朱砂。

在墓主人头偏东的南壁二层台内随葬陶鬲 1 件，已被压碎，但可复原。头侧东南部的二层台内倒立埋着陶瓶 1 件。在墓主人脚的北边随葬漆器 1 件（SM631∶3），高约 25 厘米，上饰红黑白三种颜色漆，还镶有贝壳，形状似壶，但残破严重，原始形状不清。

陶瓿　1件。

SM631：2，A 型Ⅸ式。泥质灰陶。修复。器形矮小，喇叭口，腹呈直筒形，矮圈足外撇下折，足部有凹槽一周。口径 8.6、圈足径 4.8、高 11.2 厘米。（图 2-287）

陶鬲　1件。

SM631：1，甲 C 型 Ⅰ 式。夹砂灰陶，修复。敞口，方唇，宽折沿，高颈，腹径约等于口径，裆较高，袋足下有实足，矮足尖。通体饰中粗绳纹，颈部绳纹模糊，足根部绳纹被抹掉。口径 15.8、高 13.4 厘米。（图 2-287；彩版二四七，6）

墓葬年代：殷墟四期晚段。

SM646

位于 ST2708 东部，叠压在北隔梁之下。开口于②层下，被 G8 打破，打破 SM649 和生土层。被盗。方向为 208 度。（图 2-288）

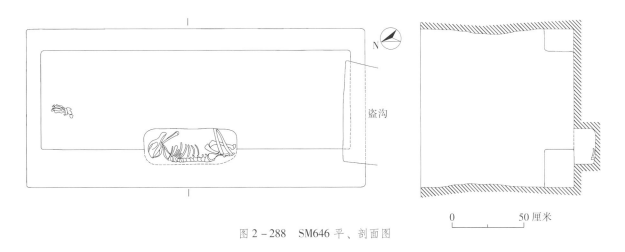

图 2-288　SM646 平、剖面图

长方形竖穴土坑墓，周壁不平整，略向外弧凸。墓口距地表深 85 厘米，墓口长 230、宽 104 厘米，墓底长 210、宽 64 厘米，墓深 105 厘米。填土均为黄色花土，土质细密较硬，有夯窝痕迹，出土少量陶片。

二层台距墓口深 85 厘米，南端和北端宽 10、东边宽 15、西边宽 25、高 20 厘米，为熟土二层台。

腰坑位于墓室底部偏西侧，平面呈椭圆形，南北长约 63、东西宽 24、深 15 厘米，内放一殉狗，头向为北偏东 28 度，侧身屈肢。

根据发现的红色棺漆痕迹及二层台推测有木棺，长 210、宽 65、残高 20 厘米。

墓主被严重盗扰，仅在北端发现一脚骨，推测墓主头朝南，头向与殉狗相反。

仅在脚骨下发现 5 枚 A 型货贝。

墓葬年代：从墓葬形制分析，该墓为殷墟时期，被其打破的 SM649 为殷墟四期偏晚阶段，因而把该墓年代定为殷墟四期偏晚较为合适。

SM647

位于探方 ST2708 东北部。开口于 G8 下，打破生土。被盗。方向为 203 度。（图 2 – 289A ~ C；彩版二四八，1）

平面形状为长方形，口小底大。墓口距地表深 85 厘米，墓口长 240、宽 100 厘米，墓底长 243、宽 103 厘米，墓深 370 厘米。填土为五花土，上部偏黄，有夯打的痕迹，较硬；中部偏红，较松软；下部偏黄，夯打得较实。（图 2 – 289A）

熟土二层台东宽 18.5、西宽 9、南宽 15、北宽 20 厘米。

图 2 – 289A SM647 平、剖面图

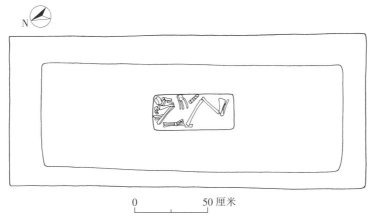

图 2 – 289B　SM647 腰坑殉狗平面图

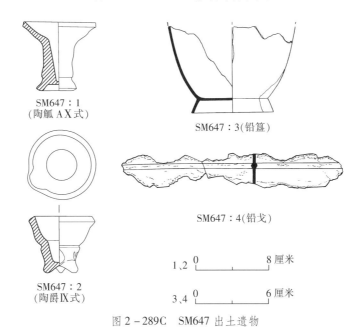

图 2 – 289C　SM647 出土遗物

腰坑长 55、宽 24、深 23 厘米，殉兽为狗，头向北。（图 2 – 289B）

葬具应为一棺，有棺板灰痕迹，长 209、宽 68 厘米。

墓主仰身直肢，头向南，保存状况不佳，头骨几乎粉碎，四肢及椎骨皆残。

在二层台西南角有陶瓿 1 件，东南角有陶爵 1 件和羊腿骨及肩胛骨（彩版二四九，1）。墓主人胸前有铅戈 1 件。填土中出铅簋 1 件和货贝 4 枚。

陶瓿　1 件。

SM647:1，A 型 X 式。修复。口径 7.9、圈足径 4.2、高 7.2 厘米。（图 2 – 289C）

陶爵　1 件。

SM647:2，IX 式。完整。口沿外侧有浅凹槽一周，腹下部饰凹弦纹一周。口径 7.4、高 5.9 厘米。（图 2 – 289C）

铅簋　1 件。

SM647:3，残。形似 B 型铜簋，残损严重。鼓腹、平底，矮圈足外撇，无鋬，素面。残高 6.7 厘米。（图 2 – 289C）

铅戈 1件。

SM647：4，残损严重，质轻薄，援部有中脊，不辨形制，残长18厘米。（图2-289C）

贝 4枚，A型货贝。

墓葬年代：殷墟四期晚段。

人骨鉴定：

女性。35±岁。

盆骨、肢骨性征明显。牙齿磨耗3~4级。

下颌右侧M2咬合面龋洞。

SM649

位于ST2708的东部，叠压在北隔梁之下，开口于②层下，被SM646打破，打破生土。方向为202度。（图2-290；彩版二四九，2）

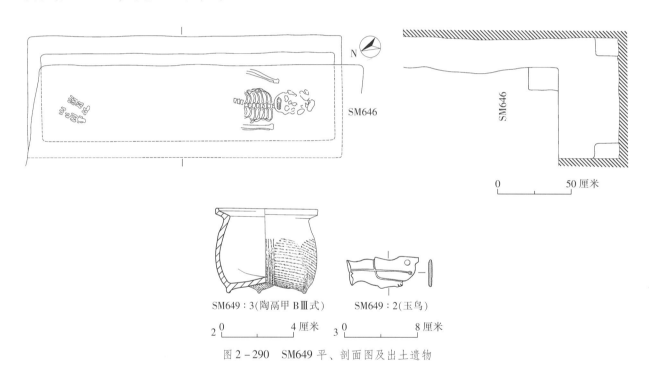

SM649：3（陶鬲甲BⅢ式）   SM649：2（玉鸟）

图2-290　SM649平、剖面图及出土遗物

长方形竖穴土坑墓，周壁不平整，略向外弧凸。墓口距地表85厘米，墓口长约215厘米，墓底长约200、宽约58厘米，墓深146厘米。填土分两层：墓口以下约80厘米以上为黄色花土，土质较疏松，较软；80厘米以下至墓底为夹炭粒和红烧土的灰土，土质较疏松，较软。

有熟土二层台，二层台北端宽10、南端宽5、东边宽12、西边宽10、高16厘米。

根据发现的红色棺漆痕迹推测至少有棺。长201、宽58厘米。

墓主被盗扰，仅剩头骨，胸骨，上肢骨，脚骨，其中头骨破碎。

在二层台里发现陶鬲1件。墓主足下放有10枚贝，头骨下压着玉鸟。

陶鬲 1件。

SM649：3，甲B型Ⅲ式，夹砂灰陶，修复。器形小，扁方体。折沿上翘，方唇，颈较高，圆鼓腹，

矮裆，乳头状小足尖。器表及裆部饰中粗绳纹，颈部经修整。口径11.4、高8.9厘米。（图2－290）

玉鸟　1件。

SM649：2，完整。青色，有白斑。体弧弯，扁平片状。尖喙，减地凸眼，下有一个双面桯钻圆穿；翅收拢，爪前屈，长尾平伸。一面中部有一横向阴线，或为改制器。长3.9、宽1.6、厚0.2厘米。（图2－290；彩版二四九，2）

贝　10枚，A型货贝。

墓葬年代：殷墟四期晚段。

SM657

位于ST2311的中部。开口于①层下，被晚期坑打破，自身打破H456（殷墟三期）。方向为25度或205度。（图2－291A、B；彩版二五〇）

长方形竖穴土坑墓，南北向，墓壁略直，口大底小。墓口长218、宽81厘米，墓深117厘米。墓底长216、宽78厘米，墓底北高南低，填土灰色花夯土，土质略硬，结构紧密，包含烧土粒。（图2－291A）

墓底四周有熟土二层台，高42、宽6～14厘米。

墓底南部有一类似腰坑的长方形坑，口部东西长70、南北宽32厘米，底部东西长70、南北宽23厘米，深9厘米。坑内北壁有一高6、宽7厘米的熟土台，底部发现有席纹。

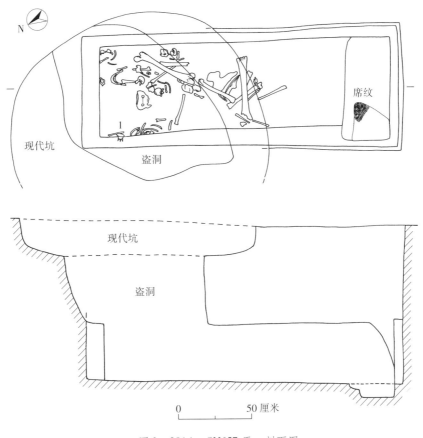

图2－291A　SM657平、剖面图

葬具为一棺，长 198、宽 58、高 42 厘米。

墓主骨架被扰，骨骼零乱，无法辨别头向。

在西北角熟土二层台内放置陶爵 1 件。

陶爵 1 件。

SM657：1，Ⅸ式。完整。腹下部饰凹弦纹一周。口径 6.6、高 5.5
厘米。（图 2-291B；彩版二五〇，2）

墓葬年代： 殷墟四期晚段。

人骨鉴定：

墓主骨架被扰，骨骼零乱，无法辨别头向。

人骨保存情况差。仅额骨残片，下颌骨及 8 颗牙齿，右侧髂骨残片、耻骨及部分坐骨，第 7 颈椎、
部分胸椎及第 2 至第 5 腰椎等骨片保存，可供观察。

墓主眉弓发育较弱，眶上缘薄锐；下颌角区外翻不明显；耻骨下支内侧缘凹入，耻骨联合面下端
至耻骨下支内侧缘之间呈薄锐的骨嵴，耻骨支移行部呈上下宽度大致相等的方形。据以上性别特征判
断，该个体为女性。骨骺完全愈合；耻骨联合面形态 Ⅶ 级（Todd 分级系统）和 4 级（Suchey -
Brooks 分级系统），第八期（邵象清分级系统），第一、二白齿磨耗程度 4 级（吴汝康分级系统）。据
此推断该个体年龄 35~40 岁。仅据四肢长骨保存状况目前无法进行身高估算。

墓主下颌双侧第三白齿先天缺失，左侧下颌第二白齿生前脱落，右侧下颌前白齿及第一白齿可见
轻微的釉质剥脱现象。左侧下颌骨髁突关节面上呈边缘硬化型骨质疏松。胸椎、腰椎椎体骨质疏松，
椎弓上下关节突边缘骨赘生成，关节面呈海绵样多孔型骨质疏松，第 9 胸椎及第 2 腰椎椎体塌陷，压
缩性骨折。右侧髋白窝边缘轻微骨质增生，月状面内缘上方骨表面粗糙，呈点片状凹陷。

SM657：1
（陶爵Ⅸ式）

0　　　　　8 厘米

图 2-291B　SM657 出土遗物

SM672

位于 ST3710 东南部。开口于①层（扰土）下，直接打破生土。方向为 195 度。（图 2-292A、B；
彩版二四八，2；彩版二四九，2、3）

长方形竖穴土坑墓，墓口距地表约 50 厘米，墓口长 235、宽 110~114 厘米，墓深 180 厘米，填土
为浅灰色土，土质松软，没有明显盗沟，但土较乱，似有被扰后回填的迹象。

椁二层台两端宽 15~20、两侧宽 13~18、高 41 厘米。棺二层台南端与椁没有间隙，北端宽 14、
两侧宽 14~19、高 20 厘米。（图 2-292A）

腰坑平面呈长方形，长 60、宽 35、深 25 厘米，直壁稍斜。内有凌乱狗骨。

葬具为一棺一椁，墓室中部被扰，发现散乱白灰及白漆木棺。据二层台内径推断，椁长 200、宽
79~86、高 40 厘米。木棺长 186、宽 48~50、高 20 厘米。在木棺底部垫有两根横向圆木，长 49、宽 4
厘米，摆放位置自两端向内约 40 厘米。

墓主大部分骨骼被扰不见，仅存部分肋骨，已朽，较凌乱，东侧二层台中部偏北有两根股骨残段。
根据残留迹象推断墓主头向南，葬式、性别、年龄不详。

随葬品发现 3 件：1 件陶鬲打碎后分置于棺室底部两端，1 件石璋位于棺室北部，另 1 件石璋位于
西端二层台下。

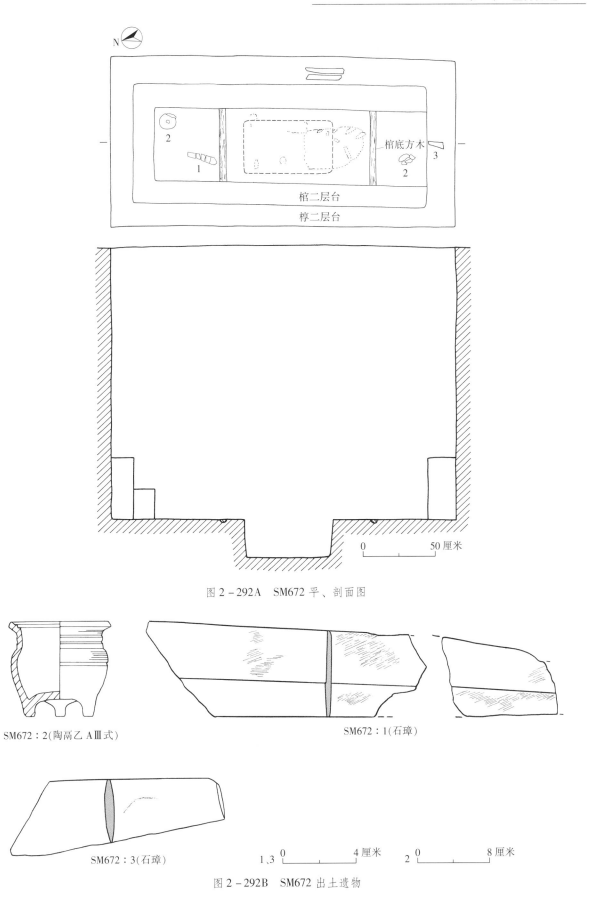

图 2-292A SM672 平、剖面图

SM672：2(陶鬲乙AⅢ式)

SM672：1(石璋)

SM672：3(石璋)

1、3 0 —— 4厘米   2 0 —— 8厘米

图 2-292B SM672 出土遗物

陶鬲　1件。

SM672：2，乙A型Ⅲ式。泥质灰陶。修复。沿面有凹弦纹二周，颈腹部饰凹弦纹四周。口径11.3、高10厘米。（图2－292B）

石璋　2件。

SM672：1，残。白色。长条形，中部略厚，两缘稍薄。直柄较窄，尖端较宽，呈不对称的斜三角形。一面用一道横线形成台面，高低不平。残长21、宽4.8、厚0.3厘米。（图2－292B；彩版二四九，2）

SM672：3，残。白色砂岩。扁平长条形，中部略厚，两缘稍薄。直柄较窄，尖端呈不对称的斜三角形。残长11.4、宽2.2～3.7、厚0.4厘米。（图2－292B；彩版二四九，3）

墓葬年代：殷墟四期晚段。

SM673

位于ST3711西南部。开口于①层下，东部打破生土，西部打破SM658。方向为195度。（图2－293A、B；彩版二五一）

长方形竖穴土坑墓。墓口距地表约30厘米，口底同大，墓口长260、宽116厘米，墓深98厘米。填土为红褐色花夯土，土质较硬，夯窝不明显，墓室北部有一盗沟，横穿SM673和SM658，填土浅灰

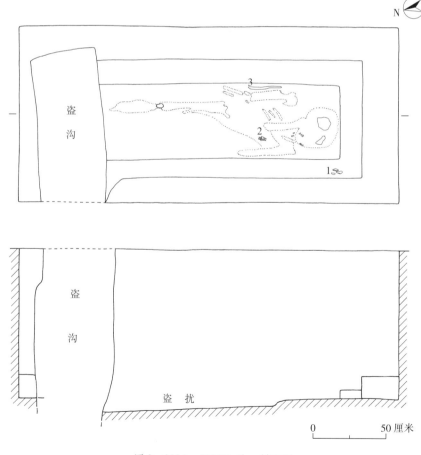

图2－293A　SM673平、剖面图

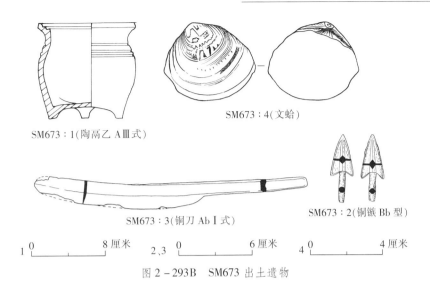

SM673:4(文蛤)

SM673:1(陶鬲乙AⅢ式)

SM673:3(铜刀AbⅠ式)

SM673:2(铜镞Bb型)

1 0　　　　8厘米　　2,3 0　　　6厘米　　4 0　　　4厘米

图2-293B SM673出土遗物

色，土质松软，长160~170、宽45~55厘米，深度超出墓底。（图2-293A）

北部及中部偏西被盗扰，深度超过墓底，墓室北部被扰，中部及南部保存有较低的椁和棺二层台。椁二层台北端宽8~15、南端宽25、两侧宽约17、高15厘米。棺二层台北端被扰，南端宽15、两侧宽12~16、高约6厘米。

腰坑被破坏。

葬具为一棺一椁。被扰严重，墓室中部发现有散乱的黑、红漆。根据二层台推断，椁宽约77、残高15厘米，棺宽约50、残高6厘米。

墓主保存极差，胸部以下左半身骨骼被扰不见，其余骨骼均朽为骨粉，只显其形。墓主头南面西，仰身直肢，右腿膝下小腿保存一小段，脚已扰无。性别、年龄不详。

随葬品有：陶鬲1件，分散于扰土内。铜镞2件，位于墓主左胸部。铜刀1件，位于右肱骨外侧。

陶鬲 1件。

SM673:1，乙A型Ⅲ式。泥质灰陶。修复。小型鬲，近方体。侈口方唇，窄折沿，沿面有凹弦纹二周，短直颈，鼓腹，平裆，较高，粗足尖较平。腹上部饰凹弦纹三周。口径10.5、高10.1厘米。（图2-293B；彩版二五一，2）

铜刀 1件。

SM673:3，Ab型Ⅰ式。微残。弧背，凸刃。刀尖略上翘，截面呈楔形；长条形直柄，截面呈梯形。通长22.3、柄长8.7、刀身宽2、柄宽1、背厚0.2、柄厚0.4厘米。重0.057千克。（图2-293B；彩版二五一，3）

铜镞 2件。

SM673:2，Bb型。残。形体较大，镞体呈柳叶形，中脊截面呈菱形，翼略短，短圆铤。锈蚀严重。通长5.4、铤长2.4、翼宽1.8厘米。（共2件，形制、大小一致）（图2-293B；彩版二五一，4）

文蛤 1件。

SM673:4，残。双扇小文蛤，蛤背上有褐色锯齿纹，根部磨出一小孔。残宽4.2厘米。（图2-293B；彩版二五一，5）

墓葬年代： 殷墟四期晚段。

SM674

位于ST3711中南部，其南端在探方西边缘。开口于①层（扰土）下，打破生土。方向为189度。（图2-294A~G；彩版二五二~二五四）

墓口距地表约30厘米，口小底大，墓口长250、宽116厘米，墓底长265、宽110~120厘米，墓深325厘米（图2-294A）。填土为黄褐色花夯土，土质较硬，夯层厚15~20厘米，夯窝密集，分布

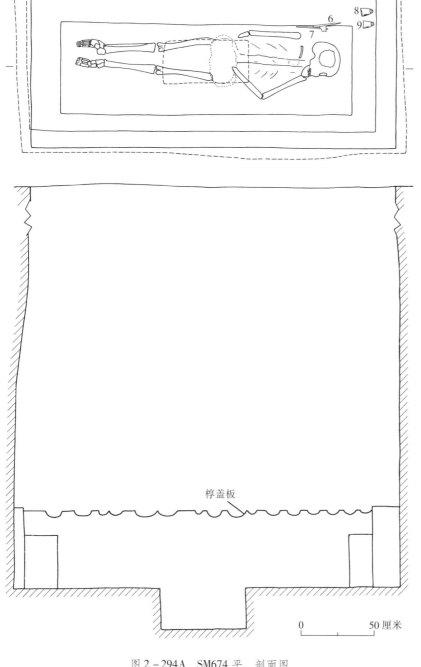

椁盖板

0　　　　　　　　50厘米

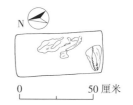

0　　　　　　　　50厘米

图2-294A　SM674平、剖面图　　　　　　　图2-294B　SM674腰坑平面图

图 2 - 294C　SM674 填土殉狗平面图

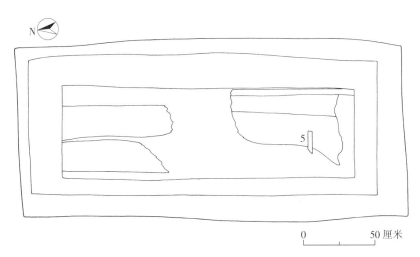

图 2 - 294D　SM674 棺盖板平面图

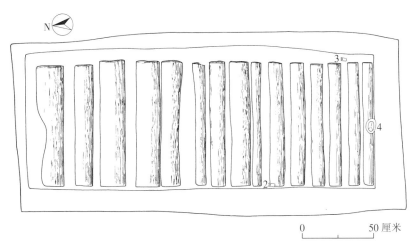

图 2 - 294E　SM674 椁盖板平面图

无规律，窝径6～8 厘米，剖面呈半球状。距墓口 70 厘米的填土中，有一狗架，保存较好，头向南，背向东，右前腿放于背后，左前腿放于腹部，两后腿前折后屈，颈系铜铃，骨质朽脆（图 2 - 294C）。

　　二层台有棺椁两层二层台。椁二层台北端宽 6～8、南端宽 17～21、东侧宽 5～14、西侧宽 14～

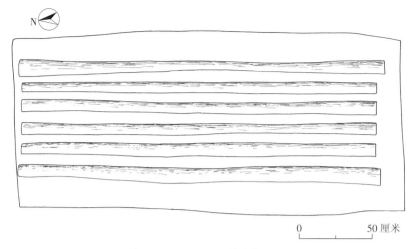

图 2 – 294F SM674 椁底板平面图

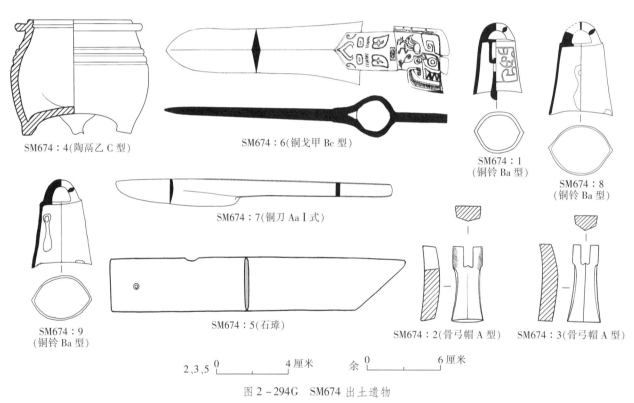

图 2 – 294G SM674 出土遗物

18、高 53 厘米。棺二层台北部宽 21～23、南端宽 16、东侧宽 18～22、西侧宽约 11、高 35 厘米。

腰坑长方形，直壁，长 59、宽 28、深 27 厘米。内殉一狗，保存极差，大部分骨骼朽无，仅保存头部形状，头向南。（图 2 – 294B）

葬具为一棺一椁。椁盖板保存较好，由 15 根横向圆木组成，长 80～83、直径 6～15 厘米。底部剖面呈半圆形，髹白漆，距墓底高约 53 厘米。其南部放有打碎的陶鬲 1 件，骨弓帽 2 件。圆木大小不一，但整体平整不变形，根据二层台内径及椁盖圆木推断，椁长 239、宽约 80、高 53 厘米。（图 2 – 294E）

椁底铺垫 6 根纵向圆木。两边各一根圆木较大，长 247～249、直径 11 厘米左右，中间四根长 242～244、直径 5～8 厘米，髹白漆，底部剖面呈半圆形。（图 2 – 294F）

棺盖由三块纵向木板组成，朽后大部塌陷入棺内，棺盖上铺有布幔，图案不清，能辨认出黑、红、黄、白四种颜色，其南部放有石璋1件，布幔下铺有苇席，"人"字形纹。根据二层台推断木棺长200、宽60厘米，高度不详，髹白漆。（图2－294D）

墓主保存较差，全身骨骼已朽为粉状，只显其形。肋、盆、上肢基本朽无。墓主头南面西，仰身直肢，双脚微分，趾尖向前。墓主倾向男性，年龄35～40岁，骨骼范围长度为165厘米。

随葬品有：骨弓帽2件，位于椁盖南部。陶鬲1件，碎，位于椁盖南端。石璋1件，位于棺盖上。铜戈1件，位于棺东南角东侧贴边。铜刀1件，位于铜戈边。铜铃2件，位于棺椁间二层台下。

陶鬲 1件。

SM674：4，乙C型。修复。腹上部饰凹弦纹三周。口径10.4、高9.2厘米。（图2－294G；彩版二五四，1）

铜戈 1件。

SM674：6，甲Bc型。微残。通长23.4、援长16.2、援最宽4.5、内宽3、援厚0.8、内厚0.4、銎径2.2厘米。重0.342千克。（图2－294G；彩版二五四，2）

铜刀 1件。

SM674：7，Aa型Ⅰ式。完整。通长22.7、柄长12.6、刀身宽2.2、柄宽1.1、背厚0.3、柄厚0.4厘米。重0.022千克。（图2－294G；彩版二五四，3）

铜铃 3件。均为Ba型。

SM674：1，残。通高5.7、口缘径2.8×3.6、厚0.2厘米。（图2－294G；彩版二五四，4）

SM674：8，残。素面。残高7.4、口缘径3.7×4.6、厚0.2厘米。（图2－294G；彩版二五四，5）

SM674：9，残。体大，素面。通高7、口缘径3.3×4.5、厚0.2厘米。（图2－294G；彩版二五四，6）

石璋 1件。

SM674：5，修复。白色砂岩。扁平长条形，两缘稍薄。直柄，末端中部有小孔；尖端呈不对称的斜三角形。打磨光滑，一侧有半圆形缺口。长16.1、宽2.8、厚0.2厘米。（图2－294G；彩版二五四，7）

骨弓帽 2件。

SM674：2、3，A型。形制、大小一致，保存完整。体略弯曲，上端有"U"形叉，束腰，下端剖面呈半圆形。长4、宽1.6厘米。（图2－294G；彩版二五四，8、9）

墓葬年代：殷墟四期晚段。

SM675

位于ST3509南部。开口于现代堆积下，打破F55、后岗一期文化层和黄沙质生土。方向为190度。（图2－295A～E；彩版二五五、二五六）

长方形竖穴土坑墓，口小底大，墓口长237、东西宽104厘米。墓底长265、东西最宽134厘米，墓深347厘米。（图2－295A）

N

狗骨痕

人骨痕

0   50 厘米

图 2-295A　SM675 平、剖面图

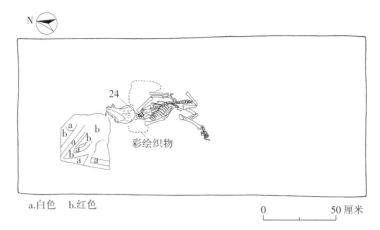

a.白色　　b.红色

图 2 – 295B　SM675 填土殉狗平面图

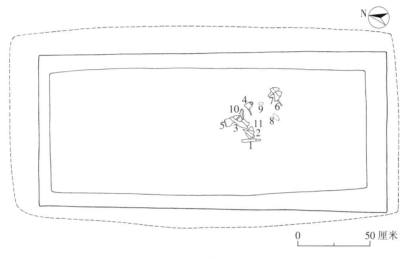

图 2 – 295C　SM675 椁盖上随葬器物图

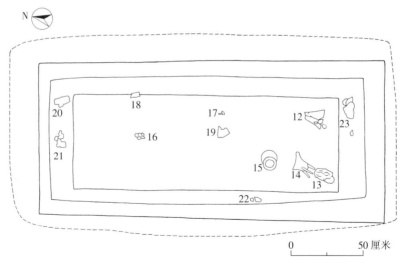

图 2 – 295D　SM675 棺盖及棺椁间器物图

　　墓室填土为黄褐色花夯土，质地硬。夯窝明显，直径 8 ~ 10 厘米。距墓口深 120 厘米的墓北部殉狗 1 只，颈下 1 个铜铃（图 2 – 295B）。狗上肢至头下可见彩绘织物遗痕。狗头骨西北一侧也有彩绘织物，一角近方形。织物的布纹较清晰，为白底，主纹为黑色，中填红彩。距墓口深 190 厘米、墓室南

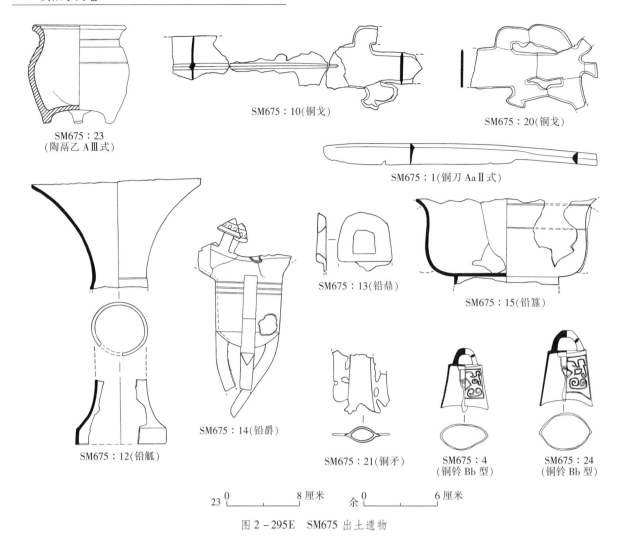

SM675：23
（陶鬲乙 A Ⅲ式）

SM675：10(铜戈)

SM675：20(铜戈)

SM675：1(铜刀 Aa Ⅱ 式)

SM675：13(铅鼎)

SM675：15(铅簋)

SM675：12(铅觚)

SM675：14(铅爵)

SM675：21(铜矛)

SM675：4
（铜铃 Bb 型）

SM675：24
（铜铃 Bb 型）

图 2-295E　SM675 出土遗物

壁下有彩绘织物遗痕，呈条形，可见黑色主纹，一侧为白色，一侧填红彩。墓口下 207 厘米处也有彩绘，范围很小。

墓底有椁、棺两周熟土二层台。椁二层台宽 26、高 41 厘米；棺二层台宽 17、高 25 厘米。

腰坑为长方形，填黄土。南北长约 52、东西宽约 30 厘米，最深 15 厘米。殉狗 1 只，仅可见骨骼的朽痕范围。

葬具为一椁一棺，椁室长 215、宽 85、高 41 厘米；棺室长 182、宽 62、高 25 厘米。局部可见椁、棺侧板朽痕，其中椁侧板痕呈灰白色。棺侧板局部可见有红褐色漆痕。

墓主骨架朽坏无存。墓底偏北可见肢骨痕迹。

椁顶、棺上部放置有铜器和铅器，棺椁之间有铜器、陶器，部分铜器可与椁上铜器残片黏合。腰坑内有铅器，原应在棺上，因棺朽而落于腰坑内。很多铅器、铜器残块不辨形制。（图 2-295C、D）

陶鬲　1 件。

SM675：23，乙 A 型Ⅲ式。颈腹部饰凹弦纹三周。口径 10.3、高 10.3 厘米。（图 2-295E）

铜戈　6 件。

SM675：10，残。质轻薄，残存内、援部残片，曲内呈鸟首形，援中脊呈线状隆起。中脊厚 0.4、援厚 0.1 厘米。（图 2-295E）

SM675：20，残。质轻薄，残存内部，曲内呈鸟首形。残长 10、厚 0.1 厘米。（图 2－295E）

其余均残损更严重，不辨形制。

铜矛 2 件。

SM675：21，残。质轻薄，残存骹部残片，截面呈扁圆形，一侧残存一穿孔。残长 4.7、銎径 1×2 厘米。（图 2－295E）

另 1 件（SM675：18）残损严重，不辨形制。

铜铃 2 件。形制相同，Bb 型。铃腔截面呈椭圆形，平顶，上有半圆形梁，口缘内凹，棒槌形铃舌，略长于铃体。铃身两面饰梯形凸弦纹，内填阳线饕餮纹。

SM675：4，微残。体较小，通高 4.8、口缘径 1.9×3.5、厚 0.1 厘米。（图 2－295E；彩版二五六，1）

SM675：24，Bb 型，完整。体较大。通高 6.1、口缘径 2.8×4、厚 0.1 厘米。（图 2－295E；彩版二五六，2）

铜刀 1 件。

SM675：1，Aa 型 II 式。残。直背，直刃。刀身前端残失，截面呈楔形；细条形直柄，截面呈三角形。残长 22.4、柄长 6.7、刀身宽 1.7、柄宽 0.9、背厚 0.5、柄厚 0.5 厘米。重 0.045 千克。（图 2－295E；彩版二五六，3）

另有一些残铜片，不明何器。

铅鼎 1 件。

SM675：13，残。残存二只方形立耳和口沿、腹部残片若干。耳高 3.6、耳根宽 4.3、耳厚 0.7 厘米。（图 2－295E）

铅簋 1 件。

SM675：15，残。形似 A 型铜簋，残损严重。侈口、微鼓腹、平底，圈足及鋬残失，腹部饰一周凸弦纹。残高 6 厘米。（图 2－295E）

铅觚 1 件。

SM675：12，残。形似 B 型铜觚，残损严重。喇叭口，柄较粗，腹部残，圈足底部下折，体两侧有铸缝。口径 13.8 厘米。（图 2－295E）

铅爵 1 件。

SM675：14，残。形似 B 型 II 式铜爵。体较高大，流尾残失，流口有菌状立柱，较高，直腹，圜底，三棱锥状足，扭曲残断，半圆饼状鋬。柱帽尖高，上饰涡纹，腹上部饰三道凸弦纹，体两侧有铸缝。残高 15.3、柱高 2.8、足残高 7.2、腹径 5.3 厘米。（图 2－295E；彩版二五六，4）

另有数件铅器残片，破损严重，不辨器形。

墓葬年代：殷墟四期晚段。

SM676

位于 ST3509 北部正中。开口于现代堆积下，被现代房基打破，打破后岗一期文化层、黄沙质生土。方向为 194 度。（图 2－296A～E；彩版二五七、二五八）

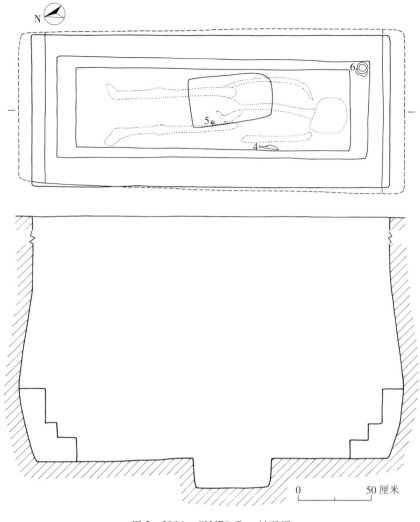

图 2 - 296A　SM676 平、剖面图

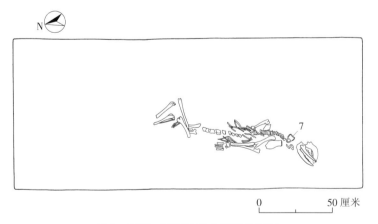

图 2 - 296B　SM676 填土殉狗平面图

长方形竖穴土坑墓，墓葬口小底大。墓口长 244、东西宽 100 厘米，墓底长 265、东西最宽 108 厘米，墓深 254 厘米（图 2 - 296A）。填土为黄褐色花夯土，土质硬。距墓口深 44 厘米、墓南部殉狗 1 条，保存较好，头朝南（图 2 - 296B）。

椁二层台南、北两端高，东、西两端低。南、北端台面下距棺二层台面 32 厘米，宽 15 ~ 18

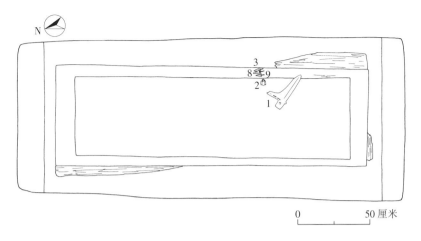

图 2 - 296C SM676 椁盖平面图

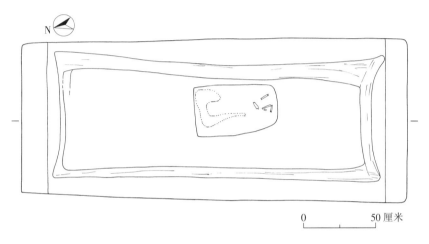

图 2 - 296D SM676 墓底椁痕及腰坑平面图

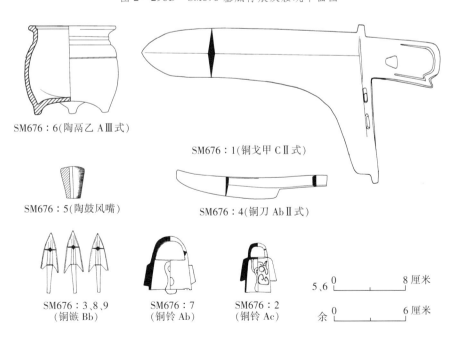

SM676 : 6(陶鬲乙 AⅢ式)

SM676 : 1(铜戈甲 CⅡ式)

SM676 : 5(陶鼓风嘴)

SM676 : 4(铜刀 AbⅡ式)

SM676 : 3、8、9
(铜镞 Bb)

SM676 : 7
(铜铃 Ab)

SM676 : 2
(铜铃 Ac)

5、6 0   8 厘米

余 0   6 厘米

图 2 - 296E SM676 出土遗物

厘米；东、西端较宽，宽度 14 ~ 19 厘米。棺二层台高 16 厘米左右。

腰坑为长方形，南北长 56 厘米，东西宽 32 厘米，最深 20 厘米。腰坑内殉狗 1 条，已朽，仅见头朝北。（图 2 - 296D）

葬具为一椁一棺。椁板朽痕呈灰白色。东、西两端椁侧板斜立。椁底板上可见红褐色漆痕。侧板、底板抹有白色物，较硬。椁室长 213、宽 67、高 48 厘米；棺西侧板偏南部厚度 2 厘米。棺侧板、盖板外有红褐色漆痕。长 187、宽 54、高 16 厘米。（图 2 - 296C、D）

墓主骨架朽坏，大致可见骨骼痕迹，头朝南，脚向北，仰身直肢。

棺上随葬铜戈 1 件、铜铃 1 件，棺二层台上铜镞 3 件；棺内人骨左侧置铜刀 1 件，棺内中部陶鼓风嘴 1 件；墓底西北的棺椁之间有陶鬲 1 件。

陶鬲 1 件。

SM676：6，乙 A 型Ⅲ式。修复。沿面有凹弦纹二周。颈腹部饰凹弦纹三周。口径 9.6、高 9.4 厘米。（图 2 - 296E）

陶鼓风嘴 1 件。

SM676：5，夹砂灰陶，残。整体呈上粗下细的圆柱形，中间有一孔，贯穿上下。制作粗糙。通高 3.4、嘴径 2.4、管径 2、孔径 0.7 厘米。（图 2 - 296E；彩版二五八，1）

铜戈 1 件。

SM676：1，甲 C 型Ⅱ式。完整。通长 24.4、援长 18、援最宽 4.3、阑宽 12.5、内宽 3.3、援厚 0.6、内厚 0.5 厘米。重 0.271 千克。（图 2 - 296E；彩版二五八，4）

铜刀 1 件。

SM676：4，Ab 型Ⅱ式。残。残长 12.4、柄残长 4、刀身宽 1.8、柄宽 0.9、背厚 0.2、柄厚 0.3 厘米。重 0.057 千克。（图 2 - 296E；彩版二五八，5）

铜镞 3 件。

SM676：3、8、9，形制、大小相似，Bb 型，完整。通长 4.8、铤长 2.2、翼宽 1.5 厘米。（图 2 - 296E；彩版二五八，6）

铜铃 2 件。

SM676：7，Ab 型，残。素面。通高 4.3、口缘径 2.1 × 3.1、腔壁厚 0.1 厘米。（图 2 - 296E；彩版二五八，2）

SM676：2，Ac 型，完整。铃体两面饰简化饕餮纹。通高 4、口缘径 1.6 × 1.8、腔壁厚 0.1 厘米。（图 2 - 296E；彩版二五八，3）

墓葬年代：殷墟四期晚段。

SM677

位于 ST3509 东北部。压于现代堆积下，被现代房基破坏，打破 F58、后岗一期文化层与 H489、黄沙质生土。方向为 186 度。（图 2 - 297A ~ E；彩版二五九、二六○）

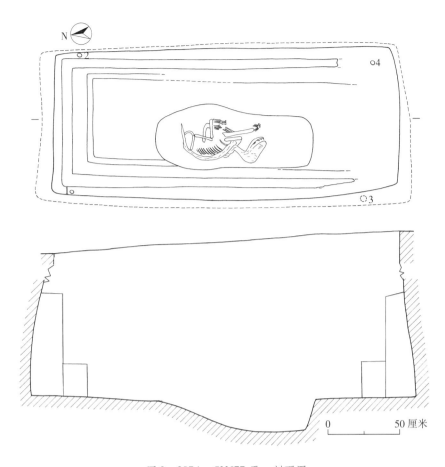

图 2 – 297A　SM677 平、剖面图

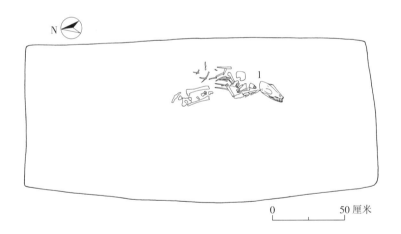

图 2 – 297B　SM677 填土殉狗平面图

长方形竖穴土坑墓，口小底大。墓口长近 240、东西最宽 100 厘米，墓底长近 250、东西最宽 110 厘米，墓深 185 厘米（图 2 – 297A）。填土为黄灰褐色花夯土，质地硬，夯窝明显。距墓口 63 厘米殉狗 1 条，颈边有铜铃 1 件（图 2 – 297B）。

椁二层台下距棺二层台面约 47 厘米，宽 20 ~ 27 厘米。棺二层台高 20 厘米左右。

腰坑为长椭圆形，南北最长 107、东西最宽 45、最深 22 厘米。腰坑中也有殉狗 1 条，头朝南。墓室底部四角各有一个桩孔。（图 2 – 297A）

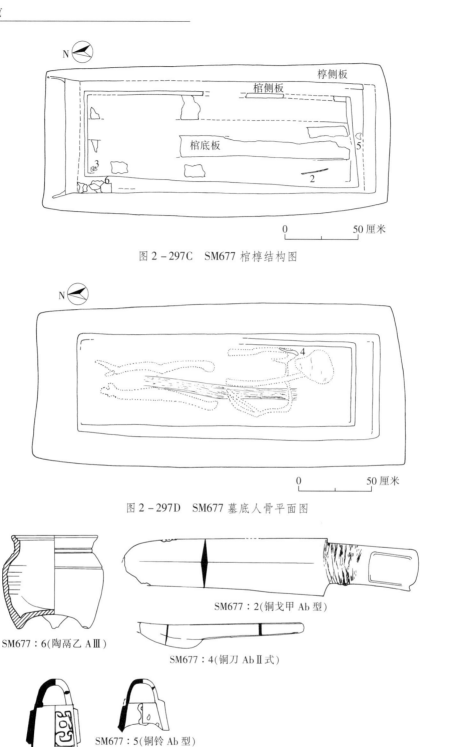

图 2-297C SM677 棺椁结构图

图 2-297D SM677 墓底人骨平面图

SM677:6(陶鬲乙 A Ⅲ)

SM677:2(铜戈甲 Ab 型)

SM677:4(铜刀 Ab Ⅱ式)

SM677:5(铜铃 Ab 型)

SM677:1(铜铃 Aa Ⅱ式)

图 2-297E SM677 出土遗物

葬具为一椁一棺。椁盖板局部可见灰白色朽痕。下部南、北侧板内倾，倒向棺侧，两端顶住东、西侧板。厚 2~4 厘米。椁西侧板外抹白灰状物质，外又鬃红褐色漆；椁东南角侧板上也见红褐色漆痕。

棺中部下陷。可见棺侧板框，东侧板南段和南侧板厚 3 厘米左右。近墓底部，棺东、南、北侧板清晰。棺底板可见 3 块，宽 15~20 厘米。棺盖板、侧板局部可见红褐色漆痕。棺底板中间一块可见以

黄漆为底色，上又有红褐色漆痕。（图2－297A、C）

墓主骨架保存较差。仰身直肢，头朝南，侧向东，左臂置于腹。人骨上残留彩绘织物，具体纹样不清，可见黑线主纹，外有白、红色块。人骨两侧断续各有一道黄色带。（图2－297D）

棺盖板南部放有铜戈，西北有铜铃；棺内墓主肩胛骨上放铜刀；墓南棺、椁之间的椁板上放铜铃；西北角棺、椁间的椁板上放陶鬲，已碎。

陶鬲　1件。

SM677∶6，乙A型Ⅲ式，修复。颈腹部饰凹弦纹三周。口径9.4、高9.9厘米。（图2－297E）

铜戈　1件。

SM677∶2，甲Ab型。完整。通长24.3、援长16.5、援最宽4.5、内宽3.3、援厚0.5、内厚0.3厘米。重0.209千克。（图2－297E；彩版二六○，1）

铜刀　1件。

SM677∶4，Ab型Ⅱ式。残。器形较小。刀尖前端残。残长13.4、柄残长8.2、刀身宽2、柄宽1.1、背厚0.1、柄厚0.3厘米。重0.022千克。（图2－297E；彩版二六○，2）

铜铃　3件。

SM677∶1，Aa型Ⅱ式。残。铃体两面饰阳线饕餮纹。通高5.8、口缘径3×3.4、腔壁厚0.1厘米。（图2－297E；彩版二六○，3）

SM677∶5，Ab型。残。素面。残高4、口缘径1.5×2.8、腔壁厚0.1厘米。（图2－297E；彩版二六○，4）

SM677∶3，残。残碎严重，不辨形制。

墓葬年代： 殷墟四期晚段。

SM680

位于ST3510东南部。被现代堆积叠压，墓口北部有一长方形盗坑，打破后冈一期文化层和沙质生土层。方向为190度。（图2－298；彩版二六一，1）

长方形竖穴土坑墓，壁平直。墓口长200、东西宽70厘米，墓深70厘米，填土为黄褐色花夯土，质地较硬。

未发现葬具。

墓主骨架朽蚀，南部残存头骨遗痕，墓中部残存肢骨痕。另在盗扰填土中有部分人骨。

墓底西南角放置陶鬲1件。

陶鬲　1件。

SM680∶1，甲B型Ⅱ式。夹砂灰陶，修复，近方体。斜折沿，方唇内敛并带浅凹槽，颈较高，圆鼓腹，高裆，乳头状足尖。器表及裆部饰中粗绳纹，颈部经修整，足跟部绳纹稍抹平。口径15.5、高14厘米。（图2－298）

墓葬年代： 殷墟四期晚段。

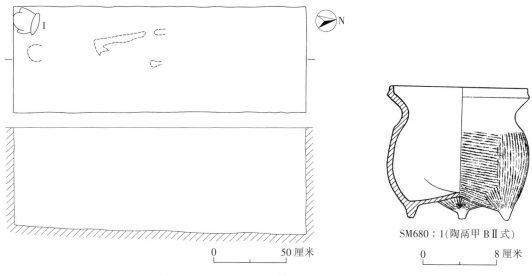

图 2 - 298 SM680 平、剖面图及出土遗物

SM685

位于 ST2714 中部，西侧的 SM684 与之并列。开口于①层下，直接打破生土。方向为 16 度。（图 2 - 299；彩版二六一，2）

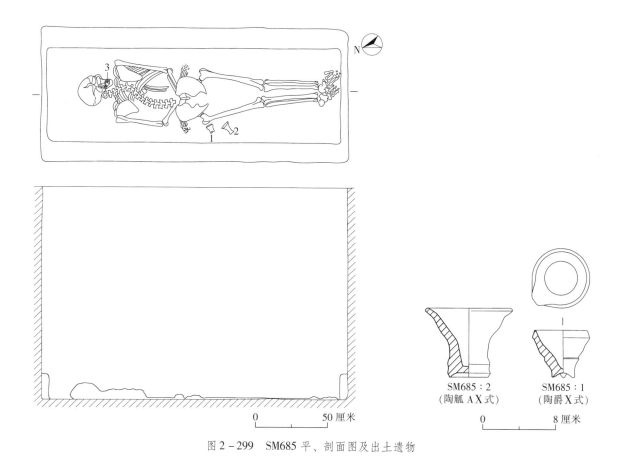

图 2 - 299 SM685 平、剖面图及出土遗物

长方形竖穴土坑墓，墓壁竖直，口底同大，北侧稍宽。墓口距地表 25 厘米，墓口长 210、东西宽 84~88 厘米，墓底长 210、东西宽 84~88 厘米，墓深约 140 厘米。填土为黄褐色花夯土，上下一致未分层，中间夹杂着少量炭屑，未见明显夯打痕迹。但在填土殉狗四周填土紧密，可能经过夯打。在距墓口 70~85 厘米，墓葬中部填土中有殉狗一条，骨架基本完整，头向南，面向东，侧卧屈肢，上肢被缚于背部，后肢屈于腹部。

墓底有一周高约 17 厘米的熟土二层台。二层台东侧宽约 13、西侧宽 14、北侧宽 4、南侧宽 5 厘米。

葬具为木棺一具，呈长方形，南北长约 201、东西宽约 62、残高 17 厘米。在两侧二层台发现有黑色的板灰痕迹。棺上髹有红漆。棺上没有覆盖物。

墓主的骨架保存较好。俯身直肢，头北面东，双手交叉叠压在小腹下。

在墓主大腿西侧放置着陶觚、陶爵各 1 件。墓主口中含有卵黄货贝 1 枚。

陶觚 1 件。

SM685∶2，A 型 X 式。泥质灰陶。修复。器形矮小，敞口，腹上宽下窄，圈足极矮，腹下部有凸棱一周。口径 9.6、圈足径 4.3、高 7.4 厘米。（图 2-299）

陶爵 1 件。

SM685∶1，X 式。泥质灰陶。修复。极矮小，侈口，小流，浅腹内收，尖底，小锥足，口沿外侧有浅凹槽一周。口径 6.3、高 5 厘米。（图 2-299）

卵黄货贝 1 枚（SM685∶3）。

墓葬年代：殷墟四期晚段。

人骨鉴定：

骨质较差，头骨碎裂严重，肢骨关节残损严重。

男性。40~45 岁。身高约 170 厘米。

盆骨、肢骨性征明显。肢骨粗壮，1 级。牙齿磨耗极重，4 级。

牙齿磨耗重。上颌右 M1 齿根脓疡，下颌右侧白齿内侧有骨瘤状异常突起。

SM686

位于 ST2714 中部偏东。开口于①层下，直接打破生土。方向为 180 度。（图 2-300；彩版二六一，3）

长方形竖穴土坑墓，西侧墓边较短，墓壁竖直，口底同大。墓口距地表 25 厘米，墓口长 190~204、东西宽 70~78 厘米，墓深约 34 厘米。填土为黄色花夯土，夯打痕迹明显，质地紧密，上下一致未分层。在头部偏西的填土中发现一个无口部和足部的陶鬲。在墓主腿部东侧的填土中夹杂有带牙齿的人下颌骨。两者可能并非有意随葬的。

未见有葬具痕迹，仅在墓主骨架的大腿骨上发现有纤维状的物品，呈灰白色，疑为皮革制品。同时在骨架的其他部位也发现可能为腐烂后的皮革制品痕迹。墓主在下葬时身体上覆盖有皮革制品，或是墓主穿有皮制物品。

墓主的骨架保存较好，只是头骨破碎。葬式为头南面东，仰身直肢，双手抱于胸前。

随葬陶鬲 1 件。

陶鬲 1 件。

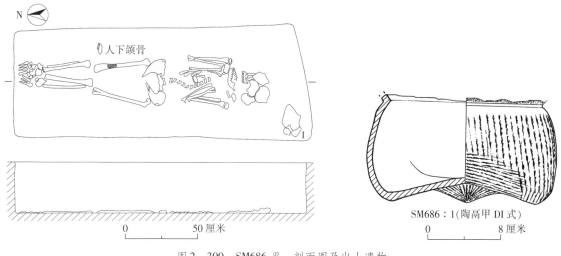

图 2 – 300　SM686 平、剖面图及出土遗物

SM686：1，甲 D 型 I 式。夹砂灰陶，残片。残存裆部及二袋足残片。袋足上饰粗绳纹。残高 11 厘米。（图 2 – 300）

墓葬年代：殷墟四期晚段。

人骨鉴定：

女性。25 ~ 30 岁。

肢骨、盆骨性征明显。骨密度极大，1 级。牙齿磨耗较重，3 级。

第一跖骨上跪踞面明显。摇椅形下颌。

SM693

位于 ST1809 东北部。开口于①层下，打破生土。方向为 6 度。（图 2 – 301A ~ F；彩版二六二 ~ 二六四）

长方形土坑竖穴状墓，墓四壁向外扩，呈口小底大状。墓口距地表 30 厘米，墓口长 256、宽 110 厘米，墓底长 303、宽 114 厘米，墓深 392 厘米。（图 2 – 301A）

墓二层台部分墓壁扩至最大，长 313、宽 145 厘米。墓内填土黄花夯土，土质硬。在墓东南部距墓口 200 厘米处出一狗架，俯身屈肢，头扰无，从狗架摆放判断为头南，胸部骨扰乱，保存较好（图 2 – 301B）。墓南部填土距墓口 302 厘米深处、靠着墓南壁出一块 85 厘米 × 40 厘米的漆器，有黑白红黄色的漆绘成的图案（图 2 – 301C）。

墓底有一周宽 15 ~ 27、高 70 厘米的熟土台。在熟土台下，除了墓南部以外，东、西、北部有宽 10 ~ 17、高 50 厘米的生土台。东南二层台上各出有漆器图案，用黑白红黄漆绘成。（图 2 – 301D）

墓底中部有一椭圆形的腰坑，长 69、宽 33 ~ 35、深 38 厘米，坑北壁向外袋出 2 厘米。内殉葬一只狗，骨架保存较差，葬式为俯身，前两腿向东南伸出，后腿屈肢，头朝东，胸部朝北。

葬具为一棺一椁，上髹有白漆。椁为长方形，长 240、宽 100 厘米，椁侧板为 2 ~ 3 厘米厚的木板，椁底为 5 块南北向的上面平下面圆的木板铺成，板厚 3 ~ 4、宽 10 ~ 15 厘米（图 2 – 301E）。棺为长方形，长 200、宽 70 厘米，棺板厚度有 2 厘米左右，棺底板由 7 块宽 8 ~ 12 厘米的板组成（图 2 – 301D）。

生土台外围线　墓口线　墓底线

生土台

N

椁

棺

0　　　　　50厘米

图 2-301A　SM693平、剖面图

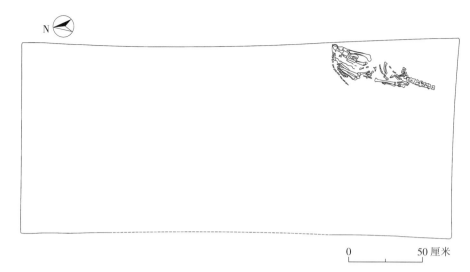

0　　　　　50厘米

图 2 – 301B　SM693 填土殉狗平面图

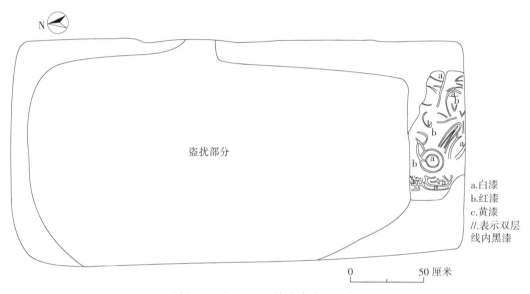

盗扰部分

a.白漆
b.红漆
c.黄漆
//.表示双层
线内黑漆

0　　　　　50厘米

图 2 – 301C　SM693 填土内漆器图案

0　　　　　50厘米

图 2 – 301D　SM693 二层台布幔及棺底板图

图 2-301E　SM693 椁底板平面图

因被盗扰，棺内未见墓主骨，在盗沟内出了几块人盆骨及腿骨残段。

在墓内二层台及棺椁间共出 17 件器物，有铜矛 7 件、铜戈 5 件、铜铃 2 件、铜凿 1 件及陶觚、陶爵各 1 件。

陶觚　1 件

SM693：4，B 型 I 式，修复。口径 8、圈足径 5.2、高 8.9 厘米。（图 2-301F；彩版二六三，1）

陶爵　1 件

SM693：6，IX 式，完整。腹下部饰凹弦纹二周。口径 6.2、高 6.1 厘米。（图 2-301F）

铜戈　5 件。乙 Ba 型 III 式。

SM693：9，残。通长 31.5、援长 22.2、援最宽 6、内宽 3.6、援中脊厚 0.4、内厚 0.2 厘米。重 0.135 千克。（图 2-301F）

SM693：10，微残。通长 30.4、援长 21.4、援最宽 6、内宽 3.3、援中脊厚 0.4、内厚 0.2 厘米。重 0.145 千克。（图 2-301F；彩版二六四，1）

SM693：11，残。长 30.8、援长 21.8、援最宽 5.2、内宽 3.3、援中脊厚 0.3、内厚 0.1 厘米。重 0.153 千克。（图 2-301F；彩版二六四，2）

SM693：12，残。长 24、援残长 14.7、援最宽 5.5、内宽 3.3、援中脊厚 0.3、内厚 0.1 厘米。重 0.117 千克。（图 2-301F）

SM693：13，微残。通长 29.2、援长 21.4、援最宽 6、内宽 3.3、援中脊厚 0.4、内厚 0.2 厘米。重 0.146 千克。（图 2-301F；彩版二六四，3）

铜矛　7 件。SM693：1、2、3、5、15，残损严重，不辨形制。

SM693：7，乙 Bc 型。残。残长 24、叶残长 15.2、叶最宽 4.6、叶厚 0.3、銎腔径 1.6×2.1 厘米。重 0.126 千克。（图 2-301F；彩版二六三，4）

SM693：8，乙 Bc 型。完整。通长 24.3、叶长 16、叶最宽 4.6、叶厚 0.3、銎腔径 1.9×2.3 厘米。重 0.12 千克。（图 2-301F；彩版二六三，5）

铜铃　2 件。Bb 型。

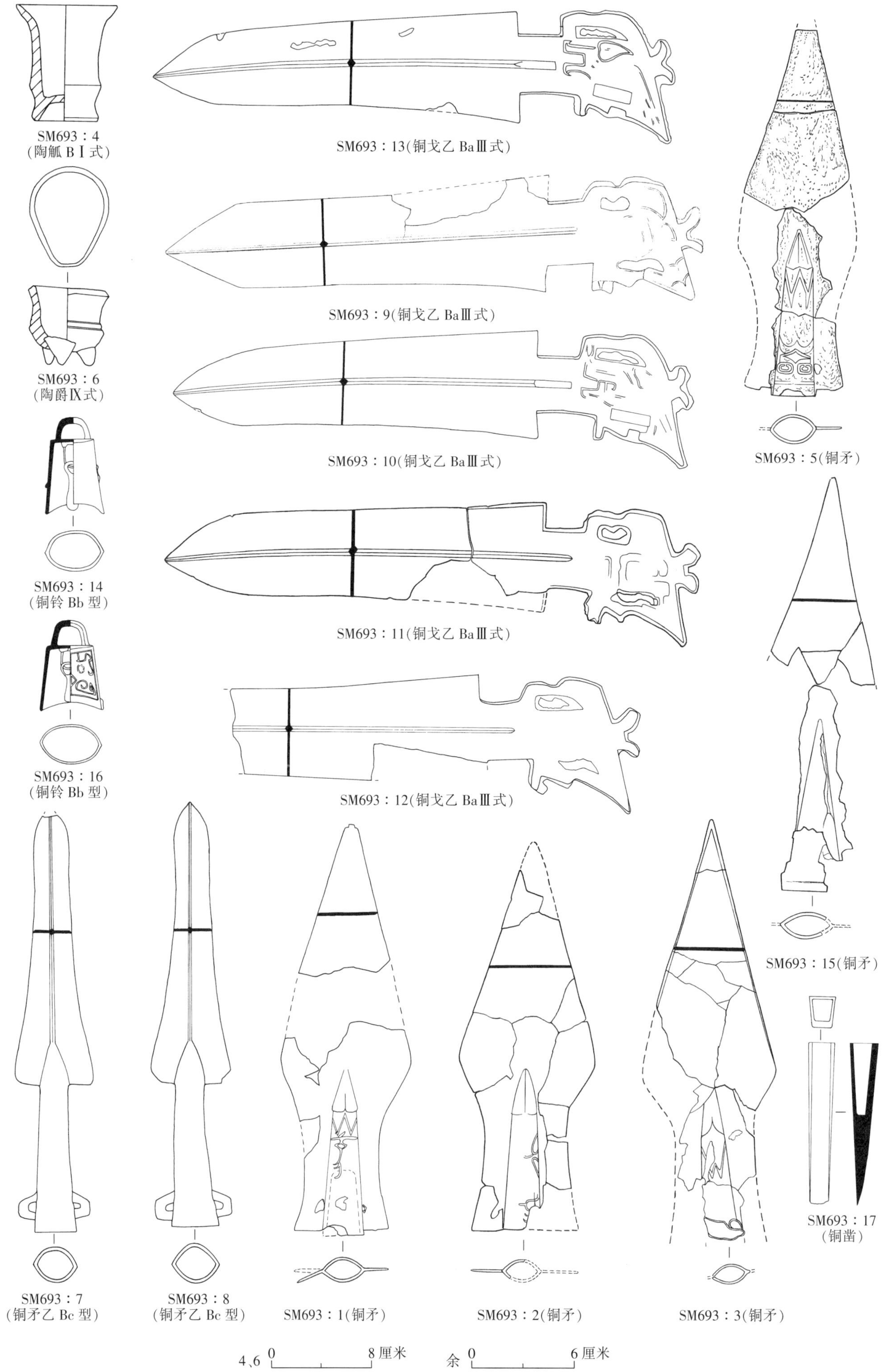
SM693：4
(陶觚 BⅠ式)
SM693：13(铜戈乙 BaⅢ式)
SM693：5(铜矛)
SM693：9(铜戈乙 BaⅢ式)
SM693：6
(陶爵Ⅸ式)
SM693：10(铜戈乙 BaⅢ式)
SM693：14
(铜铃 Bb 型)
SM693：11(铜戈乙 BaⅢ式)
SM693：16
(铜铃 Bb 型)
SM693：12(铜戈乙 BaⅢ式)
SM693：15(铜矛)
SM693：17
(铜凿)
SM693：7
(铜矛乙 Bc 型)
SM693：8
(铜矛乙 Bc 型)
SM693：1(铜矛)
SM693：2(铜矛)
SM693：3(铜矛)
4、6 0 8 厘米
余 0 6 厘米

图 2－301F　SM693 出土遗物

SM693：14，微残。棒槌形铃舌略长于铃体。素面。通高5.6、口缘径2.3×3.2、厚0.1厘米。（图2-301F；彩版二六三，2）

SM693：16，体较小，棒槌形铃舌略短于铃体。铃身两面饰梯形凸弦纹，内填阳线饕餮纹。通高5.2、口缘径2.2×3.4、厚0.1厘米。（图2-301F；彩版二六三，3）

铜凿 1件。

SM693：17，完整。细长条形，顶宽刃窄，銎口呈梯形，单面直刃。通长9.1、刃宽1.1、銎宽1×1.3厘米。重0.045千克。（图2-301F；彩版二六三，6）

墓葬年代： 殷墟四期晚段。

SM694

位于ST1810南部偏东。开口于①层下，打破了生土。方向为16度。（图2-302；彩版二六五，1、2）

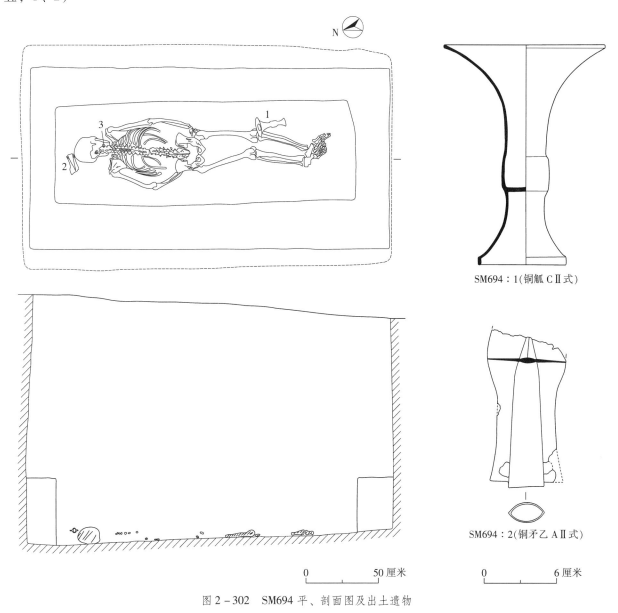

SM694：1(铜觚 CⅡ式)

SM694：2(铜矛乙 AⅡ式)

图2-302 SM694平、剖面图及出土遗物

长方形竖穴土坑墓，四壁向外扩，呈口小底大状。墓口距地表 30 厘米，墓口长 243、宽 120 厘米，墓底呈圆角长方形，长 250、宽 140~148 厘米，墓深 165 厘米。墓内填土为灰黄花夯土，土质硬。距墓口 125 厘米深处填土内出一只羊腿骨。

墓底有一周宽 22~43、高 45 厘米的熟土二层台，距墓口有 120 厘米。

无腰坑。

葬具为一棺，木质，长方形，长 203、宽 65、高约 45 厘米，上髹有红漆。

墓主骨骼保存好，俯身直肢，两手抚于腹部，头北面下偏东，下肢骨稍向东屈，右脚压于左脚。骨骼范围长度 162 厘米。

共有 3 件随葬品，铜矛出于墓主头前，铜瓢出于下肢骨左侧，口内含贝 1 枚。

铜瓢 1 件。

SM694：1，C 型 Ⅱ 式。完整。体矮小，质较轻薄。通体素面。腹内底部尚存有范土。通高 17.6、口径 13.2~13.5、底径 7.2、口沿厚 0.2 厘米。重 0.454 千克。（图 2-302；彩版二六五，2）

铜矛 1 件。

SM694：2，乙 A 型Ⅱ式。残长 12.5、叶最宽 6.5、叶厚 0.2、銎腔径 1.2×2.3 厘米。重 0.092 千克。（图 2-302）

贝 1 件（SM694：3）。A 型货贝。

墓葬年代： 殷墟四期晚段。

人骨鉴定：

骨质较好，头骨、肢骨相对完整。

男性。35±岁。

盆骨性征明显。肢骨粗壮，骨密度中等。牙齿磨耗 3 级强。

头骨特征：卵圆形颅、中长颅、高颅、中颅、阔面、低面、低眶、中鼻、齿槽前突、面部扁平度大，具有南亚蒙古人中特征。

左右第一跖骨上有明显的跪踞面痕迹。髌骨上有明显骨赘，腰椎和胸椎有明显增生，个别胸椎产生连桥现象。上颌左侧有严重的牙周炎和齿根脓疡现象，产生牙齿脱落或异位。

SM706

位于 ST1812 的东南角隔梁下，横跨 ST1912 和 ST1811。开口于①层扰土下，打破生土。方向为 284 度。（图 2-303；彩版二六五，3）

长方形竖穴土坑墓，口小底大。南壁被晚期扰坑破坏，墓北壁东西宽 108 厘米，墓口残长 125~130 厘米，墓底宽 110、残长 140~160 厘米，墓深 136 厘米。填土被晚期扰坑打乱，近墓底时才发现有少量黄褐色花土，经夯打。

四周二层台宽约 29、残高 6~11 厘米。

墓底没有腰坑。

葬具为一棺，已腐杇，留有少量红漆和板灰痕迹。

墓主俯身，骨架已不全。

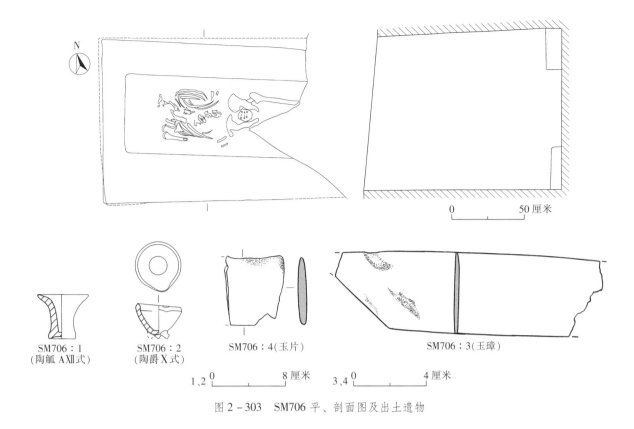

SM706：1
(陶觚 AⅫ式)

SM706：2
(陶爵 X式)

SM706：4(玉片)

SM706：3(玉璋)

1、2 0 ___ 8厘米   3、4 0 ___ 4厘米

图 2－303 SM706 平、剖面图及出土遗物

在西北角二层台下，出土陶觚 1 件、陶爵 1 件、残玉璋 1 件、玉片 1 件。

陶觚 1 件。

SM706：1，A 型Ⅻ式。泥质灰陶。修复。器形极矮小，小敞口，短直腹，平底稍内凹，素面。口径 5.6、圈足径 2.9、高 4.7 厘米。（图 2－303）

陶爵 1 件。

SM706：2，Ⅹ式。泥质灰陶。完整。极矮小，侈口，小流，浅腹内收，尖底，小泥丁足。口径 5.1、高 5.7 厘米。（图 2－303）

玉璋 1 件。

SM706：3，残。牙白色，有白斑。扁平长条形，前端呈不对称的斜三角形，后端残。双面打磨。长 14.4、宽 4.2、厚 0.2 厘米。（图 2－303；彩版二六五，3）

玉片 1 件。

SM706：4，玉器残片，略呈方形，扁平。受沁严重，表面粗糙，未受沁部分呈青色。长 3.7、宽 3.2、厚 0.5 厘米。（图 2－303）

墓葬年代： 殷墟四期晚段。

人骨鉴定：

男性。30～40 岁。

盆骨性征明显。骨密度 2 级。

SM707

位于 ST1911 的西北角，向 ST1912 延伸了 35 厘米。开口于①层下，直接打破生土。方向为 8 度或

188 度。（图 2 - 304A、B；彩版二六六，1；彩版二六七，1~6）

长方形竖穴土坑墓，墓四壁较直，东西两壁略外扩。墓口距地表深 30 厘米，墓口长 243、东西宽 104 厘米，墓底长 243、宽 116~119 厘米，墓深 392 厘米。填土为黄褐色花夯土，内出土少量残陶范。

墓室东西两侧有熟土二层台，长 247、宽 9~23、高 48~52 厘米。南北两侧没有二层台。

墓底正中有长方圆角形腰坑，长 62、宽 28、深 21 厘米。腰坑内有陷落的人骨。（图 2 - 304A）

葬具为一棺一椁。由于早期被盗的原因，椁北侧已被破坏，但南侧大部分仍保存。椁板已腐朽，只留少量红漆，西南角椁盖板上有 1 条猪左前腿骨。残留椁盖板由 10 块木板东西向组成。木板宽度不一，板与板之间的缝隙也较大。残留椁板长 195、宽 97 厘米。棺长 219、宽 60、高 28 厘米。已腐朽，留有少量红漆。（图 2 - 304A）

棺内只剩墓主头骨和 2 块下肢骨。

西二层台上出土玉戈（残）1 件，棺北侧出土铜刀（残）1 把。墓底盗沟中出土玉璋（残）3 件、陶瓤 1 件；盗沟内出土蚌饰 1 件、贝 1 枚。

陶瓤 1 件。

SM707：7，A 型 XI 式。泥质灰陶。修复。器形极矮小，敞口，短直腹，圈足极矮，素面。口径 6.5、圈足径 3.4、高 6 厘米。（图 2 - 304B）

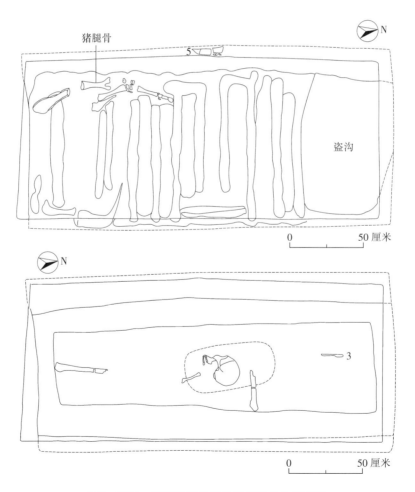

图 2 - 304A SM707 椁盖板平面图及墓底平面图

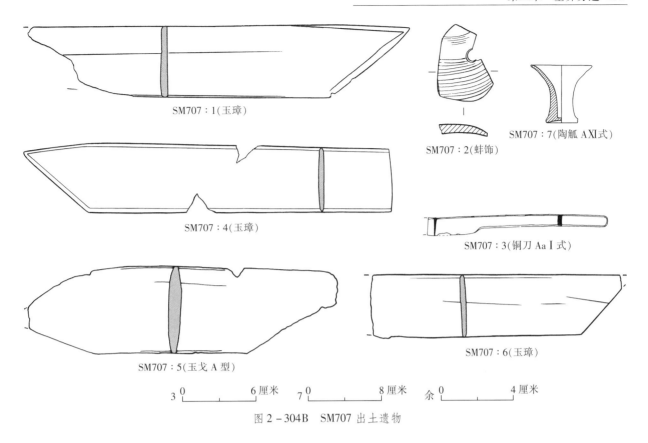

SM707：1(玉璋)

SM707：4(玉璋)

SM707：2(蚌饰)

SM707：7(陶瓿 AⅪ式)

SM707：3(铜刀 AaⅠ式)

SM707：5(玉戈 A 型)

SM707：6(玉璋)

3　0　6厘米　7　0　8厘米　余　0　4厘米

图 2 - 304B　SM707 出土遗物

铜刀　1 件。

SM707：3，Aa 型 Ⅰ 式。残。直背，直刃。刀身前端残失，截面呈楔形；长条形直柄，截面呈梯形。残长 15.1、柄残长 10.6、刀身宽 1.3、柄宽 0.9、背厚 0.3、柄厚 0.4 厘米。重 0.025 千克。(图 2 - 304B；彩版二六七，1)

残铜块　1 件。

SM707：9，残损严重，不辨器形。

玉璋　4 件。

SM707：1，残。青色，有灰斑。扁平长条形，前端呈不对称的斜三角形，中部一侧略凹，后端残。双面打磨。长 20.7、宽 3.7、厚 0.4 厘米。(图 2 - 304B；彩版二六七，2)

SM707：4，残。青灰色，有白斑，部分受沁。扁平长条形，中部略厚，前端呈不对称的斜三角形。双面打磨。长 19.8、宽 3.5、厚 0.3 厘米。(图 2 - 304B；彩版二六七，3)

SM707：6，残。牙黄色，大部分受沁。扁平长条形，中部略厚，前端呈不对称的斜三角形。双面打磨。长 13.6、宽 3.2、厚 0.3 厘米。(图 2 - 304B；彩版二六七，4)

玉戈　1 件。

SM707：5，A 型。残。灰白色，有杂斑。残存柄后端，中部略厚，双面打磨，一面中部有一道线痕。残长 16.8、宽 3.8、厚 0.6 厘米。(图 2 - 304B；彩版二六七，5)

蚌饰　1 件。

SM707：2，残。由厚蚌壳锯磨而成，背部打磨光滑，布满环状细纹，一侧有一残穿孔，边缘磨制成刃。残宽 3.8 厘米。(图 2 - 304B；彩版二六七，6)

贝 1枚。A型货贝。

墓葬年代：殷墟四期晚段。

SM714

位于ST2308中部。开口于第①层扰土下，南端东侧被一战国时期的灰坑扰，口部偏北有一东西向盗坑。方向为12度或192度。（图2-305）

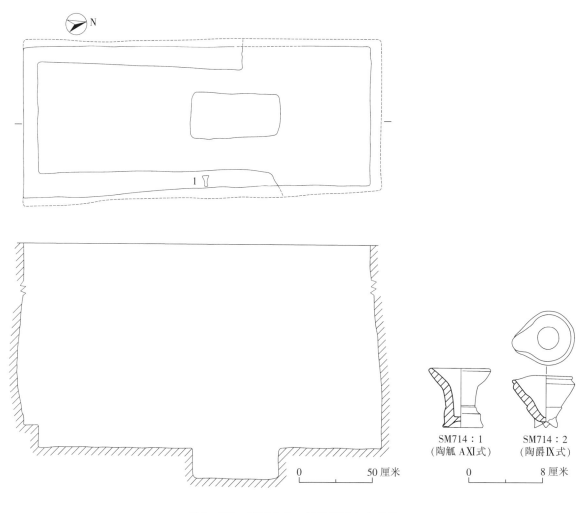

图2-305 SM714平、剖面图及出土遗物

长方形竖穴土坑墓，口小底大。墓口距地表深15厘米，墓口长237、宽95厘米，墓底长245、北端宽100、南端宽110厘米，墓深240厘米。填土为黄花夯土。

墓底有生土二层台，北段被扰，二台宽约20、高15厘米。

墓底中部偏北有一腰坑，长60、宽30、深20厘米。

墓底有木板灰痕迹，应该为木棺。

墓主骨骼被扰。

在东二层台内有陶瓿1件，另在盗洞内出陶爵1件、贝2枚。

陶瓿 1件。

SM714：1，A 型 XI 式。泥质灰陶。修复。器形极矮小，敞口，短直腹，矮圈足略外撇，素面。口径 6.7、圈足径 4.3、高 6.2 厘米。（图 2 – 305）

陶爵 1 件。

SM714：2，IX 式。泥质灰陶。修复。器形矮小，敞口，小流，无鋬，腹内收，尖底，小锥足，底部形成凸棱，口沿外侧有浅凹槽一周。口径 5.8、高 5.4 厘米。（图 2 – 305）

贝 2 枚。A 型货贝。

墓葬年代：殷墟四期晚段。

SM718

位于 ST1707 东北部。开口于②层下，北部被近代盗沟打破，西部被 H297 打破，东部打破 F45 西北角。方向 4 度或 184 度。（图 2 – 306）

长方形竖穴土坑墓，壁较直。墓口距地表 50 厘米，墓口长 210、宽 76～80 厘米，墓深 45 厘米，填土为黄灰色花土，较硬。

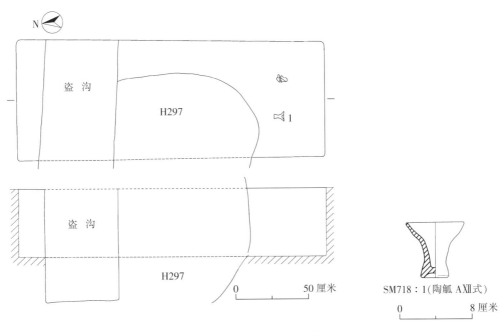

图 2 – 306 SM718 平、剖面图及出土遗物

因底部被 H297 打破未见腰坑。

无葬具。

因底部被 H297 和盗沟打破，在 SM718 南部残留底面只有两块墓主残骨，葬式、性别、年龄、身高均不详。

在南部残留墓底内出土陶瓿 1 件。

陶瓿 1 件。

SM718：1，A 型 XII 式。泥质灰陶。修复。器形极矮小，敞口，短直腹，矮圈足，素面。口径 6.5、圈足径 3.1、高 5.9 厘米。（图 2 – 306）

墓葬年代：殷墟四期晚段。

SM722

位于探方 ST2613 的西南部。开口于①层下，墓口的北部被晚期坑打破，西半部分被 SM576 打破。一条长方形盗沟打破墓葬南部。方向为 18 度或 198 度。（图 2－307A、B；彩版二六七，7、8）

长方形竖穴土坑墓，底略比口大。墓口长 268、北侧宽 112、南侧宽 126 厘米，墓底长 285、北侧宽 120、南侧宽 136 厘米，墓深 366 厘米。填土为黄褐色土，土质疏松，经夯打。在距墓口深 270 厘米，距墓室北壁 80 厘米的地方发现零散狗骨架，骨架不完整，只剩下少量肢骨，无头骨，无法判断头向。骨架较细小，估计为幼年狗个体。在深 320 厘米的北侧二层台附近的填土中发现铜铃一件（SM722：1）。（图 2－307A）

墓底有一周宽 16～28、高 36 厘米的生土二层台。

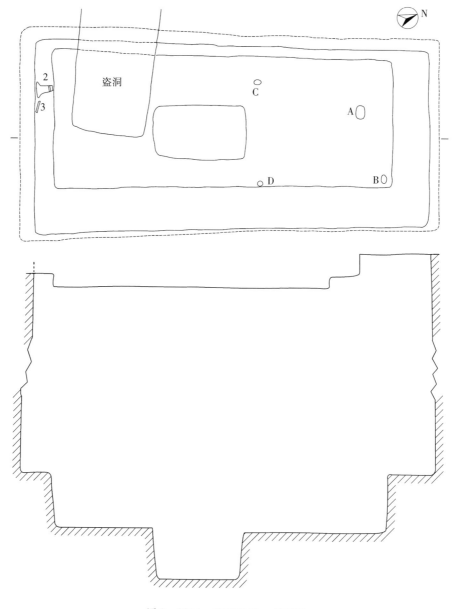

图 2－307A　SM722 平、剖面图

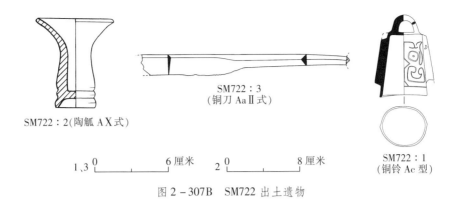

图 2－307B SM722 出土遗物

墓底中部有一圆角长方形腰坑，南北长 64、东西宽 32～36、深 31 厘米。

墓底发现 4 个木桩孔洞。墓底北端和中部各有两个，墓室南端可能原也有，但为盗坑所破坏。这些孔洞平面形状呈椭圆形，长 3～8、深 2～8 厘米。

葬具因盗扰无存，仅发现的墓底朱漆痕迹看葬具上髹有红漆。从二层台大小判断，葬具可能为棺。

无骨架，尸骨痕迹不明显，墓主头向不明。

在南边二层台中部偏西处出土 1 把铜刀（M722∶3）和 1 件陶觚（SM722∶2）。墓底发现少量青铜器残渣碎片。

陶觚 1 件。

SM722∶2，A 型 X 式。完整。腹下部有凸棱一周。口径 8.4、圈足径 4.4、高 9.5 厘米。（图 2－307B）

铜刀 1 件。

SM722∶3，Aa 型 II 式。残。残长 16.8、柄长 8.5、刀身宽 1.5、柄宽 0.9、背厚 0.3、柄厚 0.4 厘米。重 0.031 千克。（图 2－307B；彩版二六七，7）

铜铃 1 件。

SM722∶1，Ac 型。残。未见铃舌。铃体两面饰简化阳线饕餮纹。通高 6.5、口缘径 3×3.5、腔壁厚 0.2 厘米。（图 2－307B；彩版二六七，8）

墓葬年代： 殷墟四期晚段。

SM733

位于 ST2712 东北部。开口于②层下，墓葬上口除东壁南端部分外，大部被窑 Y1 打破，打破生土。有盗洞盗扰了墓葬，自北向南分别编号为 D1、D2、D3，其中最南端的 D3 将墓葬南端完全破坏，故墓葬南端情况不详。其中 D1 呈椭圆形，位于 SM733 中部，直接破坏至腰坑。D1 中发现陶觚、爵、狗头骨等。方向为 15 度或 195 度。（图 2－308）

长方形竖穴土坑墓。墓口大部分为 Y1 打破，因此其大部开口于 Y1 的窑前工作面底部，仅东侧南端保留原貌。D3 完全破坏了墓葬南端。墓口距地表 30 厘米，墓壁略收，口大底小。结合残存部分分析，南北长约 250、东西宽 120 厘米，墓底长约 235、宽 115 厘米，北端略宽于南端，残深约 230 厘米。填土为深褐色五花夯土，夯窝不甚明显，质地较坚硬。填土内含有少量红烧土粒，未见其他包含物。

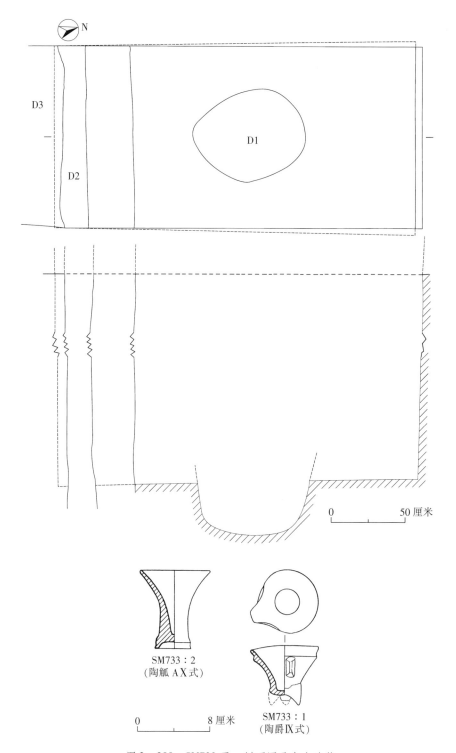

图 2-308 SM733 平、剖面图及出土遗物

墓底有一腰坑，但为 D1 破坏，仅留有零星痕迹，其原来大小难以判断。

葬具因盗扰无存，不见棺椁痕迹，仅见零星白色板灰和红色漆痕。

墓主的骨架因多次盗掘，未见有墓主骨架。在 D3 内见有零星骨渣痕迹，是否为人骨难以确认。

在盗掘扰土中出陶觚、爵各 1 件。

陶觚 1 件。

SM733：2，A 型 X 式。修复。腹下部有凸棱一周。口径 7.8、圈足径 4、高 8.4 厘米。（图 2 - 308）

陶爵　1 件。

SM733：1，IX 式。残。口沿外侧有浅凹槽一周。口径 6.7、高 6.2 厘米。（图 2 - 308）

墓葬年代：殷墟四期晚段。

SM744

位于 ST1808 西部偏北。开口于①层下，直接打破生土。方向 24 度。（图 2 - 309；彩版二六六，2）

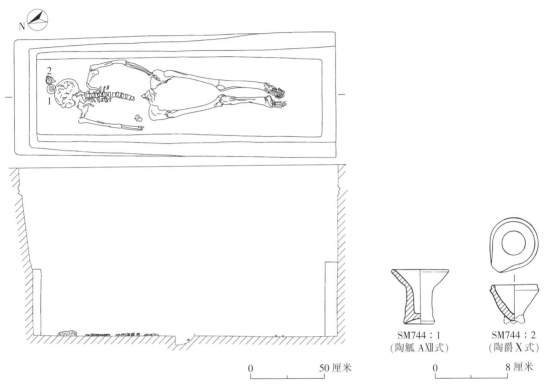

SM744：1
（陶觚 A XII 式）

SM744：2
（陶爵 X 式）

图 2 - 309　SM744 平、剖面图及出土遗物

长方形竖穴土坑墓，墓北壁内收，南壁较直，口大底小。墓口距地表 40 厘米，墓口长 217、宽 76 ~ 84 厘米，墓底长 207、宽 58 ~ 63 厘米，墓深 172 厘米。墓内填土为灰花夯土，夹杂炭末和红烧土粒，土质较硬。夯窝直径 5 ~ 7、夯层为 15 ~ 20 厘米。

墓底有宽 5 ~ 15、高 44 ~ 49 厘米的熟土台。在熟土二层台东西边各有宽约 20 厘米的生土台。

墓底中部有呈"盾"形小腰坑，坑北边直，南边为圆形，南北长 13、东西宽 9、深 6 厘米，坑底南至北呈斜坡状，内出 1 枚贝。

葬具为一棺，木质。长方形，长 193、宽 50、高 56 厘米。

墓主仰身直肢，头北面西，右手置于腹部，保存较差，因夯打而头骨扁平，多处骨骼腐朽而无存。男性，骨骼范围长度 150 厘米。

墓主头骨北侧出土陶觚和陶爵各 1 件。

陶觚　1 件。

SM744：1，A 型Ⅻ式。泥质灰陶。修复。器形极矮小，敞口，短直腹，矮圈足，素面。口径 6.3、圈足径 3.4、高 5.8 厘米。（图 2 - 309）

陶爵 1 件。

SM744：2，Ⅹ式。泥质灰陶。完整。极矮小，敞口，小流，浅腹内收，尖底，小泥丁足，口沿外侧有浅凹槽一周。口径 5.4、高 4.2 厘米。（图 2 - 309）

贝 1 枚。A 型货贝。

墓葬年代：殷墟四期晚段。

SM745

位于 ST1808 东部偏北。开口于①层下，打破 SM746（殷墟三期）和生土，被盗。方向为 22 度。（图 2 - 310）

长方形竖穴土坑墓，墓四壁外扩，墓口小底大。墓口距地表 40 厘米，墓口长 234、宽 88 ~ 96 厘米，墓底长 250、宽 100 ~ 106 厘米，墓深 222 ~ 228 厘米。墓内填土为灰黄色花夯土，土质硬。

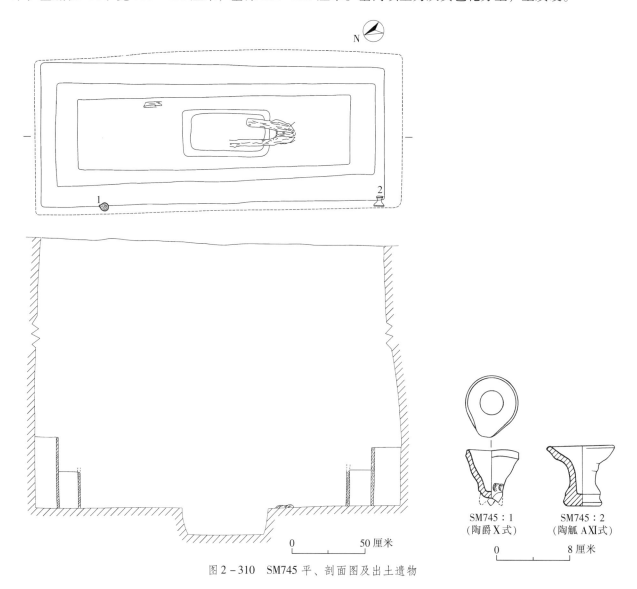

0   50 厘米

SM745：1
（陶爵Ⅹ式）

SM745：2
（陶觚 AⅪ式）

0   8 厘米

图 2 - 310 SM745 平、剖面图及出土遗物

墓底有宽14～23、高38厘米的熟土二层台。

墓底中部有圆角长方形腰坑，长60、宽31、深19厘米，内空无物。

葬具为一棺一椁，木质。椁室呈长方形，南窄北宽，长224、宽60～69、残高47厘米，南北两端挡板厚度为2～3厘米，髹有白漆。木棺长方形，长186、宽46、残高24厘米，髹有白漆。

墓主小腿以下部分已朽为粉末，葬式不详。

在西二层台内出土了1件陶觚和1件陶爵。

陶觚 1件。

SM745:2，A型Ⅺ式。泥质灰陶。修复。器形极矮小，敞口，短直腹，矮圈足略外撇，素面。口径7.4、圈足径4.3、高6.5厘米。（图2-310）

陶爵 1件。

SM745:1，Ⅹ式。泥质灰陶。完整。极矮小，侈口，小流，浅腹内收，尖底，小锥足，口沿外侧有浅凹槽一周。口径5.8、高6厘米。（图2-310）

墓葬年代：殷墟四期晚段。

SM748

位于ST2711北侧中部，北侧稍进入ST2712内。开口于②层下，墓葬南侧和北侧分别为一条晚期沟打破，但未破坏至墓底，墓葬直接打破生土。方向为18度。（图2-311；彩版二六六，3）

长方形竖穴土坑墓，墓壁规整，略收，口大底小。墓口距地表约40厘米，墓口长225、东西宽70～82厘米，脚端（南侧）较宽，墓底长210、东西宽62～72厘米，墓深约80厘米。脚端（南侧）略宽。填土为灰土，上下一致未分层。填土结构松散、没有夯打痕迹，内出土有少量陶片、兽骨及铜渣等遗物。

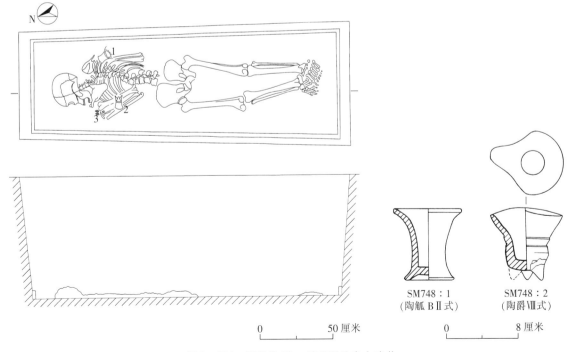

SM748:1	SM748:2
（陶觚BⅡ式）	（陶爵Ⅷ式）

图2-311 SM748平、剖面图及出土遗物

在墓底四周有宽 3、高 5 厘米的熟土二层台。未见腰坑。

葬具仅有一棺，南北长 206、东西宽 58~68 厘米，头端（北侧）略窄，脚端（南侧）较窄。在二层台周围发现有黑色板灰，但其具体形制不明。棺上髹有红漆。

墓主的骨架保存基本完好，头北面西，俯身直肢，双手弯曲被压在胸部以下。骨骼范围长度 180厘米。

在棺盖上放置着陶觚、陶爵各 1 件，其中陶觚位于墓主胸部东侧，陶爵在墓主胸部西侧。在墓主左肩部发现有 2 枚贝，估计原是握于左手中的。

陶觚 1 件。

SM748：1，B 型 Ⅱ 式。泥质灰陶。修复。器形矮小，喇叭口，腹较粗，呈直筒形，矮圈足，素面。口径 7.5、圈足径 5.4、高 7.6 厘米。（图 2 – 311）

陶爵 1 件。

SM748：2，Ⅷ 式。泥质灰陶。完整。器形矮小，侈口，无銴，腹内收，底近平，三锥足，腰部饰凹弦纹二周。口径 6.8、高 7.6 厘米。（图 2 – 311）

贝 2 枚。A 型货贝。

墓葬年代：殷墟四期晚段。

人骨鉴定：

墓主的骨架保存基本完好，葬式为头北面西，俯身直肢，双手弯曲，被压在胸部以下。

采集的人骨保存情况良好。头骨，除左侧颞骨、双侧颧骨、蝶骨及右侧下颌骨稍有破损外，保存良好。30 颗牙齿保存可供观察。右侧锁骨残段，双侧肩胛骨保存。除寰椎、枢椎和部分上段胸椎椎弓外，脊柱大部保存，骶骨残破。肋骨残段。除右侧耻骨外，双侧髋骨大部保存。上、下肢骨保存情况相对较差，大多残断。部分手部、足部骨骼保存。

墓主颅骨整体粗壮，肌脊相对明显，眉弓显著，眶上缘钝厚，乳突上嵴稍显。耻骨结节明显，耻骨下支下缘外凸，耻骨支移行部呈三角形。坐骨大切迹窄而深，耳前沟不明显。据以上性别特征判断，该个体为男性。骨骺完全愈合；耻骨联合面残破，但形态特征应不低于 Ⅶ 级（Todd 分级系统）、第七期（邵象清分级系统）；耳状面残破，仅对残留的部分观察其形态应属 6 级（Lovejoy 分级系统），第一、二白齿磨耗程度 5 级（吴汝康分级系统）。据以上推断该个体年龄 35~50 岁。仅据四肢长骨保存状况目前无法进行身高估算。

墓主顶骨多孔型骨肥大呈愈合状态。左侧上颌第三白齿先天缺失。上颌前部牙齿及下颌双侧犬齿唇侧面牙釉质均可见多条线型釉质发育不全。除上、下颌多颗牙齿呈现轻微的釉质剥脱现象外，无其他齿科病变。双侧枕骨髁边缘均可见新骨形成现象。下段胸椎及下段腰椎椎体边缘骨质增生明显。右侧一段肋骨残段显示骨折愈合的痕迹，但无法判断具体位置。双侧胫骨骨干前内侧面均可见骨膜炎性病理改变，病变呈网织状新骨与板层状新骨叠压表现。双侧尺骨鹰嘴关节面中可见粗糙的新骨形成。双侧股骨头表面呈针尖样骨质疏松的小孔样改变。双侧髋白窝边缘新骨形成，但右侧月板关节面上伴有边缘硬化型骨质疏松，呈珊瑚样小孔。右侧股骨远端外侧髁关节面后面也呈现珊瑚样骨质疏松的小孔。双侧跟骨和距骨各个关节面边缘均呈现轻微的骨质增生改变。双侧第一距骨远端关节面背侧缘均有骨赘生成，并形成假关节。

SM749

位于 ST2211 西侧中部偏北，少许延伸西邻 ST2211 东隔梁处。开口于②层下，直接打破生土。在墓口南端有一盗沟，打破墓内填土，扰至墓底。方向为20度。（图2－312A、B；彩版二六八，1）

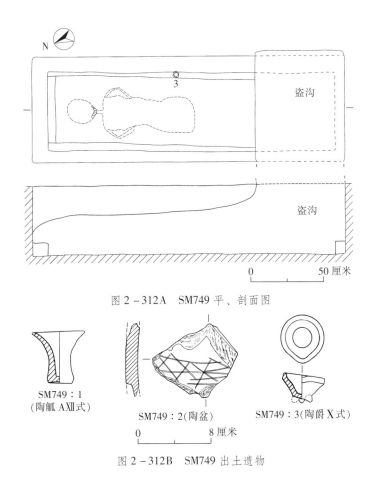

图2－312A SM749 平、剖面图

图2－312B SM749 出土遗物

长方形竖穴土坑墓，墓壁较直，墓口与墓底大小一致。墓口距地表约40厘米，墓口长212、东西宽约70厘米，墓深46厘米，填土为红褐花夯土，质地较硬，夯层厚8~10厘米，夯窝直径6~8厘米。夯迹无排列，为单束夯。（图2－312A）

墓底四周有高9、宽7~11厘米的熟土二层台。

未见腰坑。

葬具为一棺，已朽成木灰。由于该墓被盗，仅存棺侧板中北部分，呈黑白色。从残存迹象判断，棺残长140、宽50、侧板厚4~6厘米。

墓主朽为骨粉状，唯牙齿保存较好，下肢被盗扰无存，性别年龄不详。

在墓圹扰土内出土陶觚1件，一块陶盆残片。在棺东侧出陶爵1件。

陶觚 1件。

SM749：1，A型Ⅻ式。泥质灰陶。修复。器形极矮小，小敞口，短直腹，平底稍内凹，素面。口径5.8、圈足径2.6、高5.6厘米。（图2－312B）

陶爵 1件。

SM749：3，X式。泥质灰陶。修复。极矮小，敞口，小流，浅腹内收，尖底，小泥丁足，口沿外侧有凹弦纹一周。口径4.6、高3厘米。（图2－312B）

陶盆 1件。

SM749：2，泥质灰陶。残片。仅剩残陶片一块，上饰网状划纹。（图2－312B）

墓葬年代： 殷墟四期晚段。

SM761

位于ST3006偏西北部。开口于②层下，被H532打破，同时SM761打破F66（殷墟文化四期偏早），直接打破生土。方向为303度。（图2－313A～D；彩版二六八，3；彩版二六九）

长方形竖穴土坑墓，大体呈东西向，口小底略大，墓壁较直略外扩。墓口长210、宽100厘米，墓底长235、宽112～120厘米，墓深338厘米（图2－313A）。填土为黄褐色花夯土，夯土夹杂灰土，含木炭，并在填土中发现一件残骨锥。并出土泥质灰色、红色绳纹陶片，夹砂灰色绳纹陶片，陶片可辨器形有罐、鬲，并出土有兽骨。

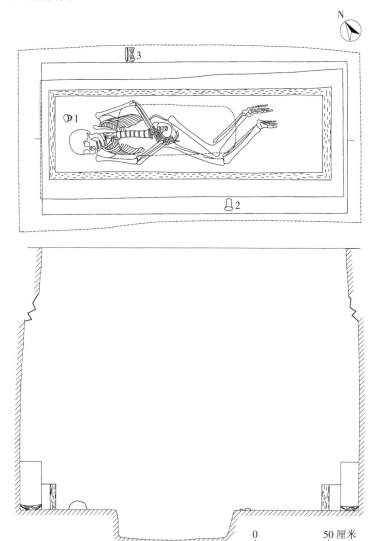

图2－313A SM761平、剖面图

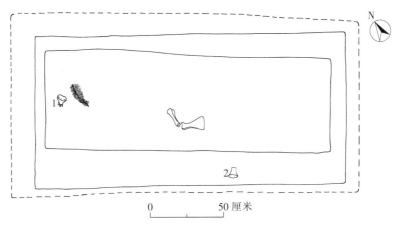

图 2－313B　SM761 椁盖上器物及殉牲图

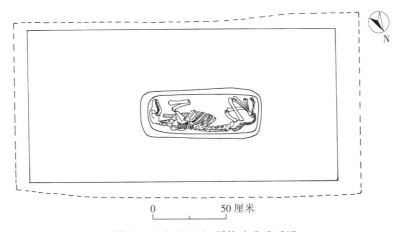

图 2－313C　SM761 腰坑殉狗平面图

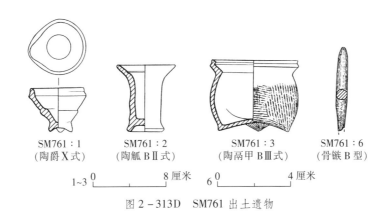

SM761：1　　　　SM761：2　　　　SM761：3　　　　SM761：6
（陶爵Ⅹ式）　　（陶觚 BⅡ式）　　（陶鬲甲 BⅢ式）　　（骨镞 B 型）

图 2－313D　SM761 出土遗物

墓底有一周高 28、宽 12～15 厘米的熟土二层台。

墓底中西部有一近长方形的腰坑，坑长 81、宽 31～39、深 19 厘米，坑壁斜直，腰坑内填土为黄色淤土。坑内有一殉狗头东面南，侧身屈肢。保存甚好。（图 2－313C）

葬具为一棺一椁。棺长 194、宽 59～61、残高 17 厘米，板厚 6 厘米。椁长 235、宽 112～120、残高 3 厘米，从剖面看椁应为圆木，估计椁是以圆木为构架。由于已腐朽，椁灰不清晰，在清理时不易辨分，所以椁原高不详。椁盖板塌陷，上髹有红漆，漆表层大部分发黑，可以看出漆层有布纹痕迹，但经纬不甚清晰，故而椁盖上原来应该覆有布幔，解剖时发现至少有两层，每层有红、白、黑三色漆，可能以红漆为底，黑漆绘出纹样，局部填白，但纹样已漫漶不清。

墓主仰身屈肢，头西面上，双手交叉于腹部，两腿弯曲。骨架保存甚好。

SM761 内发现 3 件陶器、2 件贝、1 件残骨锥。陶爵出于椁盖上西侧邻西二层台处，陶瓴出于南二层台上偏东处，陶鬲出于北二层台偏西处。鱼骨也出于椁盖上西侧邻西二层台处，绵羊左前腿骨位于椁盖板上中部偏南处（图 2 - 313B）。贝 2 枚，一枚含于墓主口中，一枚在墓主身下。

陶瓴　1 件。

SM761：2，B 型 II 式。泥质灰陶。完整。器形矮小，喇叭口，粗腹，呈直筒形，矮圈足，腹下部有凸棱一周。口径 6.6、圈足径 4.2、高 7.2 厘米。（图 2 - 313D）

陶爵　1 件。

SM761：1，X 式。泥质灰陶。完整。极矮小，侈口，小流，浅腹内收，尖底，小泥丁足，口沿外侧有浅凹槽一周，腹下部有凹弦纹一周。口径 5.9、高 4.8 厘米。（图 2 - 313D）

陶鬲　1 件。

SM761：3，甲 B 型 III 式。夹砂灰陶，修复。器形小，扁方体。斜折沿，方唇略外敛并带浅凹槽，短颈，圆鼓腹，矮裆，乳头状小足尖。器表及裆部饰细绳纹，颈部经修整。口径 9.8、高 7.5 厘米。（图 2 - 313D）

骨镞　1 件。

SM761：6，B 型。残。镞身细长，前锋圆钝，铤残失。通体打磨。残长 4.5 厘米。（图 2 - 313D；彩版二六八，3）

贝　2 枚（SM761：4，5）。A 型货贝。

墓葬年代：殷墟四期晚段。

人骨鉴定：

墓主葬式为仰身屈肢，头西面上，双手交叉于腹部，两腿弯曲。

人骨保存情况一般。面骨残破，仅保存右侧部分额骨、上颌骨及颧骨。顶骨、枕骨及颞骨保存较好。下颌骨残破。仅存 3 颗牙齿可供观察，但齿冠均磨耗殆尽。肩胛骨残破。左侧髌骨保存。脊柱大部保存良好。骨盆保存情况较好。肋骨保存差。上、下肢骨大部保存，但多残断。零星手足部骨骼保存。

墓主颅骨骨壁较薄，眶上缘圆钝，枕外隆凸欠发达，乳突上嵴发育较弱，乳突较小。耻骨下支内侧缘内凹，耻骨支移行部呈方形，耳状面较小，耳前沟明显。据此形态特征判断，该个体为女性。骨骺完全愈合；耻骨联合面形态 VII - VIII 级（Todd 分级系统）、5 级（Suchey - Brooks 分级系统）、第九期（邵象清分级系统）；耳状面形态 4 级（Lovejoy 分级系统），第一、二臼齿磨耗程度 5 级（吴汝康分级系统）。据以上推断该个体年龄 40～50 岁。左侧尺骨最大长 23.8 厘米，右侧桡骨最大长 22.4 厘米，身高估算 154～164 厘米。

墓主额骨右侧眶板多孔型骨肥大呈愈合状态。双侧枕骨髁边缘骨赘形成。右侧上颌第一臼齿处齿槽颊侧面可见由根尖脓疡造成的瘘孔，该瘘孔另一个开口向上颌窦内贯通。右侧上颌第一前臼齿、第三臼齿生前脱落，齿槽吸收。仅存的 3 颗牙齿：右侧上颌犬齿、第二前臼齿和第一臼齿齿冠均磨耗殆尽，齿髓腔暴露。右侧肩胛骨关节盂边缘可见轻微的骨赘生成。右侧肱骨滑车内侧缘骨赘生成。双侧尺骨鹰嘴关节面边缘骨赘生成，左侧尺骨远端关节面边缘骨赘生成。左侧股骨头表面呈针尖样骨质疏松的小孔，边缘骨赘生成；右侧股骨头凹边缘有显著的骨赘生成。双侧髋臼窝边缘均有粗糙的骨质增生表现。右侧股骨远端外侧髁关节面上也呈粗糙的骨质增生。左侧髋骨前面呈竖条状骨质增生，关节面外侧面上可见珊瑚样骨质疏松的小孔。颈椎多个椎体上下表面可见珊瑚样骨质疏松的小孔。多个腰椎上下关节突关节面可见显著的骨质增生表现。双侧胫骨骨干前内侧骨表面呈骨膜炎性病理表现，板层状骨。

SM762

位于 ST3006 西部。开口于②层下，被 H532 打破，打破 F66（殷墟四期早段），直接打破生土。方向为 191 度。（图 2 - 314A ~ C；彩版二六八，2）

长方形竖穴土坑墓，大体呈南北向，口大底略小，墓壁较直。墓口长 226、东西宽 87 ~ 90 厘米，墓底长 220、宽 81 ~ 85 厘米，墓深 280 厘米（图 2 - 313C）。填土为黄褐花夯土，距墓口 150 厘米填土中发现一具狗骨架，头朝南，四肢并拢放在后面。未见其他遗物。（图 2 - 314A）

墓底有一周高 27、宽 10 厘米的熟土二层台。

墓底中部有一长方形腰坑，坑长 66、宽 20 ~ 24、深 21 厘米，坑壁较直。坑内有一殉狗，头南面东，骨架散乱。（图 2 - 314B）

葬具为一棺一椁。另外墓圹内发现有席痕。棺长 184、宽 55 ~ 58 厘米，高度不详。板已朽成灰迹，难辨木质。椁长 200、宽 75 厘米，椁原高不详，残高 30 厘米。

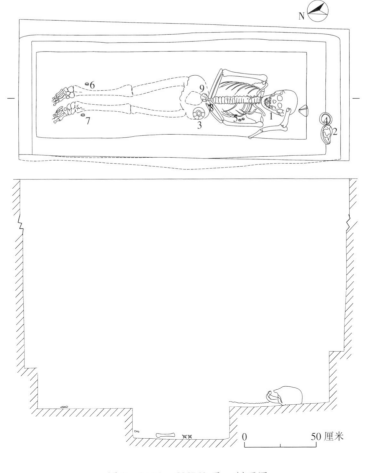

图 2 - 314A　SM762 平、剖面图

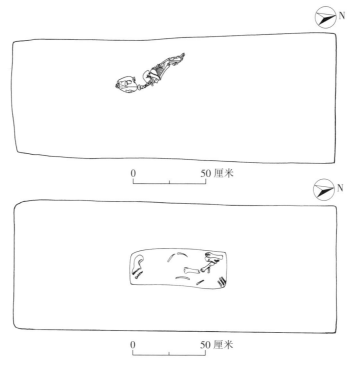

图 2 - 314B SM762 填土殉狗平面图及腰坑殉狗平面图

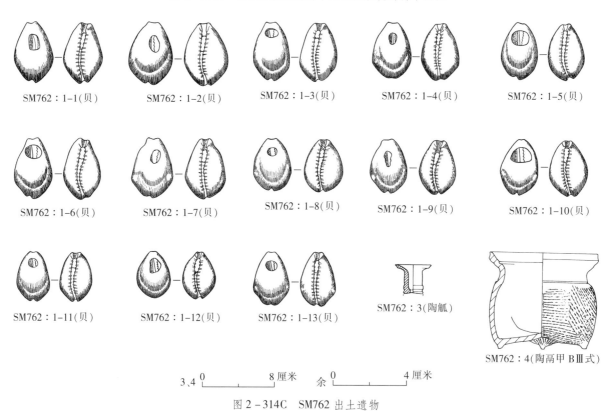

SM762：1-1(贝)   SM762：1-2(贝)   SM762：1-3(贝)   SM762：1-4(贝)   SM762：1-5(贝)

SM762：1-6(贝)   SM762：1-7(贝)   SM762：1-8(贝)   SM762：1-9(贝)   SM762：1-10(贝)

SM762：1-11(贝)   SM762：1-12(贝)   SM762：1-13(贝)   SM762：3(陶觚)   SM762：4(陶鬲甲BⅢ式)

图 2 - 314C SM762 出土遗物

在墓底发现一木桩孔洞，直径2、深6厘米。

墓主仰身直肢，头南面上，双手交叉于腹部，交叉处有一鱼头骨。墓主盆骨上有一陶觚，口含13枚贝，嘴部大张，左手握2枚贝，左腿骨下压有2枚贝，左右腿骨外侧分别放有1枚贝。墓主骨架上有一层黑色物质及朱砂。

随葬陶器为陶觚1件、陶鬲1件及铅器1件。陶觚出于墓主盆骨上，陶鬲出于南二层台内，陶鬲内有鱼骨。绵羊左前腿骨位于椁盖板上中部偏南处。

陶觚　1件。

SM762：3，泥质灰陶。残。残存口、腹部残片一块，敞口近平，短直腹。残高3厘米。（图2－314C）

陶鬲　1件。

SM762：4，甲B型Ⅲ式。夹砂灰陶，修复。器形小，近方体。斜折沿，方唇内敛并带浅凹槽，高颈，圆鼓腹，矮裆，乳头状小足尖。器表及裆部饰细绳纹，颈部经修整。口径12.2、高10.2厘米。（图2－314C）

贝　共19枚，均为A型货贝。

墓葬年代： 殷墟四期晚段。

人骨鉴定：

女性。45～50岁。

盆骨性征明显。肢骨纤细，骨密度小。牙齿磨耗4～5级。

第一跖骨上跪踞面明显。

SM764

位于ST3006西部。开口于②层下，被H532打破，西侧有一盗沟，同时SM764打破均为殷墟四期早段F66及SM765，并直接打破生土。方向为273度。（图2－315；彩版二七〇，1～3）

长方形竖穴土坑墓，大体呈东西向，墓葬口小底大，墓壁较直。墓口长220厘米，墓口宽74厘米，墓底长244、宽93厘米，墓深312厘米。填土为黄褐花夯土，含草木灰、木炭。填土内发现一件残骨笄。

墓底东西两侧有高60、宽14～22厘米的熟土二层台，南北无。

墓底中部有一长方形腰坑，长74、宽20～30、深11厘米。腰坑内有一狗骨架，头朝西。

葬具为一棺一椁。棺椁已朽为木灰，且遭盗扰。椁长220、宽88、残高30厘米，棺长复原长175、宽44厘米。

墓主骨架较散乱，堆积在墓室西侧，头也位于西侧，其中部分被扰弃到腰坑内。骨质较完好。

随葬品为3件陶器，爵、觚、鬲各1件。陶爵位于墓室南壁偏西处，陶觚位于西北角，陶鬲位于棺内西头。

陶觚　1件。

SM764：3，A型ⅩⅠ式。泥质灰陶。微残。器形极矮小，敞口，腹上宽下窄，矮圈足，素面。口径7.2、圈足径3.4、高6.3厘米。（图2－315）

陶爵　1件。

SM764：1，Ⅸ式。泥质灰陶。修复。器形矮小，敞口，短流，无鋬，腹内收，底稍平，小锥足，口沿外侧有浅凹槽一周。口径7.2、高5.2厘米。（图2－315）

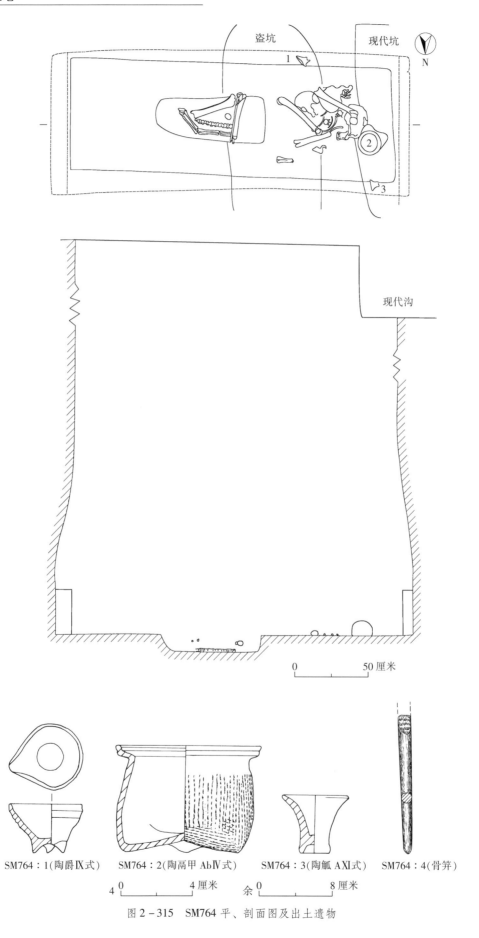

SM764：1(陶爵Ⅸ式)　　SM764：2(陶鬲甲 AbⅣ式)　　SM764：3(陶觚 AⅪ式)　　SM764：4(骨笄)

图 2－315　SM764 平、剖面图及出土遗物

陶鬲　1件。

SM764：2，甲 Ab 型Ⅳ式。夹砂灰陶，修复。扁方体。折沿上翘，方唇内敛并带浅凹槽，短颈，微鼓腹，三袋足肥硕，矮裆，无足尖。器表及裆部饰中粗绳纹。口径 16.2、高 11.2 厘米。（图 2 - 315；彩版二七〇，2）

骨笄　1件。

SM764：4，残。笄首残失，笄杆较细，截面呈扁圆形，笄尖圆钝，通体打磨。残长 7.2、最宽 0.5 厘米。（图 2 - 315；彩版二七〇，3）

墓葬年代：殷墟四期晚段。

人骨鉴定：

墓主骨架较散乱，堆积在墓室西侧，头骨也位于西侧，其中部分被扰弃到腰坑内。

人骨骨质保存情况较好。头骨完整；23 颗牙齿保存；身体上部除右侧肩胛骨未保存外，其余上肢骨及带骨保存较好；脊椎骨，下肢骨及骨盆（除耻骨联合部外）保存较好；手部及足部骨骼保存较差，仅提取右侧第一掌骨及双侧第一跖骨，以供观察。

墓主前额陡直，眶上缘薄锐，眉弓发育较弱，额结节明显，眉间突度不显，鼻根点凹陷浅，乳突及枕外隆突均不发达，乳突上嵴不显；坐骨大切迹宽而浅，耳前沟发育良好；骶骨短宽，曲度小，第一骶椎上关节面较小；左侧股骨头矢状径为 43.44 毫米（勉强落入女性变异区间之内[1]）。据以上性别特征判断，该个体为女性。耳状面形态 3 级（Lovejoy 分级系统）；第三白齿萌出，齿尖磨平；第一、二白齿磨耗 2 ~ 3 级（吴汝康分级系统）；颅骨基底缝愈合，矢状缝呈愈合趋势，其他骨缝波纹深度变浅，人字缝人字点段和中间段骨缝痕迹变浅；长骨骨骺愈合，愈合痕迹消失；脊椎椎体骨骺环愈合，愈合痕迹消失。据各项指标推测墓主的年龄 30 ~ 35 岁。仅据四肢长骨保存状况目前无法进行身高估算。

墓主上颌前部牙齿及下颌犬齿可见线型釉质发育不全。上颌左侧第二前白齿及第一白齿处齿槽颊侧面可见根尖脓疡病变的瘘孔。多颗牙齿可见轻微的釉质剥脱现象。中度牙结石。右侧股骨头凹边缘骨质增生。足部双侧第一跖骨远端关节面骨赘明显，右侧由此形成的假关节面呈珊瑚样骨质疏松。

SM765

位于 ST3006 西侧中部，邻西壁处。开口于②层下，被 SM764（殷墟四期晚段）打破，同时打破生土。方向为 195 度。（图 2 - 316；彩版二七〇，4、5）

长方形竖穴土坑墓，口小底略大，墓壁较直。墓口长 220、东西宽 66 厘米，墓深 178 ~ 187 厘米。墓底长 232、宽 74 ~ 80 厘米，填土为黄褐花夯土，土质较硬。

墓底有一周高 20、宽 12 ~ 25 厘米的熟土二层台。

墓底中部有一长方形腰坑，坑长 48、宽 25、深仅 7 厘米。腰坑内发现一殉狗，骨架腐朽较甚，看不清狗头向。

---

[1] 女性股骨头最大长一般小于 41.5 毫米，41.5 ~ 43.5 毫米仍有可能为女性的变异区间（Stewart 1979：120），但考虑到一定的群体差异，这个数值区间在这里仅做参考。

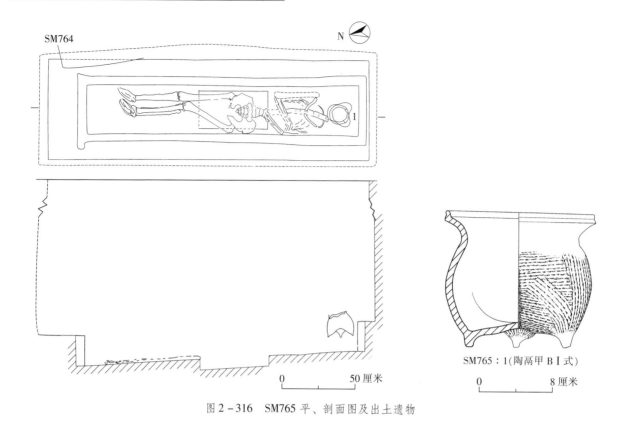

图 2 - 316 SM765 平、剖面图及出土遗物

葬具为一棺，已朽为木灰。棺长 198、宽 43～46、残高 20 厘米，棺板厚 6、残高 20 厘米。棺北挡板略出头。

墓主头骨上放置 1 件陶鬲。

陶鬲 1 件。

SM765：1，甲 B 型 Ⅰ 式。夹砂灰陶，修复。近方体。卷折沿，方唇内敛并带浅凹槽，高颈，圆鼓腹，矮裆，乳头状高足尖。器表及裆部饰中粗绳纹，颈部经修整，足跟部绳纹稍抹平。口径 16.5、高 14.4 厘米。（图 2 - 316；彩版二七〇，5）

墓葬年代：殷墟四期晚段。

人骨鉴定：

女性。35～40 岁。

盆骨片性征明显。牙齿磨耗 4 级。

SM766

位于 ST3005 北部偏西。开口于③层下，东南部被 SM770 打破，西端被 H504 打破，而 SM766 打破 F66 和生土。方向 340 度。（图 2 - 317；彩版二七一，1、2）

长方形竖穴土坑墓，墓壁较直。墓口长 210 厘米，墓口宽 59～65 厘米，墓底长 210、宽 59～65 厘米，墓深 200 厘米。填土为黄褐花夯土，土质较硬，夯窝直径 5～7 厘米。

墓底有一周高 25、宽 3～10 厘米的生土二层台。

墓底无腰坑。

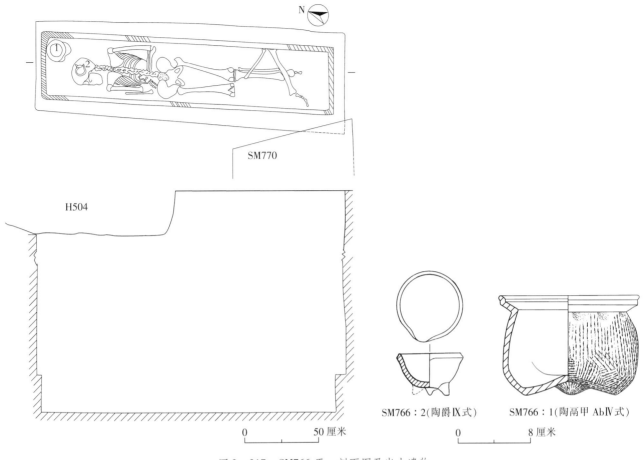

图 2-317 SM766 平、剖面图及出土遗物

　　葬具为一棺，木质，已朽为灰迹。棺长 200、宽 45、高 25 厘米。棺盖上发现有席纹，北二层台上也发现有席纹，说明在棺上原来有席覆盖。

　　墓主骨骼保存完好，俯身直肢，头西面南，双手交叉压于腹部下，左小腿骨残断，斜置于墓主右小腿骨上。

　　共随葬 2 件陶器、5 枚贝。陶鬲，位于棺盖上东北部。陶爵，位于墓主头骨上，可能原来也在棺盖上。墓主手内所握贝 3 枚，口内含贝 2 枚。

　　陶爵 1 件。

　　SM766:2，IX式。泥质灰陶。微残。器形矮小，敞口，小流，无鋬，腹内收，尖底，小锥足，口沿外侧有浅凹槽一周。口径 7.3、高 4.5 厘米。（图 2-317）

　　陶鬲 1 件。

　　SM766:1，甲 Ab 型IV式，夹砂灰陶，修复。扁体。折沿上翘，方唇内敛并带浅凹槽，短颈，鼓腹，三袋足肥硕，矮裆，无足尖。器表及裆部饰竖斜绳纹。口径 15.4、高 10.4 厘米。（图 2-317）

　　贝 5 枚，A 型货贝。

　　墓葬年代：殷墟四期晚段。

　　人骨鉴定：

　　墓主葬式为俯身直肢，头北面东，双手弯曲置于胸部下，左侧胫骨、腓骨未在正常解剖学位置，两脚并拢，原因不明。

人骨保存状况较差。部分颅骨残片及下颌骨残片保存，24颗牙齿采集，以供观察。左侧肩胛骨残片，少量肋骨残段保存。四肢长骨保存差，多断裂。双侧股骨未见保存。足骨中仅左侧距骨保存。

墓主四肢长骨骨骺未愈合。上颌右侧第三臼齿发育程度为R1/4（1/4齿根发育形成），下颌左侧第三臼齿为Rcl（齿根根鞘发育开始）；第二臼齿萌出，齿尖略有磨耗。据以上信息推测，墓主年龄12～16岁。性别未知。

墓主上颌前部牙齿及双侧下颌犬齿唇侧面均可见线型釉质发育不全。右侧尺骨鹰嘴关节面中央新骨形成。左侧桡骨远端关节面上可见针尖样骨质疏松的小孔。

SM769

位于ST3006西南角。开口于②层下，被H532、H556打破，SM769打破F66（殷墟四期早段），直接打破生土。方向283度。（图2-318A、B；彩版二七二）

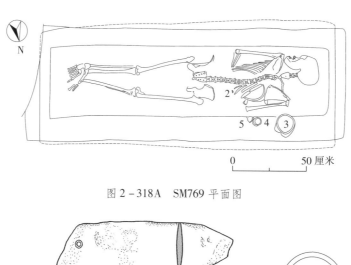

图2-318A SM769平面图

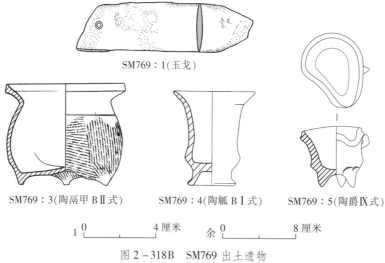

SM769：1（玉戈）

SM769：3（陶鬲甲BⅡ式）　　SM769：4（陶瓿BⅠ式）　　SM769：5（陶爵Ⅸ式）

图2-318B SM769出土遗物

长方形竖穴土坑墓，口小底大，墓壁较直。墓口长226厘米，墓口宽75厘米，墓底长202、宽70～82厘米，墓深229厘米。填土为黄褐花夯土，含草木灰、木炭，在距墓口160厘米填土中发现一具狗骨架，屈肢，头西面上，骨架较乱。（图2-318A）

墓底有一周高 20~31、宽 5~7 厘米的熟土二层台。

墓底无腰坑。

葬具为一棺。棺长 190、宽 47、高 31 厘米。板已朽成灰迹，难辨木质。

墓主俯身直肢，头西面南，双手臂压于腹下。骨架保存较完好。

墓主含 4 枚贝，头骨下方有 4 枚贝，可能为墓主嘴内掉出。右肋骨下方出土 1 枚贝、1 件玉戈，小腿腿骨下方发现 2 枚贝。大腿骨下有贝 1 枚。

SM769 内发现 3 件陶器，陶瓠、爵、鬲各 1 件，均位于北二层台上。

陶瓠 1 件。

SM769∶4，B 型 I 式。泥质灰陶。修复。器形矮小，喇叭口，腹较粗，腹下部有凸棱一周，矮圈足，素面。口径 9、圈足径 5.2、高 10 厘米。（图 2－318B）

陶爵 1 件。

SM769∶5，IX 式。泥质灰陶。完整。器形矮小，敞口，短流，小泥饼鋬，腹内收，平底，小锥足，口沿外侧有浅凹槽一周。口径 6.8、高 6.3 厘米。（图 2－318B）

陶鬲 1 件。

SM769∶3，甲 B 型 II 式。夹质灰陶，修复。器形小，扁方体。斜折沿，方唇，颈较高，圆鼓腹，矮裆，乳头状小足尖。器表及裆部饰细绳纹，颈部经修整，裆部有烟炱。口径 13.4、高 10.8 厘米。（图 2－318B）

玉戈 1 件。

SM769∶1，残。牙白色。无内。柄部后端斜直，中间有一单面钻孔。援末残，无中脊，边刃圆钝。残长 9.2、援宽 2.5、援厚 0.4 厘米。（图 2－318B；彩版二七二，3）

贝 12 枚，A 型货贝。

墓葬年代：殷墟四期晚段。

人骨鉴定：

墓主葬式为俯身直肢葬，头西面南，双手臂压于腹下。

人骨保存情况相对良好。头骨虽残破但骨质保存较好，31 颗牙齿保存；双侧肩胛骨残破；右侧髋骨保存完整，左侧仅保存部分髂骨残片；脊椎骨保存良好，除第 3、4 颈椎及第 1、2 胸椎外，其余椎骨保存完整；双侧肱骨、股骨及胫骨、跟骨、距骨及少量跖骨保存完整。

墓主前额后倾较明显，眉弓发育强，眶上缘钝厚，枕外隆突较发达；坐骨大切迹窄而深，耻骨下支下缘外凸，耻骨联合面下端至耻骨下支内侧缘呈平坦的骨面，骶骨曲度明显，骶骨底部第一骶椎上关节面较大，骶骨岬明显；肩胛骨关节盂最大长 34.9 毫米（落入女性个体的变异区间），左侧肱骨头矢状径为 43.7 毫米（落入中性区间），左侧股骨头矢状径为 45.2 毫米（基本落入男性个体的变异区间之内）[1]。据以上性别特征综合判断，该个体为男性。骨骺完全愈合；耻骨联合面形态 II 级（Todd 分级系统）、1~2 级（Suchey－Brooks 分级系统）、第二期（邵象清分级系统）；耳状面形态 1 级

---

[1] 女性肩胛骨关节盂最大长一般小于 36 毫米（Stewart 1979：98），男性肱骨头矢状径一般大于 47 毫米，该个体落入 43~47 毫米的中性区间，无法用作性别鉴定的参考（Stewart 1979：100），男性股骨头矢状径一般大于 45.5 毫米，44.5~45.5 毫米仍有可能为男性的变异区间（Stewart 1979：120），但考虑到一定的群体差异，这个数值区间在这里仅做参考。

（Lovejoy 分级系统）；第三臼齿萌出，齿尖略有磨耗，第一、二臼齿磨耗程度 1~2 级（吴汝康分级系统）。据以上信息推断该个体年龄 18~25 岁。右侧肱骨最大长 31.5 厘米，左侧股骨最大长 44.0 厘米，右侧股骨最大长 44.3 厘米，身高估算 162~170 厘米。

墓主额骨眶板多孔型骨肥大呈愈合状态；双侧上颌窦内骨表面呈炎性病理改变，网织状新骨形成。上颌双侧门齿可见线型釉质发育不全，双侧犬齿呈凹陷型釉质发育不全；上颌左侧第三臼齿阻生；下颌左侧第三臼齿咬合面龋齿；轻度牙结石；下颌个别臼齿可见轻微的釉质剥脱现象。右侧肱骨头边缘骨质增生。脊椎骨椎体未见骨质增生现象，但多个胸椎椎体上、下表面可见许莫氏结节（Schmorl's nodes）。右侧股骨头骨表面呈针尖样骨质疏松。足部双侧第一跖骨远端关节面骨赘明显，假关节面呈珊瑚样骨质疏松，左侧较右侧显著。

SM770

位于 ST3005 北部偏西。开口于③层下，墓口北部被 H542 打破，打破 SM766（殷墟四期晚段）东南部，同时直接打破生土。方向为 180 度。（图 2–319A、B；彩版二七一，3）

长方形竖穴土坑墓，墓壁较直。墓口长 230、东西宽 92~94 厘米，墓底长 225、宽 71~76 厘米，墓深 290 厘米。填土为黄褐花夯土，土质较硬。（图 2–319A）

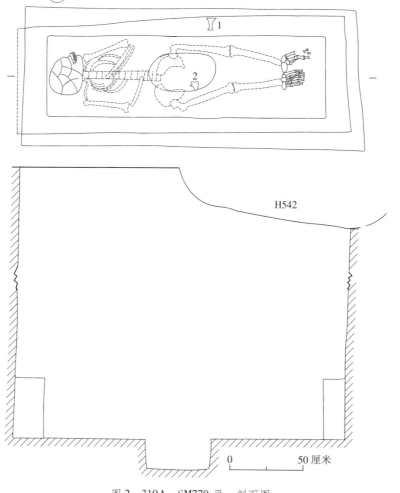

图 2–319A SM770 平、剖面图

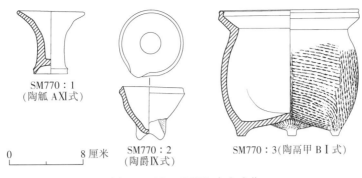

SM770：1
（陶瓿 AⅪ式）

0 _____ 8厘米

SM770：2
（陶爵Ⅸ式）

SM770：3（陶鬲甲Ⅰ式）

图 2 - 319B　SM770 出土遗物

墓底有一周高 40、宽 20 厘米的熟土二层台。

墓底中部有一椭圆形腰坑，长 45、宽 20～25、深 20 厘米。腰坑内殉葬一狗，骨架较为散乱。

葬具为一棺，木质，已朽为灰迹。棺长 190、宽 54、高 40 厘米。

墓主尸骨保存较差，头骨呈碎片，全身骨架朽为粉末，从轮廓可以看出墓主仰身直肢，头南面西，左手臂屈折放于胸部，右手臂屈肢抚于腹部。

随葬品发现 3 件陶器、7 枚贝。其中陶瓿位于西侧二层台中部；陶爵位于墓主盆骨下大腿间；陶鬲位于棺内和二层台内，陶鬲呈碎片。贝含于墓主口内。

陶瓿 1 件。

SM770：1，A 型Ⅺ式。修复。口径 7.4、圈足径 3.6、高 6.7 厘米。（图 2 - 319B）

陶爵 1 件。

SM770：2，Ⅸ式。完整。口沿外侧有浅凹槽一周。口径 6.9、高 5.5 厘米。（图 2 - 319B）

陶鬲 1 件。

SM770：3，甲 B 型Ⅰ式。夹砂灰陶，修复。器表及裆部饰中粗绳纹，颈部经修整。裆部有烟炱。口径 15.5、高 13.4 厘米。（图 2 - 319B）

贝 7 枚，均为 A 型货贝。

墓葬年代：殷墟四期晚段。

人骨鉴定：

性别不明。35 ± 岁。

牙齿磨耗不均匀，多为 3～4 级。

SM782

位于 ST2208 中部偏东。墓上原压有现代堆积，厚 45 厘米左右，发掘前被清除。口部被现代沟、H519 打破，打破黄沙质生土。方向为 15 度。（图 2 - 320A、B；彩版二七三，1、2）

长方形竖穴土坑墓。墓口长 280、东西宽近 130 厘米，墓深 267 厘米，填土为黄色花夯土，出土骨管 1 件。（图 2 - 320A）

二层台较宽，宽 28～44、高 32 厘米。

腰坑南北长 56、东西宽 30、深 13 厘米。

葬具为木棺。髹红漆。棺长 196、宽 70、高 32 厘米。

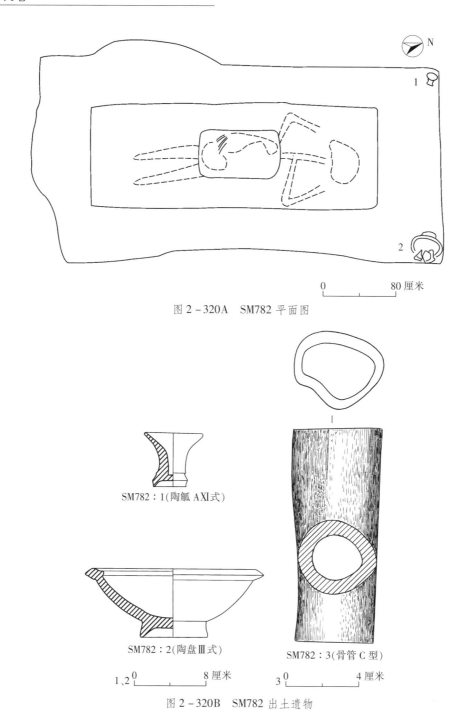

图2-320A SM782平面图

图2-320B SM782出土遗物

SM782：1(陶瓿 A XI式)

SM782：2(陶盘Ⅲ式)

SM782：3(骨管 C 型)

墓主骨架朽坏，隐约可见头朝北，脚向南，仰身直肢。

二层台填土的西北角放陶瓿1件，东北角放陶盘1件。

陶瓿 1件。

SM782：1，A型XI式。泥质灰陶。修复。器形极矮小，敞口，短腹，圈足极矮，素面。口径6.6、圈足径3.6、高5.6厘米。(图2-320B)

陶盘 1件。

SM782：2，Ⅲ式。泥质灰陶。修复。体小，敛口，宽沿，沿面中部凸起，内则微凹，浅腹，矮圈足。素面。口径19.6、圈足径7.6、高7.2厘米。(图2-320B)

骨管　1 件。

SM782∶3，C 型。残。体长，由动物股骨锯截而成，圆筒状，管壁厚，有切削痕迹。长 11.1、直径 4.6、壁厚 0.6 厘米。（图 2 - 320B；彩版二七三，2）

墓葬年代：殷墟四期晚段。

SM794

墓位于 ST1911 东北部。开口于①层下，墓南端被晚期坑打破。打破了生土及 H517。方向为 14 度。（图 2 - 321A、B；彩版二七三，3 ~ 5）

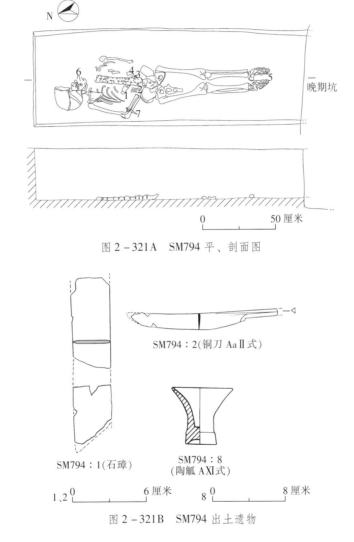

图 2 - 321A　SM794 平、剖面图

图 2 - 321B　SM794 出土遗物

长方形竖穴土坑墓，墓四壁向内收，略呈口大底小状。墓口距地表 20、残长 182、宽 62 厘米，墓底残长 180、宽 58 厘米，墓深 35 厘米。填土呈灰黑色花土，土质较软，内包含若干陶片。（图 2 - 321A）

未见二层台与腰坑。

葬具不明显，在墓主底下铺有一层灰色夹点的织品。

墓主保存较差，俯身直肢，头北面东，两手托于腹部。

随葬品共出 13 件：其中石璋、铜刀（残）、陶觚（墓葬填土中）各 1 件；贝 10 枚，右手 2 枚，上

身左侧 2 枚，脚部 4 枚，口内 2 枚。

陶瓿 1 件。

SM794：8，A 型XI式。泥质灰陶。修复。器形极矮小，敞口，短直腹，圈足极矮，素面。口径 6.7、圈足径 3.4、高 6 厘米。（图 2-321B）

铜刀 1 件。

SM794：2，Aa 型Ⅱ式。残。直背，凸刃。刀身残，截面呈楔形；细条形短直柄，截面呈三角形。残长 11.8、柄长 3、刀身宽 1.3、柄宽 0.6、背厚 0.2、柄厚 0.3 厘米。重 0.011 千克。（图 2-321B；彩版二七三，4）

石璋 1 件。

SM794：1，残。灰白色，风化严重。扁平长条形，中部略厚，两缘稍薄。直柄，尖端呈不对称斜三角形。残长 11.2、宽 3.1、厚 0.2 厘米。（图 2-321B；彩版二七三，5）

贝 10 枚。均为 A 型货贝。

墓葬年代：殷墟四期晚段。

人骨鉴定：

女性。20±岁。

肢骨性征明显。M3 未萌出，牙齿未磨耗。

SM796

位于 ST2711 东北部，主要位于北隔梁下，部分进入 ST2712 南侧。方向为 28 度。开口于②层下，打破 H288。（图 2-322；彩版二七四，1）

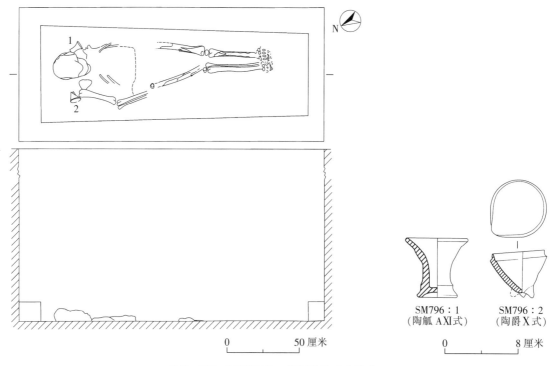

SM796：1
（陶瓿 AXI式）

SM796：2
（陶爵 X 式）

图 2-322 SM796 平、剖面图及出土遗物

墓葬为长方形竖穴土坑墓，墓口大小已难以推断。由于墓葬位于灰土中，填土也为灰土，在墓葬开口未发现此墓，直至发现骨架才确认是为一座打破灰坑的墓葬。根据 H288 距地表的深度推断墓口距地表约 40 厘米，墓底长 210、东西宽 88 厘米，墓深约 168 厘米，填土为灰土，土质较软，含有大量炭屑，与周边的灰土相近，极难以分辨。

熟土二层台东西两侧宽 12~17、南侧宽 11、北侧宽 14 厘米，高约 13 厘米。

墓底中部有一腰坑，但其具体形制、大小由于坑内填土与周边土壤极为相似，而难以判断。内发现有零星狗骨，但其头向、性别和葬式等均难以判断。

葬具仅有一棺，南北长 184、东西宽 54~64、残高 13 厘米，头端（北侧）略宽，脚端（南侧）较窄。棺上髹有红漆，在墓主胸部和腿骨上发现红漆痕迹。

墓主的骨架保存状况较差，头骨、胸部和左上肢骨已然腐烂。墓主仰身直肢，头北面上，右手置于体侧。墓主的性别、年龄不明。

在墓主的头部东西两侧各放置陶觚、陶爵 1 件。

陶觚 1 件。

SM796：1，A 型 XI 式。泥质灰陶。修复。器形极矮小，敞口，短直腹，矮圈足，腹下部有凸棱一周。口径 6.8、圈足径 4.4、高 6.3 厘米。（图 2－322）

陶爵 1 件。

SM796：2，X 式。泥质灰陶。完整。极矮小，侈口，小流，浅腹内收，尖底，小泥丁足，口沿外侧有浅凹槽一周。口径 6.1、高 5 厘米。（图 2－322）

墓葬年代： 殷墟四期晚段。

SM799

位于 ST3207 的中部偏西处，其东部为 SM800。该墓开口于③层下。方向为 185 度。（图 2－323A、B；彩版二七四，2）

土坑竖穴墓，墓口近似长方形，口略小于底，墓底北低南高。开口距地表约 55 厘米，墓口长 215、宽 85~95 厘米，墓底长 237、宽 102~112 厘米，墓深 410 厘米。墓内填土为黄花土，经夯实。（图 2－323A）

熟土二层台宽 14~26、高 10~25 厘米。

墓底中间有椭圆形腰坑，长 66、宽 25、深 24 厘米。内有殉狗，已朽，头北面东。

葬具为一棺，已朽，可见棺痕。从二层台来看，棺长 210、宽 65、高 25 厘米。二层台内壁可见白色漆皮。

墓主骨骼已腐朽，从痕迹看为仰身直肢，墓主头南面上。

随葬品共有 5 件，其中陶器 3 件，铅器 2 件。墓主头外的二层台上放置陶鬲 1 件。腰坑南北分别放置陶爵 1 件和陶觚 1 件。墓主人左肩部放置一铅爵，头右边放置 1 件铅觚。

陶觚 1 件。

SM799：2，A 型 XI 式。修复。口径 7.6、圈足径 3.2、高 5.4 厘米。（图 2－323B）

陶爵 1 件。

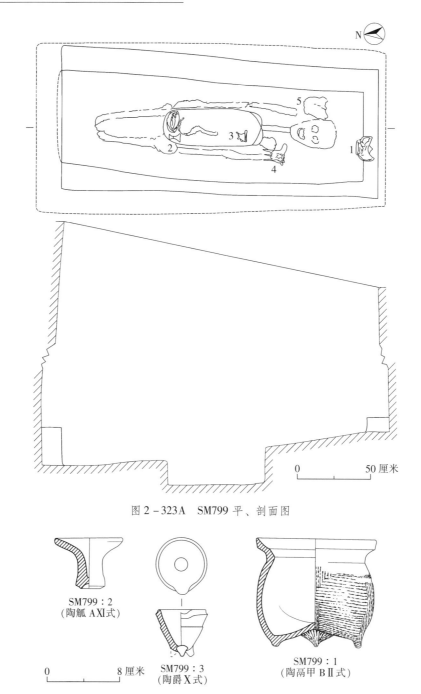

图 2 – 323A SM799 平、剖面图

图 2 – 323B SM799 出土遗物

SM799：2
（陶觚 A XI 式）

SM799：3
（陶爵 X 式）

SM799：1
（陶鬲甲 B II 式）

SM799：3，X式。修复。口沿外侧有浅凹槽一周，腹下部有凹弦纹一周。口径5.6、高5厘米。（图 2 – 323B）

陶鬲 1件。

SM799：1，甲 B 型 II 式。修复。器表及裆部饰细绳纹，颈部经修整。口径13.2、高11.4厘米。（图 2 – 323B）

铅觚、铅爵均严重破损，无法修复。

墓葬时代： 殷墟四期晚段

SM800

该墓位于 ST3207 的中部,西为 SM799、东为 SM801。开口于⑧层下,打破生土层。方向 196 度。(图 2 –324A、B;彩版二七五)

图 2 –324A SM800 平、剖面图

长方形竖穴土坑墓,口略大于底。墓口距地表约 55 厘米,墓口长 232、宽 90 ~ 100 厘米,墓底长 232、宽 102 ~ 104 厘米,墓深 250 厘米。填土为黄褐花土,经过夯打。(图 2 –324A)

墓底有生土和熟土二层台。上部熟土二层台宽 5 ~ 8、高 6 厘米,下部生土二层台宽 11 ~ 19、高 30 厘米。二层台东北部放置有完整的猪左前腿骨。

墓底有近似椭圆形腰坑,长 43、宽 32、深 10 ~ 12 厘米,距墓口深 267 厘米。内殉狗一只,体形较小,估计为幼狗,身体蜷曲,背向南,面向西,前肢自然放置,后肢向后拉长。腰坑内见有少量的朱砂。

葬具为一棺。从残存棺痕来看,棺长 198、宽 50 ~ 54、残高 30 厘米,棺板厚 3 ~ 5 厘米。棺内外皆髹红漆。棺外东侧发现有席纹。

墓主人骨骼保存较差,除头骨、脚趾和牙齿少量残留外,其他部分基本不存。葬式为仰身直肢,头南面上。

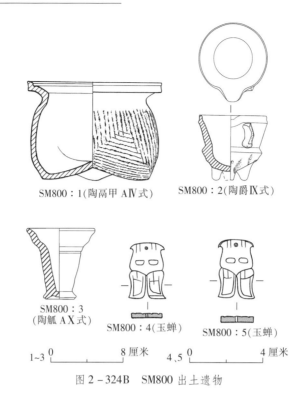

SM800：1(陶鬲甲 AⅣ式)　　SM800：2(陶爵Ⅸ式)

SM800：3
(陶觚 AⅩ式)

SM800：4(玉蝉)　　SM800：5(玉蝉)

1~3 0　　　　8厘米　　4,5 0　　　4厘米

图 2－324B　SM800 出土遗物

该墓内随葬品共 5 件，包括 3 件陶器和 2 件玉器。棺外南部二层台上放置陶鬲 1 件，有烟炱，为使用器。墓主人头南部放置觚和爵各 1 件。口内含两只玉蝉。

陶觚　1 件。

SM800：3，A 型 Ⅹ 式。泥质灰陶。完整。器形矮小，敞口，腹上宽下窄，圈足极矮，素面。口径 7.6、圈足径 3.7、高 7.5 厘米。（图 2－324B）

陶爵　1 件。

SM800：2，Ⅸ 式。泥质灰陶。完整。器形矮小，敞口，小流，无鋬，腹内收，圜底，小锥足，底部形成凸棱。口径 7.5、高 6.8 厘米。（图 2－324B）

陶鬲　1 件。

SM800：1，甲 A 型 Ⅳ 式。泥质褐陶，修复。扁体。折沿上翘，方唇内敛并带浅凹槽，短颈，鼓腹，三袋足肥硕，矮裆，无足尖。器表及裆部饰竖斜绳纹。口径 14.9、高 10.4 厘米。（图 2－324B）

玉蝉　2 件。

SM800：4，完整。青白色，受沁。扁平片状，尖状触角外突，长方形减地凸眼，双翅微分，翅上以阴线勾饰纹理，嘴部有一对钻穿孔。双面抛光。长 2.8、宽 1.7、厚 0.2 厘米。（图 2－324B；彩版二七五，3）

SM800：5，完整。青白色，受沁。扁平片状，尖状触角外突，长方形减地凸眼，双翅微分，翅上以阴线勾饰纹理，嘴部有一对钻穿孔。正面抛光。长 3、宽 1.8、厚 0.3 厘米。（图 2－324B；彩版二七五，4）

墓葬年代：殷墟四期晚段。

SM817

位于 ST2708 东北部，东北角有一长方形盗沟，南部有一圆形盗洞，皆盗掘至底部。开口于 G8 下，打破 H375（殷墟二期晚段）东南角及 SM650。方向为 15 度或 195 度。（图 2－325A、B；彩版二七六、二七七）

圆形盗洞土质黑褐，较硬，含大量炭屑、陶片、骨头等，陶片中有绳纹砖，时代约在战国两汉之际。盗沟中为褐色淤土，含部分陶片、骨头、蜗牛壳、炭屑、贝等。陶片中有黑瓷片、绳纹砖、布纹瓦等，时代应在明清至民国。

长方形竖穴土坑墓，底部较口部稍大，墓壁斜直。墓口长 237、东西宽约 116 厘米（其中南壁和东壁大部被 H375 及长方形盗沟打破），墓底长 258、宽 135 厘米，墓深约 318 厘米。（图 2－325A）

填土为褐色花土，经过夯打，夯窝明显，直径约 8 厘米。内含大量陶片、炭屑及蚌、骨骼等。在墓室西壁有上下三个圆形脚窝，脚窝下另有四个圆形孔洞，内填黑褐色土，较硬，似经过轻微夯打。口部直径多在 11 厘米左右，向西进深 20～29 厘米，壁较直。有直着掏进的，也有斜的。在北壁及东壁各有一个同样的脚窝。

墓底四周有熟土二层台，宽 14～36、高约 75 厘米。

墓室中部有一长方形腰坑，长 73、宽 30、深约 25 厘米。已被盗沟扰乱，仅见几根狗骨。

葬具为一棺一椁，在墓底南部及北壁处有棺底板残存，板线较为明显，与二层台间有约 10 厘米的生土。椁室长 218、宽 87 厘米。南二层台上尚残存有部分椁板朽后痕迹，呈黄色。椁上曾盖有布幔，以橙红、橙黄、黑、白四种颜色构成图案画于麻布之上，图案已不清。麻布纤维较粗，经纬约在 10×12 根/厘米^2。据剖面观察，髹漆有厚有薄，最厚处在 0.4 厘米左右，髹漆至少十层：黑、白、黑、白、黄、红、白、黄、黑、白，而最薄处仅有一层红漆。棺长 213、宽 73 厘米。棺底板呈褐色，外有髹漆，自上而下可分为红、黄、黑、白四层。

墓主尸骨已不见。

随葬品共 5 件：贝 1 枚，出于距墓口 275 厘米处的盗沟中；石璋 1 件，出于盗沟中；陶鬲 1 件，出于南二层台偏西，出土时已碎；铅鼎 1 件，位于陶鬲西边；铅簋 1 件，位于陶鬲东边。

陶鬲 1 件。

SM817：3，甲 B 型Ⅲ式。器表及裆部饰中粗绳纹，颈部经修整，足根部绳纹稍抹去。口径 14.5、高 11 厘米。（图 2－325B）

铅鼎 1 件。

SM817：4，残。受挤压，扭曲变形，形似 B 型铜鼎。原器圆形，拱形立耳，扭曲入腹内，弧腹，圜底，三柱状空心足，残损严重，断面呈半圆形，足内尚存范土，从口沿至足有三道铸缝。残宽 16.6、耳高 4.3、耳宽 5.2、耳厚 0.8 厘米。（图 2－325B；彩版二七七，3）

铅簋 1 件。

SM817：5，残。形似 A 型铜簋，受挤压扭曲变形。侈口、束颈、下腹略外鼓，圜底，矮圈足外撇，颈腹部有半环形錾，残存一只，通体素面。残高 10、圈足高 3.5、口径 14.8、圈足径 12.5 厘米。（图 2－325B；彩版二七七，4）

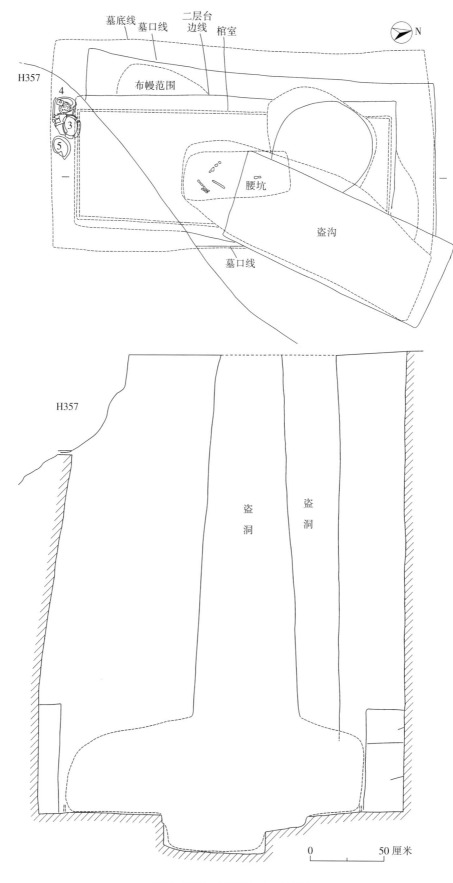

墓底线　墓口线　二层台边线　棺室

H357

布幔范围

4
3
5

腰坑

盗沟

N

墓口线

H357

盗洞　盗洞

0　　　　　50厘米

图 2 - 325A　SM817 平、剖面图

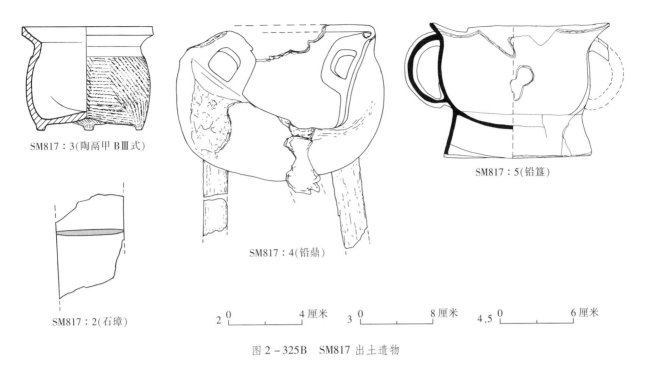

SM817:3(陶鬲甲BⅢ式)

SM817:2(石璋)

SM817:4(铅鼎)

SM817:5(铅簋)

图2－325B SM817出土遗物

石璋 1件。

SM817:2，残。白色砂岩。扁平条状残片，中部略厚，两缘稍薄。一面中部用一道横线形成台面，高低不平。残长4.6、宽3.7、厚0.3厘米。（图2－325B；彩版二七七，5）

贝 1枚。A型货贝。

墓葬年代：殷墟四期晚段。

SM820

位于ST2612西南部。开口于②层下，墓葬南端和北端各有一条盗沟打破墓葬，墓葬打破G14（殷墟一期晚段）。被盗，盗扰至墓底，将墓葬盗扰一空。方向为20度或200度。（图2－326）

长方形竖穴土坑墓，墓壁略收，口大底小。墓口距地表65厘米，墓口长230、东西宽105厘米，墓底长约225、东西宽95厘米，墓深约95厘米。填土为黄褐色黏土、经过夯打。填土内含有少量红烧土粒。

墓底有一周高10～13、宽约22厘米的熟土二层台。

从二层台判断，应有木棺，长182、宽50厘米。

墓主的骨架因盗扰无存。

墓葬被盗扰一空，未见有随葬品。盗沟内出土陶爵1件，应是随葬品。

陶爵 1件。

SM820:1，X式。泥质灰陶。完整。极矮小，侈口，小流，浅腹内收，尖底，小泥丁足，口沿外侧有浅凹槽一周，腹下部有凹弦纹一周。口径6、高4.9厘米。（图2－326）

墓葬年代：殷墟四期晚段。

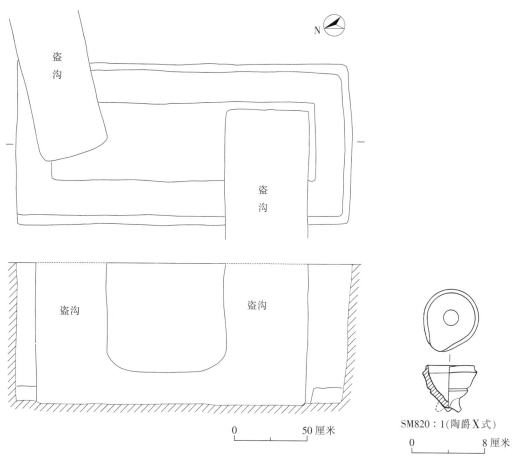

图 2 – 326 SM820 平、剖面图及出土遗物

SM824

位于 ST2210 东南。开口于表土层下，被盗，打破 SM823 及生土。方向为 13 度或 193 度。（图 2 – 327）

长方形竖穴土坑墓，口小底大，呈袋状。墓口长 239、宽 110 厘米，墓底长 310、宽 124 ~ 135 厘米，墓深约 300 厘米。墓内填土为黄褐色花土，土质硬，夯土层次不清晰。（图 2 – 327）

墓底有一周生土椁二层台，二层台高 20、宽 12 ~ 20 厘米。棺椁之间有棺二层台，高 4、宽 14 厘米。

墓底中部有一圆角长方形腰坑，被盗沟打破东南角，长 78、宽 44、深 28 厘米，坑壁斜壁；腰坑内葬一具狗骨架，狗头回勾，嘴向西，身子蜷曲，狗骨架保存较好。

未发现墓主骨骸。

棺椁之间东南角残存陶爵 1 件。

陶爵 1 件。

SM824:2，Ⅸ式。泥质灰陶。修复。器形矮小，敞口，小流，无鋬，腹内收，尖底，小锥足，口沿外侧有浅凹槽一周。口径 7.7、高 5.9 厘米。（图 2 – 327）

墓葬年代：殷墟四期晚段。

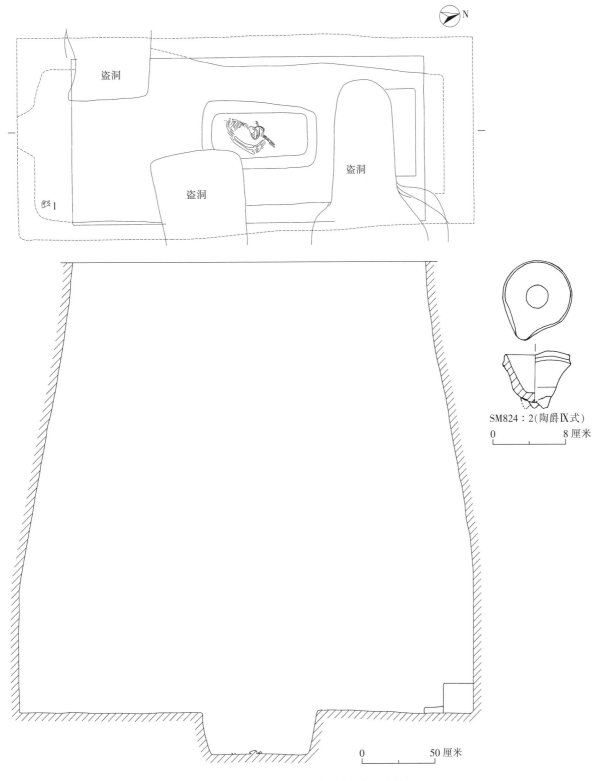

图 2 - 327 SM824 平、剖面图及出土遗物

SM827

　　墓位于探方北侧西部。开口于①层下，打破了生土及 H610（殷墟四期早段）。方向为 200 度。（图 2 - 328；彩版二七八，1、2）

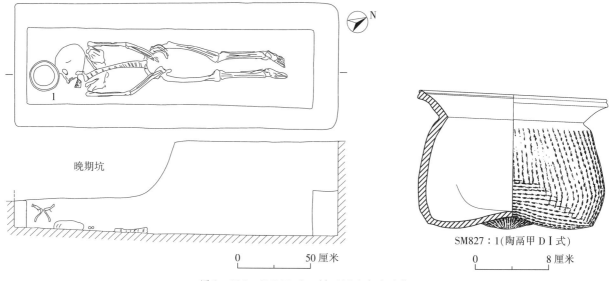

图 2－328　SM827 平、剖面图及出土遗物

长方形竖穴土坑墓，四壁较直，墓底长宽与口相同。墓口距地表 25 厘米，墓口长 220、宽 82～84 厘米，墓深 63 厘米，填土为灰花夯土，土质较硬。

墓底有一周宽 8～18、高 30 厘米的熟土二层台。

无腰坑。

葬具为一棺，木质，长方形，长 195、宽 50、高 30 厘米，上髹有白漆。

墓主保存较差，全身骨骼扁平，葬式为仰身直肢，头南面东，两手抚于腹部。

在墓主头前出陶鬲 1 件。

陶鬲　1 件。

SM827：1，甲 D 型 I 式。夹砂灰陶，微残。体大，扁体，厚胎。宽折沿，方唇内凹，短颈，斜腹，三袋足肥硕，无足根，矮裆近平。腹及袋足饰竖向粗绳纹，裆部饰横斜粗绳纹。口径 20.7、高 14.6 厘米。（图 2－328；彩版二七八，2）

墓葬年代：殷墟四期晚段。

SM833

位于 ST2211 东隔梁北部，延伸到 ST 2311 内。被盗。开口于表土层下，打破 SM846、H456（殷墟三期）。方向为 21 度。（图 2－329；彩版二七八，3）

长方形竖穴土坑墓，墓壁斜内收，墓底较平。墓口长 223、宽 77～88 厘米，墓底长 212、宽 70～83 厘米，墓深 61 厘米。填土为五花夯土，结构致密。

墓底四周有生土二层台，高 16、宽 15 厘米。

从墓底残存板灰看，葬具为一棺，长 190、宽 55 厘米。

墓主骨架严重被扰，从残存骨架判断，头北，直肢。

在盗洞内发现 1 件陶瓿。在棺内西侧发现玉料 1 件。

陶瓿　1 件。

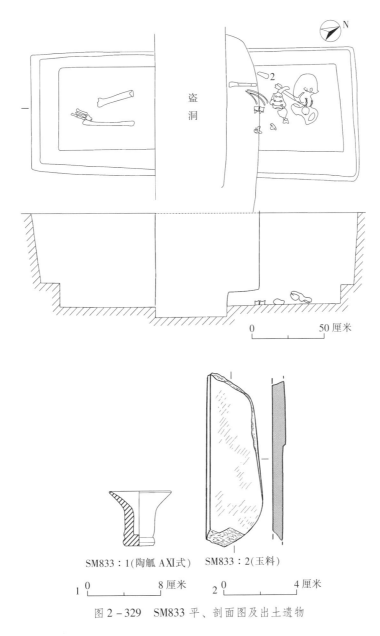

图 2 – 329　SM833 平、剖面图及出土遗物

SM833：1，A 型 XI 式。泥质灰陶。修复。器形极矮小，敞口，短直腹，圈足极矮，腹下部有凸棱一周。口径 6.8、圈足径 3.4、高 5.8 厘米。（图 2 – 329）

玉料　1 件。

SM833：2，残。青紫色，有白斑。边缘有锯磨痕迹，似为玉器对开时留下的残料。长 8.8、宽 2.3～2.7、厚 0.5～0.7 厘米。（图 2 – 329；彩版二七八，3）

墓葬年代：殷墟四期晚段。

人骨鉴定：

男性。30±岁。

盆骨性征明显，但肢骨和头骨性征不明显，耻骨联合面清晰。牙齿磨耗 3 级，略重于实际年龄。

第一跖骨上跪踞面明显。

SM839

位于 ST2809 中部偏西。开口于①层下，直接打破生土。方向为 290 度。（图 2 - 330；彩版二七八，4）

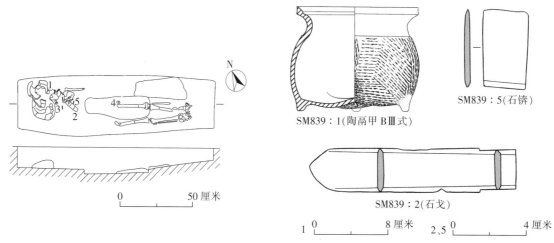

SM839：1(陶鬲甲 B Ⅲ式)

SM839：5(石锛)

SM839：2(石戈)

1 0　　　　　8 厘米　　2,5 0　　　4 厘米

图 2 - 330　SM839 平、剖面图及出土遗物

长方形竖穴土坑墓，墓葬中部略宽，墓底头端较深。墓口距地表 40、东西长 135、东西宽 31 ~ 40 厘米，墓深 8 ~ 14 厘米，填土为黄褐色花土，质地略硬。

墓底中部有一不规则长方形腰坑。腰坑东西长 44、宽 10 ~ 15、深 2 ~ 3 厘米。

仅在墓底东北部残留有板灰痕，但葬具的具体形制不明。

墓主的头骨破碎，骨盆及上肢骨被扰。墓主为仰身直肢葬，头西面北。

在墓主头左侧出有陶鬲 1 件，肋骨下出有石戈、石锛各 1 件。墓主嘴内有贝 6 枚，右下肢骨外侧有贝 1 枚。

陶鬲　1 件。

SM839：1，甲 B 型Ⅲ式。泥质灰陶。修复。器形小，近方体。方唇，斜折沿，沿面有凹槽，高颈，圆鼓腹，矮裆，乳头状小足尖。器表及裆部饰中粗绳纹，颈部经修整，足跟部绳纹稍抹平。口径 13.1、高 11.1 厘米。（图 2 - 330）

石戈　1 件。

SM839：2，完整。砂岩。长条形，略显内部。通长 11.3、宽 2 厘米。（图 2 - 330）

石锛　1 件。

SM839：5，残。砂岩，残片呈长方形，中部略厚，一端磨制成双面直刃。残长 4.3、宽 2.6、厚 0.3 厘米。（图 2 - 330）

贝　共 7 枚。均为 A 型货贝。

墓葬年代：殷墟四期晚段。

SM855

位于 ST3310 西壁中部。开口于①层下，打破红褐色生土。方向为 196 度。（图 2 - 331；彩版二七

九，1；彩版二八〇，1）

长方形竖穴土坑墓，墓壁较为规整和平直。墓口长 220、宽 66~72 厘米（北头稍窄，南头较宽），深 56 厘米；墓内填土为灰褐色花土，较疏松，似未经过夯打或夯打较差，含有少量陶片、兽骨及炭屑等。

在距墓口深约 34 厘米处有棺痕及熟土二层台，二层台高 20 厘米。较为特别的是，在西二层台外有宽 5.5~12 厘米的生土二层台，与熟土台同高，为挖墓时留下的。熟土二层台北头较宽（约 26 厘米），其他三面较窄（6~9 厘米）。

没有发现腰坑。

葬具为一棺，木质。长 186、宽 49 厘米。

墓主骨架位于棺内偏南（头部离棺约 5 厘米，脚离棺约 23 厘米），骨骼范围长度 155 厘米，保存较好。俯身直肢，头向南，面西，头骨已裂为几瓣。两臂弯曲，左手放于腹下；右手屈甚，放于左手之上，似掌面向上。脚趾向东。

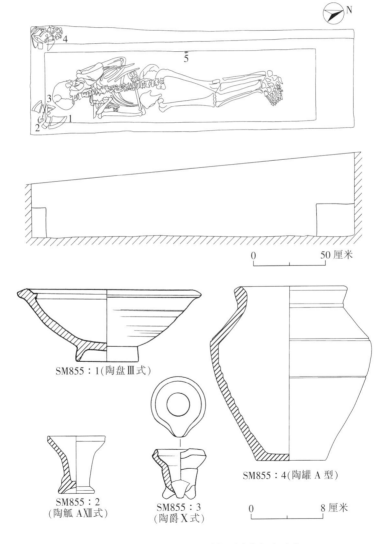

图 2－331 SM855 平、剖面图及出土遗物

在西南二层台上放置陶罐。东南角二层台中放置着陶盘、陶瓴、陶爵各1件，其中盘与瓴位于二层台内，爵位于二层台的底部。在棺内西壁中部放置1枚货贝（SM855：5）。

陶瓴 1件。

SM855：2，A型Ⅻ式。泥质灰陶。修复。器形极矮小，小敞口，短腹，下腹部略外鼓，圈足极矮，素面。口径6.4、圈足径4、高6.1厘米。（图2－331）

陶爵 1件。

SM855：3，Ⅹ式。泥质灰陶。完整。极矮小，侈口，小流，浅腹内收，尖底，小锥足，口沿外侧有浅凹槽一周，腹下部有凹弦纹一周。口径5.9、高5.2厘米。（图2－331）

陶罐 1件。

SM855：4，A型。泥质灰陶。修复。器形瘦长，侈口，圆唇，束颈，斜肩，下腹内收，平底。颈、肩、腹部饰凹弦纹三周。口径12.5、底径7.7、高18.3厘米。（图2－331；彩版二八〇，1）

陶盘 1件。

SM855：1，Ⅲ式。泥质灰陶。修复。体小，敛口，宽沿，沿面中部凸起，内则有凹槽一周，浅腹，矮圈足。素面。口径20.1、圈足径6.9、高7.6厘米。（图2－331）

贝 1枚。A型。

墓葬年代： 殷墟四期晚段。

人骨鉴定：

男性。40～45岁。

头骨性征明显，肢骨性征不明显。牙齿磨耗4级，骨密度小。

长颅、低颅、斜额，眉弓粗壮。

SM856

位于ST3210东中部（靠近东壁处）。开口于①层（扰土）下，打破红褐色生土。方向为193度。（图2－332A～C；彩版二七九，2、3；彩版二八〇，3）

长方形竖穴土坑墓，墓壁较为规整和平直，底部较口部稍大。墓口距地表约50厘米，墓口长246、宽约95厘米，墓底长239、宽102～109厘米，墓深约373厘米。填土为黄褐色花土，经过夯打，较为纯净，仅出几块碎陶片而已。（图2－332A）

墓底有熟土二层台，宽15～25、高49厘米。在二层台底部四角及东西壁中部、北壁中部偏东，各有一个直径5～6厘米的圆形木桩孔洞。

墓室中部有一长方形腰坑，长67、宽32、深约16厘米。内殉狗一条，头北面东侧卧于坑中。（图2－332B）

葬具为一木棺。棺已腐朽不见，仅留朽痕，长约199、宽约57、高约47厘米，从残迹看，棺较厚，有5～7厘米。棺灰呈灰白色，外似无髹漆及布幔类装饰。

墓主位于棺内正中，骨骼范围长约160厘米，保存较差，多已化为粉末，仅可观其大形而已。墓主为仰身直肢葬，头南面西。头骨较厚，但触之即碎。口内含贝3枚。两手交叉放于小腹之上，依稀可辨左手压于右手之上，掌面皆向下；两脚趾皆向东偏。

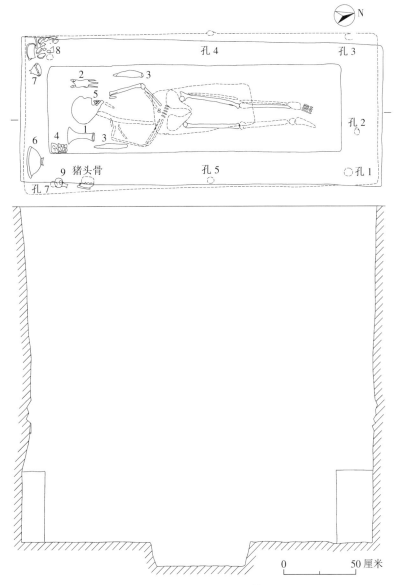

图 2 - 332A　SM856 平、剖面图

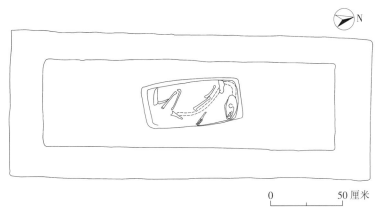

图 2 - 332B　SM856 腰坑殉狗平面图

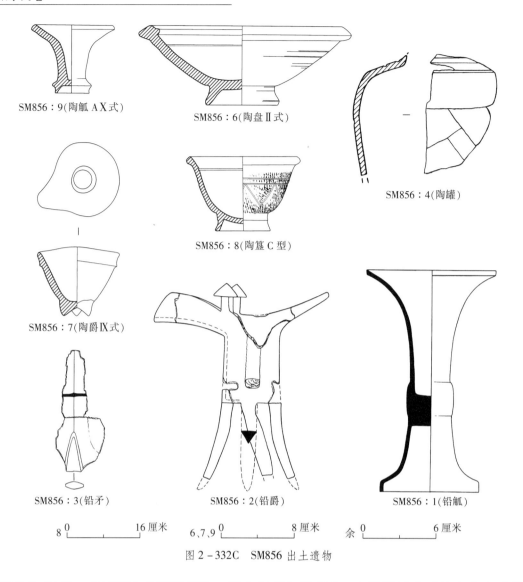

SM856：9(陶觚 AX式)

SM856：6(陶盘Ⅱ式)

SM856：4(陶罐)

SM856：8(陶簋 C 型)

SM856：7(陶爵Ⅸ式)

SM856：3(铅矛)

SM856：2(铅爵)

SM856：1(铅觚)

8 0 —— 16 厘米   6、7、9 0 —— 8 厘米   余 0 —— 6 厘米

图 2 - 332C　SM856 出土遗物

　　随葬品共 13 件，置于墓主头颈两侧及二层台东南和西南角。1 件铅觚出于棺内墓主头部东侧，通体银白发暗，外有厚厚一层锈蚀，保存完整；1 件铅爵出于棺内墓主头部西侧，与觚对称而放；2 件铅矛分别位于墓主肩颈东侧和肩部西侧，已碎为粉末；1 件陶罐位于二层台东南角内，似打碎后埋入；墓主口中含 3 枚货贝；1 件陶盘置于二层台东南角上；1 件陶爵出于二层台西南角底部；1 件陶簋出于二层台西南角中，似打碎后埋入；1 件陶觚出于二层台东南角底部；在陶觚北部有一个猪头骨。

　　陶觚　1 件。

　　SM856：9，AX式。完整。口径9.1、圈足径4.2、高7.2 厘米。（图 2 - 332C）

　　陶爵　1 件。

　　SM856：7，Ⅸ式。完整。口沿外侧有浅凹槽一周。口径7.8、高7.2 厘米。（图 2 - 332C）

　　陶盘　1 件。

　　SM856：6，Ⅱ式。完整。盘内壁饰凹弦纹一周。口径23.2、圈足径8.2、高8.4 厘米。（图 2 - 332C）

　　陶簋　1 件。

SM856：8，C 型。修复。器内壁口沿下饰凹弦纹一周，器表腹部饰凹弦纹二周，三角划纹及竖绳纹，圈足上饰凸弦纹一周。口径 25.1、圈足径 12.1、高 15.8 厘米。（图 2 –332C；彩版二八〇，2）

陶罐 1 件。

SM856：4，泥质红陶，残片。仅剩残片若干，无法修复。（图 2 –332C）

铅觚 1 件。

SM856：1，残。形似 C 型铜觚，残损严重。喇叭口，细柄，腹略鼓，矮圈足外撇，底部下折。体两侧有铸缝，腹内尚存范土。残高 17.3、口径 10.2、圈足径 7.7 厘米。（图 2 –332C；彩版二八〇，3）

铅爵 1 件。

SM856：2，残。形似 B 型 Ⅲ 式铜爵。体较瘦小，窄流，流尾略翘，流口有菌状立柱，较矮，浅直腹，底缺失，三棱锥状足，残，鋬残失。柱帽尖饰涡纹，腹部素面，体两侧有铸缝。残高 15、柱高 2.2、足残高 5.8、流至尾长 14.2、流长 6、流宽 2.7 厘米。（图 2 –332C）

铅矛 1 件。

SM856：3，残损严重，不辨形制。（图 2 –332C）

贝 3 枚，A 型。

墓葬年代： 殷墟四期晚段。

SM857

位于 ST3209 东北部。开口于①层下，直接打破生土，此墓被盗。方向为 15 度或 195 度。（图 2 –333A ~ C；彩版二八〇，4 ~ 6；彩版二八一）

长方形竖穴土坑墓，墓壁斜直略外扩，口小底大。墓口距地表深 30 厘米，墓口长 282、东西宽 118 ~ 125 厘米，墓底长 320、宽 154 ~ 157 厘米，墓深 357 厘米。墓葬填土为黄褐色花夯土，土质较硬，夯层厚 20 ~ 25 厘米，夯窝清晰，夯窝直径 3 ~ 5 厘米。在墓葬填土内和中部盗沟内有陶片、兽骨和人头骨。（图 2 –333A）

墓底有一周熟土二层台，高 72、宽 25 ~ 50 厘米。

墓底中部有一长 80、宽 27 ~ 35、深 10 厘米的腰坑，长方形，直壁，内空无物。（图 2 –333B）

葬具为一棺一椁。从二层台可推算椁室长 229、宽 102 ~ 105、高 72 厘米。从残存椁盖的痕迹看为圆木。棺板和棺底因被盗扰乱看不清迹象。

墓主因被盗扰得很乱，在盗沟内发现有头骨和上肢骨，墓底未存留人骨。

随葬品主要发现于南二层台、西二层台上。随葬品有蚌器、陶器、漆器、牛头、牛腿、肋骨及其他动物下颌骨、肩胛骨等。墓圹内南、北两侧发现有大量柄形小蚌坠饰，头端有穿孔，有较多是有穿孔的一头并行放置，原来应该是用丝线串连在一起，但已无法复原。另在盗沟内也发现一些。因棺灰遭扰乱，蚌坠饰原来放置在棺椁之间还是棺内不甚明了。随葬陶器发现于南二层台上，有簋、罐、壶。

牛头放在南二层台上偏西处，牛头朝东，牛头较完整，牛角也大部保存完好。南二层台中部有几根牛肋骨，邻墓西壁处有一牛肩胛骨，其下有一羊肩胛骨，其北有两段牛腿，较完整的一段位于偏北处，即西二层台南部。另在南二层台东南角发现狗的下颌骨和狗头骨。

图 2 – 333A　SM857 平、剖面图

南二层台上发现漆器 2 件。一件为漆豆，位于南二层台中部，已清理出来；另一件仅在平面上露出一周圆圈，直径约 19 厘米，为了套箱提取回室内，未细致清理，推测可能也为一漆豆或漆盘。（图 2 – 333B）

陶簋　1 件。

SM857：1，C 型，修复。器内壁口沿下饰凹弦纹一周，器表腹部饰凹弦纹二周，三角划纹及竖细绳纹。口径 23.3、圈足径 11.1、高 15.4 厘米。（图 2 – 333C；彩版二八〇，4）

陶罐　1 件。

SM857：4，A 型，泥质灰陶。微残。颈、肩部饰凹弦纹六周，腹部饰凹弦纹二周。口径 11.8、底

图2-333B SM857荒帷蚌饰及二层台内器物分布图

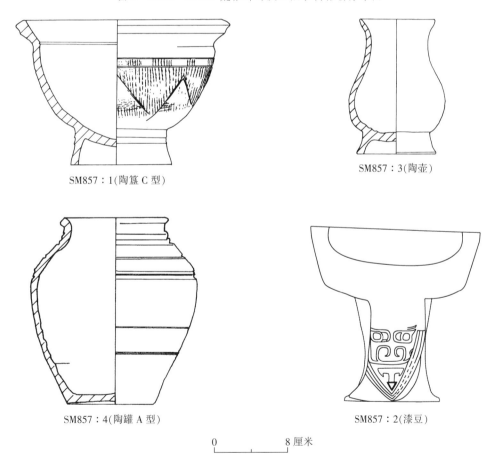

SM857：1(陶簋 C 型)

SM857：3(陶壶)

SM857：4(陶罐 A 型)

SM857：2(漆豆)

图2-333C SM857出土遗物

径9.2、高19.8厘米。(图2-333C；彩版二八〇，5)

陶壶 1件。

SM857：3，泥质灰陶。残。侈口，方唇，高领，鼓腹，圜底，矮圈足。素面。口径8.3、底径

8.9、高 14.3 厘米。（图 2 - 333C）

漆豆 1 件。

SM857：2，保存较完整，为了不破坏漆器全貌，仅清理出漆器一侧，以弄清漆器轮廓。木胎呈黑灰色，豆盘内外壁均髹有红漆，盘内壁红漆皮保存较完整，盘外壁漆皮保存略差。豆把上发现红漆彩绘，纹样以红漆宽线条勾勒而成，可以看出漆豆把上可能有几个纹样单元，纹样单元间填涂红漆。清理出来的一个纹样单元为弧三角纹（"蕉叶纹"）内填饕餮纹等图案。弧三角为倒三角纹，由四重弧形线条构成，三角纹内自上至下填有对称的似饕餮纹的"臣"字目、勾云纹和一个反向三角形纹，自上至下各成一段图案，勾云纹与三角形间有一段漆皮剥落，纹样不明。从图案特征来看，类似妇好墓 M5：848 直腹簋腹部的三角纹图案。（图 2 - 333C）

蚌坠饰 共 149 件，形制、大小相似，多数残朽严重。应是布幔或荒帷的坠饰。（彩版二八〇，6）

SM857：6，多个蚌坠饰共有编号，一般体呈扁平长条形，一端略宽，两侧略内收，一端略窄，中间有一小穿孔。一般长 5.6、宽 1.3、厚 0.2 厘米。

SM857：7，多个蚌坠饰共有编号，一般残朽严重。体呈扁平长条形，一端略宽，两侧略内收，一端略窄，中间有一小穿孔。一般长 5.8、宽 1.5、厚 0.2 厘米。（彩版二八〇，6）

贝 2 枚。出土于盗沟内，A 型货贝。

墓葬年代： 殷墟四期晚段。

人骨鉴定：

男性。50±岁。

头骨特征显著。牙齿磨耗 5 级，骨密度小。

卵圆形颅、长颅、高颅、狭颅、中面、阔面、中眶、中鼻等。

肢骨上有红色痕迹，似朱砂。

SM864

位于 ST2009 北端偏西。开口于第①层扰土下，墓室南端打破一殷代房基，墓室中部被一东西向盗坑扰。被盗扰较严重。方向为 10 度。（图 2 - 334；彩版二八二，1）

长方形竖穴土坑墓，壁较平整，底较平。墓口距地表深 40 厘米，墓口长 220、宽 90 ~ 100 厘米，墓深 220 厘米，填土经夯实，较硬，土质黄花较杂。

墓底有熟土二层台，宽 10 ~ 20、高 40 厘米。

葬具为木棺，髹红漆，棺长 193、宽 65、残高 40 厘米。

墓主骨架已朽成粉状且大部分被扰，头北脚南。

在棺北端有陶爵 1 件。

陶爵 1 件。

SM864：1，X 式。泥质灰陶。完整。极矮小，侈口，小流，浅腹内收，平底，小锥足。口径 5.1、高 4.6 厘米。（图 2 - 334）

墓葬年代： 殷墟四期晚段。

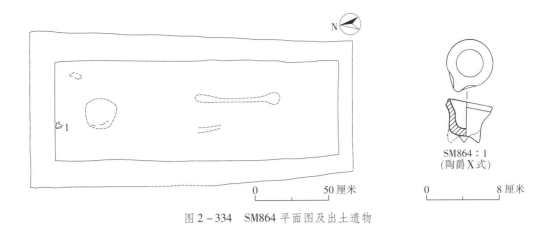

图 2 - 334　SM864 平面图及出土遗物

SM871

位于 ST2805 东南角。开口于②层下，东北部被近代墓打破，该墓东南部打破 H663。方向为 200 度。（图 2 - 335A ~ C；彩版二八二，2；彩版二八三）

长方形竖穴土坑墓，口小底大。墓口距地表 80 厘米，墓口长 251、宽 100 厘米，墓底长 286、宽 130 厘米，墓深 380 厘米（图 2 - 335A）。填土为黄花夯土，有稀疏夯窝，夯层厚 15 ~ 18 厘米，夯窝直径 6 ~ 8 厘米，内出有一狗头骨，位于墓室中部，距墓口约 240 厘米，在墓室下部接近二层台处出土铜铃 1 件。

椁室二层台为黄花夯土，东西两侧宽 10 ~ 12、北部宽 16、南部宽 24、高 40 厘米。棺室二层台东部宽 22 ~ 27、西宽 26 ~ 35、北宽 30、南宽 15、高 15 厘米。

腰坑长方形，四角略圆，长 72、宽 40、深 20 厘米，内填黄花土，内殉一狗，骨架已朽，头向北，屈肢。头部出一铜铃，骨架西侧出土一枚贝。（图 2 - 335B）

葬具有一椁一棺。椁仅清理有一周圆木。在清理时没有发现椁盖，仅在墓室底部二层台内清理有四根圆木，组成一框架，直径 10 ~ 13 厘米，椁长 247、宽 110 ~ 115、高 40 厘米。恰置于二层台内。

棺已朽，长 200、南部宽 60、北部宽 55、残高 15 厘米。

墓主骨骼腐朽严重，仅见头骨、下肢骨。墓主仰身直肢，双腿微曲并拢。

随葬品较为丰富。铜铃出于填土内；羊腿、陶爵、陶瓿放置于南二层台上；陶鬲位于棺椁之间；铅爵、瓿、戈位于墓主两侧；墓主口中含贝 15 枚、玉璧残片 1 件；腰坑内出铜铃与贝各 1 件。（图 2 - 335A）

陶瓿　1 件。

SM871：4，A 型 X 式。素面。口径 8、圈足径 4、高 8 厘米。（图 2 - 335C）

陶爵　1 件。

SM871：3，Ⅸ式。尖底，小锥足，口沿外侧有浅凹槽一周。口径 6.6、高 6.6 厘米。（图 2 - 335C）

陶鬲　1 件。

SM871：5，甲 C 型 Ⅱ 式。夹砂褐陶，修复。腹及裆部饰细绳纹，足根部绳纹被抹掉。口径 17、高 12.6 厘米。（图 2 - 335C；彩版二八三，1）

图 2 - 335A SM871 平、剖面图

铜戈 1 件。

SM871:9，乙 Ba 型 III 式。残长 31.3、援长 21.8、援最宽 5.6、内宽 3.1、援中脊厚 0.3、内厚 0.1 厘米。重 0.111 千克。（图 2 - 335C）

铜铃 2 件。Ba 型。

SM871:1，残。铃舌略短于铃体。铃身两面饰梯形凸弦纹，内填阳线饕餮纹。通高 6.7、口缘径 3.2×4、厚 0.1 厘米。（图 2 - 335C；彩版二八三，2）

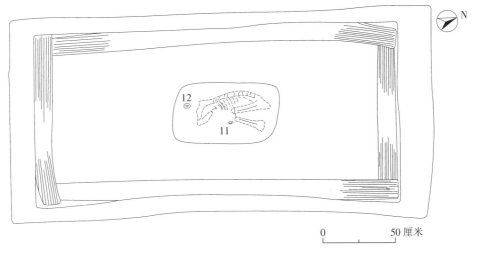

图 2－335B　SM871 椁底平面图

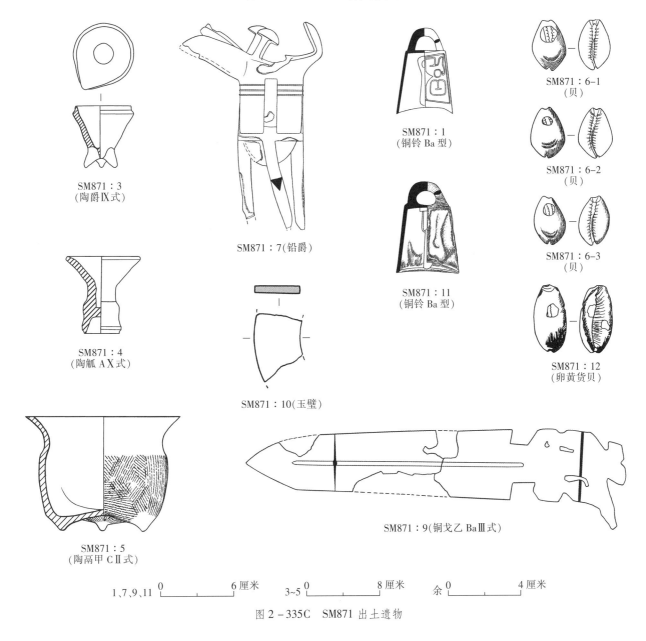

SM871：3
（陶爵Ⅸ式）

SM871：4
（陶觚 A X 式）

SM871：5
（陶鬲甲 C Ⅱ式）

SM871：7(铅爵)

SM871：10(玉璧)

SM871：9(铜戈乙 Ba Ⅲ式)

SM871：1
（铜铃 Ba 型）

SM871：11
（铜铃 Ba 型）

SM871：6－1
（贝）

SM871：6－2
（贝）

SM871：6－3
（贝）

SM871：12
（卵黄货贝）

1、7、9、11　0 —————— 6厘米　　3~5　0 —————— 8厘米　　余　0 —————— 4厘米

图 2－335C　SM871 出土遗物

SM871：11，微残。素面，锈蚀严重。通高7.2、口缘径3×4、厚0.3厘米。（图2－335C；彩版二八三，3）

铅爵 1件。

SM871：7，残。形似C型铜爵。体较高大，流尾上翘，尾部扭曲上卷，流口有菌状立柱，扭曲，深弧腹，卵形底，底部形成凸棱，三棱锥状足扭曲内折，半环形鋬，鋬内尚存范土。柱帽上饰涡纹，腹上部饰三道凸弦纹，体两侧有铸缝。残高16.5、柱高2.7、足高6.5、流长5.7、流宽2.7、腹径5.1厘米。（图2－335C；彩版二八三，4）

另有铅觚（SM871：8）、戈（SM871：2）各1件，均锈蚀严重，无法复原。

玉璧 1件。

SM871：10，残。青色，有白斑。残存一段，扁平圆环状，残器较规整，近孔处略厚。抛光精细。残宽2.5、厚0.3～0.4厘米。（图2－335C；彩版二八三，5）

贝 16枚。

其中墓主口内共15枚为A型货贝，腰坑内1枚为卵黄货贝（SM871：12）。（图2－335C）

墓葬年代：殷墟四期晚段。

SM879

位于ST2806中部偏西。开口于②层下，东北部被魏晋时期坑打破些许，该墓西部打破H662及生土。方向为15度。（图2－336；彩版二八二，3）

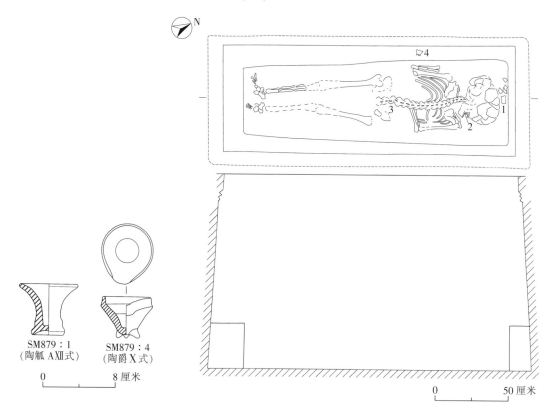

SM879：1
（陶觚 AXII式）

SM879：4
（陶爵 X式）

0　　　　8厘米

0　　　　50厘米

图2－336　SM879平、剖面图及出土遗物

长方形竖穴土坑墓，口小底大。墓口距地表60、宽70厘米，墓口长200厘米，墓底长220、宽85厘米，墓底距墓口170厘米，填土为杂乱花土，含黄生土、灰土，有稀疏夯窝，夯层不明显。

二层台东西宽15、北宽15、南宽25、高30厘米。

墓底未见腰坑。

底部见黑色棺灰。棺长180、北部宽56、南部宽45、高30厘米。

墓主骨架保存较好，俯身直肢，头向北，面向东，头骨破碎，骨架表面呈红色。

头部有陶瓿1件，西部二层台上有陶爵1件，腰部与口内各有贝1枚（SM879：3、2）。

陶瓿 1件。

SM879：1，A型XII式。泥质灰陶。修复。器形极矮小，小敞口，短直腹，圈足极矮，素面。口径6.5、圈足径3.7、高5.4厘米。（图2－336）

陶爵 1件。

SM879：4，X式。泥质灰陶。完整。极矮小，敞口，小流，浅腹内收，尖底，小泥丁足。口径5.7、高4.4厘米。（图2－336）

贝 2枚。A型。

墓葬年代：殷墟四期晚段。

人骨鉴定：

女性？40～45岁。

头骨、肢骨性征倾向于女性。牙齿磨耗4级。

SM886

位于ST2905东部，大部分在隔梁下。开口于②层下，东北部被魏晋坑打破，SM886西部与SM885相连，打破生土。方向为190度。（图2－337；彩版二八四，1）

长方形竖穴土坑墓，口小底大。墓口距地表50厘米，墓口长248、宽90厘米，墓底长263、宽95厘米，墓深360厘米。东、北、南三壁下部外扩，仅西壁下部内收，口底相差10～12厘米，填土为黄花夯土，质较次，有稀疏夯窝，夯层不明显。

北部二层台宽23、南宽39、东宽19、西宽14、高25～28厘米。值得注意的是，在二层下部紧贴墓边四周清理出四根圆木，组成一长方形框架，长247、宽90～95厘米，圆木直径为10～12厘米，圆木已朽，见有白色木灰。

腰坑长80、宽43、深15厘米，发现少量朽骨，形体不清。

葬具有一棺。棺长200、宽60、高25厘米，棺盖上部清理时发现有彩绘，图案不清，为红、白、黑三色。

墓主仰身直肢，头向南，面向东，长约165厘米，骨架已朽。

头前二层台上有陶鬲1件，西二层台上有陶爵1件，北二层台有陶瓿1件。双手处各有贝2枚（SM886：3）；墓主口内有贝4枚（SM886：4）。

陶瓿 1件。

SM886：6，A型X式。修复。腹下部有凸棱一周。口径9、圈足径4.1、高8.6厘米。（图2－337）

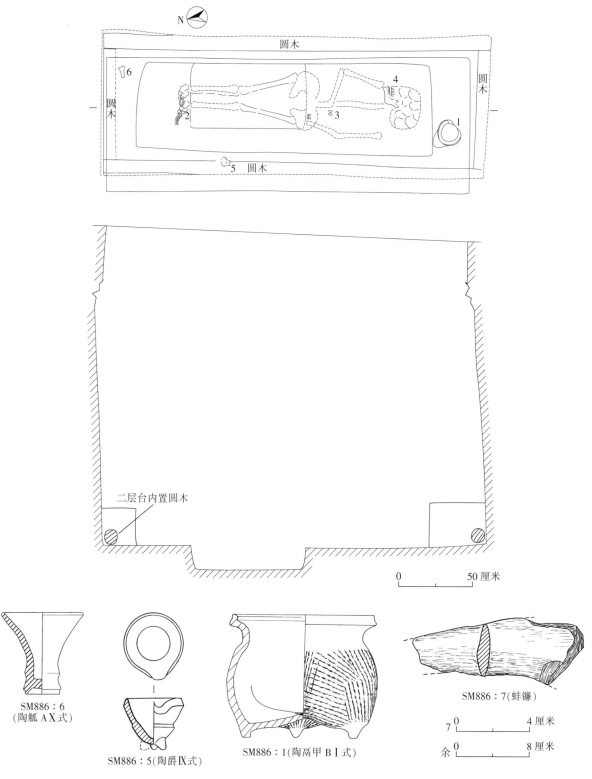

图 2－337　SM886 平、剖面图及出土遗物

陶爵 1件。

SM886:5，Ⅸ式。修复。口沿外侧有浅凹槽一周，腹部饰凹弦纹一周。口径6.6、高5.6厘米。（图2-337）

陶鬲 1件。

SM886:1，甲B型Ⅰ式。夹砂灰陶，修复。器表及裆部饰中粗绳纹，颈部经修整，足跟部绳纹稍抹平。裆部有烟炱。口径16.1、高12.9厘米。（图2-337）

蚌镰 1件。

SM886:7，出土于填土中，残。由厚蚌壳锯磨而成，残存弧形长片，刃部有锯齿状使用痕迹。残长9.2、宽1.8~3.2、厚0.5厘米。（图2-337）

贝 8枚。均为A型货贝。

墓葬年代： 殷墟四期晚段。

SM889

位于ST2904西北部，北距SM891约50厘米。开口于③层下，西北部被晚期坑打破少许。方向为213度。（图2-338A、B；彩版二八四，2；彩版二八五）

长方形竖穴墓，口小底大。墓口距地表85、宽95厘米，墓口长235厘米，墓底长252、宽115厘米，墓深290厘米。填土为黄花夯土，质硬。有稀疏夯窝，直径8~10厘米，最大13厘米，夯层厚15~18厘米。（图2-338A）

有棺椁两层二层台，椁二层台，为黄花夯土，质坚。东西宽12厘米，北宽15、南宽11、高55厘米。棺二层台宽11~15、高20厘米。

腰坑口部呈长方形，长69、宽35、深18厘米。内填黄花土。

葬具有一棺一椁。椁室长227、宽83、高56厘米。在它西南部的二层台上发现有灰白色的丝状物，可能为布幔，但没有发现彩绘图案。棺长202、宽65、高20厘米，底部见一层板灰与红漆。

墓主骨骼已朽，头向南，面向东。

头部二层台上有陶鬲1件，墓主口内含有玉鱼2件。东北部棺椁间有铅簋1个，东南部棺椁间有铅觚、铅鼎、铅簋、不明铅器及陶爵各1件。

陶爵 1件。

SM889:9，Ⅸ式。腹部饰凹弦纹一周。口径7.7、高7.4厘米。（图2-338B）

陶鬲 1件。

SM889:1，B型Ⅰ式。夹砂灰陶，修复。上腹饰斜向粗绳纹，袋足及裆部饰横斜细绳纹。器表有烟炱。口径16.7、高14.6厘米。（图2-338B；彩版二八五，1）

铅鼎 1件。

SM889:5，残。残存拱形残耳一只，柱状空心足一只，足断面呈半圆形，足内尚存范土。耳残高4.4、耳厚0.8、足残高7.5厘米。（图2-338B）

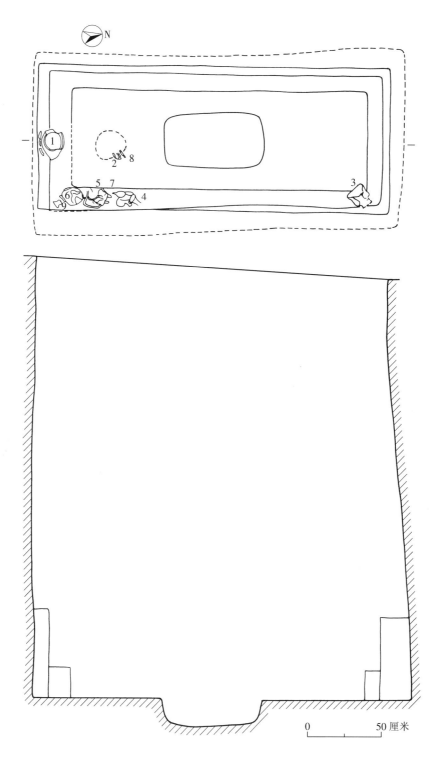

图 2 - 338A SM889 平、剖面图

铅簋 2 件。

SM889：3，残。形似 A 型铜簋，残损严重。侈口、鼓腹、平底，矮圈足，口腹部有一只残錾，口沿下饰二周凸弦纹。残高 10.7 厘米。（图 2 - 338B；彩版二八五，2）

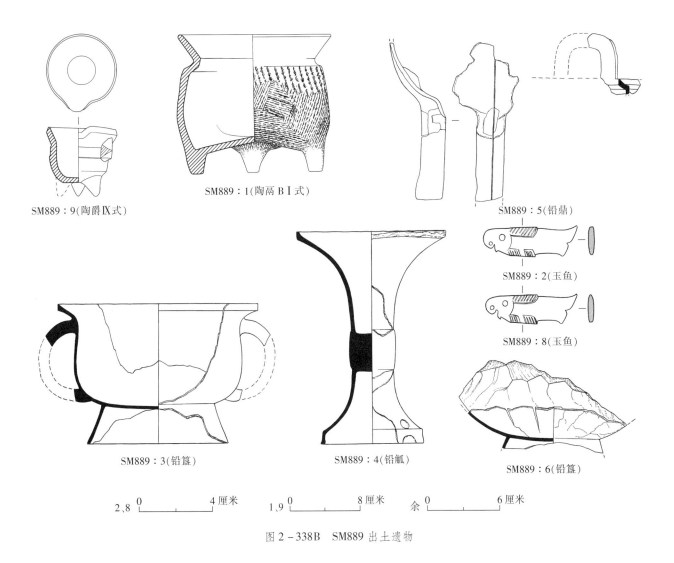

SM889∶9(陶爵Ⅸ式)

SM889∶1(陶鬲ＢⅠ式)

SM889∶5(铅鼎)

SM889∶2(玉鱼)

SM889∶8(玉鱼)

SM889∶3(铅簋)

SM889∶4(铅觚)

SM889∶6(铅簋)

2,8　0　　　　　4厘米　　　1,9　0　　　　　8厘米　　　余　0　　　　　6厘米

图2－338B　SM889出土遗物

SM889∶6，残损严重，只剩底与圈足局部。（图2－338B）

铅觚 1件。

SM889∶4，残。形似Ｃ型铜觚，残损严重。喇叭口，柄残失，腹略鼓，矮圈足，底部下折。体两侧有铸缝，腹内尚存范土。口柄残高9、腹足残高8.8、口径12、圈足径7.7厘米。（图2－338B；彩版二八五，3）

铅器 2件。

SM889∶7，残。受挤压扭曲变形，残损严重。

玉鱼 2件。

完整。青色，大部分受沁。直体，扁平。头部圆形，有一个单面桯钻小圆穿。减地凸眼，阴线刻出鳃、鳍，鳃下有一缺口，分尾。

SM889∶2，长5.1、宽1.5、厚0.4厘米。（图2－338B；彩版二八五，4）

SM889∶8，长4.9、宽1.5、厚0.4厘米。（图2－338B；彩版二八五，5）

墓葬时代：殷墟四期晚段。

SM890

位于 ST2905 西南角。开口于②层下，坑口被魏晋时期灰坑打破，打破 H663 及生土层。方向为196 度。（图 2 - 339；彩版二八六，1、2）

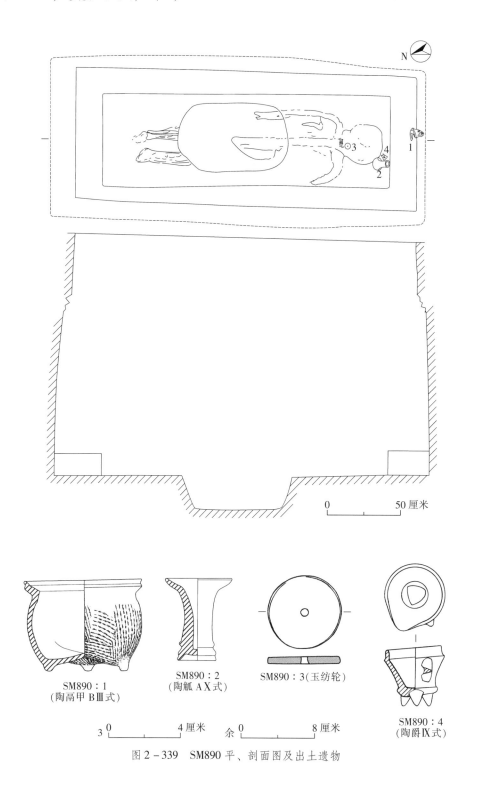

0　　　　　　　　50 厘米

SM890：1
（陶鬲甲BIII式）

SM890：2
（陶瓤AX式）

SM890：3（玉纺轮）

SM890：4
（陶爵IX式）

3　0　　　　　　　　4厘米　　余　0　　　　　　　　8厘米

图 2 - 339　SM890 平、剖面图及出土遗物

长方形竖穴土坑墓，口小底大。墓口距地表深 70 厘米，墓口长 232、宽 88～90 厘米，墓底长 255、宽 112 厘米，墓深 287 厘米。填土为杂乱花夯土。

二层台北部宽 35、其余三面宽为 25、高 17 厘米。

腰坑长 75、宽 45、深 23 厘米。

棺长 196、宽 60～62、高 15 厘米，底部有棺灰，上部清理时发现有彩绘，图案不清，由红、白、黑三色组成。

墓主直肢，头向南，骨架已朽。

陶鬲 1 件放于二层台上，陶觚、爵各 1 件放于棺内头前。墓主口内含有玉纺轮 1 件。

陶觚 1 件。

SM890:2，A 型 X 式。泥质灰陶。微残。器形矮小，敞口，短直腹，矮圈足略外撇，腹下部有凸棱一周。口径 7.5、圈足径 4.3、高 8.7 厘米。（图 2－339）

陶爵 1 件。

SM890:4，IX 式。泥质灰陶。完整。器形矮小，敞口，短流，小泥饼銎，腹内收，平底，小锥足，口沿外侧有浅凹槽一周。口径 6.5、高 6.4 厘米。（图 2－339）

陶鬲 1 件。

SM890:1，甲 B 型 III 式。夹砂红陶，修复。器形小，扁方体。斜折沿，方唇内敛并带浅凹槽，短颈，圆鼓腹，裆较矮，乳头状足尖。器表及裆部饰中粗绳纹，颈部经修整，足根部绳纹稍抹平。腹及裆部有烟炱。口径 13、高 9.8 厘米。（图 2－339）

玉纺轮 1 件。

SM890:3，完整。青白色，有白斑。扁平圆形，器形规整。双面桯钻小孔，两侧厚薄不均，两面抛光。直径 3.8、孔径 0.3～0.5、厚 0.3～0.4 厘米。（图 2－339；彩版二八六，2）

墓葬年代：殷墟四期晚段。

SM893

位于 ST2905 南部，一半在 ST2904 方内。开口于②层下，南部被近代坑打破，打破生土。方向为 193 度。（图 2－340；彩版二八七，1）

长方形竖穴土坑墓，口大底小。墓口距地表 70 厘米，墓口长 234、宽 82 厘米，墓底长 193、宽 82 厘米，墓深 230 厘米。仅东壁下部外扩，其余三壁皆为下部收缩，其中北壁距墓口 169 厘米处向内收，留下一个生土台，上部宽 16、高度为 61 厘米，向下倾斜至墓底。

填土为红花夯土，夯层厚 16～20、夯窝直径 6～8 厘米。

棺长 192、宽 54、高 23 厘米，墓底有红色板灰。

墓主骨架已朽，头向南，直肢。

墓主头前有陶鬲、觚、爵各 1 件，两腿间有凤螺 1 枚。

陶觚 1 件。

SM893:2，A 型 X 式。泥质灰陶。修复。器形矮小，敞口，短直腹，矮圈足，腹下部有凸棱一周。口径 7.4、圈足径 3.9、高 7.8 厘米。（图 2－340）

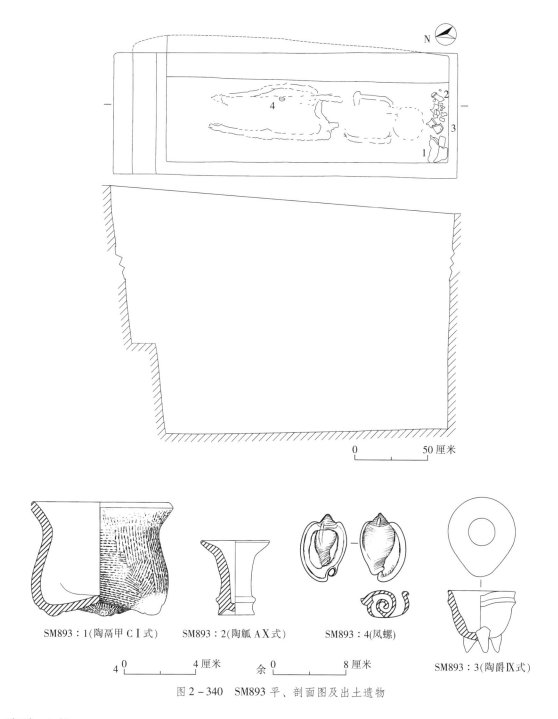

图 2-340　SM893 平、剖面图及出土遗物

SM893:1(陶鬲甲 C I 式)　　SM893:2(陶瓠 A X式)　　SM893:4(凤螺)

4 0 _____ 4厘米　　　余 0 _____ 8厘米

SM893:3(陶爵 IX式)

陶爵　1件。

SM893:3，IX式。泥质灰陶。修复。器形矮小，敞口，小流，无鋬，腹内收，底近平，小锥足，口沿外侧有浅凹槽一周。口径7.4、高6.5厘米。（图2-340）

陶鬲　1件。

SM893:1，甲 C 型 I 式。泥质灰陶。足残。敞口方唇，宽折沿，高颈，斜直腹，裆较矮，袋足下有实足，无足尖。通体饰细绳纹，足根部绳纹被抹掉。口径15.8、残高12.2厘米。（图2-340）

凤螺　1枚。

SM893：4，背部有一钻孔。通长3.6、宽2.5厘米。（图2－340）

墓葬年代： 殷墟四期晚段。

SM900

位于探方ST2112东南部。开口于①层下，直接打破了生土。方向为11度。（图2－341；彩版二八六，3；彩版二八七，2）

长方形竖穴土坑墓，四壁向外扩，呈口小底大状。墓口距地表90厘米，墓口长216、宽78厘米，墓底长238、宽90～100厘米，墓深235厘米。填土为黄花夯土，土质硬。

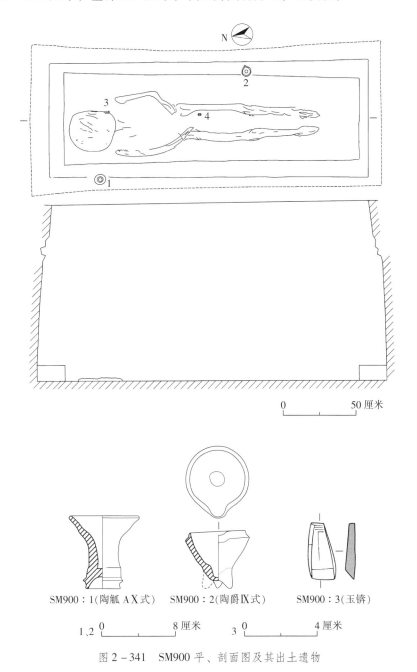

SM900：1(陶觚 AX式) SM900：2(陶爵Ⅸ式) SM900：3(玉锛)

图2－341 SM900平、剖面图及其出土遗物

墓底四周有宽15~23、高14厘米的熟土二层台。

葬具为一棺，木质，长方形。长200、宽55~63（北宽南窄）、残高14厘米；上髹有红漆。

墓主骨骼保存差，朽成粉状，从大体轮廓判断葬式为仰身直肢，两手抚于腹部，头北面东。

东西二层台上有陶爵和陶觚各1件。墓主口内含玉锛1件、贝13枚。右手内出1枚贝，腰部附近有贝2枚。

陶觚 1件。

SM900：1，A型X式。泥质灰陶。修复。器形矮小，敞口，短直腹，矮圈足，腹下部有凸棱一周。口径7.7、圈足径3.7、高7.7厘米。（图2-341）

陶爵 1件。

SM900：2，IX式。泥质灰陶。完整。器形矮小，敞口，小流，无鋬，腹内收，尖底，小锥足，口沿外侧有浅凹槽一周。口径6.9、高6厘米。（图2-341）

玉锛 1件。

SM900：3，完整。青色。近梯形，柄端较直，略薄，两侧略弧，单面斜刃，刃部较厚。长3、宽0.7~1.3、厚0.2~0.4厘米。（图2-341；彩版二八六，3）

贝 16枚，均为A型货贝。

墓葬年代： 殷墟四期晚段。

人骨鉴定：

女性。成年。

肢骨较纤弱。

SM901

位于ST2109西南部。开口于扰土层下，北部被晚期坑打破，只剩南半部。方向为5度或185度。（图2-342A、B）

长方形竖穴土坑墓，墓壁较直。墓口距地表50、残长190、宽101厘米，墓深72厘米。墓室填花夯土。（图2-342A）

中部有腰坑，长50、宽25、深15厘米，内有殉狗，头向南，骨已朽。

葬具为一棺，墓底有铺底板（图2-342A）。棺残长150、宽66厘米。上有髹漆。铺底板为纵向五块，南部已抵近墓室南壁。

棺室内发现有几块散乱的人骨。在东二层台上发现陶觚1件。西南二层台上发现有铜矛、铜戈各1件。

陶觚 1件。

SM901：2，A型XI式。泥质灰陶。完整。器形极矮小，敞口，腹上宽下窄，圈足极矮，素面。口径6.6、圈足径3.8、高6.1厘米。（图2-342B）

铜戈 1件。

SM901：3，乙Ba型III式。残。体长，质轻薄。曲内呈鸟首形，有歧冠；长条形援，残，中部有线状中脊，援末呈圭首形。残长24.7、援长14.4、援最宽6.6、内宽3.2、援中脊厚0.2、内厚0.1厘

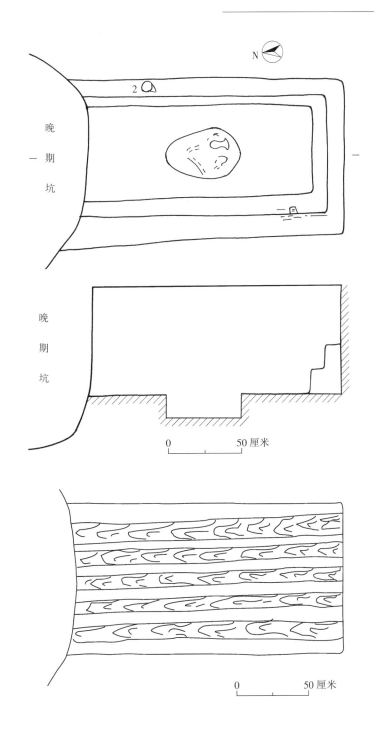

图2-342A　SM901平、剖面图及墓底铺板图

米。重0.084千克。（图2-342B）

铜矛　1件。

SM901：1，残损严重。叶残，可辨呈亚腰形，叶底有穿孔；骹截面呈扁圆形。（图2-342B）

墓葬年代：殷墟四期晚段。

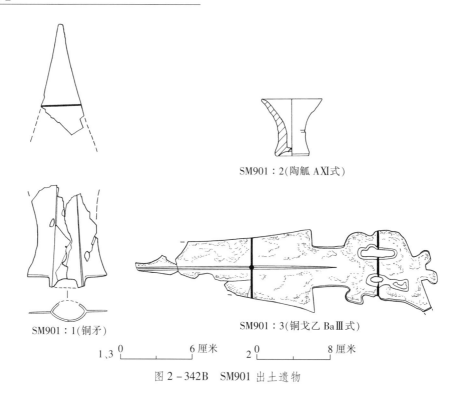

SM901：2（陶瓿 AⅪ式）

SM901：1（铜矛）

SM901：3（铜戈乙 BaⅢ式）

1,3 0 ____ 6厘米　　2 0 ____ 8厘米

图2－342B　SM901 出土遗物

SM908

位于 ST2905 东北部，少部分在隔梁下。开口于②层下，打破生土。方向为 204 度。（图 2－343A、B；彩版二八八，1；彩版二八九，1）

长方形竖穴土坑墓，西、南二壁下部内收，口大于底，东、北壁下部外扩。墓口距地表深 50 厘米，墓口长 195、宽 70 厘米，墓底长 198、宽 67 厘米，墓深 142 厘米。填土为红花夯土，夯层厚 16～18 厘米，夯窝直径 6～8 厘米。（图 2－343A）

西、南部二层台宽 6、东部宽 10、北壁宽 14 厘米，为红花夯土。

未发现腰坑。

棺长 178、南部宽 47、北部宽 52、高 24 厘米，底部见有木灰。

墓主仰身直肢，双手合并，放在腰部，头向南，面上，骨骼范围长 167 厘米，保存完好。

棺上放置有陶爵、瓿与鬲各 1 件。（图 2－343A）

陶瓿　1 件。

SM908：2，A 型Ⅸ式。泥质灰陶。修复。器形矮小，喇叭口，腹呈直筒形，小圈足，素面。口径 8、圈足径 5.4、高 11.1 厘米。（图 2－343B）

陶爵　1 件。

SM908：1，C 型。泥质灰陶。微残。通体瘦长，口径大于腹径，短流，无尾，半环形鋬，直腹内收，三足外撇，口沿外侧有浅凹槽一周。口径 6.6、高 9.5 厘米。（图 2－343B）

陶鬲　1 件。

SM908：3，甲 Ab 型Ⅲ式。夹砂灰陶，足残。斜沿，小方唇，短直颈，凸肩，裆较高。肩部饰压印纹一周，腹及袋足饰竖向、交叉粗绳纹。器表有烟炱。口径 15.2、高 13 厘米。（图 2－

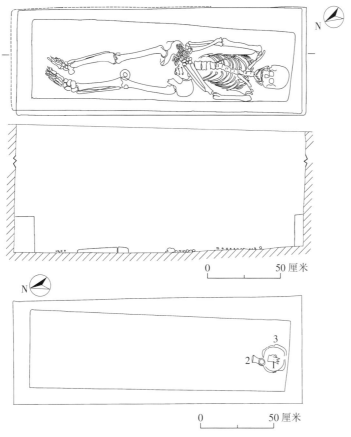

图2-343A SM908平、剖面图及棺盖板上器物图

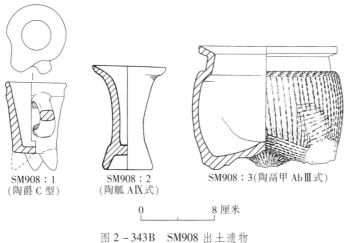

SM908 : 1
(陶爵C型)

SM908 : 2
(陶觚AIX式)

SM908 : 3(陶鬲甲AbⅢ式)

图2-343B SM908出土遗物

343B；彩版二八九，1）

墓葬时代：殷墟四期晚段。

人骨鉴定：

女性。40~45岁。

盆骨呈女性化，下颌骨肱骨粗壮，呈男性化，下肢骨纤弱。牙齿磨耗4级。

第一跖骨上跪踞面明显。

SM909

位于 ST2806 中部偏西。开口于③层下，东部被 H644（战国时期）打破，南部被一盗坑打破，该墓打破生土。方向为 196 度。（图 2－344A～D；彩版二八八，2；彩版二八九，2、3）

长方形竖穴墓，口小底大，墓壁上部较直。墓口距地表 60、北宽 100、南宽 95 厘米，墓口长 267 厘米，墓底长 260、宽 110 厘米，墓深 250 厘米。由口向下 110～120 厘米处四壁向外扩，呈圆弧状至墓底，高 125～130 厘米，南北两侧外扩 15 厘米，东西两侧外扩 20～25 厘米，填土为黄褐夯土，质硬。有稀疏夯窝，直径 6～8 厘米。（图 2－344A）

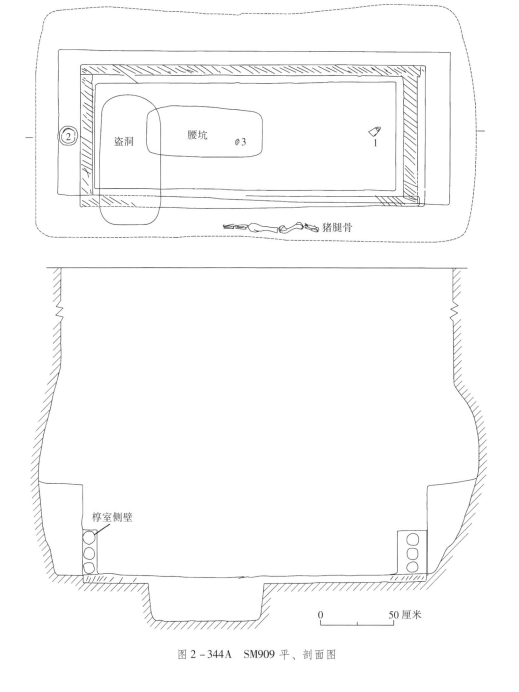

图 2－344A　SM909 平、剖面图

椁二层台为黄花夯土，东部宽 20 厘米，其余三面宽 30～32、高 60 厘米。在二层台东部放有一只猪腿，南部放有陶鬲 1 件。棺二层台东西两侧宽 11、北宽 10、南宽 20、高 29～30 厘米。

腰坑口部呈长方形，四周略圆。长 80、宽 34、深 25 厘米。内填灰褐淤土，殉一狗，头向北，后腿较高，在头部一侧出土一枚贝。（图 2－344B）

由于该墓被盗，椁的上部不清，在其北部二层台上发现少许布幔，图案已不清晰，见有红、白、黑色，在四周发现有 3 根圆木，圆木已朽，仅发现有白色木灰。圆木四周紧贴二层台，长宽与二层台内侧相同。圆木直径 8～10 厘米，上下叠压，与棺间距约 5 厘米。椁底平铺有 7 根圆木，呈南北向，总宽度 90 厘米。圆木南北长 235～240、直径 9～13、间距 3～5 厘米（图 2－344C）。棺长 210、宽 70、高 30 厘米。

尸骨无存，葬式不清。从腰坑殉狗头向判断，墓主头向可能朝南。

在中部盗坑中出有残陶瓠、陶爵及少量碎陶片。南二层台上有陶鬲 1 件，椁室北部有铜铃 1 件，腰坑有贝 1 枚。

陶瓠　1 件。

SM909：4，泥质灰陶。残。仅剩腹、足部残片一，短直腹，小圈足极矮。圈足径 2.9、残高 4.3 厘米。（图 2－344D）

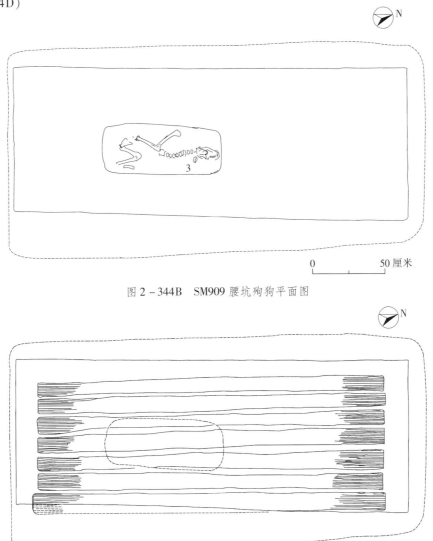

图 2－344B　SM909 腰坑殉狗平面图

图 2－344C　SM909 椁底板平面图

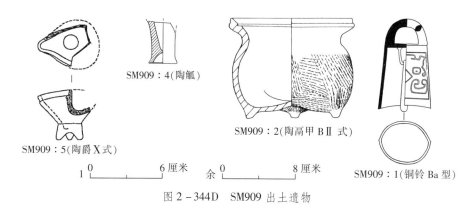

图 2-344D　SM909 出土遗物

陶爵　1 件。

SM909:5，X 式。泥质灰陶。残片。仅剩残片若干。敞口，小流，浅腹内收，尖底，小泥丁足。残高 5.2 厘米。（图 2-344D）

陶鬲　1 件。

SM909:2，甲 B 型 II 式。夹砂灰陶，修复。器形小，扁方体。斜折沿，沿面有凹弦纹一周，方唇内敛并带浅凹槽，颈较高，圆鼓腹，矮裆，乳头状小足尖。器表及裆部饰中粗绳纹，颈部经修整。口径 13.8、高 10.7 厘米。（图 2-344D；彩版二八九，2）

铜铃　1 件。

SM909:1，Ba 型。完整。体大，铃腔瘦长，铃腔截面呈椭圆形，平顶，上有半环形梁，口缘略内凹，棒槌状铃舌，略长于铃体。铃身两面饰梯形凸弦纹，内填阳线饕餮纹。通高 7.1、口缘径 3.2 × 3.9、厚 0.2 厘米。（图 2-344D；彩版二八九，3）

贝　1 枚（SM909:3）。B 型货贝。

墓葬年代：殷墟四期晚段。

SM919

位于 ST2112 西南部，与东侧 SM920 并排。开口于①层下，打破了 H664（殷墟四期早段）的西南边缘。其直接打破生土。方向为 10 度。（图 2-345）

长方形竖穴土坑墓，墓壁略外扩，口小底大。墓口长 210、东西宽 84 厘米。由于地表不平，墓底长 230、东西宽 95～105 厘米，墓深 230～245 厘米。填土为黄灰色花夯土，土质较坚硬。

墓底四周有一周高 28～30 厘米的熟土二层台。

葬具为一棺。已朽烂无存。根据二层台推断，棺长 198、宽 56～63 厘米。

墓主仰身直肢，头北面东，两手交叉搭于小腹部，下肢骨略向东侧弯曲。

在墓主头部东侧有贝 3 枚（SM919:1）。西侧二层台中段内有陶瓿 1 件。

陶瓿　1 件。

SM919:2，B 型 II 式。泥质灰陶。完整。器形矮小，喇叭口，腹上宽下窄，矮圈足外撇，素面。口径 7.7、圈足径 4.2、高 7.9 厘米。（图 2-345）

贝　3 枚，A 型。

墓葬年代：殷墟四期晚段。

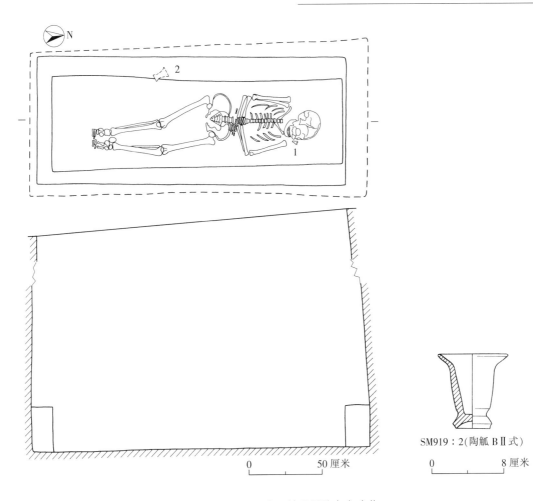

SM919：2(陶觚 BⅡ式)

图 2 – 345　SM919 平、剖面图及出土遗物

人骨鉴定：

女性。30 ~ 35 岁。

肢骨较为纤弱。牙齿磨耗 3 级。

股骨密度大。牙齿磨耗均匀。

第一跖骨上跪踞面明显。

轻度摇椅形下颌。

SM920

位于 ST2112 西南部，与西侧的 SM919 并排。开口于①层下，其打破了 H664（殷墟四期早段）的西南部，并打破生土。方向为 14 度。（图 2 – 346）

长方形竖穴土坑墓，墓壁外扩，口小底大，脚端（南侧）略宽。墓口长 226、东西宽 88 ~ 94 厘米，墓底长 265、东西宽 108 ~ 118 厘米，脚端（南侧）略宽，墓深约 132 厘米。

墓底有一周高 22 厘米的熟土二层台。二层台东侧宽 22 ~ 26、西侧宽 19、北侧宽 24、南侧宽 44 厘米，填土为黄灰色花土，经过夯打，质地较为坚硬。

葬具仅有一棺，呈长方形，根据二层台推测棺南北长 196、东西宽 66 厘米。

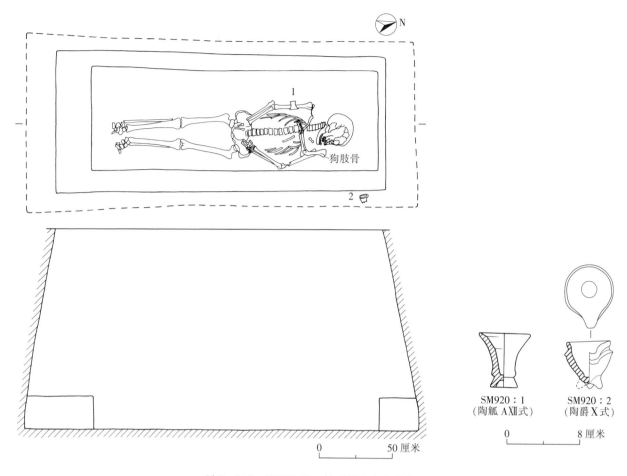

图 2 - 346　SM920 平、剖面图及出土遗物

墓主的骨架保存状况一般。墓主仰身直肢，头北面东，双手搭于骨盆上。

在墓主口中有 3 枚贝。在墓主的右上肢骨上有陶瓠 1 件，在左肩部也压有一狗的肢骨。这些原应位于棺上，后塌落至骨架上。此外在东北角二层台内埋有 1 件陶爵。

陶瓠　1 件。

SM920：1，A 型 XII 式。泥质灰陶。微残。器形极矮小，小敞口，腹上宽下窄，矮圈足，素面。口径 5.6、圈足径 2.9、高 5.8 厘米。（图 2 - 346）

陶爵　1 件。

SM920：2，X 式。泥质灰陶。完整。极矮小，侈口，短流，浅腹内收，尖底，小锥足，口沿外侧有浅凹槽一周。口径 5.3、高 5 厘米。（图 2 - 346）

贝　3 枚，A 型货贝。

墓葬年代：殷墟四期晚段。

人骨鉴定：

男性。50～60 岁。

盆骨肢骨性征明显，牙齿磨耗 5 级。肢骨粗壮，但骨密度较小。

第一跖骨上跪踞面明显。髌骨骨刺严重。

SM921

位于 ST2113 东南部。开口于①层下，其打破了 H664（殷墟四期早段）的东北部，并直接打破生土。方向为 20 度。（图 2 - 347）

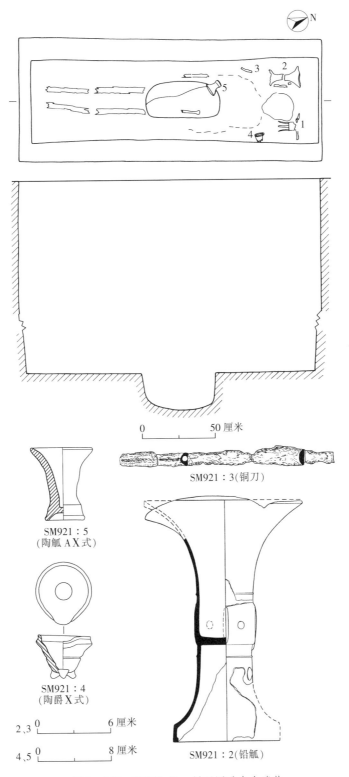

SM921：3(铜刀)

SM921：5
(陶觚 A Ⅹ 式)

SM921：4
(陶爵 Ⅹ 式)

2、3 ⊢0————6厘米⊣

4、5 ⊢0————8厘米⊣

SM921：2(铅觚)

图 2 - 347 SM921 平、剖面图及出土遗物

长方形竖穴土坑墓，墓壁内收，口大底小。墓口长 206、东西宽 80 厘米，墓底长 196、东西宽 56 厘米，墓深约 185 厘米。填土为黄灰色花土，经过夯打，质地较为坚硬。

墓底四周未筑二层台。

墓底中部有一长 50、宽 23、深 25 厘米的腰坑。腰坑底呈锅底状。内空无物。

未见有葬具痕迹。

墓主的骨架保存状况较差，已朽成骨渣。根据残存迹象判断墓主葬式为直肢，头向北。年龄、性别难以判定。

在墓主头部左侧（东侧）放置铅爵 1 件；右侧（西侧）放置铅觚和铜刀各 1 件，两者均残；在墓主的左肩部（东侧）上有陶爵 1 件，右侧腰部出有陶觚 1 件。

陶觚 1 件。

SM921：5，A 型 X 式。完整。口径 6.8、圈足径 4.4、高 7.5 厘米。（图 2 - 347）

陶爵 1 件。

SM921：4，X 式。完整。口沿外侧有浅凹槽一周，腹下部有凹弦纹一周。口径 6.1、高 4.6 厘米。（图 2 - 347）

铜刀 1 件。

SM921：3，残损严重，不辨型式。残长 17.5 厘米。（图 2 - 347）

铅爵 1 件。

SM921：1，残碎，已无法修复。

铅觚 1 件。

SM921：2，残。形似 C 型铜觚，残损严重。大喇叭口扭曲变形，柄较细，腹略鼓，圈足较矮，底部下折。腹部饰两条浅扉棱，有乳丁二枚，腹下部饰一道凸弦纹，体两侧有铸缝。残口径 12.5、口柄残高 9、腹足残高 11.7 厘米。（图 2 - 347）

墓葬年代：殷墟四期晚段。

SM924

位于 ST3111 的西北角，开口于②层下，打破西侧的 F100。方向为 204 度。（图 2 - 348A、B；彩版二八九，4~6；彩版二九〇）

长方形竖穴土坑墓，墓壁外扩，口小底大。墓口距地表 50 厘米，墓口长 226、东西宽 84~86 厘米，墓底长 264、东西宽 104~120 厘米，墓深约 280 厘米。填土为黄褐色花夯土，土质较硬。在西二层台下，紧贴墓壁的西边放置着一只绵羊左前腿。在墓主腿骨也压有一些兽骨。（图 2 - 348A）

墓底四周有一高约 15、宽 17~32 厘米的熟土二层台。

墓底中部有一长方形腰坑，腰坑南北长 71、宽 35、深 30 厘米。坑壁竖直，底部平。内有一只殉狗。殉狗头向北，背朝东，前肢缚于背后，后肢屈于体后。

葬具为一棺。根据二层台的迹象判断，棺南北长约 213、东西宽 62~67、高 15 厘米。

墓主的骨架保存状况较差，头骨破碎，上身骨骼无存，下肢保存较好。墓主俯身直肢，头南面下，双手似交于腹部。墓主的年龄约 40 岁，性别不详。

在西二层台中部有陶爵1件，东二层台南侧有陶瓤1件。墓主口中含贝9枚。在南二层台下压有3件铜矛和3件铜戈。西南角二层台下压有陶鬲1件。

陶瓤 1件。

SM924：1，A型Ⅹ式。泥质灰陶。修复。器形矮小，敞口，短直腹，矮圈足略外撇，腹下部有凸棱一周。口径7.8、圈足径4.2、高8.6厘米。（图2－348B）

陶爵 1件。

SM924：2，Ⅸ式。泥质灰陶。残。器形矮小，侈口，小泥条鋬，腹内收，尖底，小锥足，口沿外侧有浅凹槽一周。口径6.5、高6.7厘米。（图2－348B）

图2－348A SM924平、剖面图

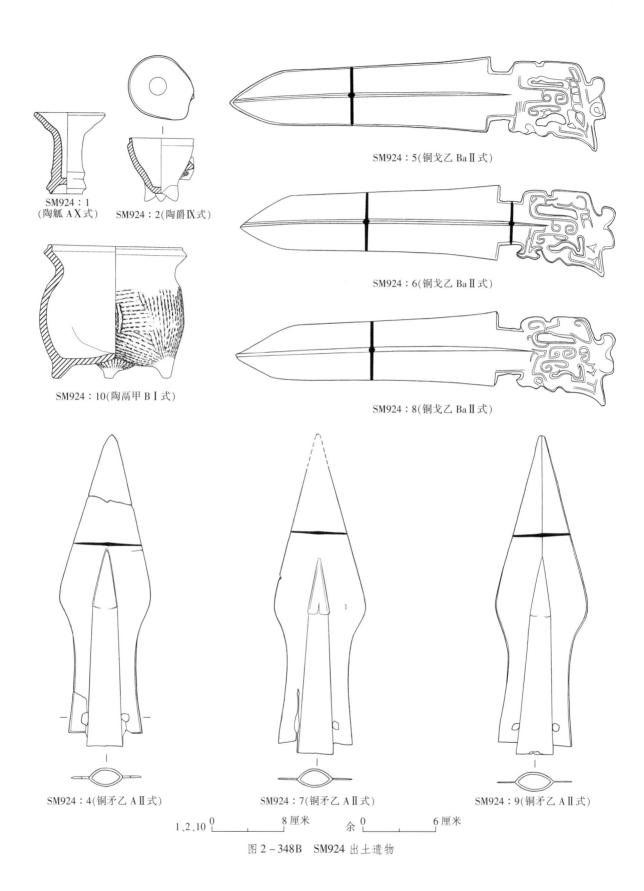

SM924：1
(陶觚 A X 式)

SM924：2(陶爵Ⅸ式)

SM924：5(铜戈乙 BaⅡ式)

SM924：6(铜戈乙 BaⅡ式)

SM924：10(陶鬲甲 B I 式)

SM924：8(铜戈乙 BaⅡ式)

SM924：4(铜矛乙 AⅡ式)

SM924：7(铜矛乙 AⅡ式)

SM924：9(铜矛乙 AⅡ式)

1、2、10 0   8厘米   余 0   6厘米

图 2－348B　SM924 出土遗物

陶鬲 1件。

SM924：10，甲B型I式。夹砂灰陶，修复。体高，近方体。斜折沿，方唇内敛并带浅凹槽，高颈，圆鼓腹，高裆，乳头状高足尖。器表及裆部饰中粗绳纹，颈部经修整，足跟部绳纹稍抹平。裆部有烟炱。口径15.6、高14.1厘米。（图2-348B）

铜戈 3件。

形制相似，保存完整，乙类Ba型II式。体长，较轻薄。曲内呈鸟首形，有歧冠，上饰阳线纹；长条形援，中部有线状中脊隆起，援末呈圭首形。

SM924：5，通长30.5、援长21、援最宽5.7、内宽3.9、援中脊厚0.4、内厚0.2厘米。重0.198千克。（图2-348B；彩版二九〇，1）

SM924：6，通长30.5、援长21、援最宽5.7、内宽3.9、援中脊厚0.4、内厚0.2厘米。重0.168千克。（图2-348B；彩版二九〇，3）

SM924：8，通长30.5、援长21、援最宽5.7、内宽3.9、援中脊厚0.4、内厚0.2厘米。重0.162千克。（图2-348B；彩版二九〇，2）

铜矛 共3件。

形制相似，乙A型II式。体轻薄。叶呈亚腰形，较宽，叶底两侧有穿孔；骹截面呈扁圆形。叶中部有三角形纹，略下凹。

SM924：4，修复。残长24.8、叶长23.8、叶最宽7.5、叶厚0.1、銎腔径1.1×2.5厘米。重0.158千克。（图2-348B；彩版二八九，4）

SM924：9，完整。通长25.2、叶长24.5、叶最宽7.5、叶厚0.1、銎腔径1.2×2.4厘米。重0.189千克。（图2-348B；彩版二八九，5）

SM924：7，残。残长22.8、叶长24.8、叶最宽7.5、叶厚0.1、銎腔径1.1×2.4厘米。重0.172千克。（图2-348B；彩版二八九，6）

贝 9枚，均为A型。

墓葬年代：殷墟四期晚段。

SM925

位于ST3111的东北角。开口于①层下，打破F103和F107。墓葬南端为一盗洞破坏，盗洞顺墓圹而下，破坏至墓底。方向为23度。（图2-349）

长方形竖穴土坑墓，墓壁竖直，墓壁粗糙不平整，口底同大。墓口北侧较宽，距地表约50厘米，墓口残长250、东西宽102～114厘米，墓深约180厘米，填土为红褐色花夯土，土质坚硬，夯层夯窝不明显。

墓底四周有高约10厘米的熟土二层台。二层台北端宽30、东侧宽9～16、西侧宽7～11厘米，南端被毁。

在墓底中部有长方形腰坑。腰坑南北长87、东西宽25、深约25厘米。坑壁竖直，平底，内空无物。

葬具为一棺，残存有板灰和黑白漆皮。根据二层台范围，棺南北残长190、宽86、高10厘米。

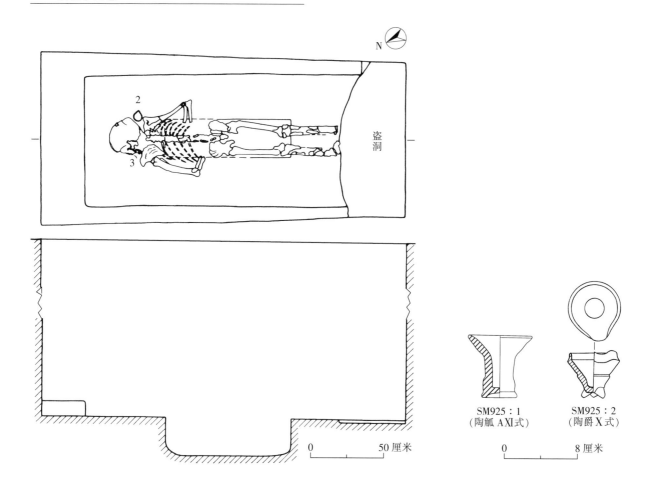

图 2 - 349　SM925 平、剖面图及出土遗物

墓主的骨架保存状况极差，头骨朽为骨粉，呈扁平状，其他骨骼亦朽为骨粉，只显其大致形状。墓主俯身直肢，头北面西，双手弯曲压于身下，双腿平行伸直，脚部已然被扰。墓主为女性，年龄 35～40 岁，骨骼范围长度约 155 厘米。

在墓主头东侧有陶爵 1 件，原应在棺盖上。盗洞中出陶觚 1 件。墓主口中有贝 6 枚（SM925：3）。

陶觚　1 件。

SM925：1，A 型Ⅺ式。泥质灰陶。修复。器形极矮小，敞口，短腹，下腹部略外鼓，圈足极矮，素面。口径 7、圈足径 3.8、高 6.5 厘米。（图 2 - 349）

陶爵　1 件。

SM925：2，Ⅹ式。泥质灰陶。残。极矮小，侈口，小流，浅腹内收，尖底，小锥足，口沿外侧有浅凹槽一周，腹下部有凹弦纹一周。口径 5.6、高 5 厘米。（图 2 - 349）

贝　6 枚。

A 型货贝。1 枚残损严重。

墓葬年代：殷墟四期晚段。

SM928

位于 ST3009 的北中部。开口于①层下，打破东侧的 SM929（殷墟三期）。方向为 18 度。（图 2 - 350）

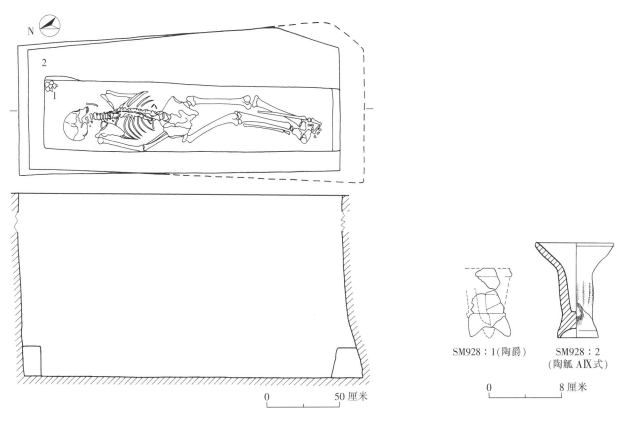

图 2 - 350 SM928 平、剖面图及出土遗物

长方形竖穴土坑墓，墓壁略外扩，口小底大，墓壁较粗糙，不甚平整。该墓与 SM929 北端相连，与 SM929 间距约 20 厘米，自东南角向北约 30 厘米两墓间的生土隔梁坍塌，两墓的夯土连在一起。墓口距地表约 30 厘米，墓口长 220、北端宽 86、南端宽 82 厘米。因坍塌，SM928 南部最宽处约 95 厘米。墓底长 230、宽 79 ~ 105，南端较宽。墓深约 215 厘米。填土为黄褐色花夯土，土质较硬，夯层夯窝不明显。

墓底四周有一高约 20 厘米的熟土二层台。二层台北端宽 13、南端宽 14、东侧宽 20 ~ 24、西侧宽 13 ~ 20 厘米。

墓底未见腰坑。

葬具为一棺，发现有少量板灰。根据二层台的范围推断，棺长 197、宽 42 ~ 45 厘米。

墓主的骨架保存较好，下颌骨错位，原因不明。墓主头北面东，俯身微东侧，腿微向东屈，右臂压于身下，左臂稍向西屈，手压在骨盆下，两脚并拢，脚尖向前偏东。骨骼范围长度 170 厘米。

在棺室东北角发现 1 件陶爵残片。在东北角二层台下压有 1 件碎的陶觚。

陶觚 1 件。

SM928：2，A 型 IX 式。泥质灰陶。修复。器形矮小，喇叭口，腹呈直筒形，矮圈足，素面。口径 8.7、圈足径 4.4、高 10.1 厘米。（图 2 - 350）

陶爵 1 件。

SM928：1，泥质灰陶。残片。仅剩口、足部残片，无法修复。（图 2 - 350）

墓葬年代：殷墟四期晚段。

人骨鉴定:

人骨保存情况相对较好。头骨除左侧颞骨岩部、双侧颧骨及部分蝶骨破损外,大部保存完好。25颗牙齿保存。双侧锁骨残段及双侧肩胛骨保存。脊柱除枢椎、第6、7颈椎及第1~3胸椎未保存、骶椎残破外,其余椎骨均完好。肋骨均断裂。双侧髋骨残破,坐骨、耻骨未保存。上、下肢骨均断裂,无法测量。手部骨骼未保存,但个别足部骨骼采集,可供观察。

墓主骨架整体粗壮,肌肉附着痕迹明显。颅骨整体厚重,肌线和肌脊明显,额骨后倾,眉弓凸显,眶上缘圆钝,乳突上嵴稍显,枕外隆凸稍大,上项线粗大。下颌骨髁突粗大,下颌角区外翻稍显,颏部较方。髂骨翼较厚,耳前沟不明显。综合以上形态特征推断,该个体可能为男性。骨骺完全愈合;耳状面形态5级(Lovejoy分级系统);第一、二白齿磨耗程度4~5级(吴汝康分级系统)。据以上推断,该个体应为中年个体,年龄40~45岁。仅据四肢长骨保存状况目前无法进行身高估算。

墓主双侧额骨眶板及顶骨矢状缝后段区域多孔型骨肥大呈愈合状态。双侧枕骨髁边缘骨赘生成。双侧上颌第三白齿先天缺失。上颌前部牙齿及下颌犬齿唇侧面均可见多条线型釉质发育不全现象。右侧上颌第一白齿齿槽颊侧面可见由根尖脓疡造成的瘘孔,同时瘘道向上颌窦内贯通,右侧上颌窦内壁网织状新骨形成。轻度牙结石。多颗牙齿咬合面可见轻微的釉质剥脱现象。双侧锁骨远中端呈边缘硬化型骨质疏松珊瑚样小孔。双侧肩胛骨关节盂边缘骨赘生成,右侧较左侧显著;双侧肩胛骨肩峰表面可见骨质疏松小孔。右侧肱骨头表面可见针尖样疏松小孔。双侧尺骨鹰嘴关节面中可见粗糙的新骨形成。双侧股骨头均残破,左侧保存的小半部分关节面上可见针尖样疏松小孔;右侧保存的部分关节面上可见边缘硬化型骨质疏松,同时伴有骨质象牙化及骨赘生成。左侧髂骨翼后侧面骨表面有网织状及边缘硬化型珊瑚样的新骨形成。左侧髋臼窝关节面大于2/3的区域呈骨质象牙化,并伴有珊瑚样骨质疏松;右侧髋臼窝关节面边缘骨赘生成,关节表面粗糙。左侧股骨大转子正常形态被侵蚀,骨表面呈边缘硬化型疏松小孔,大转子周围及上段骨干表面遍布网织状新骨。双侧股骨远端外侧髁关节面上均可见珊瑚样骨质疏松的小孔。双侧胫骨前内侧面均可见网织状及板层状新骨形成。右侧腓骨近端关节面边缘骨赘生成。左侧跟骨和距骨相接的关节面上均可见边缘硬化型骨质疏松,右侧相同关节面可见针尖样疏松小孔。右侧第一距骨远端关节面边缘新骨形成。一段左侧肋骨残段显示骨折愈合痕迹,但无法判断具体位置。枢椎齿突下缘可见轻微的骨质增生。第3、4、5颈椎上下关节突关节面严重骨质疏松,并伴有骨质象牙化现象。胸椎多个椎体上下表面可见许莫氏结节(Schmorl's nodes),上下关节突关节面边缘骨赘生成明显。同样病变在腰椎也可观察到,同时第4和第5腰椎椎体压缩性骨折。

SM931

位于ST3008的西北角,北部进入ST3009。开口于①层下,直接打破生土。方向为20度。(图2-351A、B;彩版二九〇,7)

长方形竖穴土坑墓,坑壁竖直,口底同大。墓口距地表约40厘米,墓口长240、东西宽94~100厘米,墓深约270厘米。填为黄褐色花夯土,土质较硬,夯层夯窝不明显。(图2-351A)

墓底四周有高约30厘米的熟土二层台。二层台北端宽25、南端宽30、东侧宽19、西侧宽23~26厘米。

在墓底中部有椭圆形腰坑。腰坑南北长60、东西宽30、深18厘米。腰坑呈斜壁,口大底小。坑底较平。腰坑内殉有一狗，保存较差，头北面西，前腿似缚于脊背。

葬具为一棺，发现有板灰。根据二层台的范围，棺长185、宽52~54、残高30厘米。

墓主的骨架保存状况极差，头骨朽为骨粉，肋骨朽无。墓主俯身直肢，头北面下，双臂弯曲，手压于腹下。双膝微东屈，双脚并拢，趾尖偏东。骨骼范围长度170厘米。

在东侧二层台中部上放置陶爵、陶觚各1件。墓主口中有贝4枚。

陶觚 1件。

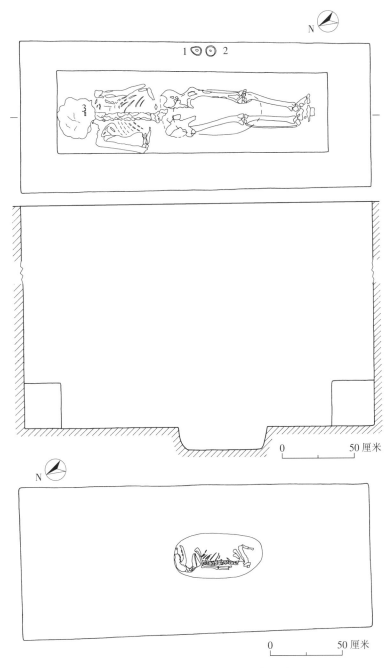

图2-351A SM931平、剖面图及腰坑殉狗平面图

SM931:2，A 型 XII 式。泥质灰陶。完整。器形极矮小，小敞口，短腹，圈足极矮，素面。口径 6.3、圈足径 3.6、高 5.2 厘米。（图 2 -351B）

陶爵 1 件。

SM931:1，X 式。泥质灰陶。完整。极矮小，敞口，小流，浅腹内收，尖底，小泥丁足，口沿外侧有浅凹槽一周。口径 5.7、高 4.2 厘米。（图 2 -351B；彩版二八九，7）

贝 4 枚，均为 A 型货贝。

墓葬年代： 殷墟四期晚段。

人骨鉴定：

性别不明。25 ~ 30 岁。

骨密度大。M3 刚萌出未磨耗。

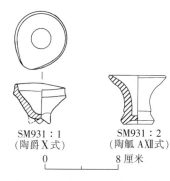

图 2 -351B　SM931 出土遗物

SM934

位于 ST3007 东北部，北侧少部在 ST3008 内。开口于②层扰土下，打破了 F110（殷墟一期晚段）。方向为 195 度。（图 2 -352）

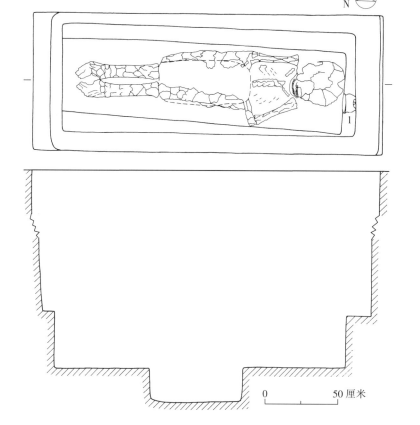

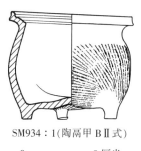

SM934:1(陶鬲甲 B II 式)

图 2 -352　SM934 平、剖面图及出土遗物

长方形竖穴土坑墓，墓壁斜内倾，不平整。墓口距地表约50厘米，墓口长240、东西宽90厘米，墓深约288厘米，填土为黄褐色花夯土，土质较硬，夯层较明显。

在墓底四周有高36、宽8~17厘米的生土二层台。

在墓底中部有一圆角长方形腰坑，坑壁较直，底部平，坑内未发现殉兽。腰坑南北长64、东西宽30、深约23厘米。

葬具应为一棺一椁，已朽成灰烬，具体形制不明。椁南北长201、宽70厘米。棺南北长约189、宽47~53厘米。

墓主的骨架保存较差，基本已朽成粉末。墓主的性别年龄不详。墓主仰身直肢，头南面上。

在棺椁之间，墓主头上部左侧放置1件陶鬲。

陶鬲　1件。

SM934:1，甲B型Ⅱ式。夹砂灰陶，修复。器形小，近方体。斜折沿，沿面有凹弦纹两周，方唇内敛并带浅凹槽，颈较短，圆鼓腹，裆较矮，足尖较平。器表及裆部饰细绳纹，颈部经修整，足根部绳纹被抹掉。口径13.6、高11.5厘米。（图2-352）

墓葬年代：殷墟四期晚段。

SM961

位于ST3107的北隔梁中部。开口于②层下，被SM942墓道打破，打破生土。方向为290度。（图2-353）

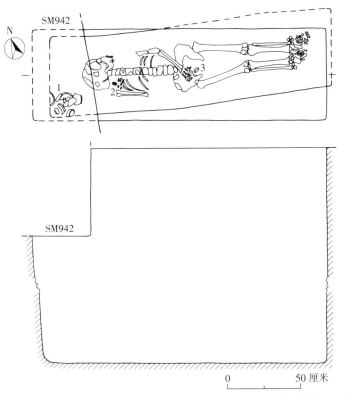

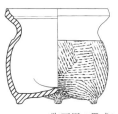

SM961:1（陶鬲甲BⅢ式）

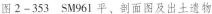

图2-353　SM961平、剖面图及出土遗物

长方形竖穴土坑，墓坑壁较粗糙，略收，口大底小，墓底略向北侧斜。墓口距地表约50、东西长200、南北宽60厘米，墓底长192、宽52厘米，墓深约230厘米。填土为五花夯土，土质较硬。

没有二层台与腰坑。

未见有葬具痕迹。

墓主的骨架保存状况一般。墓主仰身直肢，头西面北，右手置于胸部，左手放于小腹部。

在墓主头前右侧放置着陶鬲1件。在墓主头部有贝1枚。在骨盆处有贝1枚（SM961:3）。

陶鬲 1件。

SM961:1，甲B型Ⅲ式。夹砂灰陶，修复。器形小，近方体。斜折沿，方唇，颈较高，圆鼓腹，矮裆，乳头状小足尖。器表及裆部饰中粗绳纹，颈部经修整。口径11.6、高10厘米。（图2－353）

贝 2枚。A型货贝。

墓葬年代：殷墟四期晚段。

人骨鉴定：

男性? 30±岁。

肢骨粗壮。M3萌出，略磨耗。

SM962

位于ST3107的北侧中部。开口于②层下，打破H698（殷墟四期）。方向为290度。（图2－354）

长方形竖穴土坑墓，墓壁略向北斜。墓口距地表约50、东西长220、南北宽82厘米，墓底东西长213、东西宽70~84厘米，西侧较窄，墓深约280厘米。填土为黄褐色花夯土，土质较硬。

墓底四周有一高约28、宽11~21厘米的生土二层台。

墓底无腰坑。

葬具为一棺。根据二层台的迹象判断，棺东西长约188、宽42、残高28厘米。

墓主的骨架保存状况极差，骨架已然无存，仅存有少量骨渣。墓主的年龄、性别以及葬式等不详，仅能判断其头朝西。

在墓主头南侧有陶鬲1件。墓主口内有贝（SM962:3）和残石器。脚部有卵黄货贝。

陶鬲 1件。

SM962:1，甲Ab型Ⅲ式。夹砂灰陶，完整。扁方体。折沿上翘，方唇内敛并带浅凹槽，短颈，微鼓腹，矮裆，乳头状足尖。器表及裆部饰粗绳纹，颈部经修整。口径15.5、高12.5厘米。（图2－354）

残石器 1件。

SM962:4，残。淡青色。三棱形，断面有切割痕迹。通长2.1、宽1.6、高0.8厘米。（图2－354）

卵黄货贝 4枚。

SM962:2-1~2-4。（图2－354）

贝 4枚。A型货贝。

墓葬年代：殷墟四期晚段。

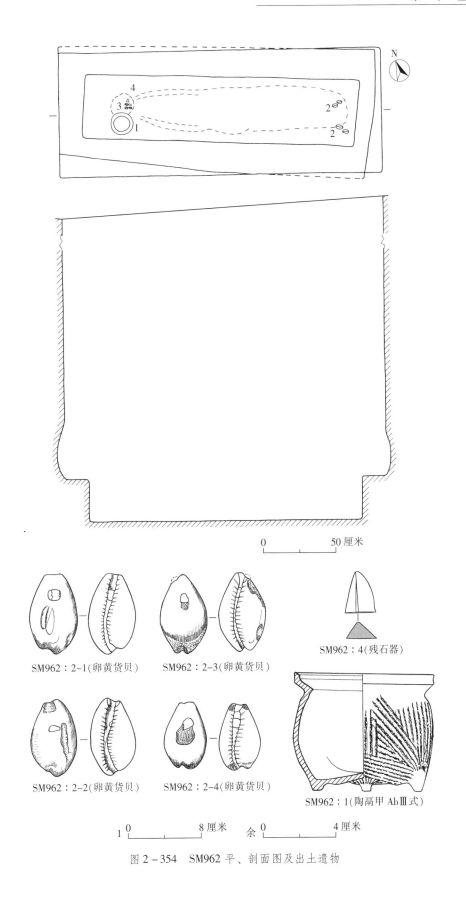

SM962：2-1(卵黄货贝)

SM962：2-2(卵黄货贝)

SM962：2-3(卵黄货贝)

SM962：2-4(卵黄货贝)

SM962：4(残石器)

SM962：1(陶鬲甲 AbⅢ式)

图 2－354　SM962 平、剖面图及出土遗物

NM140

位于 NT1822 偏西的南壁下。开口于第③层下，打破生土，并被 H57（殷墟四期）打破。方向为 15 度。（图 2-355；彩版二九一，1、3）

长方形竖穴土坑墓，墓壁及底较规整，但未见工具加工之痕迹。墓口长 205、宽 70 厘米，墓深 108 厘米，填土为灰褐色，较纯，土质稍硬。

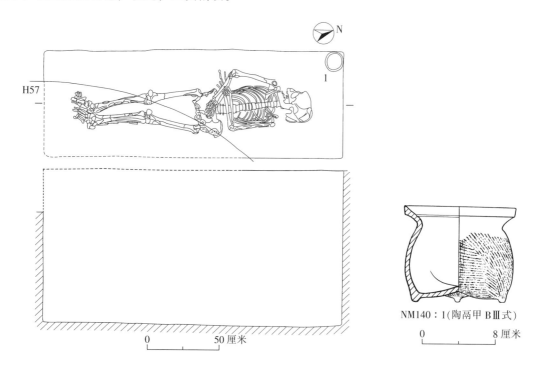

图 2-355 NM140 平、剖面图及出土遗物

墓底未筑二层台与腰坑。

墓主仰身直肢，一次葬，头北面西，右手抚于腹下，左手压在右臂尺桡骨中部，双膝双脚并拢，脚尖略偏右。保存现状较差。人骨架上个别地方发现有苇席朽痕，但不很清楚。

墓主头部右上角置 1 件陶鬲，口中含 3 枚贝，左、右手各握 1 枚贝。

陶鬲 1 件。

NM140:1，甲 B 型Ⅲ式。修复。器表及裆部饰细绳纹，颈部经修整。口径 12.3、高 10.1 厘米。（图 2-355；彩版二九一，3）

贝 5 枚，A 型货贝。

墓葬年代： 殷墟四期晚段。

人骨鉴定：

人骨保存情况较差。仅部分头骨残片，16 颗牙齿，双侧髋骨，少量肢骨残段，零星手部骨骼及完整的足部骨骼保存可供观察。

墓主骨架整体纤细，颅骨壁较薄，眶上缘薄锐，枕骨髁较小，髋骨较小，上述性别特征均提示墓主可能为女性个体，但据以上信息并不足以推断性别，仅供参考。骨骺完全愈合，矢状缝完全愈合，第一、二臼齿磨耗程度5级（吴汝康分级系统）。据以上推断，该个体应为中年个体。仅据四肢长骨保存状况目前无法进行身高估算。

墓主额骨右侧眶板多孔型骨肥大呈愈合状态。左侧上颌犬齿咬合面龋齿，病变侵蚀整个齿冠。该犬齿及其相邻的第一、二前臼齿处的齿槽颊侧面可见由根尖脓疡造成的瘘道，齿槽骨吸收，齿根完全暴露。右侧上颌犬齿唇侧面可见多条线型釉质发育不全。下颌骨仅保留右侧下颌支残段，因此下颌骨的病理情况无从可知。双侧髌骨前面均有显著的骨刺生成；双侧近中关节面上均可见珊瑚样边缘硬化型骨质疏松小孔。双侧距骨跟骨关节面边缘均有骨赘生成。双侧距骨远端关节面背缘骨赘生成，双侧第一肢骨由上述病变形成的假关节面上可见疏松的小孔，右侧均较左侧显著。

NM152

位于 NT2030 的中部偏南处。开口于③层下，打破生土。方向为12度。（图2－356A、B；彩版二九一，2）

长方形竖穴土坑墓，口小底大。墓口距地表65厘米，墓口长214、宽87～91厘米，墓底长234、宽96厘米，墓深145厘米。填土为灰褐色花夯土。（图2－356A）

墓底有熟土二层台。残有高度约5厘米。

在墓底的中央有长45、宽27、深13厘米的长方形腰坑，坑内无物。

葬具为木棺，长194、宽59～62厘米，高度不详。

另外，在墓底东侧有4个、西侧有3个桩孔，直径2～3、深2～4厘米。（图2－356B）

编号	位置	形状	直径（厘米）	深度（厘米）
1	东北角	圆形	2.5	2
2	东部偏北	圆形	3	2.5
3	东部正中	圆形	3	3
4	东南部	圆形	3	3
5	西北部	圆形	2	3.5
6	西南部	圆形	2	4
7	西南角	圆形	3	2.5

墓主骨骼已朽成粉末状。

墓主脚部的东侧二层台上有陶瓿1件。

陶瓿 1件。

NM152：1，A型Ⅺ式。泥质灰陶。修复。器形极矮小，敞口，短直腹，矮圈足，素面。口径6.7、圈足径3.6、高6.4厘米。（图2－356A）

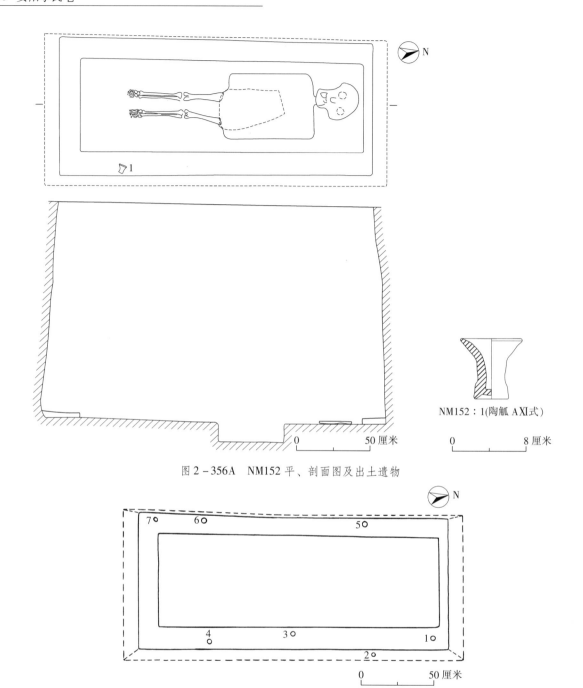

图 2 – 356A　NM152 平、剖面图及出土遗物

NM152：1(陶瓞 AXI式)

图 2 – 356B　NM152 墓底桩孔图

墓葬年代：殷墟四期晚段。

人骨鉴定：

骨质极差，头骨呈粉末状，上肢骨腐朽殆尽，下肢呈粉末状。

性别不明。30～40 岁。

一枚残存牙齿磨耗为 3 级。

NM154

位于 NT1828 的东南角。开口于②层下，打破东北角的 H65。方向为 1 度。（图 2 – 357A～C；彩版

二九二～二九五）

长方形竖穴土坑墓，墓壁竖直，墓口距地表55～60厘米，墓口长290、宽150厘米，墓底长290、宽150～155厘米，深约490厘米（图2-357A）。填土为黄褐色花夯土，质地较硬，内夹杂有较多商代陶片，包括鬲、簋等。距墓口400～410厘米的填土西北侧有一殉狗。殉狗头向北侧卧，前肢被缚于背部，后肢屈于腹下（图2-357B）。在北端墓壁上发现有宽9厘米的圆头单刃的工具痕。

墓底四周有一周高70、宽15～25厘米的熟土二层台。

在墓底中部有一长95、宽50～53厘米的长方形腰坑。腰坑壁弧收，平底，深26厘米。腰坑内殉有一条狗。狗头向南面东，四肢屈于腹下。

葬具为一棺一椁。椁南北长250、宽108厘米，高70厘米。在西侧上发现有板灰，为椁盖板搭在二层台上的残留。椁盖板约为15块横向木板。从塌入棺中的椁盖板分析，每块椁盖板宽14厘米。椁板外侧为素面，内侧髹有红漆。椁下棺上铺有人字纹苇席。在北侧席上放置器物。棺南北长210、宽68厘米，高度不详。棺椁间距为18～20厘米。棺上髹漆，里层为红漆，最外层为黑漆。

墓主性别不详，年龄40岁左右，骨骼范围长度155厘米左右。墓主骨架已经朽成粉状。从残迹判断墓主葬式为仰身直肢，头北面上。

棺上铺有一层苇席，苇席上放置器物。器物主要集中在棺上的北侧，后由于棺板朽塌而进入棺中。在墓主头骨附近的铜尊、铜卣、铜觚、铜爵、铜鼎、铜斝等正是由于这一原因而进入棺中的。其中铜尊位于头骨西侧，头骨北侧自西向东分别为铜斝、铜鼎、铜爵、铜觚和铜卣。这些器物的口部均向北。在铜卣下压着一件铅器。陶爵位于腰坑南侧，墓主小腿骨上部发现的陶觚也是原位于棺上，后塌入棺中的。墓主口中含有贝1枚，已朽，仅存有少量残迹，此外还有2件石质坠饰，其一为不规则五边形石饰，另一为石鱼，可能为玲。在墓主上肢中部置一穿孔玉刀。此外在填土中出土有2件铜镞。

陶觚 1件。

NM154：8，A型XII式。腹下部有凸棱一周。口径6.4、圈足径3.4、高5.4厘米。（图2-357C）

陶爵 1件。

NM154：7，X式。口沿外侧有浅凹槽一周。口径5.3、高3.9厘米。（图2-357C）

铜鼎 1件。

NM154：5，B型II式。残。足内范土尚存。通体素面，制作简陋。通高16.8、口径14.6、腹径12.8、耳高2.8、耳根宽3.3、耳厚0.9、足高7.5、柱足径2、腹壁厚0.2厘米。重0.823千克。（图2-357C；彩版二九四，1）

铜卣 1件。

NM154：2，B型。微残。通高20.6、器身高14.3、圈足高2.9、口径6.4～10.2、腹最大径14.3、圈足径9.2～12.1、腹壁厚0.2厘米。重1.148千克。（图2-357C；彩版二九四，2）

铜斝 1件。

NM154：6，微残。通高20.8、耳高3、耳根宽3.4、耳厚0.8、口径13.2、壁厚0.1厘米。重0.909千克。（图2-357C；彩版二九四，3）

铜尊 1件。

NM154：1，残。通高21、口径15.4～16.5、圈足径11.1、口沿厚0.2厘米。重1.036千克。

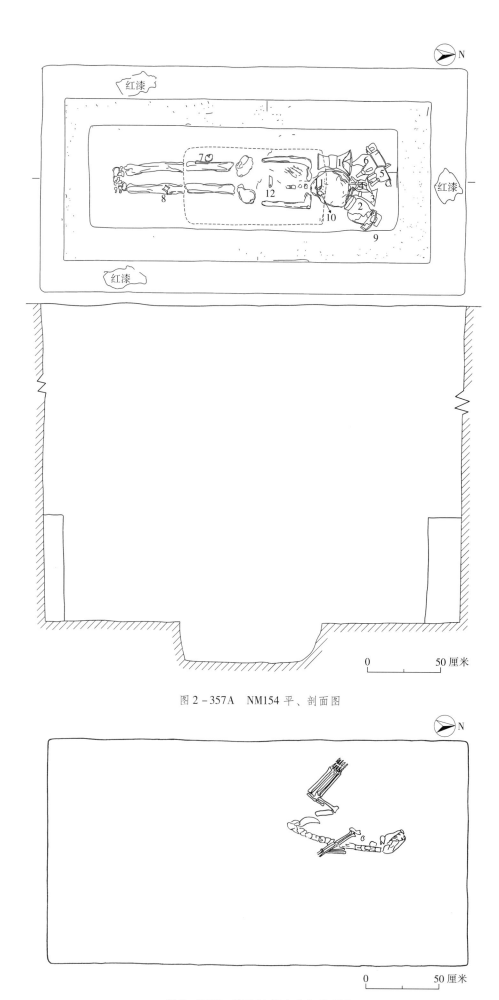

图 2 - 357A　NM154 平、剖面图

图 2 - 357B　NM154 填土殉狗平面图

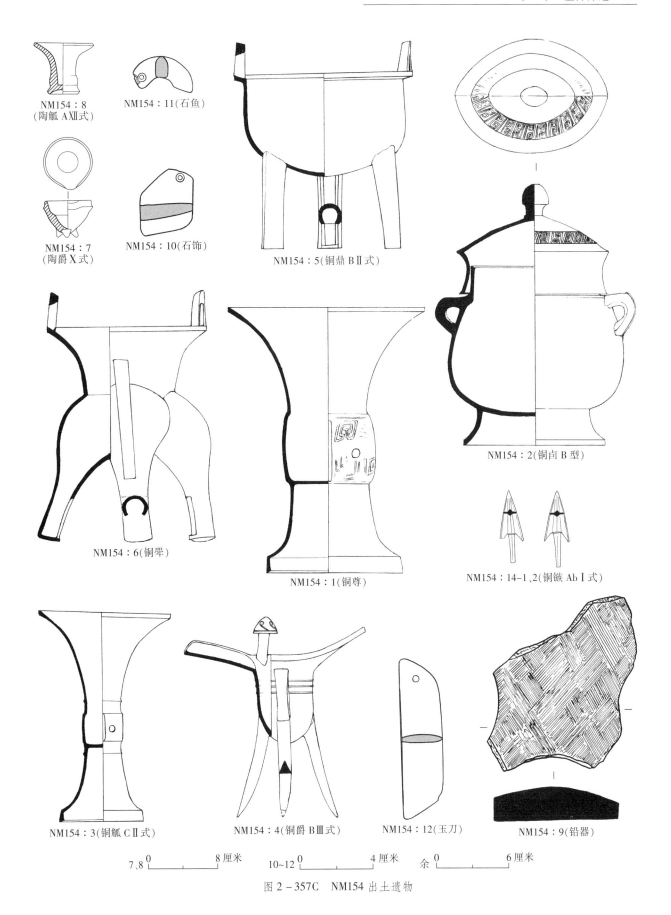

NM154：8
(陶觚 AⅫ式)

NM154：11(石鱼)

NM154：7
(陶爵Ⅹ式)

NM154：10(石饰)

NM154：5(铜鼎 BⅡ式)

NM154：2(铜卣 B 型)

NM154：6(铜斝)

NM154：1(铜尊)

NM154：14-1、2(铜镞 AbⅠ式)

NM154：3(铜觚 CⅡ式)

NM154：4(铜爵 BⅢ式)

NM154：12(玉刀)

NM154：9(铅器)

7、8 0 ____ 8厘米   10~12 0 ____ 4厘米   余 0 ____ 6厘米

图 2-357C NM154 出土遗物

（图2－357C；彩版二九四，4）

铜觚 1件。

NM154：3，C型Ⅱ式。完整。圈足上部尚存有范土。通高17、口径11、底径6.9、口沿厚0.2厘米。重0.384千克。（图2－357C；彩版二九五，1）

铜爵 1件。

NM154：4，B型Ⅲ式。残。鋬内尚存范土。整体保存较差。通高16、柱高3.1、足高7、流至尾长13.2、流长5.6、流宽2.7、腹壁厚0.2厘米。重0.288千克。（图2－357C；彩版二九五，2）

铜镞 2件。

Ab型Ⅰ式。

NM154：14－2，微残。体大。通长6、翼宽2.1厘米。（图2－357C；彩版二九五，3）

NM154：14－1，通长5.8、铤残长2.2、翼残宽2厘米。（图2－357C；彩版二九五，3）

铅器 2件。

NM154：9、13，残损严重，不辨器形。（图2－357C）

玉刀 1件。

NM154：12，完整。牙黄色，受沁。形似刀，刀柄、刀身无明显分界。柄后端斜收，中间有一单面钻孔；刀背平直，直刃，前端成斜刃。器表粘有朱砂。长8.4、宽2.2、厚0.4厘米。（图2－357C；彩版二九五，5）

石鱼 1件。

NM154：11，残。白色。体弯曲，头部有对钻孔，体无纹饰。长3.1、宽1、厚0.5厘米。（图2－357C；彩版二九五，5）

石饰 1件。

NM154：10，残。白色，表面有土黄色包衣。体呈不规则五边形，一侧磨薄，上有一对钻孔，另一侧较厚。长3.6、宽3、厚0.4～0.8厘米。（图2－357C；彩版二九五，6）

骨器 1件。

NM154：15，残损严重，不辨器形。

贝 1枚。A型货贝。

墓葬年代： 殷墟四期晚段。

NM157

位于NT1828的北部中间。开口于③层下，直接打破生土。方向为10度。（图2－358A、B；彩版二九六）

长方形竖穴土坑墓，墓壁竖直。墓口距地表100厘米，墓口长250、宽100～105厘米，墓底长250、宽110厘米左右，墓深约220厘米。填土为黄褐色花夯土，土质坚硬，夯层不清。（图2－358A）

在墓底四周有一周高40、宽16～30厘米的熟土二层台。

墓底中部腰坑长60、宽24、深15厘米，壁直，平底。殉狗已经腐朽，内有一枚贝。

葬具为棺。棺长200、宽64、残高40厘米。棺板残迹厚2～3厘米。棺上髹有黑漆。在棺底铺有席子，云格纹编织。

在墓底的棺外和墓壁间发现8个木桩孔洞，南北两端各有1个，东西两侧各有3个。这些孔洞排列有序，较为对称。

墓主骨架保存差，大多腐朽成粉末状。墓主葬式为仰身直肢，头北面东。墓主骨骼范围长度160厘米。

在棺内头部上端置陶鬲1件。在墓主脚趾端放置贝1枚，在腰坑中出贝1枚。

陶鬲 1件。

NM157：3，甲 D 型 I 式。夹砂灰陶，修复。体大，扁方体，厚胎。折沿上翘，方唇内敛并带浅凹槽，短颈，斜鼓腹，三袋足肥硕，无足根。裆近平，极矮。腹及袋足饰竖向粗绳纹，裆部饰斜向粗绳纹。口径24.1、高15.8厘米。（图2-358B）

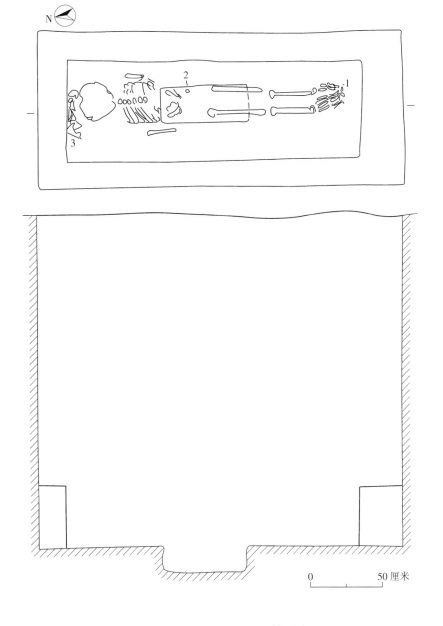

图 2-358A NM157 平、剖面图

贝 2 枚。A 型货贝。

墓葬年代：殷墟四期晚段。

人骨鉴定：

骨质极差，皆呈粉状，仅余数枚牙齿。

性别不明。35 ± 岁。根据牙齿磨耗判断。

NM160

位于 NT1819 东南部。开口于③层下，被③层下盗坑打破，其东侧打破 H69。方向为 10 度。（图 2－359A、B；彩版二九七）

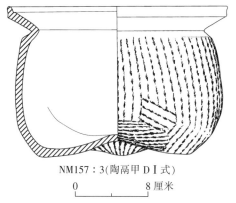

NM157：3(陶鬲甲 D I 式)

0   8厘米

图 2－358B NM157 出土遗物

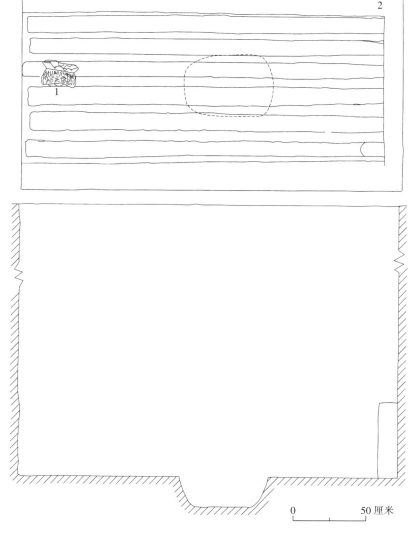

图 2－359A NM160 平、剖面图

0   50厘米

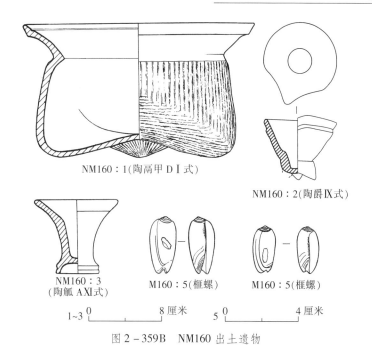

NM160：1(陶鬲甲D Ⅰ 式)

NM160：2(陶爵Ⅸ式)

NM160：3
(陶瓿 A ⅩⅠ式)　　M160：5(榧螺)　　M160：5(榧螺)

1~3 0 　　　　 8厘米　　 5 0 　　　 4厘米

图 2 – 359B　NM160 出土遗物

长方形竖穴土坑墓，其南部有一不规则形状的盗坑，将墓口的南部完全破坏。墓口距地表约 100 厘米，口底同大，长 260、宽 140 厘米，墓深 470 厘米。（图 2 – 359A）

墓底中部有一长 60、宽 40、深约 20 米的圆角长方形腰坑，腰坑为斜壁。内殉有一狗，狗头向南，背部向西弯曲，四肢屈于腹下置于坑中。填土为黄褐色花夯土，土质坚硬，夯层厚约 20 厘米，夯窝直径 10 ~ 12、深 2 ~ 4 厘米。夯窝稀疏，分布无规律。

葬具包括一棺一椁。因被盗扰，两者的具体形状不明。椁板上髹有白、黄漆，黄漆髹于白漆之上。由残存迹象判断，椁宽 90 厘米。棺已被全部扰乱，仅在墓室中部发现有板灰和红漆。在墓室底部有 6 根纵向铺底圆木，外髹有白漆。圆木长 240 ~ 248、直径 10 ~ 13，每根间距 5 ~ 8 厘米。圆木间填土经过夯打，以加以固定。

墓主的骨架已经被全部扰乱，均出于南部的盗洞中。

在南部盗坑中出有陶鬲 1 件和陶簋的残片。在西北角二层台上出有陶爵 1 件。东北角二层台下出有陶瓿 1 件。在整个墓底的扰土中出有大量的榧螺壳。其中完整的约有 570 枚，残碎的约 20 余枚，合计近 600 枚。

陶瓿　1 件。

NM160：3，A 型ⅩⅠ式。泥质灰陶。残。器形矮小，敞口，短腹，上宽下窄，矮圈足下折，素面。口径 8.9、圈足径 4、高 7.7 厘米。（图 2 – 359B）

陶爵　1 件。

NM160：2，Ⅸ式。泥质灰陶。修复。器形矮小，敞口，小流，无鋬，腹内收，尖底，小锥足，口沿外侧有浅凹槽一周。口径 7.8、高 6.6 厘米。（图 2 – 359B；彩版二九七，2）

陶鬲　1 件。

NM160：1，甲D型Ⅰ式。夹砂灰陶，残。体大，扁体，厚胎。卷折沿，沿面有凹弦纹一周，方唇，颈较高，腹较直，三袋足肥硕，无足根，矮裆。腹及袋足饰竖向粗绳纹，裆部饰横斜粗绳纹。器表有

烟炱。口径25.2、高14.2厘米。（图2-359B）

贝 3枚A型货贝。

榧螺 近600枚。（彩版二九七，3）

墓葬年代： 殷墟四期晚段。

NM161

位于NT1818东北角。开口于③层下，打破H68。方向为9度。（图2-360；彩版二九八，1）

墓葬为长方形竖穴土坑墓，墓壁陡直。墓口距地表约100厘米，墓口长200、东西宽70，墓深175~185厘米，填土为红褐色花夯土，上部坚硬，下部稍软，夯层不明显。

墓底有一长67、宽23、深约15厘米的腰坑。腰坑为斜壁，内空无物。

墓内无棺，仅在墓底发现有布纹。

墓主骨骼腐朽成粉状，头部被压成扁平。墓主仰身直肢，头北面西，右臂弯曲，双足并拢，足尖向右。

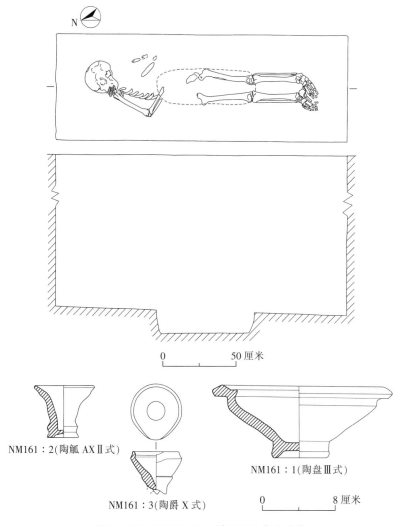

NM161：2(陶觚 AXⅡ式)

NM161：3(陶爵 X式)

NM161：1(陶盘 Ⅲ式)

图2-360 NM161平、剖面图及出土遗物

在距墓口 80 厘米的墓室北部填土中有陶盘、陶觚、陶爵各 1 件。在墓主口内出贝 7 枚和 1 个小玉璧。在墓主左手内有贝 3 枚，右足尖有贝 1 枚。

陶觚 1 件。

NM161:2，A 型Ⅻ式。完整。腹下部有凸棱一周。口径 6.7、圈足径 3.4、高 5.5 厘米。（图 2 - 360）

陶爵 1 件。

NM161:3，Ⅹ式。修复。腹下部有凹弦纹一周。口径 5.6、高 4.4 厘米。（图 2 - 360）

陶盘 1 件。

NM161:1，Ⅲ式。修复。沿面中部凸起，内侧有凹槽一周，浅腹，矮圈足。素面。口径 19.6、圈足径 6.3、高 7.5 厘米。（图 2 - 360）

玉璧 1 件。

NM161:5，残。牙黄色，残存一段，扁平状。器表较粗糙。残宽 1.4、厚 0.3 ~ 0.4 厘米。

贝 11 枚，均为 A 型货贝。

墓葬年代： 殷墟四期晚段。

人骨鉴定：

人骨保存情况较差。头骨大部已朽，仅存部分残片。32 颗牙齿保存。双侧胫骨远端保存。双侧跟骨、距骨，左侧骰骨、右侧舟骨，双侧第二和第三楔骨，以及右侧第一跖骨保存。

墓主胫骨远端骨骺未愈合。四颗第三臼齿发育程度为 Crc（齿冠发育完成）。第二臼齿萌出，齿尖磨耗痕迹不明显。据以上信息推测，墓主的年龄 10 ~ 14 岁。性别未知。

墓主上颌 6 颗前部牙齿及左侧下颌犬齿唇侧面均显示线型釉质发育不全。

NM162

位于 NT1818 西北部。开口于③层下，直接打破生土。方向为 0 度。（图 2 - 361A ~ C；彩版二九八，2、3）

长方形竖穴土坑墓。墓口距地表约 100 厘米，长 240、东西宽 100 厘米，墓深 250 厘米。填土为红褐色花夯土，土质坚硬。夯层厚约 22 厘米，夯窝分布无规律，窝径 10 ~ 12、深 3 ~ 5 厘米。（图 2 - 361A）

墓底周围有高约 25、宽 10 ~ 20 厘米的熟土二层台。

墓底有长 53、宽 22、深约 20 厘米的腰坑。腰坑为斜壁，内空无物。

葬具为木棺，整体形状因腐朽不清，其侧板厚约 3.5 厘米。上髹有红漆。

在墓底发现有 6 个木桩孔洞，墓室东西两侧各有 3 个，排列对称、整齐。西侧三个靠近二层台边缘，东侧三个在二层台下。这些孔的平面多为圆形，直径 2.5 ~ 3、深 5 ~ 10 厘米。（图 2 - 361B）

编号	位置	形状	直径（厘米）	深度（厘米）
1	西侧南部	圆形	3	7
2	西侧中部	圆形	2.5	10

续表

编号	位置	形状	直径（厘米）	深度（厘米）
3	西侧北部	圆形	2.5	5
4	东侧北部	圆形	2	6
5	东侧中部	圆形	2.5	7
6	东侧南部	椭圆形	2.5～3	10

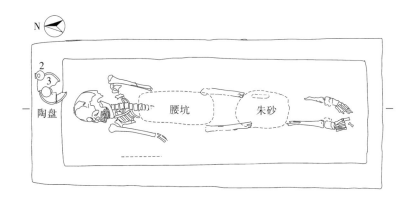

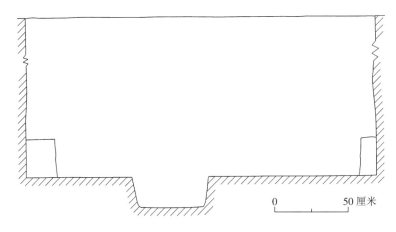

图 2 - 361A　NM162 平、剖面图

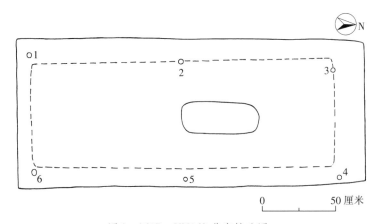

图 2 - 361B　NM162 墓底桩孔图

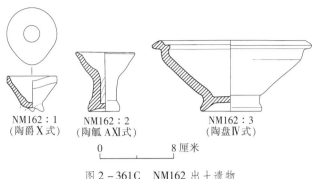

NM162：1
（陶爵X式）　　NM162：2
（陶觚AXI式）　　NM162：3
（陶盘IV式）

0　　　　8厘米

图2-361C　NM162出土遗物

墓主骨骼保存极差，大部腐朽不见。墓主仰身直肢，头北面西。骨骼范围长度175厘米。

在距墓口180厘米的墓室北部填土中有陶爵1件。在北侧二层台上出陶盘和陶觚各1件。在墓主口内含贝27枚。

陶觚　1件。

NM162：2，A型XI式。泥质灰陶。修复。器形极矮小，敞口，短直腹，圈足极矮，素面。口径6.5、圈足径3.4、高6.3厘米。（图2-361C）

陶爵　1件。

NM162：1，X式。泥质灰陶。修复。极矮小，敞口，小流，浅腹内收，尖底，小泥丁足。口径5.5、高3.7厘米。（图2-361C）

陶盘　1件。

NM162：3，IV式。泥质灰陶。修复。器形很小，敛口，宽沿，沿面中部凸起，内侧有凹槽一周，浅腹，矮圈足。素面。口径17.5、圈足径6.8、高7.5厘米。（图2-361C）

贝　27枚。A型货贝。

墓葬年代：殷墟四期晚段。

NM169

位于NT2021的南面和中部，西邻NM138。开口于F8垫土下，打破NM138和H73。方向为5度。（图2-362A~C；彩版二九九~三〇二）

长方形竖穴土坑墓，墓口距地表深70厘米，墓口长335、东西宽100厘米。深至1米时，口部收缩。口小底大，墓底长255、东西宽130厘米，墓深413厘米。墓室填土上部30厘米为经过夯实的黄色花土，以下为夯实的红褐色花土，土质坚硬。夯层厚17~21厘米，夯窝十分清晰，夯窝直径为9~12、深5厘米。距墓口深245~250厘米处发现狗腿、狗头、骨镞、铜铃、蚌镰、贻贝等器物。（图2-362A）

墓底有熟土二层台，南二层台塌陷，残存宽5厘米，北二层台相对完整，宽15厘米。高45~80厘米。二层台的土不十分硬，壁也不太明显。在北面距墓底高100厘米处有一壁龛，龛高28、进深25厘米。

墓底中部有一长72、宽33、深25厘米的腰坑。

葬具一椁一棺。椁室长235、宽100、高80厘米。木棺腐朽，痕迹长200、宽73厘米。

墓主因骨骼成粉末状，无法辨认，葬式不详。

墓主头部随葬铜矛2件、铜戈1件、铜镞2枚，其中铜镞分别置于相互叠压的一矛一戈上，尖部

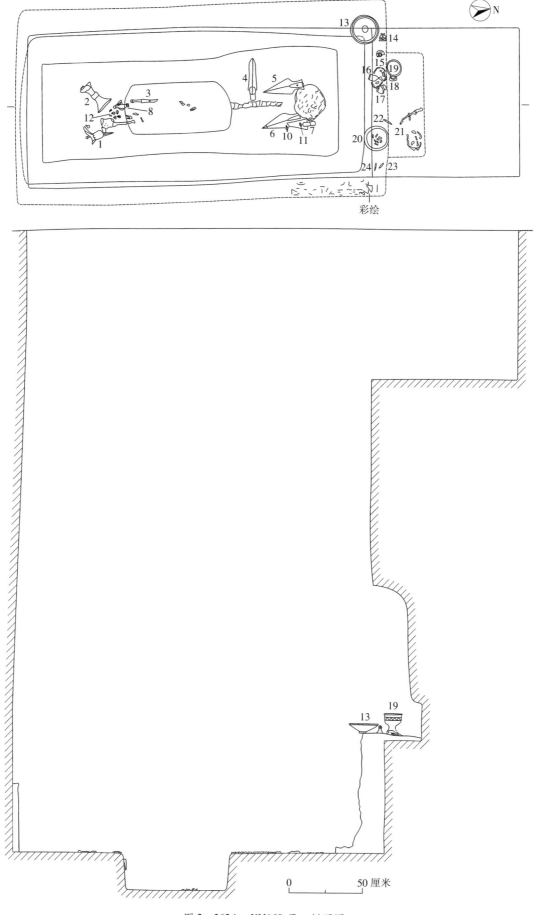

彩绘

N

图 2-362A NM169 平、剖面图

0 50厘米

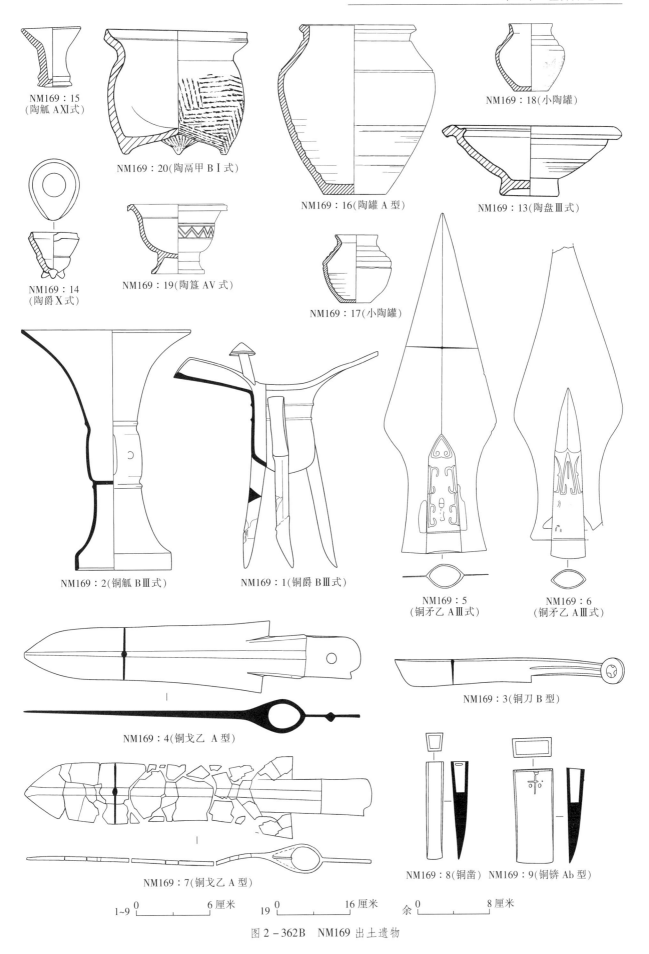

NM169:15
(陶瓿 AⅪ式)

NM169:20(陶鬲甲 BⅠ式)

NM169:18(小陶罐)

NM169:16(陶罐 A 型)

NM169:13(陶盘Ⅲ式)

NM169:14
(陶爵Ⅹ式)

NM169:19(陶簋 AⅤ式)

NM169:17(小陶罐)

NM169:2(铜瓿 BⅢ式)

NM169:1(铜爵 BⅢ式)

NM169:5
(铜矛乙 AⅢ式)

NM169:6
(铜矛乙 AⅢ式)

NM169:4(铜戈乙 A 型)

NM169:3(铜刀 B 型)

NM169:7(铜戈乙 A 型)

NM169:8(铜凿)　NM169:9(铜锛 Ab 型)

1~9 0 6厘米　19 0 16厘米　余 0 8厘米

图 2-362B　NM169 出土遗物

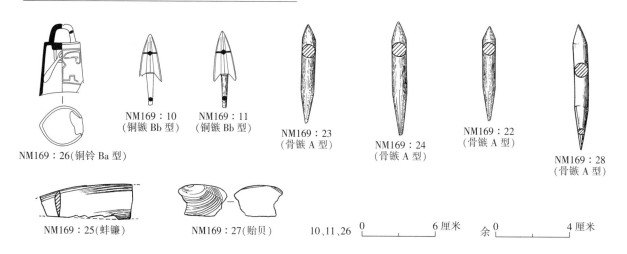

NM169：10
(铜镞 Bb 型)

NM169：11
(铜镞 Bb 型)

NM169：26(铜铃 Ba 型)

NM169：23
(骨镞 A 型)

NM169：24
(骨镞 A 型)

NM169：22
(骨镞 A 型)

NM169：28
(骨镞 A 型)

NM169：25(蚌镰)

NM169：27(贻贝)

10、11、26　0　　　　6厘米　　余　0　　　　4厘米

图 2 - 362C　NM169 出土遗物

朝西，矛和戈的尖部均朝南。还有一尖部朝西的铜戈置于墓主胸部。腰坑中随葬铜刀 1 把、铜凿 1 件。墓主腿部随葬铜觚 1 件，其中有 1 件铜锛（NM169：9）压于铜觚下，还有铜爵 1 件、海贝 6 件（NM169：12）。在北部二层台上随葬陶觚 1 件、陶鬲 1 件、陶簋 1 件、小陶罐 2 件、陶盘 1 件、骨镞 3 件（NM169：22、23、24）及一些兽骨（NM169：21）。壁龛内放置陶罐 1 件及一些兽骨。在东北角的二层台上有一几何形彩绘，麻布纹十分清晰。

陶觚　1 件。

NM169：15，A 型 XI 式。口径 6.6、圈足径 4.7、高 6.4 厘米。（图 2 - 362B）

陶爵　1 件。

NM169：14，X 式。修复。口沿外侧有浅凹槽一周，腹下部有凹弦纹一周。口径 5.6、高 4.9 厘米。（图 2 - 362B）

陶鬲　1 件。

NM169：20，甲 B 型 I 式。器表及裆部饰中粗绳纹，颈部经修整，裆部粘有朱砂。口径 15.7、高 13.2 厘米。（图 2 - 362B）

陶簋　1 件。

NM169：19，A 型 V 式。器内壁口沿下饰凹弦纹一周，器表腹部饰凹弦纹三周并夹三角划纹，圈足上有旋痕一周。口径 21.8、圈足径 11.3、高 14.6 厘米。（图 2 - 362B；彩版三〇〇，1）

陶罐　1 件。

NM169：16，A 型。颈、肩部饰凹弦纹二周。口径 12.8、底径 6.8、高 17.9 厘米。（图 2 - 362B；彩版三〇〇，2）

小陶罐　2 件。

泥质灰陶。完整。器形极小，侈口，尖唇，束颈，斜折肩，上腹外鼓，下腹内收，平底。

NM169：18，肩部饰凹弦纹三周。口径 4.8、底径 3.7、高 7.2 厘米。（图 2 - 362B）

NM169：17，颈、肩部饰凹弦纹三周，腹部饰凹弦纹一周。口径 4.6、底径 3.2、高 7.2 厘米。（图 2 - 362；彩版三〇〇，3）

陶盘　1 件。

NM169：13，Ⅲ式。外壁腹部饰凸弦纹二周。口径19.8、圈足径6.6、高7.4厘米。（图2－362B）

铜觚　1件。

NM169：2，B型Ⅲ式。修复。通高19.3、口径13.4、底径8、口沿厚0.2厘米。重0.57千克。（图2－362B；彩版三〇一，1）

铜爵　1件。

NM169：1，B型Ⅲ式。残。通高18、柱高3、足高8.4、流至尾长16.7、流长6.3、流宽2.8、腹壁厚0.2厘米。重0.438千克。（图2－362B；彩版三〇一，2）

铜戈　2件。均为乙A型。整体较轻薄，直内，前端有椭圆形銎。

NM169：4，完整。通长27.6、援长19.5、援最宽5.2、内宽3.3、援厚0.5、内厚0.3、銎径2.2×2.8厘米。重0.172千克。（图2－362B；彩版三〇一，3）

NM169：7，援残。内宽2.7、援厚0.3、内厚0.3、銎径1.7×2.3厘米。残重0.138千克。（图2－362B）

铜矛　2件。均乙A型Ⅲ式。体大，较轻薄。亚腰形叶，叶底两侧有长方形穿孔，两面饰三角纹。

NM169：5，完整。叶中部有线状中脊；骸截面呈椭圆形，两侧各有一穿孔。通长27.3、叶最宽9.4、叶厚0.2、銎腔径1.8×2.7厘米。重0.163千克。（图2－362B；彩版三〇一，5）

NM169：6，叶中部有三角形纹，稍下凹；骸截面呈扁圆形。残长24.8、叶残长23.6、叶最宽8.8、叶厚0.2、銎腔径1.2×2.4厘米。重0.188千克。（图2－362B）

铜刀　1件。

NM169：3，B型。残。锈蚀严重。通长19、刀身宽1.9~2.2、柄长7.6、柄宽1.5、背厚0.2、柄厚0.3厘米。残重0.033千克。（图2－362B；彩版三〇一，4）

铜凿　1件。

NM169：8，残。细长条形，顶宽刃窄，銎口呈梯形，单面直刃。通长7.8、刃宽1.3、銎宽0.7×0.8厘米。残重0.031千克。（图2－362B；彩版三〇一，6）

铜锛　1件。

NM169：9，Ab型。完整。通长7.4、刃宽3、銎宽1×2.7厘米。重0.071千克。（图2－362B；彩版三〇二，1）

铜铃　1件。

NM169：26，Ba型，残。铃身两面饰梯形凸弦纹，内填阳线饕餮纹。通高6、口缘径2.8×3.5、厚0.1厘米。（图2－362C；彩版三〇二，2）

铜镞　2枚。Bb型。形体较大，上有箭杆痕迹。

NM169：10，翼后尖残。通长5.6、铤残长2.5、翼残宽1.8厘米。（图2－362C；彩版三〇二，3）

NM169：11，微残。通长5.9、铤残长2.5、翼宽1.8厘米。（图2－362C；彩版三〇二，3）

骨镞　4件。A型。

NM169：23，通长5.2厘米。（图2－362C；彩版三〇二，4）

NM169：24，通长5.9厘米。（图2－362C；彩版三〇二，5）

NM169：22，通长5厘米。（图2－362C；彩版三〇二，6）

NM169:28,通长 6.6 厘米。(图 2 - 362C;彩版三〇二,7)

蚌镰 1 件。

NM169:25,残。由厚蚌壳锯磨而成,残存弧形长片,刃部有锯齿状使用痕迹。残长 4.9、宽 1.2 ~ 2、厚 0.2 厘米。(图 2 - 362C;彩版三〇二,8)

贻贝 1 件。

NM169:27,残。单扇,体小,背部密生环状细纹,根部磨出一孔。残宽 1.6 厘米。(图 2 - 362C;彩版三〇二,9)

贝 4 枚。A 型货贝。

墓葬年代: 殷墟四期晚段。

NM170

位于 NT1822 东部。口部被 H57 打破,自身打破 H56。方向为 20 度。(图 2 - 363;彩版三〇三)

长方形竖穴土坑墓,墓壁较直。墓口距地表 113 ~ 155 厘米,墓口长 210、宽 80 厘米,墓深 110 厘米,填土为灰色,土质疏松,内含炭屑。

墓底有一周熟土二层台,北侧宽 18、南侧宽 10、东西两侧宽 16、残高 10 厘米。

墓室内发现有棺灰痕迹,长 180、宽 48、残高 10 厘米。

墓主仰身直肢,面向西。双手交叉于盆骨处。

在墓主头北侧的二层台上随葬有陶觚、爵、盘、罐各 1 件。墓主口中含贝 1 枚。

陶觚 1 件。

NM170:3,A 型 X 式。泥质灰陶。完整。器形矮小,敞口,短直腹,矮圈足,腹下部有凸棱一周。口径 8.2、圈足径 4.2、高 7.6 厘米。(图 2 - 363)

陶爵 1 件。

NM170:2,IX 式。泥质灰陶。完整。器形矮小,敞口,短流,无鋬,腹内收,尖底,小锥足,口沿外侧有凸棱一周。口径 6.4、高 6.2 厘米。(图 2 - 363;彩版三〇三,2)

陶盘 1 件。

NM170:1,II 式。泥质灰陶。完整。口径变小,敛口,沿面加宽,沿中部凸起,内侧有凹槽一周,浅腹,矮圈足。素面。口径 21.4、圈足径 7.8、高 8.2 厘米。(图 2 - 363;彩版三〇三,3)

陶罐 1 件。

NM170:4,A 型。泥质灰陶。完整。器形高大,侈口,方唇,束颈,斜肩,下腹内收,平底。颈、肩部饰凹弦纹三周。口径 13.3、底径 7.5、高 18.1 厘米。(图 2 - 363)

贝 1 枚。A 型货贝。

墓葬年代: 殷墟四期晚段。

人骨鉴定:

骨质较差,头骨残损挤压变形,肢骨关节多残损,椎骨、肋骨腐朽严重,盆骨破碎严重。

女性。50 ± 岁。身高约 140 厘米。

盆骨、肢骨性征明显,耻骨联合面清晰,有散在性小孔,牙齿磨耗 5 级,骨密度较小,骨质疏松。

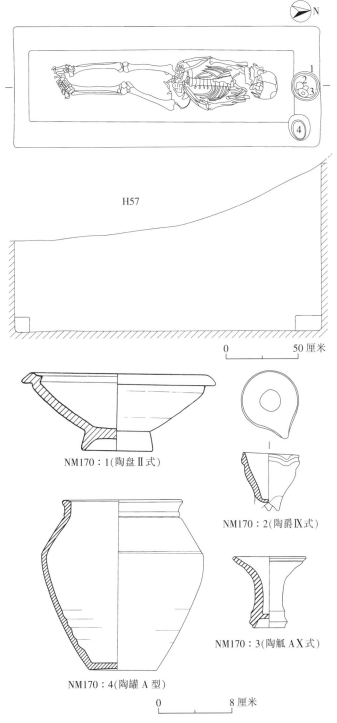

NM170:1(陶盘Ⅱ式)

NM170:2(陶爵Ⅸ式)

NM170:3(陶觚AⅩ式)

NM170:4(陶罐A型)

图2－363　NM170平、剖面图及出土遗物

卵圆形颅，中长颅、高颅、狭颅、中面、中眶、狭鼻等。

第1～5腰椎有明显增生现象。跖骨上未发现跪踞面痕迹。

NM177

位于NT1920东南角及其南部扩方范围内。开口于④层下，直接打破生土。方向为8度。（图2－364A～G；彩版三〇四；彩版三〇五，1；彩版三〇六）

长方形竖穴土坑墓。墓口距地表深约 120 厘米，墓口长 240、东西宽 97～110 厘米，墓底大于墓口，东、西壁略外弧，南北长 250、南北两端宽 100、中间宽 114 厘米，墓深 380 厘米（图 2－364A）。红褐色花土，土质坚硬，夯实而成，夯窝清晰，直径 6～8、深约 5 厘米，填土内发现狗骨架两具和一件骨饰（NM177:15）。第一具距墓口深 290 厘米，位于墓中部，头向南，前后腿分别被捆缚（图 2－364B）。另一具距墓口深 310 厘米，仅见狗腿，位于墓内东北侧（图 2－364C）。

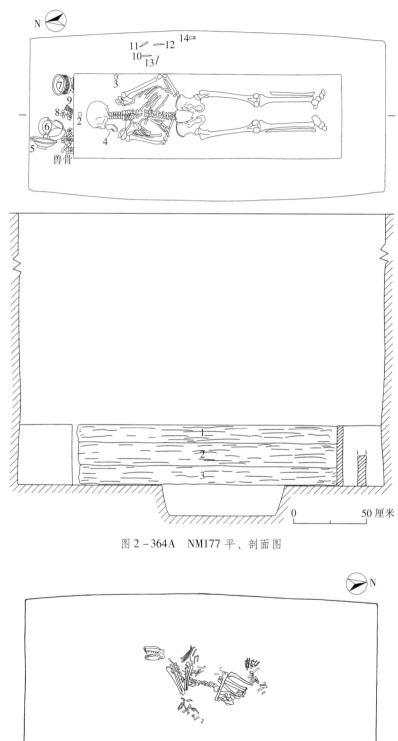

图 2－364A　NM177 平、剖面图

图 2－364B　NM177 填土殉狗平面图（墓口下 290 厘米）

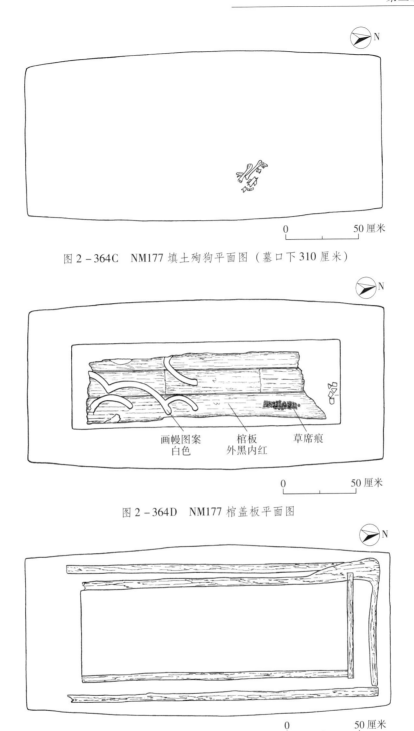

图 2－364C　NM177 填土殉狗平面图（墓口下 310 厘米）

图 2－364D　NM177 棺盖板平面图

图 2－364E　NM177 棺椁结构图

　　墓底四周有高 40 厘米的熟土二层台，台宽 25～35 厘米，夯实，较硬。二层台内有许多猪的肢骨。

　　墓底中部有一椭圆形腰坑，长 83、宽 33、深 20 厘米。腰坑内也发现一具狗骨架，头向南部，侧身屈肢。其肋骨和脊椎骨已朽烂无存。坑壁向内斜直至底。（图 2－364F）

　　葬具为一棺一椁。木椁由于朽烂严重，墓南侧已无存，现存高 18～20、长 212、宽 85 厘米，木板宽 6 厘米。其结构为两侧板夹住两端的挡板。木棺保存基本完好，南侧已朽烂无存，长 184、宽 67 厘米（图 2－364E）。棺盖为三块长板，编号 1～3 号：1 号残长 144、残宽 6～11 厘米；2 号残长 147、

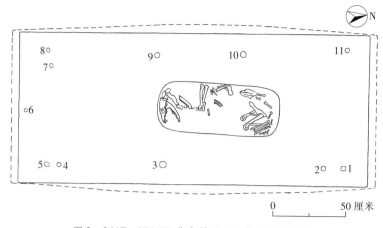

图 2 - 364F　NM177 墓底桩孔及腰坑殉狗平面图

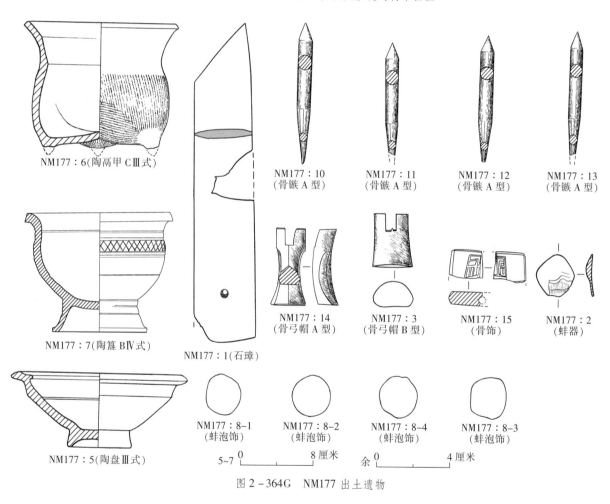

NM177:6(陶鬲甲CⅢ式)

NM177:10
(骨镞A型)

NM177:11
(骨镞A型)

NM177:12
(骨镞A型)

NM177:13
(骨镞A型)

NM177:7(陶簋BⅣ式)

NM177:1(石璋)

NM177:14
(骨弓帽A型)

NM177:3
(骨弓帽B型)

NM177:15
(骨饰)

NM177:2
(蚌器)

NM177:5(陶盘Ⅲ式)

NM177:8-1
(蚌泡饰)

NM177:8-2
(蚌泡饰)

NM177:8-4
(蚌泡饰)

NM177:8-3
(蚌泡饰)

图 2 - 364G　NM177 出土遗物

残宽 16 厘米；3 号残长 163、残宽 14 ~ 17 厘米。棺盖板已塌陷，看不出厚度。板面内髹红漆，外髹黑漆。3 号板的北端残留有草席痕，证明棺上盖有草席。在南半部的棺盖上保留有布幔的痕迹，为织物上衬以白色宽带勾云形纹饰（图 2 - 364D）。木棺西侧板为三块长板组成，厚 4 ~ 5 厘米，编号 1 ~ 3 号：1 号长 178、宽 12 厘米；2 号长 178、宽 16 厘米；3 号长 178、宽 12 厘米（图 2 - 364A）。未见木棺底板。

在墓底发现 11 个木桩洞。墓底南端 1 个，东、西两侧各 5 个。有 3 组较对称。孔洞平面有圆形、长方形和椭圆形，直径 2 ~ 4、深 16 ~ 26 厘米。洞底为尖状，有的向一侧倾斜。（图 2 - 364F）

墓主俯身直肢，头向北，面朝西。两手压在盆骨下。骨架保存完整。骨骼范围长度160厘米。口内含贝12枚。

随葬品14件，种类包括陶、石、骨、蚌、漆器，主要放置在墓主头前二层台上。

陶鬲　1件。

NM177：6，甲C型Ⅲ式，修复。腹及裆部饰细绳纹，足根部绳纹被抹掉。器表有烟炱。口径16.9、高13.2厘米。（图2－364G；彩版三〇六，1）

陶簋　1件。

NM177：7，B型Ⅳ式，修复。器内壁口沿下饰凹弦纹一周，器表颈部饰网形划纹一周，上、下饰以凹弦纹二周，腹部饰凹弦纹二周。口径16.2、圈足径10.4、高12.5厘米。（图2－364G；彩版三〇六，2）

陶盘　1件。

NM177：5，Ⅲ式，完整。内侧有凹槽一周。盘内壁饰凹弦纹一周。口径19.4、圈足径7.1、高8厘米。（图2－364G）

石璋　1件。

NM177：1，残。大理石质。扁平长条形，中部略厚，两缘稍薄。直柄，后端残，中间有一钻孔；尖端呈不对称的斜三角形。打磨光滑。残长16.8、宽3.2、厚0.4厘米。（图2－364G；彩版三〇六，3）

骨镞　4件。A型。

NM177：10，通长7.4厘米。（图2－364G；彩版三〇六，4）

NM177：11，短铤，末端变细。残长5.8厘米。（图2－364G）

NM177：12，通长6.6厘米。（图2－364G；彩版三〇六，5）

NM177：13，残长6.4厘米。（图2－364G；彩版三〇六，6）

骨弓帽　2件。

NM177：14，A型，完整。体弯曲。未打磨。长4、宽1.8厘米。（图2－364G；彩版三〇六，7）

NM177：3，B型，完整。体短直。长2.8、宽2.1厘米。（图2－364G；彩版三〇六，8）

骨饰　1件。

NM177：15，残。黑色。体呈扁平长方形，残存一端，两面用阴线雕刻纹饰。残长1.3、宽1.6、厚0.6厘米。（图2－364G；彩版三〇六，9）

漆器　1件。

NM177：9，只有痕迹，器形不明。

蚌器　1件。

NM177：2，残。扁平片状，残朽严重。残长2.8、厚0.3厘米。（图2－364G）

蚌泡饰　1件。

NM177：8，残。体型小，由4个蚌壳锯磨而成，圆饼状，一面平，一面略鼓，无钻孔。径2.2、厚0.4厘米。（图2－364G）

贝　共12枚。

NM177：4，均为A型。

墓葬时代：殷墟四期晚段。

人骨鉴定：

人骨保存情况一般，采集头骨以供观察。顶骨、枕骨、颚骨及下颌骨稍残，蝶骨未保存。23颗牙齿保存。

墓主颅骨骨壁较厚，肌线和肌脊明显。眉弓显著，眶上缘圆钝。颧骨较粗壮。乳突上嵴稍显，乳突较大。下颌窝较深。枕外隆凸发达，上项线明显。据以上颅骨形态特征推测，墓主可能为男性。第三白齿萌出，齿尖顶部及边缘略有磨耗；第一、第二白齿的磨耗程度大约为4级（吴汝康分级系统）。据以上信息推测，墓主应为中年个体。目前无法进行身高估算。

墓主上颌骨及颚骨的硬腭部位及下颌骨齿槽舌侧面下缘骨质隆起，形成粗大的圆枕。上颌左侧第三白齿先天缺失。上颌右侧第三白齿、下颌双侧第二白齿生前脱落，齿槽吸收。上颌前部牙齿及双侧下颌犬齿唇侧面均可见线型釉质发育不全。中度牙结石。多颗牙齿咬合面可见轻微的釉质剥脱现象。

NM193

位于NT1925南部偏东。开口于②层下，打破③层及H227。方向为0度。（图2-365A～C；彩版三○五，2）

长方形竖穴土坑墓，口小底大。墓口距地表深45厘米，墓口长210、东西宽80厘米，墓壁略外扩，墓底长235、东西宽100厘米，墓深355厘米。填土为浅灰色花土，上部土质较硬，在清理到150厘米的深处后填土向下塌过，土质变得松软。（图2-365A）

墓西壁下有熟土二层台，宽10～12、高约30厘米。

墓底中部有一长78、宽30、深约20厘米的圆角长方形腰坑，内有殉狗。

葬具一棺一椁。椁板已腐朽成灰。从残存迹象判断，椁室长约230、宽约90厘米，紧靠墓壁放置。棺板较清晰，其长194、宽60、高30厘米，两侧棺板厚约6厘米。棺板上髹有红漆，漆痕较明显。棺的四角有榫卯。（图2-365B）

在墓底发现12个木柱孔洞，墓室南北两端各1个，东西两侧各5个，排列对称整齐。这些孔洞平面呈椭圆形，直径2～4.5厘米，深15～28厘米。（图2-365C）

墓主因骨骼成粉末状，无法辨认，骨骼范围长度约167厘米。葬式头向北。

在棺椁顶部置1件陶瓿和1件陶爵，棺椁腐朽后，陶瓿掉在二层台上，而陶爵则掉在腰坑中。

陶瓿 1件。

NM193：1，A型XI式。残。口径6.8、圈足径3.2、高5.5厘米。（图2-365A）

陶爵 1件。

NM193：2，X式。完整。口沿外侧有浅凹槽一周。口径5.3、高3.6厘米。（图2-365A）

墓葬时代：殷墟四期晚段。

人骨鉴定：

骨质差，仅余头骨和部分下肢，脚骨呈粉状。

性别不明。20～30岁。

白齿磨耗很小，且统一。

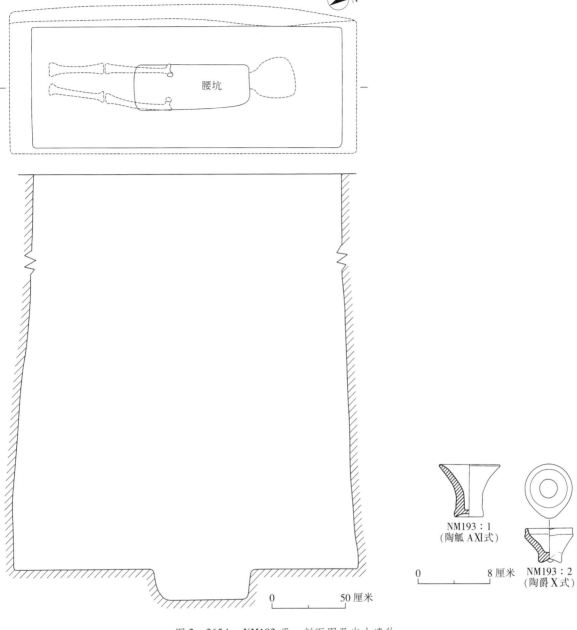

腰坑

NM193：1
（陶觚 AXI式）

NM193：2
（陶爵 X式）

0　　　　　8厘米

0　　　　　50厘米

图2－365A　NM193平、剖面图及出土遗物

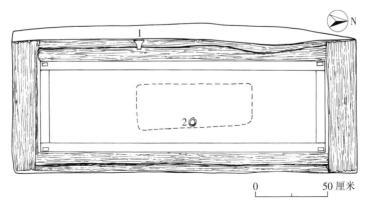

0　　　　　50厘米

图2－365B　NM193棺椁结构图

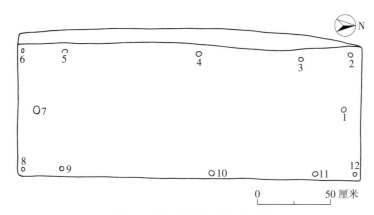

图 2－365C　NM193 墓底桩孔图

SM372

位于 ST1703 的东隔梁下。开口于①层下，东北角被 SM371 打破，直接打破生土。方向为 202 度。（图 2－366；彩版三〇七，1）

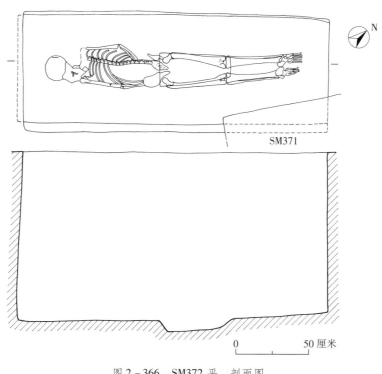

图 2－366　SM372 平、剖面图

长方形竖穴土坑墓，墓底南高北低，南壁内凹，东西壁略外扩。墓口距地表 55 厘米，墓口长 210、宽 78～80 厘米，墓底长 213、宽 69～71 厘米，墓深 106～112 厘米。填土为很硬的红褐花夯土，夯窝不清晰，夯层厚 12～15 厘米，填土中未见遗物。

无二层台。

在墓底中部有一腰坑，斜壁。腰坑长 48、宽 13～22、深 5～7 厘米。

墓底未见有棺的痕迹。但在墓主身上可能铺有一层编织物。因为在墓底有一黑色的腐朽物，同时在墓主胸部还有疑似朱砂的物质。

墓主骨骼保存较好。俯身直肢，头朝南，面向下。两手置于腹下。

在墓主嘴内含有 A 型货贝 1 枚。

墓葬年代：该墓被殷墟四期晚段的 SM371 打破，因而该不会晚于四期晚段。

SM554

位于 ST2206 东北部偏南。开口于第①层下，被 SM553 打破，南端被盗扰。方向为 20 度。（图 2 - 367；彩版三〇七，2）

长方形竖穴土坑墓，壁较平直，底较平。墓口距地表深 50 厘米，墓口长 185、宽 55 厘米，墓深 80 厘米，填土经夯实，较硬，土色黄花，较杂。

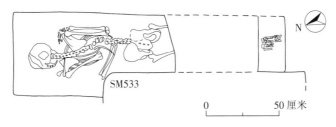

图 2 - 367　SM554 平面图

墓底有黑木板灰，应是铺在墓底的木板。

墓主俯身直肢，头北脚南，面向下，右臂回折，右手置于右肩部，左臂由肘关节处错位，左手于腹部下，脊椎骨下段错位扭曲，腿骨被扰，仅存脚趾骨。

未见随葬品。

墓葬年代：打破该墓的 SM553 为殷墟四期晚段，因而该墓年代不晚于四期晚段。

人骨鉴定：

骨质、齿列较好。

男性。18～20 岁。

盆骨、髂骨嵴以及股骨头未完全愈合。

左侧肱骨 30.6、右肱骨 30.8 厘米。

左右第一距骨上未见明显跪踞面痕迹，可能与年龄较小有关，或此墓的时代较晚。

SM823

位于 NT2210 东南。开口于表土层下，被盗洞和殷墟四期晚段的 SM824 打破。方向为 14 度或 194 度。（图 2 - 368）

长方形竖穴土坑墓，墓壁呈袋状，口小底大。墓口长 215～220、宽 105 厘米，墓底长 270、宽 148 厘米，墓深约 420 厘米。填土为黄褐色花土，土质硬，夯土层次不清晰。

熟土二层台高 20、东部宽 28、西部宽 28 厘米，南部 18、北部 33 厘米。

墓底中部有圆角长方形腰坑，被盗沟打破，距墓口深 420、残长 42、宽 30、深 15 厘米。坑内空无物。

未发现葬具和墓主骨骼，无随葬品。

墓葬年代：不晚于殷墟四期晚段。

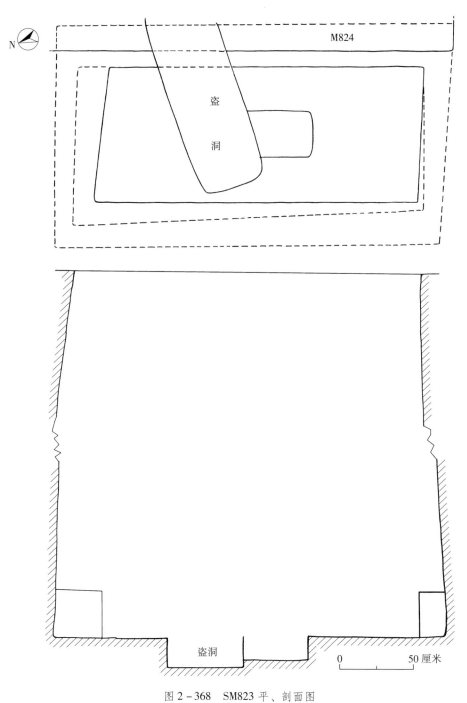

图 2 - 368　SM823 平、剖面图

NM159

位于 NT1819 中部偏南处。开口于③层下，并被 NM160 南侧的盗坑横穿打破，直接打破生土。方向为 5 度。(图 2 - 369A、B；彩版三〇七，3)

长方形竖穴土坑墓。墓口距地表约 100 厘米，口底同大，长 233、宽 105 厘米，墓深 310 厘米。墓葬为盗扰 NM160 的盗坑从下面打破。盗洞由 NM159 墓室的东壁南部进入墓室。盗洞距墓底 45、高约 100、宽 35 ~ 52 厘米。由于被扰动，墓室内形成高约 10 厘米的空洞（图 2 - 369A）。填土为红褐色花夯土，土质坚硬，夯层厚约 20 厘米，夯窝清晰，为 4 根集束棍夯。夯窝直径 6 ~ 8 厘米，距墓口 230

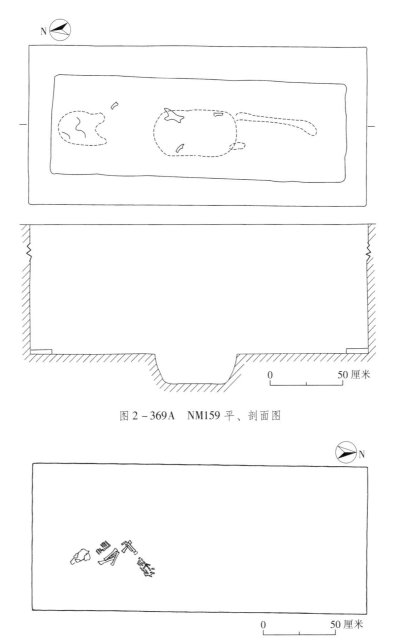

图 2 - 369A   NM159 平、剖面图

图 2 - 369B   NM159 填土殉狗平面图

厘米的填土中出有殉狗一条。头向南,背向西,前肢被缚置于背后(图 2 - 369B)。

墓底四周有一周残高 3、宽 35 ~ 52 厘米的熟土二层台。

墓底中部有一长 55、宽 30、深约 20 厘米的圆角长方形腰坑。腰坑为斜壁,内殉有一幼狗。狗头向南,背部向西弯曲,前肢置于腹部,后肢位于体后。

葬具为一棺。从残存迹象判断,木棺长 200、宽 63 厘米,立板厚约 3.5 厘米。墓底铺有席子。

墓主仰身直肢,头向北。骨架残存有头骨和左腿下部,均腐朽成粉状。通过一枚牙齿判断,墓主的年龄 25 ~ 30 岁,性别不详,骨骼范围长度 170 厘米。

墓主口中含贝 2 枚,腰坑中有贝 1 枚,均为 A 型货贝。

墓葬年代:打破该墓的 NM160 为殷墟四期晚段,因而此墓不晚于殷墟四期晚段。

第七节 殷墟四期墓葬

SM2

位于 ST1020 西南部。开口②层下，打破生土。方向为 10 度。（图 2 - 370A、B；彩版三〇八，1；彩版三〇九，1）

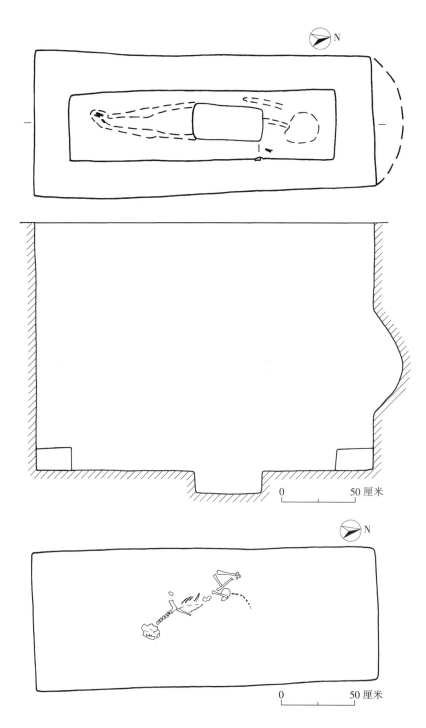

图 2 - 370A SM2 平、剖面图及填土殉狗平面图

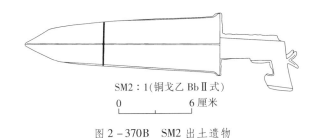

SM2:1(铜戈乙 Bb Ⅱ式)

0　　　　　6厘米

图 2-370B　SM2 出土遗物

长方形竖穴土坑墓，墓壁较平直。墓口距地表 35 厘米，墓口长 235、北宽 86、南宽 97 厘米，墓深 165 厘米。北壁下端有一壁龛，宽 86、高 70、进深 20 厘米。龛内无随葬品。底部较平。填土为黄花土，经夯打，较硬，夯层厚 6~10 厘米。距墓口 115 厘米的墓室填土中，发现殉狗一只，位于墓室中部，头向南。（图 2-370A）

有熟土二层台，宽 25~30、高 15 厘米，二层台经夯实。

墓底中部有腰坑，呈南北向，长 47、宽 23、高 15 厘米。

墓主骨架已朽成粉末状。

葬具为木棺，由二层台推算，木棺长 180、宽 46、残高 15 厘米。有木板腐蚀灰迹。

在东二层台北段台内随葬铜戈 1 把。

铜戈 1 件。

SM2:1，乙 Bb 型 Ⅱ式。修复。体轻薄。曲内后端内勾，简化鸟首形，有歧冠；上、下均出短阑；条形援，中部有细线状中脊，援末呈三角形。通长 22、援长 15.6、援最宽 4.5、阑宽 5、内宽 2.1、援厚 0.2、内厚 0.2 厘米。重 0.08 千克。（图 2-370B；彩版三〇九，1）

墓葬年代： 根据出土器物推断墓葬年代为殷墟四期。

人骨鉴定：

骨质保存极差，下肢骨为残片，上肢骨仅余灰痕，头骨仅余形状。

男性？35~40 岁。身高约 158 厘米。

下肢骨残片粗壮。残牙磨耗较重，白齿咬合面呈凹形，4 级。

左侧股骨中上部有类似砍伤痕迹，但保存极差，无缺确定。

SM9

位于 ST1428 探方南侧和 ST1427 北隔梁下。开口于②层黄土下，打破红生土。方向为 2 度。（图 2-371；彩版三〇八，2；彩版三〇九，2~5）

长方形竖穴土坑墓。墓口距地表约 60 厘米，墓口长 125、宽 60 厘米，墓底长 115、北边宽 42、南边宽 50 厘米，墓深 35 厘米。填土为黄花夯土。

人骨保存不好，大部分人骨已腐蚀，只剩两条腿骨，看不清葬式。但根据腿骨的位置，可知头部当朝北。从墓葬大小与人骨个体判断，墓主人应是青少年。

随葬品主要位于人体头部和胸部。计有陶塑人头 1 件、陶弹丸 3 件、贝 4 枚（其中 3 枚出土口内）、残石器 1 件、铜泡 2 个、小型陶簋 1 件、耳螺 19 枚（可能是 1 件串饰，位于头东部）。

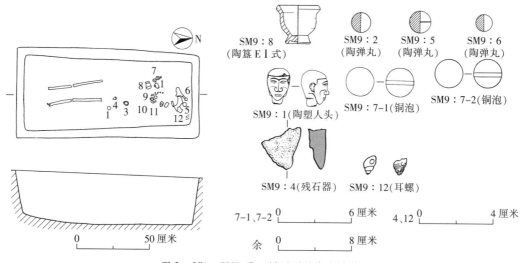

图 2-371 SM9 平、剖面图及出土遗物

陶簋 1 件。

SM9:8，E 型 I 式。泥质灰陶。修复。极矮小，侈口，方唇，微束颈，鼓腹，圜底，矮圈足外撇。素面。口径 4.8、圈足径 2.8、高 4 厘米。（图 2-371）

陶弹丸 3 枚。

泥质红陶，完整。体呈圆球形，质地坚硬，表面光滑。

SM9:2，直径 2 厘米。（图 2-371；彩版三〇九，3）

SM9:5，中部有一周凹弦纹。直径 2.3 厘米。（图 2-371；彩版三〇九，3）

SM9:6，直径 1.8 厘米。（图 2-371；彩版三〇九，3）

陶塑人头 1 件。

SM9:1，陶质写实性人面形像，面目清秀，脸瘦长，发际线明显，高颧骨，宽鼻，抿嘴，下巴较尖。通长 3.8 厘米，头部最宽处 2.4 厘米。（图 2-371；彩版三〇九，2）

铜泡 2 枚。形制一样。

SM9:7-1，完整。形如纽扣，圆形，正面呈圜状突起，素面，背面横梁残。锈蚀严重。直径 2.2 厘米。重 0.004 千克。（图 2-371；彩版三〇九，4）

残石器 1 件。

SM9:4，残。砂岩，体略呈三角形，表面粗糙。长 1.8、宽 2、厚 0.8 厘米。（图 2-371）

货贝 4 枚。

出于墓主口内者 3 枚，均为 A 型。另 1 枚为 B 型货贝。

耳螺 19 枚。

SM9:12，残。体小，多数残朽，无加工痕迹。（图 2-371；彩版三〇九，5）

墓葬年代： 殷墟四期。

人骨鉴定：

骨质极差，腐朽殆尽，仅余部分头骨片、牙齿和下肢骨残片。

性别不明。7~8 岁。身高不明。

上下左右 M1I1 已萌出，其余为乳齿。

SM53

位于 ST1330 的东隔梁南部。开口于②层下，打破生土层。墓口南部被一近现代扰坑打破，其东北角有一宽 40 厘米的晚期盗沟。方向为 6 度。（图 2－372A～E；彩版三一〇、三一一）

长方形竖穴土坑墓，墓壁外扩，口小底大。开口距地表约 60 厘米，墓口长 240、宽 90～92 厘米，墓底长 258、宽 112 厘米，墓深 264～313 厘米（图 2－372A）。填土为较硬的黄褐色五花土，并经夯实。其北半部土疏松，已经盗扰，并在深约 190 厘米的扰土中，有零乱的狗骨，一枚贝。

墓底有宽 21～27 厘米的熟土二层台，高 33 厘米，并经夯实，较为坚硬。（图 2－372B）

墓底中部偏北有一腰坑，平面呈长方形，口大底小，口长 78、宽 37 厘米，底长 71、宽 26～27、深 19 厘米。其坑内殉狗，头北面东，四肢弯曲，呈侧卧状，骨架保存较为完整，但腐朽严重。

葬具为有一椁一棺。但从残留的痕迹判断，椁室只有二层台上的横向盖板与墓室底部纵向铺板。盖板在南部二层台上残留一块，长 53、宽 12 厘米。椁室底部的铺板由四块木板组成，板灰已为白色粉末状，板长 251～254、宽 20～27 厘米不等，板与板并留有 2 厘米宽的缝隙。铺板直抵墓室两端。在墓室底部南端有一条深 9 厘米的沟槽，可能是放置枕木留下的。（图 2－372D）

根据现残留的板灰痕迹判断，棺长 212、宽 72～73、残高 33 厘米，棺板厚度约 5 厘米。棺底板灰痕迹明显，为榫卯结构。（图 2－372C）

墓主北半部骨架盗扰，仅在棺内东侧残存一小节上肢骨。南部残存两节下肢骨，骨骼均腐朽成黄色粉末状，从现残存的肢骨看，葬式为直肢一次葬，头位于北方。头部附近有贝 9 枚。

随葬品有石柄形器（扰土）、铅戈（深 190 厘米的扰土）、铜铃 4（分别位于椁盖中部东侧、中部偏南及棺内北部偏西）、石璋（位于棺内北部偏西）、铜凿与铜锛各 1 件（位于腰坑东南端）等。

铜铃 4 件。

SM53：2，Ab 型。残，压扁。铃腔扁短，铃腔截面呈扁圆形，两侧有扉棱，无顶盖，梁残失，口缘较平直，铃舌极短。素面。残高 3.4、口缘径 1.6×4.1、腔壁厚 0.2 厘米。（图 2－372E；彩版三一一，1）

SM53：3，Ab 型。残。铃腔扁短，铃腔截面呈扁圆形，两侧有扉棱，无顶盖，上有半环形梁，口缘残，未见铃舌。素面。通高 5.5、口缘径 1.6×4.1、腔壁厚 0.2 厘米。（图 2－372E；彩版三一一，2）

SM53：4，Ab 型。残。铃腔扁短，铃腔截面呈扁圆形，两侧有扉棱，无顶盖，上有半环形梁，口缘内凹，未见铃舌。素面。通高 5.5、口缘径 2.5×3.5、腔壁厚 0.2 厘米。（图 2－372E；彩版三一一，3）

SM53：7，Ab 型。残损严重。铃腔扁短，铃腔截面呈扁圆形，两侧有扉棱，无顶盖，梁残失，口缘残，圆头状铃舌。（图 2－372E）

铜凿 1 件。

SM53：9，完整。长条形，顶宽刃窄，顶端銎口呈长方形，单面弧刃。通长 10.3、刃宽 1.7、銎宽 1.2×1.8 厘米。重 0.108 千克。（图 2－372E；彩版三一一，4）

铜锛 1 件。

SM53：10，Ba 型。完整。体呈扁平长条形，长方形銎口，下带一箍，双面弧刃。两侧有铸缝。通

长9.8、刃宽3.7、銎宽1.8×3.4厘米。重0.220千克。（图2-372E；彩版三一一，5）

铅戈 1件。

SM53：5，残。形似二类Bb型铜戈。质轻薄，残援，中部有线状中脊。残长9、援残宽4.1厘米。（图2-372E）

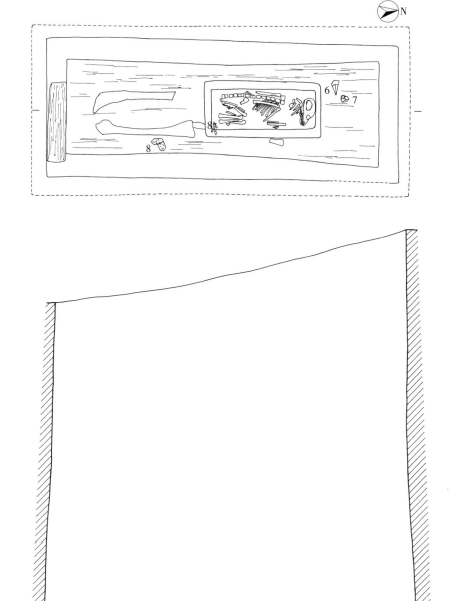

图2-372A SM53平、剖面图

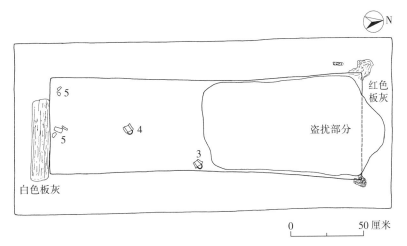

图 2 – 372B SM53 二层台平面图

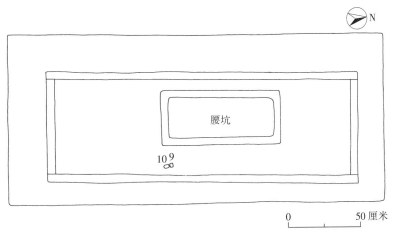

图 2 – 372C SM53 棺底板痕迹平面图

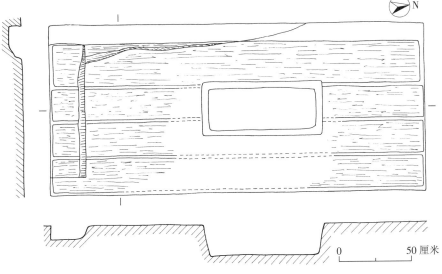

图 2 – 372D SM53 椁底板痕迹平、剖面图

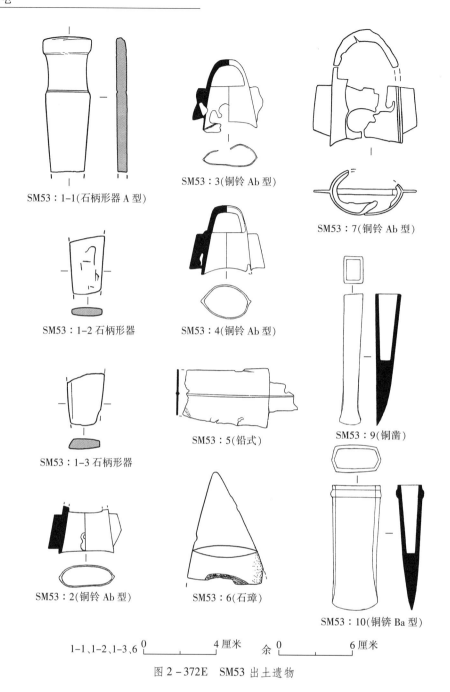

SM53：1-1(石柄形器A型)

SM53：3(铜铃Ab型)

SM53：7(铜铃Ab型)

SM53：1-2 石柄形器

SM53：4(铜铃Ab型)

SM53：1-3 石柄形器

SM53：5(铅式)

SM53：9(铜凿)

SM53：2(铜铃Ab型)

SM53：6(石璋)

SM53：10(铜锛Ba型)

1-1、1-2、1-3、6　0 _____ 4厘米　　余　0 _____ 6厘米

图2-372E　SM53出土遗物

石柄形器 1件。

SM53：1-1，A型。残。白色砂岩。扁平长条形，较厚。柄首较宽，顶端略弧，柄部两侧略内收，一面饰有阴线二道，柄末端斜收变窄。器表一面粘有朱砂。残长7.1、最宽2.4、厚0.6厘米。（图2-372E；彩版三一一，6）

另有2件柄形器残块（SM53：1-2，1-3）。

石璋 1件。

SM53：6，残。灰白色，风化严重。长方形条状，援末呈三角形，中部较厚。残长6.2、宽4、厚0.4厘米。（图2-372E；彩版三一一，7）

贝 10枚。

头部 9 枚为 A 型货贝；腰坑内 1 枚为 B 型货贝。

墓葬年代：殷墟四期。

人骨鉴定：

骨质较差，头骨上体骨腐朽严重，下肢骨残损严重。

男性。35～40 岁。

肢骨较粗壮，骨密度中等。牙齿磨耗 3 级强。

身高约 170 厘米。

距骨上跪踞面不明显。

SM228

位于 ST1118 西北部。开口于②层下，打破生土。方向 263 度。（图 2－373；彩版三一二，1）

长方形竖穴土坑墓，口大底小。墓口距地表约 60、东西长 210、南北宽 70 厘米，墓底东西长 206、南北宽 60～64 厘米，墓深 173～184 厘米。该墓内填较硬的黄褐色五花土，并经夯实。

墓底有宽 6～13 厘米的熟土二层台，台高 5～15 厘米，并经夯实。

墓底无腰坑。

该墓葬具为一木棺。根据墓内板灰痕迹可知，棺长 190、宽 51、高 15 厘米。棺板厚度不清。其棺内撒有一层朱砂。

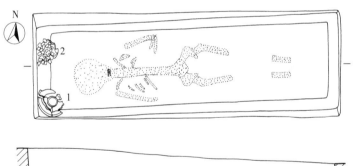

图 2－373　SM228 平、剖面图

墓主骨架保存极差，已成黄色粉末状。墓主仰身直肢。头西面上，双手置于胸前，骨架残缺不全。随葬品有陶盘（二层台西南角）、陶罐（二层台西北角）。

墓葬年代：殷墟四期。

人骨鉴定：

骨质极端腐朽，骨骼皆呈粉状。

女性？20~25 岁。

牙齿特征倾向于女性。M3 刚萌出未磨耗。

SM351

位于 ST1605 北端中部偏西，少许延伸至 ST1606。开口于①层下，直接打破生土，在墓的东南角与东北部有两个现代盗洞，分别打破该墓填土，扰至墓底。方向为 20 度或 200 度。（图 2-374）

长方形竖穴土坑墓，墓壁略外扩，口小底大。墓口距地表 80~90 厘米，墓口长 230、东西宽 100 厘米，墓底长 258、宽约 130 厘米，墓深 260 厘米。该墓被盗破坏严重，距墓口深 280~290 厘米下为盗后扰土或淤土。内出残瓿、残爵数残片。

在墓底四周有熟土二层台，由于盗扰，残宽 10~38、高 45 厘米。

墓底中部有一圆角长方形腰坑，长 45、宽 22、深约 20 厘米。坑壁较直，内空无物。

葬具与墓主情况皆因被盗而不详。

陶爵 1 件。

SM351:1，泥质灰陶。残。残存口、腹部残片，较高大，腰部饰凹弦纹二周。无法修复。（图 2-374）

墓葬年代：殷墟四期。

SM376

位于 ST1704 的东南部。开口于②层下。西南角、中部各有盗沟一条。中间一个口部为平行四边形，西边沿墓壁而下，直达墓底以下 100 厘米处。下部近似圆形，盗墓者进入墓底后，又向北挖掘直至墓圹以外。西南角的另一条贴墓葬南壁而下，直至墓底。方向为 10 度或 190 度。（图 2-375A、B；彩版三一二，2、3）

长方形竖穴土坑墓。墓口距地表约 45 厘米。口底同大，长 243、宽 117 厘米，墓深约 245 厘米。填土为黄色夯土，较纯净，质地较硬、细密。（图 2-375A）

由于墓葬被严重盗扰，二层台及腰坑均已不存。

由于该墓葬被严重盗扰，葬具与墓主情况不明。

由于被盗扰，随葬品情况不详。在墓葬东北角深 110 厘米处出土铜铃 1 枚，附近伴有狗骨架碎片。在盗洞中墓葬深 210 厘米处出土铜铃 1 枚。在墓葬填土中出有部分陶器碎片。

陶瓿 1 件。

SM376:4，泥质灰陶。残。残存腹、足部残片，直筒形腹，圈足极矮。残高 6.2 厘米。（图 2-375B）

陶簋 1 件。

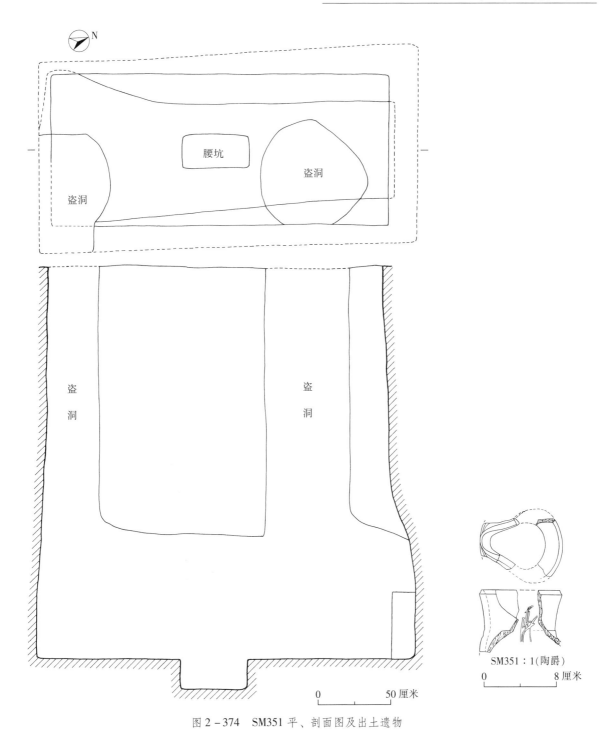

图2-374 SM351平、剖面图及出土遗物

SM376：5，泥质灰陶。残。残存口、腹部残片。侈口，圆唇，窄折沿，束颈，圆鼓腹。器表颈部饰网形划纹一周，上、下饰以凹弦纹五周。复原口径15.6厘米。（图2-375B）

陶罐 1件。

SM376：6，泥质红陶，残。残存口、腹、底部残片若干。侈口，圆唇，束颈，鼓腹，平底。腹部饰中粗绳纹。复原口径25.2厘米。（图2-375B）

陶盘 1件。

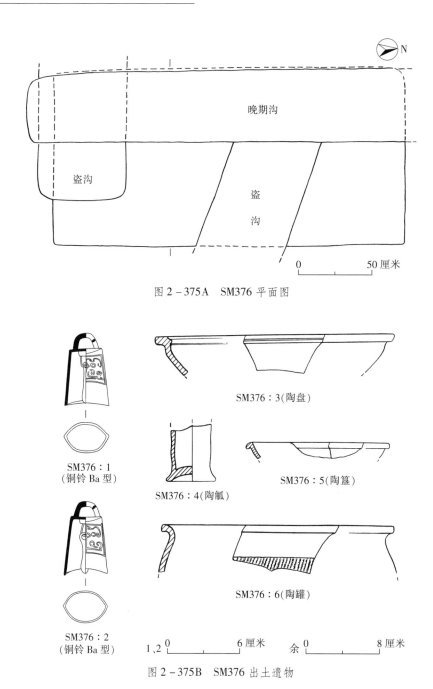

图 2 - 375A SM376 平面图

SM376:3(陶盘)

SM376:1
(铜铃 Ba 型)

SM376:4(陶瓿)

SM376:5(陶簋)

SM376:2
(铜铃 Ba 型)

SM376:6(陶罐)

1、2　0　　　6厘米　　余　0　　　8厘米

图 2 - 375B SM376 出土遗物

SM376:3，泥质灰陶。残。残存口、腹部残片若干。平沿，沿面内侧有凹弦纹一周。复原口径26.2厘米。（图2 - 375B）

铜铃 2件。

SM376:1，Ba型。微残。铃腔瘦长，铃腔截面呈椭圆形，平顶，上有半环形梁，口缘内凹，棒槌状铃舌，略长于铃体。铃身两面饰梯形凸弦纹，内填阳线饕餮纹。通高5.8、口缘径2.2×3.2、厚0.2厘米。（图2 - 375B；彩版三一二，2）

SM376:2，Ba型。完整。铃腔瘦长，铃腔截面呈椭圆形，平顶，上有半环形梁，口缘内凹，棒槌状铃舌，略长于铃体。铃身两面饰梯形凸弦纹，内填阳线饕餮纹。通高5.8、口缘径2.3×3.2、厚0.2厘米。（图2 - 375B；彩版三一二，3）

墓葬年代：殷墟四期。

SM427

位于 ST1901 的西北角，北部压在北隔梁下。开口于①层扰土下，直接打破生土，大部分被晚期坑所打破。方向为 190 度。（图 2 - 376；彩版三一二，4、5）

长方形竖穴土坑墓，直壁。墓口距地表 60 厘米，墓口长 210、东西宽 79 厘米，墓底长宽与墓口相同，墓深 186 厘米。填土以红褐色花土为主。经过夯打，但夯窝与夯层不清。填土内未见任何遗物。

墓内有一周高 16～23、宽 15 厘米的熟土二层台。

墓底中部有一长 43、宽 25、深 18～21 厘米的腰坑。腰坑为斜壁。腰坑内有散乱的小狗骨架一具，出有贝 1 枚。

葬具为一棺。棺长 180、宽 53～56、深 23 厘米。棺壁留有板灰。

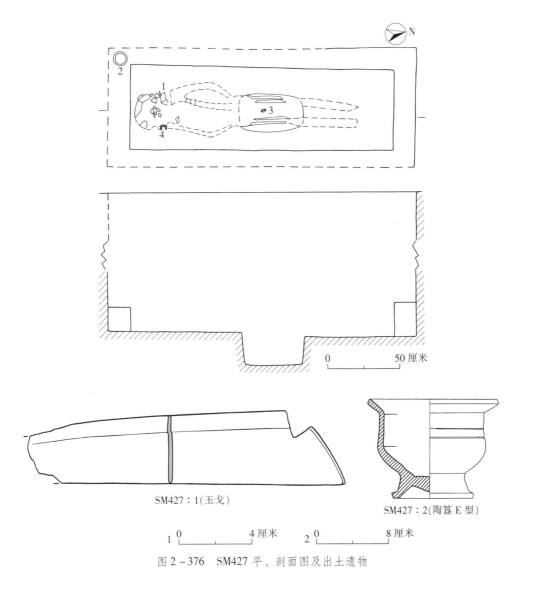

SM427：1（玉戈）

SM427：2（陶簋 E 型）

1 ⊢0━━━━━4厘米　　2 ⊢0━━━━━8厘米

图 2 - 376　SM427 平、剖面图及出土遗物

墓主尸骨由于腐朽，且被压成扁平状，所以只看清轮廓。墓主头朝南，面向东，直肢。两手臂放于腹部。盆骨与股骨置于腰坑内。墓主骨骼范围长为153厘米。

在墓主口内有贝1枚。头部有1件残碎的玉戈。在二层台内出土1件陶簋。

陶簋 1件。

SM427：2，E型。泥质灰陶。完整。体矮小，侈口，方唇，斜沿，束颈，圆鼓腹，上腹斜收，圜底，圈足较高且外撇，下带座盘。唇面饰凹弦纹一周。口径14.2、圈足径8.7、高10.5厘米。（图2-376；彩版三一二，4）

玉戈 1件。

SM427：1，残。牙黄色。内部残失。长条形援，援末残失，无中脊，一侧用一道细线形成小台面。单面打磨。残长17.8、援宽4、援厚0.2厘米。（图2-376；彩版三一二，5）

贝 2枚。A型货贝。

墓葬年代：殷墟四期。

SM593

位于ST3609中部偏南，其北与SM594相接。开口于①层下，北部打破F67，中部向南墓口被晚期坑打破。方向为15度。（图2-377）

长方形竖穴土坑墓，直壁、平底。墓口距地表50厘米，墓口长235、宽85~92厘米，墓深87厘米，填土为红褐色花夯土，土质坚硬，夯层不明显。东南角盗沟直达墓底。

二层台南部大部分被扰，北高南低，北端宽15、东西两侧宽11~15、高25~33厘米。内壁附有少量白色木板灰。

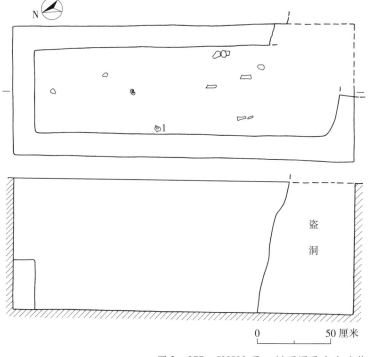

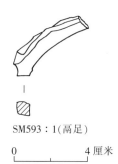

SM593：1（鬲足）

图2-377 SM593平、剖面图及出土遗物

葬具为木棺，但被扰，情况不明。

墓底扰土内有人骨，可能为墓主。

只发现 1 件残陶鬲足。

鬲足 1 件。

SM593：1，泥质灰陶。足尖较平。（图 2 – 377）

墓葬年代： 被其打破的 F67 属殷墟三期，结合出土陶鬲足判断，SM593 年代属殷墟四期。

SM658

位于 ST3711 西南部。开口于①层（扰土）下，墓室东南部被 SM673（殷墟四期晚段）打破，自身直接打破生土。方向为 167 度。（图 2 – 378A、B）

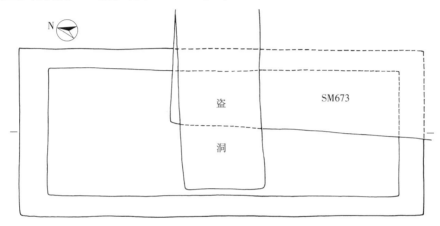

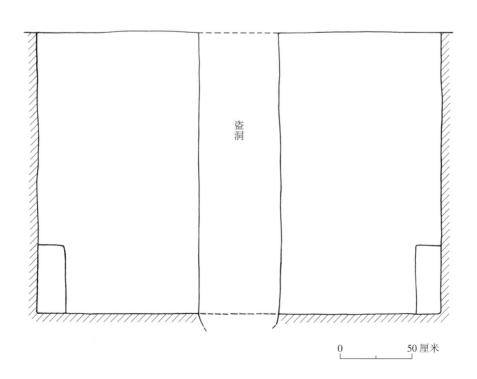

图 2 – 378A　SM658 平、剖面图

长方形竖穴土坑墓，墓壁平整。墓口距地表约 25 厘米，墓口长 275、宽 110 厘米，墓深 185 厘米。南部填土红褐色花土，稍加夯，夯层不明显。中部有一盗沟横穿SM673 和 SM658，深至墓底，填土浅灰色，土质松软。北部填土为散碎红烧土，成因不明。

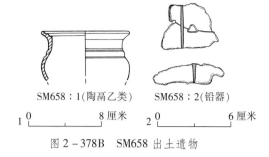

图 2－378B　SM658 出土遗物

二层台北端宽 19、南端宽 17 厘米、两边被扰边沿不齐整，宽 11～15、高 45 厘米。

腰坑居墓底中部，平面呈长方形，长 57、宽 21、深 15 厘米。内殉一幼狗，头向北，北向西，前腿屈于背脊，骨骼朽甚。

葬具为一棺一椁。南端二层台内壁附有白漆，其余现象均被破坏。椁宽 83、高 45 厘米，长度不详。棺长 184、宽 53～55 厘米，高度不详。

墓主骨架被扰不见，扰土内发现少量脊椎骨，其余不详。从腰坑殉狗头向来判断，墓主人头向应向南。

陶鬲 1 件，残，位于墓底扰土内。扰土内铅器残片无法辨识。

陶鬲 1 件。

SM658:1，残。乙类。泥质灰陶。残存口、腹部残片若干。窄折沿，方唇，沿面有凹槽二周，束颈，肩腹部饰凹弦纹数周。口径 9.6、残高 5.3 厘米。（图 2－378B）

铅器 1 件。

SM658:2，残损严重，不辨器形。（图 2－378B）

墓葬年代： 殷墟四期。

SM781

位于 ST2209 西北部。口部被现代坑打破，南部还有 1 个盗坑直至墓底，打破黄沙质生土。方向为 16 度或 196 度。（图 2－379；彩版三一三，1）

长方形竖穴土坑墓，墓葬口小底大。墓口长 247、东西宽近 100 厘米，墓底长 260、东西最宽 110 厘米，墓口至盗扰最深处 230 厘米。填土为黄褐色花夯土，质地硬。

近底有熟土二层台。最宽 26 厘米。二层台以内全被盗扰。

因被盗扰的深度超过墓底，不能确知是否有腰坑。

葬具不详。从留有二层台的情况看，至少应有木棺。

墓主骨架无存。

随葬品有铅凿、铜鼎足各 1 件。

铜鼎足 1 件。

SM781:2，残。残存柱状空心足一只，断面呈半圆形，足内尚存范土。残高 8.5、足径 1.9 厘米。（图 2－379；彩版三一三，1）

铅凿 1 件。

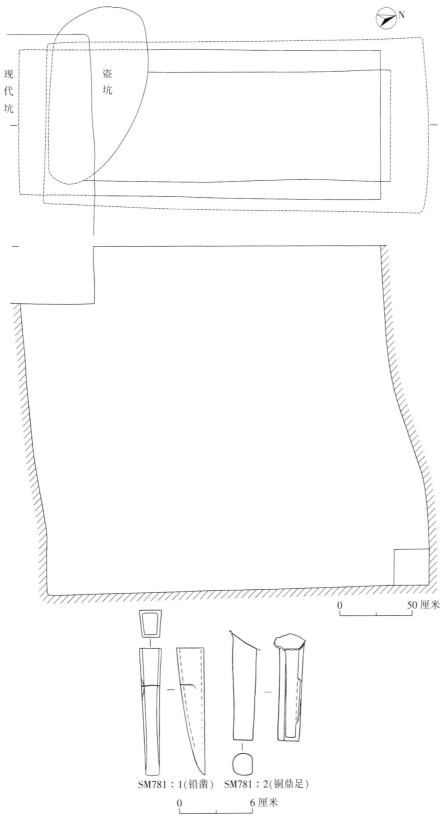

现代坑

盗坑

N

0   50厘米

SM781:1(铅凿) SM781:2(铜鼎足)

0   6厘米

图 2-379 SM781 平、剖面图及出土遗物

SM781:1，残。长条形，梯形銎，单面刃。长 10、刃宽 1.2、銎径 1.2×1.6 厘米。（图 2-379）

墓葬年代：殷墟四期。

SM867

位于 ST2010 北部居中。开口于第①层下，打破生土。墓室较浅，上层被扰。方向为 15 度。（图 2 – 380；彩版三一三，2~5）

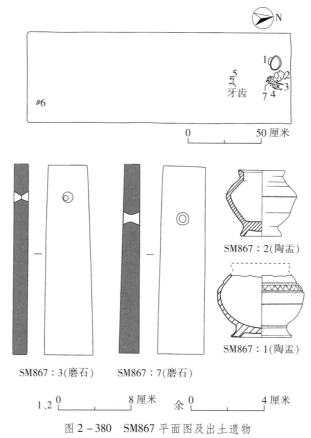

图 2 – 380 SM867 平面图及出土遗物

长方形竖穴土坑墓。墓口距地表深 40 厘米，墓口长 180、宽 60 厘米，墓深 30 厘米。填黄花夯土，夯土较实、较密。

墓室底部有黑色木板灰。

无二层台与腰坑。

墓主骨架已朽成粉状，头向北，面向、葬式均不明。

墓室底部北端有陶盂 2 件、磨石 2 件、大量的耳螺与钻螺。墓主口内含贝 3 枚，墓室底部东南角有贝 1 枚。

陶盂 2 件。

SM867:1，泥质灰陶。残。体矮小，口部缺失，鼓腹内收，矮圈足。肩部饰凹弦纹四周，间饰网状划纹一周。腹径 9.4、底径 6.4、残高 6.6 厘米。（图 2 – 380）

SM867:2，泥质灰陶。修复。体矮小，侈口，方唇，束颈，斜折肩，鼓腹内收，矮圈足。肩部饰凹弦纹二周。口径 5、底径 4.4、高 7 厘米。（图 2 – 380；彩版三一三，2）

磨石 2 件。

SM867:3，完整。黄褐色砂岩。体窄而薄，扁平长梯形，上端有一对钻孔。表面粘有少量朱砂。

长 9.9、宽 2～2.6、厚 0.6、孔径 0.4 厘米。（图 2－380；彩版三一三，3）

SM867：7，修复。黄褐色砂岩。体窄而薄，扁平长梯形，上端有一对钻孔。长 9.9、宽 2.2～2.4、厚 0.8、孔径 0.5 厘米。（图 2－380；彩版三一三，4）

耳螺、钻螺和蜗牛壳

SM867：4，耳螺 148 个，钻螺 55 个，蜗牛壳 35 个，合计 238 个。耳螺和钻螺之上均有钻孔，蜗牛壳上未发现钻孔。（彩版三一三，5）

贝　4 枚，A 型货贝。

墓葬年代：殷墟四期。

NM164

位于 NT1818 东北角。开口于③层下，北侧打破 H68（殷墟文化三期）。方向为 11 度。（图 2－381A、B；彩版三一三，6；彩版三一四，1、2）

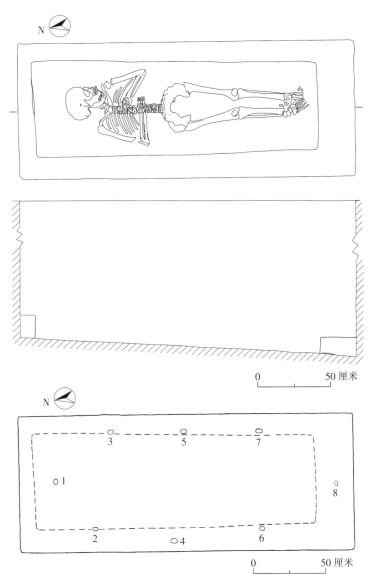

图 2－381A　NM164 平、剖面图及墓底桩孔图

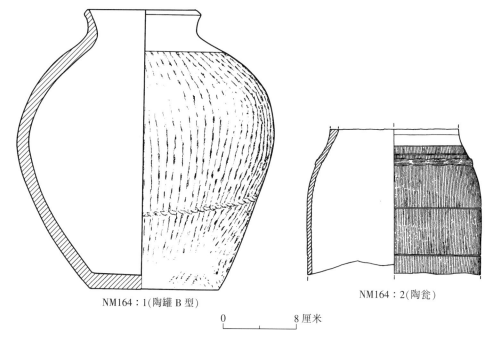

NM164：1(陶罐 B 型)　　　　　　　　　　NM164：2(陶瓮)

0　　　　　　8厘米

图 2 - 381B　NM164 出土遗物

　　长方形竖穴土坑墓，墓壁略向外扩。墓口距地表约 100 厘米，墓口长 230、东西宽 90 米，墓底长南北长 230、东西宽 90 厘米。墓底北高南低，成斜坡状，落差约 13 厘米，墓深 250 厘米。填土为红褐色花夯土，上部较为紧密、坚硬，下部稍软。夯层厚约 20 厘米，夯窝不明显。（图 2 - 381A）

　　墓底周围有高约 10、宽 10~25 厘米的熟土二层台。其台面随墓底的倾斜而倾斜。

　　无腰坑。

　　葬具为木棺，保存较差，仅发现少量木灰。长 195、宽 58~64、残高 12~15 厘米。

　　在墓底发现有 8 个木桩孔洞，墓室两端各有 1 个，两侧各有排列对称、整齐的 3 个。这些孔的平面呈椭圆形，孔洞直径 2~4.5、深 5~25 厘米。（图 2 - 381A）

编号	位置	形状	直径（厘米）	深度（厘米）
1	北端	椭圆形	2.5 × 3.5	19
2	西侧北部	椭圆形	2 × 3	12
3	东侧北部	椭圆形	2.5 × 3.5	20
4	西侧中部	椭圆形	3 × 4.5	11
5	东侧中部	椭圆形	3 × 4	25
6	西侧南部	椭圆形	2.5 × 3.5	25
7	东侧南部	椭圆形	2.5 × 4	17
8	南端	椭圆形	2 × 3.5	5

　　墓主骨骼范围长度 150 厘米。骨骼大部腐朽成粉状。墓主仰身直肢，头北面东，两前臂弯曲，手置于胸部，两足并拢。

　　墓主口含贝 3 枚，左手中 1 枚，右手中 2 枚，足踝间 1 枚，合计 7 枚。在填土中出有打碎陶罐和瓮各 1 件。

　　陶罐　1 件。

NM164：1，B 型。泥质灰陶。残。器形高大，口部残，侈口，方唇，束颈，圆肩，鼓腹，平底。通体至底部饰中粗绳纹。口径 12.9、底径 14.2、高 29.6 厘米。（图 2 - 381B）

陶瓮　1 件。

NM164：2，泥质红陶，残。口部残，束颈，直腹。肩部饰凹弦纹数周及附加堆纹一周，腹部饰弦断绳纹。残高 15.4 厘米。（图 2 - 381B）

贝　7 枚，A 型货贝。

墓葬年代：殷墟四期。

人骨鉴定：

骨质较差，多挤压变形成饼状。

女性。50 ± 岁。

盆骨、头骨、肢骨性征明显。牙齿磨耗 4 ~ 5 级。

NM183

位于 NT1920 东南角。开口于 NT1920④层下，打破 H202。方向为 304 度。（图 2 - 382；彩版三一四，3）

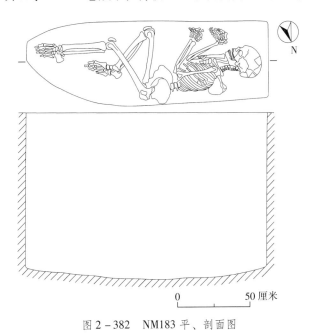

图 2 - 382　NM183 平、剖面图

长方形竖穴土坑墓，墓壁较直。墓口距地表深约 120 厘米，墓口长 165、宽 50 ~ 55 厘米，墓深 102 ~ 110 厘米。该墓东北壁是依 H202 的东北壁而修筑的，故东南段向内弯弧，西南壁近东南端也略向内弯弧。底部中间低两端高，除东北壁为 H202 坑壁外，其余均为 H202 内的堆积土。填土为灰褐色花土，略被夯实，未见夯层和夯窝。

无葬具。

墓主侧身屈肢，头向西北，面向南。两臂向上弯曲，手指向西南伸直，右腿向上弯曲，股骨与身体成直角，压在左腿下，左腿略向上弯曲。骨架保存完整。

无随葬品。

墓葬年代：NT1920④为殷墟四期，H202 为殷墟三期，因而把该墓年代定为殷墟四期。

人骨鉴定：

骨质较差，头骨碎裂，肢骨关节残损严重，盆骨等腐朽严重。

男性。16～18 岁。身高约 158 厘米。

盆骨、头骨性征明显。肢骨缝皆未完全愈合，牙齿磨耗较小，肢骨密度中等。

卵圆形颅，中长颅、高颅、狭颅、高面、狭面、高眶、狭鼻、鼻颧角中等，平颌型等。

距骨上跪踞面不明显，髌骨无骨赘。牙齿保存较好，但下颌左右 M3 已萌出。

NM184

位于 NT1920 的南边缘中部。开口于 NT1920 第④层下，打破 H202 和部分生土。方向为 0 度。（图 2－383；彩版三一五，1）

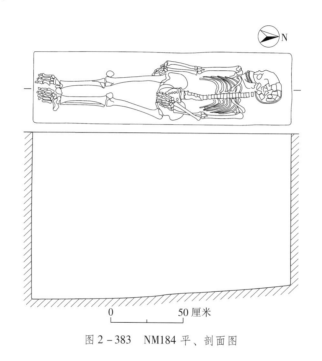

图 2－383　NM184 平、剖面图

长方形竖穴土坑墓，墓壁较直，底部北高南低，该墓西壁北段打破生土，南段依 H202 坑壁修筑，其东壁和南壁为 H202 内的堆积土。墓口距地表深约 120 厘米，墓口长 177、宽 48 厘米，墓深 100～110 厘米。灰褐色花土，略被夯实，较硬，未见夯层和夯窝。

无二层台、腰坑与葬具。

墓主仰身直肢，头北面西。右手置于右股骨部，左手搭于盆骨上，两腿并拢。骨架保存完整。

无随葬品。

墓葬年代：④层为殷墟文化四期，H202 为三期，因而把该墓年代定为殷墟四期。

人骨鉴定：

人骨保存状况一般。颅骨仅存部分残片，下颌骨残破，26 颗牙齿保存。上肢骨及其带骨仅肢骨残段及左侧锁骨残段保存，下肢骨及其带骨仅股骨残段及髋骨骨片保存。第二颈椎及部分胸椎椎体保存。部分手部及足部骨骼保存。

墓主颅骨骨壁较薄。下颌角外翻不明显,下颌支较窄,颏部较圆。耻骨下支内侧缘内凹,耻骨支移行部呈方形。据此性别特征判断,该个体为女性。骨骺完全愈合。耻骨联合面形态 VII 级(Todd 分级系统)和 4 级(Suchey–Brooks 分级系统),第八期(邵象清分级系统);第一、二臼齿磨耗程度 4 级(吴汝康分级系统);据此推断该个体年龄 35 ~ 40 岁。仅据四肢长骨保存状况目前无法进行身高估算。

墓主上颌前部牙齿及下颌双侧犬齿均未见釉质发育不全现象。左侧上颌第一前白齿生前脱落。右侧上颌中门齿及犬齿处齿槽唇侧面可见由根尖脓疡造成的瘘孔。牙结石重度。多颗上颌牙齿可见轻微的釉质剥脱现象。上颌骨硬腭腭中缝处可见显著的骨质隆起,同样情况出现在下颌骨舌侧面齿槽突下缘。右侧髋臼窝上、前缘呈轻微的点片状凹凸不平。左侧月骨近中面(与尺骨和桡骨远端关节面相接)可见珊瑚样骨质疏松的小孔。右侧骰骨远中面(与第 4 和第 5 跖骨近端相接)也呈现珊瑚样骨质疏松的小孔。双侧第一跖骨远端由骨赘形成的假关节表面均呈珊瑚样骨质疏松,右侧较左侧稍显著。

NM188

位于 NT1920 东南部及其扩方内。开口于 NT1920 第④层下,打破 H202。方向为 5 度。(图 2 – 384;彩版三一五,2)

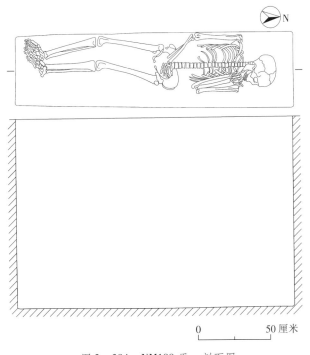

图 2 – 384 NM188 平、剖面图

长方形竖穴土坑墓,墓壁较直,底部平整。墓口距地表深约 120 厘米,墓口长 190、宽 45 ~ 50 厘米,墓深 125 厘米。南壁为 H202 的坑壁,其余均为 H202 内的堆积。填土为灰褐色花土,土质较硬,可能被夯实,但未见夯层和夯窝。

未见二层台、腰坑与葬具。

墓主侧身屈肢，头北面东。左臂向上弯曲，手搭于肩部。右手至于腹部。骨架保存较好。骨质较差，头骨碎裂严重，肢骨关节多碎裂，多挤压变形严重，椎骨、肋骨腐朽严重。

无随葬品。

墓葬年代：④层为殷墟文化四期，H202为殷墟文化三期，因而把该墓年代定为殷墟四期。

人骨鉴定：

男性。50±岁。身高约164厘米。

头骨性征明显。骨密度较小，牙齿磨耗不统一，下颌重于上颌，下颌5级，上颌3级强。

卵圆形颅，中长颅、高颅、狭颅、中高面、中狭面、圆眶、中高眶、狭鼻、鼻根较突等。

跖骨上有明显跪踞面痕迹，髌骨上无骨赘，可能与跪坐重心靠后有关。上颌左侧M2龋齿至齿根。股骨干向外侧有一定圆弧度，与骑马民族类似，可能与此人身份有关。

SM557

位于ST2306中东部。开口于第①层下，上部被晚期坑打破，东部被H262打破，SM557打破生土。方向为12度。（图2－385）

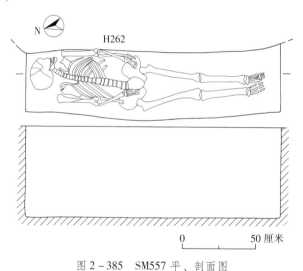

图2－385　SM557平、剖面图

长方形竖穴土坑墓，墓壁较直。墓口距地表深50厘米，口底同大，墓口长175、残宽38～45厘米，墓深60厘米。填土为黄灰土，土质较松。

无二层台与腰坑。

在墓主人骨下有席纹，邻墓西壁边有席纹，可见人骨下铺有席。

墓主仰身直肢，头北面东，双手交叉放于盆骨上。骨架保存较完好。

未见随葬品。

墓葬年代：H262属殷墟四期，因而SM557年代不晚于此时。

人骨鉴定：

男性。40～45岁。

头骨性征明显。肢骨粗壮度中等。牙齿磨耗4级。

第一第二跖骨上有明显的跪踞面。

SM565

位于 ST2306 东南部。开口于第①层下，北部被 H262 打破。方向为 10 度。（图 2 - 386；彩版三一六，1）

长方形竖穴土坑墓，墓壁较直。墓口距地表深 45 厘米，墓口长 130、东西宽 40 ~ 50 厘米，墓深 40 厘米，填土为红褐色夯土，土质较硬。

未发现二层台、腰坑与葬具。

墓主骨骼保存完好，俯身直肢，头北面西，双手交叉压于盆骨下，下肢顺直。

墓主脚东边出有残陶范 1 件。疑为填土中的。

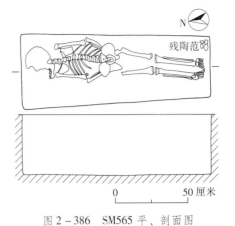

图 2 - 386　SM565 平、剖面图

墓葬年代：H262 属殷墟四期，因而 SM565 年代不晚于四期之时。

人骨鉴定：

性别不明。6 ~ 7 岁。

骨缝未愈合。下颌 M1 萌出，门齿未完全萌出。

SM591

位于 ST3609 西南部。开口于①层下，其北端被 SM678 叠压和打破口部，南端被 H460 打破口部，墓口东壁打破 SM592。方向为 195 度。中部有一盗沟横跨 SM591 和 SM592，长约 180、宽约 53 厘米，深至墓底，填土与墓土相近，土质松软。（图 2 - 387；彩版三一六，2、3）

长方形竖穴土坑墓。墓口距地表约 50 厘米，墓口长 220、宽 138 ~ 145 厘米，向下约 60 厘米，向西收缩挪位。墓室长 220、宽 98 ~ 105 厘米。北壁上部被 SM678 破坏；东壁上部约 60 厘米高为 SM592 墓室夯土，下部向西收缩后为生土壁，高约 62 厘米。另二面为直壁，较平整。墓底长 220、宽 98 ~ 105 厘米，墓深 122，填土为红褐花土，土质坚硬，夯层不匀，厚 15 ~ 25 厘米，夯窝稀疏，分布无规律，窝径 6 ~ 8 厘米，剖面呈半球体。

二层台南端宽 11、北端宽 20、西侧宽 9 ~ 13、东侧宽 23 ~ 24 厘米，中部被盗沟破坏，高 33 ~ 36 厘米。

腰坑居中偏西，长方形，西壁外弧，直壁，长 65、宽 21 ~ 26、深 26 厘米，内殉一狗，骨质较差，头及部分腿骨较好，头南面东，俯卧直身。

葬具为木棺，发现有少量红、黄漆。长 190、宽 66、高 33 ~ 36 厘米。

墓主被扰，墓底北部有少量小腿骨残段及趾骨，南端扰土内有一头骨较完整。推断墓主头向西南。

随葬有骨管 1 件，位于东南角二层台下。

骨管　1 件。

SM591:1，残。B 型。体较长。长 5.7、直径 2.4 ~ 2.7 厘米。（图 2 - 387；彩版三一六，3）

该墓可能与 SM592 有特殊的关系，其墓口打破 SM592 西部，发现重叠后向西避让，两墓并排而建，墓主为一女一男，头均向南。为夫妇异穴合葬的可能性较大。

墓葬年代：H460 年代为殷墟四期，因而 SM591 年代不早于殷墟四期。

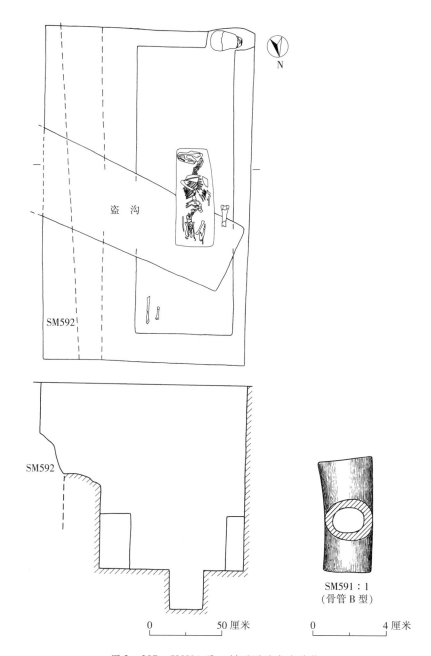

图 2-387 SM591 平、剖面图及出土遗物

人骨鉴定：

墓主人骨保存情况较差，仅采集颅骨以供观察，下颌骨未保存。上颌 13 颗牙齿保存。

墓主颅骨表面光滑，肌线和肌脊不明显，眶上缘薄锐，额结节明显，眉弓不显，乳突上嵴不显，乳突较小，枕外隆凸较弱，上项线不显。据以上颅骨性别特征推测，墓主可能为女性个体。颅骨骨缝未愈合，但矢状缝顶孔区有愈合迹象。第三臼齿萌出，齿尖顶部及边缘稍有磨耗；第一、第二臼齿磨耗程度约为 3 级（吴汝康分级系统），据以上特征推测，该个体应为年轻成年个体，年龄 25～35 岁。四肢长骨未保存，因此无法进行身高估算。

墓主左侧上颌窦内可见网织状的新骨形成。上颌前部牙齿唇侧面可见线型釉质发育不全。上颌右侧门齿咬合面釉质剥脱。

SM771

位于 ST3005 北部偏西。开口在③层下，北部被 H542 打破，南部被晚期灰坑打破，中西部有圆形盗洞。方向 20 度。（图 2－388；彩版三一六，4、5）

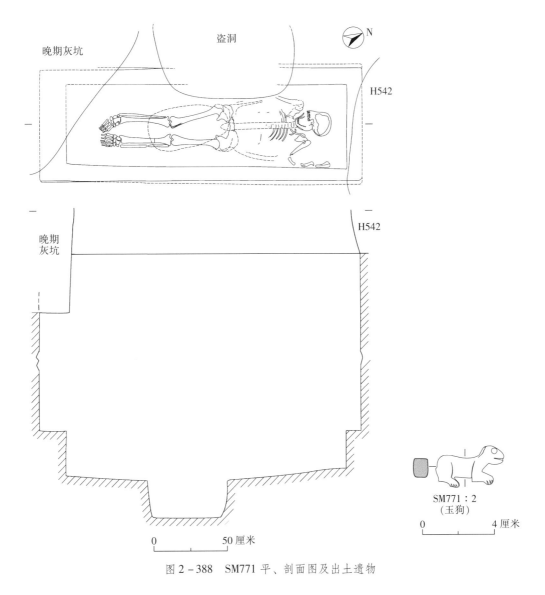

图 2－388　SM771 平、剖面图及出土遗物

长方形竖穴土坑墓，墓壁较直。墓口长 219、宽 73～75 厘米，墓底长 219、宽 76～80 厘米，墓深 255～214 厘米。填土为黄褐花夯土，土质较硬。

墓底有一周生土二层台，宽 12～18、高 25～30 厘米。

墓底中部一椭圆形腰坑，长 54、宽 17～27、深 18 厘米。内殉葬一狗，头向北，嘴朝西，侧身，肢体蜷曲。

葬具为一棺，木质，已朽为灰迹。棺长 190、宽 53～56、残高 30 厘米。墓主人骨上部有红漆，可能是塌落的棺盖上所髹红漆。

墓主仰身直肢，头北面西。尸骨保存不甚完好，上肢骨和肋骨全呈粉末状。

随葬品有 1 件玉狗、2 枚贝，均含在墓主口中。墓主头部有羊腿骨，可能是从棺上塌陷下来的。

玉狗 1 件。

SM771：2，残。青白色，部分受沁。圆雕。仰头，咧嘴，双耳残，四足蹲踞状，短尾。长 3.7、宽 1.7、厚 0.8 厘米。（图 2 – 388；彩版三一六，5）

贝 2 枚。A 型货贝。

墓葬年代：SM771 被殷墟四期之时的 H542 打破，因而其年代不早于殷墟四期。

SM801

位于 ST3207 的中部偏西，东为 SM800。开口于③层下。方向为 194 度。（图 2 – 389）

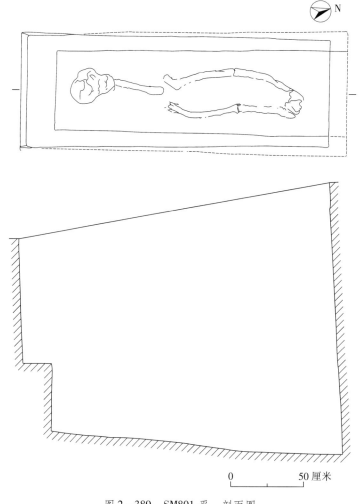

图 2 – 389 SM801 平、剖面图

长方形竖穴土坑墓。墓口距地表 15～35 厘米，墓口长 212、宽 71～77 厘米，墓底长 220、宽 73～84 厘米，墓深 178 厘米。墓内填土为黄花土，经过夯打。

墓底南、东、西侧有熟土二层台，宽 12～20、高 51 厘米。北侧二层台极少。

墓底无腰坑。

葬具为一棺。从二层台看，棺长 200、宽 52、残高 51 厘米。在西侧二层台边缘可见板灰。

墓主人骨骼保存较差，除头骨、脚趾和牙齿少量残留外，其他部分基本不存。墓主仰身直肢，头南面上。

该墓内无葬品。

墓葬年代： ST3207③为殷墟四期，因而该墓年代不晚于殷墟四期之时。

SM811

该墓位于 ST3207 的西部中间，其西部为 SM801。开口于③层下。方向为 195 度。（图 2 - 390）

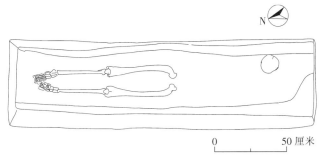

图 2 - 390　SM811 平面图

长方形竖穴土坑墓，口略大于底。墓口距地表约 55 厘米，墓口长 210、宽 57 厘米，墓底长 204、宽 48 厘米，墓深 78 ~ 89 厘米。二层台不甚规整，北端没有，南端较宽，东西两侧较窄。墓内填土为红褐花土，经夯打。

墓底有二层台，宽 4 ~ 8、高 20 厘米。

未发现葬具。

墓主骨架保存较差，仅存头骨碎片和下肢骨。

无随葬品。

墓葬年代： 从墓葬形制上判断该墓为殷墟时期，T3207③层为殷墟四期，因而此墓年代不晚于殷墟四期之时。

第八节　殷墟时期墓葬

SM1

位于 ST1032 西南角。开口于②层下。方向为 15 度。（图 2 - 391；彩版三一七，1、4）

长方形竖穴土坑墓，墓壁较垂直，墓底较平。墓口距地表深 80 厘米，墓口长 165、宽 52、深 60 厘米，填土为黄花土，经夯打，较硬，夯层厚 6 ~ 10 厘米。

无二层台、腰坑与葬具。

墓主仰身直肢，头北脚南，面向上，右臂置于胸部与肘部成锐角。左臂置于腹部与肘部成直角，脊椎骨及肋骨腐朽较严重。

在墓主头骨北侧，有 1 件文蛤。

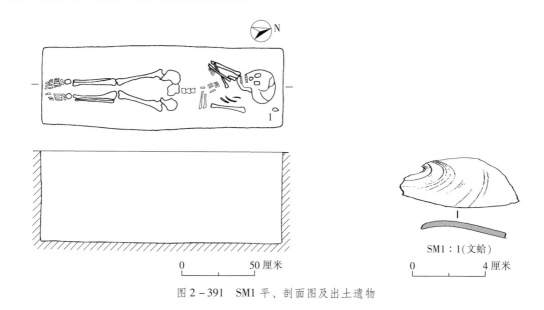

图 2 - 391　SM1 平、剖面图及出土遗物

文蛤　1 件。

SM1∶1，残。单扇小文蛤，蛤背上有褐色锯齿纹，根部有一残孔。残宽 2.7 厘米。（图 2 - 391；彩版三一七，4）

墓葬年代：根据墓葬形制，判定该墓为殷墟时期。

人骨鉴定：

骨质保存较差，头骨挤压变形且破碎较多，肢骨多腐朽较重，不易提取，椎骨盆骨等残损严重，牙齿保存相对较好。

女性。35±岁。身高约 158 厘米。

前额较直，下颌角大，椎骨小，耳前沟发育，但肢骨粗壮，髋骨较厚，综合偶按段性别。下颌左 M1 齿质大部分暴露，磨耗达 4 级，肢骨密度大。

中长颅，高颅、中颅、中面、中鼻、高眶、吻部略前突，鼻根低平，鼻颧角大，颧骨较高。

肢骨粗壮、骨密度大、牙齿较好、椎骨未见骨赘等判断，生前健康状况良好。

从骨骼姿势看，埋葬时是右手反手扣于胸部，肌肉腐烂后，手骨跌落，脱离腕部，未见明显创伤。

SM3

位于 ST1021 南半侧中部。开口于②层下，墓口大部被一现代坑扰。方向为 285 度。（图 2 - 392；彩版三一七，2）

长方形竖穴土坑墓，墓壁较平直，墓底较平。墓口距地表深 96 厘米，墓口长 195、宽 60 厘米，墓深 154 厘米，填土为黄花土且经夯实，较硬，夯层厚 6～10 厘米。

墓底有熟土二层台，宽 8～10、高 7 厘米。

未发现腰坑。

有长方形木棺，棺长 175、宽 46、残高 7 厘米。

墓主仰身直肢，头西脚东，面向南。头骨至腹部已朽成粉末状，骨盆以下骨质保存尚好。

未发现随葬品。

墓葬年代：据墓葬形制判断，该墓为殷墟时期。

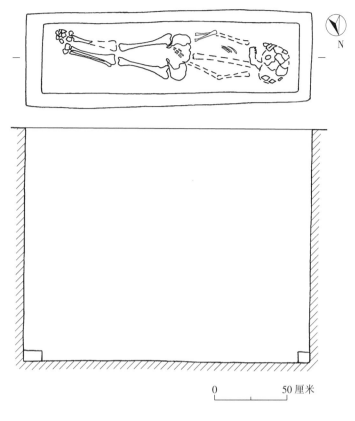

0   50 厘米

图 2 - 392   SM3 平、剖面图

人骨鉴定：

骨质保存极差，头骨压为碎片，上肢骨腐朽严重，肋骨椎骨等仅余残片。头骨挤压变形呈饼状，下肢骨相对较好，但也残损严重。

男性。40 ± 岁。身高约 160 厘米。

头骨壁厚，下颌片粗厚，眉弓粗壮，坐骨大切迹深。臼齿磨耗严重，达 4~5 级，而门齿和前臼齿磨耗较轻，2 级。

颅骨片显示为中颅、高颅、阔颅，面部不清。

保存差，未见明显疾病创伤现象。下颌 M1M2 有牙周炎现象。

SM7

位于 ST1429 的西北角。开口于②层下，打破生土层。方向为 11 度。（图 2 - 393；彩版三一七，3）

长方形竖穴土坑墓，南北长 209、东西宽 65、深 60 厘米。填土是褐色花夯土，夯层厚 15 ~ 20 厘米。

有熟土二层台，北面宽 16、深 14 厘米，南面宽 15、深 7 厘米。

无腰坑。

有一木棺，长 179、宽 40、残高 15 厘米。

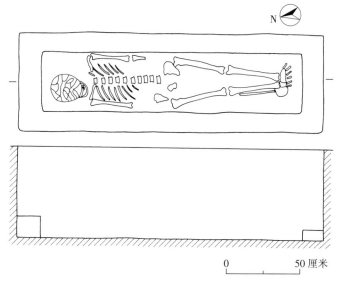

图 2-393 SM7 平、剖面图

墓主俯身直肢，面向下，双脚并拢。据鉴定，墓主骨骼范围长度 160 厘米。无随葬品。

墓葬年代： 据墓葬形制分析，该墓为殷墟时期。

人骨鉴定：

骨质较差，头骨呈碎片，肢骨残损严重，尤其关节部位腐朽严重。

男性。30～35 岁。

头骨片性征明显。牙齿磨耗 3 级。

右侧下颌内侧有骨膜炎症发生，并有骨松质样的骨质附着物。左侧肱骨中部有炎症产生的骨壁增厚现象。左侧髂骨耳状关节面后部有大片骨松质的骨质隆起，可能与盆腔的炎症有关。

SM8

位于 ST1429 的西北部。开口于②层下，打破生土层，南部被现代扰坑打破。南部有椭圆形盗洞。方向为 10 度或 190 度。（图 2-394；彩版三一七，5）

长方形竖穴土坑墓。南北长 230、东西宽 90、深 210 厘米。

无二层台与腰坑。

没有发现葬具痕迹，在墓底有少量朱砂点。

没有发现墓主骨架。

在该墓填土中发现朱砂文蛤一个。

文蛤 1 件。

SM8:1，残。双扇中文蛤，蛤背残损严重，上有褐色锯齿纹，根部磨出一小孔。残宽 5.3～5.5 厘米。（图 2-394；彩版三一七，5）

墓葬年代： 根据墓葬形制，判断 SM8 为殷墟时期。

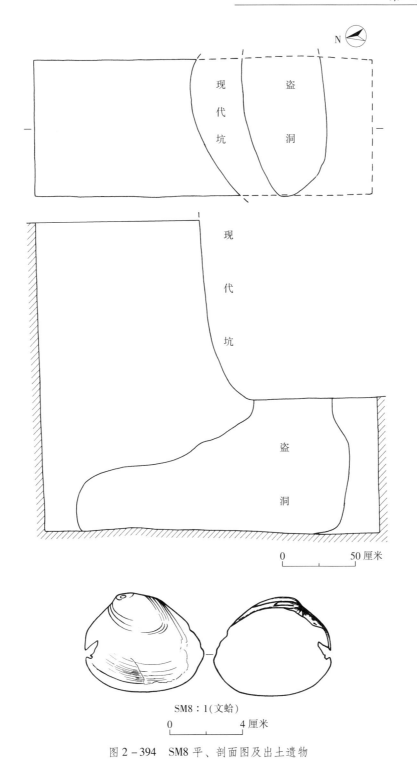

SM8:1（文蛤）

0　　　　　4厘米

图2-394　SM8平、剖面图及出土遗物

SM11

位于ST1430西南部，开口②层下，打破生土。在SM11南端发现一盗洞，紧靠东壁，距南壁约25厘米，直盗入墓底。在SM11北端亦有一盗沟，宽55厘米，打破SM11西壁和墓内夯土。方向为5度。（图2-395）

长方形竖穴土坑墓，口小底大。墓口距地表60厘米，墓口长190、宽70厘米，墓底长218、宽75

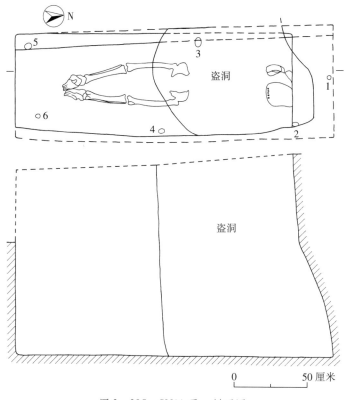

图 2-395　SM11 平、剖面图

厘米，墓深 135 厘米。填土为灰黄色五花夯土，土质较硬，夯层厚 18~20 厘米，因夯层较厚，夯窝不清晰。

在墓底发现 6 个木桩孔洞，西侧 2 个、东侧 3 个、北端 1 个。

编号	位置	形状	口径（厘米）	深度（厘米）
1	北端中部	椭圆形	2×2.5	11
2	东侧北部	椭圆形	3×4	20
3	西侧中部	椭圆形	4.5×6	30
4	东侧中部	椭圆形	3×4	22
5	西侧南端	椭圆形	4×4.5	17
6	东侧南端	椭圆形	2.5×4	20

葬具被盗毁，但从木桩孔推测，应有木棺。

墓主为一成年女性，仰身直肢，骨架上部无存，腿骨比较完整。

未发现随葬品。

墓葬年代：从墓葬形制判断，该墓为殷墟时期。

SM13

位于 ST1329 的东北角，该墓大部分压在探方东北隔梁下，一部分压在 ST1330 东隔梁下。开口于近现代扰坑之下，打破 F4-3 和生土。方向为 9 度或 189 度。被盗，在墓室东壁有一盗洞斜穿至墓底。（图 2-396）

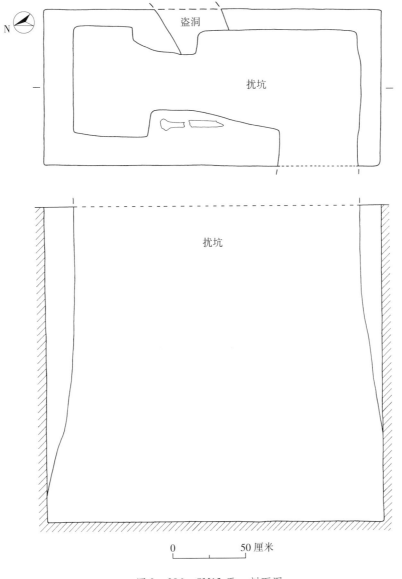

图 2 – 396　SM13 平、剖面图

长方形竖穴土坑墓，墓壁较直。墓口距地表 110 厘米，墓口长 230、宽 104 厘米，墓深 210 厘米。填土为黄褐色五花土，由于盗扰严重，土质较松。

没有发现二层台与腰坑。

没有发现葬具。

由于严重被盗，墓主骨架几乎无存，其葬式与年龄、性别不详。

未发现随葬品。

墓葬年代：从结构分析，该墓为殷墟时期墓葬。被其打破的 F4 属殷墟一期偏晚之时。因而其应为不早于殷墟一期偏晚之时的殷墟墓葬。

SM18

位于 ST1930 西南部。开口②层下，打破生土。方向为 10 度。（图 2 – 397）

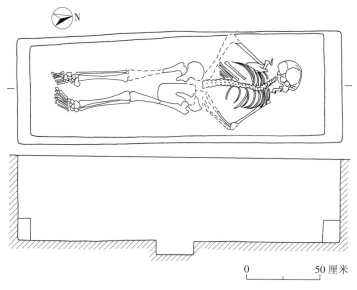

图 2 - 397 SM18 平、剖面图

长方形竖穴土坑墓，墓壁较直，底平。墓口距地表 30 厘米，墓口长 222、北宽 74、南宽 70 厘米，墓深 55 厘米，填土为黄花土且经夯实，较硬，夯层厚 6 ~ 10 厘米。

熟土二层台经夯实，距墓口深 40 厘米，东西两侧二层台宽 5、南侧二层台宽 10、北侧二层台宽 12 厘米，高 15 厘米。

腰坑长 27、宽 11、深 10 厘米。

葬具为长方形木棺，棺长 200、北宽 67、南宽 70、残高 15 厘米。墓主下肢骨上有红漆痕迹，应为木棺之上的。

墓主俯身直肢，头北面东，上肢弯折呈直角，置于腹部下，脊椎侧弯。骨质疏松，手骨朽成粉末状。

无随葬品。

墓葬年代：据墓葬形制分析，该墓年代为殷墟时期。

人骨鉴定：

骨质较差，头骨挤压变形呈碎片，其他骨骼残损严重。

男性。35 ~ 40 岁。身高 174 厘米。

盆骨及肢骨性征明显。骨密度大。牙齿磨耗重，多达 5 级。

牙齿磨耗极重，比实际年龄重。肢骨和盆骨显示年龄较轻，应与食物结构有关。未见明显增生现象。

骨密度年龄与牙齿磨耗之间年龄差异较大。

SM19

位于 ST2126 北半侧中部。开口于②层下，打破生土，墓口中部西侧被一殷代灰坑打破。方向为 21 度。（图 2 - 398；彩版三一八，1）

长方形竖穴土坑墓，北壁墓口向下 92 厘米处开始向外缓势倾斜。距地表深 40 厘米，墓口长 217、

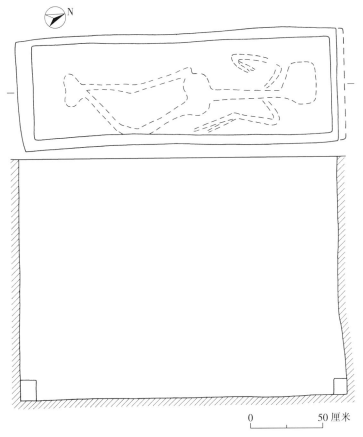

图 2－398　SM19 平、剖面图

南宽 73、北宽 77 厘米，墓底长 223、南宽 73、北宽 77 厘米，墓深 160 厘米。

二层台距墓口深 148 厘米，熟土且夯实，东西宽 6、南北宽 10、高 14 厘米。

未筑腰坑。

葬具为长方形木棺，长 203、宽 62、残高 14 厘米。髹有红漆。

墓主头北脚南，一臂折于胸部与肘部成锐角，另一臂伸展，下肢微弯曲，双足交叉。人骨骼已朽成粉末状，葬式不明。

未见随葬品。

墓葬年代：据墓葬形制判断，该墓为殷墟时期。

人骨鉴定：

骨骼保存极差，头骨与肢骨皆呈粉状。

性别不明。年龄成年。

SM20

位于 ST1428 东部偏南处，被盗。开口于②层下，打破生土层。方向为 6 度。

长方形竖穴土坑墓。墓口距地表 60 厘米，墓口长 210、北端宽 80、南端宽 70 厘米，墓深 15 厘米。填土较硬的黄褐色五花土，并经夯实。（图 2－399；彩版三一八，2）

未筑腰坑。

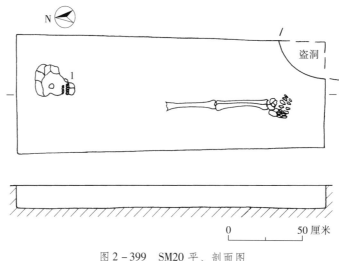

图 2－399 SM20 平、剖面图

未发现葬具痕迹。

墓主残存头部和左下肢骨，仰身直肢，头北面西。

墓主口内含 1 枚 A 型货贝。

墓葬年代： 依据墓葬形制，判断该墓为殷墟时期。

人骨鉴定：

骨质极差，仅余头骨碎片及右下肢残段，其余未见，头骨挤压呈饼状。

女性。45±岁。

头骨残片形状和厚度、下颌角、下肢段等呈女性。上下颌臼齿磨耗为 5 级，肢骨密度大。

SM21

位于 ST1422 西南角。开口②层下，直接打破生土。被盗破坏严重。方向为 10 度或 190 度。（图 2－400；彩版三一八，3；彩版三一九）

长方形竖穴土坑墓，墓壁外扩，口小底大。墓口距地表 40 厘米，墓口长 270、宽 110 厘米，墓深约 375 厘米。墓底长 310、宽 149 厘米，填土大部被扰动，仅见少量黄褐色夯土块。

墓底的熟土二层台大部被盗毁破坏，高约 55 厘米。西二层台正中部放置有黄牛左侧肱骨。

墓底有一长 80、宽 40、深 25 厘米的圆角长方形腰坑，内无物。

葬具与墓主因被盗扰而不详。

在扰土中出有 1 件弧形玉器。

弧形玉器 1 件。

SM21：1，完整。淡青色，匀净，玉质温润。半月形，或由玉器加工留下的边角料改制而成。一端有一对钻孔。通体抛光。长 4.1、宽 0.4、厚 0.7 厘米。（图 2－400；彩版三一九，7）

石子 共计 88 枚。

SM21：2，完整。五种颜色，大小、形状不一。白色石子，22 枚；深绿色石子，12 枚；紫色石子，22 枚；青灰色石子，17 枚；黄褐色石子，15 枚。（图 2－400；彩版三一九，1~6）

墓葬年代： 从墓葬形制与出土物判断，该墓为殷墟时期。

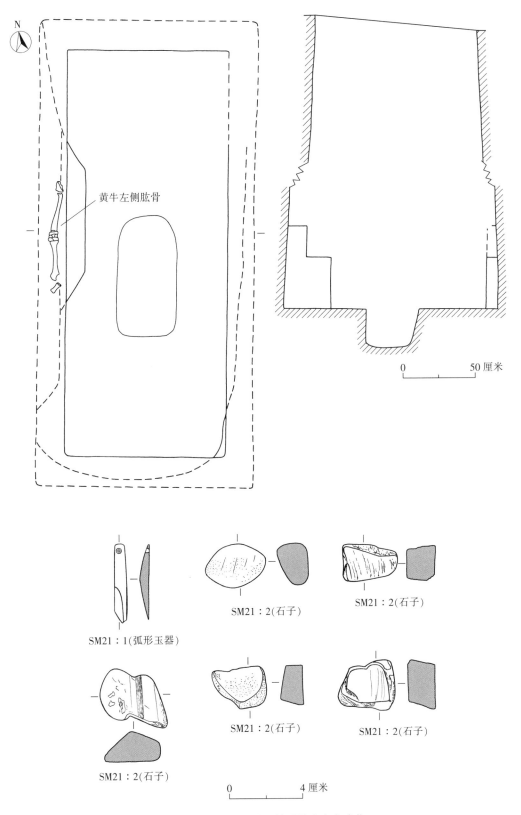

黄牛左侧肱骨

SM21：1(弧形玉器)

SM21：2(石子)

SM21：2(石子)

SM21：2(石子)

SM21：2(石子)

SM21：2(石子)

0　　　　　50厘米

0　　　　　4厘米

图2－400　SM21平、剖面图及出土遗物

SM22

位于 ST1422 的西北角，少量进入 ST1423 的南部。开口于②层下，直接打破生土。方向为 7 度或 187 度。（图 2－401A～G；彩版三二〇～三二四）

在墓口北端和中部各有一长方形盗坑。北侧盗坑长 130，宽 50 厘米，紧贴墓壁北壁而下，南侧盗坑长 195，宽 55 厘米。其位于墓坑中部偏东，并有相当一部分位于墓坑东侧。两个盗坑由上向下，逐步扩大，一直盗扰到墓底，将整个墓底严重破坏。从近墓底的盗坑平面范围判断，北侧盗坑盗掘的年代要早于南侧盗坑盗掘的年代。北侧盗坑近墓底扰土中还出有尚未腐朽的人体骨骼及绵羊左前腿骨。

长方形竖穴土坑墓，墓壁稍向外扩。墓口距地表约 50 厘米，墓口长 305、东西宽 199 厘米，墓底长 334、宽 225～232 厘米，墓深 829～839 厘米（图 2－401A）。墓内未被扰动的填土为黄褐色花夯土，土质纯净，质地坚硬。夯层厚 8～12 厘米，夯窝较为明显，直径约 12 厘米。距墓口 600 厘米的墓室东部填土中出有一条殉狗。殉狗的身体已大部为南侧盗坑所破坏，仅有狗的头骨和部分椎骨未被扰动。殉狗头向南，背部向西。在殉狗头部的前侧出 1 件铜铃（图 2－401B）。距墓口 674 厘米的墓室中部偏西未被扰动的部分，出有黄牛左前腿（图 2－401C）。

墓底的北二层台已被盗坑完全破坏，东二层台中部也被盗坑破坏。二层台高约 85、残宽 11～38 厘米。

根据墓葬的形制、大小推断其原应有棺椁。在棺椁上原有布幔覆盖着，由于扰动，仅在二层台的东北角、西北部、西南部、东南部有少量残存（图 2－401D）。布幔为一层绘有彩绘的纺织品，其以浅红彩为底，上以黑色勾勒线条，后在中间填以白色、黄色，在其上有的部位以黑点点缀。东北角的布幔残迹的图案可分成两部分，在布幔的外侧（北侧和东侧）以曲尺状线条构成布幔的边框。可辨认的边框北侧有 4 道，东侧为 3 道，每道宽约 4 厘米。北侧 4 道框自北向南分别填以白彩——黄彩——浅红彩（即布幔的底色）——白彩；东侧 3 道框自东向西分别填以黄彩——浅红彩（即布幔的底色）——白彩。其中东侧缺失北侧最外边的白彩。边框内是以布幔的具体图案，北侧残长 13，宽 8 厘米，以黑色线条勾勒，内填以黄彩框子。框中黑色“T”形线条和黑色小点加以点缀。南侧的纹样是直接在浅红色底子上饰以黑色小点。再向南为黑色弧线勾勒纹样，具体图案由于保存甚少已难以判断。纹样中间填以白彩，并有小黑点装饰。在二层台的西北部的纹样仅有长 32，宽 8 厘米的一小长条痕迹保留。其纹样似蚕形。两条黑色线条大致平行，中间以纵向线条勾勒出一个长 3、宽 3～4.4 厘米的小方框。框内填以白彩。白彩上有 2 个小黑点装饰。东侧平行线外侧有白彩。北端还有较细黑色线条勾勒的三角形纹样。二层台西南部的纹样纹保存不好，均为黑色线条勾勒的平行线条，中间填以白、黄彩，再饰以小黑点构成。这些纹样呈斜向分布，表明其可能受过扰动。二层台东南部有一片长 40 厘米白彩，当也为布幔的残留。二层台东南角的布幔图案保存不好，并且可能受到过扰动，亦为黑色边框中间填以白彩、黄彩等，再缀以小黑点。（图 2－401F）

墓底中部有一长 77、宽 37、深 38 厘米的圆角长方形腰坑。坑壁直，平底。坑内殉狗大部被扰乱，仅有头骨和少量椎骨未被扰动。殉狗头南，面东。在坑底有一层白色非纺织品的衬垫物，性质不明。

在墓底发现有棺板的痕迹。在棺的内侧有衬垫的织物，上髹有红漆；棺外侧髹有黄漆。

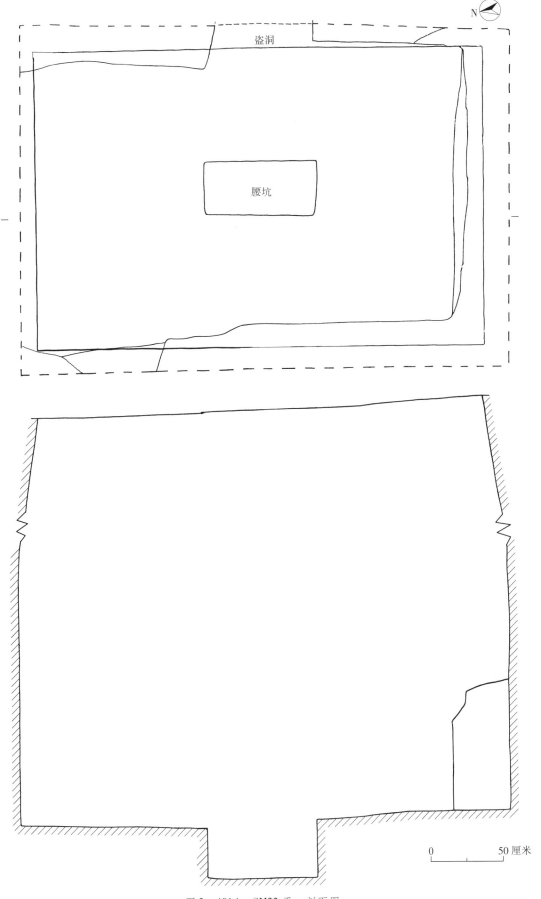

图 2 - 401A SM22 平、剖面图

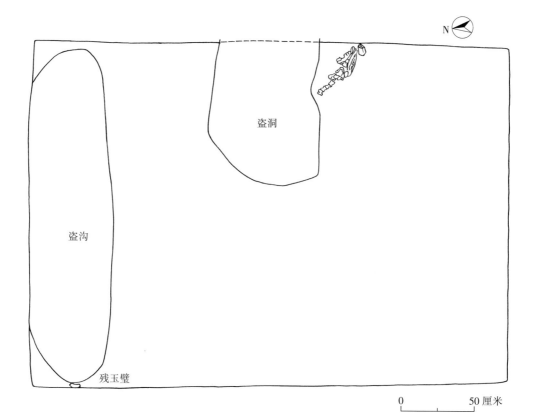

图 2 - 401B SM22 填土殉狗平面图

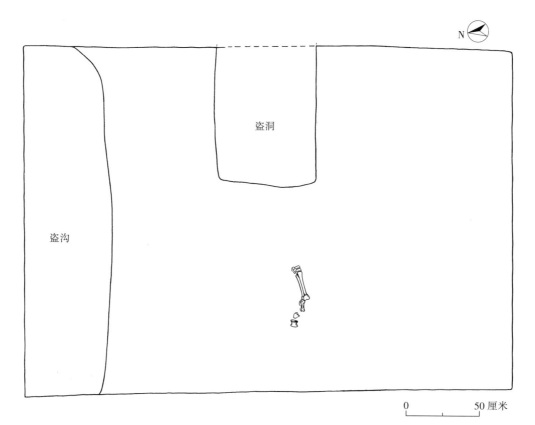

图 2 - 401C SM22 填土内黄牛左前腿图

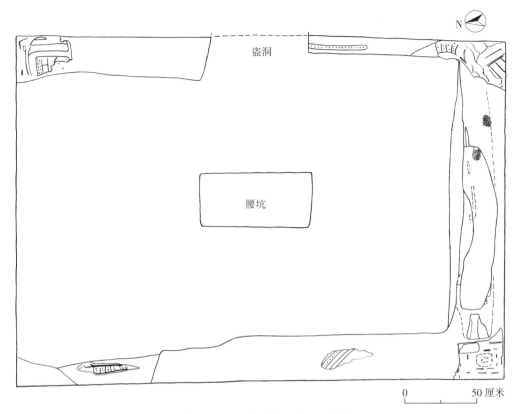

图 2-401D SM22 二层台布幔图

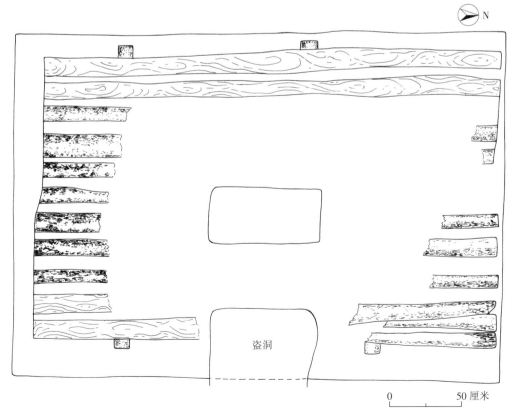

图 2-401E SM22 椁底板平面图

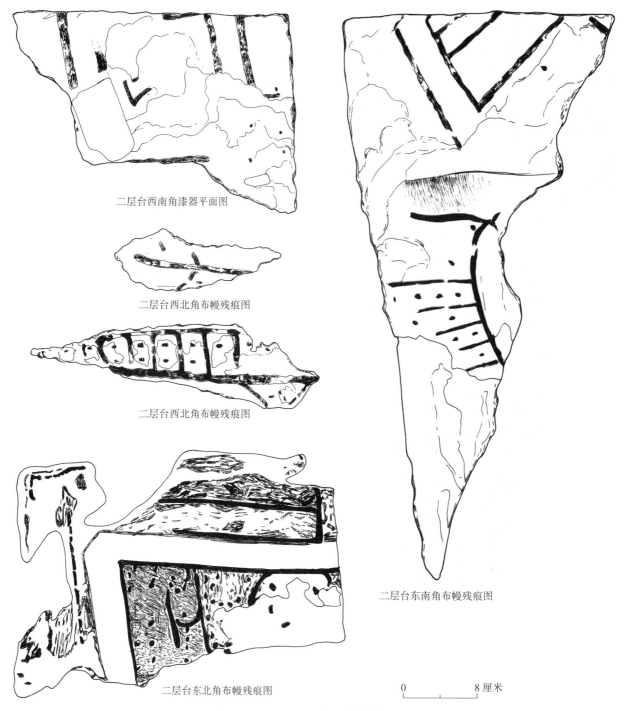

二层台西南角漆器平面图

二层台西北角布幔残痕图

二层台西北角布幔残痕图

二层台东北角布幔残痕图

二层台东南角布幔残痕图

0　　　　　8厘米

图2－401F　SM22二层台布幔与漆器图

在墓底发现有椁底纵向垫木痕迹，共有11根，南端伸入南侧二层台下。这些垫木是直接置于墓底，未挖槽。由于盗扰，大部垫木仅存有南北两端，仅最西侧的2根保存较好。这些垫木中东西两边的4根为方木，中间的7根为圆木。从迹象判断方形垫木长311、宽7～16厘米。圆形垫木长30～316、宽7～15厘米。（图2－401E）

在垫木下有宽10～12厘米的横向枕木。枕木分别位于墓室北端、中部和南部。枕木剖面呈半圆形，残高7～8厘米，为挖槽埋入。在枕木下和槽底间有2厘米的空隙。

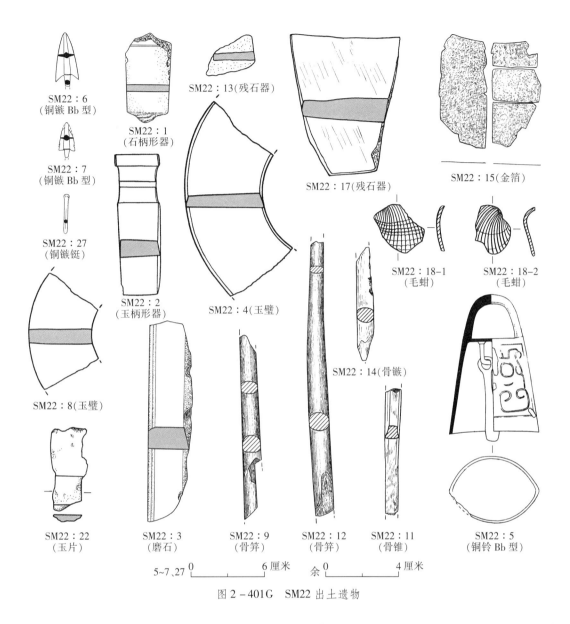

SM22 : 6
（铜镞 Bb 型）

SM22 : 7
（铜镞 Bb 型）

SM22 : 27
（铜镞铤）

SM22 : 1
（石柄形器）

SM22 : 13（残石器）

SM22 : 17（残石器）

SM22 : 15（金箔）

SM22 : 2
（玉柄形器）

SM22 : 4（玉璧）

SM22 : 18-1
（毛蚶）

SM22 : 18-2
（毛蚶）

SM22 : 14（骨镞）

SM22 : 8（玉璧）

SM22 : 22
（玉片）

SM22 : 3
（磨石）

SM22 : 9
（骨笄）

SM22 : 12
（骨笄）

SM22 : 11
（骨锥）

SM22 : 5
（铜铃 Bb 型）

5~7、27 ⊢0　　　　　6厘米⊣　　余 ⊢0　　　　4厘米⊣

图 2 - 401G　SM22 出土遗物

墓主骨架已经荡然无存，只是在盗坑的扰土中出有若干肢骨、椎骨、下颌骨、头骨碎片，但是否为墓主的骨架尚难以下结论。

仅在二层台的西南角残存有漆器一件。漆器大致呈方形，边长约 25 厘米。其以黑色线条构成四重"回"字形纹样。最外一重边长约为 20 厘米，内侧宽约 4 厘米，中间填以白彩；第二重边长约为 13 厘米，与第三重边框相距约 2 厘米，中间填以橙黄彩；第三重的边框隐约可见，已难以判定具体尺寸；第四重为圆形，仅可见大体痕迹，难以进一步辨认。（图 2 - 401F）

在漆器的东北和西北各有 1 件长方形铜片。

在距墓口 500 厘米的盗洞扰土中出残石柄形器 1 件。在距墓口 570 厘米的盗洞扰土中又出残玉柄形器 1 件和残石器 1 件。在距墓口 600 厘米的盗洞扰土中出玉璧残块。在距墓口 620 厘米和 625 厘米的盗洞扰土中各出有铜镞 1 件。在墓底扰土中出有玉璧残片和残骨器、金箔、小铜片、骨器等。此外在盗坑扰土中还出有金箔、小铜片等。

在南侧二层台上置一漆棺。漆棺长 165、残宽 24、残高约 18 厘米。漆棺的上下均髹有漆。在朽木外似用朱砂和石灰混合而成的腻子，外髹有黑漆。朽木厚约 0.4 厘米。腻子厚 0.3 厘米，漆厚 0.3 厘米。在棺的外侧附有金箔。此外还在盗坑的扰土中出有金箔，或许也是其中的一部分。

殉人是用席子裹起来后置于一座漆棺中。殉人的年龄 30～35 岁，性别不详，葬式为俯身，头向西。

铜铃 1 件。

SM22:5，Bb 型。残。体大，厚重。铃身两面饰梯形凸弦纹，内填阳线饕餮纹。通高 10.9、口缘径 4.9×6.8、厚 0.2 厘米。（图 2－401G；彩版三二三，1）

铜镞 2 件。Bb 型。

SM22:6，残长 4、铤残长 0.7、翼残宽 1.8 厘米。（图 2－401G；彩版三二三，2）

SM22:7，残长 2.7 厘米。（图 2－401G；彩版三二三，2）

铜镞铤 1 件。

SM22:27，细长圆铤，残长 3 厘米。（图 2－401G）

小铜片 4 件。

SM22:20、21、23、26，残损严重，不辨形制。

玉璧 2 件。

SM22:4，残。牙白色，匀净。圆形，残器规整，近孔处略厚。两面抛光，未留下旋切痕迹。宽 4、厚 0.5～0.8 厘米。（图 2－401G；彩版三二三，3）

SM22:8，残。牙白色，匀净。圆形，残器规整，近孔处略厚。单面抛光，未留下旋切痕迹。厚 0.6～0.8 厘米。（图 2－401G；彩版三二三，4）

玉柄形器 1 件。

SM22:2，微残。青绿色，温润光洁，前端有褐斑。长方形柄首，其下两侧略凹腰，凹腰上有两道阳线纹；柄体前端平齐，两侧厚薄不均。抛光精细。长 7.5、宽 2～2.4、厚 0.6～1 厘米。（图 2－401G；彩版三二三，5）

玉片 1 件。

SM22:22，残。灰白色。似为切割玉料时留下的边角料。一面较平，一面粗糙。残长 4.1、宽 1.6、厚 0.2～0.4 厘米。（图 2－401G）

绿松石 1 件。

SM22:25，残碎严重，不辨器形。

石柄形器 1 件。

SM22:1，残。白色砂岩。柄首、末端均残失。扁平条状残片，较厚。上端两面各饰有阴线一条。器表粘有朱砂。残长 4.8、宽 2.5、厚 0.4 厘米。（图 2－401G；彩版三二四，1）

磨石 1 件。

SM22:3，残。黄褐色砂岩。残器体较厚，呈扁平长方形，一边棱角磨平。残长 10.5、残宽 2.4、厚 1.1 厘米。（图 2－401G；彩版三二四，2）

残石器　2 件。

SM22：13，残。白色，残片不规则形，一片上粘有朱砂。（图 2 - 401G）

SM22：17，残。残器扁平，近梯形。通体打磨。残长 7、宽 2.8 ~ 6.1、厚 1.2 厘米。（图 2 - 401G；彩版三二四，3）

骨笄　2 件。

SM22：9，残。笄首、尖均残失，笄杆较粗，截面呈椭圆形。残长 9.1 厘米。（图 2 - 401G；彩版三二四，4）

SM22：12，残。笄首、尖均残失，笄杆长条形，较粗，截面呈扁圆形。残长 14.1、最宽 0.8 厘米。（图 2 - 401G；彩版三二四，5）

骨锥　1 件。

SM22：11，残。顶端、尖端均残，截面近梯形。通体打磨，腐朽严重。残长 6.6、中厚 0.5 厘米。（图 2 - 401G；彩版三二四，6）

骨镞　1 件。

SM22：14，铤残，残长 6 厘米。（图 2 - 401G；彩版三二四，7）

金箔　4 件。

SM22：15，残。黄色。利用金块多次锤击锻打而成，薄如纸片，残碎，不规则长方形。似为器物表面装饰之物。素面。残长 5.6、最宽 3 厘米。（图 2 - 401G；彩版三二四，8）

SM22：10、19、24，残碎严重。

毛蚶　共 3 扇。

SM22：18，残。背部有放射状沟纹和横向环状细纹。残宽 2、2.5、2.6 厘米。（图 2 - 401G；彩版三二四，9）

墓葬年代：殷墟晚期。

人骨鉴定：

经严重盗扰，人骨破坏严重，仅余部分头骨残片、肢骨片、盆骨片和椎骨片等，皆属同一个体。

男性。30 ~ 35 岁。

肢骨粗壮。牙齿磨耗 3 级。

肢骨密度极大，几乎不见骨松质。第十胸椎腹侧缘有严重增生。

SM24

位于 ST1329 的东南部，与 SM25 相邻。开口于②层下，打破生土。方向为 177 度或 357 度。（图 2 - 402；彩版三二五，1）

长方形竖穴土坑墓，墓口距地表 70 厘米，墓口长 180、北部宽 70、南部宽 76 厘米，墓深 35 ~ 45 厘米，填土为黄褐色花土，土质较硬。包含物有烧土颗粒、草木灰、灰陶片等。

无二层台。

墓底中部偏东有一腰坑，长 33、宽 24 ~ 27、深 12 厘米。

在墓底发现有 6 个木桩孔洞，其中东西两边各 2 个，南北两头各 1 个，基本成对称分布。

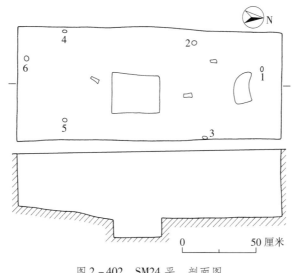

图 2 - 402　SM24 平、剖面图

编号	形状	直径（厘米）	位　　置	深度
1	椭圆形	3 × 3.5	墓底北部，距北壁 13 厘米	8 厘米
2	圆形	3.5	墓底西部偏北，距西壁 5、北壁 58 厘米	9.1 厘米
3	椭圆形	2 × 3	墓底东部偏北，距北壁 50 厘米，紧靠东壁	13.5 厘米
4	椭圆形	2 × 3	墓底西南部，距南壁 31、西壁 2 厘米	8 厘米
5	椭圆形	3.3 × 3.5	墓底东南部，距南壁 31、东壁 12 厘米	5 厘米
6	圆形	3.5	墓底南部距南壁 4.5 厘米	7.2 厘米

未发现葬具痕迹。

墓主骨架保存较差，只残留头骨碎片，墓主葬式、年龄、性别不详。

无随葬品。

墓葬年代：根据墓葬形制判断，该墓为殷墟时期。

SM25

位于 ST1329 的东南部，西邻 SM24。开口于②层下，打破生土层。方向为 262 度。（图 2 - 403；彩版三二五，2~4）

长方形竖穴土坑墓。墓口距地表 74、东西长 219、西头宽 86、东头宽 74 厘米，墓深 73 厘米。填土为灰褐色五花土，土质较硬，夯层 4~6 厘米。包含物有碎陶片、草木灰、烧土颗粒等。

墓底有熟土二层台，宽 8~9、高 10 厘米。

没有腰坑。

有一木棺，从木棺板灰痕迹推断，棺长 202、宽 60~70、残高 10 厘米。

该墓墓主仰身直肢。

出土小型玉蝉和玉箍形器残片各 1 件，分别放置在墓主头骨下。可能与墓主当时的发髻有关。

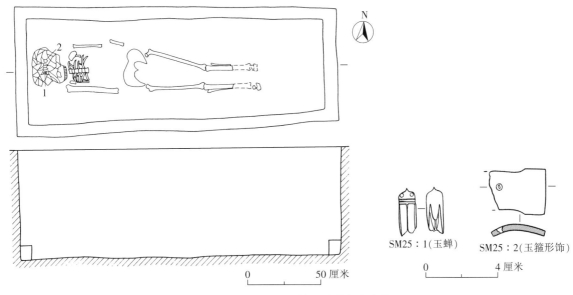

图 2 - 403　SM25 平、剖面图及出土遗物

玉蝉　1 件。

SM25：1，微残。乳白色，圆雕。尖嘴，下有一个斜向对钻孔，凸圆眼，双翅合拢，三道阴线表示体节。长 2.3、宽 0.9、厚 0.6 厘米。（图 2 - 403；彩版三二五，3）

玉箍形器　1 件。

SM25：2，残。青绿色，部分受沁。残器呈圆弧形，似由箍形器改制而成。两侧有台面，断面未打磨。一端有一钻孔，一面为桯钻，钻透；另一面为细管钻，未钻透，残存管芯。残长 2.8、宽 1.9 ~ 2.3、厚 0.3 厘米。（图 2 - 403；彩版三二五，4）

墓葬年代：从墓葬形制及出土器物判断，该墓为殷墟时期。

人骨鉴定：

骨质极差，多呈粉状，仅余部分牙齿和部分肱骨、股骨和胫骨残片。

女性？30 ± 岁。

肢骨残片显示可能为女性。残牙磨耗 2 ~ 3 级。

SM26

位于 ST1329 北隔梁下，其北部在 ST1330 内。开口扰土层下，打破生土。方向为 6 度。（图 2 - 404；彩版三二五，5）

长方形竖穴土坑墓，墓口距地表 57 厘米，墓口长 200、宽 56 ~ 70、深 12 ~ 30 厘米，填土为黄褐色花土，土质较硬，但未经夯打。

无二层台和腰坑。

未发现葬具痕迹。

墓主仰身直肢，头北面东，两臂向上弯曲，两手置于颌骨下。

无随葬品。

墓葬年代：根据墓葬形制判断，该墓为殷墟时期。

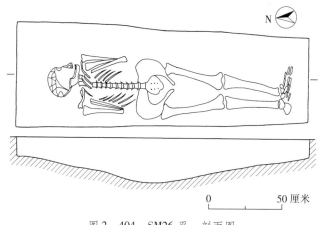

图 2 - 404　SM26 平、剖面图

人骨鉴定：

骨质保存较差，头骨挤压变形，椎骨、肋骨仅余痕迹，盆骨腐朽严重，上肢骨残损，下肢骨上下关节残损挤压变形严重。

男性。45±岁。身高约 163 厘米。

头骨及盆骨性征明显，耻骨联合面明显下凹，且有欺负，背侧缘明显。骨密度 2 级。白齿磨耗达 4～5 级。

牙齿磨耗较重，部分下颌咬合面达 5 级，且呈黑色，估计与食物有关。

SM31

位于 ST1320 西北部。开口于②层下，打破 F11。方向为 285 度。（图 2 - 405；彩版三二六，1）

长方形竖穴土坑墓，壁较直，底较平。墓口距地表深 55 厘米，墓口长 195、东宽 33、西宽 44 厘米，墓深 25 厘米。填土为黄花土且夯实，较硬。

未筑腰坑。

未见葬具痕迹。

墓主俯身直肢，头西脚东。

无随葬品。

墓葬年代：F11 年代为殷墟一期晚段，因而该墓年代不早于此时。

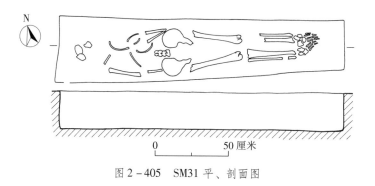

图 2 - 405　SM31 平、剖面图

人骨鉴定：

骨质极差，头骨残损，仅余残片，上肢仅余左侧肢骨残段，椎、肋骨凌乱，盆骨下肢骨腐朽严重。

男性。30~40岁。身高约160厘米。

肢骨粗壮，骨密度大。

SM33

位于ST1523西北角。开口于②层下，直接打破生土。墓葬南部为近现代扰坑完全破坏。被盗。方向为10度。（图2-406；彩版三二五，6）

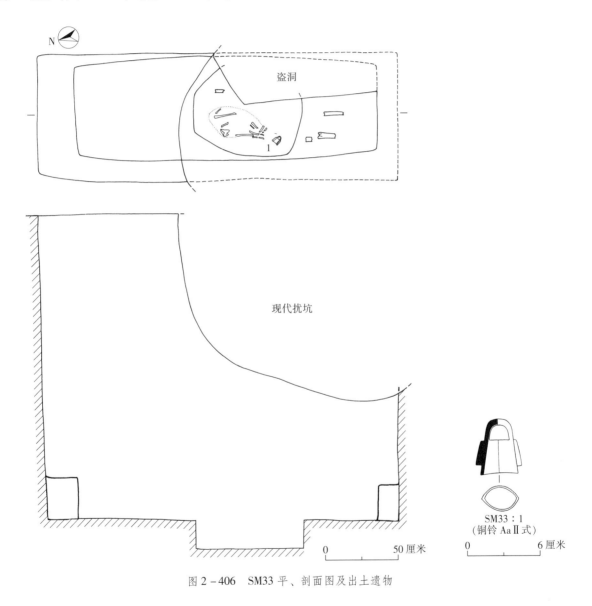

图2-406 SM33平、剖面图及出土遗物

长方形竖穴土坑墓。墓口距地表约40厘米，墓口残长96、宽84厘米，墓底南部西侧未被完全破坏，由此判断墓底长240厘米，墓深约203厘米。填土为褐色花夯土，质地较硬。

墓底四周有一周高28厘米的熟土二层台。北侧二层台宽23、东侧二层台残宽2~8厘米；西侧二层台残宽15厘米。

墓底中部有一长 73.5、宽 53、深 19 厘米的不规则长方形腰坑。腰坑底部平，北侧稍高。腰坑内殉狗一只，已朽成骨粉状，仅存有少量骨头。在腰坑南侧出有 1 铜铃，由此判断狗头向南。

葬具应为木棺，长 207、宽 70 厘米。

墓主骨架被扰乱，并朽成骨粉，难以判断性别和年龄。

铜铃 1 件。

SM33：1，Aa 型 Ⅱ 式。残。体小，铃腔瘦长，铃腔截面呈椭圆形，两侧有扉棱，无顶盖，上有半环形梁，口缘内凹，未见铃舌。素面。通高 4.6、口缘径 1.7×2.5、腔壁厚 0.1 厘米。（图 2－406；彩版三二五，6）

墓葬年代：从墓葬形制判断，该墓为殷墟时期。

SM34

位于 ST1523 西北角，与西侧的 SM33 相距 50 厘米。开口于②层下，直接打破生土。墓葬南部为近现代扰坑完全破坏。被盗。方向为 10 度。（图 2－407）

图 2－407 SM34 平、剖面图

长方形竖穴土坑墓，墓壁略内收。墓口距地表约 38 厘米，墓口残长 165、宽 71 厘米，墓深 104～120 厘米，填土为褐色花夯土，质地较硬。

墓底四周有一周残高 6、宽 9～11 厘米的熟土二层台。

墓底中部有一长 27、宽 30、深 8 厘米的不规则腰坑。腰坑底部呈弧形。

葬具因盗扰不详，在墓底发现有红漆，加之残存的二层台判断，应有木棺。

墓主骨架被扰乱，并朽成骨粉，仅能判断其头向北。

在墓主口含 3 枚 A 型货贝。

墓葬年代： 从墓葬形制与葬俗判断，该墓为殷墟时期。

人骨鉴定：

骨质极差，仅余数枚残片及牙齿，其余呈粉状。

性别不明。35～40 岁。

牙齿磨耗 3～4 级。

SM35

位于 ST2323 中北部。开口于②层下，其直接打破生土。墓室北端被一近代盗坑盗扰至墓底，并延伸至墓底中部。方向为 3 度。（图 2-408A、B；彩版三二六，2、3）

长方形竖穴土坑墓，墓壁略外扩，口小底大，南壁较直。墓口距地表 22～28 厘米，墓口长 240、宽 110 厘米，墓底长 255、宽 120 厘米，墓深 203～233 厘米。填土为红褐色花夯土，土质坚硬，夯层厚 6～8 厘米，夯窝直径 6～10 厘米。（图 2-408A）

墓底两侧和北端有一熟土二层台，宽 12～28、高 46 厘米。熟土二层台下压着一生土台，高 10 厘米。

葬具为一棺一椁。椁室平面呈"Ⅱ"形，四出头。椁长 227、宽 85～96、高 56 厘米，北端稍大，椁板厚 2～7 厘米。

棺呈齐头长方形，南北长 196、宽约 60、残高 46 厘米，棺板厚 2～5 厘米。在墓底放置 6 根纵向圆木，2 根横向枕木。枕木分别放置在墓底的南北两端。枕木长 120、直径 7～12 厘米。6 根纵木置于枕木上。自左向右分别编号为垫木 1、2、3、4、5、6。（图 2-408B）

垫木 1：长 230、直径 10～15 厘米，距墓西壁 8～12 厘米。

垫木 2：长 231、直径 9 厘米。

垫木 3：长 232、直径 7～9 厘米。

垫木 4：长 235、直径 9 厘米。

垫木 5：长 231、直径 9～10 厘米。

垫木 6：长 229、直径 6～11 厘米。

由于被盗，墓主头部至骨盆部分被扰至墓室北端。下肢呈直肢状，两脚并拢斜于左侧。

在距墓口 130 厘米的盗坑填土中出残铜戈 1 件。在墓北端被扰乱骨骼东侧出贝 1 枚。在墓主脚骨处出贝 3 枚。

铜戈 1 件。

SM35：3，甲 C 型 I 式。残。短胡直内一穿戈。长方形直内，上、下出阑，短胡，胡有一长方形穿；援残，中部隆起。残长 13.2、援长 7.7、援最宽 3.5、阑宽 8.1、内宽 2.8、援厚 0.6、内厚 0.3 厘米。重 0.139 千克。（图 2-408A）

贝 4 枚。A 型货贝。

墓葬年代： 从墓葬形制及出土器物判断，该墓为殷墟晚期。

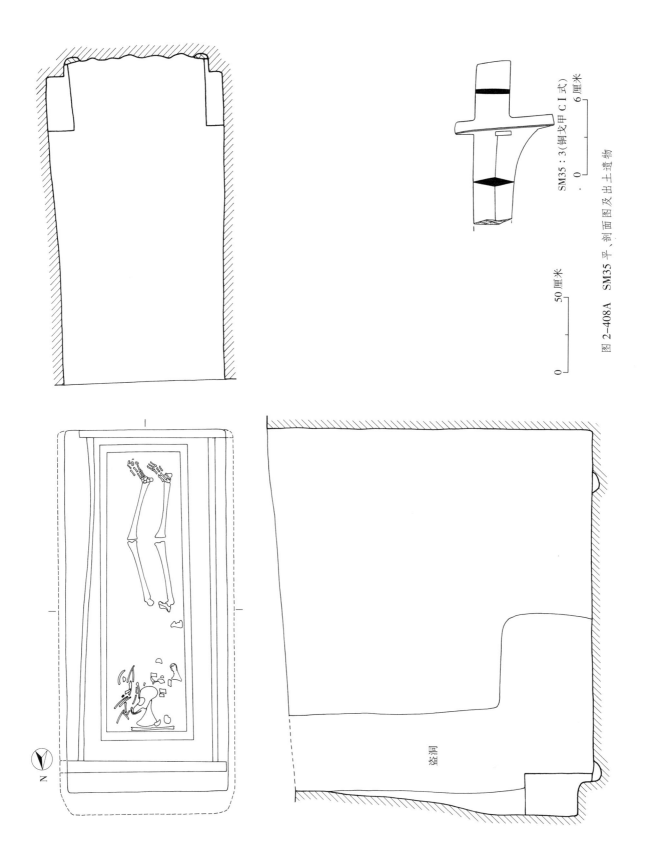

盗洞

SM35：3（铜戈甲 C I 式）

图 2-408A SM35 平、剖面图及出土遗物

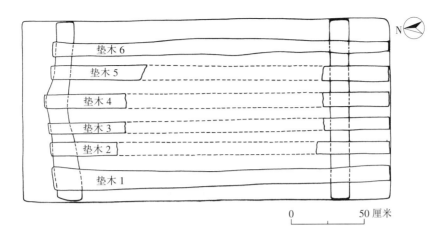

图 2 - 408B SM35 椁底板平面图

人骨鉴定：

头骨呈碎片，上肢只有左侧肱骨，下肢完整。

男性。30 ~ 35 岁。

盆骨性征明显，耻骨联合面清晰。骨密度 1 级。臼齿磨耗极大，多达 4 ~ 5 级，较实际年龄重。

扰动后的头骨片、左肱、肋骨、椎骨皆呈黑色，不满整个骨骼表面，未经扰动的骨骼没有黑色。黑色不是火烧痕迹，与中毒等无关，原因待查。

SM36

位于 ST1219 与 ST1220 之间偏东一侧。开口于②层下，方向为 16 度。（图 2 - 409；彩版三二七，1 ~ 3）

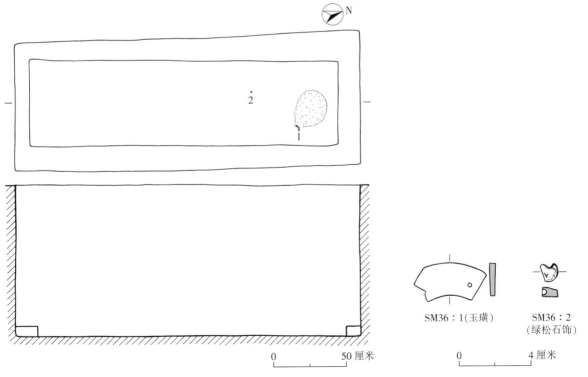

图 2 - 409 SM36 平、剖面图及出土遗物

长方形竖穴土坑墓，壁较平直，底较平。墓口距地表深65厘米，墓口长235、宽85厘米，墓底长235、宽85厘米，墓深100厘米。填土为黄花土且夯实，较硬，夯层厚6~10厘米。

有熟夯土二层台，台面距墓口深187、北宽15、东宽15、南宽10、西宽15厘米，高7厘米。

无腰坑。

葬具为一棺，棺长210、宽56、残高13厘米，髹红漆。

墓主人头北脚南，骨架腐朽较严重，尚能分辨出头骨形状。

随葬品有玉璜1件于墓主口部、绿松石饰1件于胸部。

玉璜 1件。

SM36：1，残。乳白色，有青斑。圆弧形片状，一端上有一个双面桯钻圆穿；另一端残。近孔处略薄。两面抛光。残长3.8、宽1.7、厚0.2厘米。（图2-409；彩版三二七，2）

绿松石饰 1件。

SM36：2，残。绿色。不规则状，一边弧弯，一边平直。直边上有一单面桯钻圆孔。长0.8、宽0.8、厚0.5厘米。（图2-409；彩版三二七，3）

墓葬年代：从墓葬形制与出土物判断，该墓为殷墟时期。

人骨鉴定：

骨质极差，仅头骨余数片骨片，其余腐朽殆尽。

性别不明。16~18岁。

残存牙齿未磨耗，M3未萌出。

SM37

位于ST1219与T1220之间东部。开口于②层下。墓口西南角及东北角被现代坑扰乱。方向为18度或198度。（图2-410）

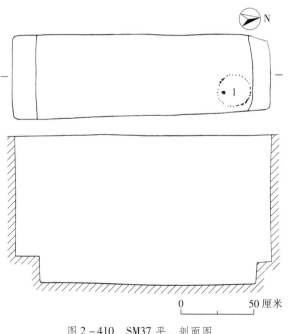

图2-410 SM37平、剖面图

长方形竖穴土坑墓，壁较直，底较平。墓口距地表深 50 厘米，墓口长 175、北宽 44、南宽 54 厘米，墓深 100 厘米。填黄花土且经夯实，较硬。夯层厚 6～8 厘米。

仅有南、北生土二层台，南宽 17、北宽 10、高 15 厘米。

不见腰坑。

依据二层台判断，该墓应有木棺，长 148、宽 44～54、高 15 厘米。

墓主骨骼朽成粉末状，仅头骨尚能辨别。口内含贝 1 枚。墓底有极少量朱砂。

随葬品仅贝 1 枚，A 型货贝。

墓葬年代： 从墓葬形制与出土物判断，该墓为殷墟时期。

人骨鉴定：

骨质极差，仅余数枚牙齿。

性别不明。50±岁。

牙齿磨耗 4～5 级。

SM39

位于 ST1330 中部偏东。开口于②层下，打破生土层。方向为 12 度。（图 2－411）

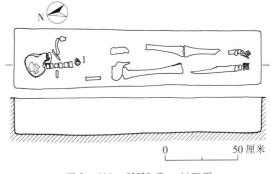

图 2－411　SM39 平、剖面图

长方形竖穴土坑墓，墓壁较直。开口距地表约 70 厘米，墓口长 170、宽 35～40 厘米，墓深 24 厘米，填土为较硬的褐色五花土，并经夯实，夯窝不清。

没有发现葬具的痕迹。

墓主骨架保存极差，仰身直肢，头北面东，头骨破碎，脊椎骨及上肢骨仅残留一小部分，盆骨腐朽严重，下肢骨有少量残缺，双脚并拢。

随葬 1 枚 A 型货贝，置于胸前。

墓葬年代： 殷墟时期。

人骨鉴定：

女性？50～60 岁。身高约 147 厘米。

骨质差，性征不明显。骨密度 1 级。

牙齿磨耗极重，普遍 4～5 级，有的达 6 级。身材矮小，头骨较小。

SM40

位于ST1522西北角和T1523的西南角。开口于②层下，直接打破生土。墓葬西部和东南角有两座盗洞盗扰至墓底。方向为7度或187度。（图2-412）

长方形竖穴土坑墓，墓壁较直。墓口距地表约38厘米，墓口长220、宽75厘米，墓深约168厘米。填土大部被扰乱，仅见到零乱的红褐色花夯土块。

图2-412 SM40平、剖面图

墓底中部有一圆角长方形不规则腰坑，腰坑底部略呈弧形，长44、宽26、深12厘米。

葬具因盗扰不详。

墓主骨架被扰乱。

腰坑内出1枚A型货贝。

墓葬年代：从墓葬形制与出土物判断，该墓为殷墟时期。

SM42

位于ST1424东南角，其南部进入ST1423的北隔梁。开口于②层下，打破西侧的SM41打破，中部被一长方形盗沟打破。方向为8度或188度。（图2-413A-G；彩版三二七，4、5；彩版三二八、三二九）

长方形竖穴土坑墓，墓壁外扩，口小底大。墓口距地表约40厘米，墓口长288、宽110~120厘

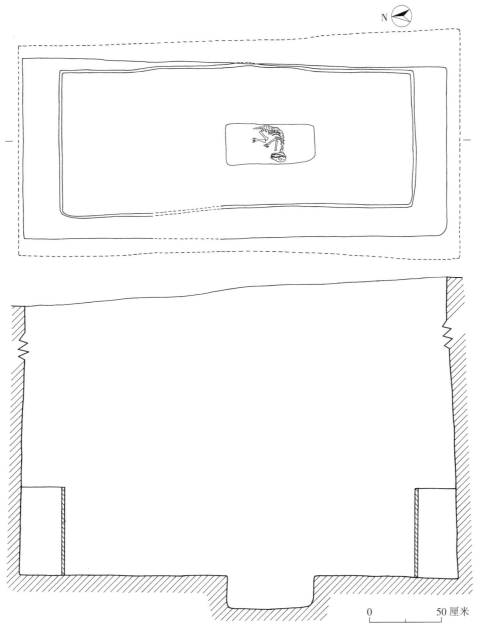

图 2 - 413A　SM42 平、剖面图

米，墓底长 300、宽 144 ~ 169 厘米，墓深 269 厘米（图 2 - 413A）。填土为
褐色花夯土，质地较硬，夯层厚约 15 厘米，夯窝直径约 8 厘米。距墓口
200 厘米的填土中部有殉狗，但已为盗坑扰乱，出有一件铜铃。

墓底有一周熟土二层台，宽 30、高 60 厘米。

墓底中部有一圆角长方形腰坑，长 60、宽 30、深 19 厘米，坑壁斜收。
内殉有狗 1 条，已基本朽成粉末状。殉狗头向西，面部朝北，背部弯曲，
四肢蜷曲于腹下。（图 2 - 413B）

葬具为一棺一椁。椁上覆盖有布幔。布幔上有以红色为底，黑色钩边，
内填充白彩。仅在墓西北角的图案稍为清晰。布幔上铺有席。（图 2 -

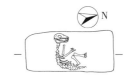

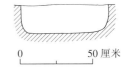

图 2 - 413B　SM42 腰坑平、
剖面图

413C、D）

椁顶板为横向铺设。椁板上髹有红黑相间的彩绘图案。从残存迹象判断，椁长240、宽90、高48厘米。

棺呈长方形。从二层台侧面上残留的红漆判断棺立板外侧髹有红漆。棺底板为竖向铺设，残存有3块，已腐朽变形，宽12～14厘米，有内黑外白的漆痕。由残迹判断，棺长205、宽63～73厘米。（图2-413E）

墓底发现有6个木桩孔洞。墓室南北两端各有1个，东西两侧各有2个，排列对称、整齐。这些孔的平面有圆形和椭圆形，直径1～6、深12～18厘米。（图2-413F）

由于盗扰严重，墓主骨架已不见。

二层台的东侧和西侧各有漆器1件，不明器形。在西二层台上放置着兽骨。椁内东北角残存有石磬1件。

铜铃 1件。

SM42:4，Ab型。残。素面。通高4.5、口缘径2.3×3、腔壁厚0.1厘米。（图2-413G；彩版三二七，4）

石磬 1件。

SM42:3，残。灰白色石灰岩。体呈不规则四边形，顶端有一单面钻悬孔，孔上端残，底边弧弯。（图2-413G）

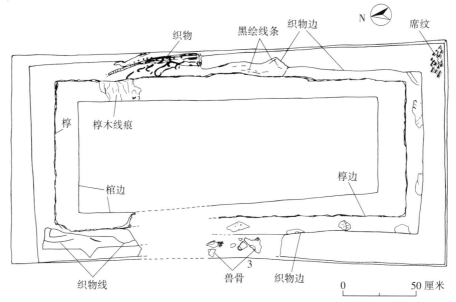

图2-413C SM42布幔分布图

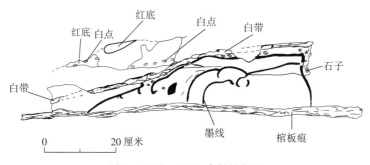

图2-413D SM42布幔局部图

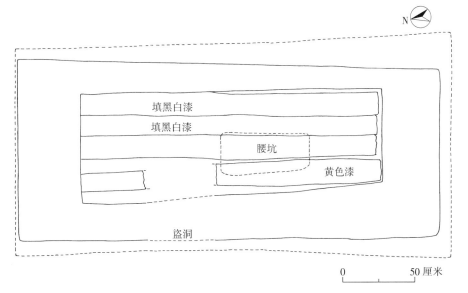

图 2-413E SM42 棺底板平面图

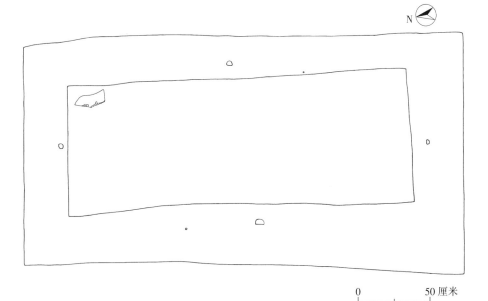

图 2-413F SM42 墓底桩孔图

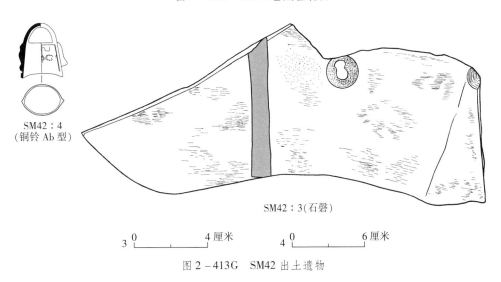

图 2-413G SM42 出土遗物

一面打磨光滑，一面略加打磨，粗糙不平。底边长 22.3、顶边长 10.5、两侧边长 7.2 ~ 13、孔径 1.7、厚 1.1 厘米。（图 2 - 413G；彩版三二七，5）

布幔 SM42：1、2。

墓葬年代：该墓打破属殷墟四期早段的 SM41，因而其年代应不早于殷墟四期早段。

SM45

位于 ST1323 西北部，开口②层下，打破生土，北部被扰坑打破。方向为 10 度。（图 2 - 414；彩版三三〇，1）

长方形竖穴土坑墓，口小底大。墓口距地表深 50 ~ 85 厘米，墓口长 210、宽 75 厘米，墓底长

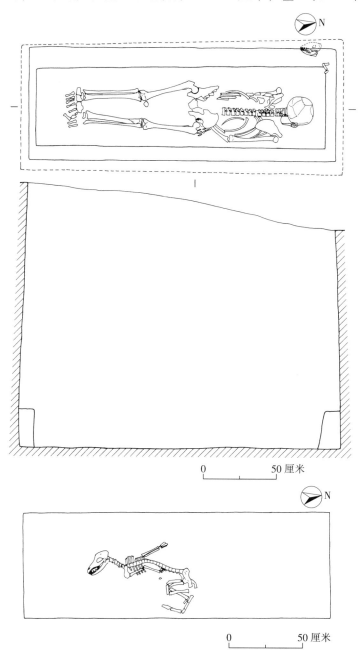

图 2 - 414 SM45 平、剖面图及填土殉狗平面图

220、宽 85～90 厘米，墓深 175 厘米。墓室内填土经夯打、夯层厚 8～12 厘米。距墓口深 105 厘米出一狗骨架、头向南。

二层台宽 51～55、高 25 厘米，熟土。在二层台西北角殉狗 1 条，头向南。

葬具为木棺，长 198、宽 51～55、高 25 厘米。

墓主俯身直肢，头向北，面向下，骨骼完好。

墓主左手骨下出 1 枚贝、右手骨下出 2 枚贝，均为 A 型货贝。

墓葬年代：从墓葬形制与出土物判断，该墓为殷墟时期。

人骨鉴定：

骨质相对较好，头骨碎裂，肢骨较好，椎骨、肋骨、盆骨较完整。

男性。35～40 岁。身高约 158 厘米。

盆骨性征明显，耻骨联合面清晰。牙齿磨耗 4～5 级。骨密度较大。

左右距骨有明显跪踞面痕迹。牙齿磨耗偏重于耻骨联合面年龄。第 4～5 腰椎有轻度增生。下颌左侧 M1 M2 龋齿至齿根。

SM46

位于 ST1123 东北部。方向为 13 度。（图 2 - 415；彩版三三〇，2）

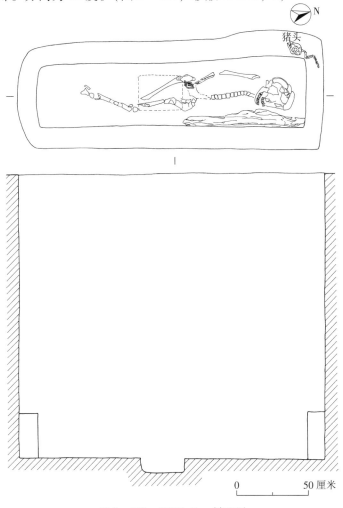

图 2 - 415 SM46 平、剖面图

长方形竖穴土坑墓。墓口距地表深 5 厘米，口底同大，长 210、宽 70~75 厘米，墓深 190 厘米。填土为黄褐色花夯土，夯层厚 15 厘米，夯窝直径 5 厘米，土质较硬。

二层台宽 15~18 厘米，熟土。在二层台的西北角葬有猪头骨。

腰坑长 30、宽 23、深 10 厘米。

葬具为木棺，髹红漆，长 185、宽 45、高 30 厘米。

墓主仰身直肢，头向北，面向东。骨骼保存较差，头骨已碎，肢骨严重腐朽。上有红色粉末，应为朱砂。

无随葬品。

墓葬年代：据墓葬形制判断，该墓年代为殷墟时期。

人骨鉴定：

墓主仰身直肢，头北面上偏左，右上肢微屈，位于右腹部，左上肢不清，右膝向左膝靠拢，左胫骨压在右胫骨之上，双脚并拢。

人骨保存情况极差，大部骨架已腐朽殆尽，仅采集 29 颗牙齿以供观察。

性别鉴定和身高估算无法进行。墓主第三白齿萌出，齿尖顶部和边缘略有磨耗，第一、第二白齿磨耗程度约为 3 级（吴汝康分级系统），据此推测，该个体可能为年轻成年个体。

墓主上颌 6 颗前部牙齿及左侧下颌犬齿唇侧面均显示线型釉质发育不全。重度牙结石。

SM54

位于 ST1039 中北部。开口于②层下，直接打破生土。方向为 280 度。（图 2-416；彩版三三〇，3）

长方形竖穴土坑墓，墓壁垂直。墓口距地表 60 厘米，墓口长 200、宽 70 厘米，墓深 80 厘米，填土为红褐色花夯土，土质坚硬。夯层厚 8~10、夯窝直径 6~8 厘米。夯具为单束夯。

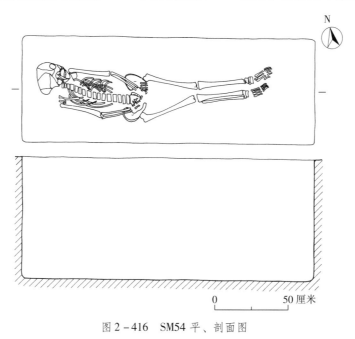

0   50 厘米

图 2-416　SM54 平、剖面图

未见二层台、腰坑与葬具。

墓主头部被压成扁平。墓主仰身直肢，头西面北，椎骨弧曲向右，双手置于下腹部，两腿并拢，两脚斜于左侧。墓主骨骼范围长度 145 厘米。

未见有随葬品。

墓葬年代：根据墓葬形制判断，该墓为殷墟时期。

人骨鉴定：

骨质较差，头骨被压成碎片，肢骨多断裂，残损严重，下肢骨相对较好。

女性。45～50 岁。

盆骨性征明显，耻骨联合面清晰。

卵圆形颅，中长颅、高颅、中狭颅、中面、中眶、狭鼻、面部扁平度大，平颌型等。

SM55

位于 ST1138 中部偏西。开口于②层下，被东侧的 SM56 打破，直接打破生土。墓坑中部为一现代盗坑打破，直接盗扰到墓底。方向为 7 度。（图 2－417）

长方形竖穴土坑墓。墓壁略外扩，口小底大。墓口距地表 45～55 厘米，墓口长 200、宽 70 厘米，墓底长 225、宽 70 厘米，墓深约 260 厘米。墓底由于被盗无存，并且高低不平。填土为红褐色花夯土，土质坚硬。夯层厚 8～10 厘米，夯窝直径 6～10 厘米。夯具为单束夯。

因被盗，葬具、墓主均不详。

未见随葬品。

墓葬年代：从地层关系及墓葬形制判断，该墓为殷墟时期。

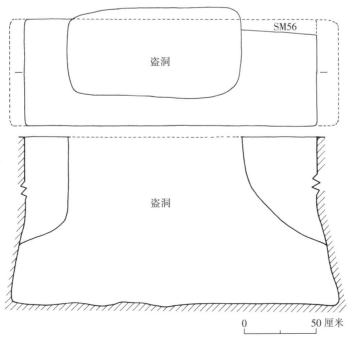

图 2－417　SM55 平、剖面图

SM56

位于 ST1138 中部偏西。开口于②层下，中部被现代盗坑打破，打破 SM55 和生土。方向为 15 度或195 度。（图 2 − 418）

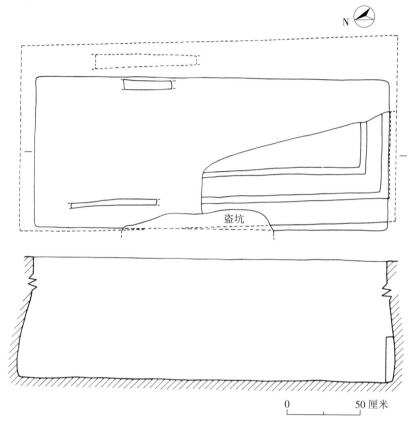

图 2 − 418　SM56 平、剖面图

长方形竖穴土坑墓，墓壁略外扩，口小底大。墓口距地表 45 ~ 55 厘米。墓口长 240、宽 100 厘米，墓底长 255、宽 122 厘米，墓深约 300 厘米。填土为红褐色花夯土，土质坚硬。夯层厚 8 ~ 10 厘米，夯窝直径 6 ~ 12 厘米。

墓底被盗扰严重，仅在墓的西南角残留有部分熟土二层台，残高 30、宽 5 ~ 16 厘米。

未见腰坑。

葬具为一棺一椁。因墓葬被盗严重，仅残留西南角的部分。从残迹判断，棺椁均为齐头长方框暗卯。椁板厚 3 ~ 4 厘米，棺板厚 2 ~ 4 厘米。棺椁间隔 8 ~ 12 厘米。棺盖板朽塌，棺盖上髹有红、黑漆，厚 0.1 ~ 0.2 厘米。棺底板上髹漆为黑白色，厚 0.1 ~ 0.2 厘米。

墓主骨架已被盗扰无存。

未见随葬品。

墓葬年代：殷墟时期。

SM57

位于 ST1037 东北角。开口于②层下，直接打破生土。墓坑北端有一近代长方形盗坑斜着打破墓

葬。方向为180度。（图2－419；彩版三三一，1、2）

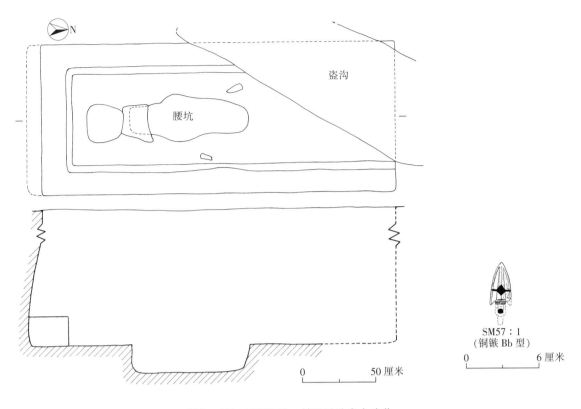

图2－419　SM57平、剖面图及出土遗物

长方形竖穴土坑墓，墓南壁略外扩。墓口距地表45～55厘米，墓口长240、宽100厘米，墓底长250、宽100厘米，墓深约260厘米。填土为红褐色花夯土，土质坚硬。夯层厚9～10厘米，夯窝直径6～10厘米。SM57被盗扰严重，距墓口210厘米以下均为淤土。

在墓底东西侧和南端有高18～20、宽14～27厘米的熟土二层台。

墓底中部有一长80、宽20～30、深18厘米的圆角不规则腰坑。坑壁较直。内空无物。

葬具为一棺。北部被盗扰无存。棺残长120～180、宽67～68、残高20厘米。棺板厚5厘米。棺为齐头长方框。棺板上髹有红漆。棺底板为黑白色，极薄。

墓主骨架仅存头部和胸部，已朽成骨粉。墓主头向南。

在盗坑的扰土中出铜镞1件。

铜镞　1件。

SM57:1，Bb型。残。形体小，镞体呈柳叶形，中脊截面呈菱形，短翼，后尖残，圆铤残，上有箭杆痕迹。锈蚀严重。残长3.7、翼残宽1.7厘米。（图2－419；彩版三三一，2）

墓葬年代：据墓葬形制判断，该墓为殷墟时期。

人骨鉴定：

骨质保存较差，骨骼多呈粉状。

性别不明。成年。

SM58

位于 ST1217 东南部。墓口距地表深 75 厘米。方向 105 度。（图 2 - 420；彩版三三一，3）

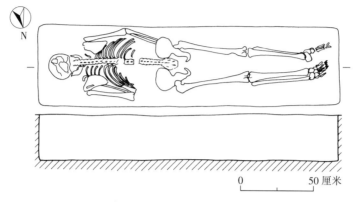

图 2 - 420 SM58 平、剖面图

长方形竖穴土坑墓，壁直、底平。长 205、宽 55 厘米，墓深 30 厘米，填土为黄花土且经夯实，较硬。未发现二层台、腰坑与葬具。

墓主俯身直肢，头东脚西，面向下，左臂折于胸部与肘部成锐角。右臂置于腹部，无右手骨，骨较粗壮，骨骼范围长度 180 厘米。

无随葬品。

墓葬年代：根据墓葬形制判断，该墓为殷墟时期。

人骨鉴定：

骨质相对较差，头骨碎裂，肢骨关节多残损，椎骨腐朽。

男性。40 ± 岁。

盆骨性征明显。肢骨密度极大。牙齿磨耗中等偏大，3~4 级，且较统一。

跖骨椎骨多腐朽。未见齿病和骨骼疾病。

SM59

位于 ST1239 中部偏北。开口在第②层下，打破生土。方向为 12 度。墓葬保存完好。（图 2 - 421；彩版三三一，4）

长方形竖穴土坑墓，墓壁垂直向下。墓口距地表深 85 厘米，墓口长 205、宽 58 厘米，墓深 110 厘米。墓室填土北部夯土质量较好，夯层厚 20~50 厘米，夯窝清晰，直径 7、深 3 厘米。

无二层台和腰坑。

未见葬具之迹。

墓主仰身直肢，头向北，面向上。头部被压成扁平，盆骨以上部位朽成粉状。两手交叉，置于盆骨或腹部。

口中含货贝 3 枚，右股骨外侧有货贝 24 枚。其中 A 型货贝 23 枚，B 型货贝 4 枚。

墓葬年代：殷墟时期。

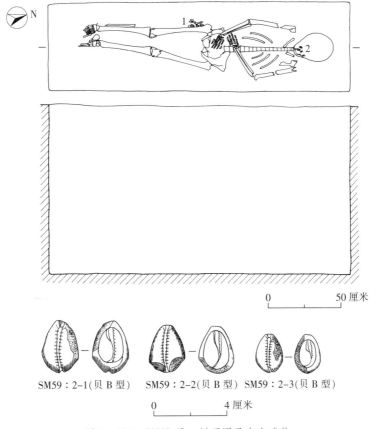

SM59 : 2-1(贝 B 型)　SM59 : 2-2(贝 B 型)　SM59 : 2-3(贝 B 型)

图 2 – 421　SM59 平、剖面图及出土遗物

人骨鉴定：

骨质极差，头骨上肢骨仅余进行，下肢骨残损严重，挤压成扁平状。

女性。35 ± 岁。

盆骨片性征明显，耻骨联合面较清晰。肢骨密度较小。牙齿磨耗较重，4 级。

身高约 164 厘米。

牙齿磨耗较重。有少量龋齿。骨质较疏松，与钙质过度流失有关。

SM66

位于 ST1323 与 ST1423 之间。被盗严重。方向为 10 度或 190 度。(图 2 – 422A、B；彩版三三二)

墓室平面为长方形，底略大于墓口。墓口距地表深 45 厘米，墓口长 225、宽 108 厘米，墓底长 250、宽 115 厘米，墓深 280 厘米。(图 2 – 422A)

有熟土二层台，高 70 厘米。

墓底中部有腰坑，长 58、宽 29、深 15 厘米。

葬具为一椁一棺。木椁长 237、宽 85、高 70 厘米，椁板为榫卯结构。木棺长 188、宽 58、残高 46 厘米。髹红漆。

因被盗，未见墓主骨架。

铜戈　2 件。

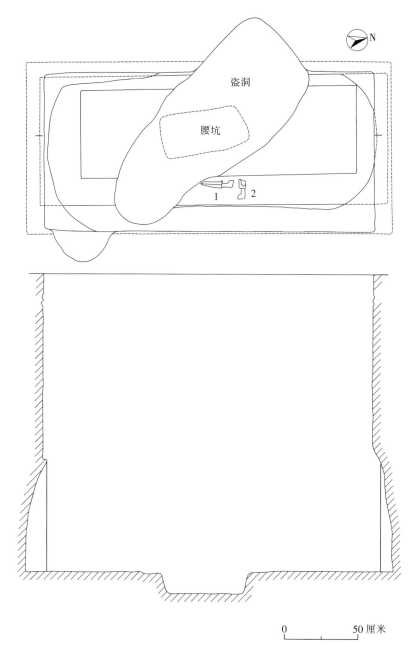

图 2-422A SM66 平、剖面图

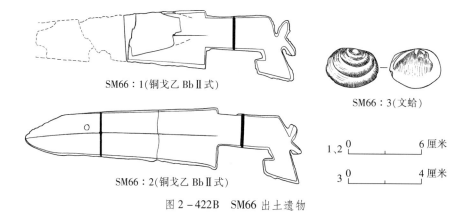

SM66:1(铜戈乙 Bb II 式)

SM66:3(文蛤)

SM66:2(铜戈乙 Bb II 式)

图 2-422B SM66 出土遗物

SM66:1，乙 Bb 型 Ⅱ 式。残。体轻薄，锈蚀严重。曲内后端内勾，简化鸟首形，有歧冠；条形援，中部有细线状中脊，扭曲变形。残长 14.8、援残长 7、援最宽 4.5、内宽 2.7、援厚 0.1、内厚 0.1 厘米。重 0.066 千克。（图 2－422B；彩版三三二，3）

SM66:2，乙 Bb 型 Ⅱ 式。残。体轻薄，锈蚀严重。曲内后端内勾，简化鸟首形，有歧冠；条形援，中部有细线状中脊，援末呈三角形。残长 22.2、援长 15.8、援最宽 4.5、内宽 2.6、援厚 0.1、内厚 0.1 厘米。重 0.063 千克。（图 2－422B；彩版三三二，4）

文蛤　1 件。

SM66:3，完整。单扇，蛤背洁白，有横向环状凹沟二道，根部磨出一小孔。宽 2.1 厘米。（图 2－422B）

SM67

位于 ST1323 东南部。开口②层下，打破③。中部有一条近代盗沟。方向为 10 度或 190 度。（图 2－423；彩版三三三，1）

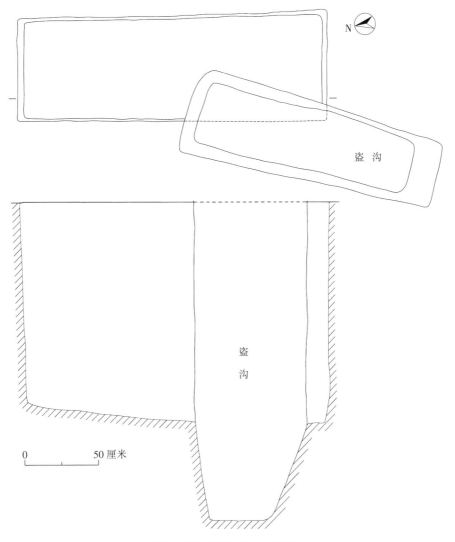

图 2－423　SM67 平、剖面图

长方形竖穴土坑墓。墓口距地表深50厘米，墓口长210、宽70厘米，墓底长202、宽67厘米，墓深145厘米。填土经夯打，夯层厚8～12厘米。

葬具不明。

未见墓主人骨骼，无随葬品。

墓葬年代：据墓葬形制判断，该墓为殷墟时期。

SM68

位于ST1323中西部。北临SM45，南邻SM52，西边是F12。方向为10度。（图2-424A、B；彩版三三三，2、3）

长方形竖穴土坑墓，墓壁较直。墓口距地表深45厘米，墓口长210厘米，宽85厘米，墓深105厘米。墓室内填土为黄褐色夯土，夯层厚8～13厘米，填土内有残碎的狗骨。（图2-424A）

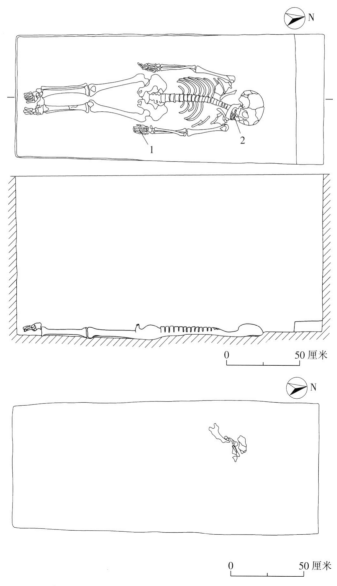

0   50厘米

0   50厘米

图2-424A SM68平、剖面图及填土殉狗平面图

唯有北部有二层台。

葬具为木棺，南、西、东三面几乎紧贴墓葬，木棺长 195、宽 80 厘米。

墓主仰身直肢，头向北，面向东，年龄 40~45 岁，女性。

墓主左指骨下出 1 件玉璧，口中出货贝 1 枚。

玉璧 1 件。

SM68:1，完整。青白色。扁平圆环形，器形规整，孔较小，单面管钻。抛光不精细。直径 5、孔径 1.2、厚 0.5~0.6 厘米。（图 2-424B；彩版三三三，3）

贝 1 枚。A 型货贝。

墓葬年代：从墓葬形制与随葬品判断，该墓为殷墟时期。

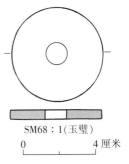

SM68:1（玉璧）

0 ____ 4 厘米

图 2-424B SM68 出土遗物

SM89

位于 ST2321 的中部。开口于晚期沟下，直接打破生土。墓中部为两条东西向晚期盗坑破坏。方向为 13 度或 193 度。（图 2-425；彩版三三四，1）

长方形竖穴土坑墓，墓壁竖直。墓口距地表约 195、墓长 230、宽 90 厘米，墓深约 111 厘米。填土为红褐色花夯土，质地紧密、坚硬。

有熟土二层台，二层台经过夯打。二层台为盗坑所破坏，部分部位无存。残存的部分宽 20~27、高 27 厘米。

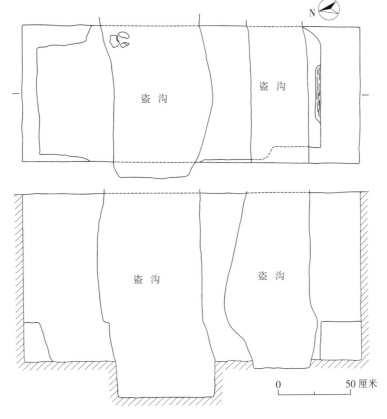

图 2-425 SM89 平、剖面图

墓底未见有腰坑。

因被盗扰严重，棺无存。仅在南二层台侧面有一段厚3.5厘米的板灰，上髹有白漆。

墓主骨架为盗坑破坏无存，仅在北侧盗坑中发现有头骨碎片和肢骨。经鉴定，其为一年纪不大的成年人，性别不明。

未发现有随葬品。

墓葬年代：据墓葬形制判断，该墓为殷墟时期。

SM90

位于ST2322中部。开口于扰土层下，南部为H28和近代盗沟打破，直接打破生土。方向为22度或202度。（图2-426；彩版三三四，2）

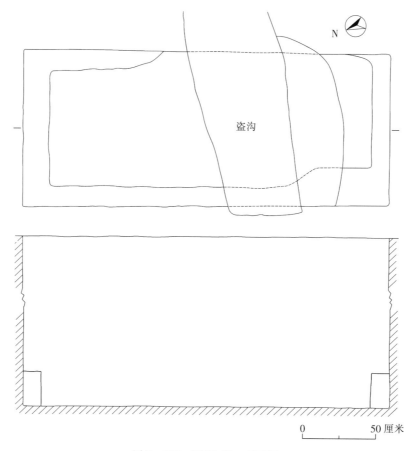

图2-426　SM90平、剖面图

长方形竖穴土坑墓，墓壁竖直。墓口距地表约50厘米。墓口长250、北端宽104、南端宽100厘米。深约232厘米，填土为黄褐色花夯土，质地紧密、坚硬，包含有烧土粒、炭屑、陶片等。

墓底有熟土二层台，经过夯打。东侧二层台为盗沟破坏一部分，其他部分也有少量破坏。二层台宽12~25、高23厘米。

墓内无腰坑。

因被盗扰严重，其葬具已难以辨别。但从残存二层台判断，应有木棺。

墓主的骨架无存。

无随葬品出土。

墓葬年代： 据墓葬形制判断，该墓为殷墟时期。

SM95

位于 ST2222 南侧偏东。开口于①层扰土下，打破生土。有一长方形盗洞横穿墓葬中部，并破坏部分骨架。方向为 17 度。（图 2-427；彩版三三四，3）

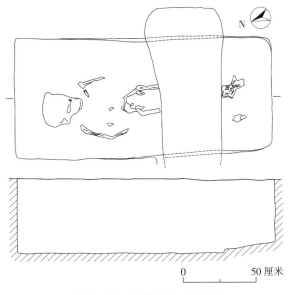

0   50 厘米

图 2-427　SM95 平、剖面图

长方形竖穴土坑墓，墓壁较直，墓底与墓口大小相当。墓口距地表 30 厘米，墓口长 175、宽 80 厘米，墓深约 50 厘米，填土为红褐色花夯土，土质较硬。

未见二层台、腰坑与葬具。

墓主骨架被压成扁平，肋骨、椎骨朽成粉末。下肢上部为盗坑破坏，无存。墓主仰身直肢，头北面东，右前臂弯曲置于腹部，右脚压在左脚上。

未见随葬品。

墓葬年代： 殷墟时期。

人骨鉴定：

骨质极差，骨骼多呈粉状，仅存头骨、上肢骨以及股骨脚骨部分，且多呈粉状。

女性？14～16 岁。

盆骨残片倾向于女性。恒齿已萌出，肢骨缝皆未愈合。

SM96

位于 ST2222 南部偏西。开口于①层扰土下，直接打破生土。方向为 14 度。（图 2-428；彩版三三五，1、2；彩版三三六，1）

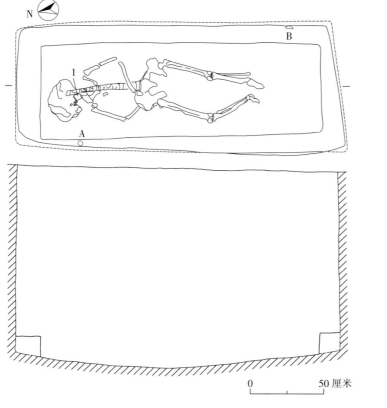

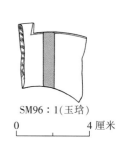

SM96：1（玉玲）

图 2 - 428　SM96 平、剖面图及出土遗物

长方形竖穴土坑墓，墓壁略外扩，口较底略小。墓口距地表 30 厘米。墓口长 210～223、宽 75～85 厘米，墓底长 215～226、宽 79～86 厘米，墓深约 132 厘米。墓口与墓底西南角均向外扩，呈尖角，因此墓西壁较东壁长 10 厘米，填土为红褐色花夯土，土质较硬，出有若干陶片。

墓底四周有一周高 12～15、宽 5～17 厘米的熟土二层台。

无腰坑。

葬具为一棺。棺的长度 191、宽 62、高 12 - 15 厘米。两侧棺板厚约 5 厘米。

在墓底发现两个 2 个木桩孔洞，各位于墓室西侧偏北处和东侧偏南处。平面呈圆或半圆形。

编　号	位置	形状	直径（厘米）	深度（厘米）
A	西侧偏北处	圆形	3	7
B	东侧偏南处	半圆形	4～5	5

墓主骨架被压成扁平，朽成粉末。仰身直肢，头北，下身微屈，左右手抚于腹部，左手上，右手下，右腿向右侧微屈。30～35 岁，性别不明。

墓主口内出玉玲 1 件。

玉玲　1 件。

SM96：1，残。青白色，两面受沁。残存一段，扁平状。外缘有突起，抛光不精细。残宽 3.4、厚 0.7 厘米。（图 2 - 428；彩版三三六，1）

墓葬年代：从墓葬形制与出土器物分析，该墓为殷墟时期。

SM97

位于 ST2322 西部。开口于扰土层下，直接打破生土。方向为 10 度。（图 2 - 429；彩版三三五，3；彩版三三六，2）

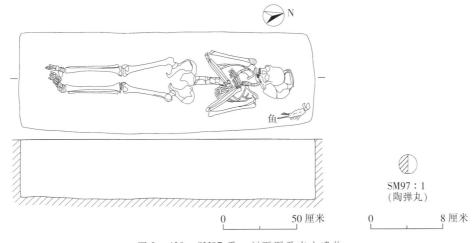

N

鱼

SM97：1
（陶弹丸）

0　　　　50 厘米　　　　0　　　8 厘米

图 2 - 429　SM97 平、剖面图及出土遗物

长方形竖穴土坑墓。墓口距地表约 30 厘米，墓口长 200、宽 65～66 厘米，墓底长 200、宽 65 厘米，墓深 38～45 厘米。填土为红褐色花夯土，质地较硬。在填土中出陶弹丸 1 件。

未见有二层台和腰坑。

未见葬具痕迹。

墓主骨架保存较好。仰身直肢，头北面上略西，双手抚于胸部。40 岁左右的女性。

墓主头前墓底东北角置殉鱼 1 条。殉鱼头向北。墓主口内含贝 1 枚。

陶弹丸　1 件。

SM97：1，泥质红褐陶，完整。体呈圆球形，质地坚硬，表面光滑。直径 2 厘米。（图 2 - 429；彩版三三六，2）

贝　1 枚。B 型货贝。

墓葬年代：殷墟时期。

SM98

位于 ST2222 西部偏南。开口于①层扰土下，直接打破生土。墓室中部为一长方形盗坑横穿，扰动墓主腰部。方向为 15 度。（图 2 - 430；彩版三三六，3、4）

长方形竖穴土坑墓，墓壁略收，口大底小。墓口距地表 30 厘米，墓口长 211、宽 61 厘米，墓底长 205、宽 57 厘米，墓深 60～63 厘米。填土为红褐色花夯土，土质较硬，出有若干陶片。

墓底四周有一周高 7、宽 5～10 厘米的熟土二层台。

葬具为一棺。棺的长度 186、宽 49、残高 7 厘米。棺板上髹有红漆。

墓主仰身直肢，头北面东，两下肢向东弯曲。骨架被压成扁平。骨盆部分被扰不见。为 35 岁左右女性。

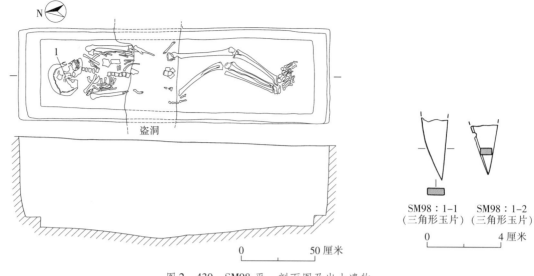

图 2 - 430 SM98 平、剖面图及出土遗物

墓主口内出玉片 2 件。

三角形玉片 2 件。

SM98：1 - 1，残。黄褐色。一边弧弯，一边平直。双面打磨，断面未经打磨。残长 3.1、宽 1.2、厚 0.4 厘米。（图 2 - 430；彩版三三六，3）

SM98：1 - 2，残。黄褐色。三角形，一边上有半个单面桯钻孔。断面未经打磨。残长 2.6、宽 1.2、厚 0.3 厘米。（图 2 - 430；彩版三三六，3）

墓葬年代： 从墓葬形制与出土物判断，该墓为殷墟时期。

SM99

位于 ST2222 西部偏南，部分在 ST2122 东侧南部。开口于①层扰土下，直接打破生土。方向为 12 度。（图 2 - 431；彩版三三七，1）

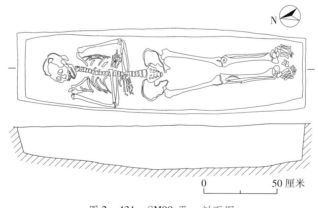

图 2 - 431 SM99 平、剖面图

长方形竖穴土坑墓，墓壁略内收，东西两侧墓壁略向外弧，口大底小。墓口距地表 30 厘米，墓口长 197、宽 43 ~ 56 厘米，墓底长 190、宽 39 ~ 48 厘米，墓深 17 ~ 30 厘米。填土为红褐色花夯土，土质较松。

无二层台、腰坑与葬具。

墓主仰身直肢，头北面上偏西，两臂呈直角，双手抚于胸腹部，左上右下，指尖相向，上下平行。

墓主骨架除头骨被压碎外，其他骨骼保存较好，为 30 ~ 35 岁女性。

墓主右手内出 1 枚 A 型货贝。

墓葬年代：殷墟时期。

SM100

位于 ST2122 东南部。开口①层扰土下，直接打破生土。方向为 12 度。（图 2 - 432；彩版三三七，2）

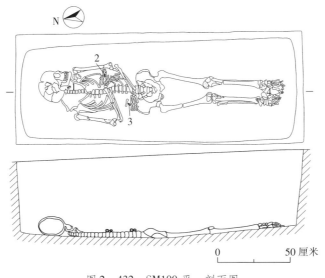

图 2 - 432　SM100 平、剖面图

长方形竖穴土坑墓，墓壁略内收，口大底小。墓口距地表 30 厘米，墓口长 195、宽 75 厘米，墓底长 187、宽 58 ~ 67 厘米，墓深 49 ~ 55 厘米。填土为灰褐色花夯土，土质略硬。

无二层台与腰坑。

没有木质葬具。墓主头顶至脚后有一层白色覆盖物，上有黑色腐蚀质，质地薄、脆，周围土壤油性较大。仔细观察可见较细的纵向纤维。

墓主仰身直肢，头北面东，右手抚于胸部，左手抚于腹部。全身骨骼保存较好，右锁骨断成两段。墓主为 40 岁左右女性。

墓主口内、左右手骨各有 1 枚 A 型货贝，两脚之间有 1 枚 B 型货贝。

墓葬年代：殷墟时期。

SM102

位于 ST2221 北部中间，SM102 东南角与 SM103 西北角相接。开口于①层扰土层下，直接打破生土。墓室北侧为一长 220、宽 53 厘米的近代盗坑打破，并扰至墓底，西侧被 SM101 的墓室部分打破一部分。方向为 10 度。（图 2 - 433A、B；彩版三三八）

长方形竖穴土坑墓，墓壁较为陡直。墓口距地表 20 ~ 30 厘米，根据下部未被扰动的墓圹判断，墓葬南北长 275、宽 114 ~ 117 厘米，墓深约 175 厘米。墓底长 280、宽 104 ~ 107 厘米，东壁距墓口深 55 厘米处，向墓内收 10 厘米，边缘整齐，应是当时所留的台子。填土为红褐色花夯土，土质较硬，夯窝

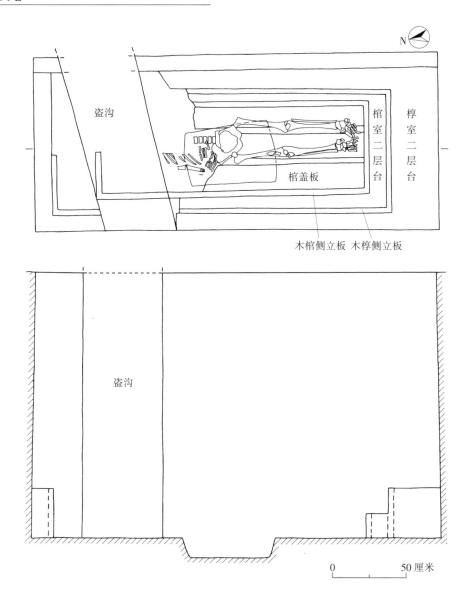

图 2－433A SM102 平、剖面图

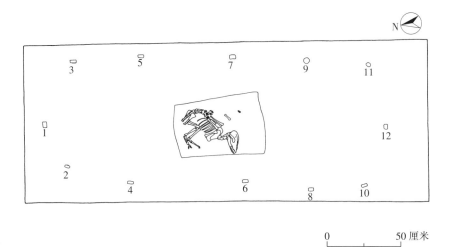

图 2－433B SM102 腰坑及墓底桩孔图

稀疏，夯层不明显。（图2－433A）

墓底有一周高33厘米的熟土二层台，二层台的北部被扰动，南侧二层台保存较为完好。二层台南侧较宽，宽32厘米，其余三面宽11～14厘米。

墓底中部的腰坑呈梯形，长约62、宽35～40、深13厘米。腰坑为斜壁，平底。腰坑内殉有一只幼狗，保存较好，头南面西，北部向东弯曲，前肢被缚于背部，后肢蜷曲于身下。在腰坑东南部出一枚贝。（图2－433B）

葬具为一棺一椁。根据残存迹象判断，椁长233、宽81厘米，残存高度约33厘米，椁立板厚约4厘米。椁板上未髹漆。棺长198、宽60～63厘米，残存高度15～17厘米，棺立板厚3～4厘米。棺板外髹有白、黄漆，棺盖板由3块纵向木板组成，每块宽13～17、残长90～120厘米。东西两侧的棺盖板高度与棺立板高度一致。中间的棺盖板塌陷入墓室，比两侧低13厘米。棺板上也髹着白、黄漆，上还有黑线勾勒的图案。在东侧棺盖板上有图案残存，两条间距1厘米的平行的黑色弧线的中间填以红彩，线条残长14厘米。棺底板亦为3块纵向木板构成，宽度与残长与棺盖板相似。

墓底椁板外围有12个木桩孔洞。排列整齐，前后左右对称。墓室南北两端中部各1个。东西两侧各有5个。孔洞向下大多呈向内倾斜状。孔洞平面形状有圆形、椭圆形和长方形，直径2～4.5、深18～25厘米。（图2－433B）

编号	位置	形状	直径（厘米）	深度（厘米）
1	北端中部	长方形	3×3.5	25
2	西侧北部偏北	椭圆形	2×3	19
3	东侧北部偏北	长方形	2×4	22
4	西侧北部偏南	长方形	2×4	21
5	东侧北部偏南	长方形	2×4	18
6	西侧中部	长方形	2×4	20
7	东侧中部	长方形	3×4.5	21
8	西侧南部偏北	长方形	2×3.5	21
9	东侧南部偏北	圆形	4	25
10	西侧南部偏南	长方形	2×4	15
11	东侧南部偏南	椭圆形	3×3.5	23
12	南端中部	长方形	2.5×3.5	25

墓主仰身直肢，头向北，左手放于右腹部，右手放于左手南侧。墓主骨架的上半身已被扰不见，残存有右侧肋骨和下肢骨。为一中年女性。

在墓主左手内出贝1枚，在腰坑内出贝1枚。A型货贝。

墓葬年代： 殷墟时期。

SM105

位于 ST2220 内。开口于②层下，打破生土。北端有一长方形盗洞，长 95、宽 63 厘米，直入墓底。方向为 14 度。(图 2 - 434A ~ C；彩版三三九、三四〇)

长方形竖穴土坑墓，口小于底。墓口距地表 50 厘米，墓口长 222、宽 95 厘米，墓底长 250、宽 115 厘米，深 295 厘米（图 2 - 434A）。填土黄灰色夯土，夯窝清晰，夯层 22 ~ 25、直径 8 ~ 10 厘米。距墓口 192 厘米有一条殉狗，头向南，面向东，仰头盘曲状，狗架保存基本完好（图 2 - 434B）。

墓底有一周高 55、宽 10 ~ 25 厘米的熟土二层台。南二层台及东二层台南部有清晰的席纹痕迹。东二层台北部有布幔印纹，旁边有一只猪左前腿骨。

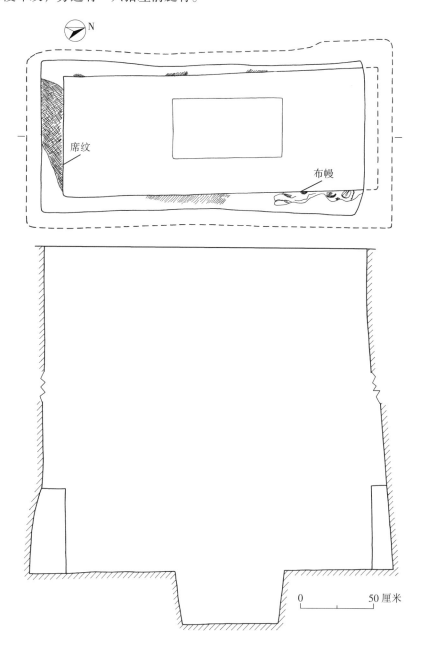

图 2 - 434A　SM105 平、剖面图

中部有长74、宽38、深35厘米的腰坑，腰坑内无任何随葬品。

从残存迹象看，有一棺，已被扰乱，长205、宽80、残高55厘米。

因盗扰严重，墓主情况不详。从填土殉狗头向判断，墓主头向可能朝北。

随葬品只在盗洞中发现一些碎小器物，如石器、铜镞、玉戈、贝等。

铜镞　2件。

SM105：4，Bb型。残。形体较小，镞体呈柳叶形，锋尖锐利，中脊截面呈菱形，短翼，后尖残，扁棱形短铤。通长4.7、铤残长1.7、翼宽1.8厘米。（图2－434C；彩版三四〇，1）

SM105：7，Bb型。残。形体小，镞体呈柳叶形，锋尖残失，中脊截面呈菱形，短翼，后尖残，扁棱形短铤。残长3.6、铤残长1.4、翼宽1.7厘米。（图2－434C；彩版三四〇，1）

铜铃　1件。

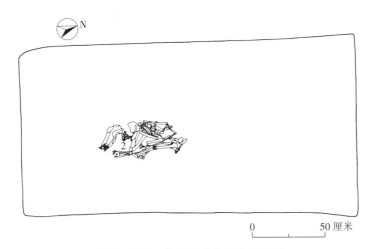

图2－434B　SM105填土殉狗平面图

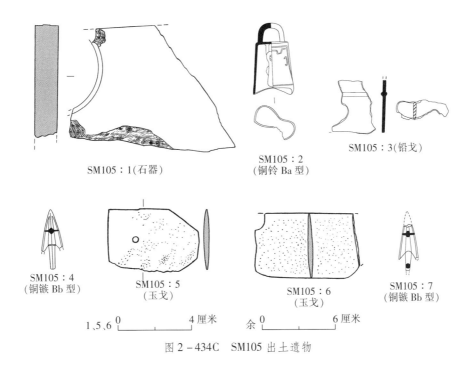

SM105：1（石器）

SM105：2
（铜铃 Ba 型）

SM105：3（铅戈）

SM105：4
（铜镞 Bb 型）

SM105：5
（玉戈）

SM105：6
（玉戈）

SM105：7
（铜镞 Bb 型）

图2－434C　SM105出土遗物

SM105：2，Ba 型。残，被压扁。铃腔截面呈椭圆形，平顶，上有半圆形梁，口缘内凹，棒槌形铃舌，略短于铃体。铃身两面饰梯形凸弦纹，内填简化阳线饕餮纹。通高5.6、口宽3.3、厚0.1厘米。（图2-434C；彩版三四〇，2）

铅戈 1件。

SM105：3，残损严重，不辨形制。（图2-434C）

玉戈 2件。

SM105：5，残。牙白色，表面有灰斑。无内。援末残失，无中脊，中部略厚。柄部有一对钻孔。双面打磨。残长4.8、援宽3.2、援厚0.3厘米。（图2-434C；彩版三四〇，3）

SM105：6，残。灰白色，有杂斑。残存援部残片，中间厚，边刃锐利。双面打磨。残长5.5、宽3.3、厚0.3厘米。（图2-434C；彩版三四〇，4）

石器 1件。

SM105：1，残。石灰岩，残器呈扁平不规则形，一侧有切割痕迹，一端有半圆形钻孔一个。残长3.2~9、宽6、厚1.4厘米。（图2-434C；彩版三四〇，5）

贝 1枚。A 型货贝。

墓葬年代：从墓葬形制与出土物判断，该墓属殷墟晚期。

SM202

位于 ST2319 西北部，西距探方西边130厘米，墓室西北角进入 ST2320 方内。开口于①层扰土下，直接打破生土。方向为282度。（图2-435；彩版三四一，1）

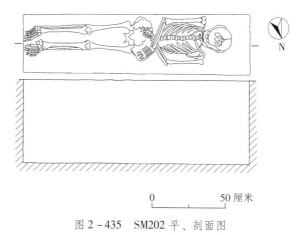

0   50厘米

图 2-435 SM202 平、剖面图

长方形竖穴土坑墓。墓口距地表20厘米，墓口长155、宽38~40厘米，墓底长155、宽38~40厘米，墓深约55厘米。填土为红褐色花夯土，土质较硬，夯层不明显。

未见二层台、腰坑与葬具。

墓主骨架保存较好。仰身直肢，头西面上，头底垫高。两前臂内屈交叉，双手放于腹部，双膝双足并拢，足尖向北。墓主为13~15岁男性，骨骼范围长度133厘米。

无随葬品出土。

墓葬年代：根据墓葬形制判断，该墓为殷墟时期。

SM203

位于探方 ST1324 中南部。墓东侧大部分被盗坑打破。方向为 7 度。（图 2 – 436）

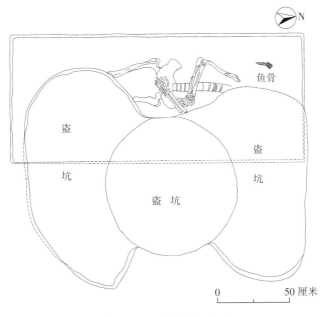

图 2 – 436　SM203 平面图

长方形竖穴土坑墓。墓口距地表深 50 厘米，墓口长 200、宽 85 厘米，墓底长 197、宽 83 厘米，墓深 75 厘米。填土为夯土，夯层厚 8 ~ 10 厘米。

在墓底铺垫一层草类植物（芦苇秆）。

墓主仰身直肢，头向北。保存较差，无随葬品。头骨右侧出土有鱼骨。年龄 35 ~ 45 岁间，可能为男性。

墓葬年代：根据墓葬形制判断，该墓为殷墟时期。

SM206

位于 ST2021 东南部，其东壁距探方东壁 112 ~ 175 厘米，西侧与 SM207 相距 255 厘米。开口于扰土层（①层）下，墓葬南侧被一盗坑打破，打破生土。方向为 20 度。（图 2 – 437；彩版三四一，2、3）

长方形竖穴土坑墓，东壁略向外扩，而西壁和南壁略内收，使墓口与墓底略错。墓口距地表约 55、墓口长 243、宽 79 ~ 82 厘米，墓底长 240、宽 76 ~ 82 厘米，墓深 160 厘米。墓葬填土为褐色花夯土，土质坚硬。

墓底四周有熟土二层台，由于被扰，其残存高度为 5 ~ 9、宽 5 ~ 18 厘米。北侧二层台中部放置羊腿骨一段。

无腰坑。

葬具为木棺，仅存有断续的较薄的板灰痕迹。从残存迹象判断，其长 204、宽 59、残高 5 ~ 9 厘米。

墓底方向有 8 个木桩孔洞。墓室南北两端各有 1 个，东西两侧各有 3 个，排列对称、整齐。这些孔的平面呈椭圆形，直径 3 ~ 6、深 13 ~ 30 厘米。

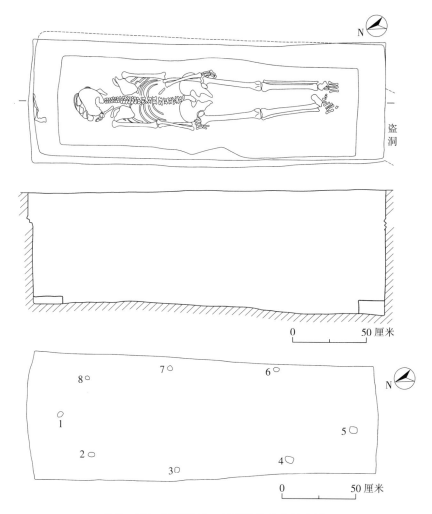

图 2 - 437　SM206 平、剖面图及墓底桩孔图

编号	位置	形状	直径（厘米）	深度（厘米）
1	北部	椭圆形	3×3.5	25
2	西侧北部	椭圆形	3×4.5	30
3	西侧中部	椭圆形	3×3.5	20
4	西侧南部	椭圆形	5×6	22
5	南侧西部	椭圆形	4.5×5	13
6	东侧南部	椭圆形	3×4	14
7	东侧中部	椭圆形	3×4	22
8	东侧北部	椭圆形	3×3.5	25

墓主骨架保存较好。俯身直肢，头北面下，左前臂置于腹部。墓主为 25～35 岁的男性。未发现随葬品。

墓葬年代：从墓葬形制判断，该墓为殷墟时期。

SM210

位于ST2124西南角。开口于扰土层下，直接打破生土。北部为一近代盗洞打破，并盗扰至墓底。方向为17度。（图2-438；彩版三四二，1）

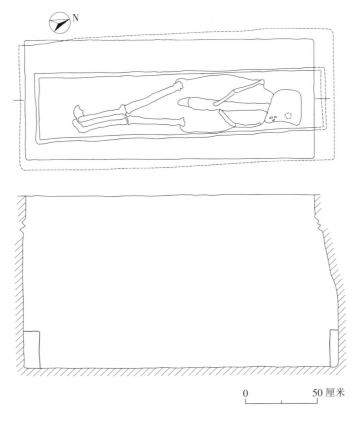

图2-438 SM210平、剖面图

长方形竖穴土坑墓，墓壁略内收，口小底大。墓口长200、宽80厘米，墓底长217、宽90厘米，墓深195厘米。填土为红褐色花夯土，土质坚硬。夯层厚8~12、夯窝直径6~8厘米。

在墓底有一周高25、宽6~25厘米的熟土二层台。

无腰坑。

葬具为一棺。棺已朽成木灰。棺的形状成长方形，以暗榫卯结合。棺板外侧髹有黄白漆。棺底为黑白色，厚0.1~0.2厘米。从残迹判断，棺长200、宽47、残高25厘米。棺侧板和前后挡板厚2~4厘米。

墓主骨架保存不好，已朽成骨粉。仰身直肢，双手置于腹部，下肢并拢。墓主骨骼范围长度154厘米。墓主的性别不详，仅凭牙齿推断墓主年龄40岁左右。

未发现随葬品。

墓葬年代：从墓葬形制判断，该墓为殷墟时期。

SM211

位于ST2024东北部。开口于扰土层（①层）下，直接打破生土。方向为20度。（图2-439；彩

版三四二,2)

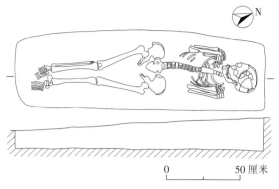

图 2－439 SM211 平、剖面图

长方形竖穴土坑墓,墓壁较直。墓口距地表30~50厘米,墓口长170、宽44~53厘米,墓深12~22厘米,填土为红褐色花土,质地疏松。

未见二层台、腰坑与葬具。

墓主为35岁左右的女性,骨骼范围长度140厘米。仰身直肢,头北面西。

未见随葬品。

墓葬年代:根据墓葬形制判定,该墓为殷墟时期。

SM213

位于ST2024东北部。开口于①层下,直接打破,墓口被北侧一现代坑打破少许。方向为285度。(图2－440;彩版三四二,3)

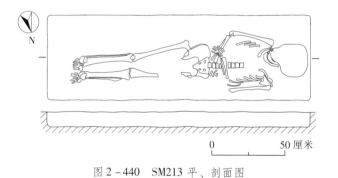

图 2－440 SM213 平、剖面图

长方形竖穴土坑墓,墓壁垂直。墓口距地表25~30、东西长180、宽56厘米,墓深约10厘米,填土为红褐色花夯土,质地较硬。

未见二层台、腰坑与葬具。

墓主骨架腐朽较严重。仰身直肢,头西面南,两手放于腹部,下肢微拢。墓主为30~35岁的女性,骨骼范围长度150厘米。

未见随葬品。

墓葬年代:根据墓葬形制判断该墓为殷墟时期。

SM215

位于 ST2024 西北部。开口于扰土层（①层）下，直接打破生土。墓坑北端为一近代盗坑打破。方向为 10 度。（图 2 –441A、B）

长方形竖穴土坑墓，墓壁略外扩，口小底大。墓口距地表 80 ~ 105 厘米，墓口长 210、宽 95 厘米，墓底长 242、宽 117 ~ 140 厘米，墓深约 190 厘米（图 2 –441A）。填土为红褐色花夯土，质地较硬。夯层厚 6 ~ 8 厘米，夯窝直径 5 ~ 6 厘米。夯具为单束夯。距墓口 120 厘米的近西壁中部填土中殉狗 2 条，头向南面东，重叠放置（图 2 –441B）。

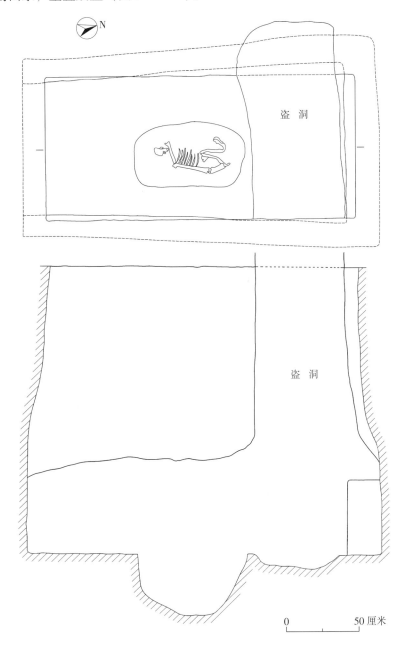

图 2 –441A SM215 平、剖面图

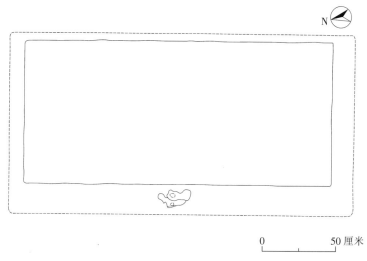

图 2-441B　SM215 填土殉狗平面图

墓底四周有一周高 50、宽 15～24 米的熟土二层台。

墓底中部有一圆角长方形腰坑，长 75、宽 43、深约 40 厘米。腰坑为斜壁，内殉狗一条，头南侧卧，后肢屈于腹下。

葬具、墓主及随葬品皆因被盗而不明。从殉狗头向判断，墓主头向可能朝北。

墓葬年代：从墓葬形制判断，该墓为殷墟时期。

SM216

位于 ST2024 中南部偏西。开口于扰土层（①层）下，直接打破生土。墓东南部被一近代盗坑打破，扰动到墓底。方向为 15 度。（图 2-442A、B）

长方形竖穴土坑墓，墓壁较直。墓口距地表 45～60 厘米，墓口长 210、宽 75 厘米，墓深 155 厘米（图 2-442A）。填土为红褐色花夯土，土质坚硬，夯层厚 8～10 厘米，夯窝直径 6～8 厘米。距墓口 75 厘米的墓室中部西侧有一殉狗。狗头南面西，背部向西，侧卧，两前肢被缚置于背部，后肢在伸直，位于体后（图 2-442B）。

葬具、墓主、随葬品等均无存。从填土殉狗头向判断，墓主头向可能朝北。

墓葬年代：据墓葬形制判断，该墓为殷墟时期。

SM218

位于 ST1421 西端南侧。开口于②层下，墓室西端被现代坑扰。方向 275 度。（图 2-443；彩版三四三，1）

长方形竖穴土坑墓，壁直，底平。墓口距地表深 55、残长 135、宽 46 厘米，墓底残长 135、宽 46 厘米，墓深 90 厘米。填土为黄花土且经夯实，较硬，夯层厚 6～10 厘米。

葬具不详。

墓主仰身直肢，头西脚东，两手均置于腹部，部分骨已朽，胸部以上被现代坑扰。

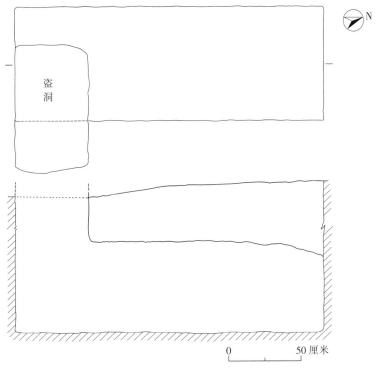

图 2 - 442A SM216 平、剖面图

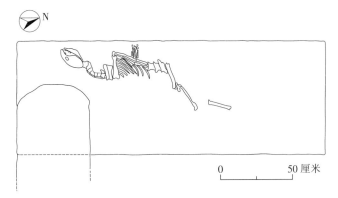

图 2 - 442B SM216 填土殉狗平面图

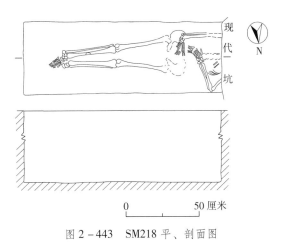

图 2 - 443 SM218 平、剖面图

未见随葬品。

墓葬年代：根据墓葬形制判断，该墓为殷墟时期。

SM220

位于 ST1321 北部西侧。开口于②层下，打破生土。方向为 5 度。（图 2 - 444；彩版三四三，2、3）

图 2 - 444　SM220 平、剖面图及填土殉狗平面图

长方形竖穴土坑墓，壁较直，底较平。墓口距地表深 55 厘米，口底同大，长 240、宽 82 厘米，墓深 135 厘米。填土为黄花土，经夯实，较硬，夯层厚 6～10 厘米。距墓口深 100 厘米有一殉狗，置于墓室中部东壁下，头向南，侧身、骨架不完整。

熟土二层台经夯实，北宽 16、西宽 17、南宽 28、东宽 18 厘米。

葬具为长方形木棺，棺长 196、宽 48、残高 13 厘米。棺已朽成灰，棺上髹漆。

墓主人头北面东，骨已朽成粉末状，年龄 35～40 岁。

墓葬年代：据墓葬形制判断，该墓为殷墟时期。

SM221

位于探方 ST1224 中南部，东邻 SM222。开口上部被 F16 叠压，西南部被晚期坑打破，打破 H40、H19。方向为 10 度或 190 度。（图 2－445A、B；彩版三四四，1、2）

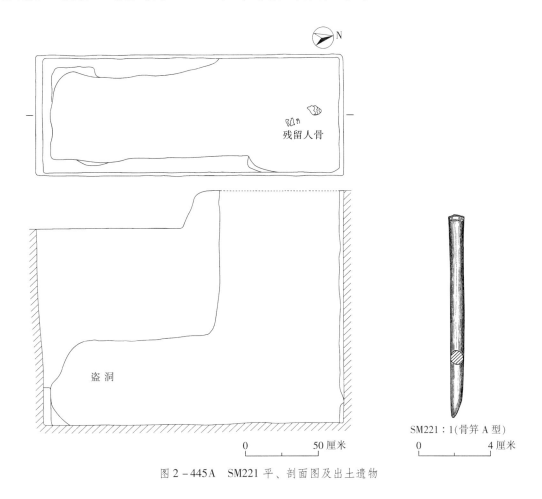

SM221：1（骨笄 A 型）

图 2－445A　SM221 平、剖面图及出土遗物

图 2－445B　SM221 葬具彩绘平面图

长方形竖穴土坑墓，墓底较墓口略小。墓口距地表深60厘米，墓口长210、宽80厘米，墓底长205、宽76厘米，墓深130～160厘米。填土为灰褐色夯土，夯层厚10～13厘米。（图2－445A）

熟土二层台残宽仅5厘米。

该墓被盗严重，葬具不明。但在葬具位置（疑为棺）有残留有彩绘，推测应是木棺上髹漆图案。（图2－445B）

墓主骨骼基本无存。

盗坑内出土有1件骨笄。二层台东南角有1块狗的下颌骨。

骨笄　1件。

SM221:1，A型。残。笄首残，呈单层圆形，笄杆细长，截面近圆形，笄尖圆钝，通体磨光。残长10.2、最宽0.7厘米。（图2－445A；彩版三四四，2）

墓葬年代：该墓打破年代为殷墟文化二期晚段的H19、H40，因而其年代不早于殷墟文化二期晚段。

SM223

位于ST1019北部偏东，一部分在ST1020内。开口于②层下，打破③层，即生土层，墓口两端均被现代扰坑打破。方向为5度。（图2－446；彩版三四四，3、4）

长方形竖穴土坑墓，口小底大，墓壁外扩。墓口距地表大约70厘米，墓口长220、宽72～75厘米，墓底长231、宽81厘米，墓深128厘米。填土为较硬的褐色五花土，略加夯实，夯窝不清。

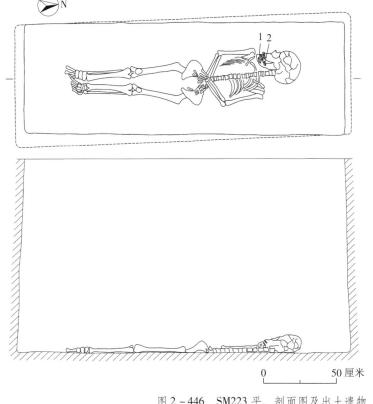

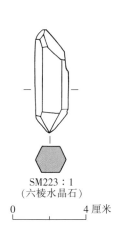

SM223:1
（六棱水晶石）

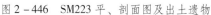

图2－446　SM223平、剖面图及出土遗物

无二层台、腰坑与葬具。

墓主骨架保存较为完整，但已破碎。仰身直肢，头北面西，双手交叉置于腹前，右手压左手上，脊椎腐朽严重，已成黄色粉末状，两脚向右并拢。经鉴定，墓主为60岁左右的老年女性。

随葬品有共2件，其一为六棱形水晶石，另一为货贝1枚，均含于口内。

六棱水晶石　1件。

SM223：1，残。白色透明结晶体，残损处有黄色土沁。六棱柱形，六个棱面宽窄不一致，两端收束成六棱锥形。通体光滑。长5.3、宽1.6厘米。（图2-446；彩版三四四，4）

贝　1枚。A型货贝。

墓葬年代：根据墓葬形制和葬俗判断，该墓为殷墟时期。

SM224

位于ST1020东南部。开口于②层下，打破③层，即生土层。方向为5度。（图2-447；彩版三四四，5）

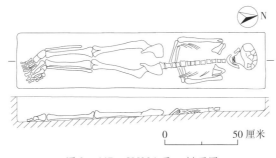

图2-447　SM224平、剖面图

长方形竖穴土坑墓，墓壁较直。墓口距地表约70厘米，墓口长170、宽37~38厘米，墓深9~17厘米。该墓内填较硬的褐色五花土，并经夯实。

无二层台、腰坑与葬具。

该墓骨架已腐朽严重，俯身直肢，头北面下。头骨破碎已朽，上肢骨保存较为完整，双手置于腹上，被压在脊椎之下，肋骨、脊椎骨、盆骨保存极差，下肢较为完整，双脚右并拢。经鉴定墓主年龄30岁左右，骨骼范围长度153厘米，性别不明。

无随葬品。

墓葬年代：根据墓葬形制判定，该墓为殷墟时期。

SM225

位于ST1421东端，一部分位于探方外。开口于②层下，打破③层，即生土层。同时，北端被一现代扰坑打破，并被一东北西南向长方形盗沟扰乱。方向为274度。（图2-448；彩版三四五，1）

长方形竖穴土坑墓，口小底大。墓口距地表62厘米，墓口长197、宽68厘米，墓底长206、宽69~71厘米，墓深68厘米。填土为较硬的黄褐色五花土，并经夯实。

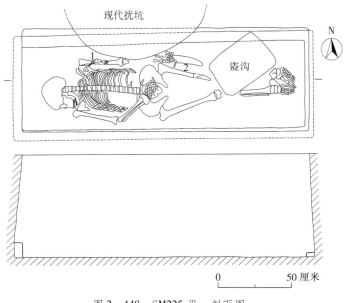

图 2 - 448 SM225 平、剖面图

熟土二层台经夯实，台宽 6~8、高 3~10 厘米。

葬具为一木棺，根据棺灰痕迹可知，棺长 194、宽 55~57、残高 3~10 厘米，棺板厚度不清。在盆骨至下肢骨处残留少量黑色漆皮，并在该骨架上残留有零星朱砂。

墓主骨架保存较为完整，仰身直肢，头西面南，右手置于腹下，左肩至肘上放置一条鱼，左臂肘以下被一现代扰坑切掉，左手握一骨器，该器物已成黄色粉状，无法提取，脊椎骨、肋骨、盆骨保存较完整，下肢中段被一现代盗沟破坏，双脚向右并拢。

随葬有鱼及不明骨器。

墓葬年代：殷墟时期。

人骨鉴定：

人骨保存状况差，头骨大部腐朽，仅左侧肩胛骨残片及左侧肱骨骨干及远端关节面残段采集，以供观察。

墓主前额陡直，额结节明显，眉弓较弱，眶上缘薄锐。左侧肩胛骨关节盂最大长为 34.6 毫米，该数值在女性个体的变异区间范围之内[1]（Stewart 1979：98）。坐骨大切迹浅而宽。上述形态特征提示墓主可能为女性个体。骨骺愈合，据肱骨及肩胛骨残段的形态及大小推测，墓主应为成年个体。仅据长骨的保存状况，目前无法进行身高估算。

墓主左侧肩胛骨关节盂表面新骨形成。

SM226

位于 ST1427 西部，打破 F18 上部。方向 276 度。（图 2 - 449；彩版三四五，2）

长方形竖穴土坑墓，墓壁较直。墓口距地表 50 厘米，墓口长 175、宽 35~40 厘米，墓深 6 厘米。

---

[1] 根据 Stewart（1979：98）对黑人和白人对比组的研究显示，女性肩胛骨关节盂最大长一般小于 36 毫米，但考虑到一定的群体差异，这个数值区间在这里仅做参考。

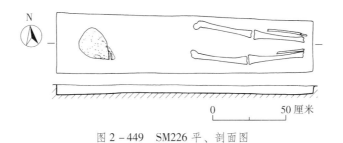

图 2 - 449 SM226 平、剖面图

填土为黄灰色土，未夯，土质较硬。

无二层台、腰坑与葬具。

墓主无双足和肋骨。从腿骨迹象判断，墓主双足可能被砍致残。头西面南，葬式不明。年龄 40 ~ 45岁，性别、身高不详。

无随葬品。

墓葬年代：根据墓葬形制判断，该墓年代为殷墟时期。

SM227

位于 ST1923 东北部。开口于①层下。打破生土。方向为 287 度。（图 2 - 450；彩版三四五，3）

长方形竖穴土坑墓，墓壁粗糙，凹凸不平，墓壁略有收分，呈斜直，底小口大，墓壁上发现宽约10 厘米左右的挖墓工具痕迹。墓口距地表 20 ~ 30 厘米，墓口长 210、宽 80 厘米，墓底长 200、宽 58 ~ 63

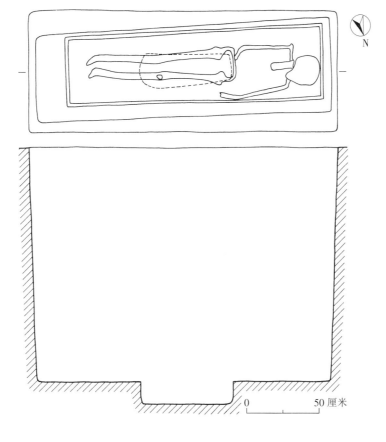

图 2 - 450 SM227 平、剖面图

厘米，墓深约 155 厘米。

无二层台。

墓底中部有一圆角长方形腰坑，长 63、宽 22、深 15 厘米，坑壁较直。内空无物。

填土为红褐色花夯土，质地较硬，夯层厚 8~10、夯窝直径 6~9 厘米。夯具为单束夯。

葬具为木棺。棺长 175、宽 46~50 厘米。已朽成木灰，棺盖板塌陷在墓主骨架上。从残迹判断，棺盖长 175、宽 46~50 厘米，上髹有红漆。棺侧板与前后挡板厚约 2 厘米，外表髹有红漆。棺底朽灰呈黑白色，厚 0.1 厘米。

墓主骨架已朽成骨粉，仰身直肢，头西面北。墓主性别、年龄不详，骨骼范围长度约为 150 厘米。

未发现随葬品。

墓葬年代： 从墓葬形制判断，该墓为殷墟时期。

SM229

位于 ST1119 西南角。开口于②层下，北端被一现代扰坑打破，同时打破③层，即生土层。方向为 357 度。（图 2-451；彩版三四六，1）

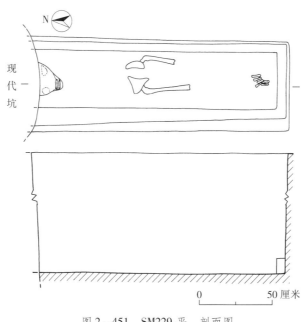

图 2-451　SM229 平、剖面图

长方形竖穴土坑墓，口大底小。墓口距地表约 70 厘米，墓口残长 176、东西宽 58~63 厘米，墓底残长 171、东西宽 50~56 厘米，墓深 134 厘米。填土为较硬的褐色五花土，并经夯实。

在距墓口深 122 厘米深处有一熟土二层台，宽 5~12 厘米，南部高 11 厘米。此二层台未经夯实。

无腰坑。

葬具为一木棺。根据墓内棺灰痕迹可知，棺残长 164、宽 38~39、残高 11~17 厘米。其棺内残留零星朱砂。

墓主骨架保存极差，腐朽严重，仰身直肢，头北面上偏右。头骨被一现代坑切掉顶部，仅见大概轮廓，上肢、脊椎、肋骨残缺，盆骨、下肢骨、脚趾骨亦残留一小部分。经鉴定该墓主为 14～16 岁，倾向于女性。

无随葬品。

墓葬年代： 从墓葬形制判断，该墓为殷墟时期。

SM230

位于 ST1119 西南角，一部分在 ST1118 内。开口于②层下，打破生土，其西北墓口被一晚期坑打破。方向为 12 度。（图 2 - 452；彩版三四六，2）

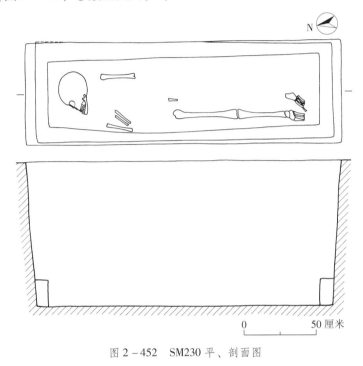

图 2 - 452　SM230 平、剖面图

长方形竖穴土坑墓，口大底小。墓口距地表约 70 厘米，墓口长 215、东西宽 68 厘米，墓深 96 厘米。墓底长 202、东西宽 63～68 厘米。该墓内填较硬的黄褐色五花土，并经夯实。

熟土二层台，经夯实，距墓口深 78、宽 5～13、高 18 厘米。

无腰坑。

葬具为木棺。棺长 185、宽 44～48、残高 18 厘米，棺板厚度不清，高度不详。在其棺内北端以及脚骨东侧残留有零星木炭，中部偏南有少量朱砂。

该墓骨架保存极差，腐朽严重，仰身直肢，头北面西，头骨破碎成饼状，上肢仅残留一部分，右手置于胸前，肋骨、脊椎骨、盆骨残缺，右下肢较为完整，左下肢残缺，双脚向右并拢。

无随葬品。

墓葬年代： 从墓葬形制分析，该墓为殷墟时期。

人骨鉴定：

人骨保存情况极差，大部骨架已腐朽殆尽，仅采集 26 颗牙齿以供观察。

性别鉴定和身高估算无法进行。墓主第三臼齿萌出，齿尖顶部和边缘略有磨耗，第一、第二臼齿磨耗程度3级，据此推测，该个体可能为年轻成年个体。

墓主上颌6颗前部牙齿唇侧面均显示多条线型釉质发育不全。双侧下颌犬齿唇侧面远中区可见凹陷型釉质发育不全。右侧下颌第二臼齿咬合面可见轻微的釉质剥脱现象。

SM231

位于ST1515中南部，南距探方边80~110厘米。开口于①层下，直接打破生土。方向为285度。（图2-453；彩版三四六，3）

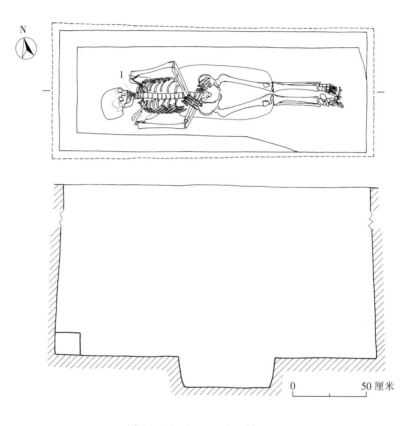

图2-453　SM231平、剖面图

长方形竖穴土坑墓，墓口上部被近代扰坑破坏，口小底大。墓口距地表110~120厘米，墓口长210、宽80厘米，墓底长220、宽85~90米，墓深190厘米。填土为黄褐色花夯土，土质较硬，夯层不明显。盗沟位于墓室东部，顺墓圹深至墓底，东西宽60~70厘米。

二层台东部被扰，保存部分宽10~12、高约15厘米。

在墓底中部有一长方圆角的腰坑，长66、宽36、深20厘米，直壁略斜，平底，内空无物。

葬具为木棺。底部被扰，有板灰，白漆痕迹。长192、宽57、高15厘米。

墓主头骨碎裂略变形，肢骨、肋骨等完整且保存较好。仰身直肢，头西面上偏北，双手交叉于腹部，双膝双足并拢。趾尖向前。墓主女性，年龄35岁左右，骨骼范围长度155厘米。

在墓主口内，有A型货贝1枚。

墓葬年代：从墓葬形制及葬俗判断，该墓为殷墟时期。

SM233

位于 ST1915 东部偏南。开口于①层下，直接打破生土。方向为 20 度。（图 2 – 454；彩版三四七，1、3）

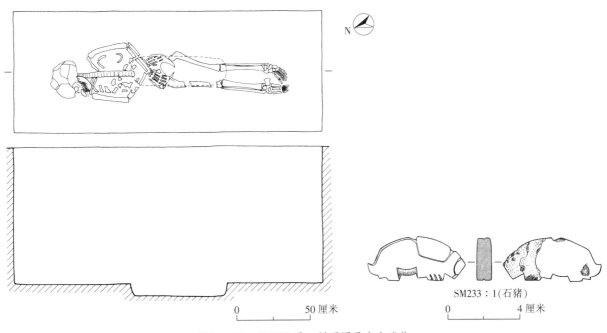

图 2 – 454　SM233 平、剖面图及出土遗物

长方形竖穴土坑墓，墓壁垂直。墓口距地表 10～30 厘米，墓口长 210、宽 80 厘米，墓深 90 厘米，填土为红褐色花夯土，土质较硬，层次及夯窝不明显。

墓底中部有一长方圆角腰坑，斜壁，长 65、宽 18～20、深 8 厘米，内空无物，

葬具无棺，墓主上半身覆盖布幔，保存较差，略显印痕。布幔淡黄底，上饰黑色线条和黑色圆点，看不出图案造型。

墓主头骨成碎片，骨骼腐朽为粉状，只显其形，仰身直肢，头北面西，双手左上右下交叉放于腹部，墓主为女性，年龄 16～18 岁，骨骼范围长度 150 厘米。

随葬有石猪 1 件，货贝 1 枚（口内）。

石猪　1 件。

SM233:1，微残。浅褐色。体呈站立状，低头、弓背、翘尾，四肢粗短。表面粗糙。通长 5.3、高 2.4、厚 0.8 厘米。（图 2 – 454；彩版三四七，3）

贝　1 枚。A 型货贝。

墓葬年代：根据出土器物及墓葬形制判断该墓年代为殷墟时期。

SM237

位于 ST1416 中部西侧，方向 14 度。（图 2 – 455；彩版三四七，2、4）

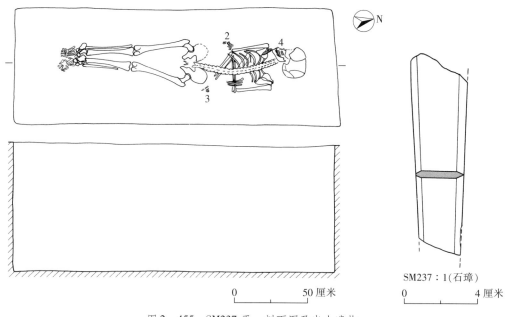

图 2 - 455　SM237 平、剖面图及出土遗物

长方形竖穴土坑墓，四壁较直，底较平。墓口距地表深 60 厘米，墓口长 220、宽 77 厘米，墓深 85 厘米。填黄花土，经夯实，较硬，夯层顾 6 ~ 10 厘米。

无二层台、腰坑与葬具。

墓主俯身直肢，头北脚南，右臂折于腹部与肘部成直角，左臂折于腹部右侧与肘部成钝角。骨架保存一般。骨架腿骨处覆盖有黑布纹，铺垫红布纹样的纺织物。具体图案不明。

随葬品有石璋 1 件，压于左胸部下；右、左手各有 1 枚贝，口内有 3 枚贝。

石璋　1 件。

SM237：1，残。白色砂岩。扁平长条形，中部略厚，两缘稍薄。柄端略窄，末端斜收；尖端残失。残长 10.1、宽 2.3 ~ 3.1、厚 0.3 厘米。（图 2 - 455；彩版三四七，4）

贝　5 枚，均为 A 型货贝。

墓葬年代：根据墓葬形制与出土物判断，该墓属殷墟时期。

人骨鉴定：

墓主俯身直肢，一次葬。头北面西。双手在体下，左手斜伸向右侧腹部，右手抚于左臂肘部。双腿直肢，双膝双脚并拢，脚尖偏右。

人骨保存情况较差，仅双侧足骨采集，以供观察。双侧跟骨、距骨，距骨，以及大部分趾骨保存较好。

墓主人骨骨骺愈合；据各个足骨的形态及大小推测，墓主应为成年个体。性别及身高未知。

墓主双侧第一趾骨远端关节面背缘骨赘生成，左侧略显于右侧。

SM238

位于 ST1415 西南侧。开口于②层下，方向为 6 度。（图 2 - 456；彩版三四八，1）

长方形竖穴土坑墓，壁较直，底较平。墓口距地表深 55 厘米，墓口长 215、宽 70 厘米，墓口深 175 厘米。填黄花土，经夯打，较硬，夯层厚 6 ~ 10 厘米。

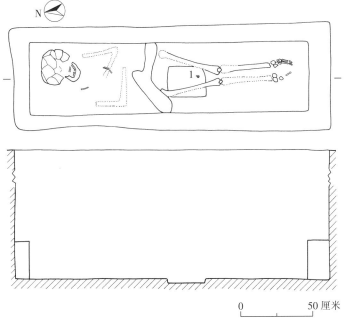

图 2-456 SM238 平、剖面图

二层台距墓口深 151、高 24、北宽 10、西宽 12、南宽 15、东宽 12 厘米，熟土二层台。

腰坑长 26、宽 20、深 5 厘米。

葬具为长方形木棺，长 190、宽 50、高 24 厘米。

墓主仰身直肢，头北脚南，面向东，左臂折于胸部与肘部成锐角，右臂折于腹部与肘部成直角，臂及胸部骨质已朽成粉末状。墓主倾向于男性，年龄 30～35 岁。

在腰坑内随葬有贝 1 枚。A 型货贝。

墓葬年代：从墓葬形制与葬俗判断，该墓为殷墟时期。

SM240

位于 ST1221 西南角，部分伸入 ST1220 北隔梁下。开口于②层下，打破③层即生土层，其西南部被一晚期扰坑打破。方向为 9 度。（图 2-457；彩版三四八，2、4）

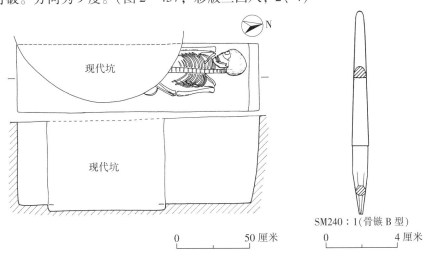

SM240：1(骨镞 B 型)

图 2-457 SM240 平、剖面图及出土遗物

长方形竖穴土坑墓，墓壁较直，唯北壁内收，其墓口距地表约75厘米，长165厘米，宽45厘米，墓底同墓口，深55～58厘米。

墓室内填较软的黄褐色五花土，未经夯实。其南部大半为扰坑填土。在填土中，发现骨镞1枚。

无二层台、腰坑与葬具。

墓主仅存上半部，盆骨以下均被一现代扰坑打破，下部仅残留两节脚趾骨，头北面西，葬式不明。从现存的左上肢看，其左手置于腹部。右上肢仅留肘关节以上，肋骨、脊椎骨较完整，经鉴定，该墓主为40～50岁的女性。

骨镞 1件。

SM240:1，B型。残。镞身细长，截面呈圆角梯形，前锋圆钝，铤细长呈锥状，末端变细。通长10.7厘米。（图2－457；彩版三四八，4）

墓葬年代：根据墓葬形制判断，该墓为殷墟时期。

SM241

位于ST1328东南角。开口于②层下，打破生土。方向353度。（图2－458；彩版三四八，3）

长方形竖穴土坑墓，墓壁残留一小部分。墓口距地表约60厘米，墓口长198、宽63厘米，墓深9～18厘米，填土为较硬的黄褐色五花土，并经夯实。

无二层台、腰坑与葬具。

墓主骨架保存较为完整，骨架腐朽较严重。仰身直肢，头北面东，左手置于腹下，右手置于髋骨上，手指和脊椎下部较零乱，右下肢膝盖骨略有错位，脚骨也比较零乱。经鉴定，该墓主为50～60岁，倾向于女性。

无随葬品。

墓葬年代：根据墓葬形制判断，该墓为殷墟时期。

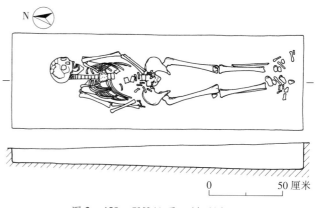

图2－458 SM241平、剖面图

SM243

位于ST1118内。方向15度。开口于②层下。（图2－459；彩版三四九，1）

长方形竖穴土坑墓，壁较直，底较平。墓口距地表深60厘米，墓口长180、北宽54、南宽46厘米，墓深37～45厘米。填黄花土且经夯实，较硬。

无二层台、腰坑与葬具。

墓主仰身直肢，头北脚南，面向西。右臂折于胸部与肘部成锐角，左臂折于腹部与肘部

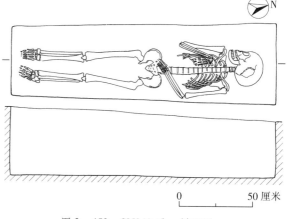

图2－459 SM243平、剖面图

成钝角，骨质保存一般。

未见随葬品。

墓葬年代：依据墓葬形制，该墓为殷墟时期。

SM352

位于 ST1605 中北部，北邻 SM351。①层下开口，直接打破生土，墓口距地表 70 ~ 90 厘米，在墓的中南部有一现代盗沟，打破墓的填土，扰于墓底。墓葬方向 15 度或 195 度。（图 2 - 460）

该墓为长方形土圹竖穴墓。墓口长 240，东西宽 95 厘米，墓底长 260，宽 95 厘米，墓深 250，墓两侧壁较直，两端略外扩。填土为红褐色花夯土，夯层厚 8 ~ 10，夯窝直径 6 ~ 8 厘米。该墓由于被盗，距墓口 200 厘米左右下为盗后扰土或淤土。在盗沟内出碎陶片数块。

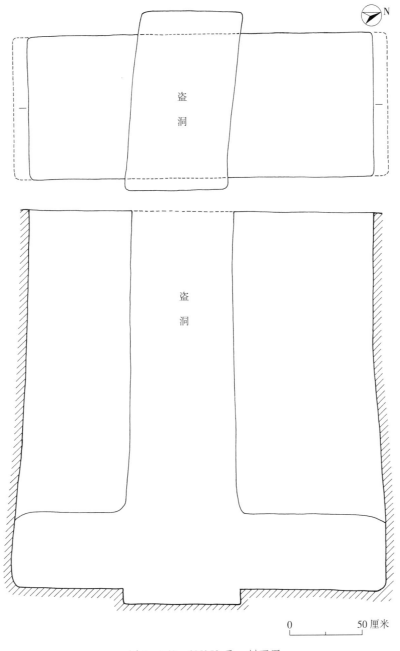

图 2 - 460　SM352 平、剖面图

墓底部因盗扰严重，未发现二层台及其他。

葬具与墓主情况皆不明。

陶爵 1件。

SM352:1，残存上半部分。

墓葬年代： 从墓葬形制判断，该墓为殷墟时期。

SM355

位于 ST1612 东北部和 ST1613 东南部。开口于 ST1713 第①层现代堆积层下，被晚期沟打破。方向为 105 度。（图 2-461；彩版三四九，2）

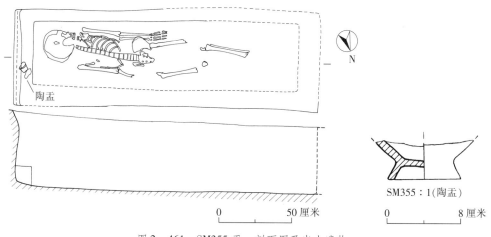

图 2-461　SM355 平、剖面图及出土遗物

长方形竖穴土坑墓，墓壁较直。墓口距地表深约 30 厘米，口底同大，长 210、宽 65 厘米，墓深 45 厘米。填土为黄灰土，土质较松。

墓底有一周宽 8~10、高 12 厘米的熟土二层台，但被晚期沟破坏。

墓底未发现腰坑。

从二层台判断，应有木棺。

墓主仰身直肢，头东面南，双臂垂于身体两侧，下肢骨遭扰乱。

在东二层上发现残陶盂 1 件。

陶盂 1件。

SM355:1，泥质灰陶。残片。仅剩圈足残片，无法修复。圈足直径 8 厘米。（图 2-461）

墓葬年代： 从墓葬形制与陶器判断，该墓为殷墟时期。

SM356

位于 ST1613 的中东部。开口于②层下，打破 H24、H49，直至生土。方向为 11 度或 191 度。北部有盗沟一条。（图 2-462A~C；彩版三五〇）

长方形竖穴土坑墓，口小底大。墓口距离地表 70~73 厘米。墓口长 250、南宽 109、北宽 107 厘米，墓深 260~263 厘米（图 2-462A）。填土为黄灰褐花土，质较硬，出土有陶片、骨头、石块等。

图 2-462B SM356 棺底结构图

SM356：5（石璋）   SM356：4（石璋）

SM356：1（石璋）

SM356：2（石璋）   SM356：3（石璋）

0   4 厘米

图 2-462A SM356 平、剖面图   图 2-462C SM356 出土遗物

陶片可辨器形有鬲、簋、甗、罐、陶范块等。

二层台南宽约55、北宽29、东宽约30、西宽约22厘米，稍加夯筑。

腰坑长59、宽10~24、深25厘米。内殉一狗，骨架较完整，狗头南。盗沟一直盗至墓底，致使骨架零散于盗坑土中。

葬具被破坏，只在棺底残留有棺灰及漆皮，尚能分辨棺底板。另外，棺两壁上见有些许席纹痕迹。棺长240、宽95、残高43厘米。（图2-462B）

因盗扰，未见骨架。从腰坑殉狗头向及相邻墓葬方向判断，该墓主头向南。

在盗沟扰乱土中，有5件残缺的石璋。

石璋 5件。

SM356:1，残。白色。扁平条状残片数段，无法拼对。中部略厚，两缘稍薄。其中三片上面用一道横线形成台面。（图2-462C）

SM356:2，残长6.3、残宽4.7、厚0.5厘米。（图2-462C）

SM356:3，残。青白色，残存扁平三角形斜刃。残长5.4、宽3.8、厚0.2厘米。（图2-462C；彩版三五○，3）

SM356:4，残。青白色，扁平条状残片，一面中部形成台面，高低不平。残长5.4、宽3.2、厚0.2厘米。（图2-462C；彩版三五○，3）

SM356:5，残。灰白色砂岩。扁平条状残片，一面中部形成台面，高低不平。残长4.4、宽3.6、厚0.2厘米。（图2-462C；彩版三五○，4）

贝 3枚。填土内出土2枚贝，腰坑内出土1枚贝，均A型。

墓葬年代：H24、H49年代为殷墟三期，综合判断，该墓年代应不早于殷墟三期。

SM362

位于ST1613的东隔梁下，仅西南部分露出隔梁，西南角伸进隔梁大部分。开口于②层下，打破H24，直至生土。方向11度或191度。北部有盗沟。（图2-463；彩版三四九，3）

长方形竖穴土坑墓，口小底大，北部被盗沟破坏。墓口距离地表95~115厘米。墓口长240、南部宽108厘米，墓深273~294厘米。填土为黄花土，质硬，含褐土斑与炭粒，出土有陶片、石块、陶范块、蚌壳。陶片可辨器形仅见有簋、鬲、甗等。

因被盗，北部二层台不详，其他三面二层台残存。西二层台宽29、东宽约31、西（南）残宽20~27厘米。

腰坑呈长方形，长58、宽28、深20厘米。未见殉狗。

因被盗严重，木棺痕迹被破坏，残长165、宽83厘米。

墓主骨架荡然无存。

因盗掘，未发现随葬品。

墓葬年代：从墓葬形制判断该墓为殷墟时期，被其打破的H24属殷墟三期，因而该墓应不早于殷墟三期。

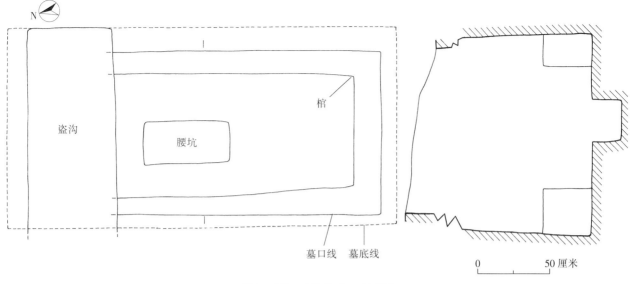

图 2 - 463 SM362 平、剖面图

SM363

位于 ST1703 的南部近中处。开口于①层下，中部被近代沟打破，直接打破生土。方向为 103 度。（图 2 - 464；彩版三五一，1）

长方形竖穴土坑墓。墓口距地表约 35、东西长 182、东宽 52、西宽 69 厘米，墓底深约 12 厘米，填土为黄褐色花夯土，质地较软。

没有二层台。

腰坑长 40、宽 15、深 6 厘米。

未发现葬具痕迹。

墓主骨架保存较好。仰身直肢，头部及躯干略偏北。颅骨碎为几块，皆从骨缝处断开。口部张开，门齿脱落于口内。下颚骨略微向南偏，左侧门齿、犬齿、第一臼齿缺失。上肢骨被近代沟扰乱，大部分缺失，仅存双手指骨、掌骨、腕骨以上部分不见，墓主左手手心向上，右手手心向下，分置于身体两侧。肩胛骨、锁骨腐朽较厉害，肋骨残余较少。盆骨仅余股骨头、耻骨与髋骨联合处。下肢骨保存较好，两脚均向北偏，右脚部分叠压左脚。

无随葬品。

墓葬年代：依据墓葬形制判断，该墓为殷墟时期。

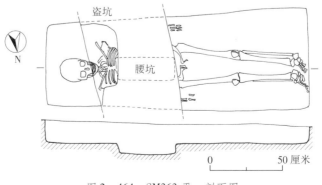

图 2 - 464 SM363 平、剖面图

SM364

位于 ST1703 的北部近中偏东处。开口于①层下，直接打破生土。西部、西南部为两条近代沟打破，北部有一条盗沟。盗洞近似椭圆形，上口长 127、宽 74 厘米，下部长 115、宽 57 厘米，深 300 厘米。盗洞内出土有狗骨残块。方向为 10 度或 190 度。（图 2–465）

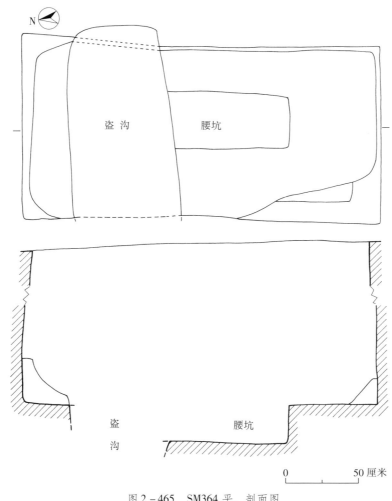

图 2–465 SM364 平、剖面图

长方形竖穴土坑墓，口小底大。墓口距地表约 45、长 225、南宽 102、北宽 112 厘米，墓底长 245、南宽 117、北宽 123 厘米，墓深约 250 厘米。填土为黄色夯土，较纯净，质地较软、细密。填土深 200 厘米处见有人头盖骨残片。填土中亦见兽骨及马、牛牙齿等遗物。

由于墓葬被严重盗扰，二层台仅残余西南角。西侧宽 13、南侧宽 19、残高 18 厘米。

底部有一个长方形腰坑，残长 78~83、宽 34~38、深 22 厘米。

由于被盗扰，葬具、墓主及随葬品情况均不详。

墓葬年代：从墓葬形制判断，该墓为殷墟时期。

SM365

位于 ST1604 南部偏东，大部分伸入 ST1603 北部偏东。开口于①层下发现，直接打破生土。上部被 4 条由东向西的晚期沟打破。方向为 15 度或 195 度。（图 2 – 466）

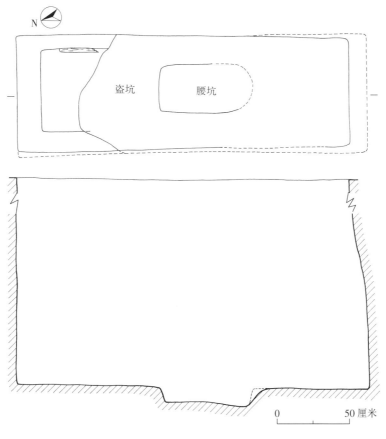

图 2 – 466　SM365 平、剖面图

长方形竖穴土坑墓，其西、南壁略往外扩，口小底大。墓口距地表 20、墓口长 227、东西宽 72 ~ 77 厘米，墓底长 240、宽 80 厘米，墓深 190 厘米。填土为浅灰色花土，土质坚硬。距墓口 125 厘米深处，散乱分布一堆狗骨，被盗扰，葬式不明。

墓底二层台因被盗扰而不成形，熟土做成。

墓底中部有一长 64、宽 32、深 12 厘米的椭圆形腰坑，坑壁为外敞形，空无一物。

葬具为一棺。在墓底北部残留的棺底痕迹看其宽为 56 厘米，长度不详。棺板上髹有红漆。

未见墓主骨骼及随葬品。

墓葬年代：从墓葬形制判断，该墓为殷墟时期。

SM367

ST1604 南部偏西，延伸到 T1603 北部。开口于①层下，直接打破生土。方向为 8 度或 188 度。（图 2 – 467）

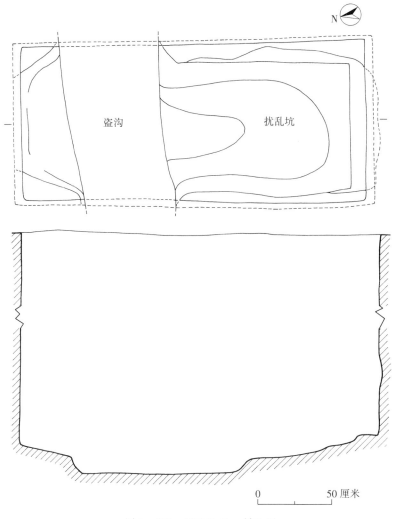

图 2 - 467 SM367 平、剖面图

长方形竖穴土坑墓，墓壁略往外扩，口小底大。墓口距地表约 35 厘米，墓口长 235、东西宽 102 ~ 108 厘米，墓底长 246、宽 108 ~ 113 厘米，墓深 240 厘米。填土为灰黄色花夯土，土质坚硬，夯层厚 15 ~ 20 厘米，夯窝清晰，直径 8 ~ 10、深 15 厘米。墓从口至底的扰土中出有几块狗骨及数块陶片。

墓底四周熟土二层台被盗扰，宽不详。高度为 42 ~ 50 厘米。

墓底中部腰坑被扰，情况不明。

葬具被扰乱而不明。

未见墓主骨骼及随葬品。

墓葬年代： 从墓葬形制判断，该墓为殷墟时期。

SM368

位于 ST1603 西北角，墓北小部分进入 ST1604，西南角进入 ST1503。开口于①层下，直接打破生土，墓上部被几条晚期沟打破。方向 190 度。（图 2 - 468A ~ C；彩版三五一，2、3）

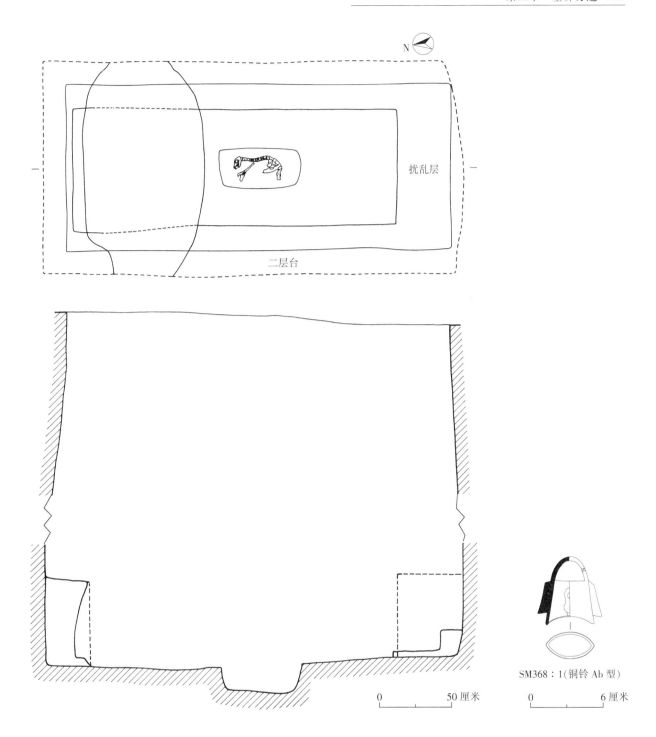

扰乱层

二层台

SM368：1(铜铃 Ab 型)

0　　　　　　50 厘米

0　　　　　　6 厘米

图 2 - 468A　SM368 平、剖面图及出土遗物

　　长方形竖穴土坑墓，墓壁略往外扩，口小底大。墓口距地表 5 ~ 15 厘米，墓口长 262、东西宽 138 厘米，墓底长 284、宽 110 ~ 118 厘米，墓深 330 ~ 345 厘米（图 2 - 468A）。墓内填土为灰褐色花夯土，土质坚硬，夯层厚度为 20 ~ 30 厘米，夯窝清晰，直径 8 ~ 10 厘米，密集。距墓口 225 厘米处，填土中部有狗头骨和腿骨，但被扰而散乱，难以辨别其葬式。距墓口 310 厘米处，在墓中部有很散乱的狗骨，并有 1 件铜铃（图 2 - 468B）。

　　墓底四周二层台被扰，不成形，残高 50 厘米，熟土。

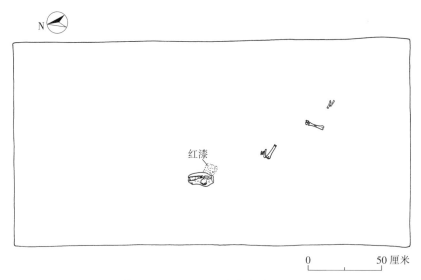

图 2 - 468B　SM368 填土殉狗平面图

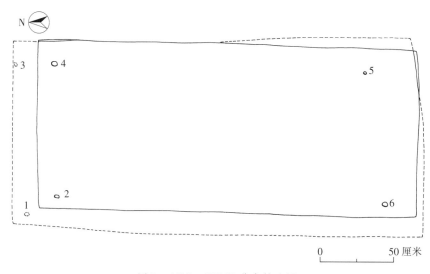

图 2 - 468C　SM368 墓底桩孔图

　　墓底中部有一长 55、宽 27、深 19 厘米的长条形腰坑。腰坑内有一狗，头朝北，四肢朝西，骨架严重腐朽。

　　葬具为一棺一椁。从残存的迹象判断，椁长为 222、宽 76～82 厘米。一段椁板上髹有红漆。棺被扰不明。

　　在墓底发现 6 个木桩孔洞，墓北端 4 个，南端 2 个。这些孔洞平面呈圆形或长方形，直径 2～3、深 2～8 厘米。（图 2 - 468C）

编号	位置	形状	直径（厘米）	深度（厘米）
1	西北角	圆形	2×2.5	8
2	西北部	长方形	2×3	5
3	东北角	椭圆形	1×2	2

续表

编号	位置	形状	直径（厘米）	深度（厘米）
4	东北部	圆形	3×4	8
5	东南部	圆形	2	2
6	西南部	圆形	3	8

未见墓主骨骼。从腰坑殉狗头向判断，墓主头向朝南。

铜铃　1件。

SM368：1，Ab 型。残。铃腔扁短，铃腔截面呈扁圆形，两侧有扉棱，无顶盖，上有半环形梁，口缘内凹，圆头状铃舌，残。素面。通高 5.5、口缘径 2×3.5、腔壁厚 0.1 厘米。（图 2 - 468A；彩版三五一，3）

墓葬年代：根据墓葬形制与出土物判断，该墓为殷墟时期。

SM370

位于 ST1804 的北部及北隔梁下，部分伸入 ST1805 南部。开口于①层下，中部被近代沟打破，直接打破生土。方向为 190 度。（图 2 - 469；彩版三五一，4）

长方形竖穴土坑墓。墓口距地表 85 ~ 93、长 202、南宽 55、北宽 50 厘米，墓深 122 ~ 127 厘米，填土为黄褐色花夯土，质地较硬。

无二层台、腰坑与葬具。

墓主骨架保存较好。仰身直肢，头向南，面向东。头部及躯干基本居于墓葬中央。头骨略微偏向东，口部紧闭。两肩微耸，右手置于腹部中央，手心向下。左手置于左腰髋部，手心向内侧。右手指叠压左手。两腿紧闭，两脚趾内敛。

无随葬品。

墓葬年代：根据墓葬形制，该墓为殷墟时期。

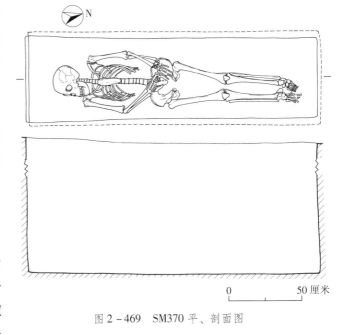

图 2 - 469　SM370 平、剖面图

SM373

位于 ST1803 的中部略偏东南。开口于①层下，直接打破生土。墓的南端有一长 300、宽 50 厘米的长方形盗沟。盗沟深 290 厘米。方向为 10 度或 190 度。（图 2 - 470；彩版三五二，1）

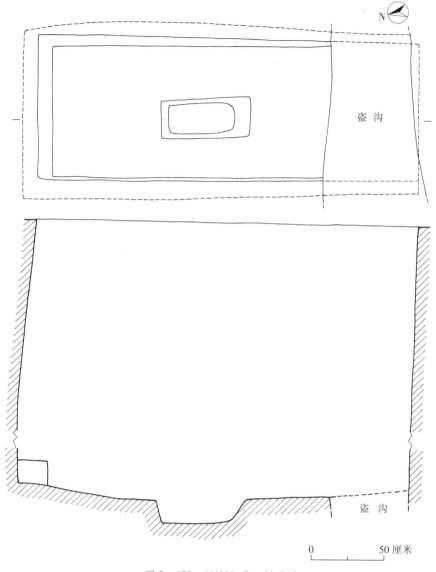

图 2 - 470 SM373 平、剖面图

长方形竖穴土坑墓，四壁斜直，口小底大。墓口距地表 55 厘米，墓口长 259、宽 92～96 厘米，墓底长不详，宽 112～117 厘米，墓深 256 厘米。填土为黄褐色花夯土。但是由于被盗，已看不清夯层与夯窝。填土中未见任何遗物。

墓内二层台残高 20、残宽 16 厘米，生土。墓底北高南低。

墓底中部有一腰坑，长 61、宽 26、深 15 厘米。坑壁斜直，内空无物。坑底长 46、宽 20 厘米。

由于被盗，葬具不明确，墓内尸骨已不见。也未见任何随葬品。

墓葬年代： 从墓葬形制判断，该墓为殷墟时期。

SM382

位于 ST1702 及 T1703 内，其北半部位于 ST1703 东南部，南半部位于 ST1702 东北部。开口于扰土层下，直接打破生土，东南角被 SM384 打破。方向为 187 度。（图 2 - 471；彩版三五二，2）

长方形竖穴土坑墓，南侧被扰。墓口距地表 110 厘米，墓口长 205、宽 65～66 厘米，残深 77 厘

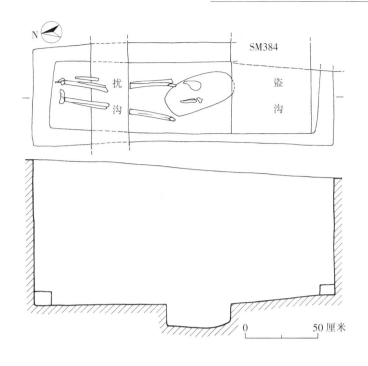

图 2 – 471　SM382 平、剖面图

米，北侧深 96 厘米，填土为黄花土，土质坚硬。经夯实。其南侧有一盗沟，伸进墓内。北侧有一盗沟扰乱其上。

墓底四周有一周高 7 ~ 9、宽 5 ~ 15 厘米的熟土二层台。

墓底中部有一圆角长方形腰坑，长 47、宽 22、深 14 厘米。内空无一物。

葬具不清。

墓主上身已扰乱不见，仅存下肢骨，脚趾骨已腐朽，膝盖中部被扰乱不见，残碎的盆骨位于腰坑内。根据仅存的下肢骨推断，墓主尸骨头向南。

未发现随葬品。

墓葬年代：从地层及形制判断，该墓为殷墟时期。

SM388

位于 ST2105 中部偏西。开口于②层下，直接打破生土。墓口北部被灰坑 H1 打破少许。在坑内出土部分陶片与陶范。方向为 280 度。（图 2 – 472；彩版三五二，3）

长方形竖穴土坑墓，墓壁较直。墓葬开口距地表 25 ~ 30、东西长 210、南北宽 75 厘米，墓深 155 厘米，填土为红褐色夯土。质直较硬。夯层厚 6 ~ 8 厘米，夯窝直径 5 ~ 6 厘米。

墓底四周有高 14、宽 10 ~ 22 厘米的熟土二层台。

葬具有一棺。已朽成木灰，从残存迹象判断，棺长 187、宽 40、高 14 厘米，棺的侧板与头尾挡板宽约 2 厘米。棺的形状为长方框，暗榫卯相套合。

墓主骨骼范围长度 155 厘米，头西面北，两手压在腹下，一肢弯曲，呈屈肢俯身葬，性别、年龄不详。

在墓主嘴内有贝 2 枚（SM388:1 – 1、2）。A 型货贝。

墓葬年代：根据墓葬形制与出土物判断，该墓为殷墟时期。

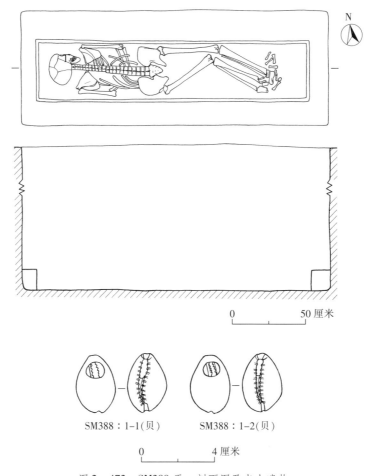

SM388：1-1（贝）　　　SM388：1-2（贝）

0 ————————— 4 厘米

图 2 - 472　SM388 平、剖面图及出土遗物

SM390

位于 ST1806 西南部。开口于②层下，直接打破生土。墓葬方向 290 度。（图 2 - 473；彩版三五三，1）

长方形竖穴土坑墓，口小底大。墓口距地表 40～50 厘米，墓口长 195、宽 63 厘米，墓底长 205、宽 70 厘米（西高北低），墓深 125～135 厘米。填土黄灰色花土，较松散。墓底东部有几块红烧土。

在墓底有一周高 6～17 厘米的生土二层台，宽 9～12 厘米。

无腰坑。

从二层台判断，应有木棺，但痕迹不明显。

墓主仰身直肢，上肢弯曲，两手放于腹部，头西面南。

在墓主头骨西侧有 A 型货贝 1 枚，

墓葬年代：从墓葬形制与葬俗分析，该墓为殷墟时期。

人骨鉴定：

墓主仰身直肢，上肢弯曲，两手放于腹部，头西面南。

人骨保存情况一般。头骨残破。右侧肩胛骨残片保存。21 颗牙齿保存，可供观察。部分胸椎椎体保存。少量肋骨残段保存。上、下肢骨保存较好，但多断裂。零星手部骨骼保存，足部骨骼大多保存。

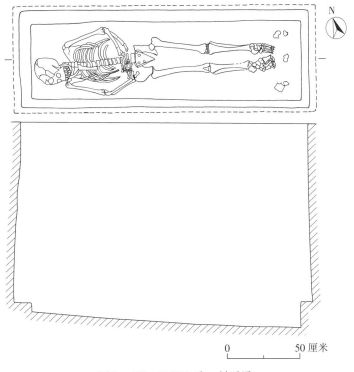

图 2-473　SM390 平、剖面图

墓主颅骨骨壁较薄，表面肌线及肌脊不太明显。前额陡直，额结节明显，眶上缘薄锐。乳突较小。四肢长骨表面肌肉附着痕迹较弱。据以上形态特征推测，墓主可能为女性个体。骨骺完全愈合；第三臼齿萌出，齿尖略有磨耗；第一、第二臼齿磨耗程度约为 3 级（吴汝康分级系统）。据以上信息推测，墓主应为年轻成年个体。右侧肱骨最大长为 27.5 厘米，右侧桡骨最大长为 21.5 厘米，身高估算 150～160 厘米。

墓主上颌前部牙齿及双侧下颌犬齿唇侧面均可见线型釉质发育不全。中度牙结石。双侧尺骨鹰嘴关节面中央新骨形成。双侧距骨远端关节面背缘骨赘生成，第一距骨最为明显。

SM391

SM391 位于 ST1806 南部。开口于②层下，直接打破生土。方向为 275 度。（图 2-474；彩版三五三，2）

长方形竖穴土坑墓。墓口距地表 50 厘米，墓口长 155、宽 44 厘米，墓深 10 厘米，填土为灰黄色土，较松散。

无二层台、腰坑与葬具。

墓主年龄和性别不详，仰身屈肢，头西面向上，骨架比较凌乱。

无随葬品。

墓葬时代： 殷墟时期。

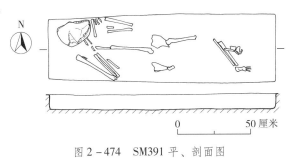

图 2-474　SM391 平、剖面图

SM392

位于 ST1806 东南部。开口于②层下，打破生土，南部被盗扰。方向为 12 度。（图 2 - 475；彩版三五三，3）

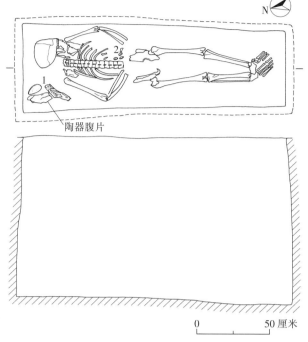

陶器腹片

图 2 - 475 SM392 平、剖面图

长方形竖穴土坑墓，口小底大。墓口距地表 50 厘米，墓口长 180、宽 50 ~ 60 厘米，墓底长 190、宽 60 ~ 80 厘米，墓深 110 厘米。北部填土灰色，土质较硬，未夯，南部为盗洞扰土，土质松散。

无二层台、腰坑与葬具。

墓主为一成年男性，手骨朽无，其他保存较好。俯身直肢，头北面东，上肢弯曲压于腹下。头端有数块陶器腹片，可能是筑墓时混入填土之物。墓主盆骨之上有贝 3 枚，应握于手内。A 型货贝。

墓葬年代：根据墓葬形制，该墓应为殷墟时期。

SM393

位于 ST2006 的中部略偏北。开口②层扰土下，打破 H249 及生土。方向为 5 度。（图 2 - 476；彩版三五四，1）

长方形竖穴土坑墓，墓底的尺寸大小与墓口相同。墓口距地表 50 厘米，长 195、宽 74 厘米，墓深 50 厘米。墓内填土为黄褐色花土，土质较硬。

墓底有一周熟土二层台，宽 7 ~ 14、高 17 厘米。

无腰坑。

葬具为一棺，棺长 183、宽 49 ~ 58、高 17 厘米。

墓主骨架保存良好，仰身直肢，头北面上，双手至肘部弯曲至于下腹部。

墓主右手上有 A 型货贝 1 枚。

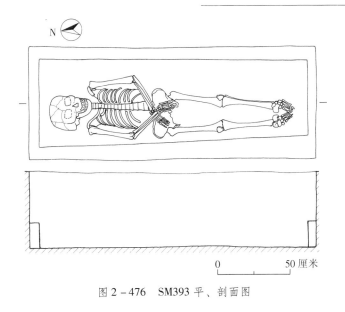

图 2 - 476　SM393 平、剖面图

墓葬年代： H249 属殷墟四期早段，因而 SM393 年代不早于此时。

SM398

位于 ST1814 西南部，东邻 SM397 约 50 厘米。开口在①层下。该墓被盗，保存较差。方向为 12 度或 192 度。（图 2 - 477）

长方形竖穴土坑墓。墓口距地表深 35 厘米，墓口长 205、宽 85 厘米，墓深 280 厘米，填土为黄褐色花夯土，土质细密，较硬，夯层厚 10 ~ 15 厘米。

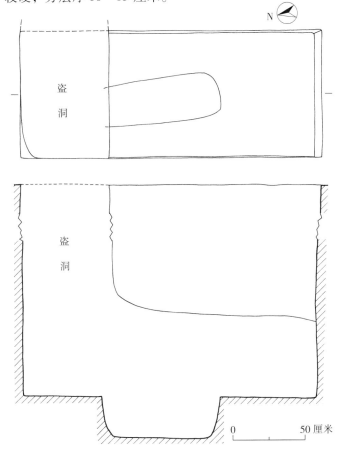

图 2 - 477　SM398 平、剖面图

该墓四壁较直，无二层台。

墓底有腰坑，长 80、宽 30、深 27 厘米，腰坑内无殉葬物。

因盗扰严重，葬具不明。

无随葬品。

墓葬年代：从墓葬形制判断，该墓为殷墟时期。

SM399

位于 ST2205 北中部。开口于①层下，打破生土。方向为 295 度（图 2－478；彩版三五四，2）。

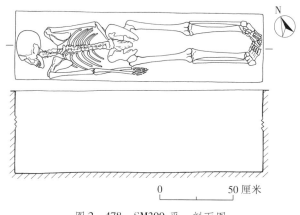

图 2－478　SM399 平、剖面图

长方形竖穴土坑墓，墓壁较直。墓口距地表约 50 厘米，墓口长 170、宽 45 厘米，墓深 105 厘米，填土为红褐色花夯土，土质较硬。夯层不明显。

无二层台、腰坑与葬具。

墓主保存一般，头骨碎裂变形，部分肋骨朽无。俯身直肢，头西面南。左臂直身，手压于腹下，双腿平行分开，趾尖向内。墓主男性，骨骼范围长度 165 厘米。

墓葬年代：依据墓葬形制，该墓为殷墟时期。

人骨鉴定：

墓主俯身直肢，头西面南。左臂伸直，右手压于腹下。双腿平行分开，脚尖向内。

人骨保存状况极差。颅骨、下颌骨及牙齿未见保存。右侧肩胛骨残片及双侧髋骨大部保存。双侧下肢骨残段保存。双侧足骨保存较好。

墓主髂骨翼较厚，耳状面较大，耳前沟不甚明显。耻骨下肢下缘较宽厚、粗壮。据以上形态特征推测，墓主可能为男性。耳状面形态 3 级（Lovejoy 分级系统），据此推测，墓主应为成年个体，年龄 30～35 岁。仅据四肢长骨保存状况，目前无法进行身高估算。

墓主右侧肩胛骨关节盂表面粗糙，新骨形成。左侧股骨头凹边缘新骨形成。双侧髋白窝关节面上粗糙不平。右侧距骨关节面凹凸不平。左侧跟骨关节面边缘骨赘生成。双侧舟骨关节面边缘骨赘生成。双侧第一距骨远端关节面背缘骨赘生成。

SM400

位于 ST2205 西北部。开口于①层下，直接打破生土。方向为 295 度。（图 2－479；彩版三五四，3）

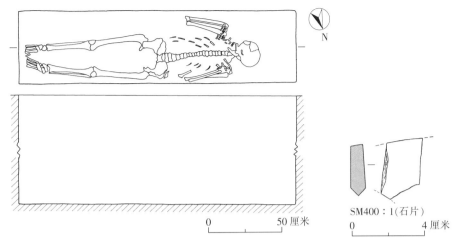

图 2-479　SM400 平、剖面图及出土遗物

长方形竖穴土坑墓，墓壁较直。墓口距地表约 50 厘米，墓口长 190、宽 48 厘米，墓深 150 厘米，填土为红褐色花夯土，土质较硬，夯层不明显。

无二层台、腰坑与葬具。

墓主骨骼保存较差。头骨碎裂，大部分骨骼腐朽。俯身直肢，头向西面南。两臂上折，手放于肩部。双腿平行分开，趾尖向前。墓主女性，年龄 50 岁左右，骨骼范围长度 150 厘米。

墓主口内发现 1 件残石片。

石片　1 件。

SM400：1，残。灰白色，残器呈四边形，一侧有切割痕迹。表面较光滑。残长 3、残宽 2、厚 0.8 厘米。（图 2-479）

墓葬年代： 依据墓葬形制，该墓为殷墟时期。

SM403

位于 ST2014 西北部，南面为 SM429 和 SM579。开口于①层下，直接打破生土。方向为 108 度。（图 2-480A、B；彩版三五五；彩版三五六，1、2）

长方形竖穴土坑墓，墓壁外扩，口小底大。墓口距地表 20、东西长 190、南北宽 78~87 厘米，墓底长 210、宽 98~104 厘米，墓深 235 厘米。（图 2-480A）

填土为红褐色花夯土，土质较硬。夯层厚 15~20 厘米。夯窝清晰，直径 4~7 厘米。深 4 厘米。为单根夯筑。距墓口 225 米的南二层台中西部有一兽腿骨，已腐蚀。

墓底四周有一高 38、宽 10~26 厘米的熟土二层台。

墓底中部有一长 53、宽 24、深约 10 厘米的长方形圆角腰坑。腰坑壁略外斜，内空无一物。

葬具为一棺，从残存迹象判断，其长 185、宽 58、高 38 厘米。棺板两侧厚度约 4 厘米。棺盖清晰，由三块木板组成。南边一块棺盖木板宽 17 厘米，中间棺盖木板宽 24 厘米，北边一块棺盖木板宽 9~15 厘米。棺盖板上髹有两层漆，内层为白漆衬底，外用黑漆勾勒装饰图案。两侧棺板上，也髹有两层漆，内为白漆衬底，外有黑漆装饰图案。另外，棺盖上放置 1 条鱼。

墓主头骨保存较好。其他部位朽成粉状。仰身直肢，头朝东，面朝上，左前臂弯曲于腹部。性别、

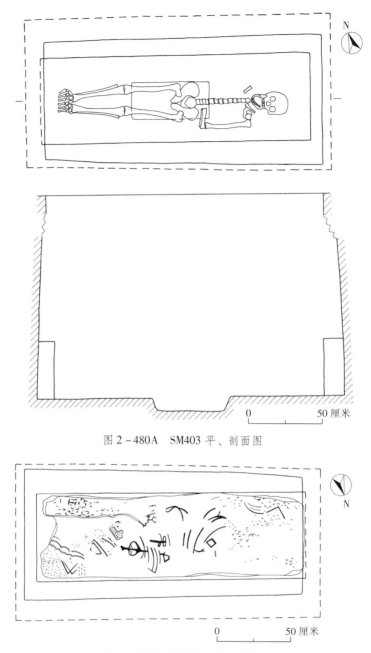

图 2 - 480A　SM403 平、剖面图

图 2 - 480B　SM403 骨架上彩绘

年龄不详。

　　墓主身上覆盖或穿着色彩艳丽的彩绘服饰，布纹清晰致密，布上底色为红色，有黑色图案和少量杏红色图案组成。大部分服饰由于腐朽严重，且褶皱较多，相互叠压，致使图案不清。相对较清的一组图案在墓主人胸部，图案呈方形直角状，黑粗线勾边，并用黑色点缀，底色为杏黄色。上半身多弧度向下的弧形线条，下身多弧度向上的弧形线条，均为红或杏黄底色，黑色边线。（图 2 - 480B）

　　未发现随葬品。

　　墓葬年代： 从墓葬形制与葬俗分析，该墓为殷墟时期。

SM406

位于 ST1713 西北部。开口于现代扰土下。被盗。方向 16 度或 196 度。（图 2 – 481）

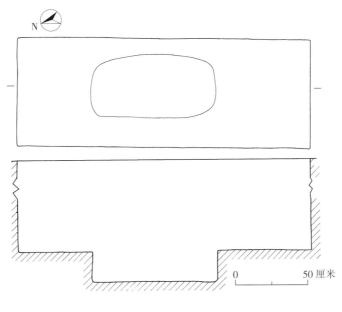

图 2 – 481　SM406 平、剖面图

长方形竖穴土坑墓，墓壁较直。墓口距地表深约 20 厘米，墓口长 200、宽 73 厘米，墓深 130 厘米，填土为灰褐色花夯土，土质较硬。在墓葬填土内出有绳纹陶片和兽骨。

无二层台。

墓底有一圆角长方形腰坑，长 85、宽 42、深 20 厘米。未发现殉狗。

未发现葬具。

墓主骨骼无存。

墓葬年代： 依据墓葬形制，判断为殷墟时期。

SM412

位于 ST1710 西北部。开口于①层下，直接打破生土，墓西南部被晚期坑打破，墓东南角打破了相邻的 SM413 西部。方向为 101 度或 281 度。被盗。（图 2 – 482）

长方形竖穴土坑墓，墓壁较直，墓底长宽与口相同。墓口距地表深 20 厘米，墓口长 220、宽 87 ~ 90 厘米，墓深 100 厘米。填土为黄灰色花夯土，土质坚硬，夯层厚 10 ~ 12 厘米，夯窝清晰，直径 5 厘米左右，不规则密夯。

墓底熟土二层台被盗扰而不成形，但从残留的东端二层台看，宽 13 ~ 17、高 27 厘米。

墓底未见腰坑。

从二层台判断，应有木棺。

墓主情况不明。

未见随葬品。

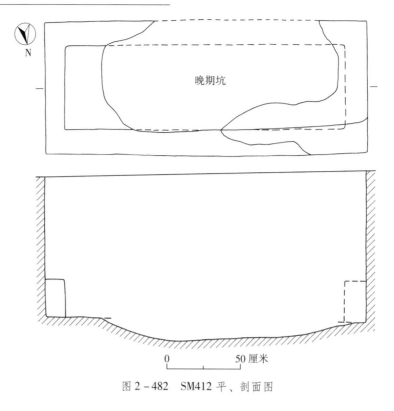

图 2 - 482　SM412 平、剖面图

墓葬年代: 该墓打破属殷墟四期早段的 SM413, 因而其年代不早于四期早段。

SM416

SM416 位于 ST1710 东北部。开口于①层下, 直接打破生土。墓口东南角被晚期坑打破。方向为 13 度。(图 2 -483; 彩版三五六, 3)

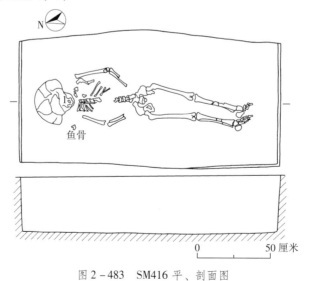

图 2 -483　SM416 平、剖面图

长方形竖穴土坑墓, 墓壁略向内收。墓口距地表深 20 厘米, 墓口长 180、东西宽 80 ~91 厘米, 墓底长 176 厘米, 宽度与墓口相同, 墓深 38 厘米。填土为灰黄色花夯土, 土质坚硬, 夯层厚约 10 厘米, 夯窝清晰, 直径 7 ~8 厘米。

墓底未见二层台及腰坑。

有一层黑灰色麻织品，整个铺在墓底。

墓主骨架保存较差，头骨偏平。俯身直肢，下半身向西稍屈。头北面下。

墓主口内出 1 枚贝，墓室西北部有 1 块鱼骨。

贝 1 枚。A 型货贝。

墓葬年代：根据墓葬形制，应为殷墟时期。

SM417

位于 ST1710 东北角，墓北部伸入 ST1711 东南部。方向为 15 度或 195 度。被盗。开口于①层下，墓上部被晚期坑打破有 20～67 厘米，墓东南角被 SM415 打破，东部被 SM587 打破。打破生土。方向为 15 度或 195 度。（图 2－484）

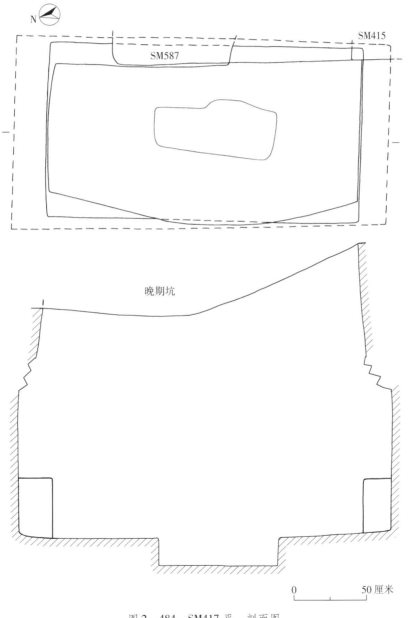

图 2－484　SM417 平、剖面图

　　长方形竖穴土坑墓，墓壁向外扩，口小底大。墓口距地表100厘米，墓口长215、宽115厘米，墓底长255、宽128厘米，墓深310厘米。填土内为黄褐色花夯土，土质坚硬。夯层为30厘米。夯窝清晰，直径有7~8、深25厘米，不规则。

　　墓底四周有高38、宽15~23厘米的熟土二层台。西二层台被扰，仅留下靠近墓壁部分。

　　墓底中部有长82、宽29~37、深18厘米的不规则形的腰坑，内空无一物。

　　从二层台判断应有木棺，因盗扰而不详。

　　未见墓主骨骼。

　　无随葬品。

　　墓葬年代：从地层关系及形制判断，该墓为殷墟时期。

SM420

　　SM420位于ST1709东南角，部分伸入ST1708内。开口于①层下，直接打破生土。方向为2度。（图2-485）

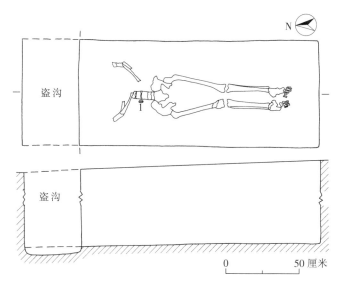

图2-485　SM420平、剖面图

　　长方形竖穴土坑墓，墓壁较直，墓底长宽与墓口相同。墓口距地表40厘米，墓口长204、宽70厘米，墓深93~96厘米，填土为灰褐花土，土质较硬。

　　无二层台、腰坑与葬具。

　　墓主骨骼保存差，因被盗扰而腹部以上未见，从下肢摆放姿势判断，墓主为仰身直肢，两手残留部分应置于腹部。

　　在墓主左手内出1枚A型货贝。

　　墓葬年代：依据墓葬形制，该墓为殷墟时期。

SM421

位于ST1711北部。开口于①层下，其上部被一近现代黄花土坑打破，直接打破生土层。被盗，盗沟是沿着墓圹而下，至墓底全部被扰。方向为12度或192度。（图2－486）

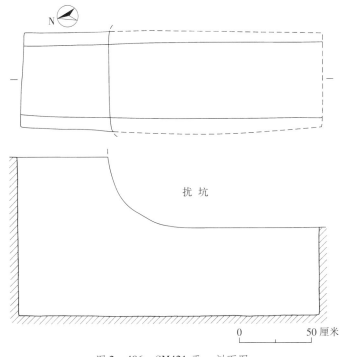

图2－486 SM421平、剖面图

长方形竖穴土坑墓。墓口距地表38厘米，墓口残长50、宽62～68厘米，墓底长205、宽50厘米，墓深105厘米。填土为黄褐色花夯土，土质坚硬，自南而北至150厘米处填土被盗沟扰乱。

在墓底东西两侧留有生土二层台，宽6～8、高45厘米。

从东西二层台及墓底残留零星的红漆痕判断，应有木棺。

因扰乱，未见墓主。

无随葬品。

墓葬年代： 从墓葬形制判断，该墓应为殷墟时期。

SM432

位于ST1813西南部，北面为SM444。开口于②层下开口，北部有一S形盗沟，其本身直接打破生土。方向为19度或199度。（图2－487；彩版三五六，4）

长方形竖穴土坑墓，墓壁上下垂直。墓口距地表20厘米，墓口长242、宽110～120厘米，墓深483厘米，填土为红褐色花夯土，土质较硬。夯窝清晰，夯窝直径4～7、深4厘米，夯层厚度15～22厘米。

墓底四周有高65、宽18～20厘米的熟土二层台。

墓底中部有长60、宽20～25、深30厘米的圆角形腰坑。腰坑内被盗贼扰乱，内有乱骨残块，无

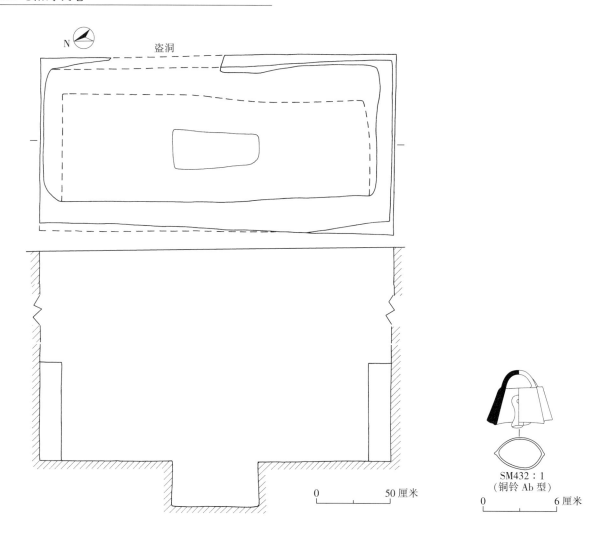

图 2 - 487　SM432 平、剖面图及出土遗物

法辨认。

葬具为一棺。从残存迹象判断，其长约210、宽58、残高65厘米。棺外有布纹迹象，可能覆盖在棺盖之上。布上有三种颜色，红色为主，上有白色、黑色漆迹象。

墓主情况不明。

从盗沟扰土内出土铜铃1件，南部扰土内出土贝2枚。北部出土贝1枚。

铜铃　1件。

SM432:1，Ab 型。残。铃腔扁短，铃腔截面呈扁圆形，两侧有扉棱，无顶盖，上有半环形梁，口缘较平直，圆头状铃舌。素面。通高4.2、口缘径2.1×3.4、腔壁厚0.1厘米。(图 2 - 487；彩版三五六，4)

贝　3枚，A 型。

墓葬年代：从出土物及形制判断，该墓为殷墟时期。

SM436

位于 ST2106 中部。开口于①层下，直接打破生土。方向为10度。(图 2 - 488；彩版三五七，1)

长方形竖穴土坑墓。墓口距地表约 50 厘米，口底同大，长 180、宽 48~50 厘米，墓深 30~40 厘米。填土红褐色花夯土，较硬。夯层不明显。

墓主头底部有一生土台，高 10 厘米。

未发现葬具。

墓主骨架保存较好，头骨稍破裂，部分肋骨朽无。俯身直肢，头北面西，两臂弯曲，右上左下交叉压于腹下，双膝分开微向西屈，双脚并拢，脚趾尖向前偏西，墓主女性，年龄 35~40 岁，骨骼范围长度 157 厘米。

无随葬品。

墓葬年代：依据墓葬形制，该墓为殷墟时期。

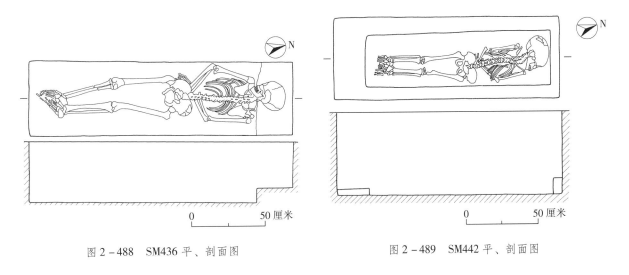

图 2-488　SM436 平、剖面图　　　　　图 2-489　SM442 平、剖面图

SM442

位于 ST2107 北中部，其北端进入 ST2108 约 15 厘米。开口于①层下，直接打破生土，方向为 15 度。（图 2-489；彩版三五七，2）

长方形竖穴土坑墓。墓口距地表约 50 厘米，口底同大，长 155、宽 54 厘米，墓深 55 厘米。填土为红褐色花夯土，土质较硬，夯层不明显。

熟土二层台，北高南低，北端宽 6、南端宽 21~23、西侧宽 8~11、高度为 4~11 厘米。

无腰坑。

葬具为木棺，根据二层台推测，木棺长 127、宽 34~36、残高 4~11 厘米。

墓主保存一般，头骨碎裂。俯身直肢，头北面东，双臂弯曲，两手左下右上交叉，放于腹下，双膝双脚并拢，脚趾尖向前。墓主女性，年龄 8~10 岁，骨骼痕迹长 117 厘米。

无随葬品。

墓葬年代：从墓葬形制判断，该墓为殷墟时期。

SM443

位于 ST2003 西部，部分在隔梁下，西邻 SM433。开口于②层下，打破生土。南部有盗洞。方向为 190 度。（图 2-490）

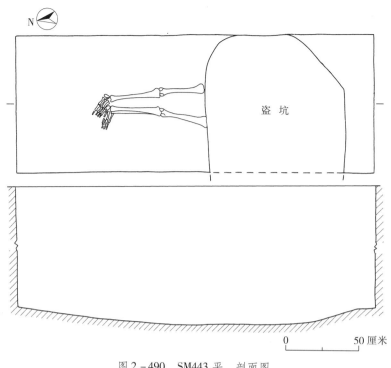

图 2 – 490 SM443 平、剖面图

长方形竖穴土坑墓,墓壁较直。墓底两端高,中间低。墓口距地表 90 厘米,墓口长 245、东西宽 90 厘米,墓深 130 厘米,填土为黄花夯土。

无二层台、腰坑与葬具。

墓主上半身被盗毁,股骨以下保留完好,双脚并拢西斜。

墓葬年代:据墓葬形制,该墓为殷墟时期。

SM445

位于 ST1813 中部稍偏北,南面为 SM563。开口于②层下,中西部有一盗沟,直接打破生土。方向为 115 度或 295 度。(图 2 – 491)

长方形竖穴土坑墓,墓壁略内收,口大底小。墓口距地表约 75、东西长 180、南北宽 57 ~ 60 厘米,墓底长 160、宽 50 厘米,墓深 167 厘米。由于 SM445 被盗,墓内西半部填土大部分为灰褐色扰土,东半部填土为黄褐色花土,质密,夯窝、夯层不明显。

墓内没有二层台。

因被盗,葬具、墓主与随葬品情况均不详。

墓葬年代:从墓葬形制分析,该墓为殷墟时期。

SM449

位于 ST2207 东北角,向东延伸至 ST2307 内。开口于第①层下,南端被晚期坑扰毁。方向为 10 度。(图 2 – 492;彩版三五七,3)

长方形竖穴土坑墓,壁较平直,底较平。墓口距地表 50 厘米,墓口长 190、宽 61 厘米,墓深 90

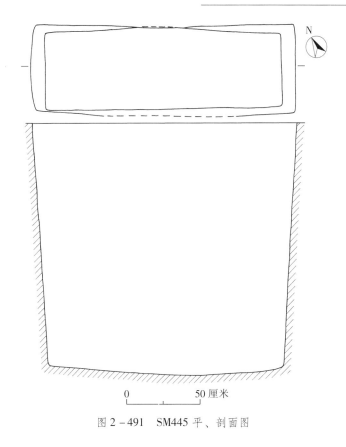

图 2 - 491 SM445 平、剖面图

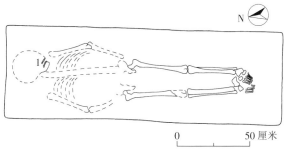

图 2 - 492 SM449 平面图

厘米，填土经夯实，较硬，土色黄花，较杂。

无二层台、腰坑与葬具。

墓主仰身直肢，头北面东，骨已朽成粉状。口内含 A 型货贝 1 枚。

墓葬年代：据墓葬形制判断，该墓为殷墟时期。

SM450

位于 ST2207 东北部。开口于第①层下，打破生土。方向为 15 度。（图 2 - 493；彩版三五八，1）

平面为长方形，壁直，平底。墓口距地表 50 厘米，墓口长 185、北端宽 45、南部宽 40 厘米，墓深 80 厘米，填土夯打较硬，土色黄花。

无二层台、腰坑与葬具。

墓主骨骼完好，俯身直肢，头北脚南，面向东，两手交叉于腹部。男性。

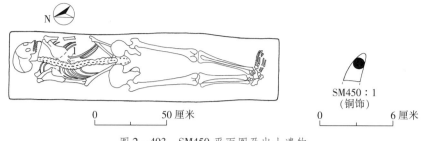

图 2 - 493　SM450 平面图及出土遗物

墓主人背部有铜饰件 1 个。

铜饰　1 件。

SM450：1，残。圆锥状实心铜饰，略弯曲。残长 2.5、底径 1.2 厘米。（图 2 - 493）

墓葬年代：据墓葬形制判断，该墓属殷墟时期。

SM551

位于 ST1906 东南部。开口于②层下，直接打破生土。方向为 290 度。（图 2 - 494；彩版三五八，2）

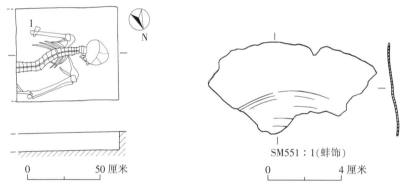

图 2 - 494　SM551 平、剖面图及出土遗物

长方形竖穴土坑墓，墓壁较直，墓底与墓口大小一致。由于被近现代取土破坏。墓口距地表约 40、东西残长 70、南北宽 65 厘米，墓深 12 厘米，填土为红褐色土，质地较硬。

无二层台、腰坑与葬具。

墓主头西面下，俯身。墓主盆骨及下肢被近现代取土破坏。在墓主左上肢出一蚌饰。

蚌饰　1 件。

SM551：1，残。残存数片，体轻薄，由大蚌壳加工而成。残长 9.2 厘米。（图 2 - 494）

墓葬年代：从墓葬形制判断，该墓为殷墟时期。

SM563

位于 SM1813 中部。开口于②层下。被盗。方向为 18 度或 198 度。（图 2 - 495）

长方形竖穴土坑墓，墓壁略外扩，口小底大。墓口距地表 75 厘米，墓口长 207、东西宽 78 ~ 80 厘米，墓底长 218 厘米，墓深 252 厘米。由于 SM563 被盗严重，西壁被全部破坏，东壁中南部被破坏。土为黄褐色扰土，土质松软，内有香烟盒、烟头等，可能是最近被盗。

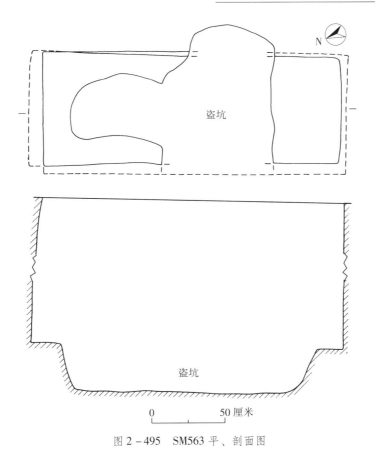

图 2-495　SM563 平、剖面图

未发现二层台。

因被盗，葬具、墓主与随葬品均不详。

墓葬年代： 从墓葬形制判断，该墓为殷墟时期。

SM566

位于 ST2007 的南部。开口于②层扰土下，被东周时期的灰坑 H205 及 H224 打破，打破⑥层及生土。方向为 5 度。（图 2-496；彩版三五八，3）

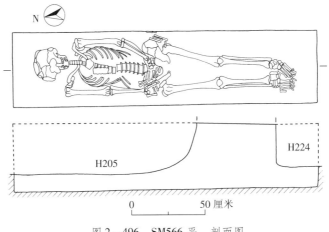

图 2-496　SM566 平、剖面图

长方形竖穴土坑墓，墓壁的残存部分较整齐，墓底较平整。墓口距地表深 50 厘米，长 208、宽 50 厘米，墓深 42 厘米。填土为黄褐色花土，土质较硬。

无二层台、腰坑与葬具。

墓主骨架保存状况良好。仰身直肢，头北面上，左手至肘部弯曲放于下腹部，右手置于右髂骨之上。

无随葬品。

墓葬年代：T2007⑥为殷墟文化三期，因而该墓年代不早于此时。

人骨鉴定

人骨保存情况差，仅头骨残片、部分骨盆残片、寰椎、枢椎及 25 颗牙齿保存，可供观察。

墓主颅骨骨壁较厚，眶上缘圆钝，枕外隆凸较明显。髂骨翼较厚，坐骨大切迹窄而深。据以上性别特征推断，墓主可能为男性个体。第三臼齿萌出，齿尖顶部和边缘略有磨耗；第一、第二臼齿的磨耗程度为 3 级（吴汝康分级系统）。仅据此推断，墓主应为年轻成年个体。四肢长骨未保存，因此无法进行身高估算。

墓主上颌前部牙齿及双侧下颌犬齿唇侧面均可见多条线型釉质发育不全现象，特别是上颌左侧犬齿唇侧远中区域表面形成凹陷型釉质发育不全。牙结石中度。多颗牙齿咬合面可见釉质剥脱现象。双侧髋臼窝上方关节面粗糙不平。

SM567

位于 ST2306 中北部。开口于第①层下，被 H251 打破，打破 H252 和生土。方向为 10 度或 190 度。（图 2 - 497；彩版三五九，1）

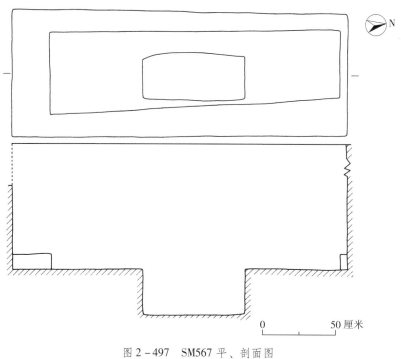

图 2 - 497　SM567 平、剖面图

长方形竖穴土坑墓，墓壁较直。墓口距地表深 45 厘米，墓口长 230、宽 80 厘米，墓深 140 厘米。填土为黄灰夯土，土质较硬。

墓底有一周熟土二层台，宽 5～25、高 10 厘米。

墓底中部有一长方形腰坑，长 70、宽 33、深 30 厘米。

应为木棺，但痕迹不明显。

墓主骨架基本无存，仅留下上肢骨的骨末。

二层台内有榧螺 1 枚。

墓葬年代： 该墓打破属于殷墟四期早段的 H252，因而其年代不早于四期早段之时。

SM572

位于 ST1812 北侧，东临 SM573。开口于③层下，直接打破生土。方向为 25 度或 205 度。（图 2 - 498）

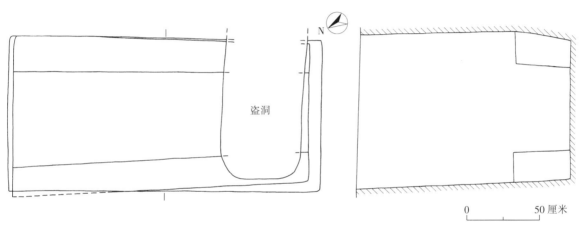

图 2 - 498　SM572 平、剖面图

长方形竖穴土坑墓，口大底小，东西两壁略内收。墓口距地表 90 厘米，墓口长 213、东西宽 100～103 厘米，墓底长 199、宽 92～107 厘米，墓深 150 厘米。填土为黄褐色花夯土，内含木炭、红烧土颗粒和少量黄细淤土。

墓底东西两侧有二层台，宽 20～26、高 40 厘米，熟土。没有南北二层台。

葬具为一棺，棺板腐朽。长 200、宽 55、残高 40 厘米。有髹红漆痕迹。

墓主骨骼被毁，情况不明。

未发现随葬品。

墓葬年代： 从墓葬形制判断，该墓为殷墟时期。

SM573

位于 ST1812 北侧，西邻 SM572，东近 SM574。被盗。开口于③层下，直接打破生土。方向 15 度或 195 度。（图 2 - 499）

长方形竖穴土坑墓，墓壁较直，墓底与墓口基本大小相等。墓口距地表 90 厘米，墓口长 213、东西

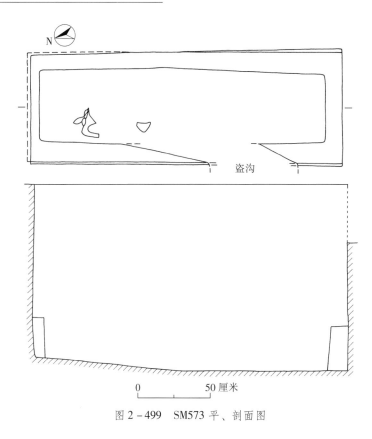

图 2-499 SM573 平、剖面图

宽 73 ~ 78 厘米，墓深 124 厘米，填土为黄褐色花土，内含红烧土颗粒、木炭等物，还有部分为黄细淤土。

墓室内有一周宽 8 ~ 17、高 28 厘米的熟土二层台。

无腰坑。

葬具为一棺，棺长 193、宽 45、高 27 ~ 30 厘米。破坏较为严重。只有少量红漆痕迹。

未发现墓主骨骼。

无随葬品。

墓葬年代： 从墓葬形制分析，该墓年代为殷墟时期。

SM577

该墓位于 ST3610 中南部，其南段部分进入 ST3609。开口于①层（扰土）下，直接打破生土。被盗。盗沟横贯墓室，长 173、宽 60 厘米，深度超出墓底。方向为 195 度。（图 2-500）

长方形竖穴土坑墓，墓壁平整。墓口距地表约 50 厘米，墓口长 243、宽 110 ~ 114 厘米，墓底长 243、宽 110 ~ 114 厘米，墓深 83 ~ 86 厘米。中部填土被扰，两端为黄褐色花夯土，土质坚硬，夯层不明显。

两端二层台宽 18 ~ 23、两侧二层台宽 17 ~ 24、高 33 ~ 36 厘米。

腰坑被盗毁。

葬具为一木棺。仅残存北端一少部分，棺盖板有三块木板组成，糅黄、白、黑、红等漆。底部被扰，发现有板灰及白漆。

墓室南部发现有头骨残片和肱骨残段，分析头向南，葬式、年龄、性别不详。

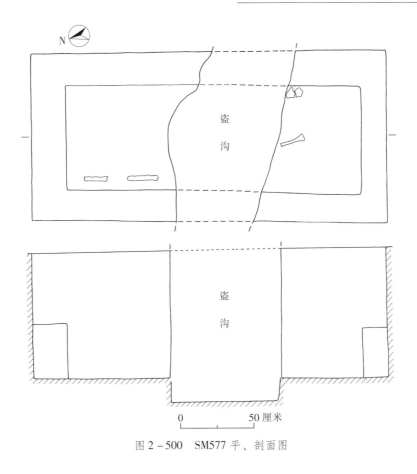

图 2 - 500 SM577 平、剖面图

未发现随葬品。

墓葬年代：从墓葬形制判断，该墓为殷墟时期。

SM580

位于 ST2306 东南部。开口于①层下，打破 H252。方向为 303 度。（图 2 - 501）

长方形竖穴土坑墓，墓壁较直。墓口距地表深 100 厘米，墓口长 200、宽 50 厘米，墓深 30 厘米。填土为灰褐土，土质较松。

无二层台与腰肮。

在墓主人骨附近和人骨下有席纹，墓壁上有席纹，可见人骨下铺有席。

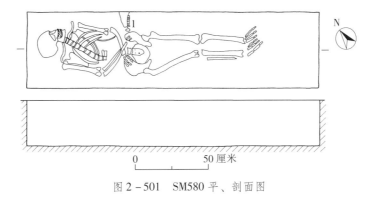

图 2 - 501 SM580 平、剖面图

墓主仰身直肢，头西面北，双手交叉放于盆骨上。骨架保存较完好。

墓主手内有 1 枚 A 型货贝。墓主盆骨北侧有兽骨。

墓葬年代：被该墓打破的 H252 年代为殷墟四期早段，因而该墓年代不早于此时。

人骨鉴定：

仅头骨及第一颈椎采集可供观察。左侧额骨、右侧颞骨、蝶骨及左侧颚骨稍有残破。右侧上颌骨缺如。22 颗牙齿保存。

墓主颅骨整体较小而轻，表面肌线肌脊不明显。额结节明显。眼眶较圆，眶上缘薄锐，眉弓不显。颧骨较纤细。乳突上嵴不显，乳突稍小。枕骨髁较小，枕外隆凸纤弱，上项线不明显。仅据颅骨形态特征推测，墓主可能为女性个体。颅骨矢状缝愈合痕迹隐约可见；第三臼齿萌出，齿尖磨平，齿质点暴露；第一、二臼齿磨耗程度 4 级（吴汝康分级系统），上颌前部牙齿磨耗较严重。据以上推断，墓主应为年轻成年个体，年龄 25 ~ 35 岁。四肢长骨未保存，目前无法进行身高估算。

墓主左侧上颌门齿及犬齿，下颌双侧犬齿唇侧面均可见多条线型釉质发育不全。多颗牙齿咬合面可见轻微的釉质剥脱现象。

SM587

该墓跨两个探方，其大部分位于 ST1810 西北角，北端伸入与之相邻的 ST1811 西南角。开口于扰土层，墓开口被扰乱，打破与之相邻的西侧墓葬 SM417，并打破生土。被盗。方向为 15 度或 195 度。（图 2 – 502）

长方形竖穴土坑墓，墓口与墓底呈错位状，平面呈瘦腰形，北窄南宽。墓东壁斜外掏，西壁斜内收。墓口距地表 150 厘米，墓口长 264、东西宽 94 ~ 128 厘米，墓底长 262、宽 105 ~ 118 厘米，墓北侧残深 233、南侧残深 275 厘米。填土为黄褐色花夯土。土质坚硬。墓中部有一盗沟伸入，至底扰乱范围逐渐扩大，翻乱墓内，直至腰坑。

墓底有熟土二层台，仅南北两侧残存。北侧二层台残宽 5 ~ 14、南侧二层台宽 18、高 57 ~ 60 厘米。

墓底中部建有圆角长方形腰坑，因被盗沟扰乱，仅残存北半部，残长 27、宽 23、深 44 厘米。

葬具、墓主与随葬品情况不详。

墓葬年代：从墓葬形制判断，该墓为殷墟时期。

SM598

该墓位于 ST3611 中南部，南距探方边 35 厘米。开口于①层（扰土）下，直接打破生土。方向为 185 度。（图 2 – 503；彩版三五九，2）

长方形竖穴土坑墓。墓口距地表约 50 厘米，墓口长 150、宽 58 ~ 68 厘米，墓深 27 厘米，填土红褐色花夯土，土质坚硬。

无二层台、腰坑与葬具。

墓主保存较差，头骨碎裂变形，肋骨、指骨朽为粉状，只显其形。墓主仰身直肢，头南面西，双臂贴身，手放于股骨外侧，双膝、双足微分、趾尖向前。墓主年龄 8 ~ 10 岁。

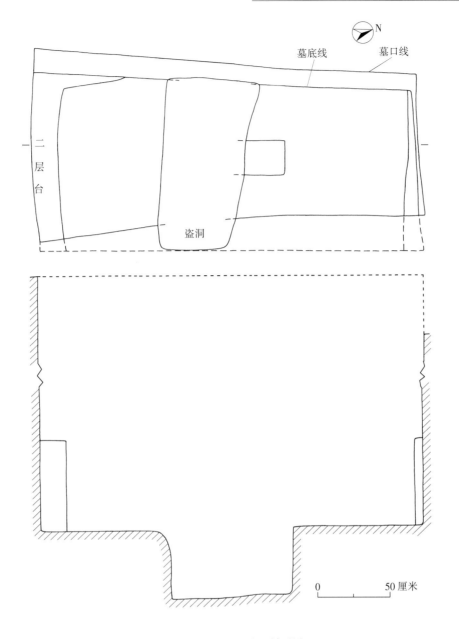

图 2－502　SM587 平、剖面图

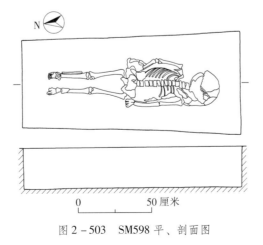

图 2－503　SM598 平、剖面图

无随葬品。

墓葬年代：殷墟时期。

SM603

位于 ST2506 中部偏东北。开口于⑤层下，被盗。方向为 10 度或 190 度。（图 2 - 504）

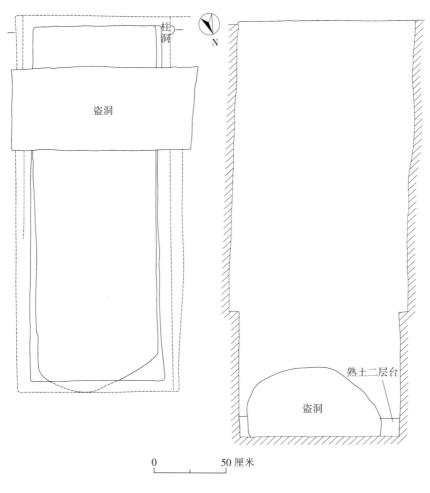

图 2 - 504 SM603 平、剖面图

长方形竖穴土坑墓。墓口距地表 74 厘米，墓口长约为 235、宽约为 102 厘米，墓底长约 250、宽约 115 厘米，墓深 275 厘米。填土为五花土，经夯打，质地紧密，坚硬。

二层台由两部分组成，距墓口深 194 厘米留有生土二层台，只有东西两侧，宽度不一。这部分也有可能是筑建墓室时发现过宽而有意收缩宽度的结果。熟土二层台距墓口 263 厘米，只有 12 厘米高，可能是被盗扰的原因。

葬具情况因被盗扰而不明，但发现有板灰。

墓主被严重扰乱，未发现骨架，只在填土中存有少量碎骨。

在填土中发现少量遗物，一条狗的后肢骨，以及红漆皮，铜锈等。

墓葬年代：从墓葬形制判断，该墓为殷墟时期。

SM604

位于 ST2606 的中部。开口于④层下，被 H311 打破，打破生土。已被盗，但是墓的四壁保存完好。方向为 10 度。（图 2-505；彩版三五九，3）

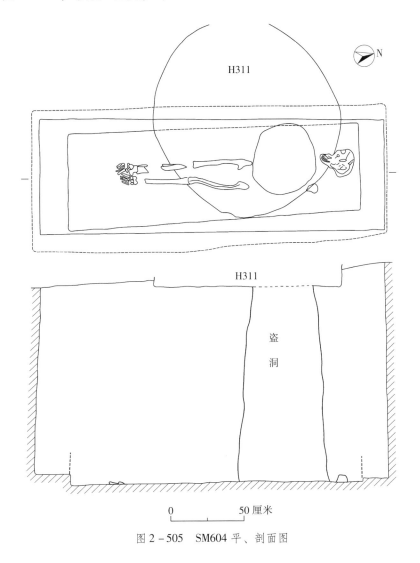

图 2-505 SM604 平、剖面图

长方形竖穴土坑墓，墓壁由口部至底部向外倾斜。墓口距地表深 68~75 厘米，墓口长 235、宽 74~76 厘米，墓底长 243、宽 85~93 厘米，墓深 142 厘米。填土分两层，上层为黄色花土，中间有灰色夯土块，下层多为深灰色夯土，中有少量陶片和人骨。

二层台宽 11~24、残高 3~6 厘米。

依二层台的尺寸推测该墓底有棺无椁，在二层台内侧填土中发现棺板灰痕迹。

墓主仰身直肢，头朝北，面朝上。人骨下部贴生土的部分很多已朽掉不存。脊椎骨和上肢骨绝大部分已不存在，头骨腐烂严重。

未发现随葬品。

墓葬年代： 从墓葬形制判断，该墓为殷墟时期。

SM605

位于 ST2605 中南部。开口于①层下，打破生土。曾被盗，盗洞从西壁中间穿入，横贯 SM605、SM612。方向 12 度或 192 度。（图 2 - 506）

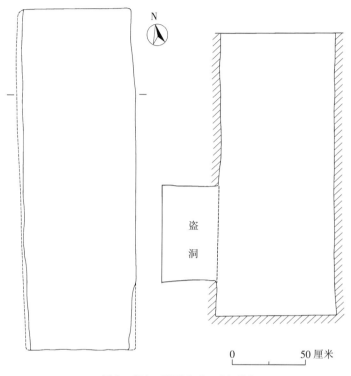

图 2 - 506 SM605 平、剖面图

长方形竖穴土坑墓，墓壁仅在西壁口小底大，其他三壁由底部至口部向外倾斜。墓口距地表深 25 厘米，墓口长约 225、宽 70～81 厘米，墓底长 225、宽 78～85 厘米，墓深 187 厘米。填土为黄花土，可能因被盗而质软。

未发现葬具。

墓主情况不明。

未发现随葬品。

墓葬年代：根据墓葬形制判断，该墓为殷墟时期。

SM608

位于探方 ST2505 东南部。开口于⑤层下，打破 SM611 和生土。方向 293 度。（图 2 - 507；彩版三六○，1）

长方形竖穴土坑墓，周壁较平整，直壁。墓口距地表 125 厘米，墓口长 196、宽 56、头侧墓底距墓口 53、脚侧墓底距墓口 48 厘米，填土为褐色花土，质地坚实，无夯打迹象，未发现遗物。

无二层台、腰坑与葬具。

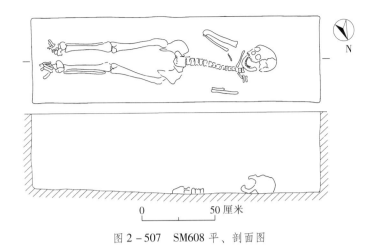

图 2 - 507 SM608 平、剖面图

墓主仰身直肢，双手交叉于胸前。面朝南。头部及下肢保存较好，上肢保存差，肋骨均已腐朽。

无随葬品。

墓葬年代：根据墓葬形制判断，该墓为殷墟时期。

SM611

位于 ST2505 东南部。开口于⑤层下，被 SM608 打破。方向 285 度。（图 2 - 508；彩版三六〇，2）

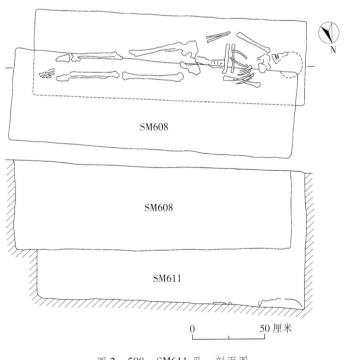

图 2 - 508 SM611 平、剖面图

长方形竖穴土坑墓，周壁垂直向下。距地表 152 厘米，墓口长 186、宽 55、头侧墓底距墓口深 90、脚侧墓底距墓口深 82 厘米，填土为褐色花土，较坚实。

无二层台、腰坑与葬具。

墓主仰身直肢，右手臂压在身下，面向朝南。保存较差，头骨破碎，四肢已腐朽。

墓主人口中含 3 枚贝，A 型货贝。

墓葬年代：根据墓葬形制，该墓为殷墟时期。

SM617

位于 ST2504 南部。开口于第⑧层下，打破路土。方向为 285 度。（图 2 - 509；彩版三六〇，3）

长方形竖穴土坑墓，东西两侧壁向内收拢，较平整。南北两侧壁西半部略向内收拢，东半部口小底大，壁略有弯曲。墓口距地表 115 厘米，墓口长 163、宽 50 厘米，墓深 102 厘米。填土为花土，土色较深，经夯筑，较硬。

无二层台、腰坑与葬具。

墓主俯身直肢，头西面南。骨骼保存较差，头骨被压得扁平，未见肋骨。性别未知，年龄 13~14 岁。

没有随葬品。

墓葬年代：依据墓葬形制判断，该墓为殷墟时期。

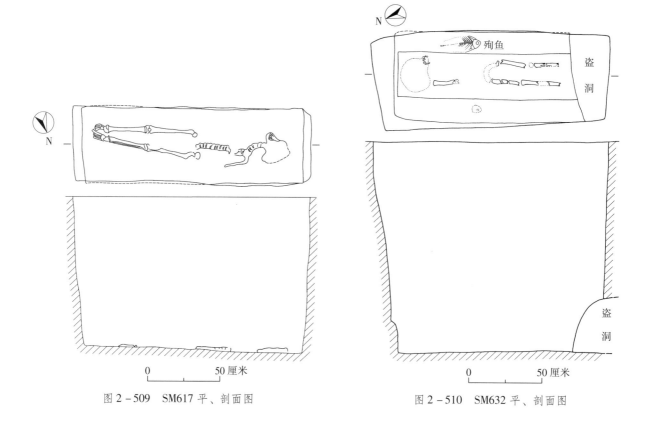

图 2 - 509　SM617 平、剖面图　　　　图 2 - 510　SM632 平、剖面图

SM632

位于 ST2607 东部。开口于②层下，打破③层和生土。曾被盗，人骨已残缺不全。方向为 20 度。（图 2 - 510；彩版三六一，1、2）

平面近似长方形，竖穴土坑墓，周壁较平整，北、南、西三壁都为向内收拢的斜壁，东壁略向外扩。墓口距地表 80 厘米，墓口长约 160、宽 65 厘米，墓底长约 119、宽约 60 厘米，墓深 140 厘米。填

土为黄色，褐色土相杂。

二层台宽约 15、高 20 厘米，南端已被盗洞打破。

墓主骨骼只剩下头骨和下肢骨的残片。

东侧二层台上放一副鱼骨架，西侧二层台上放一鱼头骨。

墓葬年代：根据墓葬形制与葬俗判断，该墓为殷墟时期。

SM635

位于 ST2804 的中部。开口于③层下，被道路打破，直接打破生土。被盗，方向为 285 度。（图 2 - 511；彩版三六一，3）

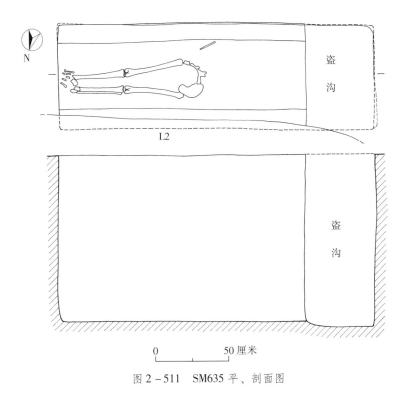

图 2 - 511 SM635 平、剖面图

长方形竖穴土坑墓，直壁，较平整。墓口距地表深 135 厘米，墓口长 216、宽 70 厘米，墓底长 217、宽 68 厘米，墓深 110 厘米。填土黄色花夯土，上下一致未分层，填土较纯净，土质较硬而致密，无包含物，有明显夯打痕迹。

仅存有南北两侧的二层台，宽 8 ~ 10、高 22 厘米，为熟土二层台，经夯打，有明显夯窝。

葬具为一棺，在墓底发现明显的板灰痕迹，宽 44、残长 166、残高 22 厘米。

人骨只保留下肢骨，根据残留骨骼判断为俯身葬，下肢为直肢，墓主人头向西部。

墓葬年代：根据墓葬形制判断，该墓为殷墟时期。

人骨鉴定：

人骨保存状况较差。部分头骨残片保存。牙齿及下颌骨未保存。双侧髋骨残片保存。第四及第五腰椎保存。下肢骨残段保存。左侧距骨、双侧跟骨、左侧舟骨及部分距骨和趾骨保存。

墓主髂骨翼较薄，耳状面较小，耳前沟明显。据以上形态特征推测，墓主可能为女性。耳状面形态 4~5 级（Lovejoy 分级系统）。据此推测，墓主应为成年个体，年龄 35~45 岁。仅据四肢长骨保存状况，目前无法进行身高估算。

墓主枕骨人字缝区的多孔型骨肥大呈愈合状态。第四及第五腰椎椎体融合。右侧第一跖骨远端关节面背缘骨赘生成。

SM636

位于 ST2804 近西壁中部。开口于 G8 下，直接打破生土层。方向为 110 度。（图 2 - 512；彩版三六二，1）

长方形竖穴土坑墓，口小底大，由口到底部向外倾斜，底部为长方形，东部略高向西倾斜。墓口距地表深 135 厘米，墓口长 186、宽 55 厘米，墓底长 195、宽 68 厘米，墓深 152~160 厘米。填土为黄色花夯土，上下一致未分层，填土较纯净，土质夯打得不很致密，其中无其他包含物。

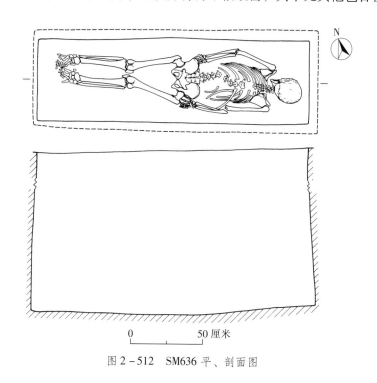

0   50 厘米

图 2 - 512 SM636 平、剖面图

无二层台、腰坑与葬具。

人骨保存较好，俯身直肢，头东面下。

墓葬年代：根据墓葬形制判断，该墓为殷墟时期。

人骨鉴定：

人骨保存情况一般。额骨、顶骨及部分枕骨残片保存。下颌骨体保存。10 颗牙齿保存。左侧肩胛骨残。双侧髋骨保存。除第 1~6 颈椎，第 2~8 胸椎外，其余椎骨保存完整。上、下肢骨多断裂，但骨质保存较好。手部骨骼未保存，足部双侧跟骨、距骨及右侧第一、第五跖骨保存，零星趾骨保存。

墓主额部后倾明显，眶上缘圆钝，髂骨翼较厚，肌肉附着痕迹明显，耳前沟不显，坐骨大切迹窄而深，耻骨下支的下缘外凸，耻骨联合面下端至耻骨下支下缘之间呈一平坦的骨面，耻骨支移行部呈三角形。据以上性别特征判断，该个体为男性。骨骺完全愈合；耻骨联合面形态 VII 级（Todd 分级系统)、3 级（Suchey – Brooks 分级系统）、第八期（邵象清分级系统）；耳状面形态 4 级（Lovejoy 分级系统）；第三白齿萌出，齿尖部分磨平，第一、二白齿磨耗程度 4 级（吴汝康分级系统）。据以上推断该个体年龄 35～40 岁。左侧股骨最大长 41.0 厘米，右侧股骨最大长 41.5 厘米，身高估算 156～162 厘米。

墓主额骨眶板及顶骨多孔型骨肥大呈愈合状态。下颌右侧第二白齿咬合面可见轻微的釉质剥脱现象。左侧肩胛骨关节盂表面粗糙，新骨形成。右侧肱骨小头边缘新骨形成。双侧股骨头凹边缘新骨形成，同时右侧股骨头关节面上可见轻微的珊瑚样骨质疏松小孔。双侧髋臼窝关节表面粗糙不平。左侧胫骨远端关节面上凹凸不平。左侧跟骨和距骨每个关节面都呈现粗糙不平的新骨形成，网织骨与板层状骨叠压出现；右侧关节面边缘有轻微的骨赘生成现象。右侧第一跖骨远端关节面背缘骨赘生成。墓主第 7 颈椎与第一腰椎融合。第 9～12 胸椎及全部腰椎椎体边缘骨刺生成，椎体骨质疏松明显。

SM641

位于 ST2604 西部，其西半部伸入 T2504 东隔梁。开口于③层下，被 SM618（清代）打破，并打破 H580，墓内未见扰动。方向为 272 度。（图 2 – 513；彩版三六二，2）

长方形竖穴土坑墓。墓口距地表 70 厘米，墓口长 160、宽 50 厘米，墓深 60 厘米。填土为褐色较纯净的硬土，未经夯打，填土中出有殷墟时期的陶片及陶器口沿。

无二层台、腰坑与葬具。

墓主仰身直肢，头西面上，下肢伸展，上肢弯曲置于胸前，人骨保存较好。墓主为女性。

未见任何随葬品。

墓葬年代：H580 为殷墟三期，因而该墓不早于殷墟三期。

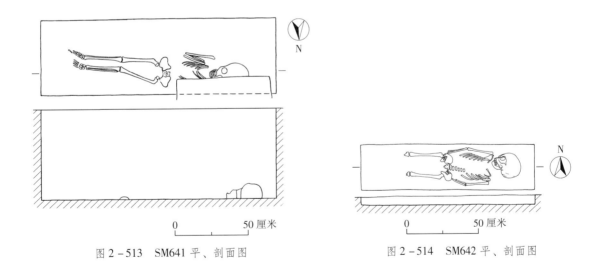

图 2 – 513　SM641 平、剖面图　　　　　　图 2 – 514　SM642 平、剖面图

SM642

位于 ST2504 中部。开口于③层下，打破 H593。经过晚期破坏，仅剩墓底。方向 92 度。（图 2 – 514；彩版三六二，3）

长方形竖穴土坑墓。现存墓口距地表深 90 厘米，墓口长 120、宽 30 厘米，墓残深 5 厘米。墓中填土为褐色较纯净的硬土。

无二层台、腰坑与葬具。

墓主仰身直肢,头东面北。股骨以下缺失,骨骼保存较好。为幼年个体,性别不明。

未见随葬品。

墓葬年代: 被该墓打破的 H593 为殷墟三期,因而该墓年代不早于殷墟三期。

SM645

位于 ST2708 的东北部。开口于②层下,打破生土。方向为102度(图2-515;彩版三六二,4)

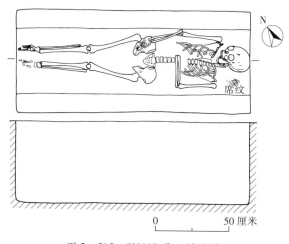

图2-515 SM645 平、剖面图

长方形竖穴土坑墓,四壁垂直向下,生土边较直。墓口距地表深35厘米,口底同大,长160、宽67厘米,墓深54厘米。填褐色花土,未经过夯打,但土质较坚实。

生土二层台,距墓口深44厘米,二层台宽12厘米。东西两侧无二层台。

无腰坑。

葬具为木棺,长160、宽43厘米。棺底有席纹痕迹。

墓主仰身直肢,头东面上,左手在胸前,右手在腰间。骨架保存较好。身材较矮,未成年人。

无随葬品。

墓葬年代: 从墓葬形制分析,该墓为殷墟晚期。

SM659

位于 ST2711 中部偏北处。开口于①层下,上部被 H440(殷墟三期)打破,墓葬亦被一条晚期盗沟打破,同时也打破了 G14(殷墟一期晚段)。方向为20度或200度。(图2-516)

长方形竖穴土坑墓,墓壁竖直,墓底大小与墓口基本相同。墓口距地表约40厘米,墓口长240、宽82厘米,墓深约105厘米。填土为灰土,中间夹杂有少量炭屑和红烧土颗粒,填土中包含有大量的陶片、陶范、兽骨、人骨、蚌壳、铜渣等。其中陶片的可辨器形有鬲、平底罐等,另有鹿角和骨锥各1件,应是筑墓时混入其中的。

墓底中部有一长方形腰坑,长约40、宽约24、深约10厘米。内空无物。

因被盗严重,未见有葬具痕迹。

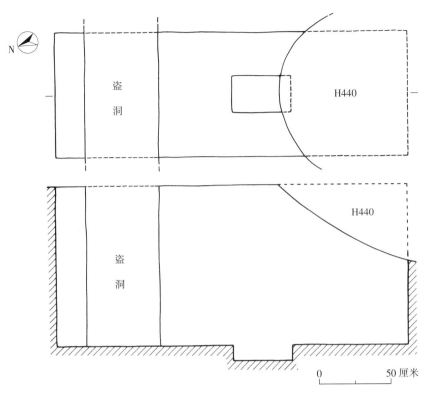

图 2-516　SM659 平、剖面图

墓主骨架无存。

未见有随葬品。

墓葬年代：由于墓内未出有随葬品，难以判断墓葬的年代。但墓葬打破了殷墟一期晚段的 G14，又为殷墟三期的灰坑 H440 打破，因此该墓的年代应在此一期晚段与三期之间，定为殷代早期。

SM664

位于 ST2311 中部。开口于表土层下，被晚期坑打破，打破 H456。方向为 338 度。（图 2-517；彩版三六三，1）

长方形竖穴土坑墓，墓壁直壁，南部因 H456 灰土松软而下陷，墓底北高南低。墓口长 192、宽 51～

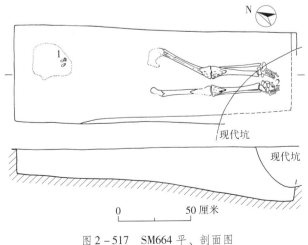

图 2-517　SM664 平、剖面图

64 厘米，墓深 16～36 厘米。填土为黄褐花土，土质硬，夯土层次不清晰。

无二层台、腰坑与葬具。

墓主头北，头骨及躯干骨已朽，只保存下肢骨，腿骨平放，浑身涂满朱砂。

墓主口含贝 3 枚，右趾骨旁出贝 1 枚，均为 A 型货贝。

墓葬年代：H456 年代为殷墟三期，因而该墓年代不早于殷墟三期。

SM668

位于 ST2610 东部偏中，部分进入 ST2610 东隔梁。开口于①层下，其上被现代房基打破，自身打破 F78、F79。方向为 335 度。（图 2－518；彩版三六三，2）

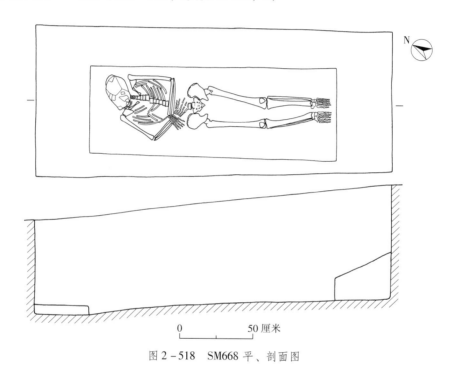

图 2－518　SM668 平、剖面图

长方形竖穴土坑墓，墓口因被上层打破，南高北低。墓口距地表 55～100 厘米，墓口长 243、宽 92～100 厘米，墓底长 243、宽 92～100 厘米，墓深 63～77 厘米。填土为黄褐色五花夯土。

二层台宽窄不一，西边宽 5～14、南边宽 35、东边宽 14、北边宽 35 厘米，高度 6～32 厘米。

无腰坑。

葬具为木棺，长 170、宽 62 厘米。南、东二层台上有席纹。

墓主仰身直肢，骨架保存较好。头北面西，两手交叉放于胸前，左手放于右手上，两腿并拢。

墓主人口内和右手各有 1 枚 A 型货贝。

墓葬年代：据墓葬形制与葬俗分析，该墓为殷墟时期。

SM670

位于 ST2810 中部。开口于①层下，东部被一个东西向长方形盗洞打破，打破②层。方向为 111 度或 291 度。（图 2－519）

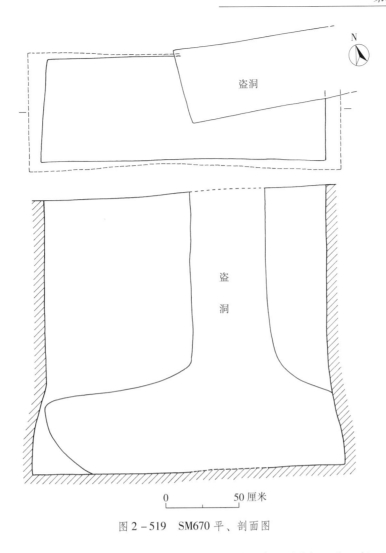

图 2 – 519 SM670 平、剖面图

长方形竖穴土坑墓，墓壁略外扩，呈口小底大。墓口距地表 50 厘米，墓口长 192、宽 68 厘米，墓底长 212、宽 72 ~ 78 厘米，墓深 180 ~ 184 厘米。填土大部被扰动，墓室近墓底处被完全扰动。填土为褐色花夯土，质地坚硬。

墓底未见有二层台与腰坑。

因被扰动，未见有葬具痕迹。

墓主的骨架被盗扰一空，仅在扰乱的填土中发现有人牙 2 枚。

未见有随葬品。

墓葬年代：从墓葬形制判断，该墓为殷墟时期。

SM681

位于 ST3510 东南部。压于现代堆积下，打破后岗一期文化层、黄沙质生土。方向为 195 度。（图 2 – 520；彩版三六四，1）

长方形竖穴土坑墓，墓葬口略大于底部。墓口长 225、最宽 82 厘米，墓深 80 厘米左右。填土为黄褐色花夯土，质地硬，夯窝明显。

二层台东、西两侧者略窄，最宽 15 厘米；南、北侧较宽，最宽 15、高 10 厘米。

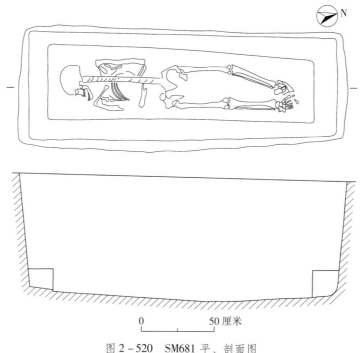

图 2 – 520　SM681 平、剖面图

未筑腰坑。

葬具痕迹不明显。从墓葬形制分析，应有一棺。

墓主骨架保存一般，仰身直肢，头南面东。

无随葬品。

墓葬年代：据墓葬形制判断，该墓为殷墟时期。

SM682

位于 ST3511 中部偏东。开口于现代堆积下，打破后岗一期文化层、黄沙质生土。方向为 200 度。（图 2 – 521；彩版三六四，2）

长方形竖穴土坑墓，墓葬口、底大小相同。墓口长近 190、宽约 66 厘米，墓深 25 厘米，填土为红褐色花夯土，质地较。填土中出土 1 块红褐色陶片。

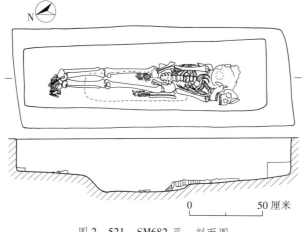

图 2 – 521　SM682 平、剖面图

二层台较低，台面距墓口15厘米，高10厘米。

腰坑南北长约70、东西宽约20、最深10厘米。坑内隐约可见殉狗遗痕，可辨狗头朝北。

葬具为一棺，长166、宽37~46、高10厘米。棺二层台边局部可见棺侧板朽痕，墓底西部可见棺底板朽痕，深灰色。

墓主骨架朽坏无存。墓底偏北可见肢骨痕迹，推测头朝南。

人骨口内含贝1枚，为A型贝。

墓葬年代：从墓葬形制判断，该墓为殷墟时期。

SM688

位于ST2614中部偏东。开口于①层下，上口被现代房基和晚期沟所打破，直接打破生土。墓葬南侧被一条东西向长方形盗坑打破，并一直盗扰到墓室中，将整个墓室完全扰动，甚至连腰坑也被扰动。方向为15度或195度。（图2-522A、B；彩版三六五，1~3）

长方形竖穴土坑墓，墓壁竖直，口底同大。墓口距地表20~30厘米，墓口长250、宽104~108厘米，墓深约92厘米（图2-522A）。填土为黄色花夯土，夯打痕迹不明显，质地较为坚硬，上下一致未分层，填土中有大量炭屑和少量红烧土，并出有较多的绳纹灰陶片，另有一件犬牙和少许人骨。

墓底中部有一椭圆形腰坑，呈锅底形，长36、宽28、最深约15厘米。在腰坑中发现大量绿松石饰片，少许狗骨和2件白陶片，其中1件上有朱砂痕迹，可能为盗扰所致。

在墓底西北角发现2个木桩孔洞，呈圆形，直径3、深5~11厘米。

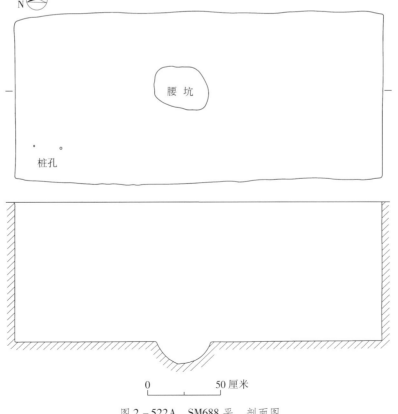

图2-522A SM688平、剖面图

葬具被盗扰一空，其形制和大小不详。在墓底发现有红色漆皮，可知葬具上髹有红漆。

墓主的骨架被严重盗扰，仅在墓室北端发现头骨残片。墓主的葬式、性别、年龄等不详。

在填土中出土有穿孔蚌壳、骨笄、骨锥各1件，可能是筑墓时进入墓葬填土中的。在残存的头骨附近和腰坑内发现有绿松石片。

绿松石饰　共2件。

SM688：3、4，残。绿色，长方形或不规则形小片，似为镶嵌之物。

骨锥　3件。

SM688：5，笄尖略残。表面不光滑。残长8.4厘米。（图2-522B；彩版三六五，1）

SM688：6，残。尖端呈三棱形，截面近三角形。打磨光滑。残长7.8、顶宽1.1、厚0.6厘米。（图2-522B）

SM688：7，残。顶端、尖端均残，截面近圆形。腐朽严重。残长6.4、厚0.7厘米。（图2-522B）

骨笄　3件。

SM688：8，下端残。笄首圆形。残长5.2厘米。（图2-522B）

SM688：9，残。笄首长方形，笄杆圆柱形，笄尖残。残长5.2厘米。（图2-522B）

SM688：10，残。笄首长方形，笄杆圆柱形，笄尖残。残长8.2厘米。（图2-522B）

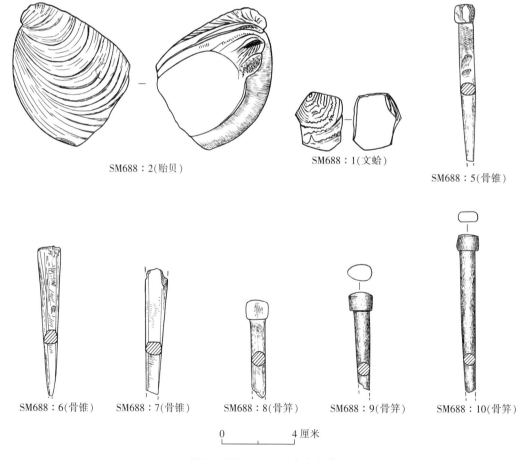

SM688：2(贻贝)　　　SM688：1(文蛤)　　　SM688：5(骨锥)

SM688：6(骨锥)　　SM688：7(骨锥)　　SM688：8(骨笄)　　SM688：9(骨笄)　　SM688：10(骨笄)

0　　　　4厘米

图2-522B　SM688出土遗物

文蛤 1件。

SM688:1，残。单扇小文蛤，蛤背残，光滑，上有褐色锯齿纹，根部磨出一小孔。残宽3厘米。（图2-522B；彩版三六五，2）

贻贝 1件。

SM688:2，残。单扇，体大，背部密生环状沟纹，有瘤状突起。残宽7.5厘米。（图2-522B；彩版三六五，3）

墓葬年代： 从墓葬形制与出土物判断，该墓为殷墟时期。

SM689

位于ST2409南部偏西。墓口被H274打破。方向为9度。（图2-523；彩版三六四，3）

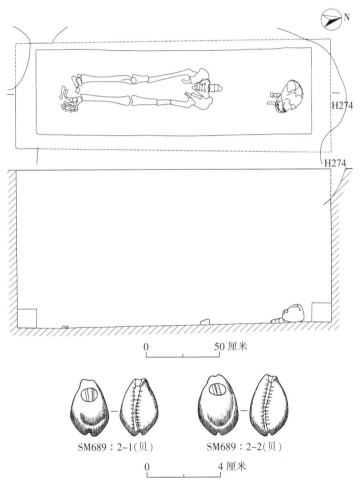

SM689:2-1(贝)   SM689:2-2(贝)

图2-523 SM689平、剖面图及出土遗物

长方形竖穴土坑墓，墓壁垂直，墓底长宽与墓口相同。墓长215、宽70~75、深100厘米。墓内填土南北少部分为红褐花夯土，中间大部分为灰褐土，一直到底部，内含陶片，以及少量烧土颗粒。

墓底四周有熟土二层台，高10、宽4~14厘米。

无腰坑。

葬具为一棺，从残存痕迹看，棺长188、宽57、残高10厘米，板厚0.4厘米。墓底发现一层朱砂。

墓主仰身直肢，头北面东。骨骼长度165厘米，残存头部和盆骨一下部分。

墓主口含4枚贝，左脚外侧2枚贝。均为A型货贝。

墓葬年代：从墓葬形制判断，该墓为殷墟时期。

人骨鉴定：

人骨保存状况较差，仅双侧髋骨，荐椎及右侧股骨头残段采集，以供观察。

墓主髂骨翼较薄，耳状面较小，耳前沟明显。残留的耻骨下肢下缘纤细。据以上形态特征推测，墓主可能为女性。耳状面形态2级（Lovejoy分级系统）。据此推测，墓主应为年轻成年个体，年龄20～30岁。四肢长骨未保存，目前无法进行身高估算。

墓主右侧股骨头关节面上可见针尖样骨质疏松的小孔。

SM690

位于ST3310内。开口于现代堆积下，打破黄沙质生土。方向为280度。（图2-524；彩版三六五，4）

长方形竖穴土坑墓，墓葬口、底相同。墓口长240、宽90厘米左右，墓深60厘米左右。填土为黄褐色花夯土，质地硬。

二层台面距墓口约36厘米，高24厘米左右。东、西端较宽，宽近30厘米；南、北端略窄，宽近15厘米。

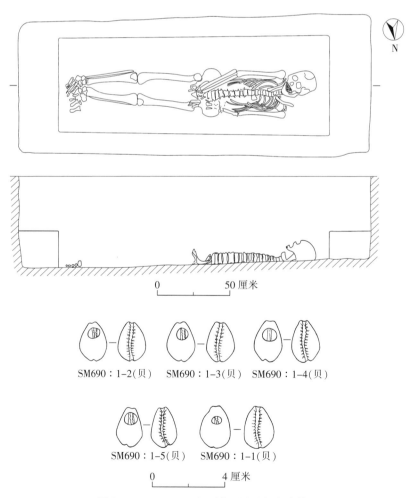

图2-524　SM690平、剖面图及出土遗物

无腰坑。

葬具为木棺，长186、宽63、高24厘米。

墓主骨架保存完整，仰身直肢，头西面上，双手放于下腹部位。

墓主口含贝5枚，均为A型。

墓葬年代：殷墟时期。

SM691

位于ST3310的北边，南邻SM690，北边和ST3311相邻。开口于②层下，打破生土。方向为280度。（图2-525；彩版三六六，1、2）

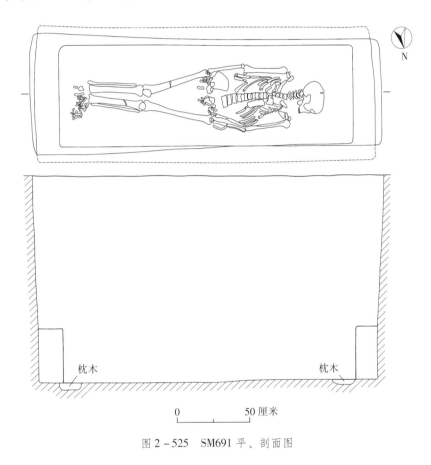

图2-525　SM691平、剖面图

长方形竖穴土坑墓。墓口距地表60厘米，墓口长240、宽70~80厘米，墓底长232、宽87~90厘米，墓深135厘米。填土为灰色五色花土，有夯打痕迹。在墓室东侧填土中有殉狗，头向北，骨架散乱。

东西两侧二层台较宽，15厘米，南北两侧二层台极窄，仅有10厘米左右，二层台高35厘米。

墓底无腰坑。

葬具为一棺，长200、宽65、高35厘米。在棺底两端有枕木。

墓主仰身直肢，头西面北，骨骼保存较好。

墓主人口内含31枚贝，左脚置4枚贝，均为A型。

墓葬年代： 殷墟时期。

SM692

位于ST2306东北部。开口于H239下，此墓打破H252东北部，SM692顺着H252东北部坑壁，故而东壁外弧。方向为354度。（图2－526；彩版三六六，3）

长方形竖穴土坑墓，墓壁较直，墓底大小同于墓口，东壁顺着H252东北部坑壁，向东外弧。墓口距地表深70、南北长152、东西宽40～50厘米，墓深40厘米。填土为黄灰淤土，土质较硬。

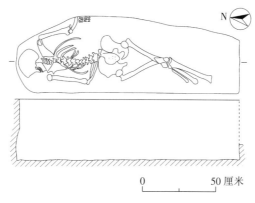

图2－526　SM692平、剖面图

无二层台、腰坑与葬具。

墓主俯身直肢，头北面西，左手屈折压于盆骨下，右手于身体东侧顺着墓东壁略呈屈折状。

未发现随葬品。

墓葬年代： H252为殷墟文化四期早段，因而SM692年代不早于该阶段。

SM697

位于ST1810东北部。开口于①层下，打破了生土，墓北上部被晚期坑打破。方向15度或195度。（图2－527）

长方形竖穴土坑墓，墓四壁向外扩，呈口小底大状。墓口距地表30厘米，墓口长235、宽90～95厘米，墓底长263、宽110～117厘米，墓深300厘米。填土为黄花夯土，土质较硬。

墓底有一周熟土二层台，宽20～33、高30厘米，距墓口270厘米。

墓底多半部被盗扰，有无腰坑，不详。

葬具为一棺，木质，长方形，长219、宽60、高30厘米。上髹有白漆。

被盗扰未见墓主骨骼。

无随葬品。

墓葬年代： 据墓葬形制判断，该墓为殷墟时期。

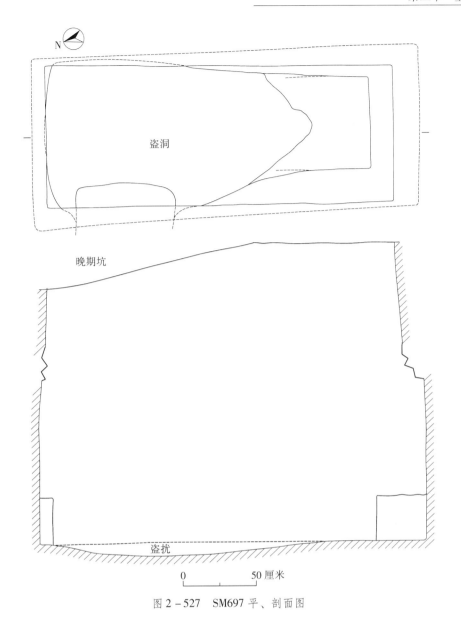

图 2 - 527 SM697 平、剖面图

SM698

位于 ST2409 西部偏南。墓口直接开口于生土，被现代井打破口部。方向为 21 度。（图 2 - 528；彩版三六七，1）

长方形竖穴土坑墓，墓壁外扩，口小底大。墓口长 210、宽 81 厘米，墓底长 230、宽 82 ~ 88 厘米，墓深 105 ~ 110 厘米。填土为红褐花夯土，土质坚硬，层次不太明显。

墓底南北有熟土二层台，宽 5 ~ 10、高 5 ~ 15 厘米。

无腰坑。

葬具可能是用植物包裹的，从残存迹象看，其长度与骨架相同，宽度略宽于骨架。

墓主骨骼范围长度 160 厘米，骨架保存较好，只是头骨破碎。仰身直肢，头北面东，右肢微屈，右手放在盆骨外侧，左手弯曲，左手放在盆骨中间，双腿向左斜直，双脚平放，右脚压在左脚上。

无随葬品。

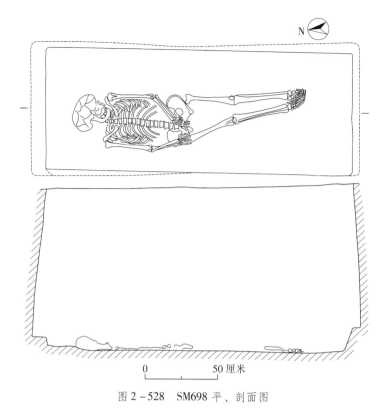

图 2 - 528 SM698 平、剖面图

墓葬年代：殷墟时期。

SM700

位于 ST2409 东部偏南。墓口开口于①层下，打破生土，墓南部被现代活动层破坏严重。方向为 15 度。（图 2 - 529；彩版三六七，2）

长方形竖穴土坑墓，墓壁垂直，墓底和墓口相同。残长 140、宽 64～70、深 25～58 厘米。填土为红褐花夯土，夯土层厚 5～8 厘米，夯窝不明显。

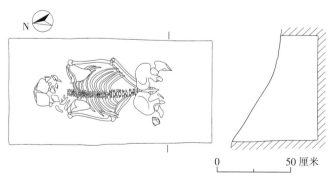

图 2 - 529 SM700 平、剖面图

墓底无二层台。

墓底发现少量不明显的黑色痕迹，可能是包裹尸体的植物皮。

墓主残存盆骨以上和大腿骨的少部分，残长 96 厘米。俯身直肢，头北面下，上肢微屈，双手压在盆骨下。

无随葬品。

墓葬年代： 殷墟时期。

SM702

位于 ST2410 南壁下偏东。墓口被现代取土坑破坏。方向为 15 度。（图 2 - 530；彩版三六八，1）

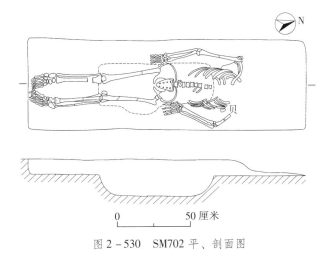

图 2 - 530 SM702 平、剖面图

长方形竖穴土坑墓。墓口长 190、宽 60 厘米，现残存深度 10 厘米。墓内填土黄褐色花土，土质一般。无二层台。

墓底中部有一圆角长方形腰坑，长 78、宽 24~26、深 14 厘米，坑壁内斜。坑内出土一具狗骨架，狗骨架腐朽严重。

未见明显的葬具痕迹。

墓主头部被破坏，从清理看出，墓主仰身直肢，头向北，左臂弯曲，右臂较直，双脚并拢，腰部骨骼下陷。左肱骨残，右胫骨缺一段，左锁骨缺失，其余骨架保存较好。

在左侧胸部出 1 枚 A 型货贝。

墓葬年代： 殷墟时期。

SM704

位于 ST2408 中部偏北。被现代沟打破，打破生土。方向为 115 度。（图 2 - 531；彩版三六八，2）

长方形竖穴土坑墓。墓口长 205、宽 70~75 厘米，墓深 79 厘米。填土红褐色花夯土，土质略硬，夯层厚 20~25 厘米，夯窝直径 3~4、深约 3 厘米。

未见二层台与腰坑。

墓底有铺底木板，长 190、宽 62 厘米。未发现木棺。

墓主头部被压，呈扁平状，骨骼保存较好。俯身直肢，头东面下，两臂前肢交叉放在腹下，双脚向南。骨骼范围长度 175 厘米。

无随葬品。

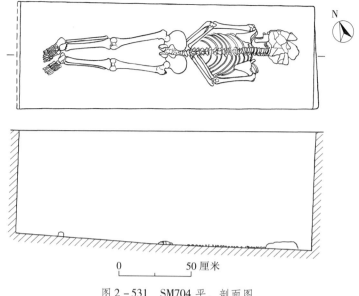

图 2-531 SM704 平、剖面图

墓葬年代： 殷墟时期。

SM708

位于 ST2206 西南角，向西延伸至 ST2106 内。开口于第①层扰土下，打破 H268。方向为 285 度。（图 2-532；彩版三六七，3）

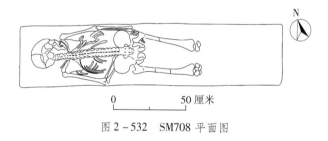

图 2-532 SM708 平面图

长方形竖穴土墓。墓口距地表深 50 厘米，墓口长 180、宽 40 厘米，墓深 100 厘米。填土为灰花土，经夯实，土色较杂。

墓底铺垫苇席（黑白席纹）。

墓主俯身直肢，头西面北，左手置于腹部，右手置于股骨头下，两股骨有折痕，两小腿骨被扰。

未见随葬品。

墓葬年代： 被该墓打破的 H268 为殷墟四期，因而该墓不早于殷墟四期。

SM709

位于 ST2003 内，开口于探方②层下，打破 H226。方向为 190 度。（图 2-533；彩版三六八，3）

长方形竖穴土坑墓。墓口距地表深 70 厘米，墓口长 180、宽 50 厘米，墓深 160 厘米。墓室填土为灰土。

无二层台、腰坑与葬具。

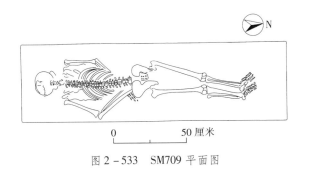

图 2 – 533 SM709 平面图

墓主俯身直肢，头南面下，双手交叉置于腹部。

无随葬品。

墓葬年代： 该墓打破殷墟三期的 H226，结合墓葬形制判断，该墓为殷墟时期，年代不早于殷墟三期。

SM711

位于 ST2410 中部偏东，距东壁约 1.5 米。打破 H455 及 G9。方向为 18 度。（图 2 – 534A ~ C；彩版三六九，1、2）

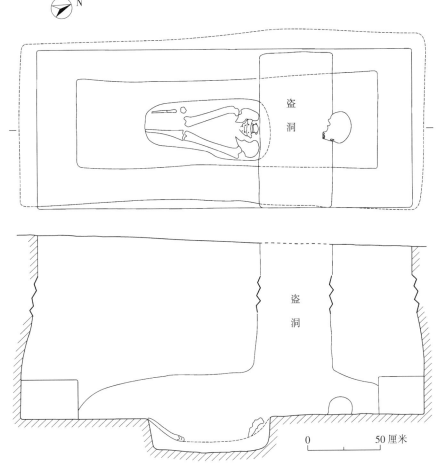

图 2 – 534A SM711 平、剖面图

长方形竖穴土坑墓，东壁内斜，北壁、西壁、南壁外扩，口小底大。墓口长 257、宽 106 厘米，墓底长 277、宽 107～117 厘米，墓深 230 厘米。填土黄褐色花土，土质较硬，经过夯打，墓内有零星的夯窝，夯窝较清楚，夯窝直径 6～8 厘米，为单棍夯。（图 2－534A）

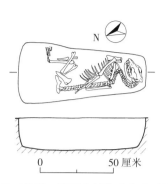

墓底四周有熟土二层台，宽 23～38、高约 26 厘米。

墓底中部有一圆角长方形腰坑，长 85、宽 28～40、深约 22 厘米，坑壁内斜。腰坑内出土一具狗骨架，狗骨保存较好，头向南嘴向东，左侧前肢平放在身体上，后肢弯曲，趾骨在腰坑边上。（图 2－534B）

图 2－534B　SM711 腰坑殉狗平面图

从墓底清理出的残存板灰判断，在墓底四周棺之外围铺有一周木板，长约 260、宽约 110 厘米；木板正中为木棺，长 205、宽约 55 厘米。（图 2－534C）

墓主仰身直肢，头北面东，髋骨、股骨和胫骨在腰坑内。为一 28～30 岁的女性。

未发现随葬品。

墓葬年代： H455 年代为殷墟三期，G9 为一期晚段。因而该墓年代应不早于殷墟三期。

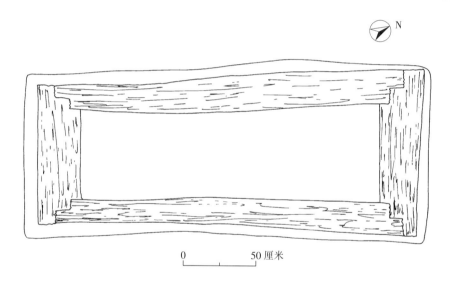

图 2－534C　SM711 墓底木边框平面图

SM713

位于 ST2308 东南。开口于第①层扰土下，北端上压晚期坑，墓室中部被一东西向盗沟扰，墓口北部被晚期坑扰乱，墓壁下部基本完好，棺室内被扰严重。方向为 16 度。（图 2－535）

长方形竖穴土坑墓，墓壁较平直，底部较平。墓口距地表深 15 厘米，墓口长 200、宽 68 厘米，墓深 140 厘米。填土黄花夯土，盗坑内填大量红烧土，烧土块有夯窝及草拌泥痕。

西部有熟土二层台，宽 14、高 18 厘米。

无腰坑。

墓主头骨处有红漆，下肢骨处有木板灰，推测应有木棺。

墓主骨架仅存头盖骨及下肢骨，骨质较好。头北面西，从保存的人骨情况看，很可能为仰身直肢

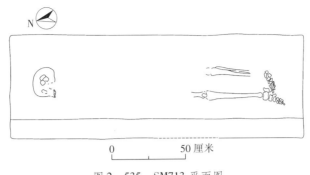

图 2 - 535　SM713 平面图

葬。墓主为女性，年龄 30 ~ 35 岁。

墓葬年代： 从墓葬形制判断，该墓为殷墟时期。

SM717

位于 ST1706 东南部。开口于②层下，东北角被晚期井打破。方向为 280 度。（图 2 - 536；彩版三六九，3）

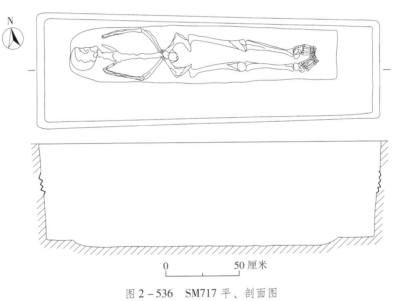

图 2 - 536　SM717 平、剖面图

长方形竖穴土坑墓，口大底小。墓口距地表约 50 厘米，墓口长 235、东端宽 65、西端宽 75 厘米，墓深 115 厘米。填五花夯土，甚坚硬，夯窝不清。

墓底偏北部再向下挖一个长方形浅槽，长约 180、宽 25 ~ 38、深 5 厘米。

无二层台、腰坑与葬具。

墓主放置于浅槽内，仰身直肢，头西面北，双手交叉抱于腹前，腐朽严重。为 40 岁左右女性，骨骼范围长度为 155 厘米。

无随葬品。

墓葬年代： 根据墓葬形制判断，该墓年代为殷墟时期。

SM719

位于 ST1910 西北角。开口于①层下，直接打破生土。被盗扰。方向为 10 度或 190 度。（图 2 - 537）

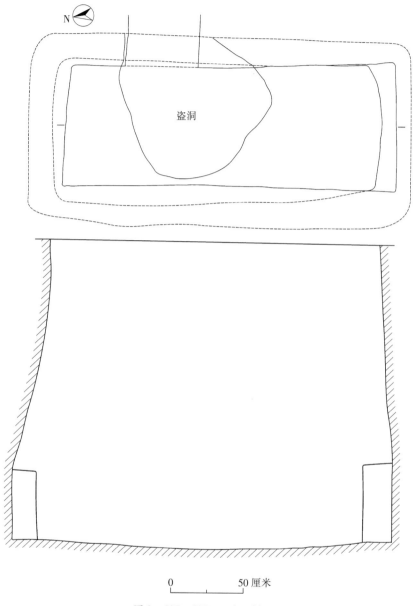

盗洞

0   50 厘米

图 2 - 537 SM719 平、剖面图

长方形竖穴土坑墓，墓四壁略内凹，口小底大。墓口距地表 35 厘米，墓口长 225、宽 80~85 厘米，墓底长 260、宽 120 厘米，墓深 200 厘米。填土为黄褐色花土，部分经过夯打。填土内没有发现遗物。

墓室四周有熟土二层台，二层台宽 11~28、高 47~52 厘米。

墓室中部被盗坑打破，是否有腰坑不详。

葬具为一棺，棺长 216、宽 85~95、残高 52 厘米。已腐朽，只剩少量黄漆痕迹。

未发现骨骼，年龄、性别不详。

无随葬品。

墓葬年代： 从墓葬形制判断，该墓为殷墟时期。

SM720

位于 ST2713 西南部。开口于①层下，直接打破生土。方向为 104 度。（图 2-538；彩版三七〇，1）

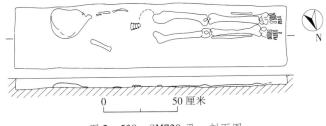

图 2-538 SM720 平、剖面图

长方形竖穴土坑墓。墓口距地表 20~40 厘米，墓口长 185、宽 40~43 厘米，墓深 7 厘米。填土为红褐色黏土，未经夯打，内无包含物。

无二层台、腰坑与葬具。

墓主的骨架保存状况较差，头骨已被压碎，上肢保存极差，下肢保存较好。从墓主骨架判断，其头东面南，葬式为俯身直肢。

墓葬年代：根据墓葬形制判断，该墓为殷墟时期。

SM721

位于 ST2410 西壁下偏南。被 H280（汉代）打破，直接打破生土。方向为 20 度（图 2-539A、B；彩版三七〇，2~5）。

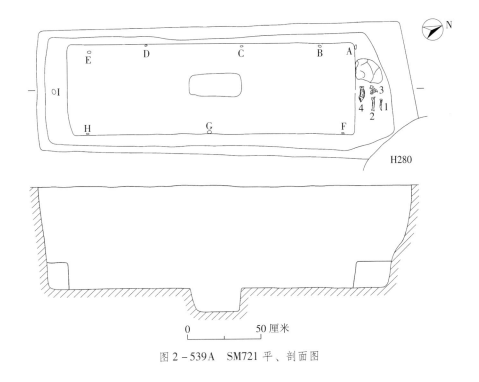

图 2-539A SM721 平、剖面图

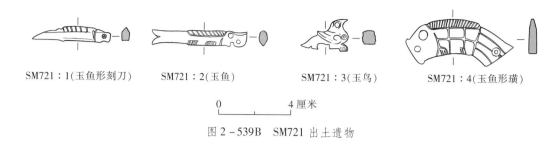

SM721：1(玉鱼形刻刀)　　　SM721：2(玉鱼)　　　SM721：3(玉鸟)　　　SM721：4(玉鱼形璜)

0　　　　　4厘米

图2-539B　SM721 出土遗物

长方形竖穴土坑墓，墓壁很不整齐，北壁内斜较大，墓角呈圆角，口大底小。墓口长260、宽80~90厘米，墓底长235、宽70~78厘米，墓深68厘米。填土为浅灰土，夹有大量的红烧土块，土质松散，被扰动过。(图2-539A)

墓底东西两侧为生土二层台，二层台不平整，宽5~12厘米；南北两端为熟土二层台，宽15~25、高约18厘米。在北端二层台上部填土中夹有零乱的朱砂，部分好像是漆痕，但较乱，看不出形状。

墓底中部有一圆角长方形腰坑，长35、宽15、深15厘米，坑壁内斜。坑内无物。

墓底发现有9个木桩孔，西侧有5个，东侧有3个，南端中部有1个，排列基本对称，孔洞较小，呈椭圆形。

编号	位置	形状	直径（厘米）	深度（厘米）
A	西北角	椭圆形	1×3	5
B	西侧北部	椭圆形	1×2	5
C	西侧中部	椭圆形	1×1.5	4
D	西侧南部	椭圆形	1×1.5	5
E	西侧南部	椭圆形	2×2.5	4
F	东侧北部	椭圆形	1×2	6
G	东侧中部	椭圆形	1×1.5	2
H	东侧南部	椭圆形	1×1.5	3
I	南端中部	椭圆形	2×2.5	6

墓内填土较乱，看不出板灰痕迹，只有墓底部分看出有零乱的木灰印痕迹，但看不出形状及大小，可能为一棺。

墓底未发现人骨，只在北端二层台上发现一小堆人头盖骨，已成粉状。

在北端二层台上填土中出土有玉鱼、玉鱼形刻刀、玉鱼形璜各1件，小玉鸟1件。

玉鱼形刻刀　1件。

SM721：1，微残。青色。直体，头部较平，阴线刻出鳃、鳍，头部双面桯钻出小圆穿，一面腹部有中脊，尾部斜出刻刀。长4.2、宽0.6、厚0.4厘米。(图2-539B；彩版三七〇，2)

玉鱼　1件。

SM721：2，完整。青色。直体，头部较平，有一个单面桯钻小圆穿。减地凸眼，阴线刻出鳃、鳍，鳃下有一缺口，分尾，较长。长5.2、宽0.8、厚0.5厘米。(图2-539B；彩版三七〇，3)

玉鸟　1件。

SM721：3，完整。青色，局部受沁。圆雕。昂首，尖喙，减地凸眼，双足前屈，双翅收拢上扬，长尾下垂，胸部有对钻孔。长2.8、宽1.7、厚0.8厘米。(图2-539B；彩版三七〇，4)

玉鱼形璜 1件。

SM721:4,完整。青色,部分受沁。圆弧形片状,头部平直,减地凸眼,阴线刻出鳃、鳍、鳞,头尾处各有一个单面桯钻圆孔。两面抛光。通长5.8、宽1.6~2、厚0.4厘米。(图2-539B;彩版三七〇,5)

墓葬年代:殷墟时期。

SM725

位于ST2308的西南。开口于①层下。方向为10度。(图2-540;彩版三七一,1)

长方形竖穴土坑墓,壁直,底平。墓口距地表15厘米,墓口长220、宽62厘米,墓深180厘米。填土为黄花夯土。

未见二层台和腰坑。

有木板灰和红漆痕迹,但形制不清。

墓主骨骼基本腐蚀,仰身直肢,面向东,双脚并拢。

未见随葬品。

墓葬年代:殷墟时期。

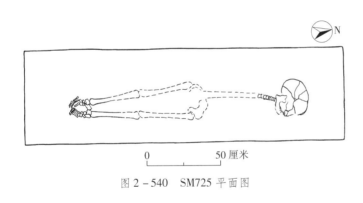

图2-540 SM725平面图

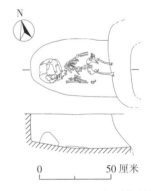

图2-541 SM728平、剖面图

SM728

位于ST2710西南部。开口于①层下,直接打破生土。墓葬东侧被扰坑破坏。方向为280度。(图2-541;彩版三七一,2)

椭圆形竖穴土坑墓,墓室东侧被破坏,残存墓壁较直,墓底略弧。墓口距地表52厘米,墓口残长56厘米,墓底残长70厘米,墓深18~23厘米。填土呈黄色,夹杂少许炭屑,质地软。

未见有葬具痕迹。

墓主仰身直肢,头西面上。骨架保存一般,小腿及以下部位被扰乱不见。墓主为2岁左右小孩,性别不明。

右侧下肢骨内出小铜片1件。

小铜片 1件。

SM728:1,残损严重,不辨器形。

墓葬年代：根据墓葬出土物判断，该墓年代为殷墟时期。

SM730

位于ST2412中部。打破H428及生土。方向为205度。被盗。盗洞位于墓室北部，一部分在墓室外，距北壁22厘米，西壁外有少部分。盗洞形状不规整，东西长70、南北宽50厘米，盗洞深度大于墓底，未清理到底。（图2-542；彩版三七一，3、4）

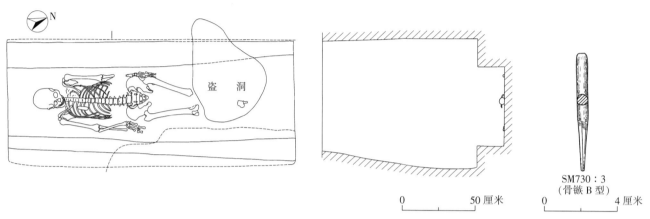

图2-542 SM730平、剖面图及出土遗物

长方形竖穴土坑墓，墓壁东西壁外扩，南北壁垂直。墓口长195、宽71~79厘米，墓底长195、东西宽80~84厘米，墓深125厘米。墓内填土为红褐花夯土，土质坚硬，因打破H428，故夯土内有灰土。

墓底东西壁有生土二层台，南北无二层台，二层台宽14~18、高18厘米。

墓底中部有腰坑，北部被盗洞破坏，残长56、宽19、深9厘米。

葬具为一棺，墓北部分被盗洞破坏，残长108、宽39、残高18厘米。棺板厚0.6厘米。

墓主膝盖以下被盗洞破坏，残长112厘米，骨架保存较差。仰身直肢，头南面上，左上肢尺、桡骨中间残一段，左手放盆骨外侧、掌面向内，右手放盆骨外侧、掌面向下，左锁骨稍错位。

墓主口内含贝2枚，腰坑南部有贝1枚，墓底发现骨镞1件。

骨镞 1件。

SM730：3，B型。完整。镞身细长，前锋圆钝平齐，铤细长呈锥状，末端变细。通体打磨。通长6.2厘米。（图2-542；彩版三七一，4）

贝 3枚。A型货贝。

墓葬年代：H428为殷墟三期，因而该墓年代不早于殷墟三期。

SM732

位于ST3509南部，墓葬早年被盗，长方形盗坑在南端，紧贴墓边。开口于现代堆积下，墓葬打破后岗一期文化层及黄沙质生土。方向为187度。（图2-543A~G；彩版三七二~三七四）

长方形竖穴土坑墓，口小底大。墓口长250、东西宽115厘米，墓深近330厘米。墓底长近280、东西最宽近140厘米，填土为黄褐色花夯土，质地硬，夯窝明显。（图2-543A）

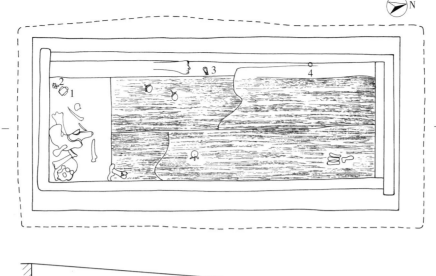

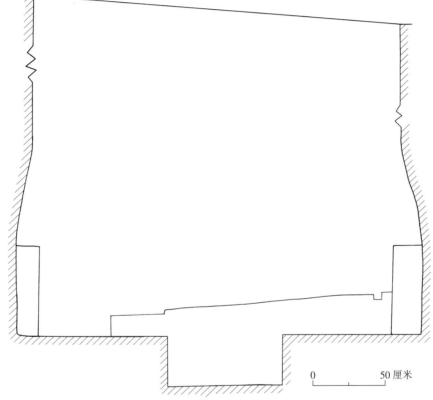

图 2 - 543A SM732 平、剖面图

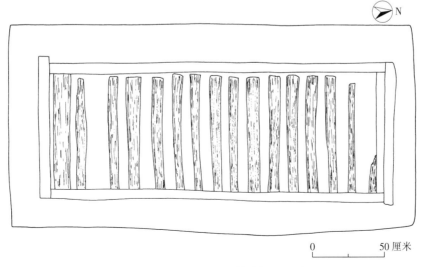

图 2 - 543B SM732 椁盖板平面图

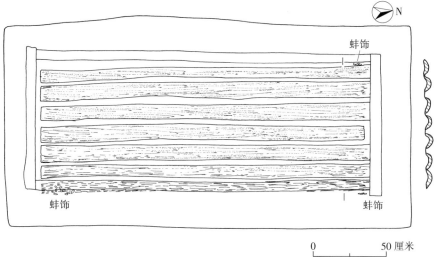

图2-543C SM732椁底板平、剖面图

图2-543D SM732椁室北侧面正视图   图2-543E SM732椁室横剖面图

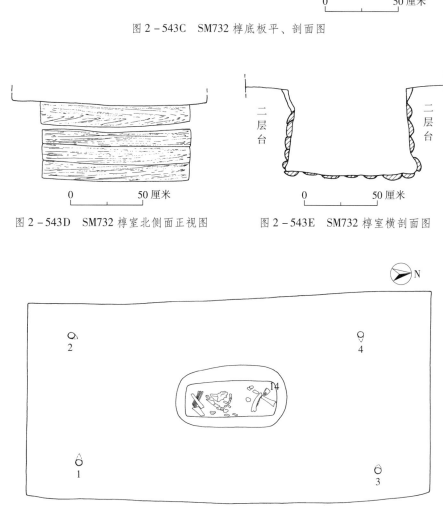

图2-543F SM732墓底桩孔及腰坑平面图

椁二层台宽15~25、高63厘米。

腰坑为椭圆形,南北最长76厘米左右,东西最宽40厘米,最深33厘米。墓底中部腰坑中殉狗1条,被盗扰,出铜铃1件。(图2-543F)

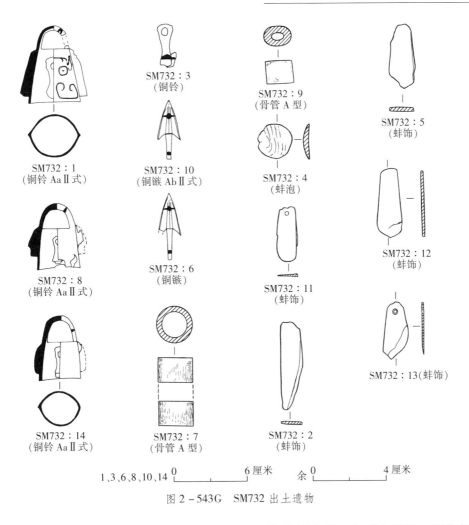

SM732：1
（铜铃 Aa II 式）

SM732：3
（铜铃）

SM732：9
（骨管 A 型）

SM732：5
（蚌饰）

SM732：10
（铜镞 Ab II 式）

SM732：4
（蚌泡）

SM732：8
（铜铃 Aa II 式）

SM732：6
（铜镞）

SM732：11
（蚌饰）

SM732：12
（蚌饰）

SM732：13（蚌饰）

SM732：14
（铜铃 Aa II 式）

SM732：7
（骨管 A 型）

SM732：2
（蚌饰）

1、3、6、8、10、14　0 ____ 6 厘米　　　　余　0 ____ 4 厘米

图 2－543G　SM732 出土遗物

葬具为一棺一椁。椁盖长近 245、宽 90 厘米左右。椁盖板清晰，半圆木横置，顶住侧板，直径一般在 12 厘米。木头平面朝下，弧面朝上，可见有 16 根。其中南端 2 根西头向下倾斜；以北还有 1 根的空隙，可能为盗墓者挪走（图 2－543B）。底板 7 根，长板纵置，直径一般在 12 厘米，半圆木，平面朝上，弧面朝下，最大半径近 6 厘米（图 2－543C）。上铺粉红色彩绘织物，再上铺苇席。椁西侧板有 4 根半剖圆木叠砌，平面朝向棺一面，弧面朝外，直径一般 12 厘米。椁东侧板有 4 根，上边第 1、2 根上有彩绘织物遗痕，其中搭于第 1 根上的彩绘织物的另一头被夯于二层台中。彩绘底纹为红色，上绘为黑线主纹。椁南、北挡板各 4 块，其中北挡板（图 2－543D）总高 50 厘米。最上一块为平板，厚 7 厘米左右；下 3 块为半圆木板，平面朝棺面，弧面朝外。直径同东、西侧板。（图 2－543D、E）

棺置于椁底上。长 228、宽 80、高 29 厘米。朽灰呈黑灰色，棺侧板局部可见有红褐色漆痕。因被盗扰，盖板北端较高，南端下倾。棺南部被彻底盗扰。

墓底有 4 个木桩痕迹，解剖可知，原将木桩一端削尖，钉入土中。木桩略有倾斜。1 号木桩深 15 厘米，2 号深 22 厘米，3 号深 25 厘米，4 号深 18 厘米。（图 2－543F）

墓主骨架被扰，大多弃于墓底南端，棺内部位残留少量肢骨。因而推测墓主头向南。墓主为男性，35 岁以上。

椁东二层台上可见彩绘织物遗痕。椁底铺有彩绘织物、苇席。墓南端棺内部位的扰土中残存铜铃、蚌片；棺上中部西侧有铜饰；棺上北部西侧有蚌片；棺底东侧有铜镞、骨饰；棺底南存有铜铃；椁底

板东北、西北、东南角有蚌饰。因墓葬椁以下被严重盗扰，上列出土物可能多非原始位置。

铜铃 3件。

Aa型Ⅱ式。残。

SM732:1，铃体两面饰阳线饕餮纹。通高6.3、口缘径3×3.8、腔壁厚0.2厘米。（图2-543G；彩版三七四，1）

SM732:8，一侧扉棱残，素面。通高5.4、口缘径3.4×4.5、腔壁厚0.2厘米。（图2-543G；彩版三七四，2）

SM732:14，一侧扉棱残，素面。通高5.4、口缘径2.4×3、腔壁厚0.2厘米。（图2-543G；彩版三七四，3）

铃舌和铃体碎片 1件。

SM732:3，残损严重，圆头形铃舌，顶端有一小环。（图2-543G）

铜镞 5件。

SM732:10，Ab型Ⅱ式。完整。通长4.6、铤长2、翼宽1.8厘米。（图2-543G；彩版三七四，4）

SM732:6，通长5.3、铤长2.3、翼残宽1.8厘米。（图2-543G；彩版三七四，4）

骨管 3件。

SM732:7，A型。残。体短小，由骨料锯截而成，管壁有刀削痕。腐朽严重。残长1.4、直径1.8厘米。（图2-543G；彩版三七四，5）

SM732:9，2件。形制相似，A型。残。体短小，由骨料锯截而成，管壁较厚，有刀削痕。长1.2、直径1~1.3厘米。（图2-543G；彩版三七四，6）

蚌泡 1件。

SM732:4，残。体型小，由蚌壳锯磨而成，圆饼状，一面平，一面略鼓，无钻孔。径1.8、厚0.3厘米。（图2-543G；彩版三七四，7）

蚌饰 多枚。

残损严重。扁平状薄片，圆角长方形或长方形，个别残片一端有一小穿孔。

SM732:2、5、11、12、13，残长2.5~3.2、宽1.5、厚0.2厘米。

墓葬年代： 殷墟晚期。

人骨鉴定：

墓主骨架被扰，大多弃于墓底南端，棺内部位残留少量肢骨。

人骨保存情况较差。除颅骨、下颌骨及18颗牙齿、第二、三腰椎、双侧第一跖骨采集可供观察外，其余残留肢骨均腐朽。

墓主眉弓较发达，眶上缘圆钝，前额后倾明显，乳突与枕外隆突较发达，颅骨表面的肌线和肌嵴较显著，下颌角区外翻明显。仅根据颅骨性别特征推测，墓主可能为男性。墓主白齿磨耗4~5级（吴汝康分级系统），颅骨基底缝愈合，矢状缝愈合，其他骨缝波纹深度变浅，呈愈合趋向，人字缝人字点段和中间段骨缝痕迹渐消失；脊椎椎体骨骺环愈合，愈合痕迹消失；仅据这些项指标推测墓主应为中年个体（35岁以上）。仅据四肢长骨保存状况目前无法进行身高估算。

墓主额骨眶板、顶骨的冠状缝区、矢状缝区及枕骨人字缝区多孔型骨肥大呈愈合状态。上颌前部牙齿表面可见线型釉质发育不全现象；上颌右侧第二前臼齿生前脱落，并且齿槽颊侧面边缘可见由根尖脓疡造成的瘘孔；下颌右侧犬齿龋齿，病变累及整个齿冠；下颌右侧第一臼齿齿冠近中面龋齿；多数臼齿齿冠表面可见轻微的釉质剥脱现象；轻度牙结石。仅存的第二、三腰椎椎体骨质疏松，并且椎体边缘骨赘生成。

SM739

位于 ST2612 东北部。开口②层下，上部被晚期坑打破，本身打破 H299。墓葬的北部为一条长方形盗坑打破，盗坑较墓底的腰坑还深约 15 厘米，在盗坑内深 100 厘米的填土中发现一块人的股骨。方向为 20 度或 200 度。（图 2 - 544）

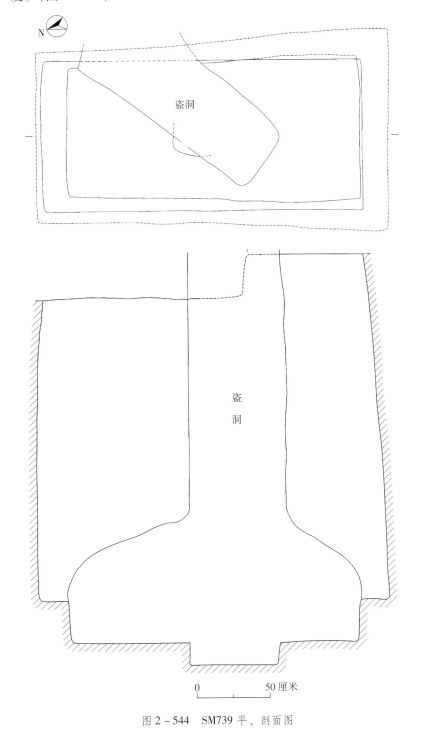

图 2 - 544　SM739 平、剖面图

　　长方形竖穴土坑墓，口小底大。墓口距地表深 30 厘米，墓口长 218、宽 100 厘米，墓底长 240、南边宽 134、北边宽 114 厘米，墓深 258 厘米。填土为黄褐色沙性土，经夯打，填土中出土少量陶范和泥质素面灰陶片。

　　墓底有生土二层台，宽 20、高 28 厘米。

　　墓底中部原有腰坑，但大部被盗沟打破，仅存西北一角。由残存迹象判断，腰坑为圆角长方形，北侧残长 10、西侧残长 15、深 9 厘米。

　　葬具因盗扰而完全破坏，仅从扰土中发现红漆判断，葬具上原髹有红漆。

　　墓主骨架、随葬品也因盗扰无存。

　　墓葬年代： 从墓葬形制判断，该墓为殷墟时期。

SM740

　　位于 ST2813 北侧中部。开口于①层下，打破 H562。方向为 3 度。（图 2 - 545；彩版三七五，1、2）

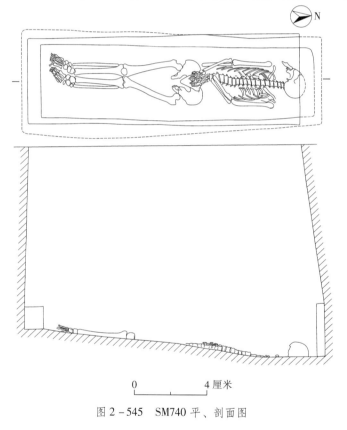

图 2 - 545　SM740 平、剖面图

　　长方形竖穴土坑墓，墓壁略外扩，口小底大，脚端（南侧）较窄。墓口距地表 20 ~ 40 厘米，墓口长 186、墓口宽 56 ~ 60 厘米，墓底长 205、东西宽 58 ~ 68 厘米，墓深 120 ~ 140 厘米（由于墓葬北侧在 H562 上，随着灰坑内填土的坍塌，墓底也随之下陷，导致北端较深，南侧较浅。墓葬的原深度应以脚端的深度为准，即墓深 120 厘米）。填土为灰色夯土，上下一致未分层，土质稍硬，其中含有大量炭屑和少量兽骨、陶片等。

　　墓底有熟土二层台，略经夯打，夯窝不明显。随着墓底的坍塌，二层台也随之下陷，导致二层台的高度不一：南侧较矮，高约 15 厘米；北侧较高，高约 35 厘米。由于棺的放置略偏向东侧、北侧，导致二层台宽度不一，东侧宽 5~13、西侧宽 6~9、南侧宽 13、北侧宽 5 厘米。

无腰坑。

葬具仅有一棺，呈长方形，南北长 187、东西宽 43~48、高 15~35 厘米。清理的过程中发现两块纵向棺盖板痕迹，残长约 110、宽 10~17 厘米。棺盖上髹有白漆。

墓主的骨架保存状况较好。仰身直肢，头北面西，双手交于腹部。

仅在墓主手中发现 1 枚 A 型货贝。

墓葬年代： 被该墓打破的 H562 属殷墟三期，因而 SM740 年代不应早于三期之时。

人骨鉴定：

人骨保存情况一般。头骨完整，17 颗牙齿保存。除第 3 颈椎、第 1~9 胸椎外，其余椎骨保存完整。右侧髋骨耻骨部残破，左侧髋骨未保存。荐椎保存完整。肋骨多残断。双侧肱骨保存完好。双侧股骨远端断裂，但整体形态保存较好。右侧跟骨、距骨保存。双侧第一和第二距骨保存。

墓主颅骨整体较小，额部陡直，眉弓不显，眶上缘薄锐，颧骨较纤细，乳突上嵴不显著，枕外隆凸较弱，上项线不明显。髂骨翼较薄，坐骨大切迹浅而宽。骶骨曲度明显，骶骨岬显著。左侧肱骨头矢状径为 41.7 毫米，右侧为 42.9 毫米，落在女性变异区间之内[1]（Stewart 1979：100）。据以上性别特征推测，墓主可能为女性。骨骺完全愈合，第三臼齿萌出，齿尖大部磨平，齿质点暴露。耳状面形态 3 级（Lovejoy 分级系统），第一、二臼齿磨耗程度 4 级（吴汝康分级系统）。据以上信息推断该个体年龄 30~35 岁。左侧肱骨最大长 28.8 厘米，右侧肱骨最大长 29.3 厘米，身高估算 152~163 厘米。

墓主右侧下颌第三臼齿先天缺失。上颌前部牙齿唇侧面可见线型釉质发育不全。左侧上颌第三臼齿咬合面龋齿；右侧上颌第二臼齿远中邻面龋齿；双侧下颌第一臼齿颊侧面龋齿，齿槽颊侧面均可见由根尖脓疡造成的瘘孔。上、下颌多颗牙齿咬合面可见釉质剥脱现象。左侧肱骨头关节面上可见针尖样骨质疏松的小孔。左侧肱骨滑车边缘骨赘生成，肱骨小头关节面上可见粗糙的新骨形成及珊瑚样边缘硬化型骨质疏松。右侧股骨头表面粗糙，新骨形成。右侧髋臼窝关节面上粗糙不平，同时关节边缘伴有轻微的新骨形成。右侧距骨跟骨关节面边缘均有骨赘生成。双侧第一及第二距骨远端关节面背缘骨赘生成，由此形成的假关节面上可见疏松的小孔，右侧均较左侧显著。后段胸椎及全部腰椎椎体边缘骨刺生成。第一骶椎腰椎化。

SM743

位于 ST2211 南部。开口于 ST2211②层下，直接打破生土。被盗严重。方向为 18 度或 198 度。（图 2-546）

长方形竖穴土坑墓，墓壁较直，墓口与墓底大小一致。墓口距地表约 40 厘米，墓口长 215、宽约 80 厘米，墓深 63 厘米。

墓底四周有熟土二层台，宽 5~15、高 8~13 厘米。

墓圹内均为盗后扰土。

因被盗，未见葬具，从二层台判断应有木棺。

---

[1] 女性肱骨头矢状径一般小于 43 毫米，该个体落入女性变异区间范围之内（Stewart 1979：100），但考虑到一定的群体差异，这个数值区间在这里仅做参考。

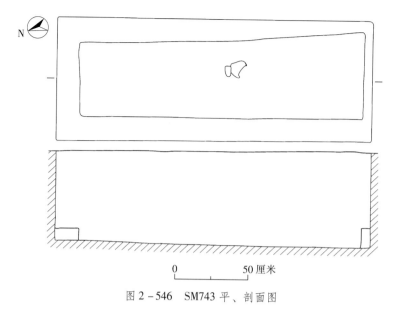

图 2-546　SM743 平、剖面图

该墓被盗严重，仅在墓圹底部扰土内发现墓主头骨数块。

未发现随葬品。

墓葬年代： 据墓葬形制判断，该墓为殷墟时期。

SM747

位于 ST1808 南侧中部。开口于①层下，打破了生土，墓北及西部被晚期坑打破。方向为 11 度。（图 2-547；彩版三七五，3）

长方形竖穴土坑墓，墓壁较直，墓底长宽与口相同。墓口距地表深 40 厘米，墓口长 202、宽 50~56 厘米，墓深 110 厘米。填土为黑灰花夯土，土质硬。

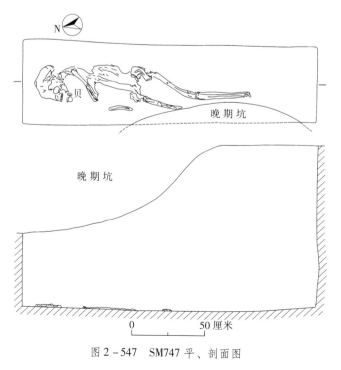

图 2-547　SM747 平、剖面图

葬具不明。

墓主骨骼被夯偏，右腿膝下部被晚期坑扰乱。侧身直肢，头北面西，两手放于身体右部。在墓主口内出 1 枚 A 型货贝。

墓葬年代：根据墓葬形制与出土物判断，该墓为殷墟时期。

SM752

位于 ST1909 中部略偏东处。开口于第①层下，打破生土，墓北部被晚期坑打破。方向为 7 度。（图 2 - 548；彩版三七六，1）

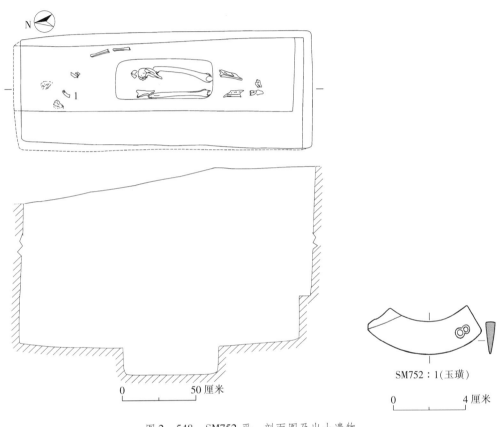

SM752：1（玉璜）

图 2 - 548　SM752 平、剖面图及出土遗物

长方形竖穴土坑墓，墓东、南壁内收，西、北壁外扩。墓口距地表 20 厘米，墓口长 198、宽 63 ~ 74 厘米，墓底长 197、宽 69 ~ 74 厘米，墓深 188 厘米。墓内填土为灰黑花夯土，土质较硬。

墓底西部有宽 25、高 30 厘米的生土二层台，与南部宽 7、高 30 厘米的生土台联为一体。

墓底中部有圆角长方形腰坑，长 65、宽 25、深 18 厘米。墓主盆骨和股骨塌陷于其内。

葬具为木棺，长 190、宽 45、残高 30 厘米。上髹有白漆。

墓主因被盗而多处骨骼扰没，只剩盆骨和四肢残骨。从腰坑内人骨塌陷的情况看，葬式为仰身直肢，头向北。

在墓主胸部位置出土 1 件玉璜残块。

玉璜　1 件。

SM752：1，残。青绿色，有褐斑。圆弧形片状，一端断面经打磨，上有两个双面桯钻圆穿；另一端断面粗糙。近孔处厚，边缘薄。长 6.1、宽 1.7、厚 0.2~0.5 厘米。（图 2-548；彩版三七六，1）

墓葬年代：据墓葬形制与出土物判断，该墓为殷墟时期。

人骨鉴定：

人骨保存情况差。仅双侧髋骨残片、双侧股骨残段及 5 颗牙齿保存，以供观察。

性别鉴定和身高估算无法进行。墓主耳状面形态 4 级（Lovejoy 分级系统），第一、第二白齿磨耗程度约为 4 级（吴汝康分级系统）。据此推测，墓主应为中年个体，年龄 35~45 岁。

墓主上颌左侧第一白齿及右侧第二前白齿咬合面可见轻微的釉质剥脱现象。

SM757

位于 ST2413 东北部。开口于①层下，直接打破生土。方向为 197 度。（图 2-549；彩版三七六，2）

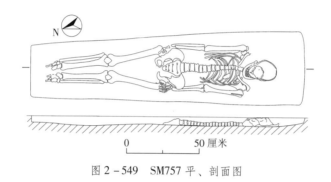

图 2-549　SM757 平、剖面图

长方形竖穴土坑墓。墓口距地表约 10 厘米，墓口长 187、宽 34~48 厘米，墓深 5 厘米。坑内填土为红褐花土，质较硬。

无二层台、腰坑与葬具。

墓主仰身直肢，头南面上，双手紧贴髋骨两侧。墓主骨骼保存较好，只缺部分趾骨，骨骼范围长度 150 厘米。年龄、性别不详。

无随葬品。

墓葬年代：殷墟时期。

SM758

位于 ST2213 西部。开口于②层下，直接打破生土。在墓的南端有一晚期盗洞，打破墓圹填土，扰于墓底。方向为 20 度。（图 2-550；彩版三七七，1）

长方形竖穴土坑墓，墓壁较直。墓口长 205、宽 70 厘米，墓底长 195、宽 57 厘米，墓深 77 厘米。墓圹填土为红褐花夯土，土质较硬，夯层厚 8~10 厘米，夯窝直径 6~8 厘米，夯迹无规律，夯具为单棍夯。

墓底四周有生土二层台，宽 5~10、高 30 厘米。

无腰坑。

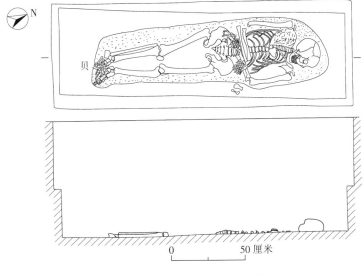

图 2 - 550 SM758 平、剖面图

葬具为一棺，因被盗扰棺盖、棺板已无，仅残存棺底一部分，保存现状已朽木灰状，呈黑白色，残长 155、高 30 厘米。

墓主仰身直肢，头北面东，上肢折曲交叉置于腹部，左手在下，右手在上。

墓主口内与脚趾处各出贝 1 枚，均 A 型货贝。

墓葬年代：根据墓葬形制判断，该墓为殷墟时期。

人骨鉴定：

人骨保存状况良好。颅骨残破，但骨质良好，下颌骨完整，29 颗牙齿保存。除左侧肩胛骨未保存外，上肢骨及上肢带骨大多保存良好；髋骨残破，下肢骨保存良好。手部及足部骨骼保存良好。

墓主颅骨骨壁较薄，肌线和肌嵴欠发达。眉间突度不明显。眶上缘锐薄。颧弓较纤细。乳突上嵴不显。枕外隆凸欠发达。髂骨耳状面较小，耳前沟显著，坐骨大切迹浅而宽。据以上性别特征推断该个体可能为女性。骨骺完全愈合；耳状面形态 4 级（Lovejoy 分级系统），第一、二白齿磨耗程度 3 ~ 4 级（吴汝康分级系统）。据此推断该个体应为中年个体，年龄 35 ~ 40 岁。左侧胫骨最大长 32.4 厘米，身高估算 149 ~ 160 厘米。

墓主额骨眶板多孔型骨肥大呈愈合状态。上颌前部牙齿及下颌双侧犬齿唇侧面可见线型釉质发育不全现象；上颌双侧中门齿及多颗白齿齿冠表面可见轻微的釉质剥脱现象。上颌牙齿牙结石中度，下颌牙齿牙结石重度。右侧肩胛骨关节盂边缘骨质增生。左侧锁骨胸骨端关节面呈现疏松的小孔，关节边缘骨赘生成；右侧锁骨远端与肩胛骨喙突相接的关节面也呈现疏松的小孔。胸骨体左侧锁骨切迹处骨的正常形态由骨赘生成而改变。左侧肱骨头表面可见针尖样疏松的小孔，肱骨远端肱骨滑车关节面边缘骨质增生。左侧尺骨骨干中段显示骨折愈合的痕迹。右侧第 4 掌骨骨折愈合，与左侧相比稍短。右侧股骨头表面可见珊瑚样骨质疏松的小孔；双侧股骨远端股骨内外侧髁关节面，双侧髋臼窝边缘及左侧髌骨关节面边缘均可见骨质增生现象。多个腰椎椎体边缘骨质增生。多数双侧距骨远端关节面背侧面变缘骨质增生，双侧第一跖骨由骨赘形成的假关节表面呈珊瑚样骨质疏松，右侧较左侧稍显著。

SM759

位于 ST2213 西南部。开口于②层下，直接打破生土，被盗洞打破。方向为 292 度。（图 2 – 551；彩版三七六，3 ~ 5）

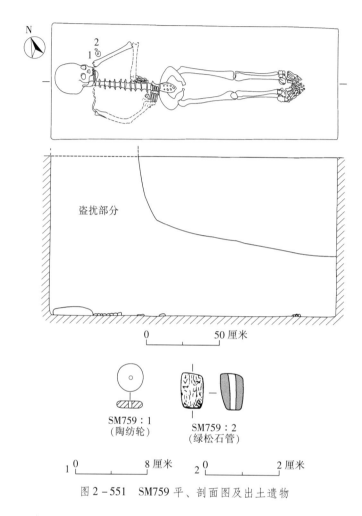

图 2 – 551　SM759 平、剖面图及出土遗物

长方形竖穴土坑墓，墓壁较直，墓底与墓口长宽一致。墓口长 195、宽 76 厘米，墓深 105 厘米。墓圹填土为红褐花夯土，土质较硬，夯层厚约 10 厘米，夯窝直径 6 ~ 8 厘米，夯迹无规律，夯具为集束夯。（图 2 – 551）

盗扰严重，葬具不清。仅残存棺底一部分，已朽成木灰状，呈黑白色。应为木棺。

墓主仰身直肢，头西面北，上肢弯曲置于腹部，左手偏上，右手偏下。骨骼范围长度 158 厘米。

墓主左肩旁放置有陶纺轮与绿松石管各 1 件。

陶纺轮　1 件。

SM759:1，泥质红陶。完整。体呈扁圆形，中间有圆形孔，轮沿中腰微凸。素面。直径 2.7、孔径 0.4、厚 0.8 厘米。（图 2 – 551；彩版三七六，3）

绿松石管　1 件。

SM759:2，完整。绿色，有黄斑。圆柱形，中部有贯穿孔。两端略细。长0.9、宽0.5厘米。（图2-551；彩版三七六，4）

墓葬年代：根据墓葬形制判断，该墓为殷墟时期。

SM763

位于ST3006西南角。开口在②层下，被晚期坑打破。方向为196度。（图2-552；彩版三七七，2）

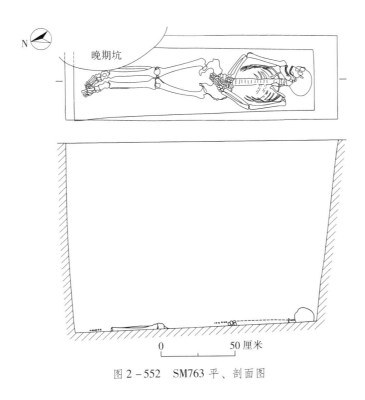

图2-552　SM763平、剖面图

长方形竖穴土坑墓，墓口略大于底，墓壁较直。墓口长186、宽56厘米，墓底长164、宽41~45厘米，墓深120~125厘米。填土为黄褐花夯土，土质较硬。

无二层台、腰坑与葬具。

墓主仰身直肢，头南面东，双手臂交叉于腹部。骨架保存较完好。

墓主头骨下方发现1枚B型货贝。

墓葬年代：从墓葬形制判断，该墓为殷墟时期。

SM772

位于ST3005中部偏西。开口在③层下，其东部被H488打破。方向为6度。（图2-553；彩版三七八，1）

长方形竖穴土坑墓，墓葬口小底大，墓壁较直。墓口长195、宽63~65厘米，墓底长215~225、宽76~81厘米，墓深195厘米。填土为黄褐花夯土，土质较硬。

墓底北壁有一小壁龛，半圆形，凹进7~14厘米，未发现有遗物。

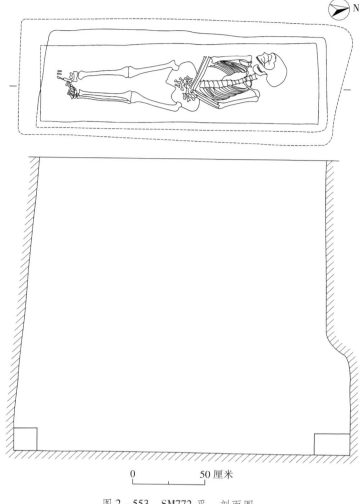

图 2-553 SM772 平、剖面图

墓底有一周熟土二层台，宽 10～15、高 15 厘米。

墓底无腰坑。

葬具为一棺，木质，已朽为灰迹，棺长 190、宽 50～54、残高 15 厘米。

墓主仰身直肢，头北面西，双手臂交叉抚于腹部。

墓内发现 3 枚贝，2 枚为墓主含贝，1 枚为墓主手中握贝。均为 A 型货贝。

墓葬年代：从地层关系、墓葬形制及葬俗判断，该墓为殷墟时期。

SM773

位于 ST2211 东南部。开口于②层下，打破 H456。方向为 200 度。墓的北端有盗洞直扰到墓底。（图 2-554；彩版三七七，3）

长方形竖穴土坑墓，墓的两侧墓壁较直，南壁略外扩。残长 130～140、宽 56 厘米，墓深 120 厘米。填土为浅灰土，质地疏松，未经加工。

无二层台。

葬具为苇席。由于被扰，墓底西侧一小块较明显，其他区域仅存有痕迹。

墓主俯身直肢，头南面东，上肢弯曲压在腹下，下肢骨被扰。

未发现随葬品。

墓葬年代：被该墓打破的 H456 属殷墟三期，因而该墓的年代不早于殷墟三期。

SM774

位于 ST2003H226 内靠东壁。开口于②层下，打破 H226。方向为 198 度。（图 2 - 555）

长方形竖穴土坑墓，墓底呈南低北高斜坡状。墓口距地表深 70 厘米，墓口长 175、南端宽 36、北端宽 40 厘米，南端墓深 173、北端墓深 146 厘米。填土为红黄花夯土，无杂物。

无二层台、腰坑与葬具。

墓主俯身直肢，头南面下，双臂上屈置于胸下，下肢顺直。

无随葬品。

墓葬年代：从墓葬形制判断，该墓为殷墟时期。其打破殷墟三期的 H226，因而其年代应不早于殷墟三期之时。

SM775

位于 ST2812 西北部。开口于②层下，东侧为现代房基打破，打破 H453。墓葬上口大部、尤其是头端（西侧）为晚期堆积破坏。方向为 305 度。（图 2 - 556；彩版三七八，2）

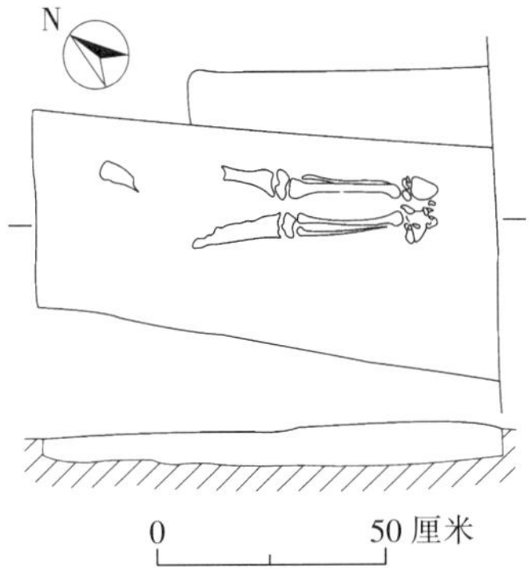

长方形竖穴土坑墓，墓壁竖直，口底同大。墓口距地表 25 厘米，墓残长 100、宽 41～47、深约 4 厘米。西侧（头端）较窄，东端（脚端）较宽。填土为黄褐色黏土，土质疏松，内未见任何包含物。

未见明显的葬具痕迹，在墓底未见有铺垫痕迹，但发现有零星板灰。

墓主上身骨架已被破坏，下肢骨保存较好。从其腿骨等判断，其葬式为俯身直肢。墓主为 9～13 岁间的儿童。

未发现随葬品。

墓葬年代：从墓葬形制判断该墓为殷墟时期。被该墓打破的 H453 为殷墟三期，因而此墓应不早于殷墟三期。

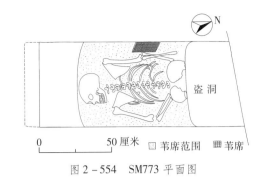

图 2 - 554　SM773 平面图

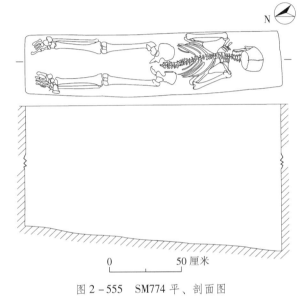

图 2 - 555　SM774 平、剖面图

图 2 - 556　SM775 平、剖面图

SM780

位于 ST2209 西北部。口部可见 2 个盗坑，打破黄沙质生土。方向为 10 度或 190 度。（图 2 - 557）

长方形竖穴土坑墓，口、底大小相当。墓口长 280、宽近 100 厘米，墓口至盗扰墓底深 222 厘米，墓口至被扰腰坑深 240 厘米。墓内填土基本被扰，二层台以内全被盗扰，盗扰的深度超过墓底，墓底中部可见被扰的腰坑范围。填土为黄褐色花夯土，质地硬。墓内扰土出土大量陶片，另有很多红烧土泥块，中有草痕，边有木柱印痕，可能原为墙体块。

墓底有熟土二层台，扰乱严重，二层台的南、北端无存，现存最宽的东二层台宽近 16 厘米。

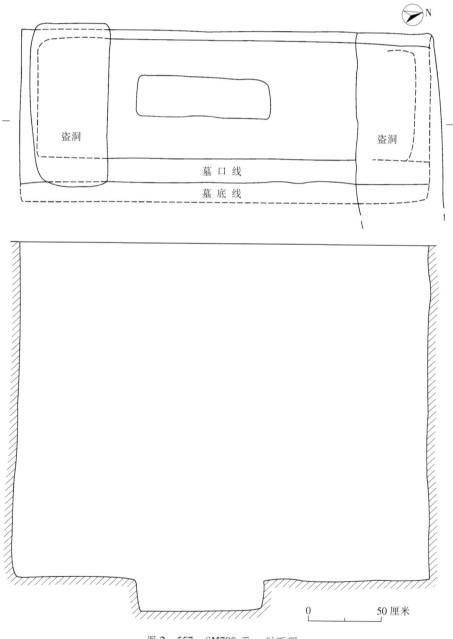

图 2 -557 SM780 平、剖面图

墓底中部有腰坑，长 90、宽 25、深 23 厘米。

葬具不明。

墓主骨架无存。

墓葬年代： 据墓葬形制与填土陶片判断，该墓为殷墟时期。

SM785

位于探方东部中段。开口于①层下，打破了生土。被盗严重。方向为 20 度或 200 度。（图 2 - 558A、B；彩版三七九）

长方形竖穴土坑墓，墓壁向外扩呈口小底大状。墓口距地表 30 厘米，墓口长 225、宽 84 厘米，墓底长 265、宽 100 厘米，墓深 285 厘米。填土为灰黄色花夯土，土质较硬，但盗扰部分较大而土质松。在填土中部距墓口 190 厘米处出了一块方形状的彩绘布幔，有红、黄、黑白髹漆图案。（图 2 - 558A）

在墓底共出 8 个木桩孔洞，均位于边缘部位，形状有圆形、椭圆形，直径 2.5~4、深 3~10 厘米。（图 2 - 558B）

a 表示黄漆　c 表示红漆　b 表示白漆
//（双层线）表示黑漆

0　　　　　50 厘米

图 2 - 558A　SM785 平、剖面图

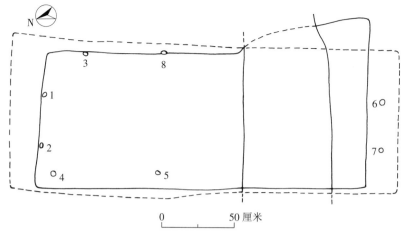

图 2-558B SM785 墓底桩孔图

编号	位置	形状	直径	深度
1	北部偏东	圆形	4	3
2	北部偏西	椭圆形	2.5×4	8
3	东部偏北	圆形	2.5	6
4	西部偏北	圆形	3	4
5	西部居中	椭圆形	2.5×4	5
6	南部偏东	圆形	4	4
7	南部偏西	圆形	2.5×3	10
8	东部居中	椭圆形	2.5×4	5

因被盗扰而葬具不明。

未见墓主骨骼。

墓葬年代：据墓葬形制判断，该墓为殷墟时期。

SM787

位于 ST2813 北隔梁下，向北进入 ST2814，向南略伸入 ST2813。开口于①层下，打破 H562。方向为 22 度。（图 2-559；彩版三七八，3）

长方形竖穴土坑墓，墓壁略外扩，口小底大。墓口距地表 30～50 厘米，长 220、宽 68～70 厘米，墓底长 230、宽 78～80 厘米，墓深约 105 厘米。填土为灰色夯土，上下一致未分层，填土颗粒较大，有明显的夯窝痕迹，其中含有大量炭屑和少量碎骨。

墓底有熟土二层台，略经夯打。二层台东侧宽 7～11、西侧宽 9～12、南侧宽 10、北侧宽 16～17 厘米，高 6～12 厘米。

无腰坑。

葬具仅有一棺，呈长方形，长 203、宽 61～63 厘米。在墓室北侧发现三块棺盖板痕迹，宽约 5 厘米。棺盖板上髹有黑漆和红漆，红漆在黑漆之上。

墓主仰身直肢，头北面东，双手交于腹部。骨架保存状况较好。墓主为一年龄 25～35 岁的女性。

无随葬品。

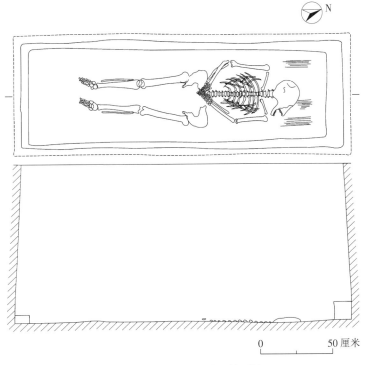

图 2 - 559　SM787 平、剖面图

墓葬年代：该墓打破殷墟三期的 SM562，因而其年代不早于殷墟三期。

SM789

位于 ST2310 东南角，有一部分被压在东隔梁下。开口于表土层下，直接打破生土。方向为 284 度。(图 2 - 560；彩版三八〇，1)

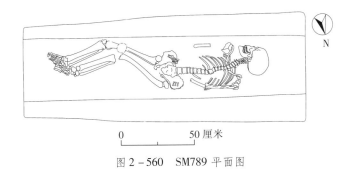

图 2 - 560　SM789 平面图

长方形竖穴土坑墓，直壁，平底。墓口长 192、宽 70 厘米，墓深约 46 厘米。填土为红褐色花夯土，土质略硬，结构紧密，夯层厚 20~30、夯窝直径 6、夯窝深 6 厘米。

墓底南北两侧有熟土二层台，宽 8~18、高 18 厘米。东西两侧没有二层台。

无腰坑。

葬具为一棺，从残存迹象看，棺长 192、宽 43、高 18 厘米，棺板厚约 5 厘米。

墓主为女性，仰身，头西面南。头骨保存完整，右臂只剩肱骨远端，左臂只有肱骨和尺骨近端，尺骨斜向内，肱骨压在肋骨上，双腿向南弯曲，骨骼保存较好。

墓主脚趾底出土贝 5 枚，均为 A 货贝。

墓葬年代：殷墟时期。

SM790

位于 ST2310 西南部。开口于①下，直接打破生土。被盗。方向为 110 度或 290 度。（图 2 - 561）

长方形竖穴土坑墓，南壁较直，北壁斜内收，口大底小，墓底平整。墓口长 152、宽 65 厘米，墓底长 152、宽 50 厘米，墓深 72 厘米。填土为红褐色花夯土，土质略硬，结构紧密，包含有烧土粒。

墓底南壁有一生土二层台，二层台宽 0 ~ 6、高 27 厘米。

无腰坑。

从二层台判断，应有木棺。

未发现墓主骨骼。

无随葬品。

墓葬年代：从墓葬形制、筑法分析，该墓为殷墟时期。

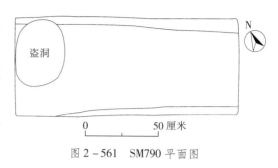

图 2 - 561 SM790 平面图

SM791

位于 ST2310 北部偏东。开口于表土层下，被晚期坑打破，直接打破生土。方向为 200 度。（图 2 - 562；彩版三八〇，2）

长方形竖穴土坑墓，直壁，墓底较平。墓口长 210、宽 62 厘米，墓深 40 ~ 44 厘米。墓内填土为红褐色花夯土，土质略软，结构疏松，包含有烧土粒、灰土粒。

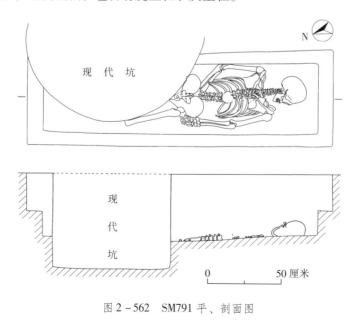

图 2 - 562 SM791 平、剖面图

墓底有生土二层台，二层台宽 10、高 15 厘米。

无腰坑。

葬具为一棺，棺长 190、宽 47、残高 15 厘米，棺板厚 5～6 厘米。

墓主男性，骨骼上部保存较好，下部被现代坑打破。俯身直肢，头南面西，右臂平伸紧贴身侧，左臂斜内伸、压在腹部底。

无随葬品。

墓葬年代：据墓葬形制分析，该墓为殷墟时期。

SM797

位于 ST1913 中部偏西南。开口于①层下，打破了生土，墓西部被晚期坑打破。方向为 104 度。（图 2 - 563）

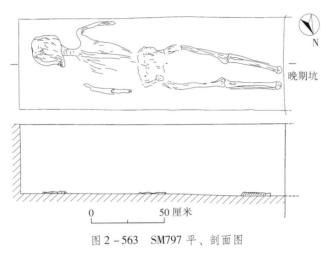

图 2 - 563　SM797 平、剖面图

长方形竖穴土坑墓，四壁较直，墓底残宽与口相同。墓口距地表 20 厘米，墓口残长 180、宽 60 厘米，墓深 48 厘米。填土为灰花土，夯打过，土质硬。

无二层台、腰坑与葬具。

墓主头东面北全身骨骼朽成片状，从大体轮廓上判断为葬式是俯身直肢。

无随葬品。

墓葬年代：从墓葬形制判断，该墓为殷墟时期。

SM802

位于 ST2013 东北部。开口于①层下，打破了生土。被盗。方向为 14 度或 194 度。（图 2 - 564）

长方形竖穴土坑墓，墓东部壁向内收，南壁较直，西壁和北壁向外扩。墓口距地表 10 厘米，墓口长 233、宽 94～100 厘米，墓底长 235、宽 96 厘米，墓深 210 厘米。填土为灰褐花夯土，土质较硬。

墓底中部有椭圆形腰坑，长 60、宽 25、深 20 厘米，坑壁内收。内空无物。

葬具、墓主被扰而不详。

未见随葬品。在扰土中出土 B 型货贝 1 枚。

墓葬年代：殷墟时期。

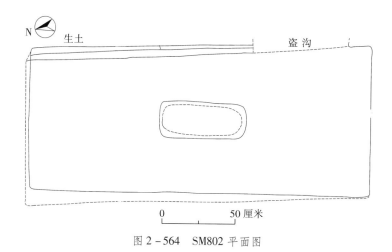

图 2－564 SM802 平面图

SM812

位于探方东南部。开口于①层下，打破了生土，墓东部被晚期坑打破。方向为 190 度。（图 2－565）

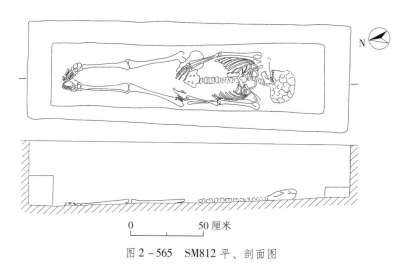

图 2－565 SM812 平、剖面图

长方形竖穴土坑墓，墓四壁较直，墓底长宽与口相同。墓口距地表 20 厘米，墓口长 220、宽 65～70 厘米，墓深 42 厘米。填土为黄花土，夯打过，土质黏硬。

墓底有一周熟土二层台，宽 10～17、高 20 厘米，距墓口 22 厘米。

无腰坑。

葬具为一棺，木质，长方形，长 187、宽 45、高 20 厘米以上。上髹有白漆。

墓主保存较好，仰身直肢，头南面东，两手交于腹部。骨骼范围长度 152 厘米。

墓主口内出 3 枚 A 型货贝。

墓葬年代：根据墓葬形制与葬俗判断，该墓为殷墟时期。

SM813

位于 ST2012 南部偏东处。开口于①层下，直接打破了生土。方向为 24 度。（图 2－566；彩版三八〇，3）

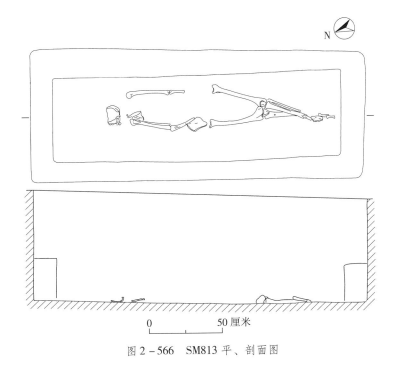

图 2 - 566 SM813 平、剖面图

长方形竖穴土坑墓，四壁较直，墓底长宽与口相同。墓口距地表 20 厘米，墓口长 227、宽 84～89 厘米，墓深 73 厘米。填土为灰花夯土，土质较硬。

墓底有一周熟土二层台，宽 12～20、高 28 厘米。

没有腰坑。

葬具为一棺，木质，长方形，长 195、宽 56、残高 28 厘米。棺侧板糅白漆。

墓主因被盗扰而仅剩四肢骨及头骨碎片，仰身直肢，头北面上，左腿（脚）压于右脚。

无随葬品。

墓葬年代：从墓葬形制判断，该墓为殷墟时期。

SM815

位于 ST2012 的中部偏东北处。开口于①层下，被晚期坑打破，打破了 H611。方向为 190 度。（图 2 - 567；彩版三八一，1）

长方形竖穴土墓坑，墓底长宽与墓口相同。墓口距地表深 20 厘米，墓口残长 107、宽 58 厘米，墓深 5 厘米。墓内填土为灰花土，土质较软。

无葬具。

墓主骨架保存较差，两腿被扰没，仰身直肢，头南面上，两手置于腹部。

无随葬品。

墓葬年代：SM815 打破殷墟四期早段的 H611，因而其不早于殷墟四期早段。

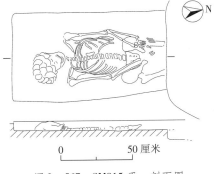

图 2 - 567 SM815 平、剖面图

SM818

位于 ST2708 中部偏北，开口于扰土下，东部和西北角分别被 G8 及一晚期坑（井?）打破，打破生土。南部有一盗沟，盗沟中为褐色淤土，松软，出有青花瓷片、白瓷片及黑釉粗瓷碗，被盗时间应在明清至民国。方向 12 度或 192 度。（图 2–568A、B；彩版三八一，2、3）

长方形竖穴土坑墓，墓壁较为规整，底部较口部稍小，西北角被一晚期坑打破。墓口距地表约120 厘米，墓口长 260、宽约 130 厘米，墓底长 254、宽 120 厘米，墓深约 410 厘米。填土为灰褐色泛黑的花土，经过夯打，夯窝直径约 8 厘米，填土内含有大量炭粒、陶片、骨头等。（图 2–568A）

二层台宽 10～27、高 70 厘米，距墓口深约 340 厘米。

墓室正中有一长方形腰坑，长 63、宽 30、深约 30 厘米。内殉狗一只，已被扰乱，仅余骨头若干。

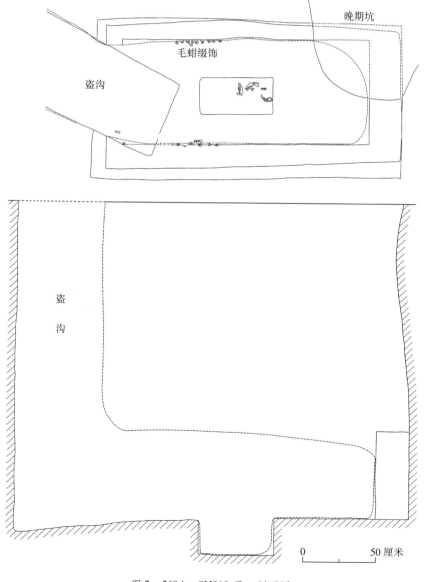

图 2–568A　SM818 平、剖面图

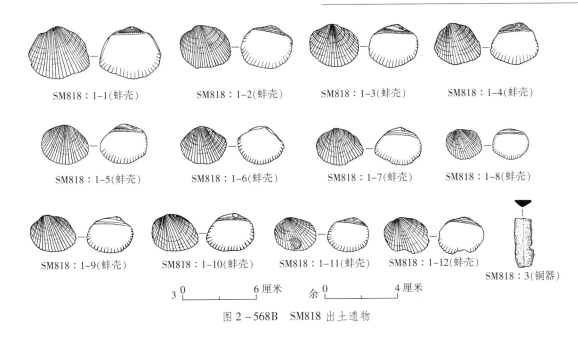

SM818：1-1(蚌壳)　　SM818：1-2(蚌壳)　　SM818：1-3(蚌壳)　　SM818：1-4(蚌壳)

SM818：1-5(蚌壳)　　SM818：1-6(蚌壳)　　SM818：1-7(蚌壳)　　SM818：1-8(蚌壳)

SM818：1-9(蚌壳)　　SM818：1-10(蚌壳)　　SM818：1-11(蚌壳)　　SM818：1-12(蚌壳)　　SM818：3(铜器)

图 2 - 568B　SM818 出土遗物

葬具已不清，推测为一棺一椁。椁室长 213、宽 88、深 70 厘米。从二层台上的残迹看，椁上覆盖有布幔（范围小且保存较差）。椁板已朽，残存部分呈褐色。

木棺尺寸不明。从盗沟中人骨上附着的朱砂判断，当时棺底铺有朱砂。

在盗沟近底部时，陆续出有人头盖骨（残）、盆骨、股骨、胫骨等，基本可断定为墓主尸骨。可知大概为一成年男性，年龄 30～35 岁。骨架上伴有大量暗红色朱砂，表明墓主身上洒有朱砂。

在紧贴东侧二层台的边上，有 22 枚毛蚶，个体较小，背面有波折痕，顶部有圆形穿孔——这些可能是缀在椁外荒帷上的缀饰。在西侧二层台边上，有 8 枚蚌饰做成的缀饰，两端各有一个圆形穿孔。另在盗沟底部发现有铜器残块和 1 枚货贝。

铜器　1 件。

SM818：3，残。残存三棱状铜条一段，锈蚀严重，不辨器形。残长 3.8、宽 1.4、厚 0.4 厘米。（图 2 - 568B；彩版三八一，2）

毛蚶　1 件。

SM818：1，残。共 22 扇。体小，部分残朽，背部有放射状沟纹，多数根部磨出一孔。宽 2～2.6 厘米。（图 2 - 568B；彩版三八一，3）

蚌饰　8 件。

SM818：2，残朽严重。扁平状薄片，长方形或圆角长方形，个别上有一小穿孔，不辨器形。

贝　1 枚。A 型。

墓葬年代：殷墟时期。

SM825

位于 ST2210 西南。开口于①下，打破 SM826 及生土。墓室西部有一椭圆形盗洞。方向 99 度或 279 度。（图 2 - 569）

长方形竖穴土坑墓，墓壁西、南、北三壁直壁，东壁下半部斜壁。墓口长 213、宽 58～65 厘米，

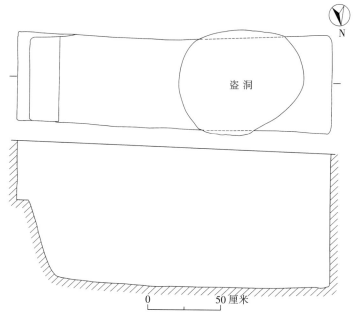

图 2 - 569 SM825 平、剖面图

墓底长 185、宽 58~65 厘米，墓深约 89 厘米。墓内填土为黄褐色花土，土质硬，夯土层次不清晰。

墓东壁距墓口深 40 厘米处有生土二层台，高 50、宽 15 厘米。二层台上与墓口之间墓壁为直壁，二层台与墓底之间为斜壁，墓底东部略高于西部。

无腰坑。

未见葬具。从墓葬形制上分析，这种生土二层台未必是木棺存在的证据。

墓主被扰乱。

无随葬品。

墓葬年代：从墓葬形制判断，该墓为殷墟时期。

SM826

位于 ST2210 西南。开口于表土层下，被 SM825 打破，直接打破生土。被盗。方向为 14 度或 194 度。（图 2 - 570）

长方形竖穴土坑墓，墓壁袋状，口小底大。墓口长 183、宽 70~78 厘米，墓底长 191、宽 82 厘米，墓深 100~110 厘米。填土为黄褐色花土，土质硬，夯土层次不清晰。

距墓口深 87~90 厘米处有一周生土二层台，东部宽 11、西部宽 14、南部宽 3、北部宽 6 厘米，高 10~17 厘米。

未发现腰坑与葬具。

墓主被扰乱。

无随葬品。

墓葬年代：从墓葬形制分析，该墓为殷墟时期。

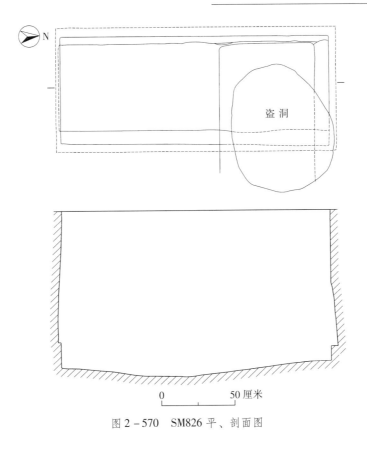

图 2 - 570　SM826 平、剖面图

SM828

位于探方 ST2611 西北角，部分在 ST2611 北隔梁。开口于①层下，打破 SM835，SM828 和 SM835 均打破③层和 H624。方向为 15 度。（图 2 - 571；彩版三八二，1）

长方形竖穴土坑墓。墓口距地表深 50 厘米，口底同大，长 195、宽 43～53 厘米，墓深 25 厘米。填土为黄褐色土，质松。

无二层台、腰坑与葬具。

墓主仰身直肢，头北足南，两手平放于身体两侧，两腿平放，骨架保存较好，右上肢被破坏。

没有随葬品。

墓葬年代：从地层关系及墓葬形制判断，该墓为殷墟时期。

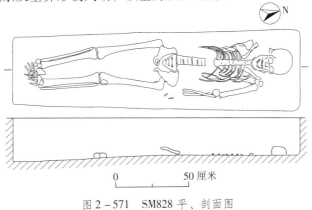

图 2 - 571　SM828 平、剖面图

SM830

位于 ST2210 西部偏南，部分伸入 ST2110 内。开口于表土层下，直接打破生土，墓室西北角有一个盗洞。方向为 100 度或 280 度。（图 2 - 572）

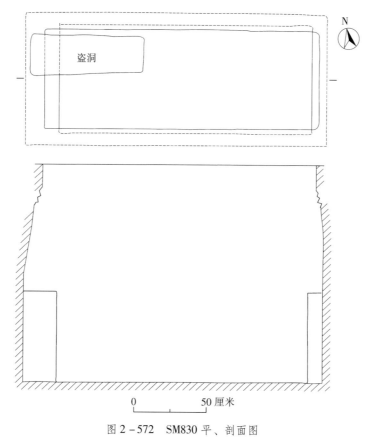

图 2 - 572　SM830 平、剖面图

长方形竖穴土坑墓，墓壁袋状，口小底大。墓口长 188、宽 65 厘米，墓底长 205、宽 88 厘米，墓深 312 厘米。填土为黄褐花土，土质硬，夯土层次不清晰。

墓底有一周熟土二层台，东部宽 11、西部宽 22、南部宽 8、北部宽 8 厘米，高 60 厘米。

无腰坑。葬具不明。

墓主被扰乱，未见。

无随葬品。

墓葬年代：从墓葬形制判断，该墓为殷墟时期。

SM831

位于 ST2810 中部。开口于①层下，打破 T2910 南侧的房址。方向为 22 度。（图 2 - 573；彩版三八二，2）

长方形竖穴土坑墓，东、南、西侧墓壁略内收，北侧稍宽，北壁较直，口大底小。墓口距地表 30 厘米，墓口长 125、宽 46 ~ 54 厘米，墓底长 120、东西宽 35 ~ 39 厘米，墓深约 78 厘米。填土为黄褐色花夯土，质地略硬。填土被扰动过。

无二层台、腰坑与葬具。

墓主俯身直肢，头北面西。骨架曾被扰动，上肢骨残缺。墓主为一12岁左右的少年，性别不详。在墓主颈部东侧发现留有朱砂。

未见有随葬品。

墓葬年代： 殷墟时期。

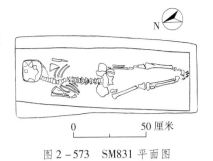

图2-573 SM831平面图

SM835

位于 ST2611 西北角。开口于①层下，被 SM828 打破。打破商代层③层和 H624。方向为15度。（图2-574）

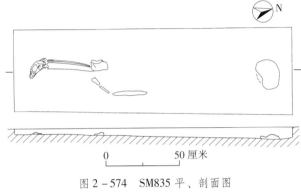

图2-574 SM835 平、剖面图

长方形竖穴土坑墓。墓口距地表深50厘米，口底同大，长190、宽54～57厘米，墓残深7厘米。墓内填土为黄褐色土，质松。

无二层台、腰坑与葬具。

墓主仰身直肢，头北足南，面向不明。骨架只剩下头骨和右腿骨、部分左腿骨。

墓内没有随葬品。

墓葬年代： 依据地层与墓葬形制判断，该墓属殷墟时期。

SM838

位于 ST3209 中部偏西。开口于①层下，打破生土。方向为15度。（图2-575；彩版三八二，3）

长方形竖穴土坑墓，墓壁较直。墓口距地表深30厘米，墓长215、宽53～57、深10厘米。填土为红褐色花夯土，土质较松。

无二层台与腰坑。

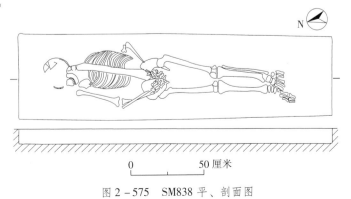

图2-575 SM838 平、剖面图

未发现棺灰痕迹。在墓底发现席纹痕。

墓主仰身直肢，头北面西，头骨被压碎，双手交叉抚于盆骨上，上肢骨东侧残。

墓主手内握 A 型货贝 2 枚。

墓葬年代： 殷墟时期。

SM840

位于 ST2912 中部。开口于①层下，墓葬南端为一条晚期扰沟打破，打破②层。方向为 203 度。（图 2－576；彩版三八三，1）

长方形竖穴土坑墓，墓壁略收，口大底小，南端被完全破坏。墓口距地表 30 厘米，墓口残长 130、宽 66 厘米，墓底残长 130、宽 60 厘米，墓深约 30 厘米。填土为灰褐色夹黄色颗粒的五花夯土，质地较为坚硬。

无二层台与腰坑。

根据墓底和骨骼上残留的木灰判断，墓底铺有木板，残长 103、宽 55 厘米。

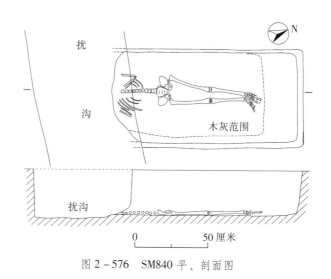

图 2－576　SM840 平、剖面图

墓主的头端被扰沟破坏，仅存有胸部以下的部分。墓主仰身直肢，头向南。墓主年龄 10～15 岁，性别不详。

未发现随葬品。

墓葬年代： 据墓葬形制判断，该墓为殷墟时期。

SM845

位于 ST3309 中东部。开口于①层下，直接打破生土。方向为 191 度。（图 2－577；彩版三八三，2）

长方形竖穴土坑墓，墓壁较直。墓口距地表深 30 厘米，口底同大，长 137、宽 39～42 厘米，墓深 15 厘米。填土为红褐色花土，土质较硬。

无二层台与腰坑。

在墓室内没发现有棺痕迹，仅发现席纹的痕迹，不太清晰。

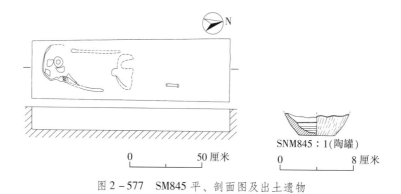

SNM845：1（陶罐）

图 2－577　SM845 平、剖面图及出土遗物

墓主骨架保存较差，已化为粉状。仰身直肢，头向南，面向东。

在头骨两侧有 1 件陶罐底部，在口内出 A 型货贝 1 枚。

陶罐　1 件。

SNM845：1，泥质灰陶，残片。仅剩腹、底部残片，小平底。无法修复。底径3.6、残高2.5厘米。（图 2 - 577）

贝　1 枚。A 型货贝。

墓葬年代：据出土器物及墓葬形制判断，该墓为殷墟晚期。

SM852

位于 ST3412 北中部，其北部进入 ST3413。开口于①层（扰土）下，直接打破生土。方向为 15 度。（图 2 - 578；彩版三八三，3）

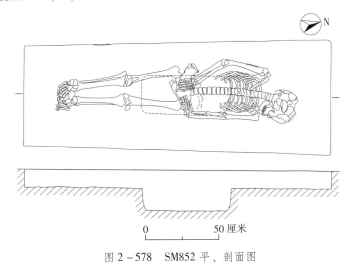

图 2 - 578　SM852 平、剖面图

长方形竖穴土坑墓，北宽南窄。墓口距地表约 50 厘米，墓口长 210、宽 66 ~ 76 厘米，墓底长 210、宽 66 ~ 76 厘米，墓底深 12 厘米。填土为红褐色花夯土，土质较硬。

无二层台。

腰坑位于墓底中部，平面为长方形，圆角，长 61、宽 25、深 15 厘米。内空无物。

未见葬具。

墓主保存较差，头骨碎裂变形，脊、肋、盆骨朽为粉状，只显其形。墓主仰身直肢，头北面东，右臂弯曲，手抚于腹部，左臂直伸，手贴于股骨，双脚并拢，趾尖向东。倾向于女性，年龄 25 ~ 30 岁，骨骼范围长度 155 厘米。

墓葬年代：从墓葬形制判断，该墓为殷墟时期。

SM853

位于 ST3314 西南部，其北部进入 ST3315。开口于①层下，直接打破生土。方向为 15 度。（图 2 - 579；彩版三八四，1）

长方形竖穴土坑墓。墓口距地表约 50 厘米，口底同大，长 210、宽 90 厘米，墓深 140 厘米。填土为红褐色花夯土，土质松硬，夯层夯窝不明显。距墓口约 30 厘米填土中出土一狗骨架，位于墓室东南部。骨架保存一般，肋骨已朽成粉状，头向南，背向西，反弓，前腿似缚于背后，后腿后屈呈俯卧状。

二层台北端宽 15、南端宽 10、东侧宽 13 ~ 18、西侧宽 17 ~ 26 厘米，高约 8 厘米。

腰坑平面为圆角长方形，长 39、宽 25、深 17 厘米。内有贝 1 枚。

葬具保存不好，发现有板灰。据二层台推断木棺长 185、宽约 55、高 8 厘米。

墓主保存较差，骨骸大部分朽为粉状，肋骨、盆骨朽无，右臂屈于胸部，左臂只存肱骨。头部保存较好，头北面东，嘴巴大张。仰身直肢，双脚并拢，趾尖向前。墓主性别不详，年龄 30 ~ 35 岁，骨骸范围长度 165 厘米。

随葬有贝 8 枚。在墓主口内有贝 6 枚、趾骨处有贝 1 枚、腰坑 1 枚。均为 A 型货贝。

墓葬年代： 从墓葬形制与葬俗判断，该墓为殷墟时期。

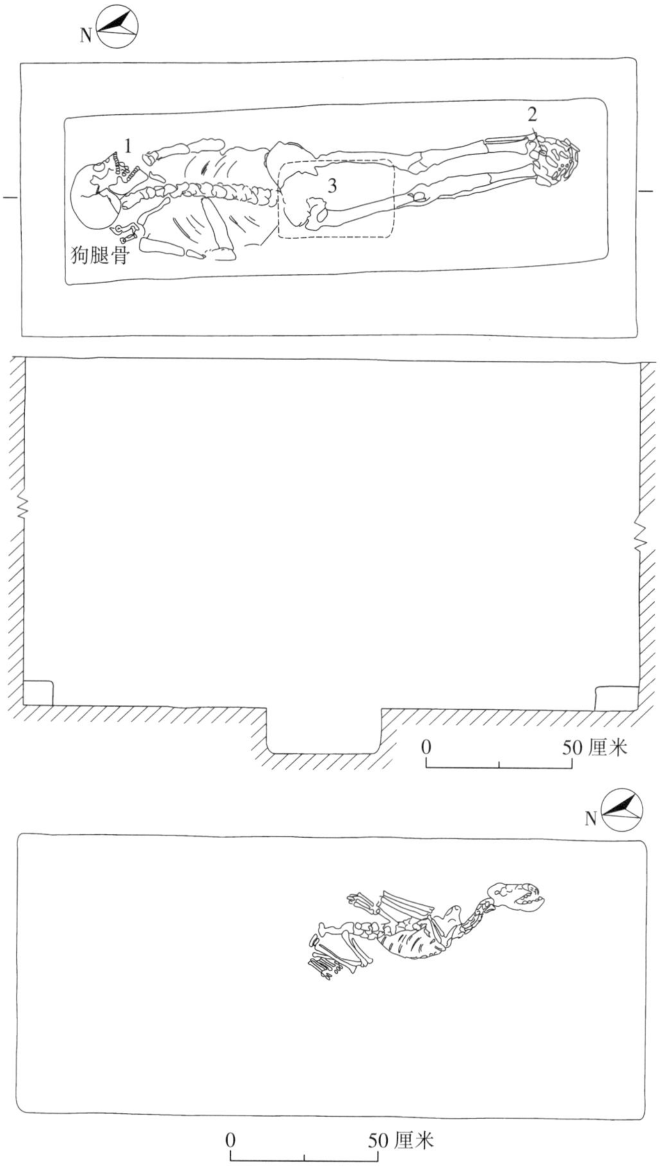

SM858

位于 ST3209 东部偏北。开口于 ST3209①层下，打破生土。方向为 11 度。（图 2 - 580；彩版三八四，2）

长方形竖穴土坑墓，墓壁较直。墓口距地表深 30 厘米，墓口长 207、宽 63 ~ 73 厘米，墓底长 205、宽 60 厘米，墓深 132 ~ 136 厘米。填土以灰色为主的五花土，经夯打，但质较软。

墓底四周有一周熟土二层台，宽 4 ~ 10、高 8 ~ 12 厘米。

葬具为一棺，从残存棺灰痕迹判断，棺长 192、宽 49、高 12 厘米。

墓底无腰坑。

墓主仰身直肢，头北面西，骨骸范围长度为 170 厘米，头骨被压呈扁平，肋骨和上部骨腐朽呈粉状。

在墓主脚趾骨上出贝 2 枚，A 型货贝。

墓葬年代： 殷墟时期。

图 2 - 579　SM853 平、剖面图及填土殉狗平面图

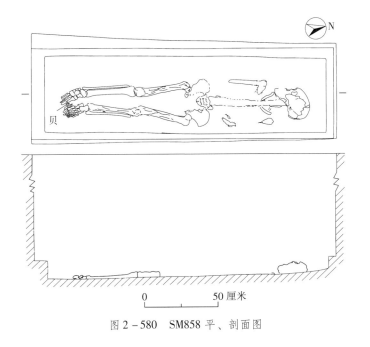

图 2－580　SM858 平、剖面图

SM860

位于 ST2309 中部。被现代坑打破，直接打破生土。方向为 110 度或 290 度。（图 2－581）

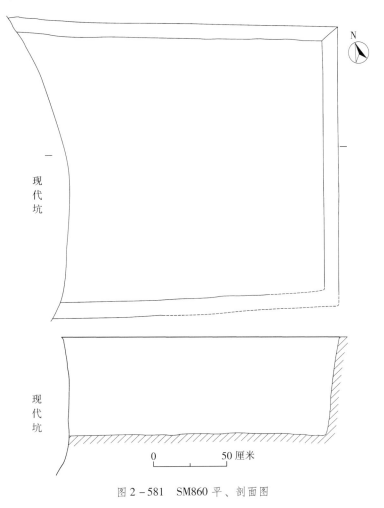

图 2－581　SM860 平、剖面图

长方形竖穴土坑墓，底略小。墓葬现存口可能非原始口部，墓口残长225、宽185厘米，墓底残长210、宽165厘米，墓最深65厘米。填土为灰褐色花土，土质较软。

葬具不明。

墓主骨架保存较差，可见部分肢骨。

无随葬品。

墓葬年代：从墓葬形制判断，该墓为殷墟时期。

SM862

位于ST2312东南。开口于②层下，被现代坑打破。方向为135度。（图2-582）

长方形竖穴土坑墓，墓壁为直壁。墓口距地表深10厘米，口底同大，长65~73、宽43~49厘米，墓深166厘米。墓内填土为黄褐花夯土，土质坚硬，未发现明显夯层和夯窝。

无二层台、腰坑与葬具。

墓主腰椎以下被现代坑打破。仰身直肢，头南面东，双臂曲折上举，下肢被破坏。

无随葬品。

墓葬年代：据墓葬形制判断，该墓为殷墟时期。

人骨鉴定：

人骨保存情况较好。头骨完整。27颗牙齿保存。双侧锁骨、肩

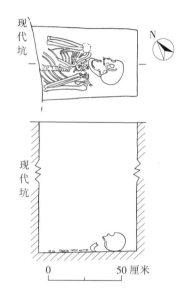

图2-582 SM862平、剖面图

胛骨保存。第1、2、4、5颈椎保存。胸椎保存完整。第一及第二腰椎保存完整。胸骨体保存。肋骨保存相对较好，但多断裂。上肢骨保存完好。手部骨骼中只有左侧第二掌骨及右侧第五掌骨保存。下肢骨、骨盆及足骨未保存。

墓主颅骨整体较小，骨表面肌线和肌脊不明显。额结节明显。眼眶较圆，眶上缘薄锐，眉弓不显。颧骨较纤细。乳突上嵴不太明显，乳突较小。枕骨髁较小，枕外隆凸纤弱，上项线不显。长骨整体较纤细，肌肉附着痕迹不明显。据以上形态特征推测，墓主可能为女性个体。骨骺完全愈合；颅骨矢状缝愈合痕迹明显；第三臼齿萌出，齿尖磨平；第一、二臼齿磨耗程度4级（吴汝康分级系统），上颌前部牙齿磨耗较严重。据以上推断，墓主应为中年个体，年龄35~45岁。右侧肱骨最大长为30.7厘米，左侧桡骨最大长为22.7厘米，右侧桡骨最大长为23.0厘米，右侧尺骨最大长为24.8厘米，身高估算158~168厘米。

墓主额骨眶板多孔型骨肥大呈愈合状态。上、下颌犬齿唇侧面可见多条线型釉质发育不全。左侧上颌第二、三臼齿生前脱落。右侧上颌第三臼齿咬合面龋齿，第二臼齿龋齿病变侵蚀整个齿冠。下颌右侧第二前臼齿也发生龋齿，整个齿冠受累。上颌多处齿槽唇侧和颊侧面可见由根尖脓疡造成的瘘孔，如右侧第三臼齿、第二臼齿、前臼齿处，左侧门齿、犬齿及第一前臼齿处。轻度牙结石。多数牙齿咬合面可见轻微的釉质剥脱现象。双侧肩胛骨关节盂中央可见粗糙的新骨形成。双侧肱骨头关节面上可见针尖样骨质疏松的小孔，右侧肱骨头边缘伴有骨赘生成。双侧肱骨滑车边缘骨赘生成。双侧肱骨小

头关节面上可见珊瑚样边缘硬化型骨质疏松的小孔，小头边缘骨赘生成。双侧尺骨鹰嘴关节面中央可见粗糙的新骨形成。左侧尺骨骨干远端1/3处可见骨折愈合痕迹。双侧桡骨远端关节面边缘骨赘生成。寰椎、枢椎关节面边缘骨刺生成，枢椎右侧下关节面正常形态被侵蚀，关节表面骨质疏松严重，并伴有骨质象牙化现象。多个胸椎椎体骨质疏松，边缘骨刺生成。第一腰椎及第二腰椎椎体上下表面均可见许莫氏结节（Schmorl's nodes），椎体边缘骨刺生成，骨质疏松。

SM863

位于ST2009北端居中。开口于第①层扰土下，打破生土，南部被战国灰坑扰。被盗。方向为105度或285度。（图2-583）

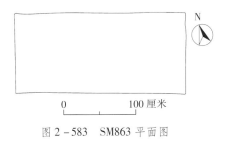

图2-583 SM863平面图

长方形竖穴土坑墓，墓壁较完整，南壁口部被扰，墓底部不平。墓口距地表深40厘米，墓口长235、西端宽105、东端宽110厘米，墓深100厘米。墓室内多淤积土，土色灰，较纯净。

墓葬年代：从地层形制分析，该墓可能为殷墟时期。

SM865

位于ST2010西部偏南处。开口于第①层扰土层下，墓室西部被一晚期打破。方向103度或283度。（图2-584）

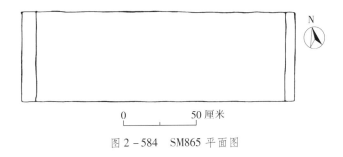

图2-584 SM865平面图

长方形竖穴土坑墓，墓壁较直。墓口距地表40厘米，墓口长186、宽60厘米，墓深120厘米。填土为黄花土。被扰部分内有晚期坑中的淤积土。

墓室底部东西两侧有熟土二层台，高12、宽6~10厘米。无腰坑。

葬具不明，墓主情况不明。

未见随葬品。

墓葬年代：据墓葬形制判断，该墓为殷墟时期。

SM866

位于ST2010西部居中。开口于第①层下，打破生土，墓室西半部及北半部东侧被一晚期坑扰，被扰较严重。方向为100度或280度。（图2-585）

长方竖穴土坑墓，壁较平直。墓口距地表深40厘米，墓口长193、宽70厘米，墓深180厘米。填黄花夯土，夯土较密。

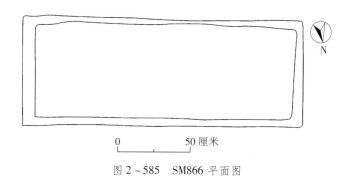

图 2 – 585　SM866 平面图

无腰坑。

内有熟土二层台，宽仅 3～5、高 34 厘米。

葬具为长方形木棺，长 180、宽 60、高 34 厘米。髹有红漆。

墓主不明，未见随葬品。

墓葬年代：从墓葬形制判断，该墓为殷墟时期。

SM868

位于 ST2010 中部偏东。开口于第①层扰土下，打破生土。墓室被盗扰严重，盗坑位于墓室南端，呈东西向，宽约 45 厘米。方向为 15 度或 195 度。（图 2 – 586）

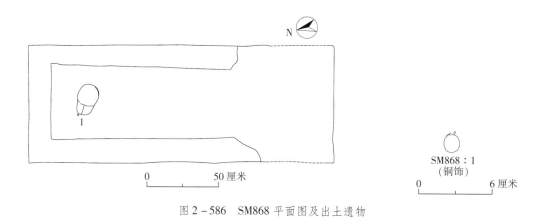

图 2 – 586　SM868 平面图及出土遗物

长方形竖穴土坑墓，墓壁较平直。墓口距地表深 40 厘米，墓口长 210、宽 78 厘米，墓深 110 厘米。墓室填土被盗扰。

内有熟土二层台，南部已被破坏掉。宽 15 厘米，高 20 厘米。

葬具为木棺，长度不明，宽 47、残高 20 厘米。

墓主不明，仅于棺室北端盗坑填土清理出一人头骨。

在头骨北端有铜饰 1 件。

铜饰　1 件。

SM868：1，残。小圆球状，上有铜环，残断，用于挂系。球径 1.2 厘米。（图 2 – 586）

墓葬年代：据墓葬形制与出土物判断，该墓为殷墟时期。

SM869

位于 ST3211 北部正中，靠近北壁，开口于①层下，西部被一晚期坑打破，打破 F88（殷墟一期晚段）、F90。方向为106 度。（图 2 - 587；彩版三八五，1）

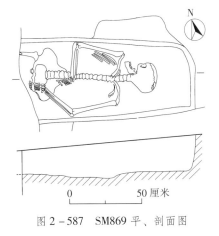

长方形竖穴土坑墓，东、南、西三壁较为规整和斜直，北壁东部原有弧形突出，下约 10 厘米变直，墓圹开始变得规整，墓底微内收、不平、腰部处稍有下陷。墓口长 121、宽57 ~ 67 厘米，墓底长 116、宽约 50 厘米，墓深约 29 厘米。填土为黑褐色花土，未经过夯打，含少量陶片、骨头及炭屑等。

未发现葬具。

图 2 - 587 SM869 平、剖面图

墓主仰身直肢，头东面北，颈较长，两臂弯曲，右手放于小腹之上、掌面向下，左手放于骨盆左侧，掌面亦下。骨架保存较差，部分头骨及大部肋骨已朽不见，腿部多已不见。似为 25 ~ 30 岁的女性。

无随葬品。

墓葬年代： 被该墓打破的 F88 为殷墟一期晚段，因此该墓年代不早于殷墟一期晚段。

SM873

位于 ST2214 东南部。开口于①层下，直接打破生土。方向为 30 度。（图 2 - 588；彩版三八四，3）

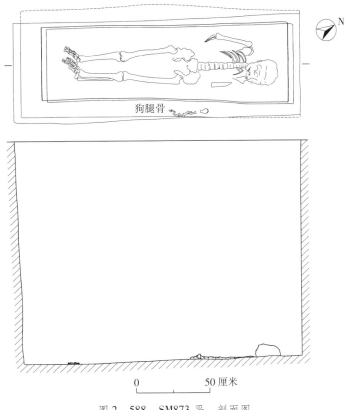

狗腿骨

图 2 - 588 SM873 平、剖面图

长方形竖穴土坑墓，墓西壁略外扩，墓南壁内收。墓口长195、宽65~68厘米，墓底长190、宽74厘米，墓深146厘米。填土为红褐花夯土，土质硬，夯层厚约20厘米，夯窝清晰，直径6~8、深约4厘米，为单棍夯。墓底东壁中南部填土中出土一条狗腿骨，狗趾骨向南。

无二层台与腰坑。

葬具为一棺，从残存迹象判断，棺长168、宽48~53厘米，两侧棺板厚约3厘米。棺板上髹有白漆。

墓主骨骼保存较差，头骨腐朽成粉状，肋骨、上肢骨也成粉状。仰身直肢，头北面上，双脚向西撇。年龄、性别不详。

无随葬品。

墓葬年代： 从墓葬形制判断，该墓为殷墟时期。

SM877

位于ST2805西南部。开口于②层下，墓口被H643打破，该墓下部打破H645。方向为0度。（图2-589；彩版三八四，4）

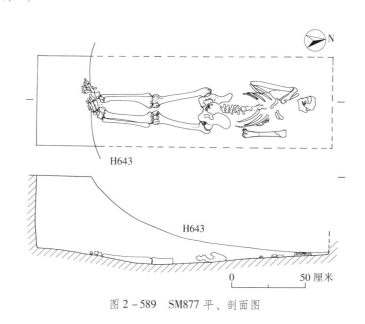

图2-589 SM877平、剖面图

长方形竖穴土坑墓。墓口距地表50厘米，墓宽60、残长200厘米。填土为杂乱五花土。

葬具不明。

墓主俯身直肢，头北面下，头部被打破。

墓主口内含1枚A型货贝。

墓葬年代： 从墓葬形制判断，该墓为殷墟时期。

人骨鉴定：

人骨保存情况较差。头骨残破，仅保存部分右侧上颌骨、颧骨、下颌骨残片及13颗牙齿。左侧肩胛骨大部保存；部分胸椎椎体，第3至第5腰椎及骶椎，骨盆保存完整。少数肋骨残段保存。除手部骨骼未保存外，其余肢骨保存相对完整，少数残破。

　　墓主坐骨大切迹窄而深，耻骨下支下缘外凸，耻骨联合面下端至耻骨下支内侧缘呈平坦的骨面，耻骨支移行部撑上宽下窄的三角形，骶骨曲度明显，骶骨底部第一骶椎上关节面较大，骶骨岬明显；肩胛骨关节盂最大长 35.6 毫米（落入女性个体的变异区间），左侧肱骨头矢状径为 44.2 毫米（落入中性区间），左侧股骨头矢状径为 47.1 毫米（落入男性个体的变异区间之内）[1]。据以上性别特征综合判断，该个体为男性。骨骺完全愈合；耻骨联合面形态 V 级（Todd 分级系统）、2～3 级（Suchey - Brooks 分级系统）、第六期（邵象清分级系统），耳状面形态 4 级（Lovejoy 分级系统），第三臼齿萌出，齿尖略有磨耗，第一、二臼齿磨耗程度 3 级（吴汝康分级系统）。据以上推断该个体年龄 25～35 岁。左侧肱骨最大长 30.5 厘米，左侧桡骨最大长 23.9 厘米，左侧尺骨最大长 26.2 厘米，左侧股骨最大长 42.7 厘米，身高估算 160～167 厘米。

　　墓主右侧上颌第三臼齿先天缺失。上颌右侧中门齿咬合面龋齿，右侧下颌第三臼齿颊侧面龋齿。上颌右侧中门齿及右侧下颌第一臼齿齿槽颊侧面可见根尖脓疡病变的瘘孔。中度牙结石。上颌前部牙齿及下颌犬齿可见线型釉质发育不全。右侧肱骨滑车边缘骨质增生；双侧股骨远端关节面可见轻微的骨质增生，特别是右侧与髌骨相接的骨表面可见轻微的骨质象牙化病变。足部双侧第一跖骨远端关节面骨赘明显，右侧假关节面呈珊瑚样骨质疏松。

SM878

　　位于 ST2805 西部偏南。开口于②层下，墓口被 H643 打破，打破生土。方向为 0 度。（图 2 - 590）

　　长方形竖穴土坑墓，墓口距地表 60 厘米，墓口残长 95、宽22 厘米，墓深 23 厘米。填土为杂乱五花土。

　　墓主仅存少量肋骨，上肢骨等。

　　未见随葬品。

墓葬年代：从地层关系判断，该墓为殷墟时期。

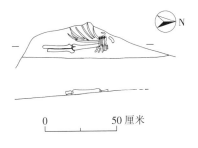

图 2 - 590　SM878 平、剖面图

SM880

　　该墓位于 ST3215 西南部，其东南角进入 ST3214。开口于①层（扰土）下，直接打破生土。方向为 285 度。（图 2 - 591；彩版三八五，3、4）

　　长方形竖穴土坑墓。墓口距地表约 50 厘米，口底同大，长 215、宽 92 厘米，墓深 95 厘米，填土为红褐色花夯土，土质坚硬，夯层不明显。

　　二层台北端宽 21、南侧宽 21～26、东端宽 15、西端宽 25 厘米，高 15 厘米。

　　长方形腰坑，长 45、宽 25、深 20 厘米。内放贝 2 枚。

　　葬具为一木棺。保存较差，二层台内壁附有少量黄、白漆，据二层台推断棺长 175、宽 45～50、高 15 厘米。棺底两端横向各有一根枕木。西端为圆木，长 88、上宽 28 厘米，底呈半圆形，深 15 厘

〔1〕　女性肩胛骨关节盂最大长一般小于 36 毫米（Stewart 1979：98），男性肱骨头矢状径一般大于 47 毫米，该个体落入 43～47 毫米的中性区间，无法用作性别鉴定的参考（Stewart 1979：100），男性股骨头矢状径一般大于 45.5 毫米，44.5～45.5 毫米仍有可能为男性的变异区间（Stewart 1979：120），但考虑到一定的群体差异，这个数值区间在这里仅做参考。

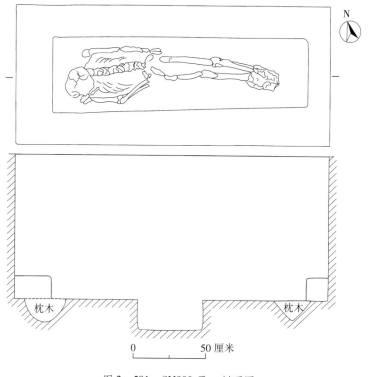

图 2-591 SM880 平、剖面图

米；东端为三角枕木，长 84、上宽 25 厘米，剖面呈倒三角形，尖底，深 13 厘米。

墓主仰身直肢，头西面南，右臂微屈，手抚于腹下。左臂直伸，手放于股骨外侧，双膝双脚并拢，趾尖向前。骨骼保存较差，大部分骨骼朽无，头及少量肢骨朽为粉状，只显其形。墓主人女性，年龄 35～40 岁，骨骼范围长度约 140 厘米。

墓主口内有贝 13 枚，腰坑内有 2 枚，均为 A 型。

墓葬年代： 从墓葬形制判断，该墓为殷墟时期。

SM883

位于 ST2215 探方东南角。开口于①层下，直接打破生土。方向为 194 度。（图 2-592）

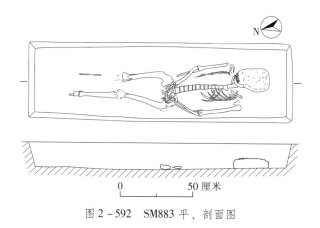

图 2-592 SM883 平、剖面图

长方形竖穴土坑墓，墓壁略内倾，口小底大。墓口距地表深约 40 厘米，墓口长 180、宽 50～53 厘米，墓底长 172、宽 42～45 厘米，墓深 16 厘米。填土为红褐花土，质硬，没有发现夯窝、夯层。

无二层台、腰坑与葬具。

墓主仰身直肢，头南面东，双手放在腹中部微偏左。头骨腐烂严重，成碎块粉状，右侧肋骨不全，只保存部分，右侧胫骨缺失，仅保存部分腓骨，左腓骨不见，跖骨缺失。性别、年龄不详。

无随葬品。

墓葬年代：从墓葬形制判断，该墓为殷墟时期。

SM884

位于 ST1705 北部。开口于②层下，直接打破生土，并打破 F92－1 西北部，南部被晚期坑打破。方向为 104 度。（图 2－593）

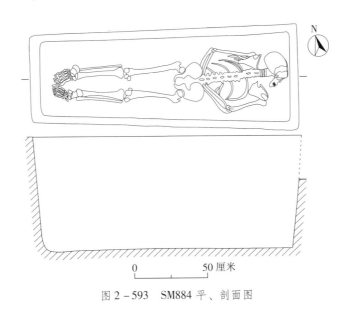

图 2－593　SM884 平、剖面图

长方形竖穴土坑墓，墓口大于墓底。墓口距地表 60 厘米，墓口长 182、宽 58～70 厘米，墓底长 170、宽 50～60 厘米，墓深 75 厘米。填土为黄褐色花夯土，较硬，夯窝、夯层不清。

无二层台、腰坑与葬具。

墓主俯身直肢，头东面南，双手压于腹下。为 20 岁左右男性，骨骼范围长度 150 厘米。

无随葬品。

墓葬年代：从墓葬形制判断，该墓为殷墟时期。

SM887

位于 ST2906 中部偏北。开口于③层下，该墓打破生土。中部被一东西向盗坑打破，直达墓底。方向为 18 度或 198 度。（图 2－594A～C；彩版三八六；彩版三八七，1～6）

长方形竖穴土坑墓，口小底大。墓口距地表 70 厘米，墓口长 270、宽 110 厘米，墓底部长 315、宽 140 厘米，墓深 650 厘米。墓壁四周下部外张，在东壁、北壁各发现一排脚窝，东壁四个、北壁三

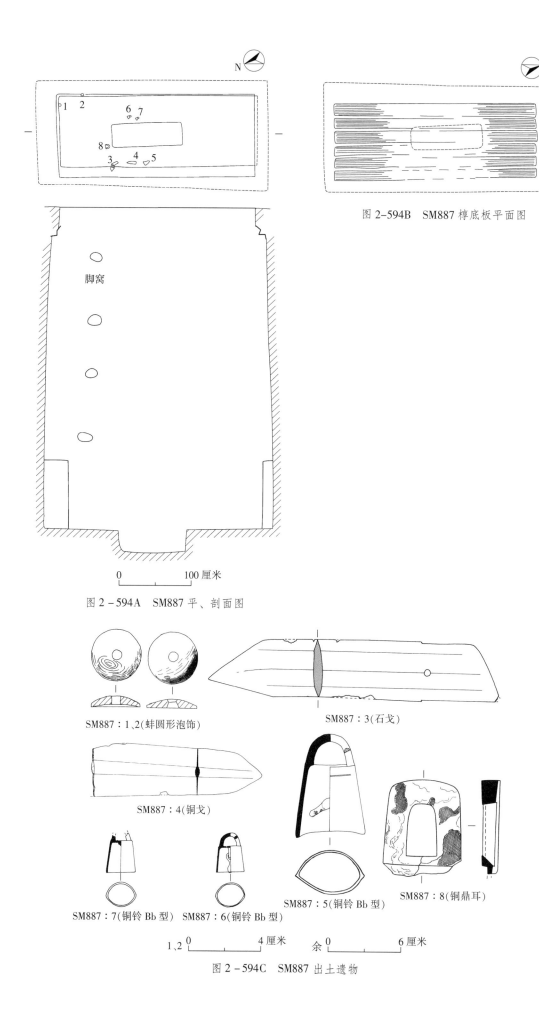

图 2-594B　SM887 椁底板平面图

脚窝

0　　　　　　100 厘米

图 2-594A　SM887 平、剖面图

SM887:1、2(蚌圆形泡饰)

SM887:3(石戈)

SM887:4(铜戈)

SM887:5(铜铃 Bb 型)

SM887:8(铜鼎耳)

SM887:7(铜铃 Bb 型)　SM887:6(铜铃 Bb 型)

1、2　0　　　　4厘米　　余 0　　　　　6厘米

图 2-594C　SM887 出土遗物

个。脚窝间距 60～70、高 11～13、宽 15～20、深 6－8 厘米。（图 2－594A）

二层台仅余椁室二层台，高 90 厘米，北宽 32、东宽 18、西宽 26、南宽 14 厘米。底部有腰坑，长方形，长 95、宽 32、深 30 厘米。墓室填土为黄花夯土。

该墓被盗，仅在墓底发现铺有圆木，共有六根。圆木长 270、宽 102 厘米。每根圆木直径约 12～15 厘米，这应是椁室底部铺板。棺已朽，清理时在墓室北部发现有较厚的朱砂，估计原应铺在棺内。（图 2－594B）

墓主情况不明。

在清理时，发现部分器物：东北二层台发现 2 件蚌圆形泡饰，墓室内发现残石戈，墓底部有一件铜戈。在盗坑中发现铜铃、铜鼎耳、蚌饰等。

铜鼎耳　1 件。

SM887：8，残。残存方形鼎耳一只，另有鼎身残块二片。耳高 7.5、耳根宽 6.1、耳厚 1、鼎身厚 0.3 厘米。（图 2－594C；彩版三八七，1）

铜戈　1 件。

SM887：4，残存三角条形援部。质轻薄，中部有中脊隆起。残长 14、宽 4.2 厘米。（图 2－594C）

铜铃　3 件。

SM887：5，Bb 型。残。体大，铃腔截面呈椭圆形，平顶略残，上有半圆形梁，口缘略内凹，铃舌残失。素面，锈蚀严重。通高 8.3、口缘径 3×4.6、厚 0.4 厘米。（图 2－594C；彩版三八七，2）

SM887：6，Bb 型。微残。体极小，铃腔扁短，铃腔截面呈椭圆形，平顶，上有半圆形梁，口缘较平直，棒槌形铃舌，略长于铃体。素面，锈蚀严重。通高 3.2、口缘径 1.7×2.1、厚 0.1 厘米。（图 2－594C；彩版三八七，3）

SM887：7，Bb 型。残。体极小，铃腔扁短，铃腔截面呈椭圆形，平顶，梁残，口缘较平直，铃舌缺失。素面，锈蚀严重。通高 3.2、口缘径 1.7×2.1、厚 0.1 厘米。（图 2－594C；彩版三八七，4）

石戈　1 件。

SM887：3，修复。灰白色。体大，直内，略有收分，后端弧形斜收，内前端有一单面钻孔。宽长条形援，援末呈圭首形，中间厚，两缘较薄。打磨光滑。通长 23.7、援长 17.5、援宽 4.8、内宽 4.5、厚 0.2～0.4 厘米。（图 2－594C；彩版三八七，5）

蚌圆形泡饰　2 件。

SM887：1，完整。体型小，由厚蚌壳锯磨而成，圆饼状，一面平，一面略鼓，中间有一圆形钻孔。径 2.7、厚 0.5、孔径 0.5 厘米。（图 2－594C；彩版三八七，6）

SM887：2，完整。体型小，由厚蚌壳锯磨而成，圆饼状，一面平，一面略鼓，中间有一圆形钻孔。径 2.8、厚 0.5、孔径 0.5 厘米。（图 2－594C；彩版三八七，6）

蚌饰　1 件。

SM887：9，残朽严重。多数为扁平状薄片，形状不规则，个别残片上有一小穿孔，不辨器形。

墓葬年代：殷墟晚期。

SM888

位于 ST2809 中部偏北。开口于①层下，打破 H653。方向为 20 度。（图 2－595；彩版三八七，7）

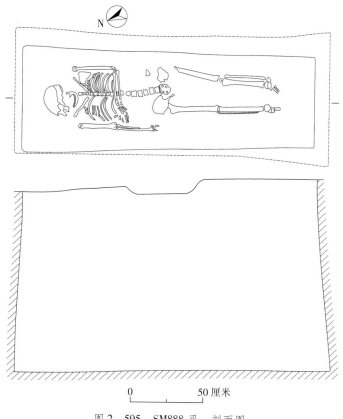

图 2 - 595　SM888 平、剖面图

长方形竖穴土坑墓，北侧（头端）略宽，墓壁外扩，口小底大，墓底中部稍收，略呈亚腰形。墓口距地表 45 厘米，墓口长 200、宽 60～70 厘米，墓底长 215、宽 83～88 厘米，墓深 120～127 厘米。填土为褐色花夯土，质地略硬。

无二层台、腰坑与葬具。

墓主仰身直肢，头北面西，左手横置于腹部。骨架保存一般，头骨碎裂，骨盆、脊椎骨腐朽。墓主为女性，智齿未萌出，年龄不大。

无随葬品。

墓葬年代：被该墓打破的 H653 为殷墟三期，因而该墓不早于殷墟三期。

SM894

位于 ST2109 北部正中。墓口上可见盗坑 2 个，打破黄沙质生土。方向为 8 度或 188 度。（图 2 - 596A、B；彩版三八五，2）

墓口长 270、宽 100 厘米，墓底长 285、宽 120～130 厘米，墓深 530 厘米。填土为黄色花夯土，近底部填土基本被盗扰。（图 2 - 596A）

二层台被盗扰，南二层台较完整，宽 24、高 25 厘米。

腰坑被盗扰，现长 66、宽 33、深 28 厘米。

从迹象分析，葬具为木棺，残长 123、宽 47～51、残高 25 厘米。

人骨无存。

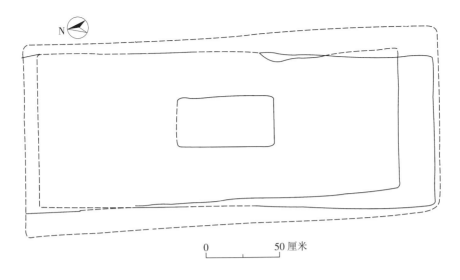

图 2 - 596A　SM894 平面图

盗坑中出铜铃 1 件，应该是随葬品。

铜铃　1 件。

SM894：1，Bb 型。残。体较大，铃腔扁短，铃腔截面
呈椭圆形，平顶上有一孔，上有方形梁，口缘略内凹，铃舌
缺失。铃身两面饰梯形凸弦纹，内填阳线饕餮纹。通高
6.7、口缘径 3.5 × 4.3、厚 0.3 厘米。（图 2 - 596B；彩版三
八七，2）

墓葬年代： 从墓葬形制与出土物判断，该墓为殷墟
时期。

SM895

位于 ST2110 南部正中，南跨 T2109 北壁下。墓口上可
见盗坑 3 个，南北两端为长方形，中间者为圆形。打破黄沙
质生土。方向为 8 度或 188 度。（图 2 - 597）

长方形竖穴土坑墓，口小底大。墓底长 300（北端可能
非原始墓壁）、宽 120 厘米，墓深 530 厘米。填土为黄色花
夯土，近底部填土基本被盗扰。

二层台被盗扰，仅剩东、西侧的中部，现最宽 20 厘米。

腰坑被盗扰，现长 66、宽 30、深 25 厘米。

从迹象分析，至少应有一棺。

墓主与随葬品情况均不详。

墓葬年代： 从墓葬形制判断，该墓为殷墟时期。

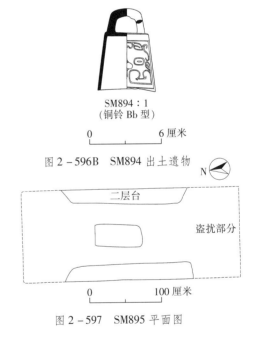

SM894：1
（铜铃 Bb 型）

图 2 - 596B　SM894 出土遗物

图 2 - 597　SM895 平面图

SM896

位于 ST2110 南部正中，南跨 ST2109 北壁下。墓口上可见盗坑 3 个，南北两端为长方形，中间者为圆形。打破黄沙质生土。方向为 10 度或 190 度。（图 2-598；彩版三八八，1）

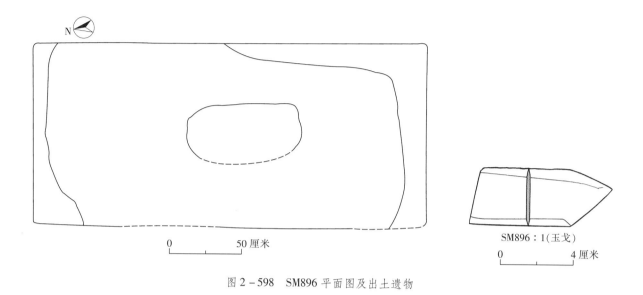

图 2-598　SM896 平面图及出土遗物

长方形竖穴土坑墓，墓葬口小底大。墓底长 270、东西宽 120 厘米，墓深 480 厘米。填土为黄色花夯土。近底部填土基本被盗扰。

二层台被盗扰，现最宽 20 厘米。

腰坑被盗扰，现长 80、宽 40、深 25 厘米。

从迹象分析，葬具应为木棺，具体尺寸不详。

盗坑中出少量人骨。南面的盗坑中出玉戈残片，应该是随葬品。

玉戈　1 件。

SM896：1，残。乳白色，部分受沁。无内。柄部后端斜直，援末呈斜三角形，无中脊，边刃锐利。双面抛光。通长 7.3、援宽 3、援厚 0.2 厘米。（图 2-598；彩版三八八，1）

墓葬年代：从墓葬形制判断，该墓为殷墟时期。

SM899

位于 ST2114 中部偏东。开口于①层下，直接打破生土。方向为 15 度。（图 2-599；彩版三八八，2）

长方形竖穴土坑墓，墓壁北部较直，南壁向内收，东西壁北部向外扩，南壁向内收。墓口距地表 20 厘米，墓口长 225、宽 80 厘米，墓底长 220、宽为 75~89 厘米，墓深 145 厘米。填土为灰花夯土，土质较硬。

无二层台、腰坑与葬具。

墓主仰身直肢，头北面西，两手抚于腹部。全身骨骼保存较差，头骨、上身被夯偏，肋骨部分析

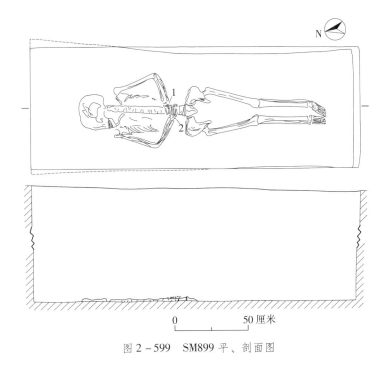

图 2 - 599　SM899 平、剖面图

成粉状。骨骼范围长度 157 厘米，性别偏向女性。

墓主左右手各出 1 枚贝。均 A 型货贝。

墓葬年代：从墓葬形制判断，该墓为殷墟时期。

SM902

位于 ST2109 南部正中，打破生土。墓口可见长方形盗坑 2 个，墓葬被严重盗扰。方向为 5 度或 185 度。（图 2 - 600）

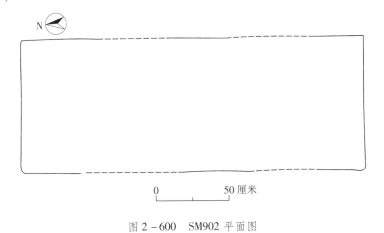

图 2 - 600　SM902 平面图

长方形竖穴土坑墓。墓底长 236、宽 88 厘米，墓深 370 厘米。填土为黄色花夯土，基本被盗扰。葬具、墓主情况不明。

无随葬品。

墓葬年代：据墓葬填土及形制判断，该墓为殷墟时期。

SM904

位于 ST2110 中部偏西。墓口可见长方形盗坑 1 个，被 2 个现代坑打破，打破黄沙质生土。方向为 10 度或 190 度。（图 2 – 601）

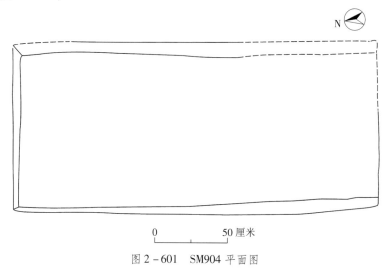

0   50 厘米

图 2 – 601　SM904 平面图

长方形竖穴土坑墓，口略大于底。墓口长 250、宽 114 厘米，墓底长 244、宽 100 厘米左右，墓深 430 厘米。填土为黄色花夯土，基本被盗扰。

葬具不明，墓主被扰乱。

无随葬品。

墓葬年代： 从墓葬填土及形制判断，该墓为殷墟时期。

SM905

位于 ST3115 东南角，其南部进入 ST3114 约 40 厘米。开口于①层下，直接打破生土。被盗扰，人骨散乱。方向为 9 度或 189 度。（图 2 – 602）

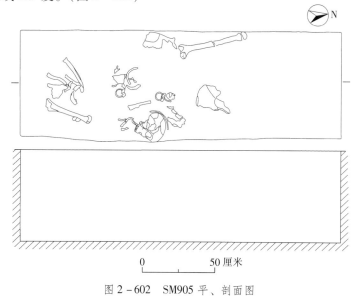

0   50 厘米

图 2 – 602　SM905 平、剖面图

长方形竖穴土坑墓。墓口距地表约50厘米，口底同大，长220、宽70厘米，墓深60厘米。填土浅灰色，土质松软。填土较乱，包含有殷墟时期的鬲、簋、罐等残片，还有明清时期的青花瓷片等，为后期盗扰所致。

无二层台、腰坑与葬具。

墓主骨架被扰乱，乱骨集中于墓室南部，头骨位于墓室东侧。骨骼保存较差。男性，年龄35~40岁，葬式、身高不详。

墓葬年代：从墓葬形制判断为殷墟时期。

SM906

位于ST2811东北角，部分进入北隔梁内。开口于②扰土下，直接打破生土。方向为331度。（图2-603；彩版三八八，3）

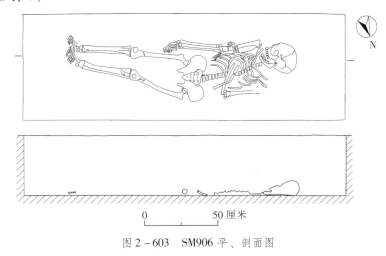

图2-603　SM906平、剖面图

长方形竖穴土坑墓，墓壁竖直，整齐，墓底平整，口底同大。墓口距地表35厘米，墓口长220、南北宽70厘米，墓深约40厘米。填土为浅灰色花土，土质一般，未见夯土，内出有少量的殷墟陶片。

无二层台与腰坑。

墓底有铺草的痕迹，极个别地方发现有席纹，残痕不清晰——墓主为用苇席裹葬的。

墓主仰身直肢，头西面南，左手置于右胸部，左手放置于体侧，两脚并拢。墓主骨骼范围长度157厘米。

未发现有随葬品。

墓葬年代：从墓葬形制判断，该墓属殷墟时期。

SM911

位于探方ST2111西侧偏南。开口于①层下，打破了早期灰坑。方向为16度。（图2-604；彩版三八八，5）

长方形竖穴土坑墓，墓底与口相同。墓口距地表20厘米，墓口长152、宽44厘米，墓室残深5厘米。填土为灰花土，土质较软。

无二层台、腰坑与葬具。

墓主除上半身外，以下被扰乱，所剩无几。为仰身直葬，头北面西，两手抚于胸部。

无随葬品。

墓葬年代：从墓葬形制判断，该墓为殷墟时期。

SM915

位于ST2501东南角，东距SM914约100厘米，北距SM917仅50厘米。开口于①层扰土层下，直接打破生土。被盗。方向为5度。（图2-605A、B）

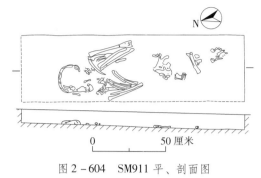

图2-604 SM911平、剖面图

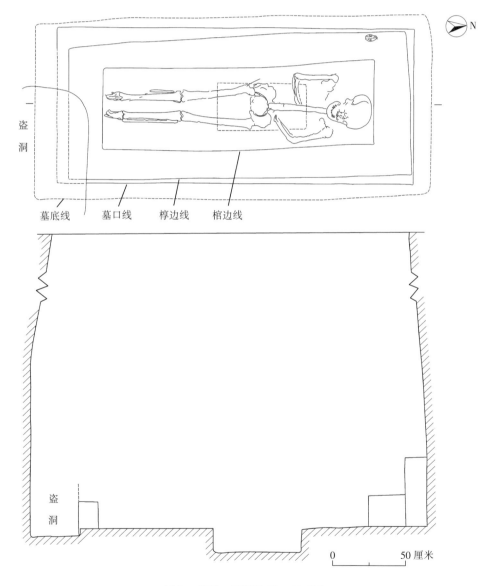

图2-605A SM915平、剖面图

长方形竖穴土坑墓，口小底大。墓口距地表深 50~80 厘米，墓口长 242、宽 105 厘米，墓底长 270、宽 115~120 厘米，墓深 235 厘米。填土为黄褐色花夯土，土质较硬，夯层夯窝不明显。（图 2-605A）

二层台有两周：棺二层台，宽 25、高 20 厘米；椁二层台，宽 15、保留高度 45 厘米。

墓底中部有一长方形腰坑，长 60、宽 30、深 16 厘米左右，壁竖直。内殉一狗，看不出形状。

在墓底发现 8 个木桩孔洞，南北两端各 1 个，东西两侧各 3 个，前后左右基本对称。平面呈圆形，直径 2~5 厘米，深 5~7 厘米。（图 2-605B）

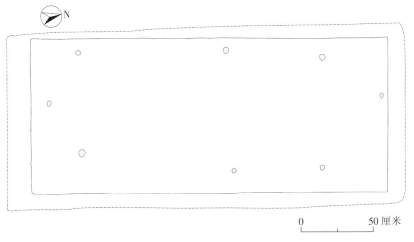

图 2-605B　SM915 墓底桩孔图

葬具为一棺一椁。椁被扰，显其形状，椁长 235、宽 92~95 厘米，椁板厚度不详。

棺长 185、宽 45~55 厘米，厚度不详。

墓主骨骼保存状况较差，人骨架已腐朽成粉末状。从人骨迹象来看，仰身直肢，头北面东。性别年龄不详，骨骼范围长度 170 厘米。

未发现随葬品。

墓葬年代：根据墓葬形制判断，该墓为殷墟时期。

SM917

位于 ST2501 东南角，北距 SM915 约 50 厘米，西距 SM916 仅 70 厘米。开口于扰土层下，被南部污水管道和三合土打破上部，该墓两次被盗。中部盗沟长 120、宽 50 厘米，北部盗沟长 140、宽 70 厘米。方向为 11 度或 191 度。（图 2-606）

长方形竖穴土坑墓，口小底大。墓口距地表深 55~70、墓口长 240、宽 90 厘米，墓底长 260、宽 95~100 厘米，墓深 235 厘米。填土为黄褐色花夯土，被扰严重，夯层夯窝不明显。

墓室中部有一长方形腰坑，北部被盗扰一半，腰坑残长 60、宽 48~50 厘米左右。

葬具被盗扰。在墓底发现两个桩孔洞，东西两侧各一个，相互基本对称，平面呈圆形，直径 5、深 5~7 厘米。

人骨被扰散落于扰土和盗沟之中。在盗沟中发现有铜矛的残片。

铜矛　4 件。

残损严重，质轻薄，不辨形制。

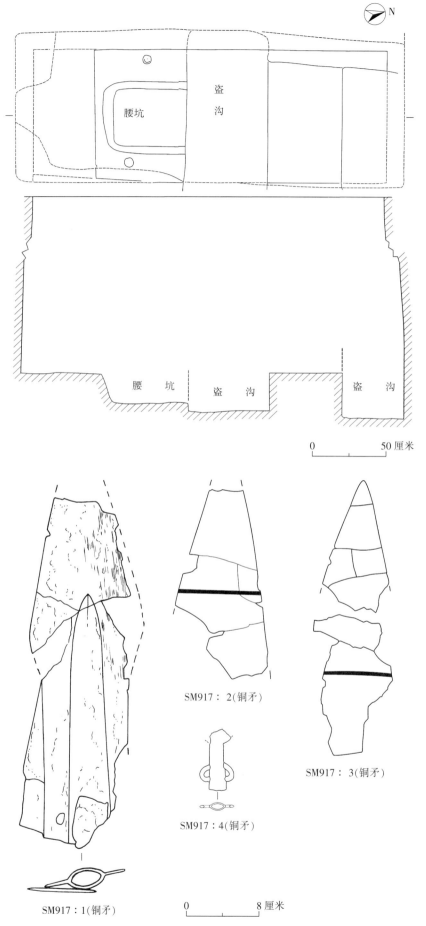

腰坑

盗沟

盗沟

腰坑 盗沟 盗沟

0   50厘米

SM917：2（铜矛）

SM917：3（铜矛）

SM917：4（铜矛）

SM917：1（铜矛）   0   8厘米

图 2-606   SM917 平、剖面图及出土遗物

SM917:1，叶残，呈亚腰形，叶底一侧有穿孔；骹截面呈扁圆形。（图2－606）

SM917:2、3，残存叶部碎片。（图2－606）

SM917:4，残存骹部，细长，截面呈椭圆形，两侧有纽。（图2－606）

墓葬年代：从铜戈、矛判断，该墓为殷墟晚期。

SM923

位于ST3011的中部偏北。开口于①层下，直接打破生土。方向为274度。（图2－607）

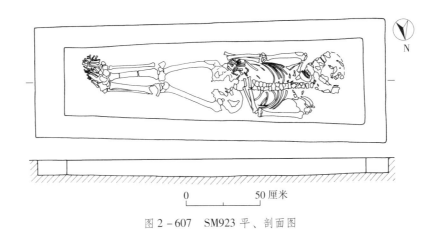

图2－607 SM923平、剖面图

长方形竖穴土坑墓，坑壁竖直，口底同大，西端较宽。墓口距地表约50厘米，墓口长240、宽72～82厘米，墓室残深约13厘米。填土为红褐色花夯土，土质稍硬，夯层不明显。

墓底四周有一周熟土二层台，二层台北端宽11～14、南端宽12～14、东侧宽20、西侧宽15厘米，高10～13厘米。

无腰坑。

葬具为一棺，保存不好，发现有少量板灰。根据二层台的范围，棺长204、宽45～57、高10厘米。

墓主的骨架保存状况一般，头骨破裂变形。仰身直肢，头西面南，左臂弯曲，手放于右腹部，右臂伸直，手向北折，与左手相叠压，双膝双脚并拢，趾尖向前。墓主为25～30岁男性，骨骼范围长度167厘米。

无随葬品。

墓葬年代：从墓葬形制判断，该墓为殷墟时期。

SM927

位于ST3110的西中部。开口于①层下，打破生土。方向为10度。（图2－608）

长方形竖穴土坑墓，坑壁略外扩，口小底大。墓口距地表约50厘米，墓口长224、宽86厘米，墓底长230、宽92厘米，墓深约165厘米。填土为黄褐色花夯土，土质坚硬，夯层厚20～25厘米，夯窝较稀疏，分布无规律，直径5～7厘米。

未发现葬具，在墓主身上有不太明显的黑色和赭红色漆痕，推测墓主身上盖有布幔之类的东西。

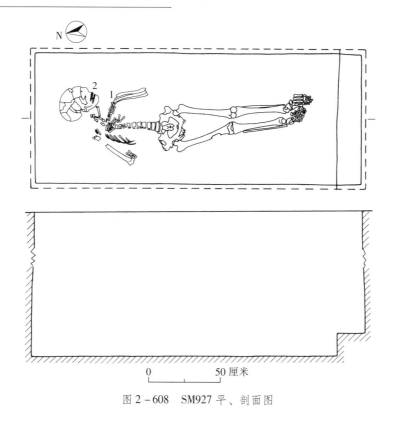

图 2 - 608 SM927 平、剖面图

墓主的骨架保存不好,头骨碎裂,上肢朽为粉状,肋骨大部朽无。墓主仰身直肢微东侧,头北面东,两上臂外伸,下臂上折,双手放于肩部,双膝双脚并拢,右脚尖偏东,左脚尖向前。墓主为一35～40 岁的女性,骨骼范围长度 160 厘米。

在墓主左手中有贝 1 枚,口中有贝 3 枚。均为 A 型货贝。

墓葬年代:从墓葬形制判断,该墓为殷墟时期。

SM930

位于 ST3109 的中部。开口于①层下,直接打破生土。方向为 16 度。(图 2 - 609)

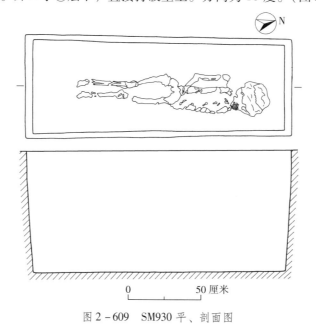

图 2 - 609 SM930 平、剖面图

长方形竖穴土坑墓，坑壁略内收，口大底小。墓口距地表约40厘米，墓口长183、宽64~68厘米，墓底长173、宽56~62厘米，墓深约80厘米。填土为红褐色花夯土，土质较硬，夯层不明显。

无二层台、腰坑与葬具。

墓主的骨架保存状况极差，肋骨朽无，其余均为骨渣状。仰身直肢，头北面东，右臂弯曲，手似抚于腹部，左臂贴身直放，双膝双脚并拢，趾尖向前偏东。墓主的性别不详，年龄8~10岁，骨骼长度120厘米。

无随葬品。

墓葬年代： 从墓葬形制分析，该墓为殷墟时期。

SM936

位于ST3108的中部偏北。开口于①层下，西南角为SM935打破，墓葬东南角打破SM943。方向为17度。（图2-610A、B）

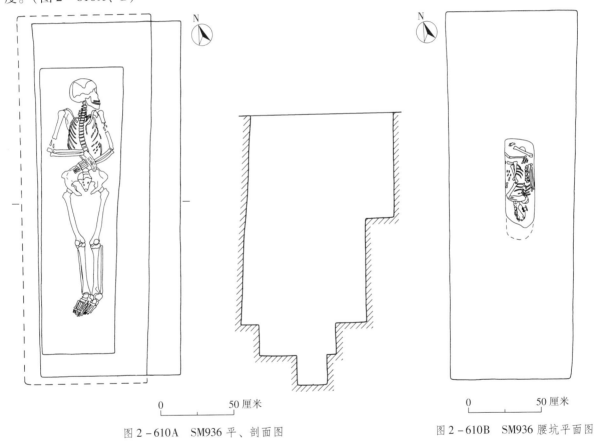

图2-610A　SM936平、剖面图　　　　图2-610B　SM936腰坑平面图

长方形竖穴土坑墓，口大底小。墓口距地表约30厘米，墓口长235、宽94~100厘米，北侧较宽，墓底长245、东西宽82~90厘米，墓深约160厘米。墓葬东壁为避开SM943，在距墓口约70厘米向下收缩了一宽20~26厘米的生土台，西壁向下向外倾斜，整个墓底整体向西挪位。填土为浅灰色花夯土，土质较硬，夯层夯窝不明显。（图2-610A）

生土二层台北端宽35、南端宽20、东侧宽19~22、西侧宽12~14厘米，高20~23厘米。

墓底中部有一圆角长方形腰坑，长67、宽20、深20厘米，坑壁竖直。内殉有一狗，保存一般，

头南背东，头部被弯向后，前肢屈于腹部，后肢屈于体后。（图2-610B）

葬具为木棺。根据二层台推断，棺长190、宽49~55、高约20厘米。

墓主的骨架保存状况较好。仰身直肢，头北面东，双臂弯曲，双手右上左下交叉置于腹部，双膝双脚并拢，趾尖向西。墓主为女性，年龄30~35岁，骨骼范围长度148厘米。

墓主口内含贝3枚。均A型货贝。

墓葬年代：从墓葬形制与葬俗分析，该墓为殷墟时期。

SM938

位于ST3108的中东部。开口于①层下，南端为SM937（西周早期）打破。方向为12度。（图2-611A、B）

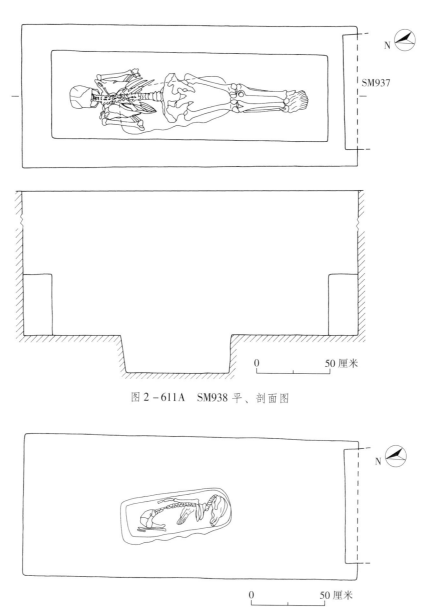

图2-611A SM938平、剖面图

图2-611B SM938腰坑平面图

长方形竖穴土坑墓，坑壁竖直，口底同大。墓口距地表约50厘米，墓口长230、宽92～94厘米，墓深约155厘米。填土为浅灰色花夯土，土质较硬，夯层、夯窝不明显。（图2-611A）

墓底四周有熟土二层台，南北两端宽20、东西两端宽16～20、高约40厘米。

墓底中部有一圆角长方形腰坑，长77、宽28、深25厘米。腰坑挖得较斜，北侧偏向西侧，南北呈斜壁。内殉有一狗，保存较差，部分朽无，头南背东，前肢似缚于背部。（图2-611B）

葬具为一棺，保存有少量板灰。根据二层台大小判断，棺长190、宽57～58厘米。棺上髹有白漆。

墓主俯身直肢，头北面下，双臂向内上折，手压于胸下，双膝双脚并拢，趾尖向前。

在墓主口中有贝5枚。均为A型货贝。

墓葬年代：从地层关系与形制分析，该墓为殷墟时期。

人骨鉴定：

人骨保存情况一般。颅骨大部保存，其中额骨、蝶骨、上颌骨破损。下颌骨体残破。仅7颗牙齿保存可供观察。双侧髋骨破损。全部颈椎保存完好，第1胸椎至第11胸椎保存完好，第2至第4腰椎椎弓保存，其余椎体均未保存。肢骨保存状况差，仅存双侧肱骨残段，尺骨段及双侧胫骨远端。部分足骨保存。

墓主颅骨整体厚重，骨壁较厚，肌线和肌脊明显。眶上缘圆钝，眉弓凸显，乳突上嵴明显，枕外隆凸稍显发达，上项线明显。髂骨翼较厚。据以上性别特征推断，该个体可能为男性。骨骺完全愈合；耳状面残破，但关节表面粗糙，多见沙粒样小孔，形态可能应为4～5级（Lovejoy分级系统）；第一、二臼齿磨耗程度4级（吴汝康分级系统）。据以上推断，该个体年龄35～45岁。仅据四肢长骨保存状况目前无法进行身高估算。

墓主额骨右侧眶板多孔型骨肥大呈愈合状态。双侧颞下颌关节窝边缘可见粗糙的新骨形成，相应的双侧下颌髁突关节面上也可见粗糙的新骨形成病变。双侧上、下颌第三臼齿先天缺失。右侧上颌，双侧下颌第一臼齿生前脱落，齿槽吸收。右侧上颌第一前臼齿齿颈处龋齿病变；左侧上颌第二臼齿也发生龋齿，病变侵蚀整个齿冠，该牙齿齿槽颊侧面可见由根尖脓疡造成的瘘孔。右侧上颌第一臼齿和第一前臼齿咬合面可见轻微的釉质剥脱现象。左侧肱骨头边缘骨质增生，关节面可见针尖样骨质疏松的小孔。双侧髋臼窝边缘新骨形成，上方关节面表面粗糙不平。左侧胫骨远端关节面上有点片状凹陷。右侧第一跖骨远端关节面边缘骨赘生成。脊柱上，几乎所有的上下关节突关节面，以及胸椎椎体两侧与肋骨相接的关节面边缘都可见显著的骨质增生现象，但椎体未受累。

SM940

位于ST3108的东南角。开口于①层下，直接打破生土。方向为21度。（图2-612）

墓室南端为一盗洞破坏。在墓室东南角为盗沟打破，墓主左腿下部被破坏。

长方形竖穴土坑墓，坑壁竖直，口底同大。墓口距地表约30厘米，墓口长190、宽67厘米，墓深约23厘米。填土为红褐色花夯土，土质较硬，夯层夯窝不明显。

无二层台与腰坑。

未发现葬具，从肩部至脚尖的墓主骨架上附着有黑漆，推测墓主身上覆盖有布幔。

墓主仰身直肢，头北面西，双臂伸直，手放于股骨外侧，双膝双脚并拢，趾尖向前。

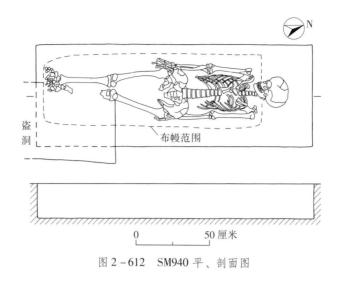

图 2-612　SM940 平、剖面图

无随葬品。

墓葬年代： 从墓葬形制判断，该墓为殷墟时期。

人骨鉴定：

人骨保存情况一般。颅骨残破，仅部分额骨、顶骨、枕骨及颞骨残片保存。左侧下颌骨残段保存。11 颗牙齿保存，可供观察。上肢带骨中锁骨大部保存，左侧肩胛骨残，右侧肩胛骨未保存。双侧髋骨保存。双侧大部髋骨保存，但残破。除胸椎较残破外，脊柱大部保存，第 2~6 颈椎完整，第 12 胸椎至第 5 腰椎完整，荐椎残。肋骨残段保存。上、下肢骨大部保存，但多断裂。零星指骨保存。少量足骨保存。

墓主颅骨骨壁稍厚，乳突上嵴稍显。髂骨翼较厚，坐骨大切迹窄而深，无耳前沟。据以上性别特征推测，墓主可能为男性个体。骨骺完全愈合。耳状面形态 4 级（Lovejoy 分级系统）；第三白齿萌出，齿尖部分磨平，第一、第二白齿磨耗程度 4 级（吴汝康分级系统）。据以上推断该个体年龄 35~40 岁。左侧肱骨最大长为 28.5 厘米，身高估算 152~162 厘米。

墓主双侧下颌犬齿唇侧面可见线型釉质发育不全。中度牙结石。左侧肩胛骨关节盂表面有粗糙的新骨形成。双侧股骨头表面可见针尖样骨质疏松的小孔。双侧髋臼窝关节表面粗糙。左侧股骨外侧髁关节面上可见珊瑚样边缘硬化型骨质疏松的小孔。右侧第一跖骨远端关节面背缘骨赘生成，由此而形成的假关节面上骨质疏松。颈椎骨质疏松明显，其中第 3 颈椎椎体正常形态改变，椎体塌陷，边缘骨刺生成明显。多个胸椎及腰椎椎体上下表面可见许莫氏结节（Schmorl's nodes），椎体边缘骨刺生成，骨质疏松。一段左侧肋骨残段显示骨折愈合迹象，但无法判断具体位置。

SM943

位于 ST3108 的中部。开口于①层下，西北角被 SM936 打破。方向为 12 度。（图 2-613）

长方形竖穴土坑墓，坑壁竖直，口底同大。墓口距地表约 50 厘米，墓口长 210、宽 58 厘米，墓深约 125 厘米。填土为红褐色花夯土，土质稍硬，夯层夯窝不明显。

无二层台、腰坑与葬具。

墓主仰身直肢，头北面西，嘴大张，上下颌骨错位，双臂微屈，右膝微西屈，双脚并拢，趾尖向西。

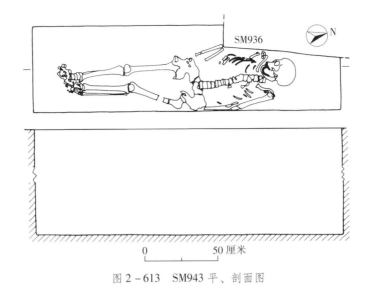

图 2 - 613　SM943 平、剖面图

无随葬品。

墓葬年代：从地层关系及墓葬形制判断，该墓为殷墟时期。

人骨鉴定：

人骨保存情况较差。仅头骨及 30 颗牙齿采集，以供观察。头骨大体完整，但上颌骨、蝶骨破损，下颌骨双侧髁突未保存。

墓主颅骨表面光滑，肌线和肌脊不明显。眶上缘锐薄，枕骨髁较小，眉弓发育较弱，乳突较小，乳突上嵴发育不明显，枕外隆凸不显，上项线较弱。下颌角区细致、光滑，颏部圆而尖。据以上头骨形态特征推测，该个体可能为女性。除矢状缝顶孔区外，颅骨骨缝未见愈合。第三臼齿均萌出，齿尖磨平；第一、第二臼齿磨耗程度约为 3 级（吴汝康分级系统）。据此推测，墓主应为年轻成年个体。四肢长骨未保存，因此无法进行身高估算。

墓主上颌前部牙齿及双侧下颌犬齿唇侧面均可见多条线型釉质发育不全现象。上颌双侧第三臼齿，下颌右侧第三臼齿咬合面龋齿。

SM945

位于 ST1905 北部。被晚期灰坑打破，直接打破生土。方向为283 度。（图 2 - 614）

长方形竖穴土坑墓，墓壁竖直。墓口距地表 35 厘米，墓口残长 80、宽 46 厘米，墓深 10 厘米。填土为黄褐色五花土。

无二层台、腰坑与葬具。

墓主骨架的下部为晚期坑破坏，墓主仰身，头西面北，双手置于体侧。性别和年龄不详。

未见有随葬品。

墓葬年代：从墓葬形制判断，该墓为殷墟晚期。

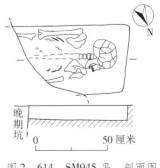

图 2 - 614　SM945 平、剖面图

SM946

位于 ST2005 中部偏北。开口于①层下，打破南侧的 SM947。方向为 290 度。（图 2 - 615）

长方形竖穴土坑墓，墓壁竖直，西侧较宽。墓口距地表约 28 厘米，墓口长 208、宽 41 ~ 50 厘米，墓深 29 厘米。填土为黄褐色花土。

无二层台、腰坑与葬具。

墓主骨架保存较好，墓主仰身直肢，头西面南，左上肢屈于肩部。

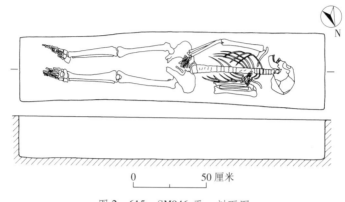

图 2 - 615　SM946 平、剖面图

未见有随葬品。

墓葬年代：从墓葬形制判断，该墓为殷墟时期。

SM947

位于 ST2005 中部。开口于①层下，被北侧的 SM946 打破，直接打破生土。方向为 270 度。（图 2 - 616）

长方形竖穴土坑墓，墓壁竖直。墓口距地表 30 厘米，墓口长 159、残宽 6 ~ 34 厘米，墓深 19 厘米。填土为黄褐色花土。

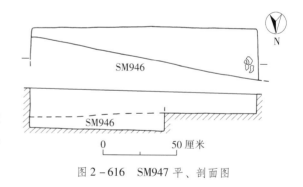

图 2 - 616　SM947 平、剖面图

无二层台、腰坑与葬具。

墓主骨架大部为 SM946 打破，仅在西侧发现几块头盖骨，从而判断墓主头向西侧。

未见有随葬品。

墓葬年代：从地层关系判断，该墓为殷墟时期。

SM948

位于 ST3011 的中部东侧。开口于①层下，中部被一晚期坑打破，打破 F102 - 2（殷墟一期晚段）的门道。方向为 288 度。（图 2 - 617）

长方形竖穴土坑墓，墓壁竖直。墓口距地表约 50 厘米，墓口长 180、宽 55 厘米，墓深约 17 厘米。

填土为红褐色花夯土，土质坚硬，夯层不明显。

无二层台，腰坑可能被晚期坑破坏，无葬具。

墓主仰身直肢，头西面南，右臂弯曲压于腹部，左臂贴身伸直，墓主两膝双脚并拢，趾尖向前。墓主为 20～25 岁女性，骨骼范围长度 145 厘米。

墓主口中有贝 1 枚，A 型货贝。

墓葬年代：据墓葬形制判断，该墓为殷墟时期。

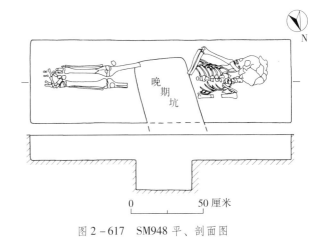

图 2-617　SM948 平、剖面图

SM949

位于 ST3109 中部偏南。开口于①层下，打破南侧的 SM950。方向为 16 度。（图 2-618）

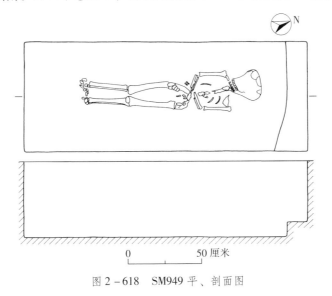

图 2-618　SM949 平、剖面图

长方形竖穴土坑墓，墓壁竖直。墓口距地表约 50 厘米，墓口长 194，宽 72 厘米，墓底长 180 厘米，宽 72 厘米，墓深约 50 厘米。填土为黄色花土，土质较软。

在墓底北端有一宽 14～22 厘米的生土二层台。

无腰坑与葬具。

墓主仰身直肢，头北面上，双手交于腹部。

无随葬品。

墓葬年代：根据墓葬形制判断，该墓为殷墟时期。

人骨鉴定：

人骨保存情况较差，仅采集 19 颗恒齿及 1 颗下颌右侧乳齿第二臼齿以供观察。

性别鉴定和身高估算无法进行。墓主恒齿第一臼齿萌出，齿尖顶部稍有磨耗；第二臼齿萌出，但未及齿列，发育程度为 R1/2（1/2 齿根发育形成）；上颌右侧第二前臼齿萌出，未及齿列，发育程度为 R3/

4（3/4齿根发育形成）。据以上信息推测，墓主的年龄9~11岁。

墓主上颌前部牙齿唇侧面均可见线型釉质发育不全，但在下颌双侧犬齿上并未观察到相似的病理现象。左侧下颌第一臼齿咬合面龋齿。

SM950

位于ST3109南部。开口于①层下，被北侧的SM949打破，打破生土。方向为16度。（图2-619A、B；彩版三八八，4）

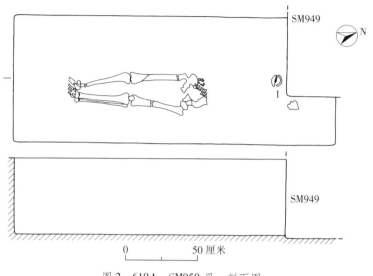

图2-619A SM950平、剖面图

长方形竖穴土坑墓，墓壁竖直。墓口距地表约50厘米，墓口长220、宽84厘米，墓深约50厘米。填土为灰黄色花土，土质较硬。（图2-619A）

发现有少量板灰的痕迹，但尺寸大小已难以判断。

墓主的骨架保存一般，头部为SM949破坏，上肢朽无，下肢保存较好。墓主仰身直肢，头北，双手交于腹部，两脚并拢。

在墓主口中含有1件残玉环。

玉环 1件。

SM950：1，残。白色，匀净。残存一半，扁平圆环状，中间有一大孔。抛光精细，两个断面均经过打磨修整。直径6.4、孔径4.2、厚0.5~0.6厘米。（图2-619B；彩版三八八，4）

墓葬年代：从地层关系及墓葬形制判断，该墓为殷墟时期。

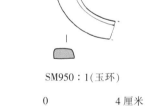

SM950：1（玉环）

图2-619B SM950出土遗物

SM954

位于ST2406西南角。开口于①层下，南部被晚期坑打破，直接打破生土。方向为10度。（图2-620）

长方形竖穴土坑墓，坑壁竖直。墓口距地表45~50厘米，墓口残170、宽56~60厘米，墓深仅7~13厘米。填土为黄色花土，土质略松。

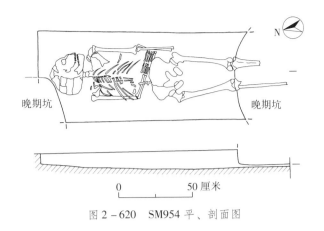

图 2 - 620 SM954 平、剖面图

无二层台、腰坑与葬具。

墓主的骨架保存状况一般，小腿以下为晚期坑破坏。墓主仰身直肢，头北面东，右手置于腰间。骨骼范围残长 160 厘米，为 30～35 岁的男性。

未见有随葬品。

墓葬年代：据墓葬形制判断，该墓为殷墟时期。

SM957

位于 ST2406 东北侧。开口于①层下，东侧为一条晚期沟破坏，直接打破生土。方向为 15 度。（图 2 - 621）

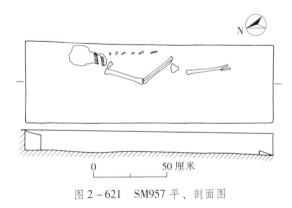

图 2 - 621 SM957 平、剖面图

长方形竖穴土坑墓，墓壁竖直。墓口距地表 150 厘米，墓口长 170、残宽 50～54 厘米，墓深 0～13 厘米。填土为黄色花夯土，土质坚硬，含沙性。

墓底四周留有熟土二层台，宽 10～12、高 10 厘米。

无腰坑。

由于此墓被盗扰严重，一直破坏至底，葬具不清。

墓主的骨架保存状况较差，墓主骨架东半部为扰沟破坏，残存部分已朽成粉状。仰身直肢，头北面上，右手置于腰间。墓主的性别、年龄不详，骨骼范围长度 140 厘米。

未见随葬品。

墓葬年代：从墓葬形制分析，该墓为殷墟时期。

SM963

位于 ST2105 东部。北侧被一座晚期淤土沟打破，直接打破生土。方向为 285 度。（图 2 -
622）

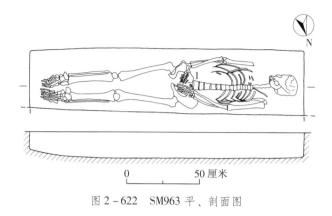

图 2 - 622　SM963 平、剖面图

长方形竖穴土坑墓，墓壁竖直，口底同大。墓口距地表 15 厘米，墓口长 188、残宽 43 厘米，墓深
17 厘米。填土为黄褐色五花土。

无二层台、腰坑与葬具。

墓主骨架保存较好，仰身直肢，头西面南，双手置于小腹部。性别和年龄不详。

墓主手中有 B 型货贝 2 枚。

墓葬年代：据墓葬形制与出土物判断，该墓为殷墟时期。

SM964

位于 ST2105 中部。其北侧为一座晚期淤土沟打破，自身直接打破生土。方向为 280 度。（图 2 -
623）

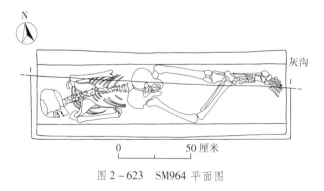

图 2 - 623　SM964 平面图

长方形竖穴土坑墓，墓壁略收，口大底小。墓口距地表 15 厘米，墓口长 178、宽 59，墓底东西长
171、南北宽 56 厘米，墓深 51 厘米。填土为黄褐色花土。

在墓底南北两侧有一熟土二层台，宽约 9、高约 11 厘米。

根据二层台的大小，判断棺长 171、宽 39、高 9 厘米。

墓主俯身，头西面南，双手屈置于胸部下，右下肢伸直，左下肢稍向南弯曲。

左手内握 A 型货贝 2 枚。

墓葬年代：从墓葬形制判断，该墓为殷墟时期。

人骨鉴定：

人骨保存情况相对较好。头骨残破，25 颗牙齿保存；右侧锁骨残段，双侧肩胛骨残块，部分胸椎及腰椎椎体，荐椎，双侧髋骨保存。上、下肢骨保存较好，稍有残断。手部骨骼未保存，足部骨骼大多保存。墓主髂骨翼较厚，坐骨大切迹窄而深，耻骨下支的下缘外凸，耻骨联合面下端至耻骨下支下缘之间呈一平坦的骨面，耻骨支移行部呈三角形。据以上性别特征判断，该个体为男性。骨骺完全愈合；耻骨联合面形态 V ~ VI 级（Todd 分级系统）、3 级（Suchey － Brooks 分级系统）、第七期（邵象清分级系统）；耳状面形态 3 级（Lovejoy 分级系统）；第三臼齿萌出，齿尖略有磨耗，第一、二臼齿磨耗程度 3 ~ 4 级（吴汝康分级系统）。据以上推断该个体年龄 30 ~ 35 岁。右侧股骨最大长 43.3 厘米，身高估算 161 ~ 168 厘米。

墓主上颌犬齿及下颌左侧犬齿唇侧面可见线型釉质发育不全，下颌右侧犬齿唇侧面远中区可见凹陷型釉质发育不全。中度牙结石。多颗牙齿咬合面可见轻微的釉质剥脱现象。双侧肱骨头关节面上可见针尖样骨质疏松的小孔。双侧肱骨滑车边缘骨赘生成。双侧尺骨鹰嘴关节面中央可见粗糙的新骨形成。右侧桡骨远端关节面边缘有轻微的骨赘生成。左侧股骨头凹边缘新骨形成，左侧股骨头表面、相应的髋臼窝关节面上、股骨远端外侧髁、内侧髁，以及与髌骨相接的关节面上均可见珊瑚样边缘硬化型骨质疏松的小孔，同时这些关节面边缘均伴有骨赘生成。左侧胫骨近端内、外侧髁正常形态被侵蚀，关节面下陷，光滑的表面被珊瑚样边缘硬化型骨质疏松的小孔取代。右侧股骨头关节面上也可见轻微的骨质疏松小孔，但不及左侧显著。右侧股骨远端与髌骨相接的关节面边缘骨赘生成。右侧胫骨内侧髁关节表面也呈骨质疏松的孔状结构。双侧胫骨骨干前内侧面可见骨膜炎性病理表现，板层状新骨堆积。双侧跟骨距骨关节面边缘都显示骨赘生成。双侧第一跖骨远端关节面边缘骨赘生成，右侧较左侧显著。多个胸椎及腰椎椎体骨质疏松。

SM967

位于 ST3114 北部略偏西。开口于①层下，直接打破生土。方向为 18 度。（图 2 － 624）

长方形竖穴土坑墓，口大底小，墓壁斜内斜。墓口距地表约 65 厘米，墓口长 180、宽 66 ~ 80 厘米，墓底长 168、宽 62 ~ 67 厘米，墓深约 68 厘米。填土为黄色花夯土，土质较硬。

无二层台、腰坑与葬具。

墓主俯身直肢，头北面东，双手弯曲置于胸部下，两脚并拢。

在墓主口中有贝 1 枚。为 A 型贝。

墓葬年代：据墓葬形制判断，该墓为殷墟时期。

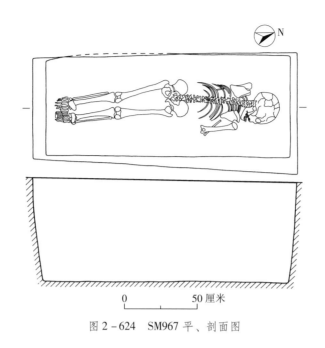

图 2 – 624　SM967 平、剖面图

人骨鉴定:

人骨保存情况一般。部分头骨残片及 25 颗牙齿保存。双侧锁骨、肩胛骨及髌骨保存;双侧髂骨、左侧坐骨保存。大部分脊椎保存,但残破。少量肋骨残段保存。四肢长骨大部保存,但近端关节中仅左侧肱骨近端保存。双侧距骨跟骨保存。

性别未知。墓主髋骨骨骺未愈合。双侧下颌第三臼齿发育程度为 R1/4（1/4 齿根发育形成）。第二臼齿萌出,齿尖略有磨耗。据以上信息推测,墓主的年龄 12～16 岁。

墓主上颌前部牙齿及双侧下颌犬齿唇侧面均可见线型釉质发育不全。双侧上颌第三臼齿先天缺失。左侧上颌第一臼齿及左侧下颌第一臼齿咬合面龋齿。轻度牙结石。右侧上颌第二臼齿咬合面可见轻微的釉质剥脱现象。

SM970

位于 ST2205 西部中间。开口于①层下,直接打破生土。方向为 280 度。（图 2 – 625）

长方形竖穴土坑墓,坑壁竖直,东侧稍宽。墓口长 202、宽 70～78 厘米,墓深约 180 厘米。填土为黄褐色花夯土,土质坚硬。

墓底南北两侧有一生土二层台,宽 3～22、高 5～10 厘米。

无腰坑与葬具。

墓主的骨架保存状况较差,仅存有头骨和脚骨,头西面南。性别和年龄不详,骨骼范围长度 145厘米。

在墓主口中出贝 9 枚,脚部出贝 2 枚。均为 A 型货贝。

墓葬年代: 从墓葬形制判断,该墓为殷墟时期。

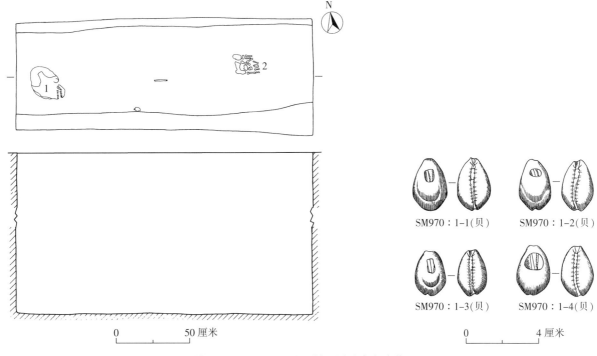

图 2 - 625　SM970 平、剖面图及出土遗物

SM975

位于 ST2305 的南部。开口于①层下，被晚期沟打破，直接打破生土。方向为 285 度。（图 2 - 626）

长方形竖穴土坑墓，墓壁竖直，口底同大。墓口长 106、宽 20 ~ 34 厘米，墓深 27 厘米。填土为黄土，质软。

无二层台、腰坑与葬具。

墓主为孩童，10 岁左右，仰身直肢。

未见随葬品。

墓葬年代：从墓葬形制判断，该墓为殷墟时期。

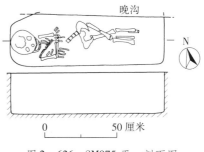

图 2 - 626　SM975 平、剖面图

SM978

位于 ST2205 西南部。开口于①层扰土下，被 H699、G16 和 SM979 打破，并直接打破生土。方向为 284 度。（图 2 - 627）

长方形竖穴土坑墓，墓壁不整齐，南壁外扩，北壁斜内倾。墓口距地表 100 ~ 120 厘米，墓口长 205、宽 52 厘米，墓底长 205、宽 67 ~ 72 厘米，墓深 69 ~ 95 厘米。填土为黄色花夯土，土质较硬。

墓底北侧有生土二层台，宽 10 ~ 14、高 7 厘米，东、西、南侧无二层台。

无腰坑。

未见葬具痕迹，仅有草席铺垫痕迹。

墓主的骨架保存状况一般，下肢骨保存较好。俯身直肢，头西面下。墓主为 30 ~ 35 岁的男性。

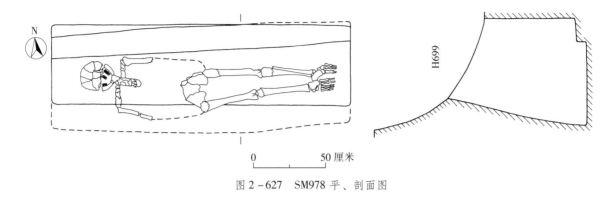

图 2 – 627　SM978 平、剖面图

无随葬品。

墓葬年代： 从地层关系及墓葬形制判断，该墓为殷墟时期。

SM979

位于 ST2205 南部略偏中。开口于①层扰土下，被 G16 打破，其又打破 SM978。方向为 280 度。（图 2 – 628）

长方形竖穴土坑墓，墓壁为斜壁，其中北壁和东、西壁均为内倾，南壁向南侧外扩，东侧略宽，整个墓底向南侧倾斜。墓口距地表约 56 厘米，墓口长 195、宽 44～52 厘米，墓底长 175、宽 44～52 厘米，墓深约 140 厘米。填土为黄色花夯土，土质较硬。

无二层台与腰坑。

未见葬具痕迹，仅有部分草席痕迹。

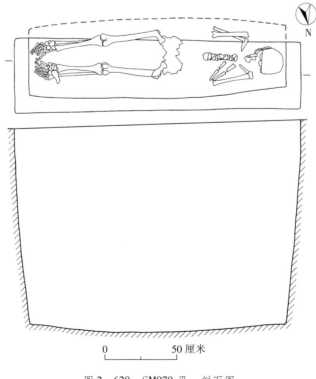

图 2 – 628　SM979 平、剖面图

墓主的骨架保存状况一般，下肢骨保存较好。俯身直肢，头西面下，双手弯曲压于胸下，双脚呈内八字形。

无随葬品。

墓葬年代： 据地层关系及墓葬形制判断，其为殷墟时期。

人骨鉴定：

人骨保存情况一般。颅骨保存相对较好，顶骨、枕骨和蝶骨稍有破损。下颌骨髁突残缺。30 颗牙齿保存，可供观察。双侧锁骨保存，肩胛骨残破。双侧髌骨残。骨盆、脊柱及肋骨未保存。上、下肢骨大多保存，但多断裂。手部骨骼仅左侧小多角骨保存，足部骨骼大部保存。

墓主颅骨整体厚重，骨壁厚，表面肌线和肌嵴明显。眉弓发达，前额后倾明显。眶上缘圆钝。乳突上嵴显著，乳突稍大。枕外隆凸粗大，上项线明显。据以上颅骨的性别特征推测，墓主可能为男性个体。骨骺完全愈合。第三臼齿萌出，齿尖顶部略有磨耗；第一、第二臼齿磨耗程度约为 3 级（吴汝康分级系统）。据此推测，墓主应为年轻成年个体。左侧胫骨最大长 35.2 厘米，右侧胫骨最大长 35.1 厘米，身高估算 160～167 厘米。

墓主顶骨多孔型骨肥大呈愈合状态。双侧下颌犬齿唇侧面可见多条线型釉质发育不全。多颗牙齿咬合面釉质剥脱。双侧肩胛骨关节盂内可见珊瑚样边缘硬化型骨质疏松的小孔。右侧第一跖骨远端关节面背缘骨赘生成，但左侧未见相似病理表现。

SM980

位于 ST2305 中部。开口于①层下，西侧被 SM974（宋代）墓室打破。方向为 280 度。（图 2 - 629）

长方形竖穴土坑墓，东侧稍宽，坑壁竖直。墓口残长 115、宽 50～54 厘米，墓深约 50 厘米。填土为黄褐色花夯土，土质坚硬。

无二层台、腰坑与葬具。

墓主的头骨和上肢骨为 SM974 破坏。墓主头向西，直肢。

墓主腰部有贝 2 枚，右腿下肢部有贝 2 枚，脚端有贝 4 枚。均为 A 型货贝。

墓葬年代： 殷墟时期。

人骨鉴定：

人骨保存状况较差。仅双侧股骨骨干、双侧胫骨骨干及左侧腓骨骨干残段，左侧胫骨远端保存。

据长骨残段的特征推测，墓主应为成年个体，但性别和身高估算无法进行。

墓主双侧股骨正常形态改变，均向外侧弯曲。双侧胫骨形态异常，胫骨粗隆处横径较小；前内侧面骨表面可见网织状及板层状新骨形成。左侧胫骨远端关节面可见针尖样骨质

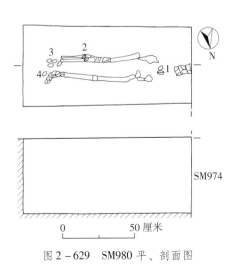

图 2 - 629　SM980 平、剖面图

疏松的小孔。

SM981

位于 ST2105 西北部。开口于①层下，直接打破生土。方向为 281 度。（图 2 - 630）

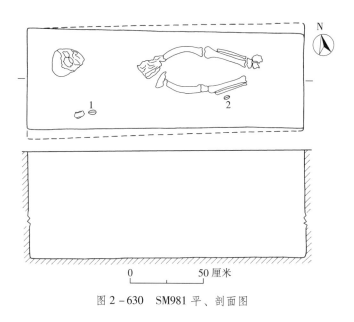

图 2 - 630 SM981 平、剖面图

长方形竖穴土坑墓，坑壁略外扩，西侧稍宽，口小底大。墓口距地表 45 ~ 50 厘米，墓口长 190、宽 62 ~ 66 厘米，墓底东西长 190、南北宽 71 厘米，墓深约 132 厘米。填土为黄色花夯土，土质坚硬，含一定沙性。

无二层台、腰坑与葬具。

墓主的骨架保存状况较差，头部被压成扁平，上肢骨已朽成粉状，下肢保存基本完好。墓主仰身直肢，头西面上，股骨向外侧呈弧形。为一成年女性，骨骼范围长度 135 厘米。

在墓主头骨南部有贝 1 枚，墓主的小腿骨南放置贝 1 枚。均为 A 型货贝。

墓葬年代：据墓葬形制判断，该墓为殷墟时期。

SM983

位于 ST2309 东部。开口于①层扰土下，被一现代沟扰动，打破生土。方向为 18 度。（图 2 - 631）

长方形竖穴土坑墓，墓壁竖直，墓底大小与墓口相当。墓口距地表 15 厘米，墓口长 215、北宽 85、南宽 80、墓深 25 厘米。

无二层台与腰坑。

墓底有板灰痕迹。

墓主仰身直肢，头北面西，双手交叉置于下腹部，右侧股骨被现代沟破坏。

墓主口内有贝 1 枚。为 A 型贝。

墓葬年代：根据墓葬形制判断，该墓为殷墟时期。

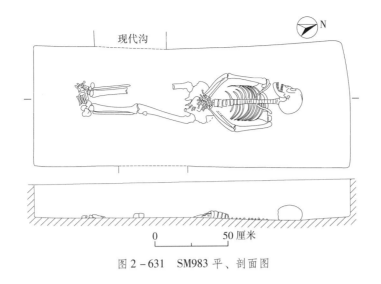

图 2 – 631　SM983 平、剖面图

NM101

位于 NT1923 东南部。开口于第②层下，打破 H88。方向为 100 度。（图 2 – 632）

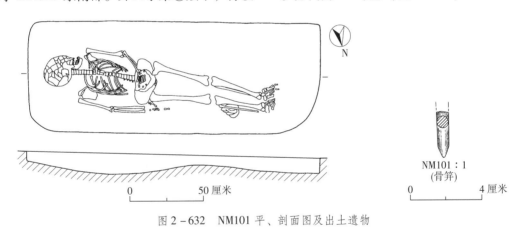

图 2 – 632　NM101 平、剖面图及出土遗物

长方形竖穴土坑墓。开口距地表深 3 厘米，墓长 200、宽 70、残深 30 厘米。填土为黄褐色，土质硬密。内有一鹿角和狗下颌骨。

无二层台、腰坑与葬具。

墓主仰身直肢，头东面南，左前臂折向腹部，右臂顺放于体侧。经鉴定，为 20～25 岁的女性，骨骼范围长度 165 厘米。

墓主头左侧有骨笄 1 件，右小腿外侧有 1 块兽骨。

骨笄　1 件。

NM101：1，残。身似圆棍，下端残失，尖呈圆锥形。残长 2.4 厘米。（图 2 – 632）

墓葬年代：被 NM101 打破的 H88 年代为殷墟四期早段，因而该墓年代不早于殷墟四期早段。

NM111

位于探方中间偏东。开口层位不明，直接打破生土。方向为 352 度。（图 2 – 633A、B；彩版三八九）

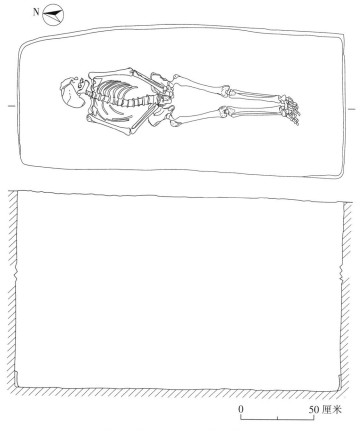

图 2 – 633A　NM111 平、剖面图

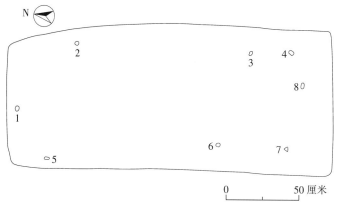

图 2 – 633B　NM111 墓底桩孔图

　　长方形竖穴土坑墓，东壁略向外弧，墓壁竖直。墓口长 223、宽 80~96 厘米，深约 200 厘米。填土为黄褐色花夯土，土质坚硬，夯层不清。(图 2 – 633A)

　　在墓底四周有一周宽 2~4、高 10 厘米的极为狭窄的二层台，可能是挖掘墓圹时留出的。

　　无腰坑。

　　未见有葬具痕迹。但在墓底有木桩孔洞 8 个。墓底南北两端各有一个，东西壁各有 3 个。这些孔呈圆形、椭圆形，深 10~25 厘米。(图 2 – 633B)

　　墓主骨骼保存不好，仰身直肢，头北面东，双手置于腹部。

未出有随葬品。

墓葬年代：据墓葬形制判断，该墓为殷墟时期。

NM112

位于 NT1828 内。开口于③层下，方向为 85 度。（图 2 - 634）

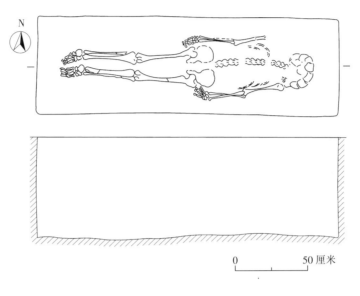

图 2 - 634　NM112 平、剖面图

长方形竖穴土坑墓，墓壁平直，平底。墓口距地表深 155 厘米，墓口长 205、宽 65 厘米，墓深 65 厘米。填黄花夯土，致密、干硬。

未见二层台与腰坑。

未见棺椁，仅发现有木板灰痕迹，推测可能是铺底木板。

墓主骨骼已腐蚀，俯身直肢，头东脚西，双手顺放于体身，双腿伸展。

未发现随葬品。

墓葬年代：殷墟时期。

NM146

位于 NT2026 的西北部。开口于③层下，南侧为近代盗坑扰动，直接打破生土。方向为 355 度。（图 2 - 635；彩版三九〇，1）

长方形竖穴土坑墓，墓壁东西壁较直，北壁内收，墓底较平。墓口距地表约 50 厘米，墓口残长 190、宽 60 厘米，墓底残长 175、宽 60 厘米，墓深约 210 厘米。填土为褐色花夯土，土质坚硬，经过夯打，夯层不明。

由于被严重盗扰，墓底被严重扰乱，未见葬具痕迹。

墓主骨架被盗扰得只剩下头骨，头北面东。墓主为 40～45 岁的男性。

未见随葬品。

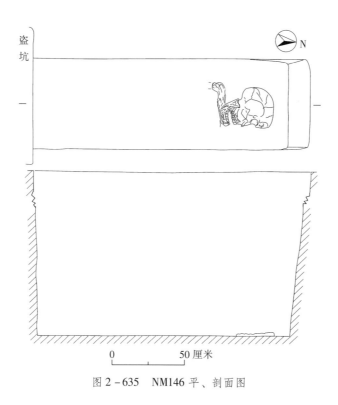

图 2-635 NM146 平、剖面图

墓葬年代：从墓葬形制判断，该墓为殷墟时期。

NM150

位于 NT2027 的西南角，并有部分进入 NT2026 的北隔梁下。开口于③层下开口，并为北部的 NM143 墓道打破北侧，打破④层和④层下开口的 H72。方向为 355 度。（图 2-636A、B；彩版三九〇，2）

长方形竖穴土坑墓，墓壁较直，墓底略斜，略呈北高南低。墓口距地表约 80 厘米，墓口长 215、宽 70 厘米，墓深约 190 厘米。填土为褐色花夯土，土质较硬。夯层不显。（图 2-636A）

墓底四周有一周熟土二层台，宽 5~12、高约 15 厘米。

无腰坑。

从残存迹象判断，葬具为一棺。棺长约 210、宽约 66、高 15 厘米，紧靠墓壁放置。墓底可见较清晰的板灰痕迹。西侧棺底板较好。从板灰分析，棺为齐头长方形，左右侧板和前后挡板之间有 3 块纵向棺底板放置。左右侧板长 210、宽 15 厘米；前后挡板夹于左右侧板之间，长约 50、宽 9 厘米。侧板和挡板较宽当是由于挤压和塌陷而致。底板长约 188、宽 15 厘米。（图 2-636B）

墓主骨架保存不好，仰身直肢，头北面东，双手置于腹部。墓主为一 40~45 岁的女性，骨骼长度 150 厘米。

未见有随葬品。

墓葬年代：据墓葬形制判断，该墓为殷墟时期。

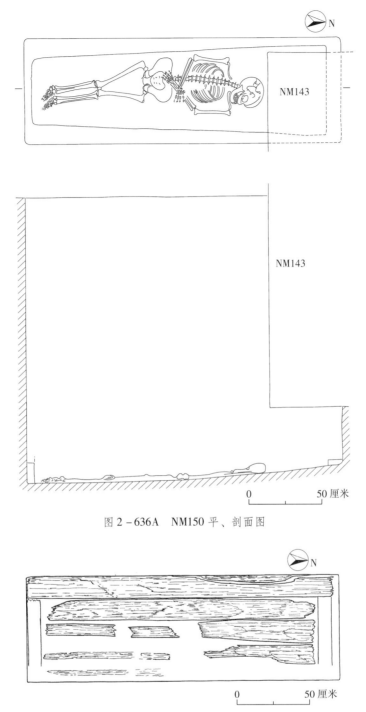

图 2 - 636A NM150 平、剖面图

图 2 - 636B NM150 棺板结构图

NM151

位于 NT2030 的中部。开口于③层下，打破生土。方向为 295 度。（图 2 - 637；彩版三九〇，3 ）

长方形竖穴土坑墓。墓口距地表 65 厘米，墓口长 215、宽 93 米，墓深 75 厘米。填土为灰褐色花土，土质较松软。

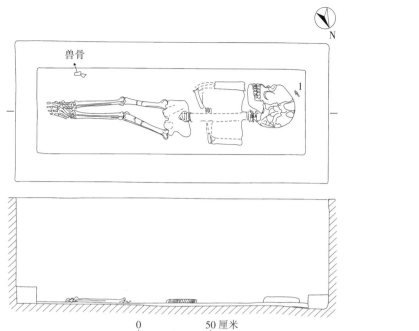

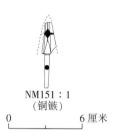

图 2-637　NM151 平、剖面图及出土遗物

墓底有熟土二层台。宽 13、高 10 厘米。

无腰坑。

二层台内应为棺的范围，棺长 184、宽 57、高 10 厘米。棺内有兽骨残片。

墓主仰身直肢，头西面南，双臂交叉于胸前。墓主为一年龄 30~35 岁的女性，骨骼范围长度 152 厘米。

墓主头上方有铜镞 1 枚。

铜镞　1 枚。

NM151:1，残损严重，中脊截面呈菱形，长圆铤。镞体残长 2.5、铤长 2.7 厘米。（图 2-637）

墓葬年代： 据墓葬形制与出土物判断，该墓为殷墟时期。

NM158

位于 NT1819 西南部。开口于③层下，直接打破生土。方向为 9 度。（图 2-638A、B；彩版三九一，1、2）

长方形竖穴土坑墓，墓壁略外扩，口小底大。墓口距地表约 100 厘米，墓口长 240、宽 84 厘米，墓底长 240、宽 85 厘米，墓深 250 厘米。填土为红褐色花夯土，土质坚硬，夯窝清晰，为四根集束夯，夯层厚 20~22，夯窝直径 6~8、深约 3 厘米。距墓口 180 厘米的东南角填土中出有狗头骨和腿骨，过于散乱，难以辨别具体葬式。（图 6-638A）

墓底四周有熟土二层台，宽 10~15、高 25 厘米。

墓底中部有圆角长方形腰坑，长 47、宽 15、深 20 厘米，斜壁。内空无物。

在墓底发现有 10 个木桩孔洞，墓室南北两端各有 2 个，东西两侧各有 3 个，排列对称、整齐。这些孔的平面有圆形、长方形和椭圆形，直径 2~5、深 10~23 厘米。（图 6-638B）

编号	位置	形状	直径（厘米）	深度（厘米）
1	北部西侧	圆形	3.5	8.5
2	北部东侧	椭圆形	3.5×5	13
3	西侧北部	长方形	2×3.5	18
4	东侧北部	长方形	2×3.5	10
5	西侧中部	长方形	2.5×3	13
6	东侧中部	长方形	2.5×3	14
7	西侧南部	圆形	4	23
8	东侧南部	长方形	2.5×4	10
9	南部西侧	椭圆形	3×4	10
10	南部东侧	椭圆形	3.5×4.5	15

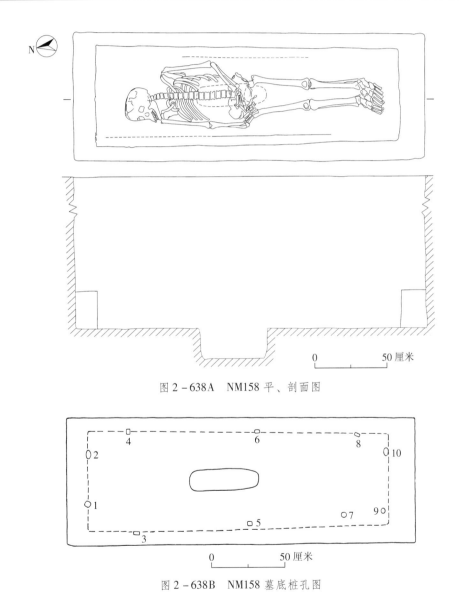

图 2 - 638A　NM158 平、剖面图

图 2 - 638B　NM158 墓底桩孔图

葬具为一棺。从残存迹象判断，棺长 208、宽 60～66 厘米，两侧板厚约 4 厘米。棺板上髹有白漆。

墓主仰身直肢，头北面西，左前臂弯曲放于腹部，右手置于股骨。头部被压成扁平，肋骨和其他部位朽成粉状。为 30～35 岁的女性。

在墓主左手内出 1 枚 A 型货贝。

墓葬年代: 据墓葬形制及出土物判断,该墓为殷墟时期。

NM163

位于 NT1818 的北侧中部。开口于③层下,直接打破生土。方向为 7 度。(图 2 - 639)

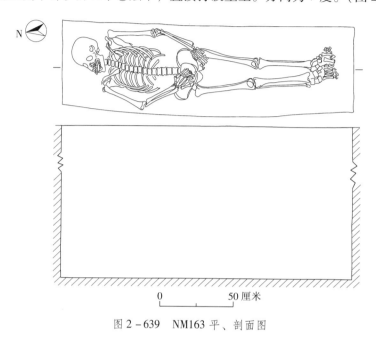

图 2 - 639　NM163 平、剖面图

长方形竖穴土坑墓,墓壁略向外扩。墓口距地表约 100 厘米,墓口长 200、宽 55 厘米,墓底长 200、东西宽 55 ~ 60 厘米,墓深 190 厘米。填土为红褐色花夯土,质地坚硬,夯层厚约 20 厘米,夯窝直径 6 ~ 8、深 3 厘米。

无二层台与腰坑。

墓底以苇席铺底。苇席为人字纹。

墓主仰身直肢,头北面西,双前臂微屈,右手置于骨盆上,左手置于股骨,双足并拢,足尖向内。墓内未发现随葬品。

墓葬年代: 殷墟时期。

人骨鉴定:

人骨保存情况相对较好。颅骨残破但骨质保存状况较好,下颌骨残破,25 颗牙齿保存。双侧髋骨保存但残破。颈椎腐朽未保存,部分胸椎椎体及椎弓腐朽,第 12 胸椎至第五腰椎保存完好。肋骨残段。双侧肱骨近端关节面残破,双侧尺骨骨干存留,双侧股骨保存但残破,左侧胫骨骨干保存,右侧胫骨完整保存,双侧腓骨骨干保存。手部骨骼部分缺如,足部骨骼保存完整。

墓主眉弓较发达,眉间突度较显著,眶上缘圆钝,乳突及枕外隆突较发达,上项线明显。坐骨大切迹窄而深,耻骨结节钝圆,耻骨联合面下端至耻骨下支内侧缘呈平坦的骨面,耳前沟不明显。综合以上性别特征判断,该个体为男性。骨骺完全愈合;耻骨联合面形态 Ⅳ 级(Todd 分级系统)和 2 级(Suchey – Brooks 分级系统),第六期(邵象清分级系统);耳状面形态 3 级(Lovejoy 分级系统),第三白齿萌出，齿尖部分磨平，第一、二臼齿磨耗程度2~3级（吴汝康分级系统）。据以上年龄特征综合推断，该个体年龄25~35岁。右侧胫骨最大长38.5厘米，身高估算168~175厘米。

墓主额骨眶板、顶骨的冠状缝区、矢状缝区及枕骨人字缝区多孔型骨肥大呈愈合状态。上颌前部牙齿及下颌双侧犬齿唇侧面可见线型釉质发育不全现象；多数臼齿齿冠表面可见轻微的釉质剥脱现象。多个胸椎及腰椎椎体上、下表面可见许莫氏结节（Schmorl's nodes）。一段肋骨残段呈现愈合的骨折痕迹，但具体位置无法判断。双侧肱骨远端关节面边缘形成轻微的骨赘。左侧股骨头表面有轻微的骨质疏松现象，同时左侧髋骨髋臼窝关节面呈现粗糙的骨质增生；双侧股骨远端关节面表面粗糙不平，同时右侧股骨远端关节面的前侧面呈现粗糙的骨质增生，右侧胫骨近端关节近中关节面表面粗糙不平，骨干前内侧骨表面板层状新骨形成。足部双侧距骨远端关节面骨赘明显，第一距骨假关节面呈珊瑚样骨质疏松，右侧较左侧显著。

NM165

位于NT1818西南部。开口于③层下，直接打破生土。方向为0度。墓葬中部为①层下开口的盗坑的西部打破。盗坑将整个墓葬全部扰乱，盗坑长185、宽55厘米，较之墓底深40厘米（图2-640；彩版三九一，3）。

长方形竖穴土坑墓，墓壁略向外扩。墓口距地表约100厘米，口底同大，长248、宽90厘米，墓深250厘米。填土为红褐色花夯土，质地紧密、坚硬。

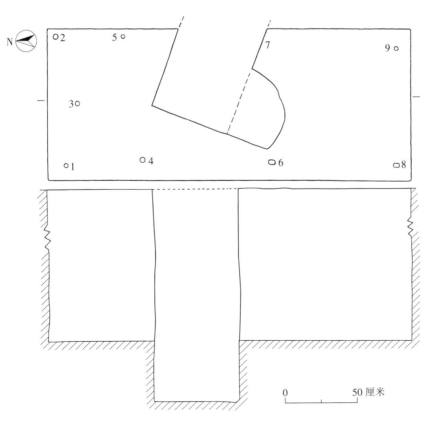

图2-640　NM165平、剖面图

在墓底发现有9个木桩孔洞，墓室两侧各有4个，排列对称、整齐。北端居中分布1个。这些孔洞平面为圆形和椭圆形，下端呈锥状，向内侧倾斜，直接插入生土中。孔洞直径2~4、深6.5~13厘米。详情如下：

编号	位置	形状	直径（厘米）	深度（厘米）
1	北部西侧	圆形	2.5	12
2	北部东侧	圆形	3	17
3	北部中间	圆形	3	10
4	中部偏北西侧	圆形	3.5	8
5	中部偏北东侧	圆形	2	6.5
6	中部偏南西侧	椭圆形	3×4.5	9
7	中部偏南东侧	圆形	3	13
8	南部西侧	椭圆形	3×4	10
9	南部东侧	圆形	3	9

因被盗扰，未见完整的葬具，仅存有少量板灰。墓底北部发现有棺侧板残留。东侧棺板残长40、西侧棺板残长24厘米，侧板宽6厘米，两侧板间距42厘米。

由在墓北侧发现一片以腐朽成粉状的头盖骨可知，其头向向北。

墓内被盗扰一空。

墓葬年代：据墓葬形制判断，该墓为殷墟时期。

NM171

位于NT1927的西北角。开口于③层下，并打破④层。方向为358度。（图2-641；彩版三九二）

长方形竖穴土坑墓，墓壁较直，墓底斜平，略呈北高南低。墓口距地表约70厘米，墓口长200、宽50厘米，墓深约58厘米。填土为褐色花夯土，土质一般，未见夯土。出残卜骨一块。

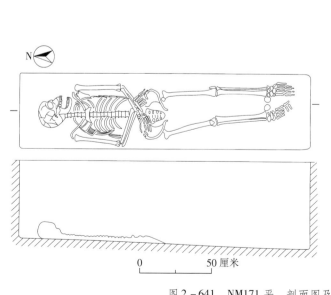

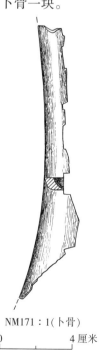

NM171：1（卜骨）

图2-641 NM171平、剖面图及出土遗物

无二层台、腰坑与葬具。

墓主仰身直肢，头北面东，双手置于腹部。

未见有随葬品。

卜骨　1件。

NM171∶1，残。残存部分为细长条形，一侧有切削痕迹。正面光滑，背面有五个长方形凿坑。残长14.3、宽2.1、厚0.6厘米。（图2-641；彩版三九二，2）

墓葬年代： 殷墟晚期。

人骨鉴定：

人骨保存情况良好。头骨大部保存，但破损。上、下肢骨虽断裂但骨质保存较好。双侧锁骨完整，肩胛骨未保存。左侧髌骨、双侧髋骨大部保存。脊柱保存较差，多数后段脊椎未保存。手部及足部骨骼保存较好。

墓主骨架整体较厚重，肌肉附着痕迹明显，颅骨骨壁较厚，眶上缘圆钝；髋骨翼较厚，坐骨大切迹窄而深。据以上性别特征推断，墓主可能为男性个体。骨骺完全愈合。耳状面形态5级（Lovejoy分级系统），第一、二臼齿磨耗程度5级（吴汝康分级系统），前部牙齿磨耗较严重。据以上推断，该个体应为中年个体，年龄40~50岁。右侧肱骨最大长为30.5厘米，身高估算160~168厘米。

墓主顶骨多孔型骨肥大呈愈合状态。牙齿磨耗极为严重，上颌牙齿磨耗显于下颌。左侧上颌第一、第二臼齿，左侧下颌第一至第三臼齿及右侧下颌第三臼齿生前脱落，齿槽完全吸收。左侧上颌犬齿、第一、二前臼齿咬合面龋齿，病变累计整个齿冠，同时该犬齿及第一前臼齿处的齿槽颊侧面可见由根尖脓疡造成的瘘道，齿槽吸收，齿根暴露。右侧下颌第三臼齿处齿槽也可见根尖脓疡瘘孔。保存的牙齿中多数可见咬合面釉质剥脱。双侧下颌髁突上均可见粗糙的新骨形成。双侧锁骨胸骨端骨质疏松明显，肌肉附着痕迹极为明显。右侧肱骨头关节表面粗糙。双侧尺骨鹰嘴关节面上可见新骨形成现象。双侧尺骨及桡骨远端关节面边缘均可见轻微的骨赘生成。指骨掌侧屈肌腱韧带附着痕迹明显。右侧股骨头凹边缘骨赘生成。双侧髋臼窝边缘新骨形成，关节面粗糙，可见珊瑚样边缘硬化型骨质疏松小孔。右侧股骨内侧髁边缘、同时与髌骨相接处关节面边缘骨赘生成。右侧髌骨关节面边缘骨赘生成。右侧胫骨远端关节面边缘骨赘生成。双侧胫骨骨干前内侧面均可见骨膜炎的病理表现，板层状新骨形成。双侧胫骨近端关节面下缘后外侧骨表面均显示炎症愈合的病理现象，可能与肌肉附着点肌炎有关。右侧腓骨远端关节面粗糙，同时部分骨质象牙化。双侧跟骨距骨关节面边缘显示轻微的新骨形成。右侧第一跖骨远端关节面骨赘生成，由此形成的假关节面骨质疏松明显。颈椎椎体骨质疏松严重，椎体的正常形态被破坏，多个椎体压缩性骨折，上下关节突关节面同样骨质疏松，并伴有大面积的骨质象牙化现象。胸椎骨质疏松，椎体边缘骨刺生成。

NM173

位于NT2027的中部。开口于F7下，并打破④层。方向为173度。（图2-642A、B；彩版三九三）

长方形竖穴土坑墓，口小底大，墓壁略向东倾斜，墓底较平。墓口距地表约75厘米，墓口长175、宽65厘米，墓底长165、宽80~85厘米，墓深约160厘米。填土为浅灰色土，土质松软（图2-642A）。

墓底四周有熟土二层台，宽5~15、高15厘米。

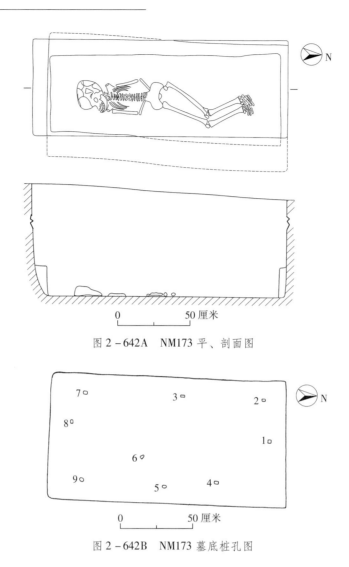

图 2 - 642A　NM173 平、剖面图

图 2 - 642B　NM173 墓底桩孔图

无腰坑。

墓底发现有 9 个木桩孔，南北端各 1 个，东西侧各 3 个，排列不甚对称，略有错位。此外，在墓的中南部偏东还有 1 个桩孔。这些孔平面呈长方形，径长 1.5~3、深 10~30 厘米。（图 2 - 642B）

编号	位置	形状	直径（厘米）	深度（厘米）
1	北端中部	方形	2	10
2	西侧北部	长方形	1.5×2.5	15
3	西侧中部	长方形	1.5×3	30
4	东侧北部	长方形	1.5×2.5	15
5	东侧中部	长方形	1.5×2.5	15
6	中南部偏东	长方形	1.5×2	10
7	西侧南部	长方形	1.5×2.5	15
8	南端中部	长方形	2×2.5	15
9	东侧南部	长方形	1.5×2	20

葬具为棺。棺长 160、宽 50 ~ 63、残高 15 厘米。墓底可见清楚的板灰痕迹。其由前后挡板和四块纵向盖板构成。前后挡板长 50、宽 10 厘米。盖板夹于前后挡板之间，长约 140、宽 12 ~ 14 厘米。在棺上和二层台上盖有人字纹席子。

墓主俯身屈肢，头南面东，双脚并拢，双手置于腹部。墓主年龄 8 ~ 10 岁的小孩，骨骼范围长度 115 厘米。墓主骨架已朽成粉末。墓主口中含贝 1 枚，已朽成粉末。

墓葬年代：据墓葬形制与出土物判断，该墓为殷墟时期。

NM174

位于 NT2020 东北部。开口于第③层下，打破 F8。方向为 174 度。（图 2 - 643；彩版三九四，1）

长方形竖穴土坑墓，墓壁直。墓口距地表深约 60 厘米，墓口长 113、宽 30 厘米，墓深 27 厘米。红褐色花土，略硬，未被夯实。

无二层台、腰坑与葬具。

墓主仰身直肢，头南面东。骨骼长度 105 厘米。肋骨、脊椎骨均腐朽无存。为一位 6 ~ 7 岁的儿童。性别不明，无随葬品。

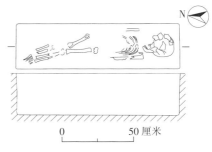

图 2 - 643　NM174 平、剖面图

墓葬年代：被该墓打破的 F8 为殷墟四期，因而该墓年代不早于殷墟四期。

NM175

位于 NT1821 的西北部。部分延伸到 NT1822 南部。开口于第③层下。方向为 190 度。（图 2 - 644；彩版三九四，2）

长方形竖穴土坑墓。墓口距地表深 145 厘米，墓口长 195、宽 57 厘米，墓深 22 厘米。填土为浅灰褐，土质稍松。

无二层台、腰坑与葬具。

墓主仰身直肢，右手放于下颚处。为 40 ~ 45 岁的女性。

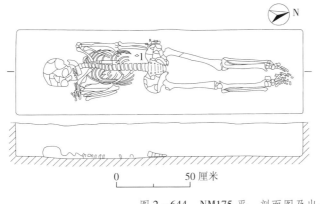

NM175：1
（铜镞 Ab Ⅱ 式）

图 2 - 644　NM175 平、剖面图及出土遗物

墓主腰间随葬铜镞1枚。

铜镞 1件。

NM175∶1，Ab 型Ⅱ式。残。形体小，镞体呈三角形，中脊截面呈菱形，短翼，后尖残，铤残失。锈蚀严重。残长3.2、翼残宽1.7厘米。（图2-644）

墓葬年代：据墓葬形制与出土物判断，该墓为殷墟时期。

NM189

位于NT2020东南角及未开方的东部。开口于H77下，上部被H77打破，直接打破生土。方向为272度。（图2-645；彩版三九四，3）

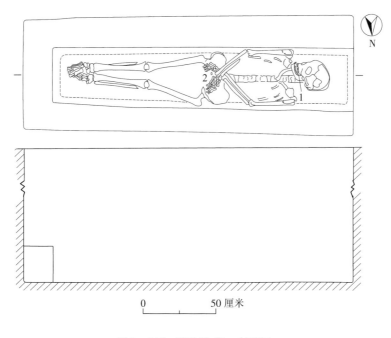

图2-645　NM189 平、剖面图

长方形竖穴土坑墓，墓壁直，底部较平。墓口距地表深175~190厘米，墓口长225、宽72~80厘米，墓现存深174厘米。填土为红褐色花土，较硬，被夯实，有明显的夯窝，夯窝直径5~6、深约3厘米。

墓底南、北、东三面有熟土二层台，宽16~20、高24厘米。

无腰坑。

葬具为一棺。从残存的板灰痕迹可知，棺长205、宽36~42、高24厘米，棺板厚4~5厘米。由于腐朽严重，难以辨别其结构。

墓主仰身直肢，头西面南，两臂交叉放于盆骨上，右手腕压着左手腕，两腿并拢，右脚压在左脚上。头骨塌陷，肋骨、脊椎骨均腐朽成粉末。为35岁左右的男性。

墓主口内有贝2枚，两手交叉处有贝1枚，均为A型货贝。

第三章 墓葬分期

年代是考古学研究的首要问题，是讨论考古学问题的前提和基础。自殷墟考古发掘以来，殷墟年代问题就成为重要课题。发掘之初，殷墟的年代是建立在甲骨与文献学研究基础上的，其年代明确被认为是商代晚期。而殷墟之所以能够成为考古调查与发掘的首选之地，主要就是因为殷墟的年代十分明确，可以为"其他古墟"提供年代学标尺。

殷墟考古学文化分期已十分成熟，不同学者的分期相差甚小，且多为学术界所熟知。我们所熟悉的殷墟文化分期形成并确立于 20 世纪 60~80 年代，其后又有一些补充与细化。本报告采用本所安阳队以郑振香先生为首的学者的分期意见：殷墟文化分为四期，其中一、二、四期可各分为早晚两段[1]。本次发掘揭示的层位关系以及随葬品的组合和型式演变，也支持上述分期。

一 墓葬的层位及遗迹间的关系

殷墟墓葬间的叠压打破关系，以及殷墟墓葬与殷墟时期地层、灰坑等遗迹的叠压打破关系，为判断墓葬的分期年代提供了重要依据。特别对于判定那些没有随葬品的墓葬的年代序列更是至关重要。此次发掘，从地层关系上进一步验证了此前分期的合理。兹将这些出土有时代特征明显的随葬品的墓葬之间的叠压打破关系列举如下（具体的器物形制分析见本书第九章相关内容）：

（一）墓葬间叠压打破关系

1）SM410 打破 SM411：SM410 出土 BⅡ式陶豆、BⅠ式铜瓿、BⅠ式铜爵；SM411 出土 BⅡ式铜瓿、BⅡ式铜爵[2]。

2）SM439 打破 SM552：SM439 出土 AⅪ式陶瓿、Ⅹ式陶爵；SM552 出土 Aa 型陶豆。

3）SM576 打破 SM722：SM576 出土 BⅡ式陶瓿、Ⅸ式陶爵；SM722 出土 AⅩ式陶瓿。

4）SM745 打破 SM746：SM745 出土 AⅪ式陶瓿、Ⅹ式陶爵；SM746 出土 AⅤ式陶瓿、Ⅲ式陶爵、Aa 型陶豆。

5）SM764 打破 SM765：SM764 出土 AⅪ式陶瓿、Ⅸ式陶爵、AbⅤ式陶鬲；SM765 出土 BⅠ式陶鬲；

---

[1] 中国社会科学院考古研究所编著：《殷墟的发现与研究》，科学出版社，1994 年。

[2] SM410 与 SM411 均为殷墟文化四期早段之时，属典型的同期打破现象。从器物演变规律分析，SM410 出土的铜瓿、铜爵应进一步演化成 SM411 的铜瓿、铜爵，也就是说，从型式分析来看，SM410 铜瓿、爵要早于 SM411 铜瓿、爵。但 SM410 又打破 SM411，这就矛盾了。考虑到青铜器演化速度较慢、使用时间长等特征，这种情况也不是没有可能。即略早的器物埋藏在略晚的墓葬中。

6）SM770 打破 SM766：SM770 出土 A XI 式陶觚、IX 式陶爵、B I 陶鬲；SM766 出土 IX 式陶爵、Ab V 式陶鬲；

7）SM768 打破 SM808：SM768 出土 A II 式泥质陶鬲；SM808 出土 A IV 式陶觚、III 式陶爵、Aa 型陶豆；

8）SM767 打破 SM832：M767 出土 IV 式陶爵；SM832 出土 A V 式陶觚、III 式陶爵；

9）SM891 打破 SM892：SM891 出土有陶觚残片、VII 式陶爵及 Ab IV 式夹砂陶鬲；SM892 出土 F 型夹砂陶鬲；

10）SM928 打破 SM929：SM928 出土 A IX 式陶觚及陶爵碎片；SM929 出土有 A IV 式陶觚、III 式陶爵、Ab 型陶豆、A 型铜觚、B I 式铜爵等。

（二）墓葬与其他遗迹之间的叠压打破关系

1）SM568 打破 H264：SM568 出土 V 式陶爵、A VII 式陶觚；H264 属殷墟文化三期；

2）SM610 打破 H346：SM610 出土 IV 式陶爵；H346 属殷墟文化三期；

3）SM661 打破 H456：SM661 出土 A V 式陶觚；H456 属殷墟文化三期；

4）SM666 打破 H562：SM666 出土 A VI 式陶觚；H562 属殷墟文化四期；

5）SM679 打破 H455：SM679 出土 A VIII 式陶觚；H455 属殷墟文化三期；

6）SM724 打破 G9：SM724 出土甲类 Aa I 式陶鬲；G9 属殷墟文化一期晚段；

7）SM738 打破 H486、H588：SM738 出土甲类 Ab II 式陶鬲；H486、H588 属殷墟文化二期晚段；

8）SM761、SM762、SM769 打破 F66：SM761 出土 X 式陶爵、B II 式觚、甲类 B III 式陶鬲；SM762 出土陶觚、甲类 B III 式陶鬲；SM769 出土 IX 式陶爵、B I 式陶觚、甲类 B II 式陶鬲；F66 属殷墟四期早段；

9）SM778 打破 F73：SM778 出土 III 式陶爵、Ab 型陶豆、A VIII 式陶觚；F73 属殷墟文化三期；

10）SM827 打破 H610：SM827 出土甲类 D I 式陶鬲；H610 属殷墟文化四期早段；

11）SM920、SM921 打破 H664：SM920 出土 A XII 式陶觚、X 式陶爵；SM921 出土 X 式陶爵、A X 式陶觚、铅觚、铜爵等；H664 属殷墟文化四期早段；

12）SM941 打破 H502：SM941 出土 B II 式陶豆、III 式陶爵、A III 式陶觚；H502 属殷墟文化四期早段；

13）SM962 打破 H698：SM962 出土甲类 Ab III 式陶鬲；H698 属殷墟文化四期。

另有一些墓葬未出土时代特征明显的随葬品，其地层关系也十分明确，在此不再一一赘述。

二 陶容器的组合与型式演变

总计有 333 座墓葬出土了陶容器。

陶器种类主要有陶觚、爵、鬲、豆、簋、盘、罐等。随葬陶器的组合以陶觚、爵为中心，这也是殷墟墓葬随葬品的显著特征。统计显示，333 座随葬陶容器的墓葬中，出土陶觚爵组合的达 169 座，占比达 50.75%。另有一些墓葬出土有单觚、单爵，或加上其他器类。实际上，殷墟墓葬中，陶觚爵基本上是配套出土的，与铜觚爵一样，很少单件出土。之所以有单件，多是因为被盗而致使组合不全。这类墓葬尚有 63 座，加上陶觚爵组合完整的 169 座墓，随葬陶觚爵墓葬的比例高达 69.7%。

表 3-1 孝民屯遗址殷墟墓葬陶器组合统计表

觚	爵	豆	鬲	盘	簋	罐	壶	盉	瓶	盂	罍	合计	百分比
★	★											107	32.13
★	★		★									18	5.41
★	★	★										30	9.01
★	★			★								8	2.4
★	★	★				★						1	0.3
★	★			★		★						1	0.3
★	★			★	★	★						2	0.6
★	★		★	★	★	★						1	0.3
★	★				★			★				1	0.3
★												21	6.31
★		★		★								1	0.3
★		★										1	0.3
★			★									4	1.2
★				★								4	1.2
★			★	★	★							1	0.3
★				★	★	★						1	0.3
	★											21	6.31
	★	★										4	1.2
	★		★									2	0.6
	★			★								1	0.3
	★				★							1	0.3
	★			★		★						1	0.3
		★										17	5.11
			★									51	15.32
		★	★									2	0.6
				★								4	1.2
					★							4	1.2
				★	★							1	0.3
			★		★							1	0.3
			★	★	★							1	0.3
						★						1	0.3
		★			★	★						1	0.3
			★			★				★		1	0.3
					★	★	★					1	0.3
									★			3	0.9
											★	1	0.3

表 3-1 孝民屯遗址殷墟墓葬陶器组合统计表

此外，陶鬲、豆、簋、盘等也较多。这些陶器或与觚、爵配套，或单独出土。与觚、爵配套的，有 30 座墓为陶觚、爵、豆组合，8 座为陶觚、爵、盘组合，18 座墓为陶觚、爵、鬲组合。而有 51 座墓随葬单件的陶鬲，有 17 座随葬单件的陶豆，分别占 15.32%、5.11%，这成为这批墓葬中又一突出的特征。

需要说明的是，许多墓葬被盗一空，这在一定程度上影响到统计数据的准确性。如果没有被盗的话，陶觚、爵随葬的比重应该还会上升。在与此次发掘区毗邻的"殷墟西区墓地"中，719 座有陶容器的墓葬，随葬陶觚、爵的就有 508 座，比例高达 70.65%[1]。

殷墟墓葬中，陶觚、爵演变序列简单、明了，成为分期断代的标尺。以下依据地层关系及器物型式变化，首先对陶觚、爵进行类型学分析。

陶觚共分为两型，以 A 型为主。A 型演变序列清楚，可分为 12 个式别，基本特征为形体自 I 式的粗大、规整，渐次演变为 XII 式的矮小、粗糙。

陶爵共分为三型，主要的是 A 型。A 型演变序列清楚，共分为 10 个式别，同样是由 I 式的形体高大、粗壮，演变为 X 式的矮小、质劣。

夹砂与泥质陶鬲构成两大演变序列。夹砂陶鬲以 A、B 二型为主。虽然在型式上仍有细微的差别，以亚型细分，但总体来说，A、B 两型陶鬲都是器体渐矮、裆部渐低这一大的趋势。泥质陶鬲基本都是 A 型，器体较小，素面，器表都未见到烟炱痕迹。其由早到晚的过程也是裆部变低的过程。

陶鬲主要有两种组合方式：陶觚、爵、鬲（共 18 座墓）和单件陶鬲（共 51 座墓）。与陶觚、爵组合的几乎都是夹砂陶鬲，泥质陶鬲几乎都是单件，不与其他陶器组合。随葬单件泥质陶鬲的墓葬相对较为集中，这应不是偶然现象，可能与家族墓地有关。

陶豆形制较为简单，以敛口豆为大宗，由深盘矮圈足到敛口浅盘高圈足，再到浅盘斜沿矮圈足。与陶鬲相似，与陶觚、爵组合或单件出土。

陶盘形式单一，由大口深盘高圈足变成了小口浅盘矮圈足。较少单件出土。需要说明的是，陶盘与陶觚、爵一样，很少在墓葬以外的遗迹中出现，而且烧制火候均较低，不像实用器那样坚硬、结实。

陶簋类型较多，其中 A 型由 I 式的"T"形口、深腹、矮圈足，演化到 V 式的侈口、斜直腹、高圈足；B 型也是由卷沿、斜腹演变成垂腹。多与其他器类组合出现，单件的较少。

总体来说，由于出土的陶器数量仍有限，除觚、爵、豆、盘外，其他陶器与殷墟曾经出土的同类型陶器对比来看，都有演化序列不完整的现象。

三　青铜礼器、铅礼器的组合与型式演变

共有 25 座墓葬出土青铜礼器，觚 27 件、爵 25 件、鼎 6 件、簋 3 件、卣 2 件、瓿 2 件、斝 1 件、尊 1 件，合计 67 件。组合主要有：觚、爵，觚、爵、鼎、簋、卣，觚、爵、鼎、簋，觚、爵、鼎、尊、斝。另有单件的觚及鼎，这应是被盗所致。还有 SM854 以铜觚与铅爵相组合。上述组合以铜觚、爵各 1 件最多。

有 8 座墓出土有铅礼器，觚 7 件、爵 6 件、簋 6 件、鼎 4 件、罐 1 件，计 24 件。组合主要有觚、

---

〔1〕　中国社会科学院考古研究所安阳工作队：《1969～1977 年殷墟西区墓葬发掘报告》，《考古学报》1979 年第 1 期。

爵和觚、爵、鼎、簋两种组合。

由于出土青铜器数量较少，除觚、爵演化序列相对完整外，其他器类因数量太少，很难进行类型学分析。

铜觚 27 件。依器表装饰、形体高矮、粗细等分为四型。

A 型铜觚仅有 4 件，均形体高大，通体或柄部以下饰花纹，做工精致，厚重。此类型铜觚在殷墟二期文化中多见，自三期以后，数量逐步减少。

B 型铜觚数量最多。形体也较大，柄部较粗，均素面无纹饰。此类铜觚有由早期的厚重、高大向晚期的轻薄、矮小变化的趋势。这种演化也得到地层学及同出其他铜器、陶器演化的证实。素面或简化弦纹铜觚在殷墟出现的也很早，只是更流行于殷墟晚期，到四期之时，其轻薄、粗糙的程度与明器无异。

C 型铜觚数量也相对较多。与 B 型相比，只是柄部更细，口至底弧线曲率较大。其演化趋势与 B 型基本相同。

D 型 2 件。属殷墟较少见的形体粗矮型。这类铜觚在殷墟之时一直存在，但数量有限。整个殷墟时期，未形成主流。

铜爵 25 件。分为三型，其中的 A、C 型数量均不多，主要是 B 型的素面爵。

A 型爵腹部饰饕餮纹。此类型的铜爵以殷墟早期特别是殷墟二期之时最为流行。不论形制如何，都制作精良，纹饰繁缛。

B 型素面爵（腹部或有弦纹），是此次墓葬出土的大宗，共 19 件。在殷墟一期之时就有，但在殷墟早期特别是二期之时数量不多，主要盛行于殷墟晚期。依据流、尾及腹的不同，本报告把 B 型爵分为 3 式，爵流从 I 式的宽流渐变为 III 式的窄流，爵柱逐渐升高，爵尾渐平，腹变浅。更为重要的是，制作渐变成轻薄、粗糙。

铜鼎 6 件。主要是圆鼎，另有 1 件分档鼎。

A 型圆鼎为束颈，鼓腹下垂。此类型鼎不多见，殷墟西区墓地（GM874）曾有出土，柱足更高，为殷墟四期。

B 型圆鼎较为常见，是殷墟时期的主要器形。其腹部逐渐变浅，柱足渐高。

C 型分档鼎在殷墟也较普遍，演变趋势与 B 型相近，只是本次发掘只有 1 件。

铜簋 3 件。分为两型，在殷墟，这两类铜簋都较晚。

卣、瓿、斝、尊等因数量有限，无法进行类型学分析，但与殷墟其他同类器相比，序列还是清晰可辨的，基本都是殷墟晚期遗物。器物多素面，制作粗糙，有些应是明器。

铅礼器 24 件。因材质原因保存都不好，完整者不多。出土铅礼器的墓葬多伴出陶器，除 SM429 出 VIII 式陶爵、SM854 出 V 式陶爵和 A VII 式陶觚外，其他墓葬多伴出 IX 式陶爵和 A X 式陶觚。这两式陶觚、爵基本是最晚的型式，可见铅礼器出现得较晚。以此次分期标准判断，铅礼器最早出土于殷墟四期早段，盛行于殷墟四期晚段。

除铅礼器外，一些墓葬还出土有铅质兵器和工具，如 SM778 及 SM746，均出土铅戈。与之伴出的是 III 式陶爵及 A V、A VII 式陶觚，据此可知，铅质兵器出现要早于铅礼器。

四 墓葬的分期

与殷墟西区墓葬一样，随葬品以陶觚、爵数量最多，变化又最快。本报告把陶觚、爵各分了12式、10式，与陶觚、爵共出的陶容器也相应地做了类型学分析。结合墓葬的地层关系及殷墟历年考古发掘、研究的成果，本报告把这些陶器分四个大的阶段：

第一段：以 AⅠ、AⅡ式觚及Ⅰ、Ⅱ式爵及其同出其他器物为代表；

第二段：以 AⅢ～AⅥ式觚及Ⅲ、Ⅳ式爵及其同出其他器物为代表；

第三段：以 AⅦ～AⅨ式觚及Ⅴ～Ⅷ式爵及其同出其他器物为代表；

第四段：以 AⅩ～AⅫ式觚及Ⅸ、Ⅹ式爵及其同出其他器物为代表。

通过与殷墟分期研究成果比较，我们认为第一段相当于殷墟二期晚段，第二段相当于殷墟三期，第三段相当于殷墟四期早段，第四段应为殷墟四期晚段。

有些墓葬其随葬品并不十分典型，但大体可以确定属于殷墟四期分法中的某一期；也还有一些墓葬据地层关系大体可以判断其年代不早于或不晚于殷墟某一时段，甚至可以判断属于殷墟早期或晚期。但尚有很多墓葬由于被盗或随葬的器物不典型，只能依据葬式、葬具等粗略判断属于殷墟时期。一期晚段墓葬一共只有4座，其中一座还是陶棺葬（SM776）。另有2座墓葬（SM5、SM6）被属一期晚段的F6打破，二者年代应不晚于一期晚段，结合殷墟文化分期及年代，把二者定为一期晚段也是合适的。

总体而言，属于殷墟一期的墓葬太少，这与遗址南区大量属一期晚段的半地穴式建筑群的存在形成了极大的反差。

殷墟二期墓葬13座，其中南区9座、北区4座。以随葬Ⅰ式及Ⅱ式陶爵、AⅠ式及AⅡ式陶觚、甲 AaⅠ式陶鬲、AⅡ和AⅢ式陶簋为主，个别墓葬有随葬实用铜戈的。值得一提的是，从二期开始，墓葬中开始随葬质地轻薄、制作粗糙的乙类铜戈，应是明器。

虽然较一期墓葬数量有所增加，但与三、四期墓葬相比，二期墓葬仍数量甚微。

"殷墟西区墓地"没有一期墓葬，二期墓葬74座，占整个分期墓葬的10.6%。孝民屯南北两区有明确分期的墓葬共362座，一期占0.55%，二期墓葬占3.3%。可见在殷墟西部区域，殷墟早期的墓葬均较少。原因是多方面，其中后期人类活动的持续破坏及殷墟早期居住人口还相对较少，且多聚集在宫殿区周边应是主因。

殷墟三期墓葬共有109座，绝大多数分布于南区，北区只有5座。这些墓葬绝大多数随葬有以陶觚、爵为中心的陶器，主要以AⅦ～AⅨ式觚及Ⅴ～Ⅷ式爵为主。其次是Aa、Ab及BⅠ、BⅡ陶豆，甲类 AaⅢ、AaⅣ、AbⅡ鬲以及AⅣ和BⅠ～BⅢ式簋等。共有11座墓陪葬青铜礼器，主要是铜觚、爵。乙类铜戈、矛数量开始增多，铅器开始出现，基本上都是铅戈。这说明，从殷墟三期开始，随葬品明器化的步伐开始加快，其中原因值得探究。

殷墟四期墓葬239座，其中有76座为殷墟四期早段，149座为殷墟四期晚段，14座墓葬据地层关系及器物判断为四期（由于出土器物较少或不典型，没能进一步细分）。四期早段以AⅦ～AⅨ式陶觚及Ⅴ～Ⅷ式陶爵为主，四期晚段以AⅩ～AⅫ式陶觚及Ⅸ、Ⅹ式陶爵为主。当然有一些墓葬随葬有单件的甲类及乙类鬲也是同期的典型器物。从早段开始，陶盘开始增多，而陶豆极少见，二者大有此消彼长之势。

四期的青铜礼器以质地轻薄者居多，素面或纹饰浅而模糊。这与同期的青铜铸造作坊内大量残存的铸铜陶范极不相称。据陶范分析，孝民屯铸铜作坊始建于殷墟二期偏晚阶段，鼎盛于三、四期，其铸造技术延续了殷墟早期的铸造技术，各式精美青铜器仍在生产。这与墓葬随葬青铜礼器形成极大的反差。造成这种反差的原因在于社会礼制的变革。与墓葬随葬品大量明器化相一致，很多青铜礼器也是专门用于随葬的明器。四期早段铅礼器也开始出现，到四期晚段，铅礼器的数量明显增加。有学者认为铅器的出现可能与商王朝被灭有关[1]，但从铅器出现的过程及墓葬随葬品明器化的进程分析，可能并非如此。

有一部分墓葬根据出土的小件、残件及地层叠压打破关系，时代能够判定为殷墟晚期、不早于殷墟文化某期、不晚于殷墟文化某期。

有 217 座墓葬的年代无法判断，只能认定属于殷墟时期。

---

〔1〕　唐际根、汪涛：《殷墟第四期文化年代辨微》，《考古学集刊》第 15 集，文物出版社，2004 年。

附表3－1　孝民屯遗址殷墟墓葬分期及葬具登记表

时代	A: 一椁一棺墓（94座）				B: 一棺墓（315座）				C: 简易或无葬具墓（176座）	D: 葬具不明墓（58座）	E: 陶棺葬（1座）	F: 车马坑（1座）	合计
	a: 没有被盗、随葬铜铅容器的墓葬（13座）	b: 没有被盗、主要随葬陶器的墓葬（20座）	c: 被盗、但出铜铅容器的墓葬（4座）	d: 被盗、不出铜铅容器的墓葬（57座）	a: 没有被盗、随葬铜铅容器的木棺墓（15座）	b: 没有被盗、主要随葬陶、铜、铅、玉、骨、贝饰的木棺墓（154座）	c: 没有被盗、无随葬品的木棺墓（26座）	d: 被盗扰的木棺墓（120座）					
一期晚段						SM724（1座）					SM776（1座）		2座
不晚于一期晚段				SM38、SM741、SM929（3座）					SM5、SM6（2座）				2座
二期晚段		NM166（1座）				SM701、NM149、NM155（3座）			SM650、SM753、SM755（3座）				7座
不晚于二期晚段									SM620（1座）				1座
二期						SM212、SM396、SM892、NM148（4座）			SM634、SM777（2座）				6座
不晚于二期							SM982（1座）						1座
三期	SM17、SM51、SM244、SM783、SM926、NM137（6座）	SM578、SM841、SM842、SM941、NM168（5座）	SM447、SM637、SM793（3座）	SM361、SM583、SM584、SM610、SM726、SM736、SM847、NM144（8座）	SM38、SM741、SM929（3座）	SM14、SM106、SM207、SM222、SM358、SM378、SM414、SM437、SM448、SM556、SM569、SM600、SM609、SM615、SM666、SM695、SM703、SM705、	SM786（1座）	SM10、SM43、SM91、SM109、SM379、SM383、SM444、SM582、SM607、SM661、SM669、SM683、SM696、SM729、SM778、SM779、SM784、SM821、	SM88、SM377、SM422、SM438、SM552、SM581、SM644、SM832、SM836、SM848、SM859、SM875、SM881、SM898、SM933、SM944（16座）	SM250、SM381、SM619、SM767、SM803、SM816、SM903（7座）			109座

续附表 3－1

时代	A：一椁一棺墓（94座）				B：一棺墓（315座）				C:简易或无葬具墓（176座）	D:葬具不明墓（58座）	E:陶棺葬（1座）	F:车马坑（1座）	合计
	a：没有被盗、随葬铜铅容器的墓葬（13座）	b：没有被盗、主要随葬陶容器的墓葬（20座）	c：被盗、但出土铜铅容器的墓葬（4座）	d：被盗、不出铜铅容器的墓葬（57座）	a：没有被盗、随葬铜铅容器的木棺墓（15座）	b：没有被盗、主要随葬陶、铜、玉、骨、贝的木棺墓（154座）	c：没有被盗、无随葬品的木棺墓（26座）	d：被盗扰的木棺墓（120座）					
三期						SM715、SM716、SM727、SM734、SM738、SM746、SM756、SM760、SM795、SM808、SM810、SM822、SM914、SM918、SM955、SM959、SM965、NM139、NM141（37座）		SM897、SM913、SM922、SM939、SM956（23座）					
不晚于三期							SM958（1座）		SM385、SM386、SM667、SM846、SM952、NM172（6座）	SM792（1座）			8座
四期早段	SM16、SM854（2座）	SM50、SM710、NM138、NM145（4座）		SM15、SM92、SM369、SM380、SM418、SM419、SM679、SM735、SM876、SM932（10座）	SM107、SM402、SM431、SM699（4座）	SM49、SM60、SM61、SM84、SM357、SM374、SM408、SM409、M434、SM562、SM568、SM586、SM671、SM684、SM731、SM798、SM829、SM850、SM885、SM891、SM910、SM919、SM953、SM960、SNM114、NM142、NM179（27座）		SM41、SM63、SM94、SM64、SM110、SM204、SM208、SM219、SM405、SM410、SM411、SM427、SM571、SM559、SM575、SM585、SM737、SM804、SM916（19座）	SM4、SM435、SM440、SM768、SM851、SM875（6座）	SM387、SM413、SM623（3座）		SM30（1座）	76座

续附表 3－1

时代	A:一椁一棺墓（94 座）				B:一棺墓（315 座）				C:简易或无葬具墓（176 座）	D:葬具不明墓（58 座）	E:陶棺葬（1 座）	F:车马坑（1 座）	合计
	a:没有被盗、随葬铜铅容器的墓（13 座）	b:没有被盗、主要铜铅容器的墓的墓葬（20 座）	c:被盗、但出铜铅容器的墓葬（4 座）	d:被盗、不出铜铅容器的墓葬（57 座）	a:没有被盗、随葬铜铅容器的木棺墓（15 座）	b:没有被盗、主要随葬陶、铜、贝、骨、玉的木棺墓（154 座）	c:没有被盗、无随葬品的木棺墓（26 座）	d:被盗扰的木棺墓（120 座）					
不晚于四期早段			SM817（1 座）				SM874（1 座）	SM625、SM592（2 座）					4 座
四期晚段	SM675、SM871、SM889、NM154、NM169（5 座）	SM358、SM375、SM674、SM676、SM677、SM761、SM762、SM934、NM177、NM193（10 座）		SM27、SM29、SM93、SM209、SM236、SM353、SM366、SM423、SM561、SM564、SM574、SM579、SM590、SM594、SM595、SM672、SM673、SM693、SM707、SM745、SM764、SM824、SM857、SM901、SM909、NM160（26 座）	SM85、SM354、SM407、SM441、SM588、SM694、SM799、SM856（8 座）	SM44、SM62、SM83、SM103、SM104、SM108、SM205、SM214、SM371、SM389、SM394、SM395、SM424、SM425、SM426、SM433、SM439、SM597、SM624、SM626、SM685、SM712、SM744、SM748、SM765、SM766、SM769、SM770、SM782、SM796、SM800、SM827、SM855、SM879、SM886、SM890、SM893、SM900、SM908、SM920、SM924、SM928、SM931、SM962、NM152、NM153、NM157、NM162、NM170（49 座）		SM28、SM234、SM235、SM360、SM384、SM404、SM428、SM429、SM430、SM446、SM553、SM560、SM576、SM596、SM612、SM627、SM630、SM631、SM638、SM646、SM647、SM649、SM657、SM706、SM714、SM722、SM749、SM820、SM833、SM864、SM925（31 座）	SM912（1 座）；SM201、SM232、SM438、SM554、SM599、SM680、SM794、SM686、SM718、SM921、SM961、SM839、NM140、NM161（14 座）	SM359、SM397、SM401、SM555、SM733（5 座）			149 座

续附表 3－1

时代	A：一椁一棺墓（94座） a：没有被盗、随葬铜铝容器的墓葬（13座）	b：没有被盗、主要随葬陶器的墓葬（20座）	c：被盗、但出铜铝铜容器的墓葬（4座）	d：被盗、不出铜铝容器的墓葬（57座）	B：一椁墓（315座） a：没有被盗、随葬铜铝容器的木棺墓（15座）	b：没有被盗、主要随葬陶、铜、玉、骨、贝的木棺墓（154座）	c：没有被盗、无随葬品的木棺墓（26座）	d：被盗扰的木棺墓（120座）	C：简易或无葬具墓（176座）	D：葬具不明墓（58座）	E：陶棺葬（1座）	F：车马坑（1座）	合计
不晚于四期晚段								NM159（1座）	SM372（1座）	SM823（1座）			3座
四期				SM53、SM658（2座）		SM2、NM164、SM228（3座）		SM593（1座）	SM867、NM183、NM184、NM188（4座）	SM351、SM376、SM781、NM146（4座）			14座
不晚于四期							SM801（1座）		SM557、SM565、SM811（3座）				4座
不早于一期晚段									SM31、SM869（2座）	SM13（1座）			3座
不早于二期晚段										SM221（1座）			1座
不早于三期						SM740（1座）	SM787（1座）	SM356、SM362、SM711、SM730（4座）	SM566、SM641、SM642、SM664、SM773、SM774、SM775、SM888、SM907（9座）				15座
不早于四期早段				SM42（1座）		SM393（1座）	SM567（1座）	SM412（1座）	SM570、SM580、SM589、SM692、SM815、NM101（6座）				10座
不早于四期								SM591、SM771（2座）	SM708、NM174（2座）				4座
殷墟晚期				SM22、SM35、SM66、SM732、SM887（5座）		SM645（1座）		SM105（1座）	SM845（1座）	SM917（1座）			9座

续附表 3-1

时代	A：一椁一棺墓（94座）				B：一棺墓（315座）				C：简易或无葬具墓（176座）	D：葬具不明墓（58座）	E：陶棺葬（1座）	F：车马坑（1座）	合计
	a：没有被盗、随葬铜铅容器的墓葬（13座）	b：没有被盗、主要随葬陶器的墓葬（20座）	c：被盗、但出铜铅容器的墓葬（4座）	d：被盗、不出铜铅容器的墓葬（57座）	a：没有被盗、随葬铜铅容器的木棺墓（15座）	b：没有被盗、主要随葬陶、铜、玉、骨、贝的木棺墓（154座）	c：没有被盗、无随葬品的木棺墓（26座）	d：被盗扰的木棺墓（120座）					
殷墟时期				SM56、SM102、SM368、SM818、SM915（5座）		SM25、SM36、SM37、SM45、SM68、SM96、SM231、SM238、SM388、SM390、SM668、SM682、SM690、SM691、SM721、SM772、SM789、SM812、SM853、SM858、SM880、SM936、SM938、SM964、NM151、NM158、NM173、NM189（28座）	SM3、SM7、SM18、SM19、SM46、SM220、SM227、SM230、SM403、SM442、SM573、SM681、SM713、SM813、SM873、SM923、NM111、NM150（18座）	SM11、SM33、SM34、SM57、SM90、SM89、SM98、SM206、SM210、SM225、SM229、SM355、SM365、SM417、SM421、SM432、SM572、SM577、SM604、SM632、SM635、SM689、SM697、SM719、SM743、SM752、SM758、SM759、SM790、SM791、SM866、SM868、SM894、SM896、NM165（35座）	SM1、SM8、SM20、SM24、SM26、SM39、SM54、SM58、SM59、SM95、SM97、SM99、SM100、SM202、SM203、SM211、SM213、SM218、SM223、SM224、SM226、SM233、SM237、SM240、SM241、SM243、SM363、SM370、SM391、SM392、SM399、SM400、SM406、SM416、SM420、SM436、SM443、SM449、SM450、SM551、SM598、SM605、SM608、SM611、SM617、SM636、SM698、SM700、SM702、SM704、SM708、SM709、SM717、SM720、SM725、SM728、SM747、SM757、SM763、SM797、SM825、SM828、SM831、SM835、SM838、SM840、SM852、SM862、SM883、SM884、SM899、SM905、SM906、SM911、SM927、SM930、SM940、SM943、SM945、SM946、SM947、SM948、SM949、SM950、SM963、SM967、SM970、SM975、SM978、SM979、SM980、SM981、SM983、NM112、NM163、NM171、NM175（97座）	SM21、SM40、SM55、SM67、SM215、SM216、SM352、SM364、SM367、SM373、SM382、SM398、SM445、SM563、SM587、SM603、SM659、SM670、SM688、SM739、SM780、SM785、SM802、SM826、SM830、SM860、SM863、SM865、SM877、SM878、SM895、SM902、SM904、SM957（34座）			217座

第四章　墓葬类型

一　墓葬分类方法

邹衡先生曾把殷墟时期墓葬分为大、中、小三大类型。大型墓又分为甲、乙两种墓，中型墓又分为丙、丁两种墓，小型墓又分为戊、已、庚三种墓[1]。据此分类方法判断，此次发掘的墓葬基本都是小型墓。小型墓被分为戊、已、庚三种，主要依据的是墓室面积。其中戊种墓面积 3 ~ 4 平方米，已种墓"墓室面积在 1 平方米以上，3 平方米以下"，庚种墓"墓室面积都不到 1 平方米"。在殷墟，墓室面积确实是墓葬等级的重要衡量标准。墓室面积，结合葬具形制、随葬品多寡等指标，可以对这批墓葬进行等级划分。实际上墓葬面积的大小与葬具的形制也密切相关。使用一棺一椁葬具的墓葬，相应地就需要较大的墓室。等级、地位、身份较高的人，其个人或家族占有和支配的劳动力资源也相应较强，更容易建造大面积墓室、使用复杂葬具。反之，地位越低，处于被支配状态，其占有和支配劳动力资源的能力也越低，反映在墓葬面积与葬具之上，面积狭小、葬具简单就成为必然。

基于本次发掘的墓葬的特点，我们依据葬具形制进行了分类。主要基于以下三点考虑：

其一，645 座殷墟时期墓葬，面积鲜有超过 4 平方米者。绝大多数墓口面积不足 3 平方米。如果依据墓葬面积来区分，不利于进一步研究墓葬之间的细微差别。而使用葬具作为依据，有可能达到这一目标。

其二，此次墓葬发掘，特别关注到葬具形制，也确实获得了更为细致翔实的葬具资料，而且除了以前认识到的棺、椁之外，发现多种构建墓室的方法。

其三，邹衡先生论述晚商墓葬形制时，针对的资料都是已发表的墓葬，这些墓葬材料一般都是选择性报道，只能说是基本完整。但孝民屯很多墓葬后期破坏十分严重，仅仅依据墓葬面积对其归类恐怕失于简单。

二　墓葬分类

按照葬具形制，本报告把殷墟墓葬分为一棺一椁墓、一棺墓、无或简易葬具墓、陶棺葬等（参见附表 3 - 1）。由于墓葬被盗严重，许多墓葬已无法辨别其葬具形式，统一归入葬具不明类。一般来说被盗墓葬的形制都较大、等级较高，这在很大程度上降低了一棺一椁墓所占整个墓葬数量的比例，也降低了一棺一椁墓被盗掘的比例。

---

[1]　北京大学历史系考古教研室商周组编著：《商周考古》，文物出版社，1979 年。

（一）一棺一椁墓

共 94 座。为了清晰地说明完整一棺一椁墓的形制、随葬品等情况，把这部分墓葬又分为以下四类：

a 类：没有被盗，随葬铜、铅容器的墓葬。共 13 座。

殷墟三期 6 座：SM17、SM51、SM244、SM783、SM926、NM137；殷墟四期早段 2 座：SM16、SM854；殷墟四期晚段 5 座：SM675、SM871、SM889、NM154、NM169。

从青铜（铅）觚爵套数分析，一棺一椁墓除 SM17 勉强可以算作两套觚爵等级的墓葬外，其余都仅有一套觚爵（其中 SM926 另有鼎、簋、瓿，NM137、SM675 另有鼎、簋，NM154 另有鼎、尊、罍），墓葬的等级均不很高。这从墓葬的面积也有所反映，墓口面积最大的也就 4 平方米，小者不足 2 平方米。几乎不见殉人。

b 类：没有被盗，主要随葬陶器的墓葬。共 20 座。

一棺一椁墓 b 类与 a 类相比，主要是没有青铜（铅）礼器随葬。仅有 5 座墓葬随葬有青铜戈，其余基本都是陶器。虽然也有椁室，但与 a 类墓相比，其构筑有的十分简单。有些墓葬几乎不留二层台，椁室直抵墓壁，有的则是椁棺间几乎没有缝隙。

c 类：被盗，但出铜、铅容器的墓葬，共 4 座

殷墟三期 3 座：SM447、SM637、SM793；殷墟四期晚段 1 座：SM817。

d 类：被盗，不出铜（铅）容器的墓葬。共 57 座。

这些墓葬由于严重盗掘，已很难界定其属于 a 类墓还是 b 类墓。一般而言，形制越大的墓葬越容易成为盗掘的对象。

一棺一椁墓占墓葬数量的 14.57%。其中，33 座未被盗，61 座被盗。被盗率 64.9%，这远高于其他类型的墓葬被盗比率。

（二）一棺墓

葬具只有一具木棺的墓葬较为普遍，扣除那些葬具无法辨别的墓葬外，一棺墓仍占了所有墓葬的近半数。同样根据保存状况，分为以下四类：

a 类：没有被盗，随葬铜（铅）容器的墓葬。共 15 座。

殷墟三期 3 座：SM38、SM741、SM929；殷墟四期早段 4 座：SM107、SM402、SM431、SM699；殷墟四期晚段 8 座：SM85、SM354、SM407、SM441、SM588、SM694、SM799、SM856。

除 SM588 出土铅鼎、簋外，A 类一棺墓随葬的青铜（铅）容器都是一套觚、爵。相较于一棺一椁墓而言，青铜礼器规格整体有所下降。

b 类：没有被盗，主要随葬陶、铜、玉、骨、贝的墓葬，但无铜（铅）容器随葬。共 154 座。

c 类：没有被盗，无随葬品的墓葬。共 26 座。

d 类：被盗扰的墓葬。共 120 座。

315 座一棺墓中，195 座未被盗，120 座被盗扰。被盗率 38.10%。

一棺墓最为普遍，占整个墓葬数量的 48.84%。应是当时墓葬的主流形式，也是普通民众的丧葬

习俗，反映了墓主所处的社会底层的现状。除了少数可以随葬青铜礼器外，一般都是陶器。充其量有些会随葬铜质兵器、工具及随身玉器饰件。

（三）简易或无葬具墓

该类型墓葬共 176 座，基本都是只有较浅的竖穴土坑，由于多没有木棺，因而基本不见二层台。有些墓葬在底部铺有木板或苇席。由于墓葬直接与填土接触，空隙狭小，因而一般墓葬骨骼反而保存较好。这更有利于进行体质人类学研究。

176 座简易或无葬具的墓葬中，158 座未被盗，18 座被盗。被盗率 10.23%。

没有了葬具，随葬的器物也少之又少。一些墓葬随葬有单件陶鬲，也有一些随葬陶瓿、爵，更多的则是无随葬品或只有几枚货贝。

（四）葬具不明墓

共 58 座，其中 53 座被盗。葬具不明的绝对因素就是被盗。从统计的角度来看，这在一定程度上降低了上述三类墓葬的被盗的比率。根据墓葬的规模来判断，这些墓多属于前两大类的墓葬。

（五）陶棺葬

此类型墓葬共 34 座。由于这些墓葬多与房基、灰坑、祭祀坑等有关，是所属遗迹不可分割的一部分，因而把这部分墓葬的内容放在相应的遗迹中介绍。本卷只收录了没有发现对应遗迹的陶棺葬 SM776。

（六）车马坑

1 座。SM30。可能是 SM22 的车马坑。

第五章　墓葬形制

此次发掘的殷墟时期的墓葬均为长方形竖穴土坑墓。墓口面积的大小与墓葬的形制有一定的联系。

一棺一椁墓的形制都比较大，其中墓口最大者如 SM578，长 320、宽 140～159 厘米，最小者如 SM793，长 197、宽 70 厘米。一般情况下，一棺一椁墓墓口长 220～280、宽 80～120 厘米，长宽之比约为 1:2.5。

一棺墓中，墓口最大者如 SM85，长 285 厘米、宽 120～130 厘米。通常情况下，一棺墓墓口长 180～250、宽 70～110 厘米，长宽之比亦约为 1:2.5。

而无葬具的墓葬，墓口面积最小。面积最大者如 SM443，长 245、宽 90 厘米。通常无葬具墓葬长 170～220、宽 60～90 厘米，长宽比例与前两者相当。

由于墓口或多或少都受到晚期人类活动的破坏，所以此次发掘已不是当时殷墟时期的地面。也就是说，发掘之时的墓口可能不是当时实际的墓口，现在所知的墓葬深度已较当时为浅。一棺一椁墓普遍较深，从墓室容积和当时施工的角度来说，一棺一椁墓最耗费人力、物力。而一棺墓和简易或无葬具墓来说，深度普遍较一棺一椁墓有所降低。当然这里不排除极个别的案例。这也与墓主的身份、地位有着直接的联系。

孝民屯的殷墟墓葬形制，有一点需要特别引起注意，即墓葬的口部和底部长宽不同。可以分为以下三种类型：

A 型，口小底大型，即墓葬底部的长度或宽度比墓口大 10 厘米以上者，都归入此种类型；

B 型，口底同大型，即墓葬底部的长度或宽度与墓口相差范围在 0～10 厘米，都归入此种类型；

C 型，口大底小型，即墓葬底部的长度或宽度比墓口小 10 厘米以上者，都归入此种类型。

依上述三个分型标准统计，一棺一椁墓中，A 型即口小底大型墓葬 63 座，占 67%；B 型即口底同大型葬共 28 座，点 29.8%；而 C 型即口大底小型墓葬仅 3 座，占 3.2%。据此发现，A 型占据了主导地位。很多情况下，墓壁是在接近二层台的位置才开始向外扩张，清理完二层台后，就会形成明显的四壁掏挖的现象。

墓底长度超出墓口长度，最大者如 SM361，超出了 67 厘米，普遍情况也是 10～40 厘米。这其中的原因，一方面是一棺一椁墓普遍大而深，构筑的工作量相对要大。相对于 B、C 型来说，把墓葬挖成口小底大的情形，最大程度上减少了工作量。当然，能够挖成这种墓葬形制，也得益于当地的地质条件——当地土壤的直立性为此种墓葬形制创造了条件。在发掘过程中，很少出现墓室塌陷的情况。

在一棺墓中，此种情况有很大改变。墓口、墓底保存较好的 291 座墓葬中，属于 A 型的共有 101 座墓，占 34.7%，而 B 型数量直线上升，共有 161 座墓，占 55.3%。属 C 型的也有所增加，共 29 座墓，占 10%。可见随着墓葬面积和深度的减小，人力成本的考量因素就大大降低了。

而在简易或无葬具的墓中，这种情况就更为突出。墓口、墓底保存较好的 163 座墓葬中，A 型墓葬只有 9 座，只占 5.5%，C 型也只有 11 座，占 6.8%。而 B 型占据了绝对优势，共 143 座，占 87.7%。

从以上的统计可以看出，最大限度地降低人力成本是长方形竖穴土坑墓形制的最重要考量。这与殷墟大型墓葬如王陵区大墓构筑时考虑的因素可能有所不同。

孝民屯的墓葬形制，还有一点特征也很值得注意，即墓葬口部或底部两端宽窄不一的现象。这在以前殷墟相关墓葬报告中较少提及。

墓葬两端的宽度，一般相差 10 厘米左右。有一些墓葬，墓口两端宽度不一，墓底相应也是宽窄不一，而且宽的一端往往是墓主人头向的一端。如 SM854，墓葬方向 15 度，墓口宽 100 ~ 110 厘米，墓底宽为 123 ~ 136 厘米，北宽南窄。与之对应的是，木椁和木棺的两端宽度也略有差距，同样是宽的一端位于墓主人头向一端。有理由相信，孝民屯殷墟时期墓葬两端宽窄不一的现象与葬具有着直接的联系。在以后诸多时期的墓葬中，木棺两端大小不一的现象十分普遍。

一　墓圹

（一）墓口

前面已经述及，这批墓葬的墓口可能已不是当时的地表墓口了，特别是大量直接开口于晚期层或现代扰土层下的墓葬，所见到的墓口可能已是墓室上部了。但对于一些开口于殷墟地层中的墓葬，发掘之时十分小心在意，关注是否有墓上建筑。这一问题已争论多时。在一些未被盗掘的中型墓如妇好墓[1]、花园庄东地 54 号墓[2]以及铁三路制骨作坊 2118 号墓[3]墓口之上，均见到与墓口面积相当的夯土房基，时代也基本一致。有学者因此推测，在殷墟时期，已经有了墓上建筑。当然也有学者表示反对，至少这种形式还未普及。

本次发掘的殷墟墓葬绝大多数属于小型墓，尚未发现明确与墓葬有关的建筑遗迹。

在众多墓葬中，有两组墓葬的墓口或者说两组墓葬的关系值得注意，即 SM60 和 SM61，以及 SM591 和 SM592。

SM60 和 SM61 同位于 ST1241 内，均属一棺墓，时代均为殷墟文化四期早段，SM61 打破 SM60（图 5 - 1），从陶瓿、爵形式来看，SM61 也较晚，但二者年代差距不是很大。

从墓葬方向、规模、葬具、随葬品等多方面看，二者都有很大的相似性。SM60 方向 8 度，墓口长 205、宽 80 厘米，墓深约 120 厘米。填土内殉狗，葬具为木棺，随葬陶瓿、爵各 1 件。SM61 方向 6 度，墓口长 190、宽 110 厘米，墓深 265 厘米。葬具为木棺，随葬陶瓿、爵。

---

〔1〕　中国社会科学院考古研究所编著：《殷墟妇好墓》，文物出版社，1980 年。

〔2〕　中国社会科学院考古研究所编著：《安阳殷墟花园庄东地商代墓葬》，科学出版社，2007 年。

〔3〕　中国社会科学院考古研究所安阳工作队：《河南安阳市铁三路殷墟文化时期制骨作坊遗址》，《考古》2015 年第 8 期。

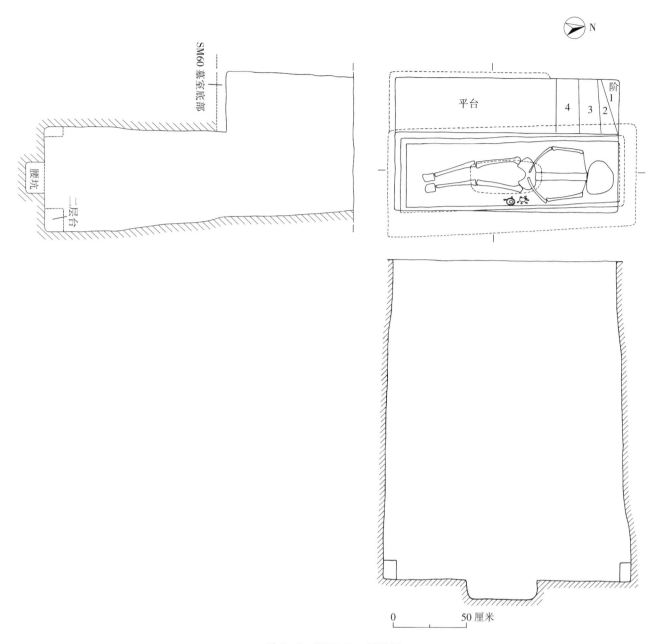

图 5 - 1　SM61 平、剖面图

根据以前对殷墟墓葬特别是殷墟墓地的了解，二者应该有一定关系。而且 SM61 打破 SM60 方式十分有趣：SM61 筑墓者先是在 SM60 正上方偏东部挖筑墓坑，待碰到 SM60 木棺后，遂停止原坑的挖掘，把 SM61 的墓口缩小或者是向东偏移——推测当时 SM60 的木棺尚未腐朽。这样在原来挖掘的墓坑的北头留下了四个台阶，SM61 的墓口形制就显得十分特殊。

同样的情况也在发生 SM591 和 SM592。SM591 打破 SM592，待 SM591 墓坑向下挖掘 60 厘米后，为了避让 SM592 而挪动了原来了墓坑位置（图 5 -2）。

这种情况一方面说明二者可能有一定的内在联系，同时也表明，当时的小型墓葬墓口之上可能没有标志性附属物，否则应该不会有这样的事情发生。

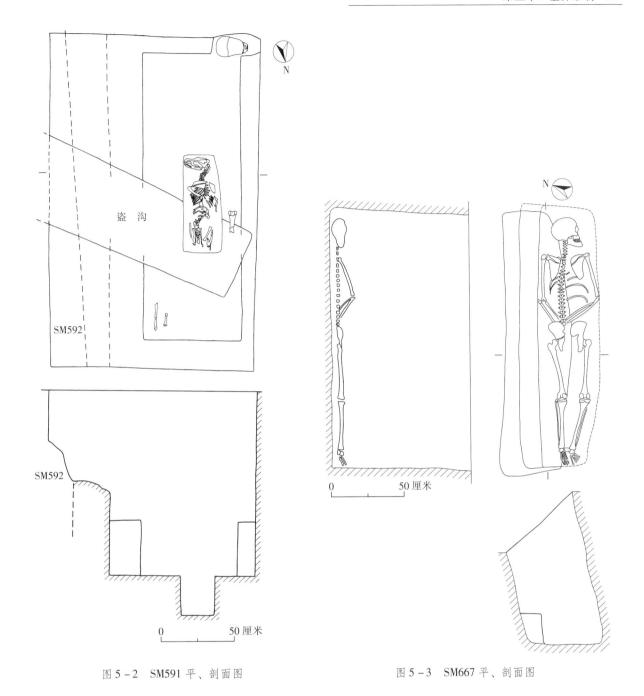

图 5 - 2　SM591 平、剖面图　　　　　　　图 5 - 3　SM667 平、剖面图

（二）四壁

墓葬的四壁受制于墓葬的形制，或斜直——墓坑剖面呈袋状，或直立——墓坑剖面呈筒状，或底部斜收——墓坑剖面呈斗状。除以上形式外，还有墓壁是朝一侧斜掏的，如 SM41 和 SM667（图 5 - 3）。

绝大多数墓葬的四壁都没有刻意地修整，有些还保留有挖掘工具，如骨铲或铜铲之类的痕迹。从整个殷墟墓葬情况看，墓葬四壁不是都未加处理：在一些中型墓葬中，如花园庄东地 54 号墓，其墓壁就经过后期加工，用稀泥涂抹得十分光滑，清理时与墓室填土很容易分离；而很多小型墓，特别是填土为灰土的小型墓，由于长期的侵蚀，填土与墓壁粘连在一起，发掘之时，甚至连墓边都很难搞清楚。这种现象在孝民屯殷墟墓葬中并不少见。

有 7 座墓的墓壁上掏挖有供上下的脚窝，分别是 SM50、SM389、SM409、SM595（图 5 - 4）、SM610、SM817 和 SM887。都集中在南区，北区未发现。这些墓葬一般较深。

共 5 座墓葬在墓壁上掏有壁龛，分别为 SM2、SM772（图 5 - 5）、NM138、NM169 及 NM179。但除 NM169 壁龛内放置 1 件陶罐及兽骨外，其他壁龛内均未发现放置器物。这类现象较少，是否为专门掏挖的壁龛尚难确定，也有可能是为了修筑二层台造成的。

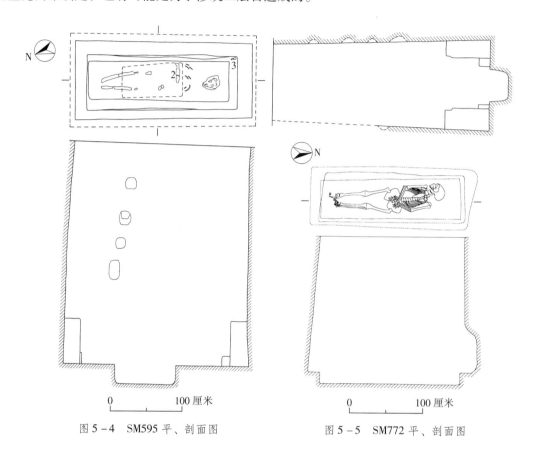

图 5 - 4　SM595 平、剖面图　　　　图 5 - 5　SM772 平、剖面图

（三）墓底

除去专门挖筑的腰坑、预留的生土二层台和修筑的熟土二层台之外，孝民屯殷墟墓葬的墓底一般较平，个别会有一端高、一端低的现象，但这并不普遍，高差也不大，应不是有意为之。

二　二层台

修筑二层台是殷墟墓葬较为普遍的构筑方法，其主要作用是构建放置木棺的空间。在夯筑的过程中，有时会在二层台底部或二层台内放置随葬品，更多情况是在二层台上部放置器物。因为要营造放置木棺的椁室的空间，带有椁室的墓葬一定会有二层台。有些不带侧壁板的椁室，其椁盖板直接搭在二层台之上。这种情况之下，二层台是不可或缺的。

对于木棺墓来说，二层台同样重要。木棺与二层台紧贴，共同承受来自于填土的压力。

从构建方法区别，殷墟墓葬二层台分为熟土和生土两种。下面分别进行论述。

（一）熟土二层台

熟土二层台，是在下棺后，在棺壁和墓壁间填土夯筑的土台。

二层台宽10～40、高10～60厘米。由于后期墓室塌陷或被盗扰，熟土二层台的高度很难准确知道，但有一些在二层台上铺有椁室盖板或铺有布幔的墓葬，二层台的高度应该基本准确。如SM674，二层台之上仍保留着椁盖板，二层台高53厘米。再如SM42，二层台上布幔清楚，二层台高60厘米。有一些墓葬二层台高仅有10厘米左右，应该不是其实际高度。一种可能是椁、棺室塌陷造成的，另一种情况则是因熟土二层台亦是夯土，很难与墓室填土相区别，有可能与填土一起被清除掉了。

熟土二层台的营建，大多数是直接从墓底贴墓壁四周堆筑夯打起来的。在夯筑的过程中，有时会把随葬的器物放置在二层台内，有些器物还是有意打碎铺在二层台内的。除此而外，还发现如下两种新的情况：

此次发掘在40座墓葬的墓室底部发现有不规则圆形的孔洞。孔洞直径3～5厘米，深浅不一，浅者仅4厘米左右，深者近30厘米。孔洞的数量一般为5～12个，最少者1个，为SM236，最多者43个，为SM384。这些孔洞基本都分布于墓壁四周，多距墓壁10厘米左右，少数紧贴墓壁。从其排列方式来看，有两边对称分布的趋势。

这40座墓葬均有熟土二层台，而孔洞分布的区域基本在二层台下。这样，我们有理由相信，孔洞的存在与二层台的构造有一定的关联。我们判断，孔洞应该是为了夯筑二层台，防止二层台在筑建过程中倒塌而专门栽的木桩形成的。其本身不是为了承重，主要还是起到稳固的作用。花园庄东地54号墓椁底板南头也保留一个孔洞，所栽的木桩尚在，当时对于木桩的作用不解，现在终于清楚了。

除了在营建过程中使用木桩之外，有3座墓在二层台内铺设了圆木或木板。其做法是：先在墓底四周用圆木或木板构成长方形的边框，然后在边框之上夯筑二层台。如SM886使用圆木，SM214和SM711使用木板铺成边框。

上述发现，为我们认识殷墟墓葬熟土二层台的营造提供了新视角。在以后发掘、清理殷墟墓葬或同时期墓葬时应予以特别关注。

（二）生土二层台

所谓生土二层台，即在挖掘墓坑时预留出的二层台，二层台的土与墓壁四周连成一体，并未分开。此次在孝民屯发现多座墓葬有生土二层台。

另外，有一些墓葬中，二层台靠近墓壁的地方是生土预留的，较高，而贴近棺椁的部分是熟土二层台，后筑的。还有一些墓葬一或二或三边是生土二层台，而其他边则是熟土二层台。

三　腰坑

腰坑在殷墟墓葬中较为常见，并被认为是殷人墓葬的典型特征。但腰坑并非每座墓葬都有，其有无与墓葬的形制应该有一定的联系。腰坑的大小也不统一，一般呈与墓室相同方向的长方形。腰坑内除了塌落的墓主人骨骼外，很多会有殉狗1条。

从统计情况来看，一棺一椁墓除因被盗扰情况不明外，一般都有腰坑。而一棺墓中，有些墓葬可以肯定没有腰坑了。而简易或无葬具墓葬中，有腰坑的墓葬是少数。随着墓葬规模的降低，腰坑的数量也在减少。

腰坑一般长 40~80、宽 25~40、深 20~30 厘米。最大者如 SM41，长 200、宽 55~63 厘米；最小者 SM768，长 28、宽 22 厘米。该批墓葬的腰坑普遍较浅，最深者如 SM447，深 40 厘米，浅者只有 10 厘米左右。

腰坑的四周并不整齐。

645 座墓葬中共有 107 座墓葬在腰坑内殉狗。一棺一椁墓，只要腰坑没有被盗扰，在腰坑内均有殉狗。殉狗一般侧卧，头向多与墓主人头向相反。

四　填土

回填墓室应是安葬的最后工序。从发掘清理的情况来看，在回填过程中，尚有一些祭祀活动需要进行。因此，在墓葬的二层台上、棺盖板之上、椁盖板之上，甚至在填土中，都能发现这种行为。

墓室填土一般都经过夯打。较深的墓葬，特别是打破生土的墓葬，填土呈现被搅动的花夯土，特征明显，发掘时很容易辨认。墓室较浅的，特别是在灰土区内挖掘的墓室，回填土多仍是灰土，加之回填过程中夯不实，填土显得松软，与周边遗迹难以分辨。

从填土处理的情况，也能反映出墓主人生前的身份与地位的不同。一般来说，墓室较大、较深的墓葬，如一棺一椁墓，回填土处理较致密，夯层也相对较薄，厚 10~20 厘米，夯窝密集、清晰。这显然是认真处理的结果。而一般小型墓，很多情况下几乎难以区分出夯层，夯窝也不明显。这说明当时处理就十分草率。

很多墓葬在填土中发现了完好的殉狗骨骼。狗一般放置在接近二层台的墓室中部，也有一些放在靠近墓壁的地方。摆放的方式与腰坑内的殉狗相似，侧卧、头向多与墓主人相反等。很多殉狗的颈部系有铜铃。

第六章　葬具

本次发掘，葬具内涵丰富，从能辨别的遗迹，可以把葬具分为以下九个部分，有些墓葬是多种葬具并存，有些墓葬则仅仅发现一种葬具，也有没有葬具的。

一　木椁

椁室是为了构建放置棺室的空间。对于大中型墓葬而言，椁室内的空间，除了放置木棺外，在棺室的四周主要放置殉人、陪葬器物等，也有仅放置木棺、未见到其他随葬品的。

椁室的存在，还是墓主等级的象征。

645 座墓葬中，共有 94 座墓葬尚能区分出有椁室的存在，占整个墓葬的 14.57%。

椁室大小不等，一般长 200~250、宽 80~120 厘米，从二层台保存的椁盖板推测，高 50~60 厘米。一般与棺室间有一定的空间，有个别墓葬椁、棺间的空隙十分狭小，如 SM594（图 6-1），椁室宽 79~85 厘米，棺室宽 57 厘米，SM244 内，棺、椁更是紧贴在一起（图 6-2）。

椁是由盖板、底板、左右侧板和前后挡板组成。

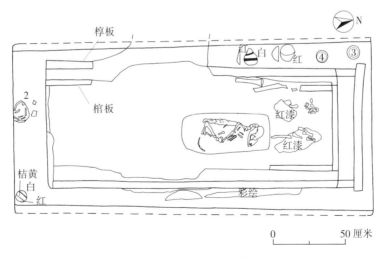

图 6-1　SM594 棺椁结构图

椁室的营建，是先在整理平坦的墓室底部铺木板（或半圆形木）作为底板。极个别墓葬，如 SM209 在铺板下放置有两根枕木。铺板与墓室顺向，有些直抵墓壁，被压在二层台下；有些离墓壁还有较短距离，与椁室的侧板未对齐；还有的铺板与侧板上下平齐。铺板多为 6~8 块，每块宽度不足 10 厘米。

然后在四周立侧板，侧板单层叠放，板与板之间未见到是如何衔接的，但两侧的侧板与前后的挡

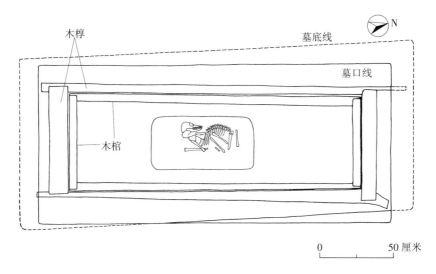

图 6 - 2　SM244 棺椁结构图

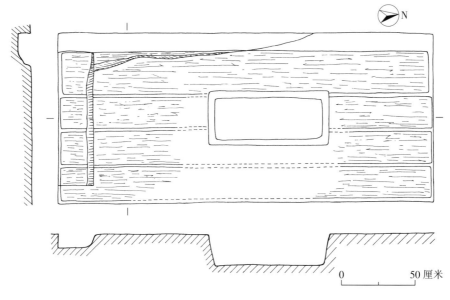

图 6 - 3　SM53 椁底板与侧板平面图

板之间是榫卯结构。榫卯分三种情况：

第一种是两侧板较长，上有榫，挡板上有卯穿在榫内。这样就构成了椁室侧板较长，四角出头式，如 SM53（图 6 - 3）、SM244、SM236 及 SM583 等。其后在夯打二层台时，这些超出的部分就被直接夯打在二层台内。

其二是前后的挡板较长，上有榫，两侧的侧板有卯穿于挡板内。这样，挡板的长度就超出了两侧板之间的距离，如 SM594 即是如此。

其三是侧板与挡板采用三角形暗榫卯的结构方式，这样扣合以后，椁室四角平齐，如 SM102。

从发掘的情况来看，侧板与挡板也多是半圆木叠放的。SM732 挡板痕迹保存完好，对于了解侧板和挡板的情况提供了难得的材料。

封盖椁室的盖板是横向放置的，搭在二层台与侧板、挡板之上。如 SM674（图 6 - 4），椁盖板保存较好，由 15 根圆木横向放置组成，长 80 ~ 83、直径 6 ~ 15 厘米。底部剖面呈半圆形。

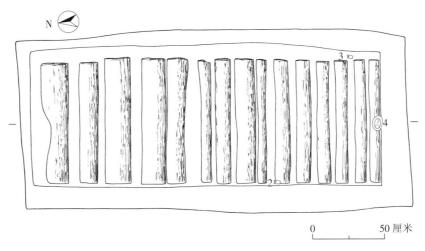

图 6 - 4 SM674 椁盖板平面图

很多椁室的盖板发现有髹漆的现象，但很少发现有特定的图案，髹漆的工序也没有木棺那样复杂，即多层、多次反复髹漆的现象。盖板之上多以黑漆为主，偶见黄漆或白漆，极少见用红漆的。

二 木棺

木棺的尺寸均不大，有些窄到仅能容身，长度不足 2 米，宽不足 1 米，一般宽 50 ~ 80 厘米较为多见。由于墓室塌陷，木棺的实际高度无法得知，有些仅是根据二层台的高度判断其残存的高度。

木棺包括盖板、侧板、挡板和底板。发掘中，盖板和底板有时能够完整、清晰地清理出来，但侧板均无法确定。

木棺的盖板（如 SM389）和底板（如 SM353）由顺长的 3 到 4 块木板组成，挡板与侧板也是通过榫卯的方法扣合在一起，多是齐头或暗榫的方式（图 6 -5、6 -6）。

但在此次发掘中，也发现 1 例，如 SM395（图 6 -7），棺底板为横向短板构筑的情况，应属于特例。

发掘所见的木棺基本上都髹漆，髹漆最多达 10 层，厚近 1 厘米。以红、黑彩相间。最外层主要是红彩为底，黑、白甚至黄彩勾勒图案。但图案的情况不明。如果保存完好的话，木棺上的髹漆无疑是最引人注目的。可惜的是到目前为止，尚无法对当时的髹漆工艺有清楚的认识，只有零星的材料。

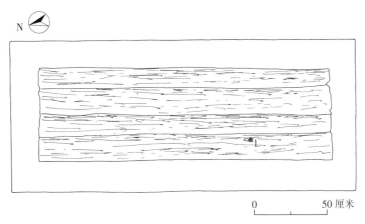

图 6 -5 SM389 棺盖板平面图

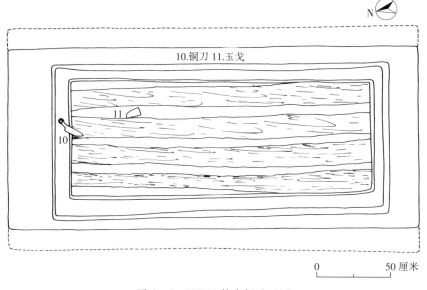

图 6-6　SM353 棺底板平面图

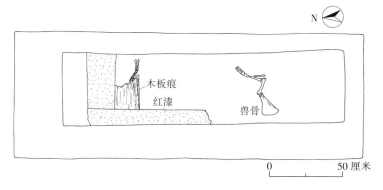

图 6-7　SM395 木棺结构图

三　铺底木板

一些没有椁室的墓葬，在木棺底部也铺有一层木板。起初曾判断是椁室的底板，但经仔细清理、比对发现，这些墓葬在二层台上或侧壁没有发现椁室的侧板与盖板的痕迹，因而推测这些木板只是铺在墓室底部垫棺木，不用于构建椁室的空间。

单独铺木板的木棺墓不多，木棺是直接放置在底板之上，如 SM394（图 6-8）。

四　铺底边框

在木棺四周用圆木或木板组成长方形木框，木棺恰好位于正中部。这种形式是此次发掘中首见的。木框最终是被压在二层台之下的。上文提到的 SM886 使用圆木、SM711（图 6-9）使用木板铺成边框，均是典型的例证。

五　枕木

在墓室底部放置枕木在殷墟墓葬中也偶有见到，此次也清理出数例。一般枕木位于木棺或木椁两端，可能是便于木棺或木椁底部水平而放置。先在墓底挖长条形小沟，把圆木或木板放置其中即可，

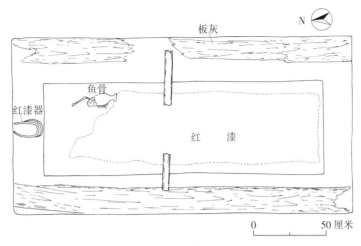

图 6 - 8　SM394 木棺及墓底铺板图

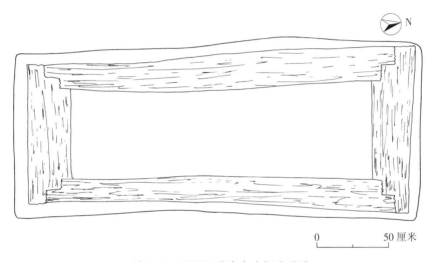

图 6 - 9　SM711 墓底木边框平面图

如 SM209（图 6 - 10）。

六　支托

除了放置枕木以外，也发现在棺底四角放置曲尺形木质支托的案例，如 SM671 和 SM110 即是如此。四角的支托互不相接，各自放于木棺之四角，支撑木棺。这是首次发现此类形制。SM110 的四个木支托放在四个事先挖好的凹槽内，大小相同，东西两侧较长，约 60 厘米，南北两侧较短，23～25厘米，槽深 1～3 厘米，在槽内发现有朽木和白色漆皮（图 6 - 11）。

七　布幔

在很多墓葬中均发现有布幔。但由于年久腐蚀，加之墓室内填土的错位、移动与后期的盗扰，布幔的完整信息无法了解。只能通过一些零星的材料对当时布幔在墓葬中的使用情况有初步的认识。

根据发掘所见布幔的位置，把布幔的铺设分成二种情况：

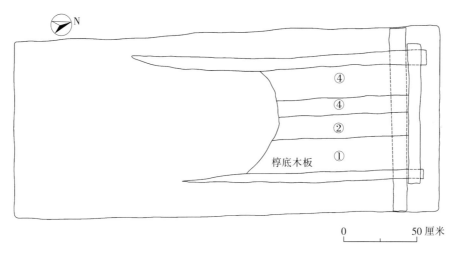

图 6-10 SM209 椁底枕木图

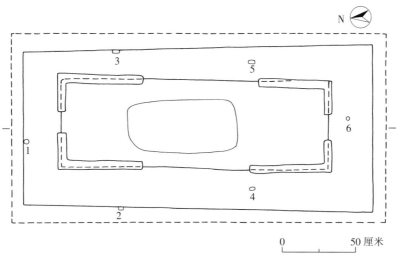

图 6-11 SM110 棺底木支托平面图

(一) 铺在木椁盖板和二层台上的布幔

把布幔铺在木椁盖板之上。在发掘过程中，很多墓葬在椁盖之上发现布幔或麻纺织品的痕迹，有些墓葬在布幔之上再铺盖一层苇席，如 SM42、SM369 和 SM423。

相对于其他墓葬来说，SM423 椁盖之上布幔保存要好一些，至少在二层台上的布幔，其花纹图案还十分艳丽、清晰，椁盖板之上只能隐约看到有织物的迹象。二层台上的布幔共分四层，图案以黑色勾勒轮廓，内填白色、红色和黄色，形状以长方形、柳叶形等几何形图案为主。

SM369 整块布幔大小应与墓室一样，铺在二层台与椁盖板之上，后因盗扰、墓室塌陷而不连续。以东二层台上的保存最完好，能够分辨出图案以回纹为主，黑彩勾边，红彩、白彩填地。在东二层台之上，发现有红彩三角纹图案叠压在回纹图案之上，据此可知，布幔可能不止一层，有使用多层布幔的可能。

（二）铺在棺盖板之上的布幔

在发掘 SM818 和 SM857 时，发现在椁室内棺椁之间四周，有许多贝饰和蚌饰分布，上有穿孔。推测这些应该是布幔之上的缀饰。从缀饰分布的范围和位置来看，这些布幔应是盖在棺盖板之上。

SM712 更能充分说明这种现象。其在棺上铺有一层席，再在席上铺一层布幔。布幔的上部因盗扰完全被破坏，仅存有腿部部分。图案是绘在麻布上，麻布经纬线较粗。布幔图案以白色为底，用黑线勾勒，中间填以黄彩，在黑线之间有的部分用黑点加以点缀。下部图案如现代的裙摆。

总体来说，对于殷墟时期织物的了解还十分有限。以此次发掘所见，布幔形式主要是在织物的上面进行彩绘，而不是后来的染色技术。色彩仍为黑、白、红、黄为主，更多情况是黑彩勾画轮廓，红彩填充其间，搭配白色和黄色进行点缀。图案内容更多的也是几何形纹，有回纹、三角纹、长方形纹等。

八　席

席在殷墟墓葬中作为葬具相当普遍。此次发掘中，许多墓葬都见到有席。可惜都是零星的席纹，均未能大面积甚至整张揭示出来。席在墓葬主要用于以下几种情况：

其一，铺在椁或棺，甚至二层台之上。这种情况较为常见。

其二，铺在墓底。

其三，用席包裹墓主人。这类墓葬等级很低，席成为主要葬具，也是唯一的葬具。墓葬形制也十分狭小。

九　植物或丝麻织物

有少数墓葬，仅用芦苇或简单的织物包裹墓主。这类墓葬在墓葬形制中有专门介绍，兹不赘述。

第七章　墓主

此次发掘的 645 座墓葬，基本都是单人一次葬。关于相关墓主的信息，拟从以下六个方面分别介绍。

一　方向

墓葬的方向多是以墓主的头向来确定的。墓主头向不确定的，对墓葬的方向的判断多是通过一些综合因素，再测量墓圹的方向而定的。比如墓主上半身被损毁，只剩下半身或双腿，还有墓主的骨骼腐蚀只剩骨粉形状，甚至连骨粉都没有，这样发掘时会结合墓葬填土或腰坑内殉狗等方面判定墓主的头向是相反的位置。上述多种方法均无法判定时，只能测量两个方向。

本报告中列举了每一座墓葬的方向，并把 0－360 度每隔 45 度分为一个区间：

A 区间：0～45 度；

B 区间：46～90 度；

C 区间：91～135 度；

D 区间：136～180 度；

E 区间：181～225 度；

F 区间：225～270 度；

G 区间：271～315 度；

H 区间：316～360 度。

以此统计，简表如下：

墓葬类型	A	B	C	D	E	F	G	H	不明	合计
一棺一椁墓	46	0	1	0	25	0	3	0	19	94
一棺墓	175	0	13	3	54	2	27	7	34	315
简易或无葬具墓	80	2	20	3	23	1	35	6	6	176
葬具不明墓	16	0	1	0	1	0	1	2	37	58
陶棺葬	0	0	0	0	1	0	0	0	0	1
总计	317	2	35	6	104	3	66	15	96	644
百分比	49.22%	0.31%	5.43%	0.93%	16.15%	0.47%	10.25%	2.33%	14.91%	100%

注：未统计 SM30 车马坑。

数据显示，孝民屯殷墟墓葬的方向主要集中在 A、E 和 G 区间内，其中 A 区间也就是东北方向最为集中，占 49.22% 。其次是 E 区间的西南方向和 G 区间的西北方向。以 B 区间和 D 区间的东南方向最少，一共只有 8 座。有学者提出，殷人以东北方位最为重要[1]，从统计的结果也证明了这一点。

二　葬式

由于腐蚀或被盗扰的原因，很多墓葬的墓主葬式无法辨别，现把能够辨别葬式的按墓葬类型进行统计，并在此基础上，对已经做过性别鉴定的墓主相应进行统计。在个别墓葬中，有墓主下肢略微弯曲的现象，但数量不多，因而就未进一步细分（详见下表）。

墓葬类型	仰身直肢葬			俯身直肢葬			合　计	占墓葬类型的比例
性别	男性	女性	不明	男性	女性	不明		
一棺一椁墓	4	5	5	3	0	0	17	21%
一棺墓	19	34	73	32	4	15	177	60.8%
简易或无葬具墓	10	34	50	14	2	26	136	83.4%
葬具不明墓	0	0	0	1	0	1	2	4.4%
其他类型墓	0	0	2	0	0	0	2	66.7%
合计	33	73	130	50	6	42	334	
百分比	70.7%			29.3%			100%	

数据显示，孝民屯殷墟墓葬流行葬式是仰身直肢葬，占可知葬式的 70.7% ，其次是俯身直肢葬，占 29.3% 。在性别方面，仰身直肢葬中，有 106 座墓性别基本可以判定，其中男性 33 座，占 31.1% ，女性 73 座，占 68.9% 。女性在仰身直肢葬中占主导地位。而在俯身直肢葬中，共有 56 墓葬，其中男性 50 座，占总数的 89.3% ；女性 6 座，占总数的 10.7% 。

本表中，对各类型能够辨别葬式墓葬进行了类型统计，从中可以发现，一棺一椁墓和葬具不明墓因为被盗扰的原因，墓主的信息缺失严重。而一棺墓和简易或无葬具墓中，有些墓主骨骼保存相当好，为后期的体质人类学鉴定提定了很好的标本。但也正因此，在做体质人类学对比时，由于缺乏等级较高人群的标本，有些对比分析比如食性分析就很难进行。

报告中把葬式大体区别分仰身直肢和俯身直肢葬两类。实际上，两种葬式中，因墓主的双手摆放位置、面部位置甚至下肢伸展方式也有很多大不同。

仰身直肢葬中，以双手交叉置于腹下部，面部向上、向左或向右，下肢顺直这种姿势最为流行，如 SM202。其他仰身直肢葬式，变化主要表现在上肢上。在此略举几例（图 7-1）：

SM68：上肢顺放于体两侧，头略偏向一边；

SM97：上肢上屈，交叉于胸前；

SM100：上肢弯曲，一上一下放置于腹部；

[1]　A. 杨锡璋：《殷人尊东北方位》，《纪念苏秉琦考古五十五年论文集》，文物出版社，1989 年。B. 朱彦民：《殷人尊东北方位说补证》，《中原文物》2003 年 6 期。

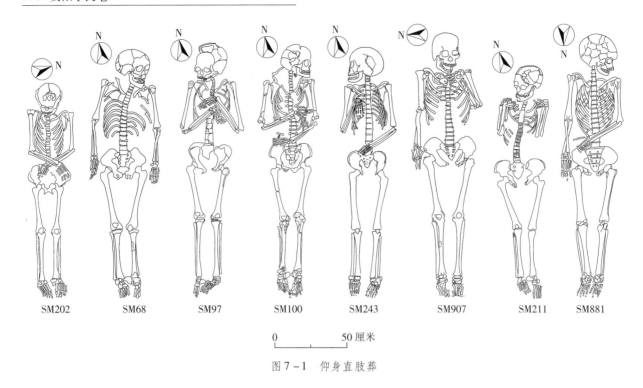

SM202　　SM68　　SM97　　SM100　　SM243　　SM907　　SM211　　SM881

0 ⊢──────┤ 50 厘米

图 7-1　仰身直肢葬

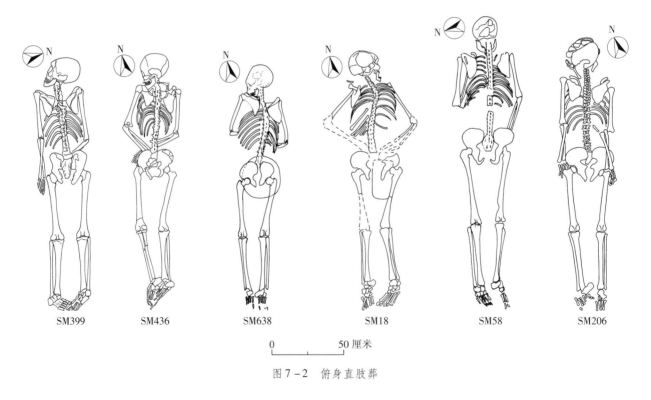

SM399　　SM436　　SM638　　SM18　　SM58　　SM206

0 ⊢──────┤ 50 厘米

图 7-2　俯身直肢葬

　　SM243：一只手放于腹下部，另一只手上屈于锁骨处；

　　SM907：一只手顺放于体侧，另一只肘部弯曲，手掌搭在肩部；

　　SM211：两手上屈，各搭在肩部；

　　SM881：一只手顺放于体侧，另一只手放在腹下部。

　　俯身直肢葬主要是男性，其葬式变化也主要表现在手部位置（图 7-2）。如：

SM399，一只手放在体侧，另一只置于腹下；

SM436，双手交叉放于腹下；

SM638，双手上屈，放于胸部下；

SM18，双手肘部外撑，掌部交叉放于腹下；

SM58，一只手上屈于肩部下，另一只手顺放于盆骨下；

SM206，双手顺直放于体侧。

屈肢葬式的墓主，主要是下肢略微弯曲，上肢仰身、俯身均有。兹举例如下（图7-3）：

SM928：俯身直肢，一手于胸部下，一手于盆骨下。膝部微屈；

SM98：仰身直肢，双手顺放于体侧，下肢微屈；

SM388，俯身直肢，双手交叉于腹部下，下肢微屈；

SM789：仰身直肢，下肢微屈。

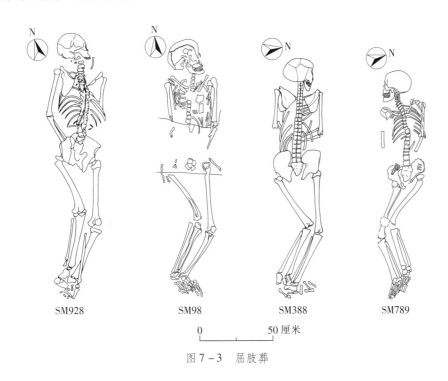

SM928   SM98   SM388   SM789

0   50厘米

图7-3 屈肢葬

三 服饰

经仔细发掘清理，在一些墓葬中清理出墓主人服饰的残片。部分墓葬中还能看到服饰的基本轮廓。由于墓主身上、身下都有发现，且在棺内分布，因而认为应是墓主人入殓时的服饰更为合理。

兹于此列举几例加以说明：

SM354：墓主身上有彩绘织物，从清理的情况看，至少下颌骨以下周身皆有，有的地方有起伏，显然是织物皱褶。彩绘织物为黄色麻布，红色作底，以黑色为线条绘出图案，有的地方填涂白色。白色有的可看出呈细小方格状，但与布有别，似漆，可能是麻布的印痕。南端的彩绘图案比较清楚，为几周弧线构成，稍北为一纹样较独特的图案。其他部位图案漫漶不清，但看出基本以直线和弧线为主。在清理时还发现有的地方黑色线条下还有一层黑色线条，明显为两层叠压。在股骨下可清楚看出被人骨压有彩绘织物，可见人骨下也是有彩绘织物，与人骨上的应是连为一体的。棺内人骨织物下发现席子残片，呈人字格，人骨下可能铺有席子。

SM403：墓主身上覆盖或穿着色彩艳丽的彩绘服饰，布纹清晰，纹密，布上底色为红色，有黑色图案和少量杏红色图案组成。大部分服饰由于腐朽严重，且褶皱较多，相互叠压，致使图案不清。相对较清的一组图案为墓主人胸部，图案呈方形直角状，黑粗线勾边，并用黑色点缀，底色为杏黄色。上半身多弧度向下的弧形线条，下身多弧度向上的弧形线条，均为红或杏黄底色，黑色边线。

SM583：墓主身上有彩绘织物，长172、宽48厘米，覆盖于人骨头至踝骨上，以红色为底，黄、白、黑为主色。彩绘织物或称布幔的主题似应以黄色装饰为主，自墓主口部开始有一圆环，环内有"T"字形装饰直通下腹，环内还有两道"八"字形装饰与"T"字形装饰相交叉。沿墓主两腿股骨亦有两道黄色装饰，髌骨以下有黑色勾边、红白两色填充的花纹。其他部分均弥漫不清。

第八章　随葬动物

殷墟墓葬中随葬动物的现象较为普遍。从随葬动物的位置来看，主要集中在墓室填土、二层台、椁室、腰坑内。

孝民屯殷墟文化时期墓葬中随葬动物的种类较为多样，大体可以分为两类：一类是陪伴死者供死者死后役用、宠玩等的殉牲，一般为全牲；一类是墓葬中与肉食类随葬品有关的动物遗存，多为动物身体的不同部位，如牲体的腿骨、头骨等，为供墓主死后享用的食物，有的学者称为"奠牲"。

综合来看，孝民屯遗址随葬动物以填土及腰坑内殉狗最为常见。除殉狗外，较为常见的随葬动物形式是在二层台或椁、棺盖上放置动物的部分肢体。以牛、羊、猪最为常见。

以往殷墟墓葬中随葬的动物往往是由从事田野发掘的考古工作者现场鉴定，往往未经过专业的动物考古鉴定，因此一般只限于对随葬动物种类的确认。由于特定历史时期条件的限制，多数动物遗存或未收集，或未保存下来，无法对殷墟墓葬随葬动物的一些具体细节进行进一步整理。对孝民屯墓葬中随葬动物遗存的鉴定，使我们获取了十分有价值的相关信息。

第一节　随葬狗牲

尽管殷墟随葬狗牲的商墓发现的数量很多，但是之前很长时间田野考古工作者却很少收集墓葬中的狗骨，有的即使收集回来也很少经过专业的动物考古学研究。孝民屯墓葬中出土的狗骨对于我们探讨晚商时期殷墟墓葬的狗牲及相关考古学问题有着重要的意义。

经统计，孝民屯共有170座殷墟墓葬殉狗，其中54座墓葬是在填土内或二层台上，77座墓葬是在腰坑内，另有39座墓葬在填土及腰坑内均有殉狗。值得注意的是，没有被盗掘的33座一椁一棺墓中，仅有3座没有殉狗，用狗殉葬的比例达90.9%。那些没有葬具的墓葬则不用狗殉葬。殉狗与否应与墓葬等级或墓主人身份地位有极大的关联性。

殷墟孝民屯的发掘者尽量收集了所有保存较好的狗骨，但由于许多狗骨保存不好，收集回来的只有部分墓葬中的狗骨，但也有84个个体可以作死亡年龄的判定。

狗刚出生时没有牙齿，现代的狗在出生后20天后开始萌出乳齿。乳齿中乳犬齿和乳门齿首先萌出（乳犬齿在狗出生后第三周开始萌出，乳门齿在狗出生后第四周开始萌出），然后乳前臼齿萌出（时间为狗出生后第3~5周），第1前臼齿在3~4个月才萌出，因此有第2乳前臼齿而没有第1前臼齿的小狗可以确定其年龄大于5周但小于3个月。在4~7个月间，所有的恒齿替换完乳齿。恒齿替换乳齿的次序与乳齿萌出的先后次序一样：首先是门齿与犬齿，接着是前臼齿与臼齿。第1前臼齿在3~4个月萌出后，下颌第2臼齿在四个半月到五个月间萌出，犬齿与第3门齿在5月龄左右时萌出，然后第4前臼齿与上颌第2臼齿在5~6个月时萌出，第2前臼齿与第3前臼齿在6月龄时萌出，最后萌出的下颌第3臼齿，时间为6~7个月[1]。

狗的牙齿到了6~7个月后全部萌出，因此7个月以后的狗的年龄需要借助头后骨骼的骨骺愈合状况来断定年龄。狗的不同骨骼的骨骺愈合时间不同。早期愈合（6~12个月期间愈合）的骨骼部位包括肩胛骨（6~7个月愈合）、盆骨（6月龄愈合）、第1与2节趾骨近端（7月龄愈合）、掌骨远端（8月龄愈合）、肱骨远端（8~9个月愈合）、桡骨近端与距骨远端（10月龄愈合）以及桡骨远端与尺骨两端（11~12个月愈合）；晚期愈合（13~18个月期间愈合）的骨骼部位包括跟骨近端与胫骨远端（13~16个月期间愈合）、肱骨近端与腓骨远端（15月龄愈合）、腓骨近端（15~18个月期间愈合）、股骨两端与胫骨愈合（18月龄愈合）[2]。

孝民屯遗址墓葬中出土的84个个体的狗牲中，1岁以下的有54例，占64.29%，其中半岁以下的占大多数，有31例，半岁到1岁间的22例，不见2个月龄以下的个体。大于1岁的有21例，占25%，其中1岁到1岁半的占大多数，有12例，大于1岁半的则有7例。另外还有大于半岁8例，占9.52%，半岁到1岁半的1例，占1.19%（见图8-1）。可以看出，绝大多数为1岁以下的狗，1岁半以上的数量比例很小。

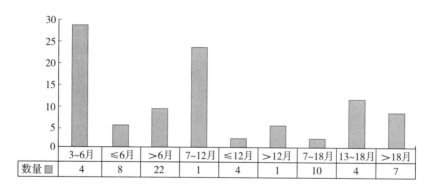

	3~6月	≤6月	>6月	7~12月	≤12月	>12月	7~18月	13~18月	>18月
数量	4	8	22	1	4	1	10	4	7

图8-1　狗牲的死亡年龄结构

就目前的资料而言，可以看出，孝民屯遗址晚商墓葬所随葬的狗牲年龄明显是经过人为选择的结果，说明晚商时期孝民屯居民的丧葬礼仪中使用狗牲偏好年轻个体，特别是1岁以下的幼年个体，但基本不随葬2个月龄以下的狗。那么其背后的原因是什么？

首先，我们需要探讨用于晚商时期墓葬殉葬的犬牲的文化内涵。犬在晚商时期人们的生活中可能扮演了看守与护卫、田猎助手以及提供肉食与皮毛的角色。高广仁先生认为用于墓葬殉葬的犬牲，是"作为供墓主驱使的牲牲，或担任墓主的守卫"[3]，当然还可能作为死者的宠物，但是生活中扮演此类角色的狗，多为成年个体，这与墓葬殉犬的年龄结构正好形成强烈的反差。究其原因，殉狗多用幼年个体，可能有两个原因，一是尽量避免杀掉已经在商人日常生活中扮演重要角色的那些成年狗，二

〔1〕 Sasan J. Crockford, 2009. *A Practical Guide to Insitu Dog Remains for the Field Archaeologist*. Pacific Identifications Inc., Victoria B. C. Canada.

〔2〕 I. A. Silver, 1969. The ageing of domestic animals. In Don Brothwell and Eric Higgs（eds.）, *Science in archaeology: a survey of progress and research*, London: Thames and Hudson, pp. 283 – 302.

〔3〕 高广仁：《中国史前时代的龟灵与犬牲》，见高广仁著《海岱地区先秦考古论集》，第291~303页，科学出版社，2000年。

是出于节省经济成本的考虑，因为年龄越大的狗需要耗费人类更多的食物和精力去喂养和调理。当然，孝民屯墓葬殉狗中还是有一定数量的成年狗，有的墓葬中发现狗颈部有铜铃，这些狗可能就是墓主生前特别喜爱的宠物，虽然比例不大。至于殉狗中不见 2 个月龄以下的个体，则可能一方面与狗的生理发育特点有关，一方面与人类对狗的特殊感情有关。因为狗一般到 45 天后才断奶，2 个月以下的狗不具备自己生活的能力。人类对幼小生物的怜悯天性与狗作为人类的好伙伴这双重因素的影响，可能使得商人不忍心杀掉 2 个月以下的幼年狗。当然，也有可能出于功利的考虑，即商人可能考虑到这些狗还不能自然离奶，在死后的世界也许无法扮演人们期许的角色。

另外，我们需要探讨的另一个问题是，这些狗的来源问题，即这些狗是死者家庭自己养的狗还是通过其他的方式获得的。前文我们提到有些成年狗可能是死者生前的宠物或者家庭养的狗，我们发现 1 岁以上的狗牲中有 7 个个体有铜铃，如果这一推测能够成立，这一类狗当是死者家庭自己饲养，幼年个体的狗可能有一少部分也是这样，如有的墓 4~5 个月的狗牲也有铜铃。但是，晚商墓葬中盛行以狗随葬，而且狗还大量用在各种祭祀活动中。正常情况下，不可能有丧事时死者家庭大多都正好有幼狗，除非商代晚期殷墟居民家大多养狗，也都有母狗可以年年下仔。笔者推测，商代晚期以犬殉葬之风的盛行可能导致专门提供丧葬礼仪所需犬牲的专业化的养狗业应需产生，也就是说有一部分墓葬中的狗牲，可能是从专门的养狗户那里买来的。自己不养狗的家庭可能通过购买获得用于殉葬的狗；养狗的家庭如果不是正好有幼年狗，又不想杀掉在家庭日常生活中扮演重要角色的成年狗，也可能会去购买幼年狗。另外，殷墟出土的甲骨卜辞中有商王征贡犬达二百头、一百头的记载，如"……兹致……二百犬……"（《合集》8979），"……致百犬"（《合集》8980）。这些贡犬一次多达百只甚至二百只，必须有专门的饲养方能供给如此巨大的用量，说明当时可能存在规模化的养犬业，以供贡犬之需。因此，晚商时期专门化的养犬业，无论是依附于方国诸侯、商王而获得支持，还是依托于当时社会丧葬礼仪中对犬牲的需求，都有其存在的基础。

第二节　随葬牛、羊、猪等牺牲

一　概况

（一）殷墟三期

SM38：绵羊左前腿（肩胛骨到掌骨。肱骨近端未愈合远端愈合，桡骨近端愈合远端未愈合），位于东二层台北端，不排除在清理时因指骨较小未加注意连同填土一起清理掉的情况。

SM736：绵羊完整左前腿（从肩胛骨到第 3 指骨。其中肩胛骨远端前结节未愈合，肱骨近端未愈合远端基本愈合，上髁部分愈合，桡骨近端愈合、略显骺线远端未愈合，尺骨两端未愈合，掌骨远端未愈合，第 1、2 指骨近端未愈合），位于东二层台上。

SM756：猪左前腿（从肱骨到第 3 指骨。肱、桡、尺骨均两端未愈合，掌骨远端未愈合，第 1、2 指骨近端未愈合），位于棺盖板上。

SM847：北二层台上摆放有猪左前腿 3 条，黄牛、绵羊的左前腿各 1 条。其中 1 条猪左前腿包括肩胛骨到桡尺骨的部位，另 2 条猪左前腿均为猪左肩胛骨到第 3 趾骨。黄牛左前腿包括肩胛骨到第 3 指骨所有骨骼，其中肱骨近端未愈合，远端愈合但上髁未愈合，桡骨掌骨近端愈合远端未愈合，第 1 指骨近端未愈合，第 2 指骨近端骺线。绵羊左前腿，包括肩胛骨到掌骨的所有骨骼，其中肱骨近端未愈合远端愈合，桡骨掌骨近端愈合远端未愈合。不过此墓被盗，黄牛、绵羊自北向南并置，其掌骨以东明显有因被盗扰乱的痕迹，因此不能排除绵羊也是完整的从肩胛骨到第 3 指骨的前腿的可能性。

SM913：猪完整左前腿（包括肩胛骨到第 3 指骨。其中肱骨近端未愈合远端未愈合，桡骨近端愈合远端未愈合，肩胛骨远端愈合，掌骨远端愈合，第 1、2 指骨近端愈合），位于二层台西部。

SM447：猪左侧前腿（包括肩胛骨到腕骨。其中肩胛骨远端愈合，肱桡尺骨两端均未愈合），位于二层台上。

SM43：猪完整头骨（上下颌牙齿为 DI1 ~ M1，下颌 dP4 磨蚀级别为 0.5 ~ U，M1 磨蚀级别为 C[1]，死亡年龄为 1 ~ 2 个月），位于西侧中部填土中，距墓口 220 厘米。北二层台下中部底部还发现绵羊左前腿（包括肱骨、桡骨、掌骨和第 1、2 指骨，但只是掌骨以下关节相连，肱骨与桡骨关节未相连）。

（二）殷墟四期早段

SM107：绵羊左前腿（包括肩胛骨、桡骨远端关节，掌骨，第 1、2 节指骨。第 1 节指骨近端未愈合），位于棺盖上。

SM110：绵羊左前腿（从肱骨到第 1 指骨，因盗扰缺桡骨、掌骨。指骨近端未愈合，肱骨近端未愈合，尺骨近端愈合远端残）；猪左前腿（包括肩胛骨、肱骨、尺骨、桡骨。肩胛骨远端未愈合，其他骨骼两端均未愈合）。

SM408：猪较完整左前腿（从肩胛骨到第 1 节指骨。肩胛骨肩臼未愈合，肱骨、尺骨两端均未愈合，桡骨近端骺线远端未愈合，掌骨远端未愈合，第 1 节指骨近端未愈合），位于北二层台。

SM419：绵羊左前腿（包括肩胛骨到第 3 指骨。其中掌骨远端未愈合）位于北二层台东部。

SM854：绵羊左前腿（包括从肱骨到第 3 指骨。肱骨近端未愈合远端愈合，桡骨近端愈合远端未愈合，尺骨两端未愈合，掌骨远端未愈合，第 1 节指骨近端未愈合，第 2 节指骨近端部分愈合部分骺线）位于樽二层台东北部。

SM92：山羊头骨（头骨和左侧下颌，下颌带 dp2 ~ M2，dp4 磨蚀级别为 e，M1 磨蚀级别为 b，M2 磨蚀级别为 C，死亡年龄 6 ~ 8 个月）以及山羊左侧肱骨（近端未愈合远端骺线）、掌骨（远端愈合），绵羊左侧肱骨（两端未愈合）。盗坑中扰土内所出。

SM369：黄牛左前腿（包括肱骨、尺骨和掌骨。其中肱骨、尺骨两端因发掘不慎残损，无从判断愈合状况，掌骨则远端未愈合），出于墓葬盗沟中，原来应是墓中随葬。

SM418：猪左前腿（包括肩胛骨、肱骨、桡骨、尺骨、掌骨。肱、桡、尺骨两端均未愈合，肩胛骨和掌骨远端未愈合），位于西二层台北部。

NM138：猪左前腿（包括桡骨、尺骨，两端均未愈合）。

---

[1] 动物牙齿的磨蚀级别记录方法采用 Grant 的记录方法。参见 Grand，A.，1982. The use tooth wear as a guide to the domestic unguate. In：Uilsen，B.，Grigscn C.，Payne，S.（eds），*Ageing and Sexing Animal Bones from Archaeological Sites*，BAK British series，VOL. 109，pp. 91 - 108.

（三）殷墟四期晚段

SM353：黄牛左前腿（从桡骨到第 3 指骨，关节相连，无尺骨。其中桡骨近端愈合远端未愈合，掌骨远端未愈合），位于东二层台上的中部。

SM108：猪左前腿（从肱骨到第 3 指骨。其中肱、桡、尺骨两端未愈合，掌骨远端未愈合，第 1、2 指和趾骨近端未愈合），位于棺盖上；绵羊左前腿（只见一左桡骨，愈合状况不明），出土于填土内。

SM361：黄牛左前腿（包括左桡骨、掌骨、第 1 节指骨 2。其中桡骨、掌骨远端均未愈合），曾遭盗扰，出于盗沟中。

SM761：绵羊左前腿（包括关节相连的肩胛骨和肱骨。肱骨远端愈合近端未愈合），位于椁盖板上中部偏南处。另有鱼骨出于椁盖上西侧邻西二层台处，种属待鉴定。

SM762：绵羊左前腿（包括肩胛骨到掌骨的部分），位于椁盖上西南角；另有一鱼出于南二层台内陶鬲内，仅收集有头骨。

SM800：猪完整左前腿（包括肩胛骨到第 3 指骨。其中肩胛骨远端未愈合，肱、桡、尺骨均两端未愈合，掌骨远端未愈合，第 1、2 指骨近端未愈合），位于二层台东北。

SM924：绵羊完整左前腿（包括肩胛骨到第 3 指骨。其中肩胛骨远端愈合，肱骨近端未愈合，上髁愈合中，桡骨近端愈合远端未愈合，尺骨两端未愈合，第 1 节指骨近端未愈合，第 2 节指骨近端部分愈合）与猪左肱骨（两端未愈合）。

NM177：猪，一副肱骨、桡骨、尺骨，左侧第 Ⅱ～Ⅴ 掌骨，右侧股骨，一副胫骨，右侧盆骨，跖骨（近端因发掘残），颈椎，肋骨，位于二层台内。其中肱、桡、尺、股骨两端未愈合，胫骨远端未愈合，掌、跖骨远端未愈合，盆骨坐骨、耻骨之间骨缝未愈合，脊椎椎体与椎弓未愈合。

SM205：猪完整左前腿（肩胛骨远端未愈合，肱、桡、尺骨两端未愈合，第 1、2 节指骨近端未愈合），位于东侧二层台下。

SM29（被盗）：猪左前腿（肩胛骨到尺骨。肩胛骨远端未愈合，肱骨和尺骨两端未愈合）和绵羊左前腿（从肩胛骨到第 1 节指骨。肩胛骨远端愈合，肱骨与桡骨均近端未愈合远端愈合，尺骨两端未愈合，掌骨远端未愈合，第 1 节指骨近端愈合），位于椁盖板上。

SM375：绵羊头（包括头骨和下颌骨，上颌牙齿为 dp2～M2，下颌牙齿为 dI1～M2。其中上颌 p4 磨蚀级别为 k、M1 为 g、M2 为 a，下颌 p4 为 k、M1 为 g、M2 为 d，死亡年龄 1～2 岁）、绵羊左前腿（包括肩胛骨、肱骨、桡骨。其中肩胛骨远端愈合，肱骨远端基本愈合近端未愈合，但上髁为完全愈合，桡骨近端愈合远端未愈合）与猪下颌骨（联合部未愈合，上下颌牙齿为 dI1～M1，其中 dP4 磨蚀级别为 c，M1 磨蚀级别为 V，死亡年龄为 2～4 个月）。绵羊左前腿位于棺内。

SM389：猪左侧前腿 2 条，其一从肩胛骨到第 1 节指骨（肩胛骨远端未愈合，肱、桡、尺骨两端未愈合），另一则从肩胛骨到桡、尺骨（肩胛骨远端未愈合，肱、桡、尺骨两端未愈合）；另有完整鱼骨架一具。均位于棺西侧。

SM407：绵羊左前腿（包括肩胛骨到第 1 节指骨。其中尺骨两端未愈合，桡骨近端因发掘残破远端未愈合）和猪左前腿 2 条（其一包括肩胛骨到掌骨，其中肱、桡、尺两端未愈合，掌骨远端未愈合；另一包括肱骨与桡骨远端关节，其中肱骨两端未愈合），二者均摆放在二层台上。

SM423：猪完整左前腿及黄牛完整左前腿骨，位于东二层台丝织物上。猪骨包括肩胛骨到第3节指骨，其中肱骨两端未愈合，掌骨远端未愈合，第1、2指骨近端未愈合；黄牛骨包括肩胛骨、肱骨、桡骨、尺骨、掌骨、腕骨、第1～3指骨，其中肱骨近端愈合远端未愈合，尺骨两端未愈合，桡骨近端愈合远端未愈合，掌骨两端愈合，第1－2指骨两端愈合。绵羊左前腿包括肱骨（近端未愈合，远端愈合）、腕骨、桡骨、掌骨（桡骨、掌骨近端均愈合），位于椁盖板之上。

SM426：猪完整头骨一具，死亡年龄为0.5岁左右，另有猪左前腿（包括肱骨、尺骨、桡骨，全部骨骼两端均未愈合），均位于二层台上。

SM428：绵羊完整左前腿（包括肩胛骨到第3指骨。其中肱骨近端大部分愈合远端愈合，其他骨骼关节两端均愈合），位于棺内西侧。

SM707：黄牛左前腿（包括肩胛骨到掌骨。其中肩胛骨远端愈合，肱骨近端未愈合远端愈合但上髁未完全愈合），位于西南角椁盖上。

SM856：完整猪头带寰椎、枢椎（上下颌牙齿均为DI1～M2，其中p4磨蚀级别为d，M1磨蚀级别E，M2磨蚀级别为C，死亡年龄为4～6个月），以及猪左侧尺骨（两端未愈合）。

SM404：猪完整左前腿（其中肩胛骨近端愈合，肱骨近端未愈合，桡骨远端未愈合，尺骨两端未愈合），位于西二层台上。

（四）殷墟时期

SM105：猪左前腿（包括肱骨到第3指骨。其中肱、桡、尺骨两端未愈合，掌骨远端未愈合，第1、2指骨近端未愈合），位于东二层台北端。

SM21：黄牛左侧肱骨到第1节指骨（掌骨远端未愈合，第1节指骨近端骺线），东二层台上。

SM22：绵羊左前腿（包括肱骨、桡骨。其中肱骨近端未愈合远端愈合，桡骨近端愈合远端未愈合），位于盗沟扰土中；黄牛左前腿（包括肱骨到第3节指骨。其中肱骨近端未愈合，桡骨、掌骨远端未愈合，第1节指骨近端未愈合，第2节指骨大部分愈合），位于填土中。

SM46：猪头（上下颌牙齿完整，为dI1～M1，dp4磨蚀级别为U，M1磨蚀级别为V，死亡年龄为1～2个月），位于西北二层台。

SM66：猪左前腿（包括肩胛骨到掌骨。肱骨近端未愈合，掌骨远端未愈合），出于盗坑。

与殉狗类似，用牛、羊、猪随葬的墓葬等级也较高，至少是有一棺。而且相当一部分用狗殉葬的墓葬，也用牛、羊、猪随葬。二者共同反映了墓主人的身份、等级。

除以上随葬动物外，还发现有少数墓葬有殉鱼。

二　分析

（一）牲体的动物种属构成、种类组合及相对比例

孝民屯晚商墓葬中的肉食类随葬品或祭品所用的动物，包括摆放在二层台上或青铜容器中猪、牛、羊、鱼。将上面墓葬随葬动物种类归纳、统计如下：

表 8 - 1　随葬动物种类统计表

		羊	黄牛	猪	鱼
孝民屯	墓葬例数	15	9	23	3
	随葬数量	16	9	28	3

随葬数量为最小个体数的统计。

可以看出，猪是最常见的，其次为羊、黄牛，随葬鱼较少。随葬的羊基本为绵羊，偶用山羊。

墓葬所出的肉食类随葬品，就动物种类的组合，有牛、羊、猪单独使用，也有羊与牛、猪分别组合使用，也有三者共同构成组合的，或者鱼与羊或猪构成组合的。

（二）随葬牲体的方式、组合和部位选择

在墓葬作为肉食祭品的主要是猪、牛、羊的腿骨单用，也比较多见其中二类或三类动物的腿骨组合使用，另外有少数墓葬中猪、羊等的头骨单用或与家畜腿骨组合，一般组合使用的墓葬等级相应较高。从随葬牲头与牲腿的比例来看，明显以牲腿为主，即使就猪头与猪腿的比例来看，也明显是以猪腿为主。

（三）随葬动物的死亡年龄构成

我们对于墓葬中收集的动物腿骨的关节愈合状况记录后发现，猪年龄有小于半岁的（1 例）、小于 1 岁的（13 例）、有 1~2 岁的（4 例），黄牛年龄有 1~1.5 岁的（7 例）、有 1.5~2 岁的（2 例），绵羊年龄有小于 1.5 岁的（2 例）、1~3 岁的（5 例）、3~3.5 岁的（1 例）。其中猪更多偏于 1 岁以下的幼年猪，黄牛和绵羊也都是未成年个体。

在孝民屯商代墓葬出土的猪头骨中，都属于年龄比较小的个体，其中 1~2 个月的 3 例，2~3 月的 1 例，4~6 个月的 1 例，6 月左右的 1 例。绵羊头骨也属于未成年个体，年龄 1~2 岁。山羊头骨则属于 6~8 月的幼年个体。可见用牲首也都是未成年的个体，而猪首则是以半岁以下的幼年个体为主。

可以看出猪牲年龄多在 1 岁以下，而猪首中基本都属于幼猪（半岁以下）。这种以幼年个体的动物为主的年龄构成，既可能出于特定祭祀要求，也可能出于经济角度的考虑——尽量将祭祀成本压至最低。

（四）牲腿的体位选择

在孝民屯所有晚商墓葬随葬的牲腿中，目前鉴定的无一例外都是家畜的左前腿。头骨与腿骨组合时，如果是一对一的话，一般是出自同一个体的家养动物。所有的牲腿的处理方式都是各段骨骼关节相连，未见砍割痕迹。牲腿常见从肩胛骨到猪蹄末端的整体前腿，或者整体前腿不包括肩胛骨，可见当时最注重的是用整只前腿作为祭品。其他的则或为前腿的上段，比如肩胛骨与肱骨相连，或单独一条肱骨，或者掌骨和其以下全部骨骼的前腿下段。无论是整条牲腿还是牲腿连带肩胛骨，都需要将这一侧的牲体从畜体割解下来。

考察殷墟其他地点晚商墓葬随葬动物牲体的情况，凡是从照片或墓葬图可以判定牲腿左右的，对牲腿的前后、左右的选择中均崇尚使用左侧前腿，而且无一例外，表明当时殷人对使用牲腿的体位的一种偏好，也是一种规范化的丧葬礼仪制度。在山东前掌大墓地也发现有如此现象，也是基本为左前腿，但有例外，偶尔也有右侧前腿的，但整体来看基本是遵守这种制度的。

看出晚商时期随葬的牲腿存在着规律化的选择，我们称之为"贵前尚左"，即崇尚用牲体的前腿及其左侧。在作为都城遗址的殷墟墓葬中目前还没有发现例外，可见当时丧葬用牲的礼仪已经达到严格的规范化。同时这种丧葬礼仪在商文化的分布范围内也得到较为严格的遵守。在山东滕州前掌大遗址和济南大辛庄商代晚期遗址都可以看到对这种文化礼仪的认同，随葬奠牲时基本使用家畜，在用牲的体位选择上也基本遵守商文化核心区域形成的规范，也基本使用左侧前腿[1]，虽然偶尔略有变例，但基本得到了遵守。这是商文化核心区域与其影响区域政治与礼仪互动的一个很好的例子，显示了商文化对其影响区域内的文化辐射。

附表 8-1 墓葬殉狗登记表

单 位	位置	狗编号	数量	年龄	年龄组
SM102	腰坑		1	5~6 月	3~6 月
SM104	填土		1	<6 月	≤6 月
SM105	填土		1	7 月	7~12 月
SM107	填土		1	6~7 月	7~12 月
SM110	腰坑		1	9~10 月	7~12 月
NM138	腰坑		1	>13 月	13~18 月
NM153	填土		1	3~4 月	3~6 月
NM154	填土		1	>6 月	>6 月
NM157	腰坑		1	>6 月	>6 月
NM158	填土		1	>6 月	>6 月
SM16	腰坑		1	>18 月	>18 月
NM169	龛内		1	6~7 月	7~12 月
NM177	填土		1	>15 月	>12 月
NM177	腰坑		1	9~10 月	7~12 月
SM2	填土		1	8~10 月	7~12 月
SM201	填土		1	>13 月	>12 月
SM204	腰坑		1	4~6 月	3~6 月
SM215	腰坑		1	>18 月	>18 月
SM216	填土		1	>18 月	>18 月
SM22	腰坑		1	>6 月	>6 月
SM220	填土		1	4~5 月	3~6 月
SM234	腰坑		1	>11 月	>12 月
SM244	腰坑		1	5~6 月	3~6 月

[1] 袁靖、杨梦菲：《山东滕州前掌大遗址出土动物骨骼研究报告》，中国社会科学院考古研究所编著《滕州前掌大墓地》，文物出版社，2006 年版；Min Li, 2008. *Conquest, Concord, and Consuption：Becoming Shang in Early China*. Unpublished Phd Disertation, the University of Michigan, pp. 147-151.

续附表 8~1

单 位	位置	狗编号	数量	年龄	年龄组
SM29	填土		1	13~18 月	13~18 月
SM29	腰坑		1	13~18 月	13~18 月
SM354	填土		1	4~5 月	3~6 月
SM356	腰坑		1	7~8 月	7~12 月
SM358	腰坑		1	>18 月	>18 月
SM368	填土		1	>18 月	>18 月
SM371	填土		1	9~10 月	7~12 月
SM375	填土		1	7~8 月	7~12 月
SM389	腰坑		1	10~11 月	7~12 月
SM408	腰坑		1	<6 月	≤6 月
SM409	填土		1	7 月	7~12 月
SM41	腰坑	1	1	<8 月	≤12 月
SM41	腰坑	2	1	>13 月	>12 月
SM42	西侧二层台		1	4~5 月	3~6 月
SM423	填土		1	5~6 月	3~6 月
SM426	腰坑		1	<6 月	≤6 月
SM43	填土		1	>6 月	>6 月
SM53	腰坑		1	5~6 月	3~6 月
SM578	腰坑		1	6 月	3~6 月
SM591	腰坑		1	7~8 月	7~12 月
SM594	腰坑		1	4~5 月	3~6 月
SM594	填土		1	4~5 月	3~6 月
SM595	填土		1	5~6 月	3~6 月
SM60	填土		1	>18 月	>18 月
SM623	腰坑		1	12~17 月	13~18 月
SM63	填土		1	8~10 月	7~12 月
SM646	腰坑		1	5~6 月	3~6 月
SM647	腰坑		1	6~7 月	3~6 月
SM671	腰坑		1	4 月	3~6 月
SM674	填土		1	4~5 月	3~6 月
SM675	填土		1	7 月	7~12 月
SM687	填土		1	4~5 月	3~6 月
SM693	填土		1	7~8 月	7~12 月
SM702	腰坑		1	>8 月	>6 月
SM711	腰坑		1	9~10 月	7~12 月

续附表 8~1

单　位	位置	狗编号	数量	年龄	年龄组
SM716	腰坑		1	<6 月	≤6 月
SM735	填土		1	13~14 月	13~18 月
SM735	腰坑		1	8~9 月	7~12 月
SM736	填土		1	>6 月	>6 月
SM736	腰坑		1	>18 月	>18 月
SM737	腰坑		1	13~17 月	13~18 月
SM741	填土		1	4~5 月	3~6 月
SM762	填土		1	6 月	3~6 月
SM764	腰坑		1	8~11 月	7~12 月
SM770	腰坑		1	4~5 月	3~6 月
SM816	填土		1	5~6 月	3~6 月
SM824	腰坑		1	7~12 月	7~12 月
SM841	填土		1	13~16 月	13~18 月
SM843	填土		1	4~5 月	3~6 月
SM847	腰坑		1	4~5 月	3~6 月
SM85	棺椁上		1	15~16 月	13~18 月
SM856	腰坑		1	8~9 月	7~12 月
SM876	腰坑		1	13~14 月	13~18 月
SM897	腰坑		1	6~18 月	6~18 月
SM918	腰坑		1	13~14 月	13~18 月
SM92	填土		1	6~7 月	7~12 月
SM924	腰坑		1	11~12 月	7~12 月
SM929	填土		1	4~5 月	3~6 月
SM931	腰坑		1	5~6 月	3~6 月
SM932	填土		1	4~5 月	3~6 月
SM943	腰坑		1	>6 月	>6 月

说明：SM687 与 SM843 为西周初年墓，墓主可能是殷遗民，所以这两座墓的殉狗仍与殷墟墓葬一起统计。

第九章 随葬品

第一节 概述

一 随葬品出土情况

孝民屯遗址殷墟墓葬中，绝大多数一椁一棺墓及一棺墓都有随葬品。

33 座没有被盗的一椁一棺墓，13 座墓葬用铜、铅礼器及陶器等随葬，20 座主要用陶器随葬。61 座被盗的一椁一棺墓，只有 5 座墓未发现随葬品，这可能是因为随葬品被洗劫一空了。

195 座未被盗的一棺墓中，只有 26 墓葬未见任何随葬品。其中 15 座墓葬用铜铅礼器随葬；154 座墓用陶、铜、玉、骨、贝随葬，绝大部分是以陶觚爵为组合的陶器。120 座被盗扰的一棺墓，完全没有随葬品的也只是少数，其中 69 座墓葬出土有陶器。据此可以认为，一棺墓中绝大多数是有随葬品的，并以陶器为主，部分墓葬用铜铅礼器随葬。

176 座简易或无葬具墓中，有 18 座被盗扰。有随葬品的墓葬比例大大下降，其中 30 座墓葬用陶器随葬，另有一些墓随葬有贝。

58 座葬具不明的墓葬中，尚有一些墓葬有随葬品。从规模分析，这些墓葬多是一椁一棺墓及一棺墓，多数应有随葬品。只是被盗严重，随葬品多数被盗走。

从以上分析来看，随葬品的多寡与墓葬等级有着直接关系。

二 随葬品摆放位置

陶器，多数放置在墓主头端二层台上，但也有放置在棺室之内的。个别陶器放置在墓室填土内，也有陶器被打碎放置在二层台内。

铜铅礼器，一般放置在椁内棺外的空间里。没有椁室的墓葬，铜铅礼器放置在棺室内。放置的位置多在墓主头向一侧，但也有在足部的。个别墓葬铜礼器放置在二层台底部。铜兵器、工具的位置较为多样，以棺、椁室内为主，也有在二层台上、二层台下的。

玉器总量不多，有一部分是墓主口琀。玉器主要是在棺内，以墓主装饰品为主。

发现的几件漆器主要是在二层台上。

以蚌坠为主的蚌饰主要是在棺外侧，这可能与棺饰——荒帷有关。

货贝出土位置主要围绕墓主人，以墓主口、手、腰、足部最为集中。

剩余的骨、石、蚌等物位置不定。

墓葬随葬器物在每座墓葬的介绍中已详细说明。在此处作综合梳理、类型分析。

第二节　陶器

随葬陶器的墓葬较多，陶器也是最常见的随葬器物。器类型有鬲、瓿、爵、簋、豆、盘、罐等。下面分类介绍：

一　陶爵

共 207 件。泥质灰陶，均有流无尾。制作粗糙。主要根据器体大小、胖瘦，分为 10 式。

Ⅰ式　共 2 件。半环形鋬，形体胖大，下腹圆鼓，三足高而外撇。

NM155：4，口沿外侧有凸棱一周，腹部饰凹弦纹二周。口径 10.3、高 14.7 厘米。（图 9－1，1）

NM166：2，口沿外侧有浅凹槽一周，上腹部饰凹弦纹二周。口径 9.1、高 11.8 厘米。（图 9－1，2）

Ⅱ式　共 4 件。口径大于腹径，半环形鋬，束腰，圆鼓腹，三足高而外撇，形体瘦高，下腹渐显折棱。

标本 SM701：2，口中部有两个对称小泥丁，口沿外侧有浅凹槽一周，腹部饰凹弦纹二周。口径 9.7、高 13.5 厘米。（图 9－1，3）

标本 SM753：2，完整。腹部饰凹弦纹三周。口径 8.7、高 12.5 厘米。（图 9－1，4）

标本 SM755：2，口沿外侧有浅凹槽一周，腹部饰凹弦纹二周。口径 9.9、高 13.3 厘米。（图 9－1，5）

Ⅲ式　共 27 件。较Ⅱ式更瘦，拱形鋬，束腰，下腹成折棱状，三足较高而外撇。

标本 SM914：2，底近平，口沿外侧有浅凹槽一周，腹部饰凹弦纹一周。口径 8.8、高 13.2 厘米。（图 9－1，6）

标本 SM609：3，完整。口沿外侧有浅凹槽一周，腹部饰凹弦纹二周。口径 8.2、高 11.7 厘米。（图 9－1，7）

标本 SM716：2，完整。腹部饰凹弦纹三周。口径 8.8、高 12 厘米。（图 9－1，8）

标本 SM741：6，短流无尾，腹部饰凹弦纹二周。口径 9.4、高 12.4 厘米。（图 9－1，9）

标本 SM941：2，口沿外侧有浅凹槽一周，腹部饰凹弦纹二周。口径 9、高 12.5 厘米。（图 9－1，10）

Ⅳ式　共 18 件。形体变矮，短流无尾，半环形鋬，下腹变窄小，折棱突显，三足外撇。

标本 SM414：1，素面。口径 8.7、高 10.5 厘米。（图 9－1，11）

标本 SM358：2，素面。口径 8.8、高 11.2 厘米。（图 9－1，12）

标本 SM607：3，腹部饰凹弦纹二周。口径 8.5、高 11.5 厘米。（图 9－1，13）

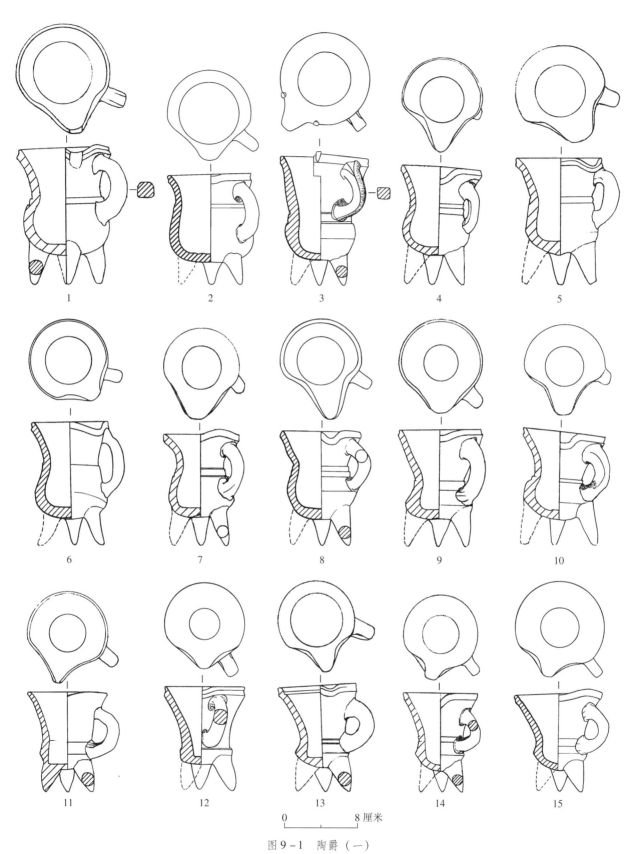

图 9-1 陶爵（一）

1、2. I 式（NM155：4、NM166：2） 3～5. II 式（SM701：2、SM753：2、SM755：2） 6～10. III 式（SM914：2、SM609：3、SM716：2、SM741：6、SM941：2） 11～15. IV 式（SM414：1、SM358：2、SM607：3、SM705：1、SM955：1）

标本 SM705：1，腹部饰凹弦纹二周。口径8.4、高10.4厘米。（图9-1，14）

标本 SM955：1，素面。口径9.7、高11厘米。（图9-1，15）

V式　共22件。通高9~10厘米，短流，下腹折棱接近底部。足部低矮。

标本 SM729：3，素面。口径7.8、高10.3厘米。（图9-2，1）

标本 SM854：4，口沿外有浅凹槽一周。口径8.3、高9.7厘米。（图9-2，2）

标本 NM137：9，素面。口径8.2、高9.8厘米。（图9-2，3）

标本 SM207：5，口径7.5、高9.8厘米。（图9-2，4）

标本 SM829：2，微残，腹下部饰凹弦纹一周。口径7.6、高9.8厘米。（图9-2，5）

VI式　共12件。通高7~9厘米。

标本 SM208：2，口径7.2、高9.2厘米。（图9-2，6）

标本 NM139：1，完整。流微露。口径7.5、高8.6厘米。（图9-2，7）

标本 SM15：17，流微露。口径7.4、高9.5厘米。（图9-2，8）

标本 SM110：1，微残。口沿外有浅凹槽一周，腹部饰凹弦纹一周。口径7、高9.2厘米。（图9-2，9）

标本 SM374：4，泥质褐陶。大口，半环形鋬。口径8.5、高9.5厘米。（图9-2，10）

VII式　共5件。与VI式相比，下腹收窄，底近锥状，腹部折棱几近消失。

SM562：2，口沿外侧有凸棱一周。口径8.8、高8.4厘米。（图9-2，11）

SM638：1，口沿外侧有凸棱一周。口径7.8、高8厘米。（图9-2，12）

SM413：1，口径7、高7.5厘米。（图9-2，13）

SM434：3，微残。下腹折棱成附加堆泥条，口沿外侧有凸棱一周。口径7、高8.5厘米。（图9-2，14）

SM891：1，三足残失，口沿外侧有凸棱一周。口径8、残高7.8厘米。（图9-2，15）

VIII式　共15件。通高7~8厘米，下腹内收，尖锥底。

标本 SM712：5，三锥足，口沿外侧有凸棱一周。口径7.2、高6.7厘米。（图9-2，16）

标本 SM369：3，小泥条鋬，口沿外侧有浅凹槽一周。口径7.2、高7厘米。（图9-2，17）

标本 SM429：3+8，小泥条鋬，口沿外侧有浅凹槽一周。口径7、高8.5厘米。（图9-2，18）

标本 SM441：1，拱形鋬，小平底，腹下部饰凹弦纹二周。口径7.6、高8厘米。（图9-2，19）

标本 SM735：24，拱形鋬，口沿外侧有凸棱一周。口径8.2、高8.1厘米。（图9-2，20）

IX式　共37件。通高5~7厘米。侈口，短流，鋬消失或呈泥饼状，三矮足尖锥状且外撇。

标本 SM693：6，腹下部饰凹弦纹二周。口径6.2、高6.1厘米。（图9-3，1）

标本 SM359：1，口沿外侧有浅凹槽一周。口径5.9、高5.9厘米。（图9-3，2）

标本 SM407：8，口沿外侧有浅凹槽一周。口径7.1、高6.4厘米。（图9-3，3）

标本 SM612：2，口沿外侧有凸棱一周。口径5.8、高5.6厘米。（图9-3，4）

X式　共40件。通高3~5厘米。无鋬。泥丁小锥足。

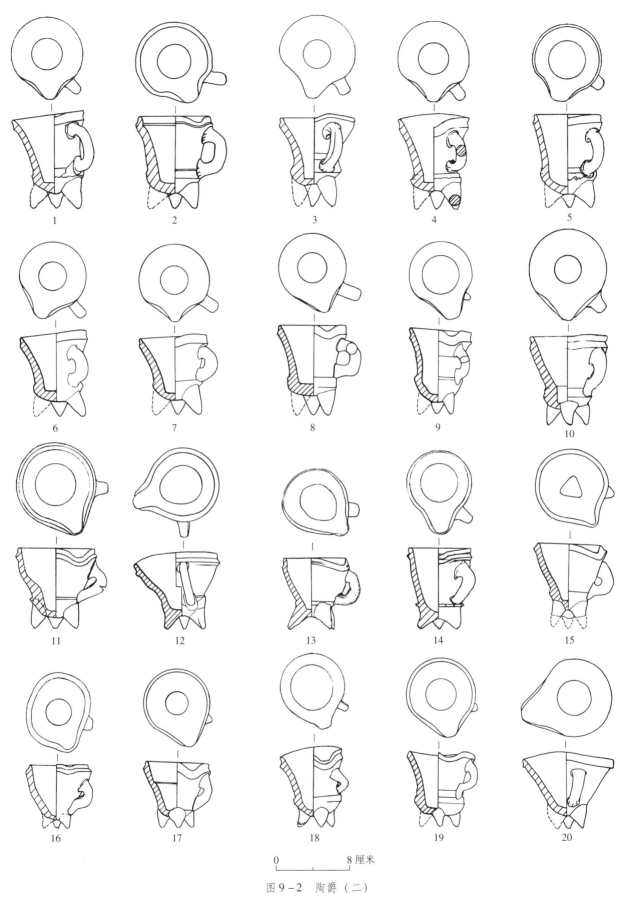

0   8厘米

图 9－2　陶爵（二）

1~5. Ⅴ式（SM729：3、SM854：4、NM137：9、SM207：5、SM829：2）　6~10. Ⅵ式（SM208：2、NM139：1、SM15：17、SM110：1、SM374：4）　11~15. Ⅶ式（SM562：2、SM638：1、SM413：1、SM434：3、SM891：1）　16~20. Ⅷ（SM712：5、SM369：3、SM429：3、SM441：1、SM735：24）

标本 SM214：3，完整。口沿外侧有浅凹槽一周。口径5.7、高4.2厘米。（图9-3，5）

标本 SM395：4，残。腹下部有凹弦纹一周。口径5、高4.5厘米。（图9-3，6）

标本 SM579：2，口沿外侧有浅凹槽一周。口径4.8、高3.8厘米。（图9-3，7）

标本 SM744：2，完整，口沿外侧有浅凹槽一周。口径5.4、高4.2厘米。（图9-3，8）

标本 NM161：3，腹下部有凹弦纹一周。口径5.6、高4.4厘米。（图9-3，9）

二 陶觚

共208件。共有25件无法分辨器型。均为泥质灰陶，喇叭口外撇，素面。

陶觚的变化主要是器体的高矮。少数陶觚柄部较粗。据此分为两型。

A 型 共172件。依器体高矮、柄部粗细等不同分为12式：

A I 式 2件。整体粗胖，器体较大，喇叭口，腹较粗，中部外鼓，高圈足外撇下折。

NM155：5，腹部有凹弦纹三周，足部有凹弦纹二周。口径16.7、圈足径8.5、高21.9厘米。（图9-4，1）

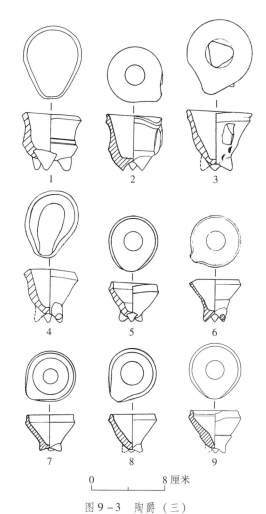

图 9-3 陶爵（三）
1~4. IX式（SM693：6、SM359：1、SM407：8、SM612：2）
5~9. X式（SM214：3、SM395：4、SM579：2、SM744：2、NM161：3）

NM166：1，腹部有凹弦纹二周。口径15.7、圈足径8.8、高16.8厘米。（图9-4，2）

A II 式 3件。整体较高，通高19~21厘米，但体瘦。

SM753：3，腹部有凹弦纹三周。口径14、圈足径9、高19.6厘米。（图9-4，3）

SM755：1，腹部有凹弦纹一周。口径14.6、圈足径8.8、高21厘米。（图9-4，4）

SM914：4，腹部有凹弦纹二周。口径14.8、圈足径8.1、高19.2厘米。（图9-4，5）

A III 式 共5件。高度较 A II 式降低，通高17~19厘米。

SM609：2，腹近直筒形，柄部外鼓，腹部有凹弦纹二周。口径13.8、圈足径8.4、高17.8厘米。（图9-4，6）

SM701：1，腹部有凹弦纹三周。口径14.4、圈足径8.6、高19.9厘米。（图9-4，7）

SM716：1，腹部有凹弦纹二周。口径13.8、圈足径8.4、高18厘米。（图9-4，8）

SM741：5，腹部有凹弦纹一周，足部有凹弦纹二周。口径14、圈足径8.1、高17.7厘米。（图9-4，9）

SM941：3，腹部有凹弦纹三周。口径14、圈足径7.5、高19.2厘米。（图9-4，10）

0 _____ 8厘米

图 9 - 4 陶觚（一）

1、2. A I 式（NM155：5、NM166：1） 3～5. A II 式（SM753：3、SM755：1、SM914：4） 6～10. A III 式（SM609：2、SM701：1、SM716：1、SM741：5、SM941：3） 11、12. A IV 式（SM842：1、SM929：12）

A IV 式 共 3 件。柄部更细。

标本 SM842：1，腹部有凹弦纹二周，足部有凹弦纹二周。口径 13.5、圈足径 8、高 17.6 厘米。（图 9 - 4，11）

标本 SM929：12，柄部细瘦，腹部有凹弦纹三周。口径 14、圈足径 8.5、高 20.3 厘米。（图 9 - 4，12）

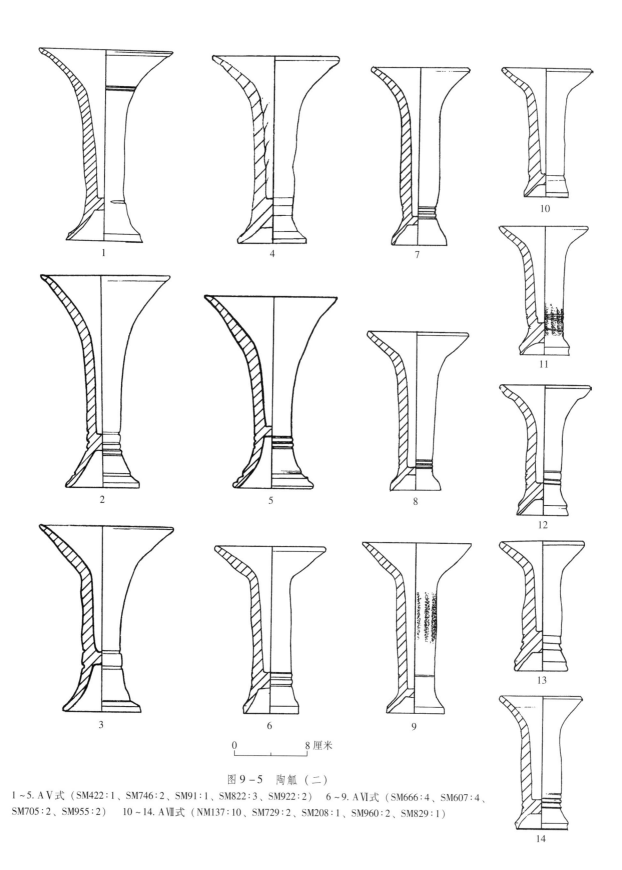

0   8厘米

图 9－5 　陶觚（二）

1～5. AⅤ式（SM422：1、SM746：2、SM91：1、SM822：3、SM922：2）　6～9. AⅥ式（SM666：4、SM607：4、SM705：2、SM955：2）　10～14. AⅦ式（NM137：10、SM729：2、SM208：1、SM960：2、SM829：1）

ＡⅤ式　共 18 件。整体细高，喇叭口外撇较甚。

标本 SM422：1，瘦腹呈直筒形。口径 14.5、圈足径 8、高 20.5 厘米。（图 9-5，1）

标本 SM746：2，腹部有凹弦纹三周。口径 14.4、圈足径 8.2、高 22.5 厘米。（图 9-5，2）

标本 SM91：1，腹部有凹弦纹三周。口径 14.9、圈足径 8.6、高 19.8 厘米。（图 9-5，3）

标本 SM822：3，口径 14、圈足径 7.1、高 19.8 厘米。（图 9-5，4）

标本 SM922：2，腹部有凹弦纹三周。口径 14.6、圈足径 8.7、高 20.4 厘米。（图 9-5，5）

ＡⅥ式　共 11 件。整体较ＡⅤ式略矮，细高。通高 16~19 厘米。

标本 SM666：4，腹部有凹弦纹二周。口径 12.4、圈足径 6.1、高 17.8 厘米。（图 9-5，6）

标本 SM607：4，腹部有凹弦纹三周。口径 10.7、圈足径 6、高 18.8 厘米。（图 9-5，7）

标本 SM705：2，圈足稍矮，腹部有凹弦纹三周。口径 11.2、圈足径5.5、高16.8 厘米。（图 9-5，8）

标本 SM955：2，圈足稍矮，素面。口径 12、圈足径 6.2、高 18.1 厘米。（图 9-5，9）

ＡⅦ式　共 19 件。通高 13~15 厘米，矮圈足外撇下折，腹部有凹弦纹。

标本 NM137：10，口径 9.9、圈足径 4.8、高 13.6 厘米。（图 9-5，10）

标本 SM729：2，口径 9.8、圈足径 5.4、高 13.8 厘米。（图 9-5，11）

标本 SM208：1，口径 9.9、圈足径 5.5、高 13.7 厘米。（图 9-5，12）

标本 SM960：2，口径 9.3、圈足径 5.8、高 13.7 厘米。（图 9-5，13）

标本 SM829：1，口径 9、圈足径 5.7、高 14 厘米。（图 9-5，14）

ＡⅧ式，共 22 件。通高 11~13 厘米。

标本 SM41：1，口径 9.4、圈足径 5.9、高 12 厘米。（图 9-6，1）

标本 SM50：2，口径 9.7、圈足径 5.2、高 13 厘米。（图 9-6，2）

标本 SM916：2，口径 8.7、圈足径 5.2、高 11.7 厘米。（图 9-6，3）

标本 SM575：1，口径 9.4、圈足径 6.5、高 11.4 厘米。（图 9-6，4）

标本 SM434：2，下腹部外鼓，矮圈足。口径 10.1、圈足径 6.1、高 12.5 厘米。（图 9-6，5）

ＡⅨ式　共 15 件。通高 9~11 厘米。圈足极矮，腹下部有凹弦纹二周。

标本 SM712：4，口径 9.3、圈足径 4.7、高 9.6 厘米。（图 9-6，6）

标本 SM735：14，口径 8.4 厘米，底径 4.5 厘米，高 11.3 厘米。（图 9-6，7）

标本 SM358：1，口径 8.3、圈足径 3.8、高 9.6 厘米。（图 9-6，8）

标本 SM562：1，口径 8.9、圈足径 5、高 11.2 厘米。（图 9-6，9）

标本 SM638：2，口径 8.6、圈足径 4.3、高 10.2 厘米。（图 9-6，10）

ＡⅩ式　共 25 件。通高 7~9 厘米。腹下部有凸棱一周。

标本 SM108：1，口径 8.2、圈足径 4、高 7.6 厘米。（图 9-6，11）

标本 SM426：3，口径 8.2、圈足径 3.8、高 8 厘米。（图 9-6，12）

标本 SM871：4，下腹部略外鼓。口径 8、圈足径 4、高 8 厘米。（图 9-6，13）

标本 SM890：2，口径 7.5、圈足径 4.3、高 8.7 厘米。（图 9-6，14）

标本 SM921：5，口径 6.8、圈足径 4.4、高 7.5 厘米。（图 9-6，15）

ＡⅪ式　共 27 件。通高 6~7 厘米。

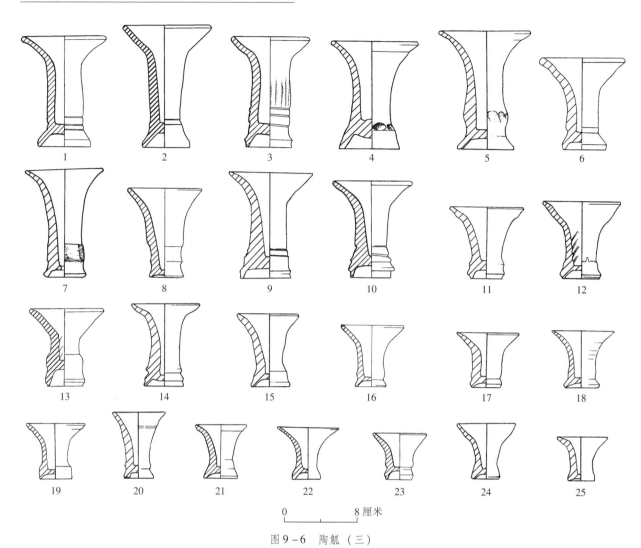

图9-6　陶觚（三）

1~5. AⅧ式（SM41：1、SM50：2、SM916：2、SM575：1、SM434：2）　6~10. AⅨ式（SM712：4、SM735：14、SM358：1、SM562：1、SM638：2）　11~15. AⅩ式（SM108：1、SM426：3、SM871：4、SM890：2、SM921：5）　16~20. AⅪ式（SM423：3、SM833：1、SM438：2、SM425：1、SM551：1）　21~25. AⅫ式（SM232：2、SM395：2、SM83：2、SM718：1、SM706：1）

标本SM423：3，口径6.6、圈足径3.4、高6.8厘米。（图9-6，16）

标本SM833：1，口径6.8、圈足径3.4、高5.8厘米。（图9-6，17）

标本SM438：2，口径6.9、圈足径3.8、高6厘米。（图9-6，18）

标本SM425：1，口径6.5、圈足径3.5、高5.8厘米。（图9-6，19）

标本SM555：1，腹下部有凸棱一周。口径5.9、圈足径3.2、高7厘米。（图9-6，20）

AⅫ式　共22件。器形极矮小。通高4~6厘米。

标本SM232：2，口径5.7、圈足径3.6、高5.6厘米。（图9-6，21）

标本SM395：2，口径6.8、圈足径3.2、高5.5厘米。（图9-6，22）

标本SM83：2，腹下部略鼓。口径5.9、圈足径3.1、高4.9厘米。（图9-6，23）

标本SM718：1，口径6.5、圈足径3.1、高5.9厘米。（图9-6，24）

标本SM706：1，平底稍内凹。口径5.6、圈足径2.9、高4.7厘米。（图9-6，25）

B型　共11件。形体较粗短。据高度分2式。

B I 式　4件。通高8～11厘米。腹下部有凸棱一周，矮圈足外撇。

NM153:2，口径10.2、圈足径6.1、高11.8厘米。（图9-7，1）

SM84:1，腹较粗，近直筒形。口径9.6、圈足径5、高9.6厘米。（图9-7，2）

SM693:4，口径8、圈足径5.2、高8.9厘米。（图9-7，3）

SM769:4，口径9、圈足径5.2、高10厘米。（图9-7，4）

B II 式　7件。通高5～8厘米。

标本SM576:2，素面。口径6.6、圈足径5、高6.8厘米。（图9-7，5）

标本SM612:3，腹下部有凸棱一周。口径7.2、圈足径3.8、高7.8厘米。（图9-7，6）

标本SM748:1，口径7.5、圈足径5.4、高7.6厘米。（图9-7，7）

标本SM761:2，腹下部有凸棱一周。口径6.6、圈足径4.2、高7.2厘米。（图9-7，8）

标本SM424:4，腹下部有凸棱一周。口径8.4、圈足径4.2、高8.4厘米。（图9-7，9）

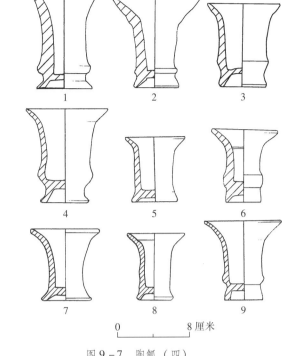

0　　　　　8厘米

图9-7　陶觚（四）
1～4. B I 式（NM153:2、SM84:1、SM693:4、SM769:4）
5～9. B II 式（SM576:2、SM612:3、SM748:1、SM761:2、SM424:4）

三　陶鬲

共80件。出自于79座墓葬（其中SM776陶棺葬出有两件陶鬲），基本形制完好，损坏不严重，均可区分型式。依据胎质，可分为甲类夹砂灰陶和乙类泥质灰陶两大类。

甲类　夹砂灰陶或灰褐陶，胎质也较细腻。相当一部分出土时器表外附着有烟炱痕迹，可能属生前实用器。依据形体大小、口沿及足部不同，可分为八型，以A、B、C三型为主，占绝大多数，其他几型均仅一件或两件。

A型　共21件。整体形体较小，小方唇，短颈或无颈，中粗绳纹。部分器物外表有烟炱痕迹。依据口部不同可分为两亚型。

Aa型　口部沿面斜直或微下凹。依挡部和高宽比例不同可分为5式。

Aa I 式　2件。形体瘦，高挡，实足根较长。

SM724:1，腹与袋足饰竖直绳纹，挡下饰横斜绳纹，颈部经修整，足根部绳纹被抹掉。挡下有烟炱。口径12.2、高13.5厘米。（图9-8，1）

NM149:2，残，厚胎，腹较直。腹及挡部饰中粗绳纹，足根部绳纹模糊。器表布满烟炱。口径13.3、高11.7厘米。（图9-8，2）

Aa II 式　1件。

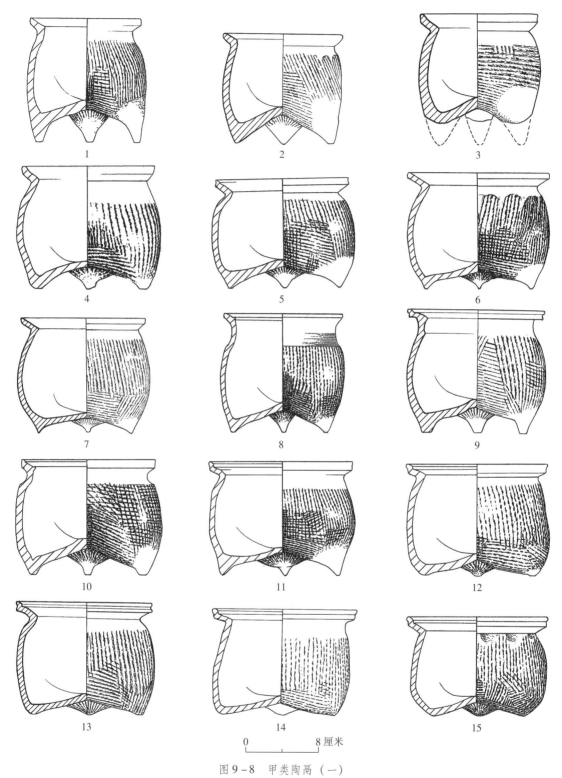

图 9 - 8 甲类陶鬲（一）

1、2. AaⅠ式（SM724：1、NM149：2） 3. AaⅡ式（SM212：1） 4. AaⅢ式（SM644：1） 5. AaⅣ式（SM582：1） 6、7. AaⅤ式（SM627：1、SM798：1） 8. AbⅠ式（SM634：1） 9～11. AbⅡ式（SM836：1、SM615：1、SM669：1） 12、13. AbⅢ式（SM891：3、SM910：1） 14、15. AbⅣ式（SM764：2、SM766：1）

SM212∶1，三足残，厚胎。圆唇内凹，深直腹，裆变低。腹及裆部饰中粗绳纹，足根部绳纹模糊。器表布满烟炱。口径13.1、残高11.8厘米。（图9－8，3）

AaⅢ式　1件。

SM644∶1，修复。近方体，腹部略鼓。通体饰中粗绳纹，颈部经修整，裆部及足根部绳纹被抹掉。腹部有烟炱。口径14.6、高13.1厘米。（图9－8，4）

AaⅣ式　1件。

SM582∶1，夹质褐陶，修复。扁方体。尖唇略内凹，唇外侧内敛并带浅凹槽。器表及裆部饰粗绳纹，足根部绳纹被抹掉。口径14.5、高11.7厘米。（图9－8，5）

AaⅤ式　2件。形体矮扁，裆极低。

SM627∶1，颈部经修整。器表及裆部饰粗绳纹，足根部绳纹被抹掉。口径15.6、高12.4厘米。（图9－8，6）

SM798∶1，颈部经修整。器表及裆部饰中粗绳纹，足根部绳纹被抹掉。口径13.4、高12.1厘米。（图9－8，7）

Ab型　口部沿面近盘口状。依裆部和形体高度变化分为5式。

AbⅠ式　1件。

SM634∶1，夹质褐陶，颈部经修整。长方体。高颈，深腹，裆较高。腹与袋足饰竖直绳纹，裆下饰横斜绳纹，足根部绳纹被抹掉。裆下有烟炱。口径13、高12.5厘米。（图9－8，8）

AbⅡ式　共7件。扁体，低裆，实足根变矮。

标本SM836∶1，颈部经修整。唇外侧内敛并带浅凹槽。器表饰中粗绳纹，足根部绳纹被抹掉。口径15、高13.2厘米。（图9－8，9）

标本SM615∶1，夹质褐陶，修复。鼓腹，实足根内收，高裆，乳头状足尖。腹及袋足饰绳纹，裆部饰横斜粗绳纹，足根部绳纹被抹掉。口径14.7、高12.2厘米。（图9－8，10）

标本SM669∶1，夹质褐陶，修复。短颈，斜直腹，乳头状足尖。器表及裆部饰细绳纹，颈部经修整，足根部绳纹被抹掉。裆腹部有烟炱。口径15.8、高12厘米。（图9－8，11）

AbⅢ式　共3件。裆近平，实足根趋无。

标本SM891∶3，颈部经修整。三袋足肥硕，有小足尖。器表及裆部饰中粗绳纹，足根部绳纹被抹掉。口径15.4、高11.8厘米。（图9－8，12）

标本SM910∶1，修复。腹较直，裆与实足较矮，无足尖。器表及裆部饰中粗绳纹，裆部有烟炱。口径14.7、高11.6厘米。（图9－8，13）

AbⅣ式　共3件。实足根消失。

标本SM764∶2，修复。微鼓腹，三袋足肥硕，矮裆，无足尖。器表及裆部饰中粗绳纹。口径16.2、高11.2厘米。（图9－8，14）

标本SM766∶1，修复。器表及裆部饰竖斜绳纹。口径15.4、高10.4厘米。（图9－8，15）

B型　共20件。扁体，大口，高颈，方唇直立，沿面多有凹弦线。裆均低，足根呈泥丁状。依其个体大小及裆部变化，可分3式。

BⅠ式　共7件。个体较大，裆稍高。

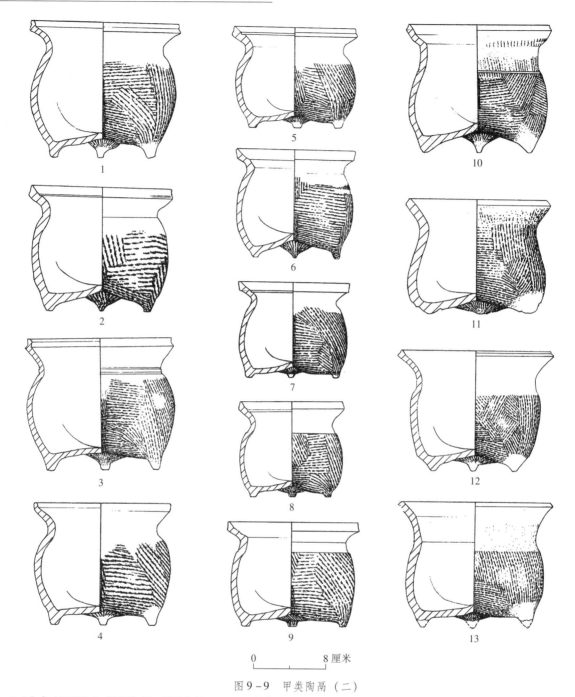

0   8厘米

图9-9 甲类陶鬲（二）

1～3.BⅠ式（SM765：1、NM169：20、SM586：3） 4～6.BⅡ式（SM597：4、SM909：2、SM799：1） 7～9.BⅢ式（NM140：1、SM961：1、SM817：3） 10、11.CⅠ式（SM631：1、SM893：1） 12.CⅡ式（SM871：5） 13.CⅢ式（NM177：6）

    标本SM765：1，修复。卷折沿，唇外侧有浅凹槽，圆鼓腹，低裆，乳头状高足尖。器表及裆部饰中粗绳纹，足跟部绳纹稍抹平。口径16.5、高14.4厘米。（图9-9，1）

    标本NM169：20，完整。斜折沿，唇外侧带浅凹槽，圆鼓腹，低裆，乳头状足尖。器表及裆部饰中粗绳纹，裆部粘有朱砂。口径15.7、高13.2厘米。（图9-9，2）

    标本SM586：3，修复。扁方体。斜折沿，方唇内凹，圆鼓腹，乳头状高足尖。器表及裆部饰中粗绳纹，足跟部绳纹稍抹平。口径16.2、高13.9厘米。（图9-9，3）

    BⅡ式 共5件。个体较BⅠ式小，裆更低。

标本 SM597：4，修复。斜折沿，尖唇，唇内侧稍凹，圆鼓腹，矮裆，乳头状小足尖。器表及裆部饰中粗绳纹，足根部绳纹稍抹平。口径 15、高 12.8 厘米。（图 9-9，4）

标本 SM909：2，修复。器形小，扁方体。斜折沿，唇面有凹弦纹一周，圆鼓腹，矮裆，乳头状小足尖。器表及裆部饰中粗绳纹。口径 13.8、高 10.7 厘米。（图 9-9，5）

标本 SM799：1，修复。体较小，近方体。斜折沿，圆唇内凹，鼓腹，足尖微露。器表及裆部饰细绳纹。口径 13.2、高 11.4 厘米。（图 9-9，6）

BⅢ式 8 件。个体最小，裆部几乎消失。

标本 NM140：1，修复。器形小，扁方体。斜折沿，圆鼓腹，乳头状小尖足。器表及裆部饰细绳纹。口径 12.3、高 10.1 厘米。（图 9-9，7）

标本 SM961：1，修复。器形小，斜折沿，颈较高，圆鼓腹，乳头状小尖足。器表及裆部饰中粗绳纹。口径 11.6、高 10 厘米。（图 9-9，8）

标本 SM817：3，修复。器形小，扁方体。斜折沿，圆鼓腹，乳头状小足尖。器表及裆部饰中粗绳纹，足根部绳纹稍抹去。口径 14.5、高 11 厘米。（图 9-9，9）

C 型 共 4 件。大敞口，斜直颈较高，颈部绳纹被抹除。依裆部高低分 3 式。

CⅠ式 2 件。裆部较高。

SM631：1，修复。宽折沿，腹径约等于口径。袋足下有实足，矮尖足。通体饰中粗绳纹，颈部绳纹模糊，足根部绳纹被抹掉。口径 15.8、高 13.4 厘米。（图 9-9，10）

SM893：1，足残。敞口尖唇，宽折沿，高颈，斜直腹，裆较矮。通体饰细绳纹。口径 15.8、残高 12.2 厘米。（图 9-9，11）

CⅡ式 1 件。裆部低矮。

SM871：5，腹较直，口径大于腹径，袋足下有实足尖。腹及裆部饰细绳纹，足根部绳纹被抹掉。口径 17、高 12.6 厘米。（图 9-9，12）

CⅢ式 1 件。裆部几乎消失。

NM177：6，修复。足尖微露。腹及裆部饰细绳纹，足根部绳纹被抹掉。器表有烟炱。口径 16.9、高 13.2 厘米。（图 9-9，13）

D 型 共 6 件。形体较大，扁体，宽折沿，无足根，袋足着地。依裆之高低分 2 式。

DⅠ式 4 件。形体略高，显出裆部。

标本 SM827：1，微残。厚胎。方唇内凹，短颈，斜腹，三袋足肥硕。腹及袋足饰竖向粗绳纹，裆部饰横斜粗绳纹。口径 20.7、高 14.6 厘米。（图 9-10，1）

标本 NM160：1，修复。厚胎。折沿，方唇，沿面有凹弦纹一周，颈较高，腹较直，三袋足肥硕。腹及袋足饰竖向粗绳纹，裆部饰横斜粗绳纹。器表有烟炱。口径 25.2、高 14.2 厘米。（图 9-10，2）

DⅡ式 2 件。形体矮扁，裆部近消失。

标本 SM209：2，袋足肥硕。腹及袋足饰竖向粗绳纹，裆部饰横斜粗绳纹。口径 23.2、高 11.7 厘米。（图 9-10，3）

E 型 1 件。

NM148：1，附加堆纹小型鬲。小方唇，斜平沿，短饰饰附加堆纹一周。腹饰绳纹。通体扁胖，裆

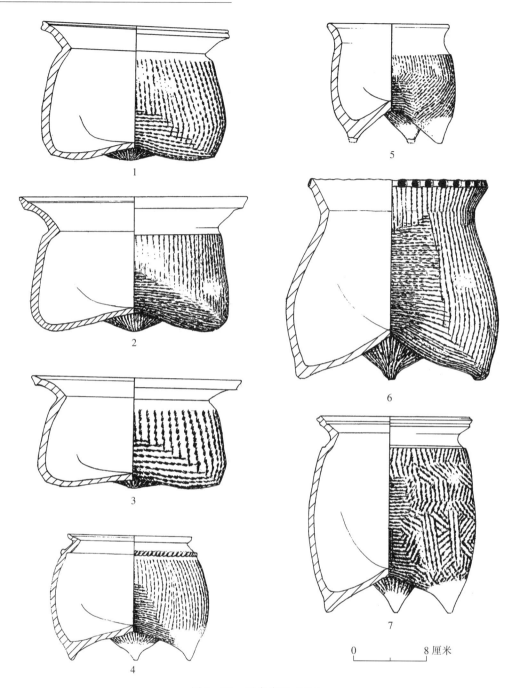

图 9 – 10　甲类陶鬲（三）

1、2. D I 式（SM827：1、NM160：1）　3. D II 式（SM209：2）　4. E 型（NM148：1）　5. F 型（SM892：1）　6. G 型（SM776：5）
7. J 型（SM776：3）

高，足尖内弧。口径13.7、高13.2厘米。（图9－10，4）

　　F 型　1件。

　　标本 SM892：1，卷沿，圆唇，束颈。通体瘦高，高裆。两足根部残。通体饰交叉绳纹，足根部绳纹被抹掉。腹裆部有烟炱。口径13.3、高12.6厘米。（图9－10，5）

　　G 型　1件。

　　SM776：5。修复。体大，长方体。窄折沿，方唇，沿内有凹弦纹一周，深斜腹，三袋足内收，高裆略内瘪，足尖内弧。颈下饰凹弦纹一周，通体饰交叉中粗绳纹，足根部绳纹被抹掉。口径17、高

20.7厘米。(图9-10,6)

J型 1件。

SM776:3,体大,长方体。侈口尖唇,花边形口沿,高颈,深斜腹,腹径大于口径,三大袋足外撇,高裆,无足尖。通体饰中粗绳纹。口径19.6、高21.1厘米。(图9-10,7)

乙类:

仅出土于南区,且集中于南区东南部。泥质灰陶,共25件。形体均较小,多素面,或饰数道弦纹,无烟炱痕迹。这批陶多单件随葬。依据裆部和口沿变化,可分为三型。

A型 共22件。小方唇,沿面多有弦纹。依裆部不同,可分3式:

AⅠ式 共5件。裆略高,显三袋足。窄折沿,沿面有凹弦纹二周,短直颈,鼓腹,有足尖。

标本SM600:2,微残。方体。颈腹部饰凹弦纹二周。口径8.5、高8.5厘米。(图9-11,1)

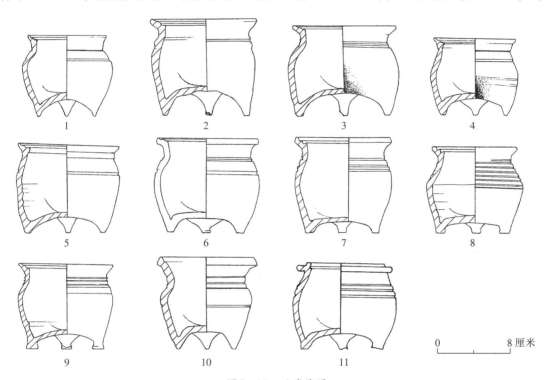

图9-11 乙类陶鬲

1~3. AⅠ式(SM600:2、SM583:3、SM581:1) 4、5. AⅡ式(SM559:2、SM850:1) 6~9. AⅢ式(SM594:2、SM673:1、SM596:2、SM561:1) 10. B型(SM558:1) 11. C型(SM674:4)

标本SM583:3,完整。近方体。尖唇,窄折沿,短颈,鼓腹,连裆,有小足尖。颈腹部饰凹弦纹一周。口径11.6、高10.1厘米。(图9-11,2)

标本SM581:1,修复。侈口尖唇,颈腹部饰浅凹弦纹二周。口径11.4、高9.6厘米。(图9-11,3)

AⅡ式 共6件。裆部变低,分界线不明显,近弧裆。近方体。侈口尖唇,窄折沿,沿面有凹弦纹,短颈,下腹外鼓,有尖足。

标本SM559:2,完整。颈腹部饰凹弦纹四周。口径8.9、高8.1厘米。(图9-11,4)

标本SM850:1,完整。颈腹部饰凹弦纹二周。口径11、高9.6厘米。(图9-11,5)

AⅢ式　共11件。裆极低，裆线近平。方体。方唇，窄折沿，沿面有凹弦纹数周。短直颈，鼓腹，尖足。

标本SM594：2，修复。腹上部饰凹弦纹一周。口径11.2、高10厘米。（图9－11，6）

标本SM673：1，修复。腹上部饰凹弦纹三周。口径10.5、高10.1厘米。（图9－11，7）

标本SM596：2，修复。沿面有凹弦纹二周。颈腹部饰凹弦纹六周。口径9.4、高9.2厘米。（图9－11，8）

标本SM561：1，修复。侈口尖唇，沿面有凹弦纹二周。颈部饰凹弦四周。口径10.2、高9厘米。（图9－11，9）

B型　1件。

SM558：1，完整。斜折沿，方唇，长颈斜直，斜直腹，平裆略高，尖足。颈腹部饰凹弦纹四周。口径10.8、高9.6厘米。（图9－11，10）

C型　1件。

SM674：4，沿面呈盘口状。内侧凸起，弧裆。柱状足尖。腹上部饰凹弦纹三周。口径10.4、高9.2厘米。（图9－11，11）

四　陶簋

墓葬出土陶簋的形制较为复杂，而且因出土总量并不多，因而型式划分并不连续。而且与其他遗迹内出土陶簋并不对应。均为泥质灰陶，大致分为五型。

A型　共7件。斜直腹，矮圈足，素面或仅有弦纹。依口部及腹部不同可分为五式：

AⅠ式　1件。整体胖硕，口沿截面呈"丁"字形，腹部较直。

SM776：4，侈口，圆唇，深腹，上腹较直，下腹略鼓，圜底，圈足矮且外撇。器表腹部饰凹弦纹四周。口径27.1、圈足径15.9、高17.6厘米。（图9－12，1）

AⅡ式　1件。口沿内勾不深，腹壁开始斜收。

NM149：1，敞口，深腹斜收，圜底，圈足矮且外撇。器内壁口沿下饰凹弦纹一周，器表颈部饰凹弦纹二周，腹下部饰模糊细绳纹。口径26.2、圈足径10.5、高16.6厘米。（图9－12，2）

AⅢ式　1件。口沿内沟基本消失，腹壁斜收。

NM155：6，敞口，圆唇，斜沿，圜底，圈足略高且外撇。器内壁口沿下饰凹弦纹一周，器表颈部饰凹弦纹三周。口径25.2、圈足径9.9、高16厘米。（图9－12，3）

AⅣ式　3件。口沿不再似前三式圆滑，而是呈方形或尖圆形。沿面有弦纹或凹槽，颈部微折，腹斜收。圜底，圈足较高且外撇。

SM381：3，侈口，宽折沿，器表腹上部饰凹弦纹二周。口径22、圈足径10.5、高15.4厘米。（图9－12，4）

SM109：1，敞口，窄折沿，器内壁饰凹弦纹四周，器表腹部饰凹弦纹二周。口径23.8、圈足径10.3、高17厘米。（图9－12，5）

SM847：4，敞口，斜沿，唇面饰凹弦纹二周，器表腹部饰凹弦纹二周，腹下部饰模糊细绳纹。口径23.8、圈足径9.6、高15.2厘米。（图9－12，6）

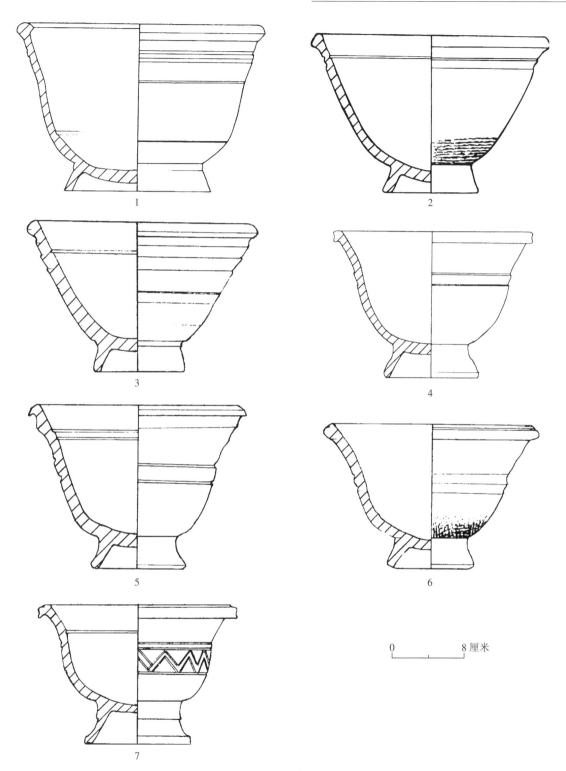

图 9 – 12　陶簋（一）

1. A I 式（SM776∶4）　2. A II 式（NM149∶1）　3. A III 式（NM155∶6）　4 ~ 6. A IV 式（SM381∶3、SM109∶1、SM847∶4）　7. A V 式（NM169∶19）

　　A V 式　1 件。折沿、方唇内凹，下腹微垂，圈足高。

　　NM169∶19，完整。侈口，方唇，宽折沿，微束颈，鼓腹，圜底，圈足高且外撇。唇面饰凹弦纹一周，器内壁口沿下饰凹弦纹一周，器表腹部饰凹弦纹三周并夹三角划纹，圈足上有旋痕一周。口径

21.8、圈足径11.3、高14.6厘米。（图9－12，7）

B型 卷沿，小方唇，直腹或垂腹外鼓。依腹部不同分为四式：

B Ⅰ式 1件。

SM17：21，修复。侈口，斜方唇，深腹斜收，圜底，圈足略高且外撇。器内壁口沿下饰凹弦纹一周，器表颈部饰凹弦纹二周，腹部饰三角划纹一周。口径23.1、圈足径11.9、高15.3厘米。（图9－13，1）

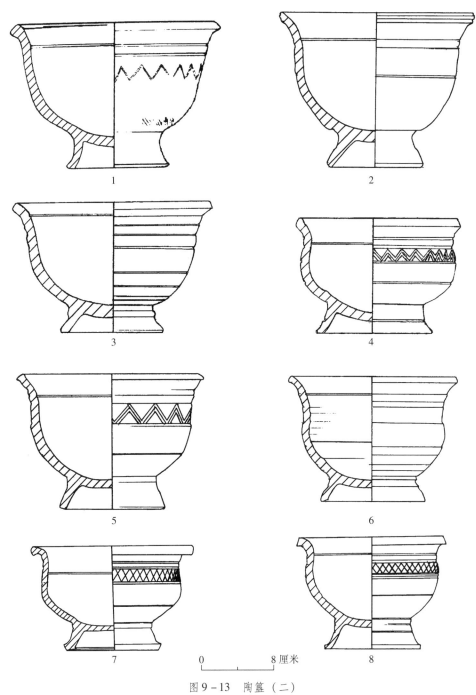

图9－13 陶簋（二）

1. BⅠ式（SM17：21） 2. BⅡ式（SM106：4） 3～6. BⅢ式（SM207：10、SM380：7、SM944：1、NM179：3） 7、8. BⅣ式（SM426：1、NM177：7）

BⅡ式 1件。

SM106：4，修复。侈口，尖唇，束颈，鼓腹，圜底，圈足较高且外撇。沿面饰凸棱一周，器内壁口沿下饰凹弦纹一周，器表颈、腹部饰凹弦纹三周。口径21.1、圈足径10.4、高16.4厘米。（图9-13，2）

BⅢ式 共4件。束颈，小鼓腹。侈口，尖唇，窄折沿，圜底，圈足矮且外撇。

SM207：10，修复。器内壁口沿下饰凹弦纹一周，器表颈、腹部饰凹弦纹八周，足部饰凹弦纹二周。口径21.7、圈足径11.2、高13.6厘米。（图9-13，3）

SM380：7，残。器内壁口沿下饰凹弦纹一周，器表颈部饰三角划纹，上、下饰以凹弦纹四周，腹、足部各饰凹弦纹一周。口径18.1、圈足径12.5、高12.2厘米。（图9-13，4）

SM944：1，器内壁口沿下饰凹弦纹一周，器表颈部饰凹弦纹二周，腹上部饰凹弦纹一周并夹三角划纹。口径20.6、圈足径11.6、高14.3厘米。（图9-13，5）

NM179：3，修复。器内壁口沿下饰凹弦纹一周，器表颈、腹部饰凹弦纹八周，足部饰凹弦纹二周。口径18.4、圈足径11.4、高13.3厘米。（图9-13，6）

BⅣ式 2件。方唇，束颈，鼓腹，下腹斜收，高圈足。

SM426：1，修复。体较小。器内壁口沿下饰凹弦纹一周，器表颈部饰网形划纹一周，上、下饰以凹弦纹二周，腹部饰凹弦纹一周。口径17.9、圈足径10.8、高11厘米。（图9-13，7）

NM177：7，修复。体较小，器内壁口沿下饰凹弦纹一周，器表颈部饰网形划纹一周，上、下饰以凹弦纹二周，腹部饰凹弦纹二周。口径16.2、圈足径10.4、高12.5厘米。（图9-13，8）

C型 共6件。方唇，斜腹，饰大三角花纹，内填绳纹。

标本SM375：4，器内壁口沿下饰凹弦纹一周，沿面饰浅凹槽一周，器表腹部饰凹弦纹二周，三角划纹及细绳纹。口径25.6、圈足径12.2、高16厘米。（图9-14，1）

标本SM424：2，器内壁口沿下饰凹弦纹一周，唇面饰纵向绳纹，器表腹部饰凹弦纹二周，三角划纹及竖绳纹。口径24.2、圈足径12.6、高15厘米。（图9-14，2）

标本SM384：8，器内壁口沿下饰凹弦纹一周，器表腹部饰凹弦纹三周，三角划纹及竖绳纹。口径24.9、圈足径12.5、高15.5厘米。（图9-14，3）

D型 1件。

SM374：1，修复。侈口，尖唇，窄折沿，束颈，鼓腹，圜底，矮圈足。器内壁口沿下饰凹弦纹一周，器表颈部饰凹弦纹五周。口径18.1、圈足径10、高13.1厘米。（图9-14，4）

E型 1件。

SM427：2，泥质灰陶，完整。体矮小，侈口，圆唇，束颈，圆鼓腹，上腹斜收，圜底，圈足较高且外撇，下带座盘。唇面饰凹弦纹一周。口径14.2、圈足径8.7、高10.5厘米。（图9-14，5）

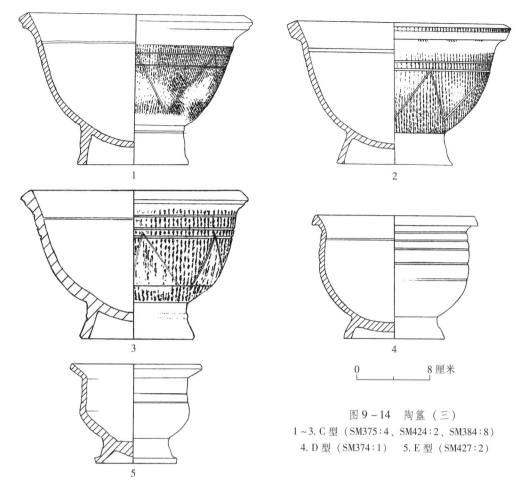

0   8 厘米

图 9 - 14　陶簋（三）
1 ~ 3. C 型（SM375：4、SM424：2、SM384：8）
4. D 型（SM374：1）　5. E 型（SM427：2）

五　陶豆

共 61 件。57 件可分清型式，均泥质灰陶，依口部、柄部不同分为五型。

A 型　高体，敛口，浅腹，根据口部不同可分 a、b 两亚型。

Aa 型　17 件。卷沿圆滑。浅盘，高圈足。

标本 SM244：9，盘壁、圈足上分别饰凹弦纹二、三周。口径 14、圈足径 9.2、高 12.7 厘米。（图 9 - 15，1）

标本 SM383：1，圈足上部分别饰凹弦纹二、三周。口径 13、圈足径 8.7、高 12 厘米。（图 9 - 15，2）

标本 SM703：1，圈足上部分别饰凹弦纹二、三周。口径 14.5、圈足径 8.2、高 12.2 厘米。（图 9 - 15，3）

标本 SM705：3，圈足上部分别饰凹弦纹二、三周。口径 14.1、圈足径 8.4、高 12.8 厘米。（图 9 - 15，4）

标本 SM926：12，盘壁、圈足上部各饰凹弦纹二周。口径 14、圈足径 9.2、高 12.3 厘米。（图 9 - 15，5）

Ab 型　共 27 件。卷沿略凸起，呈突棱状。

标本 SM569：2，敛口，沿稍外斜，深盘。盘壁、圈足上部分别饰凹弦纹二、三周。口径 13.8、圈

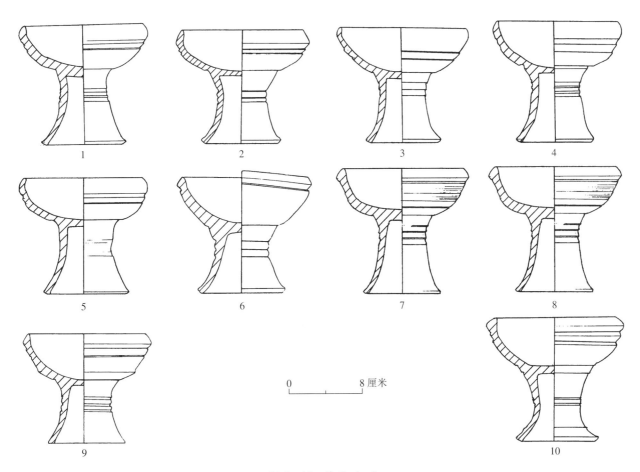

图 9 - 15　陶豆（一）

1~5. Aa 型（SM244：9、SM383：1、SM703：1、SM705：3、SM926：12）　6~10. Ab 型（SM569：2、SM607：5、SM683：4、SM734：1、SM741：4）

足径9.2、高13厘米。（图 9 - 15，6）

标本SM607：5，尖唇，深盘，盘壁、圈足上部分别饰凹弦纹二、三周。口径14.5、圈足径8.4、高13.2厘米。（图 9 - 15，7）

标本SM683：4，残。敛口，尖唇，浅盘。圈足上部饰凹弦纹二周。口径14.3、圈足径8.6、残高13.5厘米。（图 9 - 15，8）

标本SM734：1，敛口，尖唇，沿稍外斜，浅盘，圈足略矮。盘壁、圈足上部各饰凹弦纹三周。口径14、圈足径8.2、高11.6厘米。（图 9 - 15，9）

标本SM741：4，敛口，尖唇，斜沿，深盘。盘壁、圈足上各饰凹弦纹二周。口径15.1、圈足径9、高13.2厘米。（图 9 - 15，10）

B 型　平沿或卷沿，尖唇。可分3式：

B I 式　3件。平沿，薄尖唇。盘腹略鼓，高圈足较粗。

标本SM396：1，盘壁、圈足上部饰凹弦纹三周。口径15.8、圈足径9.5、高11.9厘米。（图 9 - 16，1）

标本SM753：1，沿面略斜。盘壁、圈足上部饰凹弦纹三周。口径15、圈足径9.4、高11.6厘米。（图 9 - 16，2）

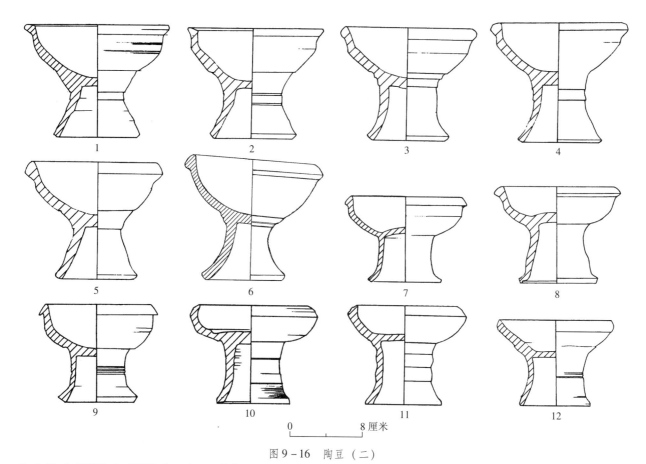

图 9 - 16   陶豆（二）

1、2. B I 式（SM396：1、SM753：1） 3、4. B II 式（SM410：3、SM941：1） 5、6. B III 式（SM402：2、SM932：1） 7～9. C 型（SM49：3、
SM380：8、SM418：2） 10、11. D 型（SM409：1、SM409：2） 12. E 型（SM408：3）

B II 式   2件。卷沿，唇变厚。深盘，高圈足。

标本SM410：3，微残。盘壁、圈足上部饰凹弦纹三周。口径14.8、圈足径8.9、高11.9厘米。
（图9－16，3）

标本SM941：1，圈足上饰凹弦纹三周。口径15、圈足径9.2、高12.6厘米。（图9－16，4）

B III 式   2件。卷沿，厚圆唇。深盘，高圈足。

标本SM402：2，褐陶。盘壁、圈足上部饰凹弦纹一周。口径15.1、圈足径9、高12.4厘米。（图9－
16，5）

标本SM932：1，修复。微敛口，束腰。圈足上部饰凹弦纹三周。口径15.2、圈足径8.7、高12.7
厘米。（图9－16，6）

C 型   3件。形体较小，微敛口，斜平沿，尖唇。浅盘，矮圈足。

SM49：3，口径12.7、圈足径7.4、高9.2厘米。（图9－16，7）

SM380：8，口径13.8、圈足径8.6、高10.2厘米。（图9－16，8）

SM418：2，圈足上饰凹弦纹三周。口径13、圈足径7.7、高10.3厘米。（图9－16，9）

D 型   2件。均出自SM409。形体较矮，口内敛较甚。

SM409：1，器形小，矮圈足较粗。圈足上饰凹弦纹三周。口径13.3、圈足径7.9、高10.5厘米。
（图9－16，10）

SM409：2，素面。口径12.4、圈足径7.7、高10.4厘米。（图9－16，11）

E型　1件。形体小，尖唇直立。

SM408：3，口微敛，尖唇，浅盘，矮圈足较粗。圈足上饰凹弦纹一周。口径11.9、圈足径7.1、高9.2厘米。（图9－16，12）

六　陶盘

共28件。其中2件残缺严重，无法分清型式。均为泥质灰黑陶，硬度不高，火候低。斜沿尖唇或方唇，斜直腹，小圈足。素面或弦纹。盘的形制单一，变化不大，基本只有大小之分。依个体大小，分为七式：

Ⅰ式　共10件。口径30厘米左右。尖唇，沿面内侧微凹，斜腹内收，高圈足微外撇。

标本SM41：2，盘内、外壁各饰凹弦纹一周。口径30.6、圈足径12.4、高12.1厘米。（图9－17，1）

标本SM50：1，盘内壁饰凹弦纹一周，外壁近底处饰模糊绳纹。口径30.3、圈足径12.5、高12.4厘米。（图9－17，2）

标本SM64：1，圆唇。盘内、外壁各饰凹弦纹一周，外壁近底处饰模糊绳纹，圈足上有一周小凸棱。口径31、圈足径13.1、高12.5厘米。（图9－17，3）

标本SM222：1，盘内、外壁及足部各饰凹弦纹一周。口径31.2、圈足径12.7、高11.7厘米。（图9－17，4）

Ⅱ式　共6件。口径21～25厘米。体较小，腹较浅。敛口，平折沿，沿面内侧微凹，矮圈足。

标本SM371：5，盘内壁饰凹弦纹一周。口径25.1、圈足径9.5、高9.2厘米。（图9－17，5）

标本SM426：2，内侧有凹槽一周，盘内壁饰凹弦纹一周。口径22.8、圈足径8、高8.9厘米。（图9－17，6）

标本SM856：6，沿面加宽，盘内壁饰凹弦纹一周。口径23.2、圈足径8.2、高8.4厘米。（图9－17，7）

标本NM170：1，内侧有凹槽一周。素面。口径21.4、圈足径7.8、高8.2厘米。（图9－17，8）

Ⅲ式　6件。口径19厘米左右。敛口，宽沿，沿面中部凸起，内侧有凹槽一周，浅腹，矮圈足。

标本NM161：1，素面。口径19.6、圈足径6.3、高7.5厘米。（图9－17，9）

标本NM169：13，外壁腹部饰凸弦纹二周。口径19.8、圈足径6.6、高7.4厘米。（图9－17，10）

标本NM177：5，盘内壁饰凹弦纹一周。口径19.4、圈足径7.1、高8厘米。（图9－17，11）

标本SM782：2，素面。口径19.6、圈足径7.6、高7.2厘米。（图9－17，12）

Ⅳ式　2件。口径17～18厘米。

NM162：3，口径17.5、圈足径6.8、高7.5厘米。（图9－17，13）

SM425：6，口径18.6、圈足径6.9、高7.4厘米。（图9－17，14）

七　陶罐

共有5件可分类型，其余多为残片。泥质灰陶。可分二型。

A型　4件。圆唇直领，圆肩，斜直腹，平底，素面。

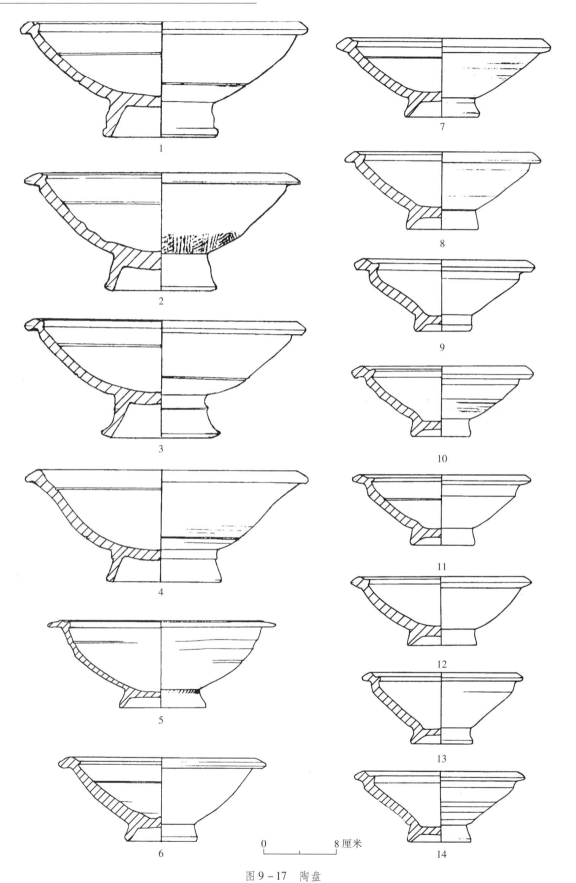

图 9 - 17 陶盘

1～4. Ⅰ式（SM41：2、SM50：1、SM64：1、SM222：1）   5～8. Ⅱ式（SM371：5、SM426：2、SM856：6、NM170：1）   9～12. Ⅲ式
（NM161：1、NM169：13、NM177：5、NM782：2）   13、14. Ⅳ式（NM162：3、SM425：6）

SM855:4，颈、肩、腹部饰凹弦纹三周。口径12.5、底径7.7、高18.3厘米。（图9-18，1）

SM857:4，微残。颈、肩部饰凹弦纹六周，腹部饰凹弦纹二周。口径11.8、底径9.2、高19.8厘米。（图9-18，2）

NM169:16，颈、肩部饰凹弦纹二周。口径12.8、底径6.8、高17.9厘米。（图9-18，3）

NM170:4，完整。器形高大，颈、肩部饰凹弦纹三周。口径13.3、底径7.5、高18.1厘米。（图9-18，4）

B型　1件。

NM164:1，填土中出土，残。形体较大。斜直口，小平沿，溜肩，平底。自颈部至底部满饰竖向绳纹。口径12.9、底径14.2、高29.6厘米。（图9-18，14）

小陶罐2件。均出自NM169。泥质灰陶，形体较小。侈口，尖唇，束颈，斜折肩，上腹外鼓，下腹内收，平底。

NM169:17，颈、肩部饰凹弦纹三周，腹部饰凹弦纹一周。口径4.6、底径3.2、高7.2厘米。（图9-18，5）

NM169:18，肩部饰凹弦纹三周。口径4.8、底径3.7、高7.2厘米。（图9-18，6）

八　陶壶

2件。

SM857:3，泥质灰陶，残。侈口，方唇，高领，鼓腹，圜底，矮圈足。素面。口径8.3、底径8.9、高14.3厘米。（图9-18，7）

SM956:1，泥质灰陶，微残。体较瘦长，直口，方唇，直颈，圆鼓腹，圈足较高且外撇。肩部饰对称小鼻二个，并饰三角划纹一周。口径6.9、底径8.4、高13.1厘米。（图9-18，10）

九　小陶盂

2件。均出自SM867。

SM867:1，泥质灰陶，残。体矮小，口部缺失，鼓腹内收，矮圈足。肩部饰凹弦纹四周，间饰网状划纹一周。腹径9.4、底径6.4、残高6.6厘米。（图9-18，8）

SM867:2，泥质灰陶，修复。体矮小，侈口，方唇，束颈，斜折肩，鼓腹内收，矮圈足。肩部饰凹弦纹二周。口径5、底径4.4、高7厘米。（图9-18，9）

十　陶甗

2件。均出自SM776。

SM776:2，夹砂灰陶，残。仅剩上半部分，侈口、方唇，宽折沿，束颈，深腹内收，腹部饰斜向粗绳纹，器表有烟炱。口径27.6、残高21厘米。（图9-18，12）

SM776:1，夹砂灰陶，残。仅剩上半部分，直口、方唇，深腹内收，平底，底中空。腹上部饰竖向细绳纹间以凹弦纹二周，腹下部饰交叉细绳纹。下腹部有烟炱。口径26、残高20.8厘米。（图9-18，13）

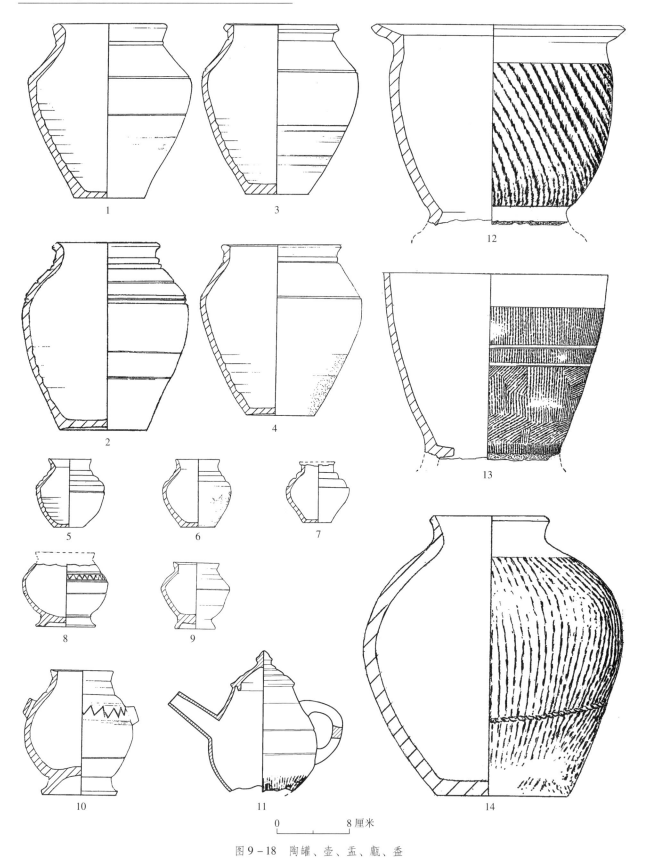

0   8厘米

图 9-18 陶罐、壶、盂、甗、盉

1~4. 罐 A 型（SM855：4、SM857：4、NM169：16、NM170：4）   5、6. 小罐（NM169：17、NM169：18）   7、10. 壶（SM857：3、SM956：1）
8、9. 小盂（SM867：1、SM867：2）   11. 盉（SM17：9）   12、13. 甗（SM776：2、SM776：1）   14. 罐 B 型（NM164：1）

十一 陶盉

1 件。

SM17：9，底部残缺，带器盖。器盖保存基本完整，子母口，平沿，弧形顶，圆头状纽。素面。直径9.2、通高6.2厘米。器身呈罐形，小直口，尖唇，鼓腹下垂。上腹部一侧有半环形鋬，对应一侧有一管状长流，微上翘。腹部饰数周弦纹，近底部饰模糊的绳纹。口径8.9、残高15.2厘米。（图9-18，11）

十二 陶鼓风嘴

4 件。

SM590：1，泥质灰陶，修复。嘴呈圆饼状，周郭较直，面微鼓，上饰一星纹，中间有一圆孔；管上粗下细，刻有一周三角形凹坑。通高5.8、嘴径3.9、管径1.8厘米。（图9-19，1）

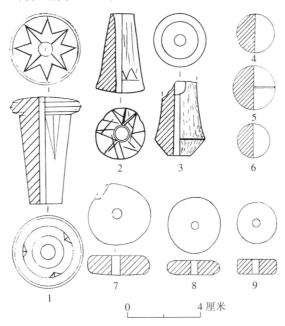

图 9-19 陶鼓风嘴、弹丸、纺轮
1~3. 鼓风嘴（SM590：1，SM952：1，SM637：4） 4~6. 陶弹丸（SM9：2，SM9：5，SM9：6）
7~9. 纺轮（SM222：2，SM759：1，SM425：4）

SM676：5，夹砂灰陶，残。整体呈上粗下细的圆柱形，中间有一孔，贯穿上下。制作粗糙。通高3.4、嘴径2.4、管径2、孔径0.7厘米。

SM637：4，泥质灰陶，残。圆头状嘴，有孔，细管，残。孔径0.6、残长3.9厘米。（图9-19，3）

SM952：1，泥质灰陶，完整。整体呈上粗下细的圆柱形，中间有一孔，贯穿上下。面微鼓，上刻划一星纹，嘴下饰一周断续三角划纹。通高4.1、嘴径2.7、管径1.3厘米。（图9-19，2）

十三 陶弹丸

4 件。均泥质红陶或红褐陶。圆球形，质地坚硬，表面光滑无纹饰。

标本 SM9：2，直径 2 厘米。（图 9 – 19，4）

标本 SM9：5，中部有一周凹弦纹。直径 2.3 厘米。（图 9 – 19，5）

标本 SM9：6，直径 1.8 厘米。（图 9 – 19，6）

十四　陶纺轮

3 件。

SM222：2，泥质红陶，完整。体呈扁圆形，中间有圆形孔，轮沿中腰微凸。素面。直径 3.1、孔径 0.5、厚 1 厘米。（图 9 – 19，7）

SM759：1，泥质红陶，完整。体呈扁圆形，中间有圆形孔，轮沿中腰微凸。素面。直径 2.7、孔径 0.4、厚 0.8 厘米。（图 9 – 19，8）

SM425：4，A 型，完整。体呈扁圆形，中间有圆形孔，轮沿中腰平直。素面。直径 2、孔径 0.4、厚 0.8 厘米。（图 9 – 19，9）

十五　陶猪

1 件。

SM17：22 + 56，写实猪头形。张口，双鼻孔，凸眼，直立耳。长 10.4、宽 8.9、连耳高 9.2 厘米。

十六　陶埙

2 件。形似鸡蛋，但较细长，平底，表面磨光。顶端有一孔，下部一面有呈倒三角形分布的三孔，另一面有横排的两孔。

SM17：35，较大，高 7.1、顶端孔径 0.8 厘米。

SM17：115，较小，高 4.7、顶端孔径 0.6 厘米。

第三节　铜器

铜器可大致分为礼器、兵器、工具等。虽然此次发掘的墓葬较多，但出土铜礼器的墓葬并不多。而且礼器类型比较少，只有鼎、瓿、爵、簋、卣、尊、瓿等。兵器以戈、矛为主，工具中铜刀较多。SM17 出土的 1 件青铜锯在殷墟十分少见。下面分别叙述：

一　铜鼎

共 6 件。出于 5 座墓葬。另外分别在两个墓葬内（SM781、SM887）内发现鼎足与鼎耳。

铜鼎分为圆鼎（5 件）和分裆鼎（1 件）两类。其中圆鼎依据颈部和腹部的不同，可分两型。

A 型　1 件。

SM17：11，束颈，鼓腹略下垂。侈口，方唇，拱形耳略外斜，束颈，鼓腹，圆底，下有三柱状实足，与底贯通。颈部饰三组夔纹、饕餮纹带，每组中部为简化饕餮纹，以扉棱为鼻梁，其两侧分饰两首相对的夔纹，夔张口、勾嘴，有角和冠羽，方形眼，直身，双足，尾上折内卷；腹部饰三角蕉叶蝉纹一周，蝉以波折弧线纹显示体节。颈、腹部主纹均浮雕于云雷地纹之上。足部纹饰为阴线纹，上部饰简化云纹，下部饰简化三角蝉纹。底部内壁有铭文"⬚"。通高22.2、口径17.6、腹径16.5、耳高4、耳根宽4.5、耳厚1.4、足高8.5、柱足径2.8、腹壁厚0.3厘米。重2.454千克。（图9-20，4）

B型 4件。直腹或微束颈。依腹之深浅及足之高低可分2式：

BⅠ式 2件。腹较深，足较矮。

SM637：1，完整。敛口，方唇，直耳，束颈，微鼓腹，圜底，下有三柱状空心足，与底贯通。颈下部饰相间排列的饕餮纹、乳丁涡纹带，饕餮，圆角方眼，有瞳孔，无眉，"C"字形云状角，有耳，无足，咧嘴，无牙，上唇外卷；乳丁呈圆饼状凸起，上饰涡纹。腹、足部素面。足部有焊接修补痕迹。柱足内尚存范土。通高22.3、口径17.4、腹径17.7、耳高3.8、耳根宽4.6、耳厚1.1、足高6.9、柱足径3.1、腹壁厚0.3厘米。重2.377千克。（图9-20，2）

SM926：9，微残。圆形，直口，方唇，方形立耳，直腹弧收，圜底，下有三柱状空心足，断面呈半圆形，足内范土尚存。腹部一周凸弦纹。锈蚀较重。通高19.9、口径15.8、腹径15.1、耳高3.1、耳根宽4.1、耳厚0.7、足高6.8、柱足径2.7、腹壁厚0.3厘米。重1.444千克。（图9-20，1）

BⅡ式 2件。腹变浅，足高。

标本NM137：11，微残。圆形，直口，方唇，方形立耳略外斜，直腹弧收，圜底近平，下有三柱状空心足，与底贯通。腹上部饰三组饕餮纹，各由一对两首相对的夔纹组成，圆角方眼，有瞳孔，无眉，卷云状角，上唇内卷，直身较长，一尾上卷，一尾下卷，云雷纹衬地。足底部略残。锈蚀较重。口下内壁有铭文"⬚"。通高16.6、口径14、腹径13.7、耳高2.7、耳根宽3.5、耳厚0.8、足高6.3、柱足径2.4、腹壁厚0.2厘米。重0.826千克。（图9-20，3）

标本NM154：5，残。圆形，侈口，方唇，拱形立耳，残，口沿外侈，直腹弧收，圜底，下有三柱状空心足，断面呈半圆形，足内范土尚存。通体素面，制作简陋。通高16.8、口径14.6、腹径12.8、耳高2.8、耳根宽3.3、耳厚0.9、足高7.5、柱足径2、腹壁厚0.2厘米。重0.823千克。（图9-20，5）

分档鼎 1件。

标本SM17：3，残。直口，方唇，拱形立耳，微鼓腹，分档，三柱状足。颈部饰一周夔纹，两条为一组，首尾相连；腹部饰三组饕餮纹，因锈蚀而不清晰，可辨有"目"字形眼，"C"形云状角，均以云雷纹衬地。整体锈蚀严重，档部结合处有明显的修补痕迹。通高15.4、口径14.4、腹径13.6、耳高2.3、耳根宽3.5、耳厚0.5、足高5.9、柱足径1.8、腹壁厚0.4厘米。重0.958千克。（图9-21，1）

鼎足

SM781：2，残。残存柱状空心足一只，断面呈半圆形，足内尚存范土。残高8.5、足径1.9厘米。（图9-21，2）

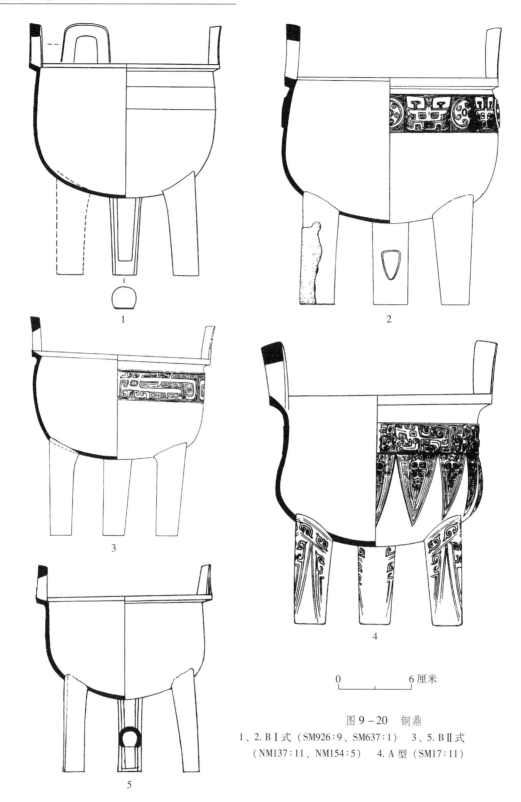

0   6厘米

图9-20 铜鼎
1、2. BⅠ式（SM926：9、SM637：1） 3、5. BⅡ式
（NM137：11、NM154：5） 4. A 型（SM17：11）

鼎耳

标本SM887：8，残。残存方形鼎耳一只，另有鼎身残块二片。耳高7.5、耳根宽6.1、耳厚1、鼎身厚0.3厘米。（图9-21，3）

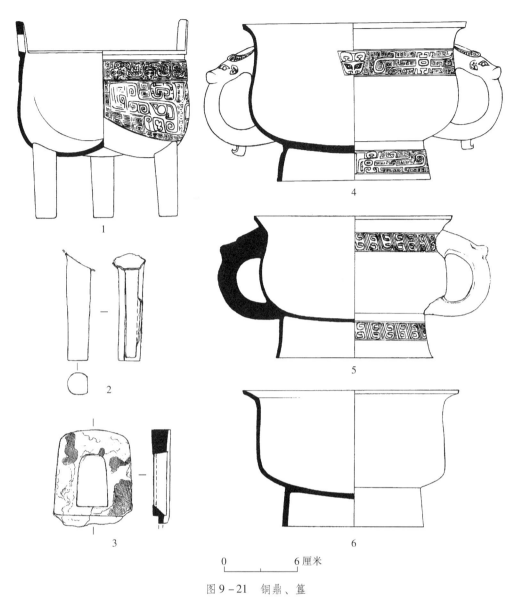

图 9 - 21　铜鼎、簋

1. 分档鼎（SM17：3）　2. 鼎足（SM781：2）　3. 鼎耳（SM887：8）　4、5. A 型簋（SM17：4、NM137：12）　6. B 型簋（SM926：7）

二　铜簋

共 3 件。依腹部不同及錾的有无分为二型。

A 型　2 件。鼓腹，体两侧有錾。

SM17：4，微残。侈口，小方唇，束颈，下腹外鼓，圜底近平，矮圈足，颈腹部有一对半环形兽头纹錾。錾上兽头，圆凸眼，大耳，长角弯曲上翘，吻部突出，錾下部小垂耳外露。颈部饰两组浮雕兽头及云雷纹衬地的变形夔纹，兽头闭口，"目"字形眼，两云纹角较大，以兽头为中心，两侧饰尾部相对的夔纹，夔方形眼，有瞳孔，有角和冠羽，直身，尾下折内卷。圈足残，上饰两组夔纹组成的饕餮纹，饕餮以短扉棱为鼻，方眼，有瞳孔，"C"形云状卷角，咧嘴无牙，上唇内卷，夔直身，尾上折内卷，云雷纹衬地。腹部一侧有小块修补痕迹。通高 12.7、圈足高 3.3、口径 17.7、腹径 16、圈足径 12.2、腹壁厚 0.2 厘米。重 1.568 千克。（图 9 - 21，4）

NM137：12，微残。侈口，小方唇，束颈，下腹外鼓，平底，矮圈足，颈腹部有一对半环形兽头纹錾。錾上兽头仅具外形，刻画模糊。颈部饰一周粗线云雷纹。圈足下部有小缺口和残孔，上饰一周粗线云雷纹。底部内壁有铭文。锈蚀较重，不明。通高11.3、圈足高3.4、口径16.1、腹径14、圈足径12.7、腹壁厚0.2厘米。重1.012千克。（图9-21，5）

B型 1件。直腹下垂，无錾。

SM926：7，完整。侈口，小方唇，束颈，直腹下垂，圜底近平，矮圈足，无錾。质轻薄，通体素面。口、颈及圈足内壁有焊接修补痕迹。通高11、圈足高2.9、口径17.3、腹径15.6、圈足径11.6、腹壁厚0.2厘米。重0.997千克。（图9-21，6）

三 铜卣

2件。

SM17：1，缺盖，器身完整。体厚重，器身呈扁罐形，直口，口沿下有一周凸棱以承盖，鼓腹，圈足微外撇，颈部贯耳穿绹索形提梁。颈部饰两周连珠纹，其间以耳为中心饰两组两首相对的夔纹，夔方形眼，勾嘴，有角和冠羽，有前足，直身，尾上折内卷。圈足上有对称的"十"字形镂孔，以两周连珠纹夹饰云雷纹。腹部有席纹包裹物痕迹，底部外壁有网格状铸痕。通高15.6、圈足高3.2、口径9.3~12.2、腹最大径17.6、圈足径11~14.3、腹壁厚0.3厘米。重1.748千克。（图9-22，1）

NM154：2，微残。质较轻薄，有盖，顶面有纽状抓手，盖身饰一周模糊云雷纹；器身呈扁罐形，直口，颈部形成凸棱以承盖，鼓腹，矮圈足外撇，颈部两侧有半环形耳，无提梁。器身及圈足素面。通高20.6、器身高14.3、圈足高2.9、口径6.4~10.2、腹最大径14.3、圈足径9.2~12.1、腹壁厚0.2厘米。重1.148千克。（图9-22，2）

四 铜瓿

2件。

SM926：8，微残。直口，方唇，平沿，球形腹，圜底，圈足较高。制作简陋，器表凹凸不平，腹中部饰一周凹弦纹，底内部有纺织品印痕。锈蚀较重。通高15.5、圈足高3.8、口径15.4~15.9、腹径19.8、圈足径12.8、腹壁厚0.3厘米。重1.861千克。（图9-22，3）

SM784：4，残。残为十余片，有口、腹、圈足，可辨直口、方唇、平沿，圈足底部下折。

五 铜斝

1件。

NM154：6，微残。圆形，质轻薄，不规则敞口，小方唇，束颈，鼓腹，分裆，柱足半空。口上有二拱形立耳，颈、腹部一侧有半环形錾，足内尚存范土。通高20.1、耳高3、耳根宽3.4、耳厚0.8、口径13.2、壁厚0.1厘米。重0.909千克。（图9-22，4）

六 铜尊

1件。

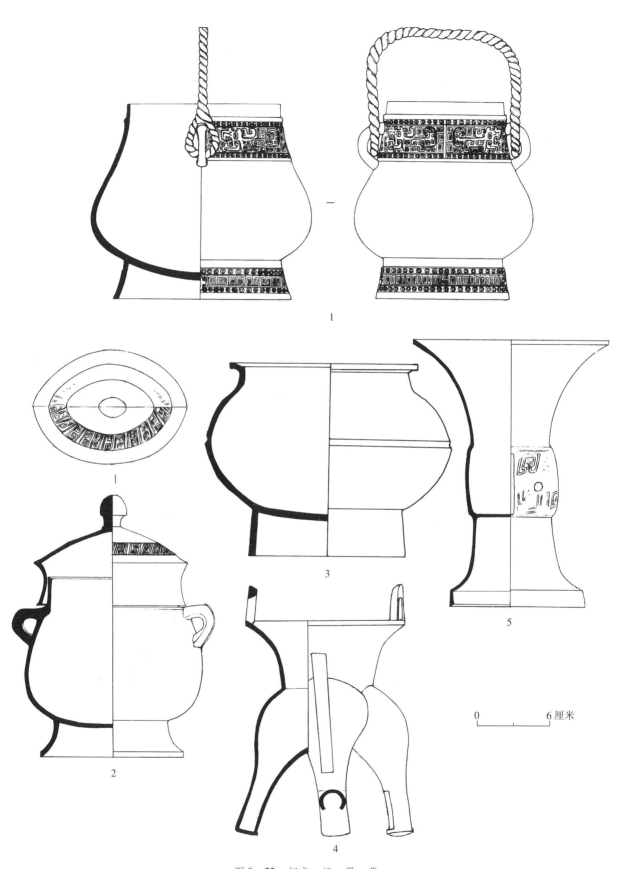

图 9 - 22 铜卣、瓺、斝、尊

1、2. 卣 (SM17∶1、NM154∶2)　3. 瓺 (SM926∶8)　4. 斝 (NM154∶6)　5. 尊 (NM154∶1)

标本 NM154:1，残。质较轻薄，器形不规整。大敞口，腹略外鼓，高圈足外撇，底部下折形成切地小盘座；腹部上、下略内凹，腹部饰两条浅扉棱，以扉棱为中心饰两组圆凸眼饕餮纹，因锈蚀严重而纹饰模糊。通高 21、口径 15.4～16.5、圈足径 11.1、口沿厚 0.2 厘米。重 1.036 千克。（图 9-22，5）

七　铜觚

共 27 件。出自于 27 座墓葬。基本完好，个别经修复。多数与铜爵共出。总体来说，依据器表装饰、形体高低等变化因素，可把铜觚分为四型。

A 型　共 4 件。形体高大，通体或柄部以下饰花纹。

SM17:6，保存基本完好。喇叭口，细长柄，高圈足，柄与圈足间有两个对称的"十"字形镂孔。口至腹饰三角蕉叶纹，内填简化、抽象的倒立饕餮纹，方眼外凸，"一"字形瞳孔，"一"字形眉，眉梢下勾，角细长，角尖内勾，躯干受三角纹限制而斜收。蕉叶纹下为两组对夔纹，尖嘴下勾，圆眼，身细长，尾上卷。柄及圈足上有四条扉棱，以扉棱为中心对称饰饕餮纹。柄部饰分解饕餮纹两组，以扉棱作鼻梁，方眼，有瞳孔，无眉，"C"形云状角，无耳，张口无牙，上唇内勾，唇外有足，尾直立，下折内卷。圈足上部饰一周四条头尾相对的夔纹，下部饰分解饕餮纹。饕餮以扉棱为鼻，方眼，"一"字形瞳孔，无眉，卷云纹角，有耳，耳下有足，张口无牙，上唇内勾，尾下折内卷。主纹均以云雷纹作地纹。圈足内壁有铭文"夌"。口径 15.2、高 28.6 厘米、圈足（底）径 8 厘米、口沿厚 0.2 厘米。重 0.923 千克。（图 9-23，1）

SM929:1，完整。高体，大喇叭口，细长柄，高圈足，底部切地小盘座较高，自柄部至小盘座以上有四条扉棱，各分两段。颈部饰四组大三角蕉叶纹，内填简化、抽象的倒立饕餮纹，圆角方眼，有瞳孔，"一"字形眉，眉梢下勾，角细长，角尖内勾，躯干受三角纹限制而斜收。三角纹下饰一周粗线云雷纹。柄部饰分解饕餮纹两组，以扉棱作鼻梁，"目"字形眼，圆眼球外凸，"C"形耳，角竖立，角尖内勾，张口有牙，下颌外有足。腹与圈足衔接处有两个对称"十"字形镂孔，并饰两道凸弦纹。圈足上部饰一周粗线云雷纹，下部饰分解饕餮纹。饕餮以扉棱为鼻，"目"字形眼，圆眼球外凸，"一"字形眉，"几"字形角，角尖外伸，"C"字形耳，张口无牙，上唇内勾。主纹均以云雷纹作地纹。通高 31.5、口径 15.6、底径 8.7、口沿厚 0.3 厘米。重 1.125 千克。（图 9-23，2）

SM926:6，完整。高体，大喇叭口，细长柄，高圈足，底部小盘座较高。柄部有两条浅扉棱，腹与圈足衔接处有两个对称"十"字形镂孔。颈部素面，柄部饰分解饕餮纹两组，以扉棱作鼻梁，"目"字形眼，圆眼球外凸，角竖立，角尖内勾，张口无牙，下颌外侧有足。圈足上饰两组分解饕餮纹，以粗线云雷纹组成，圆角方形眼，"一"字形瞳孔，眼珠稍外凸。圈足内壁有铭文"▨"。通高 28、口径 15、底径 8.4、口沿厚 0.2 厘米。重 0.875 千克。（图 9-23，7）

NM137:13，完整。高体，大喇叭口，柄较粗，腹微鼓，高圈足，底部小盘座斜收。柄部有两条浅扉棱。颈部素面，颈下部饰二周凸弦纹，柄部饰分解饕餮纹两组，以扉棱作鼻梁，"目"字形眼，圆眼球外凸，"一"字形眉，体与卷曲云雷纹难以区分。腹与圈足衔接处有两个对称的小"十"字形镂孔，并饰二周凸弦纹。圈足上饰两组分解饕餮纹，"目"字形眼，圆眼珠外凸，体由细云雷纹组成。圈足内壁有铭文"▨"。通高 27.6、口径 15.6、底径 9.6、口沿厚 0.3 厘米。重 1.116 千克。（图 9-23，3）

图 9 – 23　铜觚（一）

1～3、7.A 型（SM17：6、SM929：1、NM137：13、SM926：6）　　4～6、8.B I 式（SM410：1、SM51：1、SM793：4、SM741：1）

B 型　共 11 件。均素面，总体而言，柄部略粗。口至底弧线曲率较小。依据形体大小、器身厚重程度可分为 3 式：

BI式　4 件。形体较高，器身厚重。喇叭口，柄较粗，腹略外鼓，高圈足，底部切地小盘座较高。

SM410：1，微残。腹上、下部各饰凸弦纹二周。通高 24.6、口径 14、底径 7.9、口沿厚 0.3 厘米。重 0.889 千克。（图 9 - 23，4）

SM51：1，完整。腹上、下部各饰模糊凸弦纹二周，柄部有两条浅扉棱，并均匀间饰四枚乳钉。通高 24、口径 14、底径 7.2、口沿厚 0.2 厘米。重 0.749 千克。（图 9 - 23，5）

SM793：4，完整。柄部有两条模糊浅扉棱，通体素面。通高 23.2、口径 13.8、底径 7.3、口沿厚 0.2 厘米。重 0.665 千克。（图 9 - 23，6）

SM741：1，完整。腹上、下部各饰凸弦纹二周，腹内底部残存有范土。通高 21.8、口径 13、底径 8.4、口沿厚 0.4 厘米。重 1.028 千克。（图 9 - 23，8）

BⅡ式　4 件。形体变矮，器身开始变轻薄。质较轻薄。喇叭口，粗柄，腹较鼓，圈足较矮。

标本 SM16：10，微残。柄部饰两条浅扉棱，腹上、下部各饰凸弦纹一周。通高 20.3、口径 13.1、底径 7.2 ~ 8、口沿厚 0.2 厘米。重 0.578 千克。（图 9 - 24，1）

SM107：2，完整。通体素面。通高 19.4、口径 11.5、底径 6.5、口沿厚 0.2 厘米。重 0.511 千克。（图 9 - 24，2）

SM402：1，完整。柄部饰两条浅扉棱并均匀间饰四枚乳丁，腹上、下部各饰凸弦纹一周。通高 17.8、口径 12、底径 7.4、口沿厚 0.2 厘米。重 0.598 千克。（图 9 - 24，3）

SM411：1，微残。腹上、下部各饰凸弦纹一周。通高 21.4、口径 13.1、底径 7.5、口沿厚 0.3 厘米。重 0.78 千克。（图 9 - 24，5）

BⅢ式　3 件。形体矮小，器体轻薄，可能已非实用器。粗柄，腹略鼓，圈足较矮。

NM169：2，修复。不规整，柄部饰两条扉棱，并均匀间饰四枚乳丁，腹上、下部各饰凸弦纹一周。通高 19.3、口径 13.4、底径 8、口沿厚 0.2 厘米。重 0.57 千克。（图 9 - 24，6）

SM854：2，残。通体素面，腹上、下部锈蚀严重。通高 16、口径 9.9、底径 5.7、口沿厚 0.1 厘米。重 0.254 千克。（图 9 - 24，4）

SM630：2，残。素面，残损严重。腹内底部残存有范土。口径 9.5、通高 15.6 厘米，口沿厚 0.2 厘米。重 0.335 千克。（图 9 - 24，7）

C 型　共 10 件。柄部较细，口至底弧线曲率较大，喇叭口外敞达极限。依形体高矮和器身厚重与否分两式。

CI式　共 6 件。形体较高，器身厚重。

SM783：3，完整。柄部饰两条扉棱，并均匀间饰四枚乳丁，柄部上、下部各饰凸弦纹一周。通高 20.5、口径 13.5、底径 7.5、口沿厚 0.3 厘米。重 0.769 千克。（图 9 - 24，8）

SM447：5，微残。柄部饰两条扉棱，并均匀间饰四枚乳丁，柄部上、下部各饰凸弦纹一周。通高 21.6、口径 12.9、底径 7、口沿厚 0.3 厘米。重 0.84 千克。（图 9 - 24，9）

标本 SM699：1，微残。柄部饰两条扉棱，腹上、下部各饰凸弦纹一周。腹内底部尚存范土。通高 20.7、口径 13.5、底径 7.6、口沿厚 0.2 厘米。重 0.746 千克。（图 9 - 24，10）

0　　　　　　6厘米

图 9 - 24　铜觚（二）

1~3、5. BⅡ式（SM16：10、SM107：2、SM402：1、SM411：1）　　4、6、7. BⅢ式（SM854：2、NM169：2、SM630：2）　　8~10. CⅠ式
（SM783：3、SM447：5、SM699：1）

标本 SM431:1，残。倾斜。柄部饰两条扉棱，并均匀间饰四枚乳丁，腹上部饰凸弦纹一周，下部饰二周。腹至圈足底部两侧留有铸痕，腹内底部尚存范土。通高 22.1、口径 14.7、底径 8.5、口沿厚 0.3 厘米。重 0.961 千克。（图 9 – 25，1）

C Ⅱ 式　共 4 件。形体变小，轻薄。

标本 SM441:4，完整。通体素面。腹内底部及圈足上部尚存有范土。通高 17.2、口径 11.6、底径 5.6～6.4、口沿厚 0.3 厘米。重 0.489 千克。（图 9 – 25，2）

标本 SM694:1，完整。通体素面。口、足部不规整。腹内底部尚存有范土。通高 17.6、口径 13.2～13.5、底径 7.2、口沿厚 0.2 厘米。重 0.454 千克。（图 9 – 25，6）

标本 NM154:3，完整。柄部饰两条浅扉棱，间饰四枚微凸乳丁，腹上、下部各饰一周凸弦纹。圈足上部尚存有范土。通高 17、口径 11、底径 6.9、口沿厚 0.2 厘米。重 0.384 千克。（图 9 – 25，3）

D 型　2 件。素面，形体粗矮。体粗大，较厚重。粗柄，腹略鼓。

SM43:4，微残。柄部饰两条浅扉棱，柄部上、下各饰二周凸弦纹。圈足上部残有一孔。通高 19.5、口径 13.2、底径 8.9、口沿厚 0.3 厘米。重 0.489 千克。（图 9 – 25，4）

SM85:2，修复。高圈足外撇，口、足部不规整。柄部饰两条浅扉棱，间饰四枚乳丁，腹上、下部各饰二周凸弦纹。通高 22.5、口径 13.1～13.6、底径 7.9、口沿厚 0.3 厘米。重 0.843 千克。（图 9 – 25，5）

八　铜爵

共 25 件。出于 23 座墓葬（其中 SM17、SM85 各出两件）。另在 SM793 内出土 1 件爵足。铜爵均为长流、宽尾，涡纹菌状柱，直腹或卵形腹，圜底，大部分素面或仅饰弦纹。依据纹饰及腹部形态之不同可分三型。

A 型　4 件。腹部饰饕餮纹一周。根据腹及底部形态不同还可分 2 式。

A Ⅰ 式　共 3 件。腹壁较直，圜底，流、尾相对较平。

SM926:3，完整。菌状高立柱立于口部近流折处，三棱锥状足外撇，半环形兽头纹鋬。柱帽上饰涡纹，流尾饰三角蕉叶纹，内填云雷纹，口沿下饰三角纹，有鋬一侧饰两组，另一侧饰四组；上腹部饰扉棱三条，与鋬一起界定两组对夔纹组成的饕餮纹，饕餮以扉棱和鋬为鼻梁，方眼凸起，有瞳孔，无眼睑，"一"字形眉，"C"形云状耳，眉上有"几"字形三折身角，角尖外延较长；张口无牙，上唇内勾，耳下外侧有足，云雷纹衬地。鋬上兽头，小圆眼大耳，卷云状弯角上翘，吻略突出。通高 19.8、柱高 3.5、足高 9.4、流至尾长 16.4、流长 7.1、流宽 3.7、腹壁厚 0.2 厘米。重 0.641 千克。（图 9 – 25，7）

SM17:5，完整。菌状立柱立于口部近流折处，三棱锥状足外撇，半环形兽头纹鋬。柱帽尖凸起，上饰涡纹；腹部饰两组饕餮纹，以扉棱和鋬为鼻梁，"目"字形眼，圆眼球突出，"一"字形眉，角上卷，角尖内勾，张口无牙，上唇内勾，唇外有足，尾直立，尾尖下折内卷，云雷纹衬地。鋬上兽头小圆眼，卷云状弯角上翘，吻略突出。鋬下有铭文"辛凸"。通高 18.6、柱高 2.8、足高 8.3、流至尾长 15.9、流长 7.1、流宽 3.7、腹壁厚 0.2 厘米。重 0.576 千克。（图 9 – 25，8）

SM17:2，完整。菌状高立柱立于口部近流折处，三棱锥状足外撇，半环形兽头纹鋬。柱帽尖凸

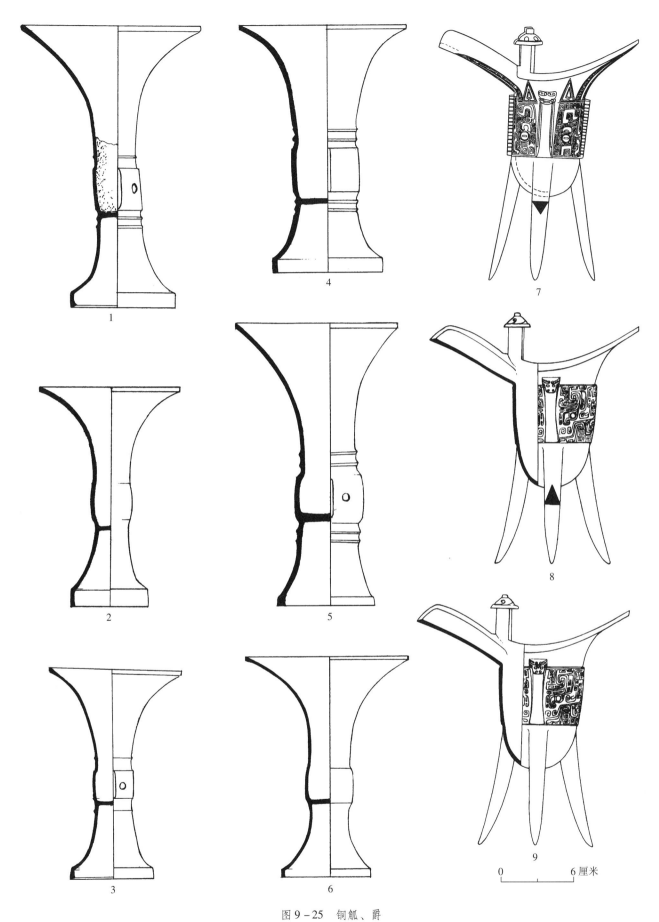

图 9-25　铜觚、爵

1. C I 式觚（SM431∶1）　　2、3、6. C II 式觚（SM441∶4、NM154∶3、SM694∶1）　　4、5. D 型觚（SM43∶4、SM85∶2）　　7~9. A I 式爵
（SM926∶3、SM17∶5、SM17∶2）

起，上饰涡纹；腹部饰两组饕餮纹，以扉棱和錾为鼻梁，"目"字形眼，圆眼球突出，"一"字形眉，角上卷，角尖内勾，张口无牙，上唇内勾，唇外有足，尾直立，尾尖下折内卷，云雷纹衬地。錾上兽头小圆眼，卷云状弯角上翘，吻略突出。錾下有铭文"凸"。通高18.6、柱高3.4、足高8.1、流至尾长15.8、流长6.5、流宽3.7、腹壁厚0.2厘米。重0.556千克。（图9-25，9）

AⅡ式　1件。

NM137：14，微残。流尾上翘，菌状高立柱立于口部近流折处，卵形腹，尖圜底，三棱锥状足略外撇，半环形兽头纹錾。柱帽上饰涡纹，上腹部饰扉棱一条，与錾一起界定两组对夔纹组成的饕餮纹，饕餮以扉棱和錾为鼻梁，圆角方眼，外凸，"一"字形眉，无角，云雷纹衬地。錾上兽头，小圆眼大耳，卷云状弯角上翘，吻略突出。錾下有铭文"𤰔"。通高18.8、柱高3.9、足高8.4、流至尾长17、流长7.6、流宽3.3、腹壁厚0.3厘米。重0.67千克。（图9-26，1）

B型　共19件。素面，直腹，圜底。根据流、尾及腹部之不同，可分为3式。

BⅠ式　8件。宽流，柱较矮，深腹。

标本SM410：2，完整。形体略瘦，流尾上翘，流口有菌状立柱，较矮，深直腹，圜底，三棱锥状足略外撇，錾残失。柱帽尖较矮，素面，上腹部饰三周凸弦纹。通高18.7、柱高2.9、足高8.6、流至尾长15.9、流长6.8、流宽3.8、腹壁厚0.3厘米。重0.623千克。（图9-26，2）

标本SM699：2，微残。形体略瘦，厚重，流较宽，流尾上翘，流口有菌状立柱，较矮，深直腹，圜底，三棱锥状足略外撇，半环形兽头纹錾。柱帽上饰涡纹，腹部素面，錾上兽头模糊。錾下有铭文"凸"。通高17.5、柱高3.3、足高7.4、流至尾长14.7、流长6.3、流宽3.4、腹壁厚0.3厘米。重0.689千克。（图9-26，3）

BⅡ式　6件。流变窄，柱变高，腹变浅。

标本SM411：2，微残。形体略瘦，长流，流尾上翘，流口有菌状高立柱，直腹略浅，圜底，三棱锥状足外撇，半环形錾。柱帽尖凸起，上饰涡纹，上腹部饰三周凸弦纹。通高18.3、柱高4、足高7.2、流至尾长15、流长7、流宽3.5、腹壁厚0.2厘米。重0.575千克。（图9-26，4）

标本SM741：2，完整。形体略瘦，长流，流尾上翘，流口有菌状立柱，较高，直腹较浅，圜底，三棱锥状足外撇，半环形錾。柱帽尖凸起，上饰涡纹，上腹部饰三周凸弦纹。腹部内壁有焊接修补痕迹。通高18.6、柱高3.5、足高8.1、流至尾长15.3、流长6.8、流宽3.4、腹壁厚0.2厘米。重0.552千克。（图9-26，5）

BⅢ式　6件。形体变小，浅腹，流尾较平。

标本NM169：1，窄流，宽尾，流口有菌状立柱，浅直腹，圜底近平，三棱锥状足外撇，半环形錾。柱帽尖较高，上素面，上腹部饰二周凸弦纹。锈蚀较重。通高18、柱高3、足高8.4、流至尾长16.7、流长6.3、流宽2.8、腹壁厚0.2厘米。重0.438千克。（图9-26，6）

标本SM441：5，修复。窄流，流口有菌状矮立柱，浅直腹，圜底近平，三棱锥状足外撇，半环形錾。柱帽尖较高，上饰涡纹，腹部素面。通高16、柱高2.8、足高7、流至尾长14.3、流长5.7、流宽2.6、腹壁厚0.2厘米。重0.421千克。（图9-26，7）

标本SM630：1，残。锈蚀严重。窄流，流口有菌状矮立柱，浅直腹，底近平，三棱锥状足外撇，半环形錾。柱帽尖较平，通体素面。流尾中部至腹底部有铸缝。残高13.3、柱高2.3、足残高4.5、流

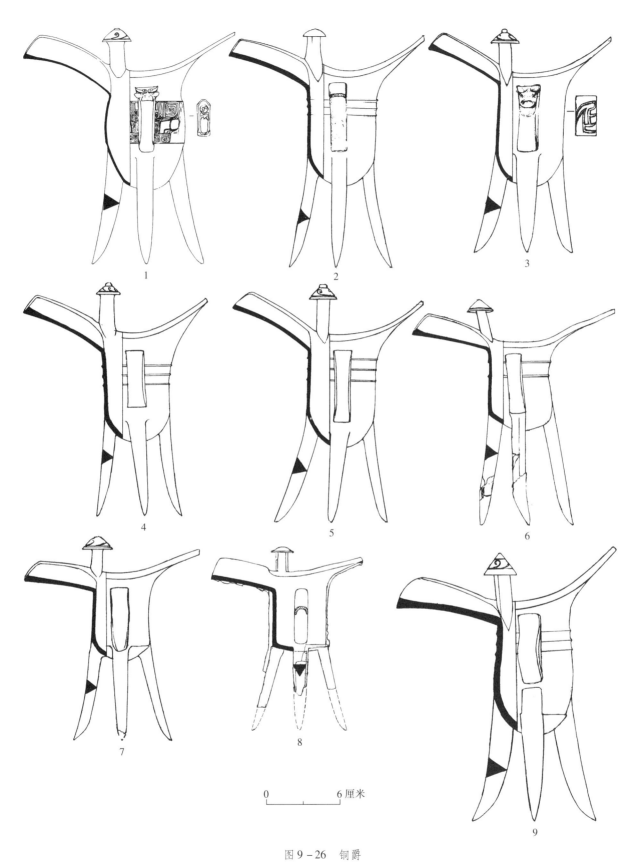

图 9 - 26　铜爵

1. A Ⅱ 式（NM137：14）　　2、3. B Ⅰ 式（SM410：2、SM699：2）　　4、5. B Ⅱ 式（SM411：2、SM741：2）　　6～8. B Ⅲ 式（NM169：1、SM441：5、SM630：1）　　9. C 型（SM85：3）

至尾长 12.3、流长 4.7、流宽 2.8、腹壁厚 0.2 厘米。重 0.261 千克。（图 9 - 26，8）

C 型　共 2 件。均出自 SM85，形体、大小均一致。较大，素面，深腹呈卵形。

标本 SM85∶3，厚重。流长而宽，尾尖上翘，流口有菌状高立柱，深弧腹，卵形底，三棱锥状足略外撇，半环形鋬。柱帽尖高，上饰涡纹，上腹部饰三周凸弦纹。通高 21.4、柱高 3.8、足高 9.4、流至尾长 18.5、流长 8、流宽 3.6、腹壁厚 0.3 厘米。重 0.942 千克。（图 9 - 26，9）

爵足：SM793∶3，残。残存三棱状爵足一只，断面呈三角形。残高 6、厚 1.1 厘米。

九　铜戈

共 86 件。按照用途分为两大类，甲类型为实用器（即生器）。该类铜戈，无论何种型式，都制作精良，器体厚重、结实，具有实用性。乙类为非实用器（即明器）。这类铜器器体轻薄，制作粗糙，多变型、弯折，不具有实用性。

甲类　共 24 件。依内部、有无穿胡等特征可分为三型。

甲 A 型　共 15 件。长方形内部。依内部不同，又可分为三个亚型。

Aa 型　5 件。上、下两端均出阑，长条形宽援，中脊直达前锋，援末呈三角形。

标本 SM17∶18，完整。内前部、援后部各有一穿，内末端两面饰简化夔纹。通长 23.3、援长 16.6、援最宽 5.4、内宽 3.6、阑宽 7.2、援厚 0.9、内厚 0.6 厘米。重 0.391 千克。（图 9 - 27，1）

标本 SM841∶3，完整。通长 23、援长 16.2、援最宽 5.5、内宽 4.5、阑宽 6.5、援厚 0.7、内厚 0.5 厘米。重 0.285 千克。（图 9 - 27，2）

Ab 型　5 件。内后部下缘有刺。

标本 NM155∶1，完整。无阑。通长 23.4、援长 16.5、援最宽 5.3、内宽 3.8、援厚 0.6、内厚 0.4 厘米。重 0.258 千克。（图 9 - 27，3）

标本 SM43∶7，完整。上、下两端均出阑，下阑稍长。通长 23.6、援长 16.3、援最宽 5.3、内宽 4.3、阑宽 6.7、援厚 0.6、内厚 0.5 厘米。重 0.289 千克。（图 9 - 27，4）

标本 SM51∶7，修复。直内中部镂空，无阑。通长 24.6、援长 17.2、援最宽 5.6、内宽 4、援厚 0.5、内厚 0.4 厘米。重 0.221 千克。（图 9 - 27，5）

Ac 型　5 件。长方形直内，带銎。内呈长条梯形，前端有椭圆形銎。三角形短援，中脊直达前锋，下刃微弧。

标本 SM411∶3，完整。通长 21.3、援长 14.2、援最宽 5.6、内宽 3.4、援厚 0.8、内厚 0.7、銎径 2×2.7 厘米。重 0.315 千克。（图 9 - 27，6）

标本 SM51∶6，完整。通长 23、援长 16、援最宽 5.7、内宽 4、援厚 0.9、内厚 0.6、銎径 2.1 ×2.8 厘米。重 0.336 千克。（图 9 - 27，7）

标本 NM166∶3，完整。通长 22.8、援长 16.2、援最宽 5.3、内宽 3.5、援厚 0.9、内厚 0.8、銎径 1.8×2.5 厘米。重 0.252 千克。（图 9 - 27，8）

B 型　5 件。曲内戈。依内部不同可分三个亚型。

Ba 型　共 2 件。鸟首形曲内。歧冠，长条形援，援中部隆起，援末呈三角形。

SM361∶6，微残。有上阑，下阑残；通长 28、援长 19、援最宽 5.3、阑宽 6.2、内宽 3.6、援厚

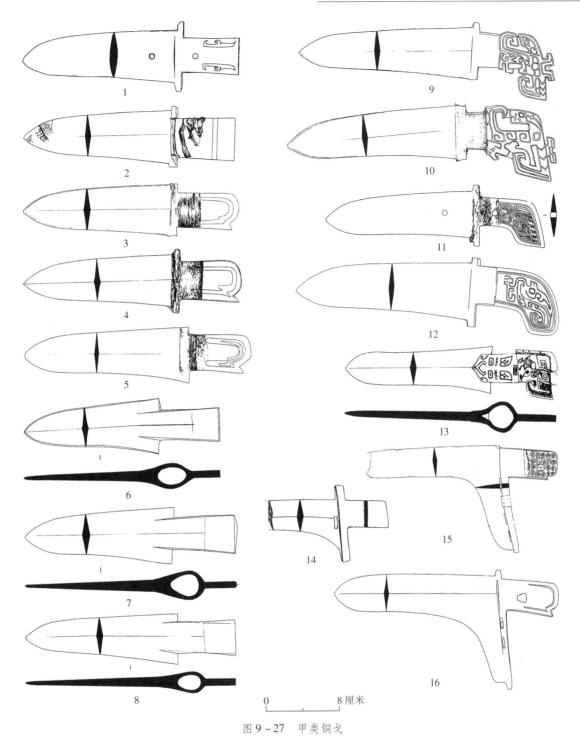

图 9 - 27 甲类铜戈

1、2. Aa 型（SM17∶18、SM841∶3） 3～5. Ab 型（NM155∶1、SM43∶7、SM51∶7） 6～8. Ac 型（SM411∶3、SM51∶6、NM166∶3）
9、10. Ba 型（SM361∶6、SM244∶11） 11、12. Bb 型（SM929∶9、SM926∶2） 13. Bc 型（SM674∶6） 14. CⅠ式（SM35∶3） 15、
16. CⅡ式（NM137∶15、SM676∶1）

0.7、内厚 0.6 厘米。重 0.323 千克。（图 9 - 27，9）

SM244∶11，完整。歧冠中间镂空。通长 29.2、援长 18、援最宽 5.5、阑宽 6、内宽 4、援厚 0.6、内厚 0.4 厘米。重 0.309 千克。（图 9 - 27，10）

Bb 型 3 件。弧弯形曲内，即内后端下垂。上、下出阑，较长；长条三角形援，援中部隆起，下

刃略弧。

标本 SM929：9，完整。体略小。内部两面饰阴线夔纹；援后端、内前端各有一穿孔，内前端留有秘痕。通长 23.8、援长 16.2、援最宽 5、阑宽 6.5、内宽 3、援厚 0.8、内厚 0.5 厘米。重 0.267 千克。（图 9 - 27，11）

标本 SM926：2，完整。体长。内部两面饰阴线夔纹；通长 28.6、援长 18.7、援最宽 6、阑宽 7.4、内宽 4、援厚 0.5、内厚 0.5 厘米。重 0.339 千克。（图 9 - 27，12）

Bc 型 1 件。曲内、有銎。

SM674：6，微残。内后端下垂，内前端有圆形銎，其上两面饰简化阴线饕餮纹，饕餮，圆角方形眼，有眉，有角，咧嘴。通长 23.4、援长 16.2、援最宽 4.5、内宽 3、援厚 0.8、内厚 0.4、銎径 2.2 厘米。重 0.342 千克。（图 9 -27，13）

C 型 3 件。直内，有穿胡。依穿胡长短可分 2 式。

C I 式 1 件。

SM35：3，残。上、下出阑，短胡，胡有一长方形穿；援残，中部隆起。残长 13.2、援长 7.7、援最宽 3.5、阑宽 8.1、内宽 2.8、援厚 0.6、内厚 0.3 厘米。重 0.139 千克。（图 9 - 27，14）

C II 式 2 件。胡部较长，二穿。

NM137：15，直内后端弧弯有一刺，内两面饰阴线云雷纹；有下阑；长条形窄援，残，中脊稍隆起。残长 20.8、援长 15.2、援宽 3.2、阑宽 11.2、内宽 3、援厚 0.4、内厚 0.4 厘米。重 0.196 千克。（图 9 - 27，15）

SM676：1，完整。中胡直内二穿戈。直内，后端弧弯有一刺；上、下出阑；长条形援，较宽，中部隆起，援末呈舌尖形。通长 24.4、援长 18、援最宽 4.3、阑宽 12.5、内宽 3.3、援厚 0.6、内厚 0.5 厘米。重 0.271 千克。（图 9 - 27，16）

乙类 明器，共 62 件。轻薄，制作较粗糙。多扭曲变形。

A 型 2 件。直内带銎戈。前端有椭圆形銎。

NM169：4，完整。内后端圆钝出一短刺，两面各有一乳丁，长条形援，中脊直达前锋，援末呈三角形。通长 27.6、援长 19.5、援最宽 5.2、内宽 3.3、援厚 0.5、内厚 0.3、銎径 2.2 × 2.8 厘米。重 0.172 千克。（图 9 - 28，1）

NM169：7，残。内宽 2.7、援厚 0.3、内厚 0.3、銎径 1.7 × 2.3 厘米。残重 0.138 千克。（图 9 - 28，2）

B 型 55 件。曲内戈。长条形援，援末呈三角形。按曲内形制分四个亚型。

Ba 型。21 件。鸟首形曲内，较轻薄。又据鸟首状况可分 3 式。

Ba I 式 4 件。鸟形尚规整，尖喙内钩。纹饰仍清晰。

标本 SM929：11，残。鸟首有歧冠，上饰阴线纹；无阑，通长 28.1、援长 18.8、援最宽 4.9、内宽 3.6、援中脊厚 0.2、内厚 0.2 厘米。重 0.181 千克。（图 9 - 28，3）

标本 SM91：2，微残。体长。鸟首无歧冠，上饰阳线纹；上、下均出阑，上阑较长；中部有线状中脊隆起，前锋微残。残长 29、援长 19.8、援最宽 5.5、阑宽 8.3、内宽 3.3、援中脊厚 0.5、内厚 0.2 厘米。重 0.205 千克。（图 9 - 28，4）

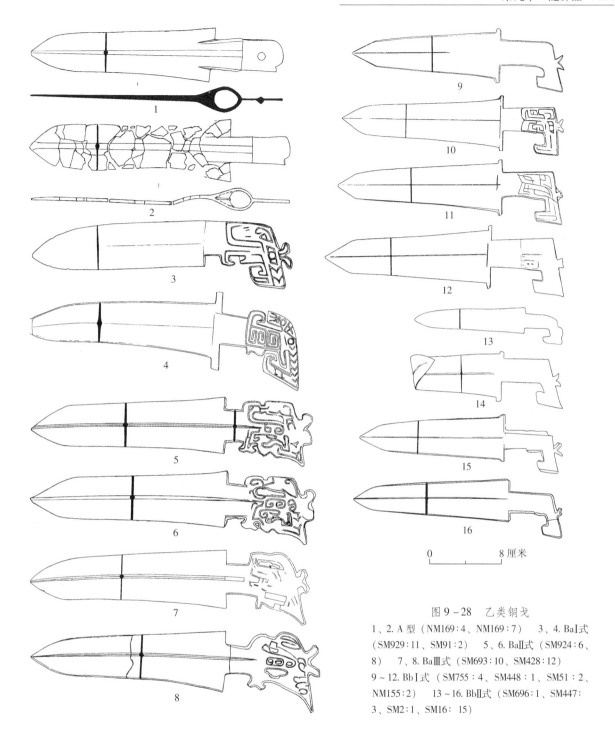

图 9 – 28　乙类铜戈

1、2. A 型（NM169：4、NM169：7）　3、4. BaⅠ式
（SM929：11、SM91：2）　5、6. BaⅡ式（SM924：6、
8）　7、8. BaⅢ式（SM693：10、SM428：12）
9 ~ 12. BbⅠ式（SM755：4、SM448：1、SM51：2、
NM155：2）　13 ~ 16. BbⅡ式（SM696：1、SM447：
3、SM2：1、SM16：15）

　　BaⅡ式　3 件。短喙前伸。纹饰简化。

　　SM924：6，完整。体长。鸟首有歧冠，上饰阳线纹；援末呈圭首形。通长 30.5、援长 21、援最宽 5.7、内宽 3.9、援中脊厚 0.4、内厚 0.2 厘米。重 0.168 千克。（图 9 – 28，5）

　　标本 SM924：8，完整。体长。鸟首有歧冠，上饰阳线纹；援末呈圭首形。通长 30.5、援长 21、援 最宽 5.7、内宽 3.9、援中脊厚 0.4、内厚 0.2 厘米。重 0.162 千克。（图 9 – 28，6）

　　BaⅢ式　14 件。鸟形尚保留歧冠与尖喙，基本无纹饰。

　　标本 SM693：10，微残。体长。通长 30.4、援长 21.4、援最宽 6、内宽 3.3、援中脊厚 0.4、内厚

0.2 厘米。重 0.145 千克。（图 9 - 28，7）

标本 SM428：12，残。援末呈三角形。残长 31.2、援长 21.2、援最宽 6、内宽 3、援中脊厚 0.5、内厚 0.2 厘米。重 0.176 千克。（图 9 - 28，8）

Bb 型　34 件。窄长条形内，内后端内勾。可分为 2 式。

Bb I 式　23 件。形体较大，尚规整。有些尚有简化鸟纹。长条形援，中部有细线状中脊，援末呈圭首形。

标本 SM755：4，完整。上、下出短阑；通长 23.3、援长 15.6、援最宽 4.8、阑宽 5.6、内宽 2.4、援厚 0.1、内厚 0.1 厘米。重 0.088 千克。（图 9 - 28，9）

标本 SM448：1，完整。上、下出短阑；通长 24.4、援长 17.4、援最宽 4.8、阑宽 6、内宽 2.4、援厚 0.1、内厚 0.1 厘米。重 0.093 千克。（图 9 - 28，10）

标本 SM51：2，残。上、下出短阑；残长 24.8、援长 17.6、援最宽 5、阑宽 6、内宽 3、援厚 0.1、内厚 0.1 厘米。重 0.099 千克。（图 9 - 28，11）

标本 NM155：2，完整。简化鸟首形，有歧冠；上、下出短阑；通长 25.8、援长 17.4、援最宽 5.6、阑宽 6.4、内宽 6.4、援厚 0.1、内厚 0.1 厘米。重 0.097 千克。（图 9 - 28，12）

Bb II 式　共 11 件。形体变小，素面。

标本 SM696：1，残。内后端残失；残长 16.3、援长 12.2、援最宽 2.6、内宽 1.6、援厚 0.1 厘米。重 0.025 千克。（图 9 - 28，13）

标本 SM447：3，完整。通长 17、援长 9.8、援最宽 4.5、阑宽 5.4、内宽 2.4、援厚 0.1、内厚 0.1 厘米。重 0.068 千克。（图 9 - 28，14）

标本 SM2：1，修复。通长 22、援长 15.6、援最宽 4.5、阑宽 5、内宽 2.1、援厚 0.2、内厚 0.2 厘米。重 0.08 千克。（图 9 - 28，15）

标本 SM16：15，残。曲内残，后端内勾，残有歧冠；无阑；残长 23、援长 17.2、援最宽 4.4、援厚 0.1、内厚 0.1 厘米。重 0.071 千克。（图 9 - 28，16）

另有残戈 5 件。基本都属乙类。

十　铜矛

共 60 件。

按用途分为两大类：甲类为生器，即实用器，器形规整，厚重，制作精致；乙类为明器，质地轻薄，多弯曲、折断，少见纹饰。

甲类　共 16 件。依形制不同可分为两型。

A 型　共 8 件。叶呈亚腰形。根据銎腔不同，可分为两个亚型。

Aa 型　1 件。骹截面呈菱形。

标本 SM810：3，略残。叶底两侧有穿孔。叶中部有圆角三角形纹，叶扭曲。残长 22.2、叶长 20.6、叶最宽 6、叶厚 0.1 ~ 0.2、銎腔径 1.9 × 2.1 厘米。重 0.208 千克。（图 9 - 29，1）

Ab 型　共 7 件。骹截面呈椭圆或扁圆形。锋尖锐利，中脊隆起，叶底两侧有穿孔。骹两面饰三角纹和饕餮纹，叶中部有三角形凹槽。

标本 SM17：8，完整。通长 26.3、叶长 24.8、叶最宽 6.6、叶厚 0.6、銎腔径 2.2×3 厘米。重 0.407 千克。（图 9－29，2）

标本 SM419：3，完整。通长 25.6、叶长 24.8、叶最宽 7.3、叶厚 0.6、銎腔径 1.8×3 厘米。重 0.289 千克。（图 9－29，3）

B 型　共 8 件。叶呈柳叶形，骹两侧有纽。根据叶之长短，可分两亚型。

Ba 型　3 件。叶呈较短柳叶形。体大，厚重。锋尖锐利，中脊明显隆起，直达前锋；骹截面呈菱形，两侧有纽。

标本 SM38：21，完整。通长 23.5、叶长 14.4、叶最宽 7.2、叶厚 0.3、銎腔径 2.4×3 厘米。重 0.209 千克。（图 9－29，4）

标本 SM38：15，完整。通长 24.8、叶长 15.4、叶最宽 6.8、叶厚 0.3、銎腔径 2×2.5 厘米。重 0.215 千克。（图 9－29，5）

Bb 型　共 5 件。叶呈细长柳叶形。厚重。锋尖锐利，中脊明显隆起，直达前锋，叶中部有圆角三角形凹坑；骹截面呈菱形，两侧有纽。

标本 SM932：2，体细长，残长 21.3、叶长 12.7、叶最宽 4.4、叶厚 0.7、銎腔径 1.6×2.4 厘米。重 0.167 千克。（图 9－29，18）

标本 NM137：32，完整。体小。通长 17.5、叶长 10、叶最宽 5.3、叶厚 0.4、銎腔径 1.8×2.3 厘米。重 0.114 千克。（图 9－29，20）

乙类　共 29 件。质较轻薄，制作粗糙。根据形制不同，可分为二型。

A 型　22 件。叶呈亚腰形，椭圆形或扁圆形銎。根据骹部纹饰不同，可分为 3 式。

AI 式　2 件。骹部饰饕餮纹和三角纹。

SM595：3－1，微残。腰形较宽，中部有线状中脊，叶底两侧有穿孔；骹截面呈椭圆形。骹两面饰三角纹和简单饕餮纹，叶中部有三角形纹，略下凹。叶长 21.8、叶最宽 8.3、叶厚 0.1、銎腔径 1.6×2 厘米。重 0.143 千克。（图 9－29，8）

SM 595：3－2，残。形制与 SM 595：3－1 完全一致。骹部残失，叶残长 21.6、叶最宽 8.2、叶厚 0.2、銎腔径 1.8×2 厘米。重 0.152 千克。（图 9－29，9）

AII 式　12 件。基本上素面无纹饰。

标本 SM924：9，完整。体轻薄。叶中部有三角形纹，略下凹。通长 25.2、叶长 24.5、叶最宽 7.5、叶厚 0.1、銎腔径 1.2×2.4 厘米。重 0.189 千克。（图 9－29，10）

标本 SM735：6，残。体轻薄，锈蚀严重。叶底一侧有穿孔；骹截面呈扁圆形。残长 20.1、叶残长 12.5、叶厚 0.1、銎腔径 1.1×2 厘米。重 0.116 千克。（图 9－29，19）

AIII 式　8 件。双叶内束较甚。形体较大。叶呈亚腰形，叶底两侧有长方形穿孔。

标本 NM169：5，完整。较轻薄。叶中部有线状中脊；骹截面呈椭圆形，两面饰三角纹，两侧各有一穿孔。通长 27.3、叶最宽 9.4、叶厚 0.2、銎腔径 1.8×2.7 厘米。重 0.163 千克。（图 9－29，12）

标本 SM428：11，残。骹截面呈扁圆形。残长 29.2、叶长 28.7、叶最宽 8.7、叶厚 0.2、銎腔径 1.4×2.5 厘米。重 0.178 千克。（图 9－29，13）

B 型　共 7 件。叶变小，细长，骹变长，两边有纽。可分为三个亚型。

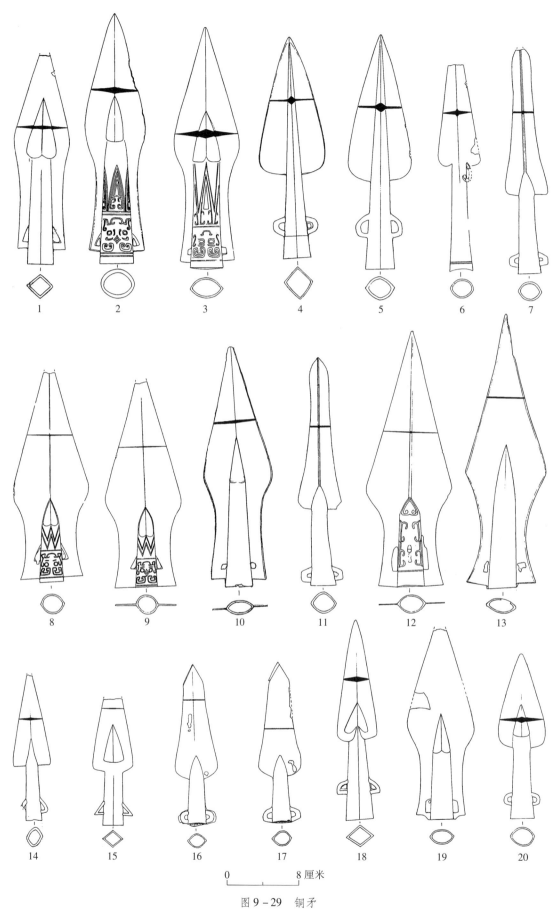

图 9 - 29 铜矛

1. 甲 Aa 型（SM810∶3）　　2、3. 甲 Ab 型（SM17∶8、SM419∶3）　　4、5. 甲 Ba 型（SM38∶21、SM38∶15）　　6、7、11. 乙 Bc 型（SM735∶16、SM693∶7、SM693∶8）　　8、9. 乙 AⅠ 型（SM595∶3 - 1、SM595∶3 - 2）　　10、19. 乙 AⅡ 式（SM924∶9、SM735∶6）　　12、13. 乙 AⅢ（NM169∶5、SM428∶11）　　14、15. 乙 Ba（SM91∶4、SM695∶4）　　16、17. 乙 Bb 型（SM380∶1、SM380∶2）　　18、20. 甲 Bb 型（SM932∶2、NM137∶32）

Ba 型 共 2 件。体小而轻薄。叶呈三角形或柳叶形，骹两侧有纽。

SM91：4，微残。通长 15.5、叶残长 9.7、叶最宽 4.2、叶厚 0.2、骹腔径 1.3×1.5 厘米。重 0.071 千克。（图 9-29，14）

SM695：4，微残。叶呈柳叶形，锋尖残，叶中部有圆角三角形纹，稍下凹。通长 13.5、叶残长 7.8、叶最宽 4.5、叶厚 0.1、骹腔径 1.4×1.8 厘米。重 0.073 千克。（图 9-29，15）

Bb 型 共 2 件。体小而轻薄。叶变细长，侧刃内凹。

SM380：1，残。通长 17.2、叶长 11.8、叶最宽 4.8、叶厚 0.1、骹腔径 1.1×1.7 厘米。重 0.065 千克。（图 9-29，16）

SM380：2，残。通长 17.2、叶长 12、叶最宽 4.8、叶厚 0.1、骹腔径 1.2×1.7 厘米。重 0.059 千克。（图 9-29，17）

Bc 型 共 3 件。叶、骹均细长。

SM735：16，残。锈蚀严重。骹腔内有碳化木柲残留。残长 21.8、叶残长 10.8、叶最宽 4.6、叶厚 0.4 厘米。重 0.118 千克。（图 9-29，6）

SM693：7，残长 24、叶残长 15.2、叶最宽 4.6、叶厚 0.3、骹腔径 1.6×2.1 厘米。重 0.126 千克。（图 9-29，7）

SM693：8，完整。两侧有纽。通长 24.3、叶长 16、叶最宽 4.6、叶厚 0.3、骹腔径 1.9×2.3 厘米。重 0.12 千克。（图 9-29，11）

另有 15 件残矛无法分出形式。

十一 铜镞

70 件。其中 66 件依镞体形状分为三型。另有 4 件残损甚。

A 型 29 件。镞体呈三角形，两叶尖直。按照关、本长度分为两个亚型。

Aa 型 13 件。关长于本。依据镞体大小及铤长短分 2 式。

Aa I 式 6 件。体大，长铤。

标本 SM43：9，锋尖残失，中脊截面呈菱形，双翼略短，后尖残。残长 5.5、铤长 2.6、翼残宽 2.1 厘米。（图 9-30，1）

标本 SM43：10，微残。中脊截面呈菱形，双翼尖直，圆铤较长。通长 5、铤长 2、翼宽 2.2 厘米。（图 9-30，2）

Aa II 式 9 件。体变小，短翼，铤变短。

标本 SM610：1，锋尖锐利，后尖残，短圆铤。通长 5、铤长 2.3、翼宽 1.6 厘米。（图 9-30，3）

标本 NM155：7，后尖残。长 6、铤长 2.7、翼残宽 2 厘米。（图 9-30，4）

标本 NM155：9，残。铤上残留箭杆痕迹。残长 5、铤残长 2.6、翼残宽 2 厘米。（图 9-30，5）

Ab 型 16 件。关与本持平。依据镞体大小及铤长短分 2 式。

Ab I 式 8 件。体大，长铤。

标本 NM154：14-1，微残。中脊截面呈菱形，双翼尖直，扁棱形短铤。通长 5.8、铤残长 2.2、翼残宽 2 厘米。（图 9-30，6）

标本 SM51：16，完整。中脊截面略呈圆形，长翼尖直，一翼残，长圆铤，铤上残留箭杆痕迹。通长 6、铤长 2.5、翼残宽 2.3 厘米。（图 9 – 30，7）

标本 SM597：3 – 1，微残。形体小，锋尖锐利，中脊截面呈菱形，短翼尖直，圆铤。残长 4.5、铤残长 1.6、翼宽 1.8 厘米。（图 9 – 30，8）

AbⅡ式 6 件。体变小，铤变短。

标本 SM929：8 – 1，微残。中脊截面呈菱形，短翼尖直，长圆铤。通长 4.9、铤长 2.6、翼宽 1.9 厘米。（图 9 – 30，9）

标本 SM732：10，完整。锋尖锐利，中脊截面呈菱形，双翼略短，尖直，扁棱形短铤。通长 4.6、铤长 2、翼宽 1.8 厘米。（图 9 – 30，11）

B 型 32 件。镞体呈柳叶形，两叶微弧。前锋尖锐，中脊截面呈菱形。

Ba 型 2 件。关长于本。

标本 SM29：4，微残。形体大，椭圆形长铤，关长于本。通长 7.8、铤长 2.7、翼宽 2.6 厘米。（图 9 – 30，10）

Bb 型 35 件。关与本持平，形体较小。

标本 SM22：6，残。翼较短，残圆铤。残长 4、铤残长 0.7、翼残宽 1.8 厘米。（图 9 – 30，12）

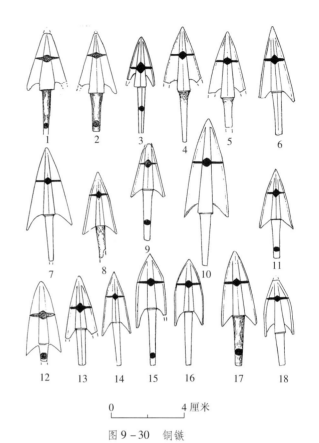

图 9 – 30 铜镞

1、2. AaⅠ式（SM43：9、SM43：10） 3 ~ 5. AaⅡ式（SM610：1、NM155：7、NM155：9） 6 ~ 8. AbⅠ式（NM154：14 – 1、SM51：16、SM597：3 – 1） 9、11. AbⅡ式（SM929：8 – 1、SM732：10） 10. Ba 型（SM29：4） 12 ~ 14、17. Bb 型（SM22：6、SM105：4、SM676：3、NM169：11） 15、16、18. C 型（SM419：6、SM419：8、SM854：8）

标本 SM105：4，残。短翼，后尖残，扁棱形短铤。通长 4.7、铤残长 1.7、翼宽 1.8 厘米。（图 9 – 30，13）

标本 SM676：3，完整。前锋尖锐，双翼尖直，短圆铤。通长 4.8、铤长 2.2、翼宽 1.5 厘米。（图 9 – 30，14）

标本 NM169：11，微残。圆铤上有箭杆痕迹。通长 5.9、铤残长 2.5、翼宽 1.8 厘米。（图 9 – 30，17）

C 型 5 件。镞体前锋尖锐，两叶下折。

标本 SM419：6，微残。形体大，中脊截面呈椭圆形，双翼尖直，圆柱形长铤。通长 5.9、铤长 3.2、翼宽 1.8 厘米。（图 9 – 30，15）

标本 SM419：8，完整。形体较大，镞体前锋尖锐，中脊截面呈椭圆形，双翼尖直，圆柱形长铤。通长 5.5、铤长 2.8、翼宽 1.7 厘米。（图 9 – 30，16）

标本 SM854：8，残。形体较小，镞体呈柳叶形，前锋残，中脊截面呈菱形，双翼尖直，一翼后尖残，短圆铤，关长于本。残长 4.5、铤长 1.8、翼宽 1.7 厘米。（图 9 – 30，18）

另有 4 件残损严重，不辨型式。

十二 铜刀

共20把。按照柄部形状分三型。

A型 直柄。按照刀背形状分为两个亚型。

Aa型 刀身直背。依据刀柄宽窄变化分2式。

Aa I 式 4件。直背，直刃。刀身截面呈楔形；长条形直柄。

标本SM674：7，完整。截面呈长方形。通长22.7、柄长12.6、刀身宽2.2、柄宽1.1、背厚0.3、柄厚0.4厘米。重0.022千克。（图9-31，1）

标本SM597：1，完整。截面呈梯形。通长21.2、柄长9、刀身宽2、柄宽1、背厚0.2、柄厚0.3厘米。重0.038千克。（图9-31，2）

Aa II 式 6把。直背，凸刃。刀身截面呈楔形；细条形直柄。截面呈三角形。

标本SM579：3，完整。通长21.6、柄长10.6、刀身宽1.2、柄宽0.6、背厚0.2、柄厚0.5厘米。重0.026千克。（图9-31，3）

标本SM585：1，完整。通长18.9、柄长6.6、刀身宽1、柄宽0.5、背厚0.2、柄厚0.4厘米。重0.015千克。（图9-31，4）

标本SM675：1，残长22.4、柄长6.7、刀身宽1.7、柄宽0.9、背厚0.5、柄厚0.5厘米。重0.045千克。（图9-31，5）

标本SM794：2，残长11.8、柄长3、刀身宽1.3、柄宽0.6、背厚0.2、柄厚0.3厘米。重0.011千克。（图9-31，15）

Ab型 刀身弧背，刀尖上翘。弧背，凸刃。刀尖上翘，截面呈楔形；短条形直柄，依据刀柄宽窄变化分2式。

Ab I 式 3把。

SM673：3，微残。通长22.3、柄长8.7、刀身宽2、柄宽1、背厚0.2、柄厚0.4厘米。重0.057千克。（图9-31，7）

SM592：2，完整。通长16.4、柄长5.8、刀身宽1.8、柄宽1、背厚0.2、柄厚0.3厘米。重0.032千克。（图9-31，9）

SM671：4，残。柄残失。残长12.8、刀身宽1.2、背厚0.2厘米。残重0.014千克。（图9-31，10）

Ab II 式 3把。

SM232：4，完整。器形细小。截面呈长方形。通长13.2、柄长6.2、刀身宽1.2、柄宽0.7、背厚0.2、柄厚0.3厘米。重0.012千克。（图9-31，11）

SM676：4，残。刀身较短，残，截面呈长方形。残长12.4、柄残长4、刀身宽1.8、柄宽0.9、背厚0.2、柄厚0.3厘米。重0.057千克。（图9-31，13）

SM677：4，残。器形较小。刀身前端残，背略弧，凸刃，刀尖略上翘，截面呈楔形；残长13.4、柄残长8.2、刀身宽2、柄宽1.1、背厚0.1、柄厚0.3厘米。重0.022千克。（图9-31，14）

B型 3把。直柄，环首。

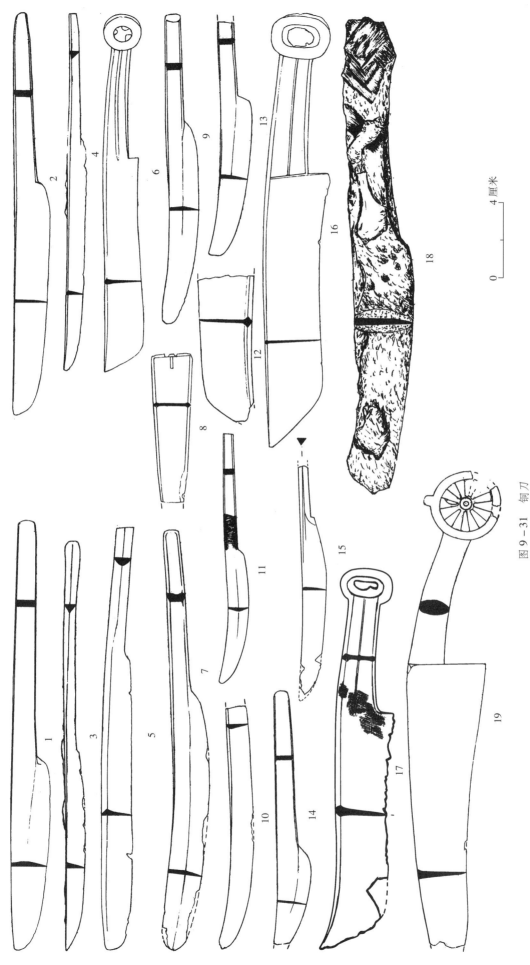

图 9-31 铜刀

1、2. AaI式（SM674：7、SM597：1） 3～5、15. AaII式（SM579：3、SM585：1、SM675：1、SM794：2） 6、16、17. B型（NM169：3、NM137：21、SM735：18） 7、9、10. AbI式（SM673：3、SM592：2、SM671：4） 8、12、18. （NM137：25、SM41：3、SM354：4） 11、13、14. AbII式（SM232：4、SM676：4、SM677：4） 19. C型（SM735：7）

0 ⊢—⊣ 4 厘米

SM735：18，刀尖上翘，截面呈楔形。直柄，柄后端呈环形，柄上有三条阳线。长 20.1、厚 0.3 厘米，重 0.061 千克。（图 9 - 31，17）

NM137：21，残。刀身直背，凹刃，截面呈楔形；直柄，柄后端呈环形，柄上有三条阳线。残长 22.8、刀身宽 3 ~ 3.5、柄长 8.4、柄宽 2.3、背厚 0.3、柄厚 0.3 厘米。残重 0.018 千克。（图 9 - 31，16）

NM169：3，残。刀身直背，凹刃，截面呈楔形；直柄，柄后端呈环形。锈蚀严重。通长 19、刀身宽 1.9 ~ 2.2、柄长 7.6、柄宽 1.5、背厚 0.2、柄厚 0.3 厘米。残重 0.033 千克。（图 9 - 31，6）

C 型 1 把。弯柄，铃首。

标本 SM735：7，残。刀身弧背，凹刃，残为三段，截面呈楔形；弯柄，柄后端为铃形。锈蚀严重。残长 25.2、刀身宽 2.4 ~ 4、柄长 10、柄宽 1.8、柄厚 0.8 厘米。重 0.152 千克。（图 9 - 31，19）

尚有 5 把残损不辨型式：

标本 SM41：3，残。残存刀身前端，长条形，较薄，截面呈"T"字形。残长 7.8、宽 2.5 ~ 3 厘米。（图 9 - 31，12）

标本 NM137：25，残。刀身扁平，略呈长条梯形，两边出刃。柄残失。残长 8、宽 1.3 ~ 2.2 厘米。（图 9 - 31，8）

标本 SM354：4，残。锈蚀严重。刀身前端残失，背略弧，刃略凸；直柄，柄后端残失。柄部有木材朽痕。残长 25.4、柄残长 12、刀身宽 3.3、柄宽 2.4 厘米。（图 9 - 31，18）

十三 铜弓形器

1 件。

SM735：17，残。残存一弧形曲臂，臂下端接一扁铃，铃周壁有弧形镂孔三个。残长 11.6，弓身宽 3、臂高 7.2 厘米。重 0.148 千克。（图 9 - 32，1）

十四 铜凿

5 件。形制基本相同。

标本 NM137：20，完整。细长条形，顶宽刃窄，銎口呈梯形，下带一箍，一侧有一圆孔；单面直刃。通长 9.8、刃宽 1.2、銎宽 1.2×1.4 厘米。残重 0.058 千克。（图 9 - 32，2）

标本 SM693：17，完整。细长条形，顶宽刃窄，銎口呈梯形，单面直刃。通长 9.1、刃宽 1.1、銎宽 1×1.3 厘米。重 0.045 千克。（图 9 - 32，3）

标本 SM53：9，完整。长条形，顶宽刃窄，顶端銎口呈长方形，单面弧刃。通长 10.3、刃宽 1.7、銎宽 1.2×1.8 厘米。重 0.108 千克。（图 9 - 32，4）

十五 铜锛

共 11 件，其中 10 件依据刃部形状分为两型。

A 型 直刃。体呈扁平长条形，长方形銎口，依据单、双面刃分为两个亚型。

Aa 型 2 件。双面直刃。

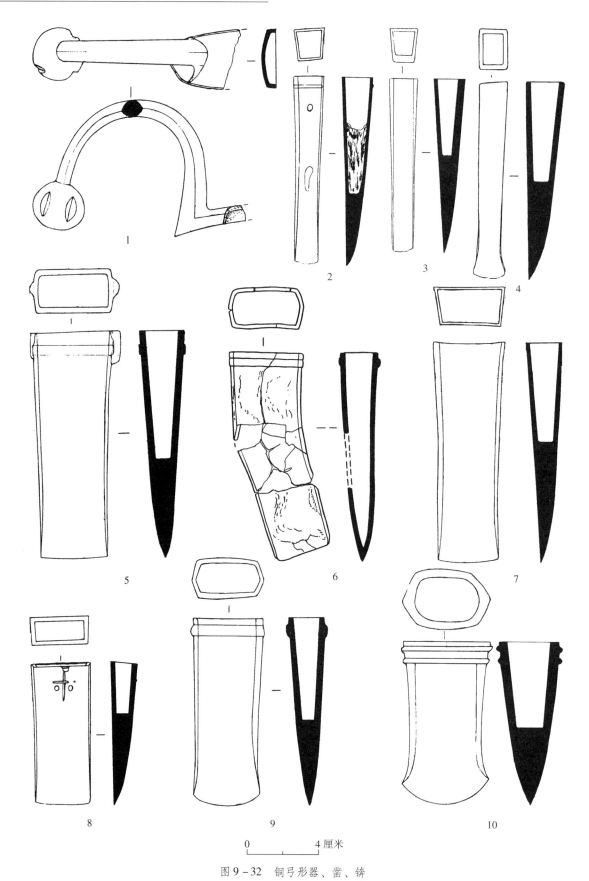

0   4厘米

图 9 - 32 铜弓形器、凿、锛

1. 弓形器（SM735：17）　2～4. 凿（NM137：20、SM693：17、SM53：9）　5、6. Aa 型锛（NM144：2、NM137：24）　7、8. Ab 型锛（NM144：1、NM169：9）　9、10. Ba 型锛（SM53：10、SM43：8）

NM144：2，残。两侧有铸缝。通长11.9、刃宽3.6、銎宽1.8×4厘米。重0.242千克。（图9-32，5）

NM137：24，残长10.7、刃宽3.1、銎宽1.8×3.5厘米。重0.099千克。（图9-32，6）

Ab型 3件。单面直刃。

标本NM144：1，Ab型，完整。通长11.5、刃宽3.2、銎宽1.5×3.2厘米。重0.147千克。（图9-32，7）

标本NM169：9，Ab型，完整。体较小。通长7.4、刃宽3、銎宽1×2.7厘米。重0.071千克。（图9-32，8）

B型 体呈扁平长条形，长方形銎口，弧刃。依据单、双面刃分为两个亚型。

Ba型 2件。双面弧刃。

SM53：10，完整。两侧有铸缝。通长9.8、刃宽3.7、銎宽1.8×3.4厘米。重0.220千克。（图9-32，9）

SM43：8，完整。通长8.8、刃宽4.7、銎宽2.4×3.7厘米。重0.227千克。（图9-32，10）

Bb型 3件。单面弧刃。

NM166：4，残。通长10、刃宽4.3、銎宽1.7×3.8厘米。重0.149千克。（图9-33，1）

NM166：6，完整。通长11、刃宽4、銎宽1.8×3.9厘米。重0.166千克。（图9-33，2）

SM17：19，完整。通长10.4、刃宽3.9、銎宽1.4×3.1厘米。重0.166千克。（图9-33，3）

十六 铜铲

1件。

SM735：15，残。铲身近圆角梯形，长直柄，銎口呈长方形，肩窄刃宽，刃较平直。素面。残长14.1、铲身长9.2、肩宽7.2、刀厚0.2、銎宽1.6~2.4厘米。重0.187千克。（图9-33，4）

十七 铜镎

1件。

NM155：3，完整。尖锥形，圆形銎，下半部有凸棱一周，一侧带一弯钩。通长11.5、钩长2.7、銎径1.8、銎厚0.2厘米。重0.075千克。（图9-33，5）

十八 铜锯

1件。

SM17：7。残。长条形，略变形。一侧锯齿仍清晰。背部有长条形穿孔。残长14.1、宽3.1~3.2厘米。（图9-34，1）

十九 铜刻刀

2件。

SM17：63，残。细条形，尖刃，截面呈三角形。长4.3厘米。（图9-34，2）

SM17：36，残。柄部呈圆柱形，双面刃，扁平。残长6.2，直径0.5厘米。（图9-34，3）

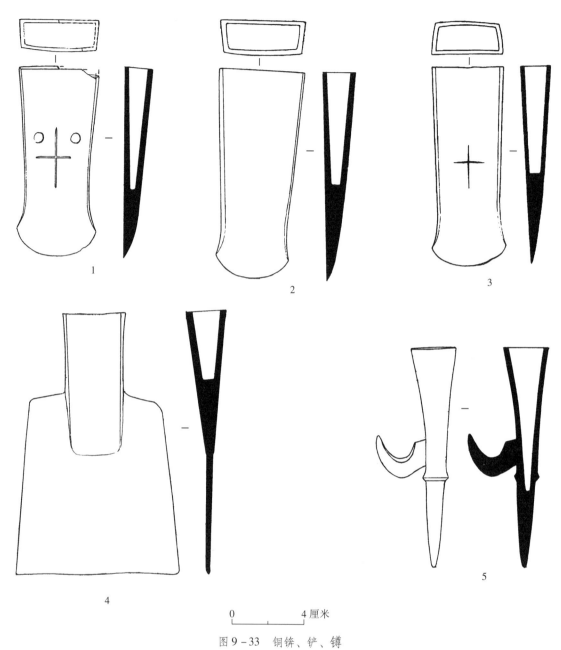

图 9 – 33 铜锛、铲、镈

1～3. Bb 型锛（NM166：4、NM166：6、SM17：19）　4. 铲（SM735：15）　5. 镈（NM155：3）

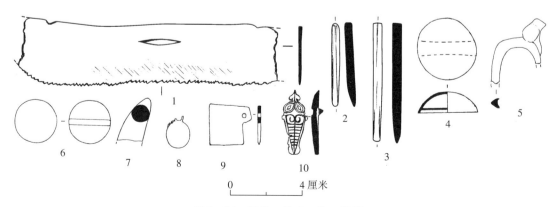

图 9 – 34 铜锯、刻刀、泡、蝉等

1. 锯（SM17：7）　2、3. 刻刀（SM17：63、SM17：36）　4、6. 泡（SM736：8、SM9：7～1）　5、7～9. 饰件（SM50：10、SM450：1、SM868：1、SM741：8）　10. 蝉（SM741：7）

二十 铜泡

3 件。

标本 SM736：8，完整。圆形，正面呈球状突起，素面，背面有一横梁。直径 3 厘米。重 0.012 千克。（图 9 – 34，4）

标本 SM9：7 – 1，完整。形如纽扣，圆形，正面呈圜状突起，素面，背面横梁残。锈蚀严重。直径 2.2 厘米。重 0.004 千克。（图 9 – 34，6）

二十一 铜饰

共 4 件。

SM450：1，残。圆锥状实心铜饰，略弯曲。残长 2.5、底径 1.2 厘米。（图 9 – 34，7）

SM50：10，残，残为半环形，连接一突起，用途不明。残长 4、宽 0.6 厘米。（图 9 – 34，5）

SM868：1，残。小圆球状，上有铜环，残断，用于挂系。球径 1.2 厘米。（图 9 – 34，8）

SM741：8，残。长方形薄片，一边外突，上有一圆形小穿孔。长 2、宽 2.1、厚 0.2 厘米。（图 9 – 34，9）

二十二 铜蝉

1 件。

SM741：7，残。体呈三角形，头小、嘴大，圆形大眼，三角形腹部饰折线纹以表示体节，背面内凹，有一穿。通长 3.3、宽 1.2 厘米。（图 9 – 34，10）

另有大量铜器残片，不辨形制。

二十三 铜铃

共 85 件。

按照体侧有无扉棱分为两型。

A 型 48 件。铃体呈扁圆筒形，体侧有扉棱。按照铃腔体形状及有无顶盖分为三个亚型。

Aa 型 共 26 件。铃腔瘦长，无顶盖，铃舌可能直接悬系于梁上。按照口缘由平直到内凹特征分为 2 式。

Aa I 式 腔体口缘较平，共 11 件。

标本 SM38：2，残，铃舌残。饕餮纹模糊不清。通高 5、口缘径 2×3、腔壁厚 0.1 厘米。（图 9 – 35，1）

标本 SM91：5，残，未见铃舌。素面。通高 6.1、口缘径 2.5×3.7、腔壁厚 0.1 厘米。（图 9 – 35，2）

标本 SM841：1，残，圆头状铃舌残。铃体两面饰模糊凸弦纹。通高 5.4、口缘径 2.7×3.3、腔壁厚 0.2 厘米。（图 9 – 35，3）

标本 SM810：1，残。体大，一侧有扉棱，铃舌残。素面。通高 6.1、口缘径 3.4×3.8、腔壁厚 0.2 厘米。（图 9 – 35，4）

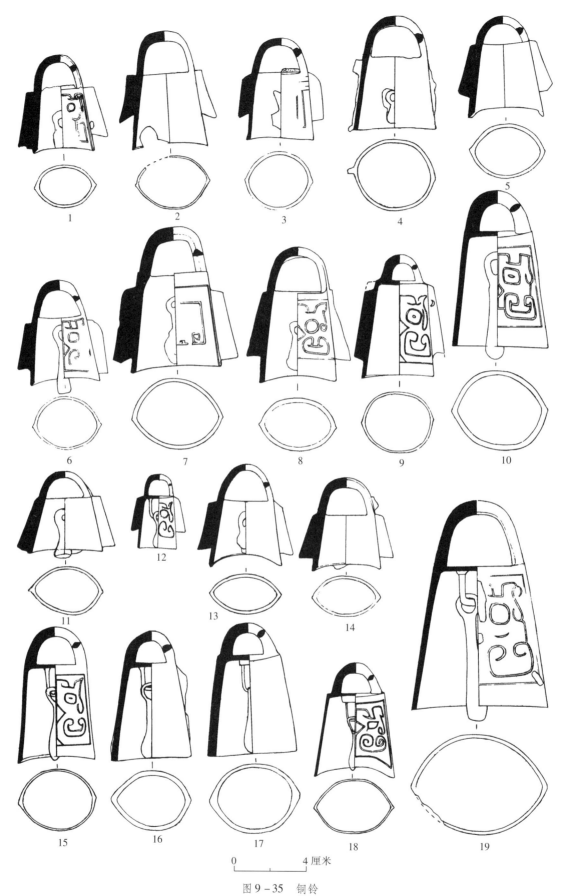

图 9 - 35 铜铃

1～4. AaⅠ式（SM38：2、SM91：5、SM841：1、SM810：1）　　5～8. AaⅡ式（SM384：2、SM595：1、SM369：5、SM418：4）　　9、12. Ac 型（SM722：1、SM676：2）　　10、15～17. Ba 型（SM29：1、SM909：1、SM735：25、SM871：11）　　11、13、14. Ab 型（SM432：1、SM368：1、NM137：19）　　18、19. Bb 型（SM675：24、SM22：5）

AaⅡ式　共15件。腔体口缘内凹。

标本SM384：2，残。未见铃舌。素面。通高5.4、口缘径2.6×3.3、腔壁厚0.1厘米。（图9－35，5）

标本SM595：1，残。铃舌呈棒槌形，顶端有小环。铃身两面饰梯形凸弦纹，内填阳线饕餮纹。通高5.5、口缘径2.5×3.8、腔壁厚0.2厘米。（图9－35，6）

标本SM369：5，残。体大圆头形铃舌，残。铃身两面饰梯形凸弦纹，内填简化阳线饕餮纹。通高7.5、口缘径3.4×4.5、腔壁厚0.2厘米。（图9－35，7）

标本SM418：4，残。体大，圆头形铃舌，残。铃体一面饰梯形凸弦纹，内填阳线饕餮纹。通高7.3、口缘径2.8×3.7、腔壁厚0.2厘米。（图9－35，8）

Ab型　共20件。体较小，铃腔扁短，无顶盖，铃舌可能直接悬系于梁上。

标本SM368：1，残。口缘内凹，圆头状铃舌，残。素面。通高5.5、口缘径2×3.5、腔壁厚0.1厘米。（图9－35，13）

标本NM137：19，残。未见铃舌。素面。通高4.9、口缘径2×3.2、腔壁厚0.1厘米。（图9－35，14）

标本SM432：1，残。口缘较平直，圆头状铃舌。素面。通高4.2、口缘径2.1×3.4、腔壁厚0.1厘米。（图9－35，11）

Ac型　2件。铃腔瘦长，平顶，铃舌顶端有环，悬于顶内。

SM676：2，完整。体较小，铃舌呈棒槌形，略短于铃体。铃体两面饰简化饕餮纹。通高4、口缘径1.6×1.8、腔壁厚0.1厘米。（图9－35，12）

SM722：1，残。体大，口缘内凹，未见铃舌。铃体两面饰简化阳线饕餮纹。通高6.5、口缘径3×3.5、腔壁厚0.2厘米。（图9－35，9）

B型　共35件。铃体呈扁椭圆形，体侧无扉棱，平顶，铃舌顶端有小环，悬于顶内。按照铃腔体形状二个亚型。

Ba型　共21件。铃腔体较瘦长。

标本SM29：1，残。体大，棒槌状铃舌，略短于铃体。铃身两面饰梯形凸弦纹，内填阳线饕餮纹。通高8.4、口缘径3.8×4.6、厚0.2厘米。（图9－35，10）

标本SM909：1，完整。体大，口缘略内凹，棒槌状铃舌。铃身两面饰梯形凸弦纹，内填阳线饕餮纹。通高7.1、口缘径3.2×3.9、厚0.2厘米。（图9－35，15）

标本SM735：25，完整。体较大，口缘较平直，棒槌形铃舌。素面，锈蚀严重。通高6.8、口缘径2.7×3.5、厚0.3厘米。（图9－35，16）

标本SM871：11，微残。体较大，口缘略内凹，棒槌形铃舌。素面，锈蚀严重。通高7.2、口缘径3×4、厚0.3厘米。（图9－35，17）

Bb型　共15件。铃腔体较扁短。

标本SM22：5，残。体大，厚重。平顶，上有半圆形梁，口缘略内凹，棒槌形铃舌，略长于铃体。铃身两面饰梯形凸弦纹，内填阳线饕餮纹。通高10.9、口缘径4.9×6.8、厚0.2厘米。（图9－35，19）

标本 SM675：24，完整。体较大，平顶，上有半圆形梁，口缘内凹，棒槌形铃舌，略长于铃体。铃身两面饰梯形凸弦纹，内填阳线饕餮纹。通高6.1、口缘径2.8×4、厚0.1厘米。（图9-35，18）

标本 SM693：14，微残。平顶，上有半圆形梁，口缘内凹弧度增大，棒槌形铃舌，略长于铃体。素面。通高5.6、口缘径2.3×3.2、厚0.1厘米。

尚有铃舌 SM384：6，残。圆头短条形，顶端有小环。残长2.7厘米。另一件 SM732：3，残损。

二十四　车马器

见第二章 SM30 车马坑。

第四节　铅器

孝民屯遗址共有30座墓葬出土有铅器，其中29座墓位于南区，北区只有 NM154 出土有不明铅器残片。种类、型式与同时期的铜器基本一致。由于材质的原因，这批铅器十分脆弱，多数只剩残片，甚至无法修复，只能拼接后画出图形。下面按器类加以说明。

一　铅鼎

共4件。分别出于4座墓葬。

SM817：4，残。受挤压，扭曲变形。原器圆形，拱形立耳，扭曲入腹内，弧腹，圜底，三柱状空心足，残损严重，断面呈半圆形，足内尚存范土，从口沿至足有三道铸缝。残宽16.6、耳高4.3、耳宽5.2、耳厚0.8厘米。（图9-36，1）

SM588：5，残。残损严重，仅存二只方形立耳和口沿、腹部残片若干。耳高3.1、耳根宽4.2、耳厚0.7厘米。（图9-36，2）

SM675：13，残。残存二只方形立耳和口沿、腹部残片若干。耳高3.6、耳根宽4.3、耳厚0.7厘米。（图9-36，3）

SM889：5，残。残存拱形残耳一只，柱状空心足一只，足断面呈半圆形，足内尚存范土。耳残高4.4、耳厚0.8、足残高7.5厘米。（图9-36，4）

二　铅簋

共6件。其中3件形制基本完整，剩余3件均只有下腹部和圈足。

SM817：5，残。形似 A 型铜簋，受挤压扭曲变形。侈口、束颈、下腹略外鼓，圜底，矮圈足外撇，颈腹部有半环形錾，残存一只，通体素面。残高10、圈足高3.5、口径14.8、圈足径12.5厘米。（图9-37，1）

SM889：3，残。残损严重。侈口、鼓腹、平底，矮圈足，口腹部有一只残錾，口沿下饰二周凸弦纹。残高10.7厘米。（图9-37，2）

SM675：15，残。残损严重。侈口、微鼓腹、平底，圈足及錾残失，腹部饰一周凸弦纹。残高6。

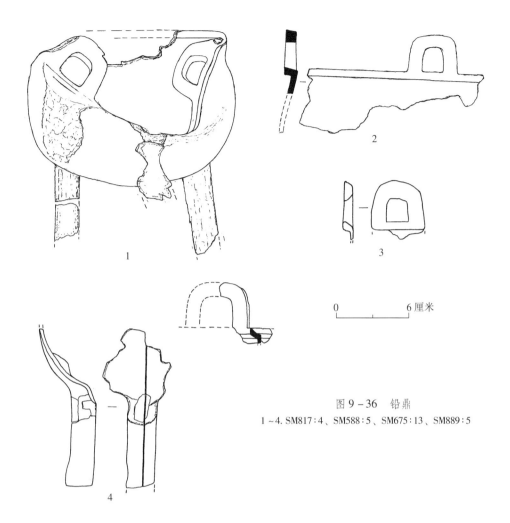

图 9 – 36　铅鼎
1 ~ 4. SM817 : 4、SM588 : 5、SM675 : 13、SM889 : 5

（图 9 – 37，3）

　　SM588 : 6，残。残损严重。侈口、束颈、微鼓腹、平底，矮圈足，无錾，颈部饰二周凸弦纹。口径 16. 6 厘米。（图 9 – 37，4）

　　SM647 : 3，残。残损严重。鼓腹、平底，矮圈足外撇，无錾，素面。残高 6. 7 厘米。（图 9 – 37，5）

　　SM889 : 6，残。受挤压扭曲变形，残损严重，不辨形制。（图 9 – 37，6）

三　铅瓿

　　共 7 件。相对其他铅器而言，保存较好。

　　SM407 : 1，残。形似 C 型铜瓿，残损严重。大喇叭口，柄较细，腹及圈足残。最大残片高 9. 5、口径 13. 2 厘米。（图 9 – 38，1）

　　SM921 : 2，残。形似 C 型铜瓿，残损严重。大喇叭口扭曲变形，柄较细，腹略鼓，圈足较矮，底部下折。腹部饰两条浅扉棱，有乳丁二枚，腹下部饰一道凸弦纹，体两侧有铸缝。残口径 12. 5、口柄残高 9、腹足残高 11. 7 厘米。（图 9 – 38，2）

　　SM675 : 12，残。形似 B 型铜瓿，残损严重。喇叭口，柄较粗，腹部残，圈足底部下折，体两侧有铸缝。口径 13. 8 厘米。（图 9 – 38，3）

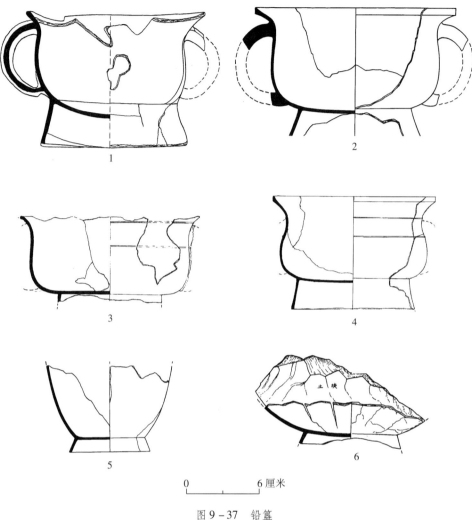

图 9 - 37 铅簋

1 ~ 6. SM817：5、SM889：3、SM675：15、SM588：6、SM647：3、SM889：6

SM588：4，残。形似 C 型铜瓯，残损严重。喇叭口，柄较细，腹略鼓，圈足较矮，底部下折。腹部饰二条浅扉棱，体两侧有铸缝。高 16.8、口径 11.5、圈足径 7.5 厘米。（图 9 - 38，4）

SM856：1，残。形似 C 型铜瓯，残损严重。喇叭口，细柄，腹略鼓，矮圈足外撇，底部下折。体两侧有铸缝，腹内尚存范土。残高 17.3、口径 10.2、圈足径 7.7 厘米。（图 9 - 38，5）

SM889：4，残。形似 C 型铜瓯，残损严重。喇叭口，柄残失，腹略鼓，矮圈足，底部下折。体两侧有铸缝，腹内尚存范土。口柄残高 9、腹足残高 8.8、口径 12、圈足径 7.7 厘米。（图 9 - 38，6）

SM429：2，残。残存腹部残片及范土，腹略鼓，有浅扉棱。残高 8 厘米。（图 9 - 38，7）

四　铅爵

共 6 件。另有 1 件爵足。

SM588：3，残。形似 B Ⅲ 铜爵。体较瘦小，流尾残失，流口有菌状矮立柱，浅直腹，平底，三棱锥状足，残，半环形鋬。腹上部饰三道凸弦纹，体两侧有铸缝。残高 13.6、柱高 1.8、足高 6.2 厘米。（图 9 - 39，1）

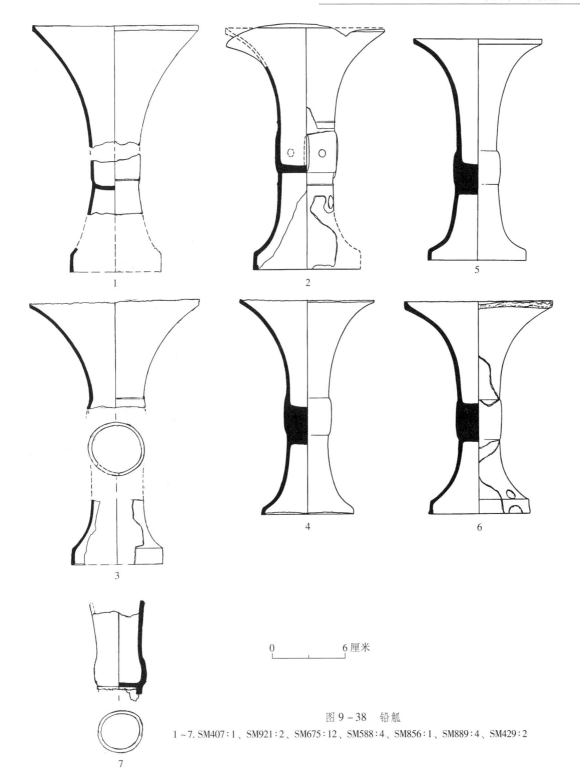

图9－38　铅觚

1～7. SM407：1、SM921：2、SM675：12、SM588：4、SM856：1、SM889：4、SM429：2

SM854：1，残。形似BⅡ铜爵。流残，尾上翘，流口有菌状立柱，较高，直腹，圜底，三棱锥状足外撇。柱帽尖凸起，腹上部饰三道凸弦纹，体两侧有铸缝。残高17.3、柱高4.1、足高7.1厘米。（图9－39，2）

SM407：2，残。形似C型铜爵。体较高大，流尾残失，流口有菌状立柱，深腹，卵形底，三棱锥状足，残，鋬残失。腹上部饰三道凸弦纹。残高8、腹径5.8厘米。（图9－39，3）

SM856:2，残。形似 BⅢ 铜爵。体较瘦小，窄流，流尾略翘，流口有菌状立柱，较矮，浅直腹，底缺失，三棱锥状足，残，鋬残失。柱帽尖饰涡纹，腹部素面，体两侧有铸缝。残高 15、柱高 2.2、足残高 5.8、流至尾长 14.2、流长 6、流宽 2.7 厘米。（图 9-39，4）

SM675:14，残。形似 BⅡ 铜爵。体较高大，流尾残失，流口有菌状立柱，较高，直腹，圜底，三棱锥状足，扭曲残断，半圆饼状鋬。柱帽尖高，上饰涡纹，腹上部饰三道凸弦纹，体两侧有铸缝。残高 15.3、柱高 2.8、足残高 7.2、腹径 5.3 厘米。（图 9-36，5）

SM871:7，残。形似 C 型铜爵。体较高大，流尾上翘，尾部扭曲上卷，流口有菌状立柱，扭曲，深弧腹，卵形底，底部形成凸棱，三棱锥状足扭曲内折，半环形鋬，鋬内尚存范土。柱帽上饰涡纹，腹上部饰三道凸弦纹，体两侧有铸缝。残高 16.5、柱高 2.7、足高 6.5、流长 5.7、流宽 2.7、腹径 5.1 厘米。（图 9-39，6）

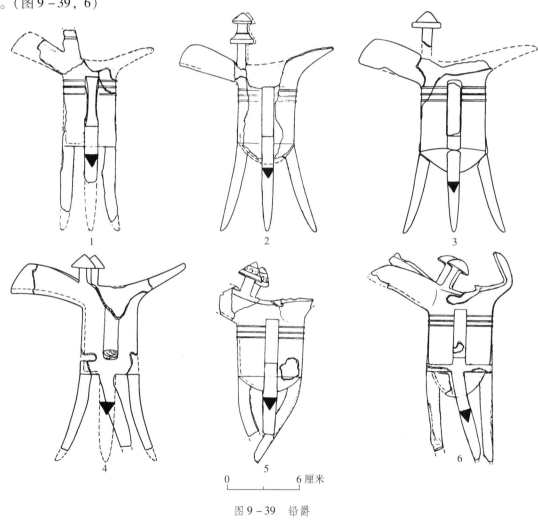

图 9-39　铅爵
1~6. SM588:3、SM854:1、SM407:2、SM856:2、SM675:14、SM871:7

五　铅罐

1 件。

SM235:2，残。侈口、方唇、束颈、折肩、斜腹内收，底残失，通体素面，体一侧从口至腹部有一道铸缝。残高 13.8、腹径 13.8 厘米。（图 9-40，1）

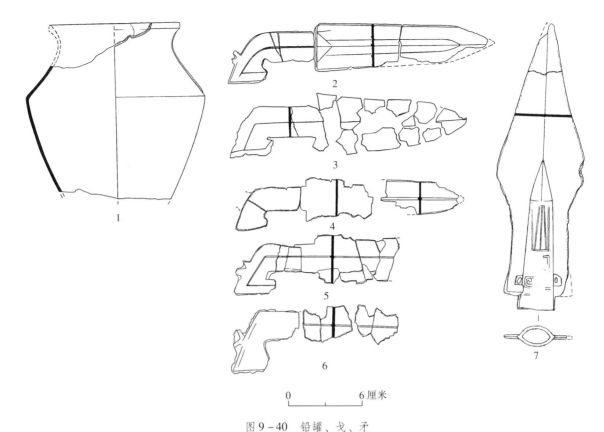

图 9 - 40 铅罐、戈、矛

1. 罐（SM235∶2） 2～6. 戈（SM361∶2、SM377∶4、SM778∶4、SM746∶4、SM746∶5） 7. 矛（SM407∶6）

六 铅戈

共 20 件。但全部破碎，选取几件尚好的介绍如下：

标本 SM377∶4，残。形似乙类 Bb 型铜戈。质轻薄，内后端内勾，简化鸟首形，援残片中部有细线状中脊，残长 19.2 厘米。（图 9 - 40，3）

标本 SM361∶2，残。形似乙类 Bb 型铜戈。质轻薄，内扭曲变形，内后端内勾，简化鸟首形，有歧冠，长条形援。内中部有细线状中脊，援中部有三条线状中脊，两端细线交叉成三角形。援残长 14、宽 3.5 厘米。（图 9 - 40，2）

标本 SM778∶4，残。形似乙类 Bb 型铜戈。质轻薄，内后端内勾，简化鸟首形，余残碎。（图 9 - 40，4）

标本 SM746∶4，残。形似乙类 Bb I 型铜戈。质轻薄，内后端内勾，简化鸟首形，有歧冠，长条形援，援中部有细线状中脊。残长 13.3、援残长 6.3、援宽 4.2、内宽 2.1 厘米。（图 9 - 40，5）

标本 SM746∶5，残。形似乙类 Bb 型铜戈。质轻薄，内后端内勾，简化鸟首形，有歧冠，余残碎。（图 9 - 40，6）

七 铅矛

共 5 件。两件残损，不辨形制。

标本SM407：6，残。形似乙类AⅢ型铜矛。体大，质较轻薄。叶呈亚腰形，叶底两侧有不规则穿孔，骹截面呈扁圆形；叶中部有三角形纹，稍下凹。残长21.8、叶残长20.8、叶最宽6.8、骹腔径1.3×2.4厘米。（图9-40，7）

八　铅凿

1件。

SM781：1，残。长条形，梯形骹，单面刃。长10、刃宽1.2、骹径1.2×1.6厘米。（图9-41，1）

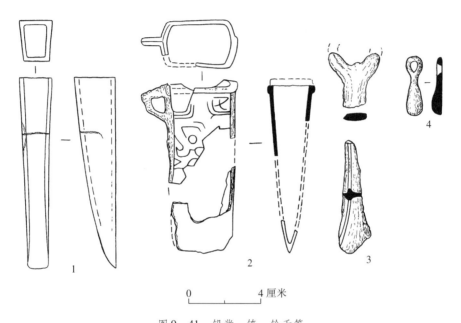

图9-41　铅凿、锛、铃舌等
1. 凿（SM781：1）　2. 锛（SM579：4）　3. 残铅器（SM353：10-1）　4. 铃舌（SM353：10-2）

九　铅锛

1件。

SM579：4，残。残存骹口和刃部。骹口近长方形，一侧有半圆形穿耳，骹两面饰简化饕餮纹，双面直刃。残长5.4、刃宽2.5、骹径2×3.5厘米。（图9-41，2）

十　铅铃舌

1件。

SM353：10-2。圆头形，一端有环。长3厘米。（图9-41，4）

十一　残铅器

1件。

SM353：10-1，残。残为三段，窄条形，其中一段一端有半圆形残环。（图9-41，3）

第五节 玉器

大部分是饰件。

一 玉钵

标本 SM941:4，微残。牙白色，受沁。敛口，圆唇，浅腹，圜底，口沿下有一周浅凹槽，底部印有纺织品痕迹和红色漆皮。口径 8.4、通高 3.6 厘米。（图 9-42，1）

二 玉璧

共 10 件。多为残片，有些也可能是其他类型器物的残块。

标本 SM22:4，残。牙白色，匀净。圆形，残器规整，近孔处略厚。两面抛光，未留下旋切痕迹。宽 4、厚 0.5~0.8 厘米。（图 9-42，5）

标本 SM22:8，残。牙白色，匀净。圆形，残器规整，近孔处略厚。单面抛光，未留下旋切痕迹。厚 0.6~0.8 厘米。（图 9-42，17）

标本 SM594:1，完整。乳白色。扁平圆环形，器形较规整，孔较大，单面管钻。两面抛光，边缘一侧略薄。直径 4.8、孔径 1.6、厚 0.7~0.9 厘米。（图 9-42，16）

标本 SM68:1，完整。青白色。扁平圆环形，器形规整，孔较小，单面管钻。抛光不精细。直径 5、孔径 1.2、厚 0.5~0.6 厘米。（图 9-42，18）

标本 SM16:11，残。乳白色，表面有褐斑。残器不规整，孔较小，单面管钻。两面抛光。直径 6、残孔径 1.5、厚 0.2 厘米。（图 9-42，7）

标本 NM137:31，完整。乳白色，有灰斑。扁平圆环形，孔偏向一侧，单面管钻。两面抛光，孔缘、周缘不规整。直径 3.2、孔径 1.4、厚 0.4 厘米。（图 9-42，4）

标本 SM597:2，残。黄褐色，有杂斑，整体受沁。扁平圆环状，管钻大孔，略偏向一侧。直径 10.4、孔径 3.1、厚 0.6~0.8 厘米。（图 9-42，6）

标本 NM161:5，残。牙黄色，残存一段，扁平状。器表较粗糙。残宽 1.4、厚 0.3~0.4 厘米。（图 9-42，2）

标本 SM871:10，残。青色，有白斑。残存一段，扁平圆环状，残器较规整，近孔处略厚。抛光精细。残宽 2.5、厚 0.3~0.4 厘米。（图 9-42，3）

三 玉璋

共 9 件。多数不完整。均为青色或青灰色，前端斜三角形，整体扁平。

标本 SM707:4，残。青灰色，有白斑，部分受沁。扁平长条形，中部略厚，前端呈不对称的斜三角形。双面打磨。长 19.8、宽 3.5、厚 0.3 厘米。（图 9-42，9）

标本 SM707:6，残。牙黄色，大部分受沁。扁平长条形，中部略厚，前端呈不对称的斜三角形。双面打磨。长 13.6、宽 3.2、厚 0.3 厘米。（图 9-42，8）

布纹

漆痕

0   4厘米

图 9-42 玉钵、璧、璋

1. 钵 (SM941:4)   2～7、16～18. 璧 (NM161:5、SM871:10、NM137:31、SM22:4、SM597:2、SM16:11、SM594:1、SM22:
8、SM68:1)   8～15. 璋 (SM707:6、SM707:4、SM707:1、SM706:3、SM903:1、SM423:1、SM735:2、SM712:2)

标本 SM735：2，残。青灰色，残存两段，一段受沁。扁平长条形，中部略厚，前端呈不对称的斜三角形。双面打磨，一面中部有一道细线痕。残长 13、宽 3.9、厚 0.3 厘米。（图 9 - 42，14）

标本 SM423：1，残。灰白色。残存前端，呈不对称的斜三角形。双面打磨，风化严重。残长 7.1、宽 4.3、厚 0.3 厘米。（图 9 - 42，13）

标本 SM707：1，残。青色，有灰斑。扁平长条形，前端呈不对称的斜三角形，中部一侧略凹，后端残。双面打磨。长 20.7、宽 3.7、厚 0.4 厘米。（图 9 - 42，10）

标本 SM706：3，残。牙白色，有白斑。扁平长条形，前端呈不对称的斜三角形，后端残。双面打磨。长 14.4、宽 4.2、厚 0.2 厘米。（图 9 - 42，11）

标本 SM712：2，残。青白色。扁平长条形，前端宽、厚，呈不对称的斜三角形，后端较窄、薄。双面打磨，器表较粗糙。残长 19.7、宽 3.6 ~ 4.7、厚 0.2 ~ 0.4 厘米。（图 9 - 42，15）

标本 SM903：1，残。牙白色。残存中间一段，扁平长条形，两面各有一道细线痕。残长 8、宽 4、厚 0.3 厘米。（图 9 - 42，12）

四 玉柄形器

共 6 件。

标本 SM17：14，半透明。平顶，柄首凹腰，末端已残。长 6.9、宽 1.3 ~ 1.4、厚 0.9 ~ 1.1 厘米。

标本 SM17：13，柄首略残。青灰色。三面饰莲瓣状阳纹，首端宽厚，末端窄薄。长 10.3、宽 1.1 ~ 1.7 厘米。

标本 SM22：2，微残。青绿色，温润光洁，前端有褐斑。长方形柄首，其下两侧略凹腰，凹腰上有两道阳线纹；柄体前端平齐，两侧厚薄不均。抛光精细。长 7.5、宽 2 ~ 2.4、厚 0.6 ~ 1 厘米。（图 9 - 43，3）

标本 SM847：7，完整。青色，有白色条斑。扁平长条形。长方形柄首，其下两侧略凹腰；柄体前端平齐，两侧斜收，截面呈长方形。抛光精细。长 6.5、宽 1.2 ~ 1.4、厚 0.5 厘米。（图 9 - 43，1）

标本 SM110：3，残。青白色，部分受沁。厚长条形。梯形柄首，残，其下两侧略凹腰，凹腰上有两道阳线纹；柄体残断，前端呈方形楔形。截面呈长方形。残长 20.2、宽 2.2 ~ 2.5、厚 1.5 厘米。（图 9 - 43，2）

五 玉璜

共 6 件。半环形，两端有钻孔。

SM721：4，完整。呈鱼形，青色，部分受沁。圆弧形片状，头部平直，减地凸眼，阴线刻出鳃、鳍、鳞，头尾处各有一个单面桯钻圆孔。两面抛光。通长 5.8、宽 1.6 ~ 2、厚 0.4 厘米。（图 9 - 43，4）

SM752：1，残。青绿色，有褐斑。圆弧形片状，一端断面经打磨，上有两个双面桯钻圆穿；另一端断面粗糙。近孔处厚，边缘薄。长 6.1、宽 1.7、厚 0.2 ~ 0.5 厘米。（图 9 - 43，9）

SM433：5，完整。青色，有白色杂斑。约占完整玉璧的二分之一，两面各有一单面桯钻圆穿，器身略鼓，两缘略薄。两面抛光。长 12.1、宽 2.8 ~ 3.3、厚 0.3 ~ 0.5 厘米。（图 9 - 43，7）

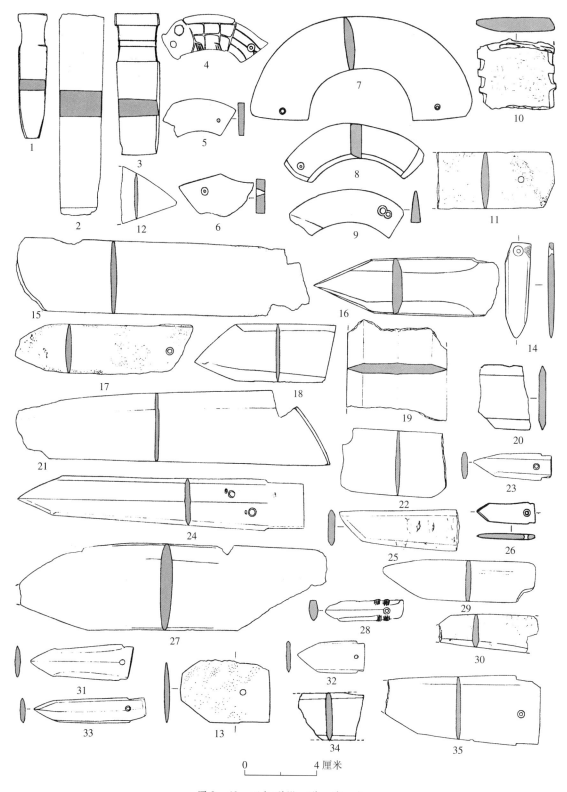

图 9-43 玉柄形器、璜、戚、戈

1~3. 柄形器（SM847:7、SM110:3、SM22:2） 4~9. 璜（SM721:4、SM36:1、SM15:1、SM433:5、SM375:3、SM752:1） 10. 戚（SM736:4） 11、12、14~22、24、25、27. A型戈（SM423:7、SM354:6、SM105:5、SM354:5、SM576:4、SM769:1、SM896:1、SM847:8、SM736:2、SM427:1、SM105:6、SM918:2、SM353:6、SM707:5） 13、23、26、28~35. B型戈（SM107:12、SM43:12、SM941:10、SM51:8、SM16:5、SM353:8、SM929:6、SM932:3、SM244:12、SM429:6、SM353:11）

SM36：1，残。乳白色，有青斑。圆弧形片状，一端上有一个双面桯钻圆穿；另一端残。近孔处略薄。两面抛光。残长3.8、宽1.7、厚0.2厘米。（图9-43，5）

SM375：3，残。青白色，有花斑。圆弧形片状，残器不规整。两端断面经打磨，一端上有一个双面桯钻圆穿。两面抛光。残长7.6、宽1.7、厚0.7~0.8厘米。（图9-43，8）

SM15：1，残。淡绿色，有褐斑，玉质温润。扁体，弧形，一端有一单面桯钻圆穿，断面未打磨。通体抛光。残长4、宽2.3、厚0.5厘米。（图9-43，6）

六 玉戚

1件。

SM736：4，残。深绿色，有冰裂纹和白斑。残存柄部一段，两侧各有三个扉棱。双面抛光。残长3.4、宽4.2、厚0.8厘米。（图9-43，10）

七 玉戈

共26件。依形体大小分为两型。

A型 形体较大。共15件。

标本SM423：7，残。灰白色。无内。长条形援，无中脊，中间略厚。柄部有一对钻孔。残长6.3、援宽2.9、援厚0.4厘米。（图9-43，11）

标本SM354：6，灰色。残存三角形援末，中部略厚，双面打磨。残长3、宽2.8、厚0.2厘米。（图9-43，12）

标本SM105：5，残。牙白色，表面有灰斑。无内。援末残失，无中脊，中部略厚。柄部有一对钻孔。双面打磨。残长4.8、援宽3.2、援厚0.3厘米。（图9-43，14）

标本SM354：5，残。灰白色，部分受沁。扁平片状，内后端弧弯，下侧有一缺口；长条形援，援末残失，无中脊。抛光不精细。残长13.2、内长3.2、内宽3.2、援宽3.2、援厚0.2厘米。（图9-43，15）

标本SM576：4，残。青绿色，有杂斑。无内，援部无中脊，圭首形援末，锋尖锐利，边刃圆钝，本部较薄。双面抛光。长9.9、宽3、厚0.7厘米。（图9-43，16）

标本SM769：1，残。牙白色。无内。柄部后端斜直，中间有一单面钻孔。援末残失，无中脊，边刃圆钝。残长9.2、援宽2.5、援厚0.4厘米。（图9-43，17）

标本SM896：1，残。乳白色，部分受沁。无内。柄部后端斜直，援末呈斜三角形，无中脊，边刃锐利。双面抛光。通长7.3、援宽3、援厚0.2厘米。（图9-43，18）

标本SM847：8，残。墨绿色，有杂斑。残存援中部，有中脊，边刃锐利。双面抛光。残长4.5、援宽5.4、援中脊厚0.6厘米。（图9-43，19）

标本SM736：2，残。白色，残存援部一段，扁平状，无中脊，有边刃。双面打磨。残长2.5、宽3.3、厚0.4厘米。（图9-43，20）

标本SM427：1，残。牙黄色。内部残失。长条形援，援末残失，无中脊，一侧用一道细线形成小台面。单面打磨。残长17.8、援宽4、援厚0.2厘米。（图9-43，21）

标本SM105：6，残。灰白色，有杂斑。残存援部残片，中间厚，边刃锐利。双面打磨。残长5.5、

宽3.3、厚0.3厘米。(图9-43,22)

标本SM918:2,残。青灰色,有杂斑,玉质温润。长方形直内。三角形条形援,有中脊,边刃锐利,援本部有两个对钻孔。内表面未抛光,援部双面抛光。通长15.5、内长1.9、内宽2.3、援宽2.6、援中脊厚0.3厘米。(图9-43,24)

标本SM353:6,残。青色,有白斑。斜三角条形援部残片,后端残,边刃锐利。双面打磨。残长6.3、宽1.5~2.1、厚0.3厘米。(图9-43,25)

标本SM707:5,残。灰白色,有杂斑。残存柄后端,中部略厚,双面打磨,一面中部有一道线痕。残长16.8、宽3.8、厚0.6厘米。(图9-43,27)

B型 形体较小。共11件。

标本SM107:12,微残。牙黄色,受沁。短直内,三角条形援,无中脊。内中部有一对钻孔。通长5、内长0.7、内宽1.1、援宽1.3、援厚0.3厘米。(图9-43,13)

标本SM43:12,完整。灰白色。短直内,三角形援末,无中脊,边刃圆钝。援部有一双面钻孔。通长4.2、内长0.4、内宽1.1、援宽1.3、援厚0.3厘米。(图9-43,23)

标本SM941:10,完整。青灰色,部分受沁。短直内,三角条形援,微显中脊。援、内交界处有一对钻孔。双面抛光。通长3.1、内长0.3、内宽0.9、援宽1.1、援中脊厚0.3厘米。(图9-43,26)

标本SM51:8,微残。乳白色,器表粘有少量朱砂。直内,援部有中脊,三角形援末,本部两侧各有两组阴线纹,每组三道。援内交界处有一双面钻孔。通长4.2、内长0.7、内宽1、援宽1、中脊厚0.5厘米。(图9-43,28)

标本SM16:5,完整。青白色,有白斑。扁平条形,短直内,三角形援末,无中脊,边刃圆钝。抛光不精细。通长8.2、内长0.6、内宽1.4、援宽2.1、援厚0.3厘米。(图9-43,29)

标本SM353:8,残。青白色,有杂斑。无内,援本、末残失,无中脊,两侧厚薄不均,一面中部有两道线痕。残长5.3、援宽1.9、援厚0.3~0.4厘米。(图9-43,30)

标本SM929:6,完整。牙白色,表面有灰斑。斜方内,圭首形条形援,无中脊,边刃较薄。内中部有一对钻孔。双面抛光。通长5.5、内长0.5、内宽1.6、援宽1.8、援厚0.2厘米。(图9-43,31)

标本SM932:3,完整。青色,有白斑。短直内,圭首条形援,援部有中脊。内中部有一单面钻孔。双面抛光。通长3.5、内长0.4、内宽1.3、援宽1.6、援中脊厚0.3厘米。(图9-43,32)

标本SM244:12,完整。青绿色,有杂斑,玉质温润。直内,援部微显中脊,圭首形援末。援内交界处有一单面钻孔。双面抛光。通长6、内长0.8、内宽1、援宽1.2、中脊厚0.3厘米。(图9-43,33)

标本SM429:6,残。青绿色,有杂斑。残存援部一段,无中脊,两侧有边刃。双面抛光。残长3.4、援宽2.5、援厚0.3厘米。(图9-43,34)

标本SM353:11,残。青灰色,有杂斑。短直内,援部无中脊,援末残。内中部有一对钻孔。双面抛光。残长8.2、内长1.1、内宽3.2、援宽3.6、援厚0.2厘米。(图9-43,35)

八 玉刀

3件。

NM154:12,完整。牙黄色,受沁。形似刀,刀柄、刀身无明显分界。柄后端斜收,中间有一单面

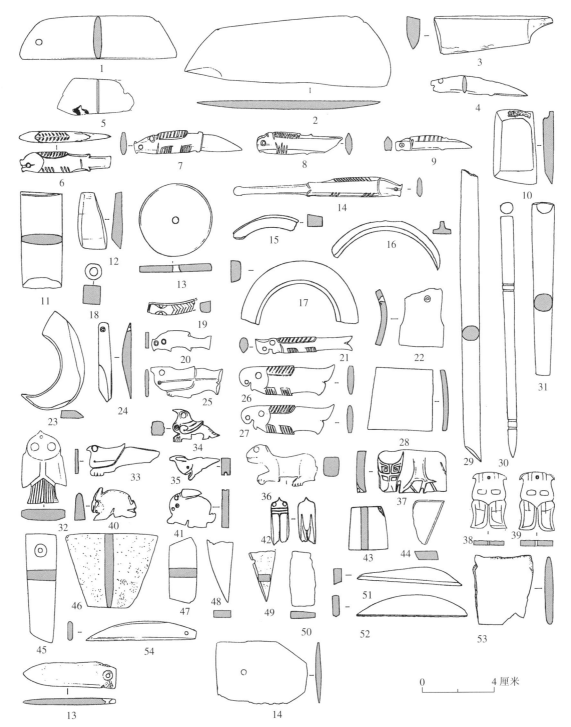

图 9-44　玉刀、刻刀、锛、纺轮、鱼形耳勺、环、管、鱼、箍形器、笄、钩形器、弧形器、鸟、狗、

牛、蝉、兔、玉料与玉片

1、2、5. 刀（NM154：12、SM369：1、SM369：4）　　3、4、6~9. 刻刀（SM918：3、SM371：2、SM84：5、SM735：19、SM918：4、SM721：
1）　　10~12. 锛（SM562：3、SM941：5-1、SM900：3）　　13. 纺轮（SM890：3）　　14. 鱼形耳勺（SM50：4）　　15~17. 环（SM585：4、
SM38：5、SM950：1）　　18. 管（SM447：2）　　19~21、26、27. 鱼（SM50：5、SM941：9、SM721：2、SM889：2、SM889：8）　　22、28. 箍
形器（SM25：2、SM941：5-2）　　23. 钩形器（SM847：6）　　24. 弧形器（SM21：1）　　25、32~35. 鸟（SM649：2、SM424：1、SM107：11、
SM721：3、SM15：2）　　29~31. 笄（SM847：11、SM369：2、SM107：10）　　36. 狗（SM771：2）　　37. 牛（SM16：13）　　38、39、42. 蝉
（SM800：4、SM800：5、SM25：1）　　40、41. 兔（SM91：3、SM695：1）　　43~54. 玉料与玉片（SM41：6、SM760：4-2、SM207：2、
SM712：3、SM395：3、SM98：1-1、SM98：1-2、SM38：6、SM729：1、SM626：3、SM706：4、SM737：2）

钻孔；刀背平直，直刃，前端成斜刃。器表粘有朱砂。长8.4、宽2.2、厚0.4厘米。（图9-44，1）

SM369∶1，微残。青色，有条状灰白斑。前端略窄，斜刃，后端较宽，打磨成刃。双面抛光。长11.1、宽2.5~3.6、厚0.5厘米。（图9-44，2）

SM369∶4，残。牙白色。扁平片状，一端残存有钻孔痕迹，另一端锯磨成斜刃。双面打磨。残长8.1、宽3.2~3.8、厚0.3厘米。（图9-44，5）

九 玉刻刀

共6件。其中五件柄部为鱼形。

SM918∶3，残。青色，有白斑。柄残断，断面经打磨；刀背厚直，前端形成双面直刃。通体抛光。长6.3、宽1.3~1.8、厚0.6厘米。（图9-44，3）

SM371∶2，残。白色，整体受沁，粉化。直体，头部残，有一小圆穿，阴线刻出背鳍，尾部斜出刻刀。残长5.3、宽0.9、厚0.2厘米。（图9-44，4）

SM84∶5，修复。乳白色，匀净，光洁。直体，口微张，阴线刻出鳃、鳍，眼部双面桯钻出小圆穿，尾部出刻刀。长4.9、宽1.1厘米。（图9-44，6）

SM735∶19，完整。青色，匀净，光洁。直体，头部较齐，减地凸眼，阴线刻出鳃、鳍，头部单面桯钻出小圆穿，尾部斜出刻刀。长5.9、宽1.2、厚0.3厘米。（图9-44，7）

SM918∶4，微残。青色，有褐斑。直体，口部残，阴线刻出鳃、鳍，头部双面桯钻出小圆穿，尾部斜出刻刀。长4.6、宽1.2、厚0.3厘米。（图9-44，8）

SM721∶1，微残。青色。直体，头部较平，阴线刻出鳃、鳍，头部双面桯钻出小圆穿，一面腹部有中脊，尾部斜出刻刀。长4.2、宽0.6、厚0.4厘米。（图9-44，9）

十 玉锛

3件。形制均很小，单面刃。

SM562∶3，微残。青色。长方形，柄端略残，一侧平直，另一侧打磨成斜面，单面斜刃。通体抛光。长3.2、宽1.6~1.8、厚0.4厘米。（图9-44，10）

SM941∶5-1，微残。青绿色，柄部受沁。长方形，柄端平直，器身中部略鼓，双面直刃。柄端一面有一道细线痕。通体抛光。长5、宽2.1、厚0.6厘米。（图9-44，11）

SM900∶3，完整。青色。近梯形，柄端较直，略薄，两侧略弧，单面斜刃，刃部较厚。长3、宽0.7~1.3、厚0.2~0.4厘米。（图9-44，12）

十一 玉纺轮

1件。

SM890∶3，完整。青白色，有白斑。扁平圆形，器形规整。双面桯钻小孔，两侧厚薄不均，两面抛光。直径3.8、孔径0.3~0.5、厚0.3~0.4厘米。（图9-44，13）

十二 玉鱼形耳勺

1件。

SM50：4，修复。白色，受沁。长条形，口微张，头部有一个双面桯钻小圆穿，阴线刻出鳃鳍，尾部细长，末端呈耳勺形。长9.1、宽1.1、厚0.3厘米。（图9－44，14）

十三 玉笄

3件。

SM847：11，残。青色，有白斑。整体呈长条圆柱状，一端残，一端锯磨成斜面。残长15.5、径0.8～0.9厘米。（图9－44，29）

SM369：2，完整。青绿色，有白斑，玉质温润。笄头圆形，笄细长圆柱形，笄尖呈尖锥状，中部两端各有两道凹弦纹。通体抛光。长12.7、笄头径0.5厘米。（图9－44，30）

SM107：10，完整。牙黄色，玉质温润。圆棒形，一端平齐，略细，一端呈不规则形，略粗。通体抛光。长9、径0.8～1.2厘米。（图9－44，31）

十四 玉环

3件。

SM585：4，残。青褐色，受沁。残存一段，厚薄不均，抛光不精细。残长3.5、宽0.6、厚0.8～0.9厘米。（图9－44，15）

SM38：5，残。白色，受沁。弧形，或为改制器。外缘有凸棱，一端留有钻孔时未钻透痕迹。残长5.9、宽0.8厘米。（图9－44，16）

SM950：1，残。白色，匀净。残存一半，扁平圆环状，中间有一大孔。抛光精细，两个断面均经过打磨修整。直径6.4、孔径4.2、厚0.5～0.6厘米。（图9－44，17）

十五 玉箍形器

2件。

SM25：2，残。青绿色，部分受沁。残器呈圆弧形，似由箍形器改制而成。两侧有台面，断面未打磨。一端有一钻孔，一面为桯钻，钻透；另一面为细管钻，未钻透，残存管芯。残长2.8、宽1.9～2.3、厚0.3厘米。（图9－44，22）

SM941：5－2，残。青绿色，有白斑。圆弧形，中间略凹，内外壁均抛光，断面未经打磨。残长3.1、宽3.1、厚0.3厘米。（图9－44，28）

十六 玉管

1件。

SM447：2，完整。乳白色。短圆柱形，两端平齐，两面对钻圆孔。高0.8、直径0.8厘米。（图9－44，18）

十七 玉钩形器

1件。

SM847：6，完整。灰白色，有杂斑。弧形弯钩，扁平，一端较平，一端弯曲呈尖钩状。钩部一面有切割痕迹。长4.8、最宽1.3、厚0.4厘米。（图9－44，23）

十八 玉弧形器

1件。

SM21：1，完整。淡青色，匀净，玉质温润。半月形，或由玉器加工留下的边角料改制而成。一端有一对钻孔。通体抛光。长4.1、宽0.4、厚0.7厘米。（图9－44，24）

十九 玉鱼

5件。

SM50：5，残。白色，受沁。残存头、腹，弯弧形。张嘴，减地凸眼，嘴下端残，有钻孔痕迹，阴线刻出背鳍。残长2.4、宽0.5、厚0.6厘米。（图9－44，19）

SM941：9，完整。青色，扁平片状，略弧弯，头部较平，有两个双面桯钻小圆穿。长3.2、宽1.1、厚0.2厘米。（图9－44，20）

SM721：2，完整。青色。直体，头部较平，有一个单面桯钻小圆穿。减地凸眼，阴线刻出鳃、鳍，鳃下有一缺口，分尾，较长。长5.2、宽0.8、厚0.5厘米。（图9－44，21）

SM889：2，完整。青色，大部分受沁。直体，扁平。头部圆形，有一个单面桯钻小圆穿。减地凸眼，阴线刻出鳃、鳍，鳃下有一缺口，分尾。长5.1、宽1.5、厚0.4厘米。（图9－44，26）

SM889：8，完整。青色，部分受沁。直体，扁平。头部圆形，有一个双面桯钻小圆穿。减地凸眼，阴线刻出鳃、鳍，鳃下有一缺口，分尾。长4.9、宽1.5、厚0.4厘米。（图9－44，27）

二十 玉鸟

5件。

SM649：2，完整。青色，有白斑。体弧弯，扁平片状。头上部出一尖，似鸟喙，下有一个双面桯钻圆穿，减地凸眼。翅收拢，爪前曲，鱼形尾。一面中部有一横向阴线，应为改制器。长3.9、宽1.6、厚0.2厘米。（图9－44，25）

SM424：1，完整。青色，有白斑，局部受沁。作滑翔之势，短喙前伸，减地凸眼，双翅展开，阴线示羽，喙部单面钻孔。背面抛光。长3.8、宽2.3、厚0.6厘米。（图9－44，32）

SM107：11，完整。青色，尾部受沁。扁平片状，尖喙，减地凸眼，双足前曲，双翅收拢上扬，长尾。胸前部一有单面钻孔，双面抛光。长4、宽1.6、厚0.15厘米。（图9－44，33）

SM721：3，完整。青色，局部受沁。圆雕。昂首，尖喙，减地凸眼，双足前曲，双翅收拢上扬，长尾下垂，胸部有对钻孔。长2.8、宽1.7、厚0.8厘米。（图9－44，34）

SM15：2，微残。青白色，局部受沁。圆雕。昂首，短喙，双足前曲，略显双翅，长尾。足下有两个单面钻孔，一个钻透。长2.7、宽1、厚0.5厘米。（图9－44，35）

二十一 玉狗

1件。

SM771：2，残。青白色，部分受沁。圆雕。仰头，咧嘴，双耳残，四足蹲踞状，短尾。长3.7、宽1.7、厚0.8厘米。（图9－44，36）

二十二 玉兔

2件。

SM91：3，完整。青色。圆雕。垂首，双耳上竖，弓背，前足前突，后足蹲踞，短尾。前足有一个斜向单面钻孔。首尾间长4.9、背部宽3、最厚处1.1厘米。（图9－44，40）

SM695：1，完整。青色，有白斑，尾部受沁。扁平片状，头部浑圆，微凸眼，双耳后展，前足前突，后足蹲踞，短尾上翘，头部有一个对钻圆穿。双面抛光。长2.4、宽1.8、厚0.4厘米。（图9－44，41）

二十三 玉牛

1件。

SM16：13，完整。灰白色，整体受沁。体微弧，似箍形器改制而成。俯卧状，牛首低垂，四肢跪曲，无尾。减地凸线刻画鼻、眼、角、蹄，嘴部有一个斜向双面钻孔。背面无纹饰。长3.8、宽2.3、厚0.4厘米。（图9－44，37）

二十四 玉蝉

3件。

SM800：4，完整。青白色，受沁。扁平片状，尖状触角外突，长方形减地凸眼，双翅微分，翅上以阴线勾饰纹理，嘴部有一对钻穿孔。双面抛光。长2.8、宽1.7、厚0.2厘米。（图9－44，38）

SM800：5，完整。青白色，受沁。扁平片状，尖状触角外突，长方形减地凸眼，双翅微分，翅上以阴线勾饰纹理，嘴部有一对钻穿孔。正面抛光。长3、宽1.8、厚0.3厘米。（图9－44，39）

SM25：1，微残。乳白色，圆雕。尖嘴，下有一个斜向对钻孔，凸圆眼，双翅合拢，三道阴线表示体节。长2.3、宽0.9、厚0.6厘米。（图9－44，42）

二十五 玉块与玉片

共15件。均为玉器残块或角料。

SM41：6，完整。深绿色，有杂斑。近梯形，边角均经打磨。单面抛光。长2.1、宽1.7～2.1、厚0.4厘米。（图9－44，43）

SM760：4－1，残。青色，有黄斑，玉质温润。三角形，断面未经打磨。双面抛光。残长2.3、宽1.5、厚0.4厘米。（图9－44，44）

SM207：2，微残。青绿色，一面受沁。长条形，一端有一对钻孔，另一端斜收，略窄，双面抛光。长5.8、宽1.2～1.7、厚0.7厘米。（图9－44，45）

SM712：3，完整。青白色。梯形，一端较薄，表面粗糙。长3.9、宽2.5～4.8、厚0.2～0.4厘米。（图9－44，46）

SM395：3，完整。乳白色。四边形，边角均打磨光滑。通体抛光。长3.3、宽1.4、厚0.4厘米。（图9－44，47）

SM98：1－1，残。黄褐色。一边弧弯，一边平直。双面打磨，断面未经打磨。残长3.1、宽1.2、厚0.4厘米。（图9－44，48）

SM98：1－2，残。黄褐色。三角形，一边上有半个单面桯钻孔。断面未经打磨。残长2.6、宽1.2、厚0.3厘米。（图9－44，49）

SM38：6，残。牙黄色，受沁。扁平长方形，素面，一边有一缺口。长2.8、宽1.3、厚0.3厘米。（图9－44，50）

SM729：1，修复。青灰色。一边弧形，一边平直，或为玉器加工留下的边角料。直边上留有切割痕迹。长5.7、宽0.6、厚0.5厘米。（图9－44，51）。

SM626：3，完整。青灰色，部分受沁。半月形，或为玉器加工留下的边角料。直边有切割玉料时错位形成的痕迹。双面抛光。长6.1、宽1、厚0.4厘米。（图9－44，52）

SM706：4－1，残。灰色，受沁。似玉戈残片，扁平片状，有边刃。器表粗糙。残长3.7、宽3.2、厚0.5厘米。（图9－44，53）

SM737：2，完整。青色，有白斑。半月形，或为玉器加工留下的边角料改制面成。一端切去尖角，上有一对钻孔。双面抛光。长5.8、宽0.8、厚0.2厘米。（图9－44，54）

SM50：8，残。灰白色，残损严重。一侧为弧形。器表粗糙，粘有朱砂。残长4.2、宽1.9、厚0.3厘米。（图9－45，1）

SM22：22，残。灰白色。似为切割玉料时留下的边角料。一面较平，一面粗糙。残长4.1、宽1.6、厚0.2～0.4厘米。（图9－45，2）

SM833：2，残。青紫色，有白斑。边缘有锯磨痕迹，似为玉器对开时留下的残料。长8.8、宽2.3～2.7、厚0.5～0.7厘米。（图9－45，3）

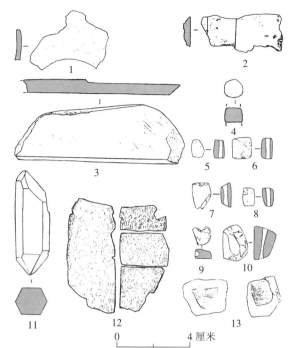

图9－45　玉片、绿松石、水晶柱及
金箔、布纹痕迹

1～3. 玉片（SM50：8、SM22：22、SM833：2）　4～10. 绿松石饰（SM84：6、SM205：3、SM205：4、SM207：7、SM759：2、SM36：2、SM110：6）　11. 水晶（SM223：1）　12. 金箔（SM22：15）　13. 布纹痕迹（SM236：3）

二十六　绿松石饰

共9件。

SM84：6，残。绿色，有光泽。不规则块状。长0.9、宽0.8、高0.6厘米。（图9－45，4）

SM205：3，完整。绿色。不规则管状，中部有贯穿孔。长0.9、宽0.5厘米。（图9－45，5）

SM205：4，完整。绿色，有光泽。扁圆管形，一面较平，一面鼓起，中部有贯穿孔。长0.9、宽0.8、高1厘米。（图9－45，6）

SM207：7，完整。绿色，有白斑。扁平管状，中部有贯穿孔。表面光滑。长 1.3、宽 0.9、厚 0.6 厘米。（图 9 - 45，7）

SM759：2，完整。绿色，有黄斑。圆柱形，中部有贯穿孔。两端略细。长 0.9、宽 0.5 厘米。（图 9 - 45，8）

SM36：2，残。绿色。不规则状，一边弧弯，一边平直。直边上有一单面管钻圆孔。长 0.8、宽 0.8、厚 0.5 厘米。（图 9 - 45，9）

SM110：6，完整。绿色。不规则形，一面上有两个方形凹坑，中部有双面管钻圆孔。长 1.6、宽 1.2 厘米。（图 9 - 45，10）

二十七　水晶柱

1 件。

SM223：1，残。白色透明结晶体，残损处有黄色土沁。六棱柱形，六个棱面宽窄不一致，两端收束成六棱锥形。通体打磨光滑。长 5.3、宽 1.6 厘米。（图 9 - 45，11）

二十八　金箔

1 件。

SM22：15，残。黄色。利用金块多次锤击锻打而成，薄如纸片，残碎，不规则长方形。似为器物表面装饰之物。素面。残长 5.6、最宽 3 厘米。（图 9 - 45，12）

二十九　布纹印痕

1 块。

SM236：3，残。土块上有白色纺织品印痕，经纬线清晰。一平方厘米经线 16 根，纬线 15 根。（图 9 - 45，13）

第六节　石器

一　石璋

共 20 件。但基本不见完整者。形制基本相同，均为窄长条形，扁平，首端多为单边斜三角形。

标本 SM794：1，残。灰白色，风化严重。扁平长条形，中部略厚，两缘稍薄。直柄，首端呈不对称斜三角形。残长 11.2、宽 3.1、厚 0.2 厘米。（图 9 - 46，1）

标本 SM674：5，修复。白色砂岩。扁平长条形，两缘稍薄。直柄，末端中部有小孔；首端呈不对称的斜三角形。打磨光滑，一侧有半圆形缺口。长 16.1、宽 2.8、厚 0.2 厘米。（图 9 - 46，2）

标本 SM237：1，残。白色砂岩。扁平长条形，中部略厚，两缘稍薄。柄端略窄，末端斜收；首端残失。残长 10.1、宽 2.3 ~ 3.1、厚 0.3 厘米。（图 9 - 46，3）

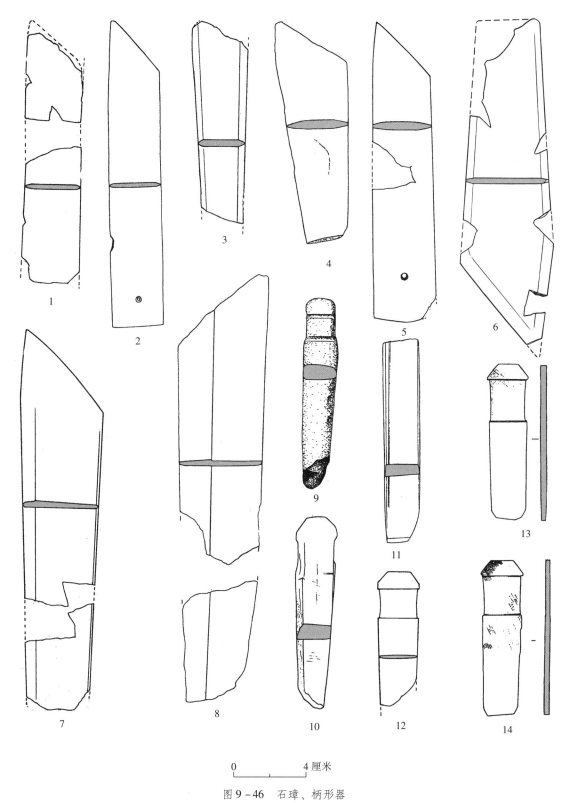

0 ____ 4厘米

图 9 - 46　石璋、柄形器

1 ~ 8. 璋（SM794：1、SM674：5、SM237：1、SM672：3、NM177：1、SM110：4、SM234：2、SM672：1）　9 ~ 11. A 型柄形器（SM43：3、SM43：2、SM38：8）　12 ~ 14. B 型柄形器（SM588：7、NM137：22、NM137：18）

标本 SM672：3，残。白色砂岩。扁平长条形，中部略厚，两缘稍薄。直柄较窄，首端呈不对称的斜三角形。残长 11.4、宽 2.2 ~ 3.7、厚 0.4 厘米。（图 9 - 46，4）

标本 NM177：1，残。大理石质。扁平长条形，中部略厚，两缘稍薄。直柄，后端残，中间有一钻孔；首端呈不对称的斜三角形。打磨光滑。残长 16.8、宽 3.2、厚 0.4 厘米。（图 9 - 46，5）

标本 SM110：4，残。白色。扁平长条形，中部略厚，两缘稍薄。直柄略窄，首端较宽，呈不对称的斜三角形。残长 17.3、宽 4.4、厚 0.3 厘米。（图 9 - 46，6）

标本 SM234：2，残。大理石质。扁平长条形，中部略厚，两缘稍薄。直柄较窄，首端较宽，呈不对称的斜三角形。打磨光滑。残片大者长 14.7、宽 4.5、厚 0.3 厘米。（图 9 - 46，7）

标本 SM672：1，残。白色。长条形，中部略厚，两缘稍薄。直柄较窄，首端较宽，呈不对称的斜三角形。一面用一道横线形成台面，高低不平。残长 21、宽 4.8、厚 0.3 厘米。（图 9 - 46，8）

二　石柄形器

按器物厚薄分为两型。

A 型　4 件。器形较厚，制作相对粗糙，柄首棱角不明显。

标本 SM43：3，残。白色砂岩，风化严重。扁平窄长条形，较厚。柄首顶端略弧，柄部两侧略内收，一面饰有阴线二道，柄末端残。器表粘有朱砂。残长 10、最宽 1.9、厚 0.7 厘米。（图 9 - 46，9）

标本 SM43：2，残。白色砂岩。扁平窄长条形，较厚。柄首平顶，柄部两侧略内收，柄末端变窄。器表粘有朱砂，柄首粘有纺织物痕迹。残长 10.1、宽 2.2、厚 0.7 厘米。（图 9 - 46，10）

标本 SM38：8，残。白色砂岩，风化严重。扁平窄条形，较厚。柄首、腰部残失，柄末端出斜刃。器表粘有朱砂。残长 10.8、宽 1.8、厚 0.7 厘米。（图 9 - 46，11）

B 型　5 件。器体较薄，棱角分明。

标本 NM137：18，修复。黄褐色。扁平宽长条形，较薄。梯形柄首，柄部两侧略内收，两面各饰阴线二道，柄末端两边斜收。器表一面粘有朱砂。残长 8.2、最宽 2.1、厚 0.2 厘米。（图 9 - 46，14）

标本 NM137：22，修复。黄褐色。扁平宽长条形，较薄。梯形柄首，柄部两侧略内收，两面各饰阴线二道，柄末端两边斜收。器表一面粘有朱砂。残长 8.2、最宽 2.1、厚 0.2 厘米。（图 9 - 46，13）

标本 SM588：7，残。石灰岩，灰白色。扁平宽长条形，体薄。梯形柄首，柄部两侧略内收，两面各饰阴线二道，体一侧有刃，柄末端出斜刃。残长 7.1、最宽 2.2、厚 0.1 厘米。（图 9 - 46，12）

另有 4 件残损严重，不辨型式。

三　石璧

1 件。

NM137：17，完整。青白色。扁平圆环形，中间对钻孔。直径 3.4、孔径 0.5、厚 0.4 厘米。（图 9 - 47，1）

四　石戚

1 件。

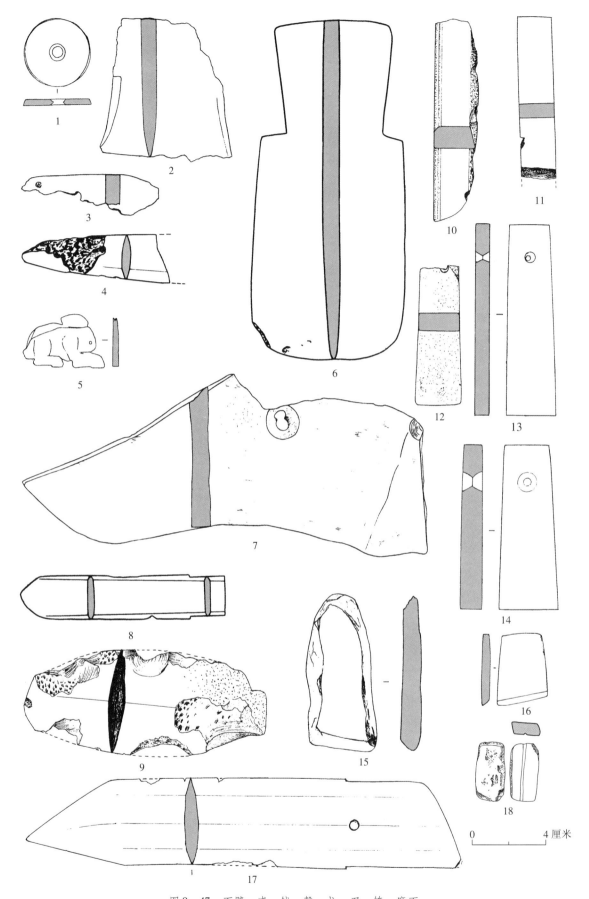

图 9 - 47　石璧、戚、钺、磬、戈、刀、锛、磨石

1. 璧（NM137：17）　　2. 戚（SM16：12）　　3、4、8、17. 戈（SM41：4、SM353：2、SM839：2、SM887：3）　　5. 兔（NM137：30）　　6. 钺
（SM207：1）　　7. 磬（SM42：3）　　9、15. 刀（SM384：3、SM607：2）　　10～14. 磨石（SM22：3、SM51：15、SM41：5、SM867：7、SM384：5）
16、18. 锛（SM829：3、SM51：14）

SM16∶12，残。石质疏松，风化严重。体呈梯形，柄部残，一侧有扉棱痕迹，双面直刃，较宽，刃部分残缺。残长7.2、宽4.3~7.2、厚0.8厘米。（图9-47，2）

五 石钺

1件。

SM207∶1，残。细砂岩。宽平铲形，柄部窄长，呈倒梯形，弧刃。残长18、柄长5.8、柄宽5.3~6.4、柄厚0.5~0.9、刃宽8.3、刃厚0.5厘米。（图9-47，6）

六 石磬

1件。

SM42∶3，残。灰白色石灰岩。体呈不规则四边形，顶端有一单面钻悬孔，孔上端残，底边弧弯。一面打磨光滑，一面略加打磨，粗糙不平。底边长22.3、顶边长10.5、两侧边长7.2~13、孔径1.7、厚1.1厘米。（图9-47，7）

七 石戈

11件。有许多石戈残块，完整者极少。

标本SM839∶2，完整。砂岩。长条形，略显内部。通长11.3、宽2厘米。（图9-47，8）

标本SM41∶4，残。灰白色。残存数片，中部略厚，两缘稍薄。无法拼对。可辨直内，内中间有一钻孔，对钻不照应。内残长7.1、最宽2.2厘米。（图9-47，3）

标本SM887∶3，修复。灰白色。体大，直内，略有收分，后端弧形斜收，内前端有一单面钻孔。宽长条形援，援末呈圭首形，中间厚，两缘较薄。打磨光滑。通长23.7、援长17.5、援宽4.8、内宽4.5、厚0.2~0.4厘米。（图9-47，17）

标本SM353∶2，残。白色。残存三角条形援，中间厚，两缘较薄。残长7.9、宽2.5、厚0.4厘米。（图9-47，4）

八 石刀、锛

数量极少。

石刀 2件。

SM384∶3，残。白色砂岩，风化严重。残器呈不规则形，中部略厚，双面弧刃。表面凹凸不平。残长13.2、最宽5.5、最厚0.6厘米。（图9-47，9）

SM607∶2，残。青灰色砂岩，残器近长方形，三侧均有刃，双面磨制。一面粘有少量朱砂。残长8.1、最宽3.6、厚1厘米。（图9-47，15）

石锛 2件。

SM51∶14，残。浅黄色，石质差。长方形，一面中部有一横向凹槽。长2.9、宽1.8、厚0.5厘米。（图9-47，18）

SM829∶3，完整。灰白色，体呈扁平长方形，单面斜刃。打磨光滑。长3.7、宽2.2~2.7厘米、

厚0.5厘米。（图9-47,16）

九 磨石

有长条形与圆形两种。

长条形 7件。一端多有钻孔。数量不多。

标本SM22:3,残。黄褐色砂岩。残器体较厚,呈扁平长方形,一边棱角磨平。残长10.5、残宽2.4、厚1.1厘米。（图9-47,10）

标本SM384:5,完整。黄褐色砂岩。体宽而厚,扁平长梯形,上端有一对钻孔。长8.6、宽2.4~3.1、厚1.2、孔径0.8厘米。（图9-47,14）

标本SM51:15,残。黄褐色砂岩,风化严重。体窄而薄,扁平长方形,上端残失。表面粘有少量朱砂。残长8、宽1.8、厚0.7厘米。（图9-47,11）

标本SM41:5,残。黄褐色砂岩。体窄而薄,扁平长梯形,上端残失,有钻孔痕迹。残长7.1、宽2~2.4、厚0.8厘米。（图9-47,12）

标本SM867:7,修复。黄褐色砂岩。体窄而薄,扁平长梯形,上端有一对钻孔。长9.9、宽2.2~2.4、厚0.8、孔径0.5厘米。（图9-47,13）

圆形 2件。形如圆饼。

SM735:27,完整。砂岩。近圆饼状,周缘不规则,表面粗糙。直径4.6、厚2.2厘米。（图9-48,1）

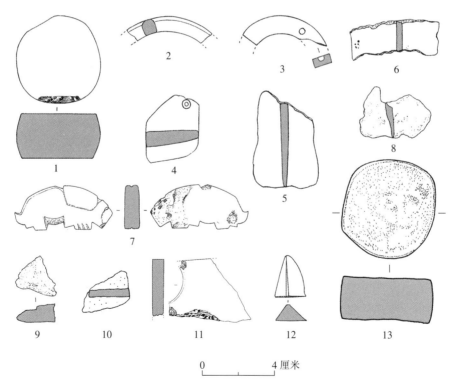

图9-48 圆形磨石、石环、猪、残石器等

1、13. 圆形磨石（SM735:27、SM607:1） 2. 环（SM941:8） 3、4. 饰件（SM425:3. NM154:10） 5、6、8、9、10、11、12. 残石器（SM597:5、SM15:9、SM38:11、SM9:4、SM22:13、SM105:1、SM962:4） 7. 猪（SM233:1）

SM607：1，完整。砂岩。近圆饼状，表面粗糙。直径5、厚2.5厘米。（图9-48，13）

十　石子

6座墓葬中出土有小石子，主要是河卵石，不规则，直径2厘米左右。其中SM21出土88枚，分五色。其次是SM425出土5枚，其余4座墓均出土1枚。

标本SM21：2，完整。共计88枚，五种颜色，大小、形状不一。白色石子，22枚；绿色石子，12枚；紫色石子，22枚；青灰色石子，17枚；黄褐色石子，15枚。（图9-49，1）

标本SM584：2，完整。青灰色，不规则形。（图9-49，8）

标本SM804：2，残。灰白色，近扁圆形，一角残缺。（图9-49，4）

标本SM38：7，完整。浅黄色，不规则形，最长2.1厘米。（图9-49，3）

标本SM425：5，完整。体呈扁圆形或不规则形，共5枚。其中黄色2枚，灰色3枚。（图9-49，2）

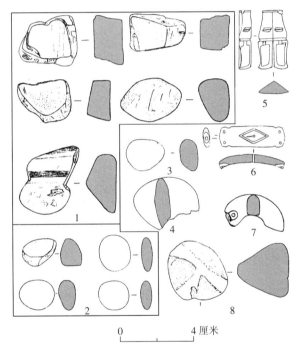

0　　　　4厘米

图9-49　石子、蝉、鱼、饼形器

1~4、8. 石子（SM21：2、SM425：5、SM38：7、SM804：2、SM584：2）　5、6. 蝉（SM4：2、SM104：4）　7. 鱼（NM154：11）

十一　杂器（石饰件、动物等）

石蝉　2件。

SM4：2，微残。青白色。体呈三棱形，头前端平直，中部有一浅凹槽区分头、腹，双翅合拢，翅上饰模糊阴线。通长3、宽1.5、厚0.6厘米。（图9-49，5）

SM104：4，完整。淡青色。体呈长方形，头部圆弧形，嘴至底有一穿孔，点状双眼，用凹槽区分头、腹，背微鼓，腹至尾部有三角形刻纹。通长3.6、宽1.2、厚0.5厘米。（图9-49，6）

石猪　1件。

SM233：1，微残。浅褐色。体呈站立状，低头、弓背、翘尾，四肢粗短。表面粗糙。通长5.3、高2.4、厚0.8厘米。（图9-48，7）

石兔 1件。

NM137：30，微残。青白色。体扁平，呈蹲卧状，嘴部有一单面钻孔，两面用细线刻画耳、脖、尾。通长4.3、高2.6、厚0.3厘米。（图9-47，5）

石鱼 1件。

NM154：11，残。白色。体弯曲，头部有对钻孔，体无纹饰。长3.1、宽1、厚0.5厘米。（图9-49，7）

石环 1件。

SM941：8，残。青黑色。圆环形残段，环外缘凹起，内面平直。打磨较光滑。残长4.6、宽0.7、厚0.6厘米。（图9-48，2）

石饰件 2件。

SM425：3，残。乳白色。半环形窄条，一面有一未钻透圆孔。应是残断石环改制而成。残长4.5、宽0.8、厚0.5厘米。（图9-48，3）

NM154：10，残。白色，表面有土黄色包衣。体呈不规则五边形，一侧磨薄，上有一对钻孔，另一侧较厚。长3.6、宽3、厚0.4~0.8厘米。（图9-48，4）

十二 残石器

7件。残损严重，难辨器形。

SM597：5，残。残存柄部，扁平长方形。残长4.9、宽3.5、厚0.5厘米。（图9-48，5）

SM15：9，残。灰白色，残器扁平。打磨光滑。残长4.5、宽1.5、厚0.2厘米。（图9-48，6）

SM38：11，残。残器不规则形状。（图9-48，8）

SM9：4，残。砂岩，体略呈三角形，表面粗糙。长1.8、宽2、厚0.8厘米。（图9-48，9）

SM22：13，残。白色，残片不规则形，一片上粘有朱砂。（图9-48，10）

SM105：1，残。石灰岩，残器呈扁平不规则形，一侧有切割痕迹，一端有半圆形钻孔一个。残长3.2~9、宽6、厚1.4厘米。（图9-48，11）

SM962：4，残。淡青色。三棱形，断面有切割痕迹。通长2.1、宽1.6、高0.8厘米。（图9-48，12）

第七节 骨器

一 骨笄

数量不多，仅15件。且少见完整器。

标本SM221：1，笄首残，呈单层圆形，笄杆细长，截面近圆形，笄尖圆钝，通体磨光。残长10.2、最宽0.7厘米。（图9-50，1）

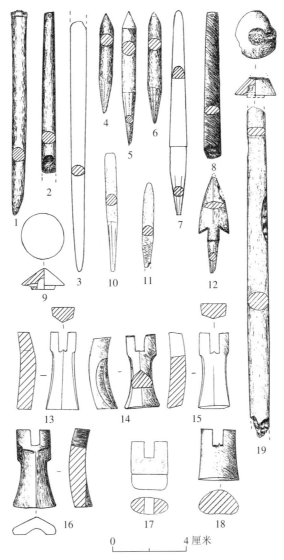

图 9 - 50　骨笄、镞、弓帽

1~3、8、19. 笄（SM221：1、SM735：1、SM666：1、SM703：4、SM409：3）　4~6. A 型镞（NM169：23、NM177：10、SM610：7）　7、10、11. B 型镞（SM240：1、SM730：3、SM761：6）　9. 笄帽（SM666：2）　12. C 型镞（SM610：4）　13~16. A 型弓帽（SM674：3、NM177：14、SM674：2、SM735：26）　17、18. B 型弓帽（SM735：22、NM177：3）

标本 SM735：1，笄首有一圆形钻孔，笄杆中部较粗，截面近圆形，笄尖残失，通体磨光。残长 8.3、最宽 0.7 厘米。（图 9 - 50，2）

标本 SM666：1，笄首残失，笄杆细长，截面呈椭圆形，笄尖尖锐，通体磨光。残长 13、最大径 0.8 厘米。（图 9 - 50，3）

标本 SM703：4，残。笄首呈扁方形，有一圆形钻孔，笄杆残，断面呈扁圆形，有打磨痕迹。残长 7.6、宽 0.8 厘米。（图 9 - 50，8）

标本 SM409：3，活帽骨笄，帽鼓面呈笠形，平面有一圆孔，用于插笄杆；笄杆两端均残，长条形，较粗，中间较圆，两端扁平。帽径 2.3、高 1.1、杆残长 17.2、最宽 1.1 厘米。（图 9 - 50，19）

笄帽　SM666：2，完整。帽鼓面呈笠形，平面有一圆孔，用于插笄杆，孔外缘有领凸起，两侧有小穿孔一对，打磨光滑。径 2.3、高 1.2 厘米。（图 9 - 50，9）

二 骨镞

共 13 件。依其形制不同，分为三型。

A 型　9 件。镞身似圆柱形，前锋尖锐，铤部细长。

标本 NM169：23，完整。铤部有切削痕迹。通长 5.2 厘米。（图 9-50，4）

标本 NM177：10，完整，通长 7.4 厘米。（图 9-50，5）

标本 SM610：7，略残。通长 5.6 厘米。（图 9-50，6）

B 型　共 3 件。前锋圆钝平齐，铤细长呈锥状，末端变细。

SM240：1，镞身细长，通长 10.7 厘米。（图 9-50，7）

SM730：3，完整。镞身细长，通体打磨。通长 6.2 厘米。（图 9-50，10）

SM761：6，铤部残失。通体打磨。残长 4.5 厘米。（图 9-50，11）

C 型　1 件。

SM610：4，镞身呈柳叶形，有中脊，短翼尖直。短铤呈锥状，关长于本。通长 5、铤长 1.6、翼宽 1.7 厘米。（图 9-50，12）

三 骨弓帽

共 6 件。可分两型。

A 型　体弯曲，较长，上端有"U"形叉，束腰。共 4 件。

SM674：3，下端剖面呈半圆形。未打磨。长 4、宽 1.6 厘米。（图 9-50，13）

NM177：14，下端剖面呈弧边三角形。未打磨。长 4、宽 1.8 厘米。（图 9-50，14）

SM674：2，下端剖面近半圆形。长 4、宽 1.6 厘米。（图 9-50，15）

SM735：26，下端剖面呈弧边三角形。长 4、宽 2.2 厘米。（图 9-51，16）

B 型　2 件。形体短直，上端有"U"形叉。

SM735：22，完整。剖面呈椭圆形。长 2.6、宽 1.7 厘米。（图 9-51，17）

NM177：3，完整。下端略宽，剖面呈半圆形。长 2.8、宽 2.1 厘米。（图 9-51，18）

四 骨管

共 9 件。依形体大小，分三型。

A 型　共 4 件。体小。

标本 SM732：7，残。体短小，管壁有刀削痕。腐朽严重。残长 1.4、直径 1.8 厘米。（图 9-51，1）

标本 SM419：14，残。体短小，管壁较厚，有刀削痕。通体被染成绿色。长 1.5、直径 2 厘米。（图 9-51，2）

标本 SM592：1，残。体短小，打磨成圆角方形，一端有凹槽，两侧有对称的小圆孔。腐朽严重。长 2.7、直径 2.2 厘米。（图 9-51，3）

B 型　共 4 件。形体略大。

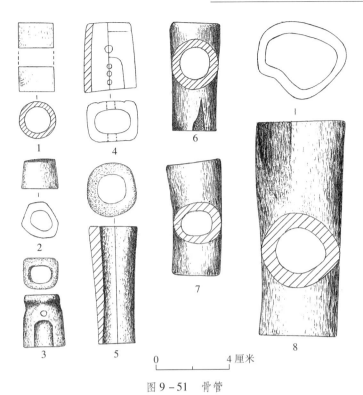

图9-51　骨管

1~3. A型管（SM732:7、SM419:14、SM592:1）　　4~7. B型管（SM671:2、SM592:3、SM671:3、SM591:1）　　8. C型管（SM782:3）

SM671:2，残。体较长，打磨成圆角方形，一端有凹槽，两侧各有一排4个对称的小圆孔。腐朽严重。残长3.5、直径2~2.5厘米。（图9-51，4）

SM592:3，残。体较长，圆筒状，两端粗细不同，管壁较厚。通体打磨。长6.2、直径1.9~2.7厘米。（图9-51，5）

SM671:3，残。体较长，圆筒状，两端粗细略有差别，管壁较厚。通体打磨。残长5.5、直径2.4~2.6厘米。（图9-51，6）

SM591:1，残。体较长，圆筒状，两端粗细略有差别，管壁较厚，有切削痕迹。长5.7、直径2.4~2.7厘米。（图9-51，7）

C型　1件。形体最大。

SM782:3，圆筒状，管壁厚，有切削痕迹。长11.1、直径4.6、壁厚0.6厘米。（图9-51，8）

五　骨饰

5件。

SM214:4，完整。体短小，由动物肋骨锯截而成，一端有一圆形钻孔，表面有切削痕迹。长1.5、宽1.4厘米。（图9-52，1）

SM222:3，残。牙黄色。体呈扁平长方形，残存一端，两面各用阳线雕刻一夔纹。残长2.2、宽1.4、厚0.4厘米。（图9-52，2）

NM177:15，残。黑色。体呈扁平长方形，残存一端，两面用阴线雕刻纹饰。残长1.3、宽1.6、厚0.6厘米。（图9-52，3）

NM166:8，残。由动物肋骨锯截而成，体呈圆头楔形，一端有一圆形钻孔。残长1.9、宽0.7厘米。（图9-52，4）

SM394:3，完整。牙黄色。弧形薄片，一端有一单面钻孔，另一端磨制成斜刃。打磨光滑。长3.5、宽0.6、厚0.2厘米。（图9-52，5）

六　骨针

2件。

SM571:2，残。细长条形，针孔残失，针尖部经打磨。残长6.3厘米。（图9-52，6）

SM793:2，残。细长条形，残存外针尖，经切削、打磨，表面光滑。残长3.1厘米。（图9-52，7）

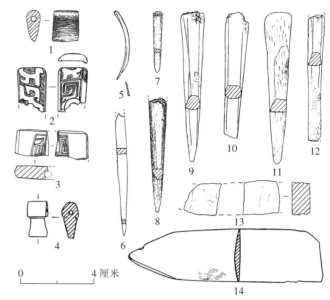

图9-52　骨饰、针、锥、戈等

1~5. 骨饰（SM214：4、SM222：3、NM177：15、NM166：8、SM394：3）　6、7. 针（SM571：2、SM793：2）　8~12. 锥（SM688：5、SM688：6、SM688：7、SM423：2、SM22：11）　13. 残骨器（SM847：5）　14. 戈（NM137：16）

七　骨锥

5件。

SM688:5，残。顶端、尖端均残，截面近圆形。腐朽严重。残长8.4厘米。（图9-52，8）

SM688:6，残。尖端呈三棱形，截面近三角形。打磨光滑。残长7.8、顶宽1.1、厚0.6厘米。（图9-52，9）

SM688:7，残。顶端、尖端均残，截面近圆形。腐朽严重。残长6.4、厚0.7厘米。（图9-52，10）

SM423:2，残。顶端宽，尖端呈三棱形，截面近四边形。通体打磨。长8、顶宽1.2、厚0.7厘米。（图9-52，11）

SM22:11，残。顶端、尖端均残，截面近梯形。通体打磨，腐朽严重。残长6、中厚0.5厘米。（图9-52，12）

八　骨戈

1件。

NM137:16，残。残存三角条形援部，中部稍隆起。打磨光滑。残长10.6、宽2.7、厚0.4厘米。（图9-52，14）

九　骨匕

1件。

NM166:7，修复。系用大型动物肋骨磨制而成，弧形宽扁长条状，中间较细，刃部呈铲形。通长

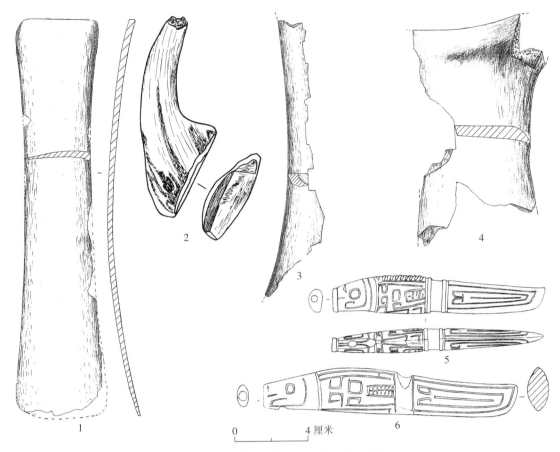

图 9-53 骨匕、鹿角、卜骨与骨鱼形觿

1. 骨匕（NM166:7） 2. 鹿角（NM144:5） 3、4. 卜骨（NM171:1、NM144:4） 5、6. 骨鱼形觿（SM735:13、SM736:3）

20.8、宽3.3~4.5、厚0.3厘米。（图9-53，1）

十 骨鱼形觿

2件。

SM735:13，完整。扁长体、弧背、直腹、平直吻、长尾。由嘴至鳃底钻一圆形穿孔，阴线刻出眼、鳃、鳍。表面粘有少量朱砂。通长11.7、宽2、厚1.2厘米。（图9-53，5）

SM736:3，修复。扁长体、弧背、直腹、平直吻、长尾。由嘴至鳃底钻一圆形穿孔，阴线刻出眼、鳃、鳍。通长14、宽2.4、厚1.3厘米。（图9-53，6）

十一 残骨器

共4件。

标本SM847:5，残。残存两块长方形骨片，似经烧灼。腐朽严重。残长1.7~1.8、宽1.5、厚0.7~0.8厘米。（图9-52，13）

十二 卜骨

2件。

NM171：1，残。残存部分为细长条形，一侧有切削痕迹。正面光滑，背面有五个长方形凿坑。残长14.3、宽2.1、厚0.6厘米。（图9-53，3）

NM144：4，残。为一块大型动物的肩胛骨，背面两侧有切削痕迹，背面有凿坑和烧灼痕迹。残长10、宽6.9厘米。（图9-53，4）

十三 鹿角

1件。

NM144：5，残。尖部残，要部有锯截痕迹。表面光滑。残长10.1厘米。（图9-53，2）

第八节 贝、蚌、螺制品

孝民屯遗址殷墟墓葬中贝、蚌、螺等制品十分丰富，特别是用于交易的货贝和用于装饰的各式蚌饰数量较多。有些是加工后使用，有些则未经加工直接使用。兹选取部分标本介绍如下：

一 货贝

此类贝数量最大，在204座墓葬中共出土684枚。很多墓葬中随葬1枚到数枚不等，最多者为SM691，出土35枚。货贝多放于墓主的口内、腰部、双手和双足处。根据钻孔加工方式的不同，可分为两型。

A型 在背部钻一个孔，孔径较小。此类型最多，占97.7%左右。

标本SM110：5-1，背部钻孔较小。长2.3厘米。（图9-54，1）

标本SM388：1-1，背部钻孔较小，长2.7厘米。（图9-54，2）

标本SM970：1，背部钻孔略大，长2.6厘米。（图9-54，3）

B型 在背部磨出一个大孔。

标本SM59：2-1，长2.8厘米。（图9-54，5）

二 卵黄货贝

形体较货贝大。共7枚。

标本SM962：2-1，背部有较小穿孔。长4.2厘米。（图9-54，9）

三 梃螺

主要出土于NM160，近600枚。背部均有小圆孔。

标本SM922：1，残。背中部磨出一圆孔。长2.2厘米。（图9-54，4）

标本SM235：1，完整。背中部磨出一长方形孔。长2.2厘米。（图9-54，6）

标本SM610：6，完整。背中部磨出一小圆孔。长2.4厘米。（图9-54，7）

四 凤螺

1件。

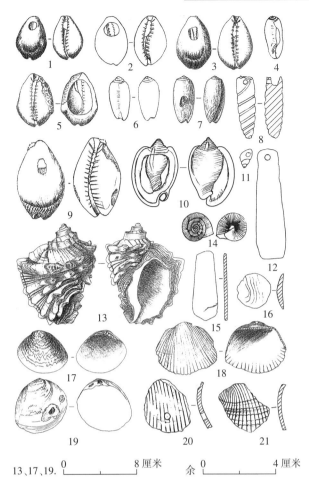

图 9 - 54 贝、螺、蚌、文蛤、毛蚶、卵黄货贝、蜗牛壳、坠饰

1~3. A 型货贝（SM110：5 - 1、SM388：1 - 1、SM970：1） 4、6、7. 榧螺（SM922：1、SM235：1、SM610：6） 5. B 型货贝（SM59：1） 8. 钻螺（SM737：3） 9. 卵黄货贝（SM962：2 - 1） 10. 凤螺（SM893：4） 11. 耳螺（SM9：12） 12、15. 坠饰（SM857：7、SM732：13） 13. 红螺（SM910：2） 14. 蜗牛壳（SM735：28） 16. 蚌圆形泡饰（SM732：4） 17、19. 文蛤（SM209：1、SM447：1） 18、20、21. 毛蚶（SM818：1、SM30：20、SM22：18）

SM893：4，背部有一钻孔。通长 3.6、宽 2.5 厘米。（图 9 - 54，10）

五 红螺

仅 1 枚。

SM910：2，微残。体大，厚重，表面密生螺旋形沟纹和尖瘤状突起。长 10.3、宽 8.8 厘米。（图 9 - 54，13）

六 文蛤

共有 13 座墓葬出土，顶部均打磨钻孔。

标本 SM209：1，完整。光滑，上有褐色锯齿纹。残宽 4.6 厘米。（图 9 - 54，17）

标本 SM447：1，微残。双扇中文蛤，上有褐色锯齿纹。宽 5.5 厘米。（图 9 - 54，19）

七 毛蚶

共有 3 座墓葬出土，多破损，少见加工痕迹。

标本 SM30:20，残。单扇，残朽严重，背部有放射状沟纹，上有一圆形穿孔。残宽2.8厘米。（图9-54，20）

标本 SM818:1，残。共22扇。体小，部分残朽，背部有放射状沟纹，多数根部磨出一孔。宽2~2.6厘米。（图9-54，18）

标本 SM22:18，残。共3扇。背部有放射状沟纹和横向环状细纹。残宽2、2.5、2.6厘米。（图9-54，21）

八 背瘤丽蚌

共有2座墓葬随葬，各1件。

NM145:5，残。单扇，体大，厚重，背部密生瘤状突起。残宽6.5厘米。（图9-55，1）

SM735:10，残。两扇，体扁平。一扇背部密生瘤状突起，宽4.8厘米。（图9-55，2）

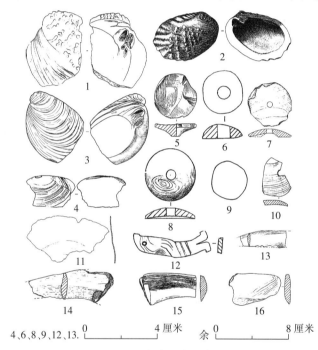

图9-55 背瘤丽蚌及蚌制品

1、2. 背瘤丽蚌（NM145:5、SM735:10） 3、4. 贻贝（SM688:2、NM169:27） 5. 蚌牙形器（SM847:12） 6~9. 蚌泡饰（SM735:11、SM361:1、SM887:1、NM177:8-1） 10、11. 蚌饰（SM707:2、SM551:1） 12. 蚌鱼（SM619:1） 13~16. 蚌镰（NM169:25、SM886:7、NM142:1、SM712:1）

九 贻贝

共有3座墓葬出土，3件。

标本 SM688:2，残。单扇，体大，背部密生环状沟纹，有瘤状突起。残宽7.5厘米。（图9-55，3）

标本 NM169:27，残。单扇，体小，背部密生环状细纹，根部磨出一孔。残宽1.6厘米。（图9-55，4）

十 蜗牛壳

共有2座墓葬出土。

标本 SM735：28，残。多数残朽，无加工痕迹，共 31 枚。径 1.3 厘米。（图 9 - 54，14）

十一 钻螺

共有 2 座墓葬出土。

标本 SM737：3，残。钉状，上部一侧有一小穿孔。残长 3.3 厘米。（图 9 - 54，8）

SM867 出土钻螺 55 个，长度一般 2.6 厘米。

十二 耳螺

只有 SM9 出土。

SM9：12，残。体小，多数残朽，无加工痕迹，共 19 枚（图 9 - 54，11）

十三 蚌牙形器

标本 SM847：12，残。圆形，由厚蚌壳锯磨而成，周边加工出三枚均匀间隔的同向尖牙，状如涡轮叶片，一面较平，一面中部突起。径 4.6、厚 1.3 厘米。（图 9 - 55，5）

十四 蚌坠饰

打磨成扁平长条形，一端多有穿孔，或有便于绑系的小凹槽。SM857 内出土最多，位于棺室四周，推测是荒帷之坠饰。

标本 SM857：7，多个蚌坠饰共有编号，一般残朽严重。体呈扁平长条形，一端略宽，两侧略内收，一端略窄，中间有一小穿孔。一般长 5.8、宽 1.5、厚 0.2 厘米。（图 9 - 54，12）

标本 SM732：13，残朽严重。扁平状薄片，圆角长方形或长方形，个别残片一端有一小穿孔（图 9 - 54，15）

十五 蚌圆形泡饰

标本 SM732：4，残。体型小，由蚌壳锯磨而成，圆饼状，一面平，一面略鼓，无钻孔。径 1.8、厚 0.3 厘米。（图 9 - 54，16）

标本 NM177：8 - 1，残。体型小，由蚌壳锯磨而成，圆饼状，一面平，一面略鼓，无钻孔。径 2.2、厚 0.4 厘米。（图 9 - 55，9）

标本 SM735：11，残。体型小，由厚蚌壳锯磨而成，圆饼状，一面平，一面略鼓，中间有一圆形钻孔。径 2.3、厚 0.8、孔径 0.6 厘米（共 2 枚，形制、大小相似，其一残）。（图 9 - 55，6）

标本 SM887：1，完整。体型小，由厚蚌壳锯磨而成，圆饼状，一面平，一面略鼓，中间有一圆形钻孔。径 2.7、厚 0.5、孔径 0.5 厘米。（图 9 - 55，8）

标本 SM361：1，残。体型大，由厚蚌壳锯磨而成，圆饼状，一面平，一面略鼓，中间有一圆形钻孔。直径 4.6、厚 0.8、孔径 0.5 厘米。（图 9 - 55，7）

十六 蚌饰

蚌饰 SM551：1，残。残存数片，体轻薄，由大蚌壳加工而成，残长 9.2 厘米。（图 9 - 55，11）

蚌饰　SM707：2，残。由厚蚌壳锯磨而成，背部打磨光滑，布满环状细纹，一侧有一残穿孔，边缘磨制成刃。残宽3.8厘米。（图9-55，10）

蚌鱼　SM619：1，鱼形，残。体弧弯，扁平，嘴下垂，分尾，尾尖上卷，眼睛为一小孔，用于穿系。长4、宽1、厚0.2厘米。（图9-55，12）

十七　蚌镰

4件。

NM169：25，残。由厚蚌壳锯磨而成，残存弧形长片，刃部有锯齿状使用痕迹。残长4.9、宽1.2~2、厚0.2厘米。（图9-55，13）

SM886：7，残。由厚蚌壳锯磨而成，残存弧形长片，刃部有锯齿状使用痕迹。残长9.2、宽1.8~3.2、厚0.5厘米。（图9-55，14）

SM712：1，残。由厚蚌壳锯磨而成，残存两片，其一背部较厚，刃部薄，有使用痕迹。残长5.6、宽2.1~3.3、厚0.7厘米。（图9-55，16）

NM142：1，残。由蚌壳锯磨而成，背部较直，弧刃较薄。残长6.2、宽2.2~3.3、厚0.5~0.8厘米。（图9-55，15）

第九节　漆器

在SM42、SM366、SM857、NM142、NM177等墓葬二层台上发现有漆器痕迹。但一般难以清理，器形也难以辨识。其中以SM366和SM857的漆豆尚好。

漆豆

2件。

SM366：1，侧躺在二层台之上，已残，品质不佳。髹红底黑彩。通高20厘米。

SM857：2，保存较完整，为了不破坏漆器全貌，仅清理出漆器一侧，以弄清漆器轮廓。木胎呈黑灰色，豆盘内外壁均髹有红漆，盘内壁红漆皮保存较完整，盘外壁漆皮保存略差。豆把上发现红漆彩绘，纹样以红漆宽线条勾勒而成，可以看出漆豆把上可能有几个纹样单元，纹样单元间填涂红漆。清理出来的一个纹样单元为弧三角纹（"蕉叶纹"）内填饕餮纹等图案。弧三角为倒三角纹，由四重弧形线条构成，三角纹内自上至下填有对称的似饕餮纹的"臣"字目、勾云纹和一个反向三角形纹，自上至下各成一段图案，勾云纹与三角形间有一段漆皮剥落，纹样不明。从图案特征来看，类似妇好墓M5：848直腹簋腹部的三角纹。

另在NM142北二层台上置一件漆器，可能为一件漆盘或俎，长40、宽32厘米。上以白彩为底，上以黑彩描绘的纹饰，在纹饰之间的空隙上髹有黄漆和红漆，或以黑色小点装饰。漆器的具体图案已难以辨认，其中可见有兽面状，可能为兽面纹。

第十章　墓葬布局

第一节　南区墓葬的分组与布局

一　墓葬分组

孝民屯南区墓葬分布相对集中，主要分布于发掘区南部，相邻墓葬间打破关系较少。初步整理、分析可知，这些墓葬位置显然是经过规划的。依据以下三个标准，可以把孝民屯南区墓葬分为十一组，或可称其为 14 个墓地（图 10 - 1）：

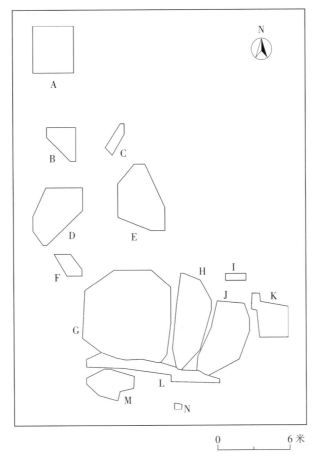

图 10 - 1　南区墓葬分组平面图

其一，墓葬位置相对集中在一个小的区域内，与相邻墓地有一定的间隔；

其二，同一墓地内，墓葬方向有很大的一致性；

其三，同一墓地内，墓葬随葬品有很大的相似性。

由于是整个区域钻探、发掘，所以区域内所有墓葬基本上全部揭露。整体而言，南区北部墓葬较少，相互之间的间距也较大，如 A、B、C、D、E、F 六组墓地。南区南部墓葬分布较为集中（西南部的空缺，是因该区域当时由其他考古单位进行发掘，不在此次报道的范围之内）。根据上述三个分区标准，南区南及东南部墓葬被分为八组，除 I、M 及 N 组墓葬较少、游离于墓葬密集区之外，其他五组相对较为集中，但相互之间也有一定的空隙。需要指出的是在 G 与 H 组墓葬之间有一条浅沟。这条浅沟现代地表上仍然存在，打破生土层。但从 G 与 H 组墓葬之间有明显区别判断，这条浅沟很可能存在时间较长，甚至在殷墟时期就已存在，并成为两组墓葬的分界线。

二　各组墓葬布局

A 组：

位于南区西北部。该组墓葬数量较少，共 12 座（图 10 - 2）。SM61 打破 SM60、SM55 打破 SM56，SM63 与 SM64 东西并列，其余墓葬间距离较大，没有打破关系。除 SM54 墓主头向西、SM57 朝南外，其他墓葬均朝北。墓葬等级均偏低，除 SM56 可能为一椁一棺墓外，其他多是一棺墓。随葬品组合为陶觚、爵，另有两墓（SM64、SM560）出单件陶盘，可能是被盗掘的缘故。

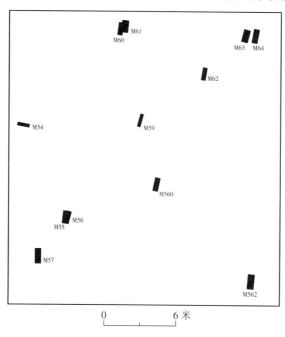

图 10 - 2　南区墓葬 A 组平面图
（南区墓葬编号前"S"省略。下同）

B 组：

位于 A 组正南。该组有 22 座墓葬。相互间距较大（图 10 - 3），除 SM5 打破 SM6 外，其他墓葬间没有打破关系。除 SM25 及 SM226 墓主头向西外，其余墓葬均朝北。多数墓葬被盗。随葬品以陶觚、爵或陶觚、爵、簋组合为主。SM85 随葬青铜觚 1 件、爵 2 件。

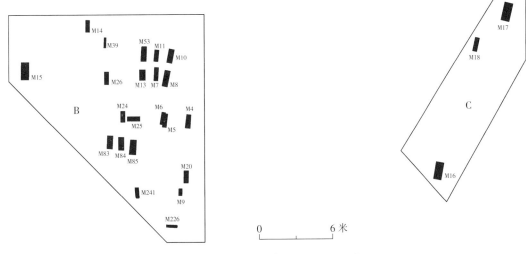

图 10-3 南区墓葬 B、C 组平面图

在 B 组的西北部，有单独一座墓葬 SM15 游离于任何墓葬组群之外。女性，仰身直肢，木棺，未见随葬品。

C 组：

位于 B 组正东，只有 3 座墓葬，自东北向西南分布。与其他组相距都较远（图 10-3）。SM18 为一棺墓，未见随葬品。SM16、SM17 均为一椁一棺墓，保存完好，随葬有青铜礼器，SM16 随葬 1 套青铜觚、爵；SM17 随葬青铜爵、鼎各 2 件，觚、簋、卣各 1 件；二者时代分属于殷墟四期早段、三期。从铭文分析，SM16 与 SM17 虽然时代不同，但都是舌族。

D 组：

位于南区西部偏北。墓葬之间距离较大，除 SM41 与 SM42 相互有打破关系之外，剩余墓葬间未有地层关系（图 10-4）。本组共有 37 座墓葬和 1 座车马坑（SM30），被盗严重。除个别墓葬头向西外，多数墓葬朝北。随葬陶器以陶觚、爵或陶觚、爵、盘为主，陶盘的比例较高。另有 SM51、SM43 及 SM38 随葬有 1 套铜觚、爵。

在 SM30 车马坑周围除了 SM22 规模较大外，其他墓葬均相对较小。依据殷墟车马坑一般位于所陪葬墓之南部的特征推断，SM30 车马坑可能就是为 SM22 墓主陪葬的。SM22 虽然严重被盗，但从其规模（墓口长 3.05、宽 1.99 米，几乎是南区墓葬中最大的）及墓中残存的金箔、玉璧、柄形器、绿松石等物判断，该墓应有大量随葬品，其墓主等级地位也相应较高，随葬一辆车马完全是有可能的。

E 组：

E 组墓葬位于 D 组东侧。该组墓葬甚至可以按间距分为相互独立的几个小组。本组共有 43 座，相互之间没有打破、叠压关系（图 10-4）。有数座墓葬因被盗严重方向不明。SM213、SM227、SM202 朝西，SM212 朝南，其余都大体朝北。

本组中，有 SM212、SM209 两座墓用单件陶鬲随葬，SM212 墓葬方向朝南（这与 H 组墓葬特征相同，详后），虽然 SM212 年代较早（殷墟二期），但这种特有的葬俗可能产生较早，一直延续到四期晚段。

除上述两墓随葬陶鬲外，本组墓葬仍以随葬陶觚、爵为主，另有单件陶豆、陶簋及陶觚、爵、豆、簋者，数量不多。只有 SM107 随葬 1 套青铜觚、爵。本组墓葬未见规模较大者，筑有椁室者仅有

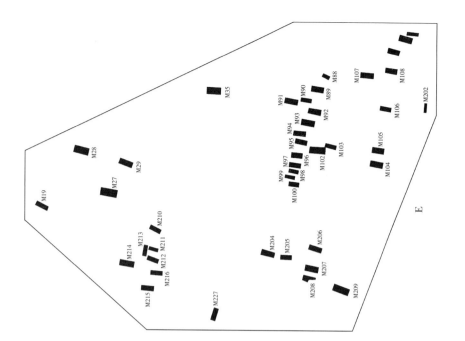

M19

M28

M27

M29

M35

M214 M213 M210

M212 M211

M216

M215

M227

M91 M90

M89 M88

M107

M108

M106

M202

M94 M93

M95 M92

M97 M96

M99 M98 M102 M103

M100

M105

M104

M204

M205

M206

M207

M208

M209

E

M41 M42 M43

M34

M33

M40

M21

M22

M225

M66

M67

M218

M51

M203

M219

M220

M30

M45 M68

M221 M222

M44

M31

M37

M49 M50 M46

M240

M38 M36

D

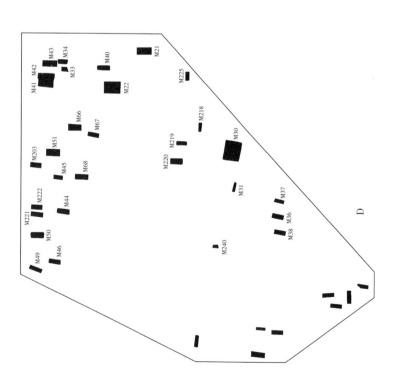
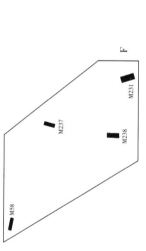

M58

M237

M238

M231

F

0 6 米

图 10-4 南区墓葬 D、E、F 组平面图

SM92、SM93、SM209。据此可以认为，本组墓葬主人身份等级普遍较低。

F组：

位于D组南部，仅有4座，小型墓葬。除了距离相互较近外，其他方面看不出成组的迹象（图10-4）。

G组：

该组位于南区墓葬西侧（G组西侧是由河南省文物考古研究所及安阳市文物研究所发掘，墓葬数量也较多，不在本次报道之列），是南区墓葬最大的一组，墓葬数量最多（图10-5）。由于空间有限，墓葬之间距离变小，有打破关系的墓葬增多。本区墓葬虽仍以北向为主，但其他如西、南、东方向的墓葬明显增加。

本组墓葬随葬品仍以陶觚、爵为主，但陶觚、爵、豆组合大量增多，另有单件豆、鬲等形式。另

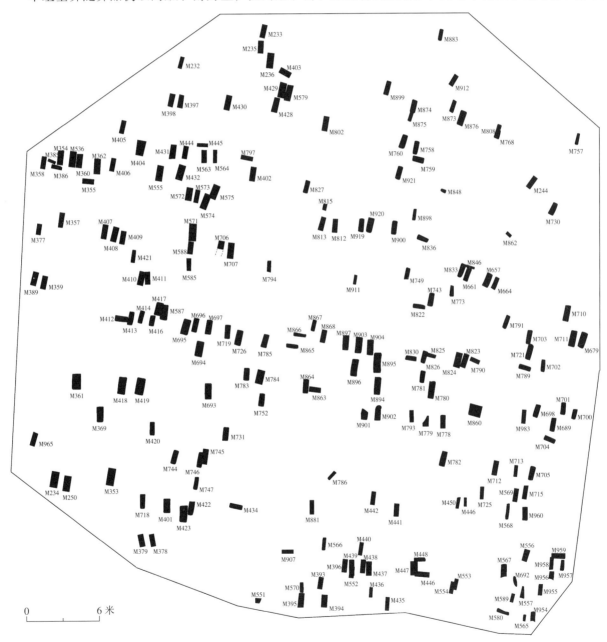

图10-5　南区墓葬G组平面图

有14座墓葬随葬有青铜（铅）礼器，以1套觚、爵为主。考虑到被盗原因，我们不能据此认为该组墓葬等级较其他组略高，但此组墓葬中，墓室面积普遍较大，有椁室的墓葬比例也较高，这种现象说明G组墓葬主人身份地位应有别于其他组。

H组：

H组位于G组东侧，南北狭长，墓葬数量仅次于G组（图10-6）。自本组往东，特别是J组、K组墓葬，头向朝南的明显增多，其中原因是随葬单件陶鬲的墓葬数量大量增加。此外，陶觚、爵或陶觚、爵、豆组合依然存在。另一个突出变化是，自本组往东，用铅礼器随葬的墓葬数量增加。H组共有5座墓葬随葬有青铜（铅）礼器，其中SM647及SM817随葬的是铅礼器。这种现象可能并不仅仅是时期不同造成的，我们认为与墓葬的等级关系更大。

图10-6　南区墓葬H、I、J组平面图

I 组:

I 组仅有 5 座墓葬,把其单独列为一组(图 10－6),主要原因是其游离于其他组墓葬之外,而且由于被盗严重,对该组墓葬了解有限。有可能是某一组墓葬内以家庭为单位的"亚组"墓地,也有可能是新开辟的一个新的家族墓地。

J 组:

J 组位于 H 组与 K 组之间,自东北—西南方向斜向分布,但墓葬之间距离较大,特别是北部墓葬分布较为稀疏,中部与南部墓葬似可单独再分组(图 10－6)。中部墓葬随葬陶器以瓿、爵,瓿、爵、豆,鬲居多,墓主头向多朝北;而南部墓葬多随葬陶瓿、爵、鬲,头向多朝南。之所以把这三部分放在同一组内,主要因为该组似为西部的 H 组与东部的 K 组过渡组,随葬陶器组合既有 H 组的陶瓿、爵、豆,也有 K 组的单件陶鬲,杂糅现象比较明显。

J 组内有 5 座墓葬随葬青铜(铅)礼器,其中 3 座随葬铅礼器。

K 组:

K 组墓葬位于南区墓葬最东端,有打破关系的墓葬只有 3 组共 6 座(图 10－7)。该组墓葬特征十分突出,即墓室面积普通偏小,墓主头向基本都朝南,随葬单件陶鬲,除 M675 随葬有铅礼器外,其他墓葬未见礼器随葬。

L 组:

L 组位于 G、H、J 组南部,与之紧邻。单独把这一区域作为一组,最主要原因是该组墓葬基本都是东西方向,墓主头向多朝西(图 10－8)。墓葬被盗严重,随葬品组合不甚明了。

M 组:

该组位于南区最南部,较为独立。墓葬数量不多,相互打破都只有 1 组 2 座墓葬(图 10－8)。除位置与其他组相对独立外,M 组最大特征是随葬品组合以陶瓿、

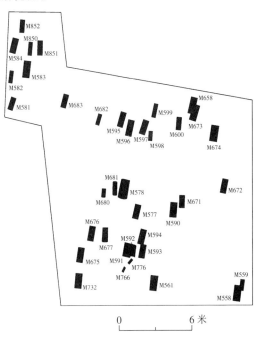

图 10－7 南区墓葬 K 组平面图

爵、盘或瓿、爵、盘、簋为主,墓葬方向除不明者外,基本都是朝南。没有见到随葬青铜(铅)礼器的墓葬,这也可能是因被盗造成的。

N 组:

N 组墓葬与 I 组相似,只有 5 座,游离于其他组墓葬之外。相互之间没有打破关系,头向多朝北(图 10－8)。随葬品以陶瓿、爵、豆为主。

以上墓葬分组是否真实地反映了当时族邑或家庭组织结构尚有待进一步研究。由于大量的信息缺失,也给分组带来了很大的不确定性。但我们相信,鉴于目前所知的信息,所分组别还是有依据的。当然随着研究的深入,在同一组墓葬内,我们还可以细分出若干小的组别,或称为"亚组"。如果说"组"与家族对应的话,那么"亚组"对应的可能就是单独的一个家庭或几个血缘关系很近的家庭。这从同一组墓葬内尚有多组不同距离或排列方式的墓葬是可以很容易区分出来的。

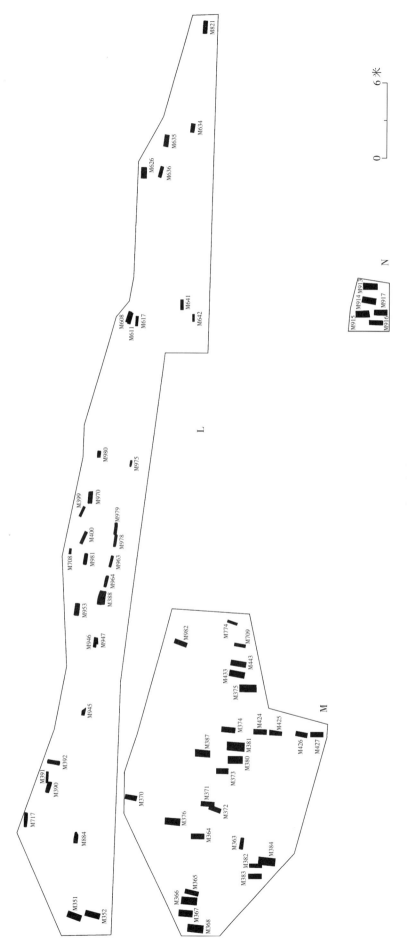

图 10-8　南区墓葬 L、M、N 组平面图

尽管有 600 余座殷墟不同时期的墓葬，但墓葬之间的打破关系不多，这也充分说明同组墓葬的位置有一定的规划或计划性，不是随意而为之。如果当时没有相应的观念约束，是很难做到的。

三　各组墓葬年代与葬俗

除少数几座墓葬年代属殷墟文化二期外，各组墓葬年代均以三期、四期早段、四期晚段为主。下面，对各组墓葬年代予以简要说明。在年代的基础之上，试图讨论每一组或亚组墓葬分布的规律，以期进一步反映出殷墟时期的丧葬习俗。

除年代不明者外，A 组墓葬均为殷墟四期早段和晚段时期，这可能是殷墟四期之时新辟的墓地。SM61 与 SM60 同属殷墟四期早段，SM61 出土 AIX 式陶瓿和 VI 式陶爵，SM60 出土 A VII 式陶瓿和 V 式陶爵，这组打破关系属典型的同期打破现象。

B 组墓葬能够明确年代的都是殷墟文化三期以后的。SM85（四期晚段）出土有青铜礼器。另有 SM15（四期早段）被盗严重，但从墓室面积、椁室及剩余随葬品分析，SM15 的等级不低于 SM85。

本组墓葬中，能够判定墓主性别的，都遵循男性俯身葬、女性仰身葬的习俗（男性俯身葬并不意味着所有男性都是俯身直肢，而是指俯身葬者基本都是男性）。

虽然很多墓葬无法确定其年代，但从已知的墓葬年代判断，一般早期墓葬位于墓地北部，如殷墟三期的 SM14、SM10 位置均偏北。而相对较晚的墓葬依次往南布局，如属于殷墟四期早段的 SM15；属于殷墟四期晚段的 SM83、SM85（SM84 被划为殷墟四期早段，实际上所出陶爵属于 VIII 式，与 SM83、SM85 出土的 X 式陶爵年代已十分接近）。

殷墟墓葬中，常见有东西并列整齐、相邻很近但又不相互打破的墓葬，有学者认为这是夫妻"异穴合葬"的现象。在 B 组墓葬中，SM84 与 SM83 东西并列，位于东部的 SM84 年代略早于 SM83。二者的墓主均是男性，俯身直肢葬。这与"异穴合葬"习俗有所不同。是特例还是以前的认识有问题，有待进一步分析。

C 组虽然只有 3 座墓葬，但 SM17 与 SM16 均出土有青铜礼器，SM17 属殷墟文化三期，位于墓地北部，SM16 属殷墟文化四期早段，位于墓地南部。二者均出土有𠂤字铭文的青铜器，可见这里确属同一家族墓地。

D 组墓葬也始于殷墟文化三期，并以出土有青铜礼器的 SM43、SM51 及 SM38 为中心各自形成小的"亚组"，且基本位于各"亚组"的北部。

本组中，由可判定年代的墓葬来看，在一个"亚组"墓地内，早期的墓葬往往位于墓地东部，如三期的 SM43 位于四期早段 SM41 东部，SM51 以西墓葬年代多较 SM51 要晚。

SM22 是所有南区墓葬中墓室面积最大的，其南部的车马坑（SM30）极有可能是其陪葬坑。但因 SM22 被盗严重，已很难准确判定其具体年代。

E 组墓葬可大致分为四个相互独立的"亚组"，除 SM212 年代偏早外，其他能确定年代的都为三期及以后的墓葬。各"亚组"内，基本上仍是早期墓葬位于墓地的北部或东部，墓葬由早到晚向南、向西分布。

本组中，能够判断墓主性别与年龄的墓葬较多。其中 SM95～SM100 共 6 座墓葬东西基本并列，墓葬面积基本相当，都不见腰坑、木棺。墓主几乎都是女性，年龄 30～40 岁，仰身直肢葬，头向北。这种现象目前还很难解释，但应不是偶然。

G 组墓葬除 SM396 及 SM701 为殷墟二期之外，主要也是三期及以后墓葬。能够判定属殷墟三期的墓葬有 38 座，四期早段的 25 座，四期晚段的 38 座。可见该墓地从三期开始一直延续使用到四期晚段。

G 组墓葬仍可以分为多个相对独立的"亚组"，但相邻"亚组"之间有的距离较远，容易区分，有的则距离很近，很难绝对分开。

从墓主能够鉴别的墓葬来看，本组墓葬主人多数仍遵循俯身直肢葬为男性的习俗，但也有例外，如 SM414、SM436 及 SM442。其中 SM442 墓主判定为 8~10 岁，女性特征是否十分显著尚有疑问。另外两座墓葬都为成年人，性别特征明显。两墓等级都不高，SM414 有少量陪葬品，SM436 则没有。这三座墓葬究竟是特例还是对以前认识的否定，有待研究者注意。

G 组墓葬可能让我们更清楚地了解"亚组"墓地内部布局。

H 组墓葬除了殷墟一期晚段的 SM724、二期的 SM777 外，能够辩明年代的以三期为主，共有 22 座，另有四期早段的 10 座、四期晚段的 15 座。本组墓葬中，有二组 4 座墓属同期打破：属三期的 SM767 打破 SM832、属四期晚段的 SM576 打破 SM722。虽然划为同期段，但二者不仅有早晚地层关系，其随葬的陶器也互有早晚。

相对于其他组墓葬来看，H 组墓葬之间相对松散，"亚组"现象不明显。相邻墓葬中，既能看到"北早南晚、东早西晚"的规律，如 SM627 与 SM624、SM619 与 SM623 等，但同时也有"西早东晚"的现象，如 SM684 与 SM685。

I 组墓葬仅有 5 座，游离于 H、J、K 三组墓地之外，除 SM854 有铜觚、铅爵礼器随葬，属四期早段之外，其他墓葬因被盗严重，均不甚明了。I 组可能属新开辟的家族墓地，只是尚未形成规模。当然也有可能属于其南部三组墓地之一的"亚"组墓地。

J 组墓葬中能够判断年代者，属二期者 3 座，属三期者 10 座，属四期早段者 5 座，属四期晚段者 24 座。从年代来看，J 组墓葬开始于二期，越晚墓葬数量越多。

前已述及，J 组墓葬以中、南两部分或"亚组"相对集中，中部随葬品多陶觚、爵、豆，墓葬头向多朝北；南部随葬品多陶觚、爵、鬲，头向多朝南。

在 J 组墓葬中可以看到，SM855 与 SM856 均为四期晚段，二者东西并排，头向均朝南，随葬品基本相同（陶觚、爵、盘、罐组合）。但从鉴定分析，西部的 SM855 墓主为男性，仰身直肢，东部的 SM856 墓主为俯身直肢的女性。从随葬的陶觚、爵、盘型式分析来看，SM856 略早于 SM855。类似的现象也见于 SM885 与 SM886，二者东西并列，头向均朝南，随葬品均为陶觚、爵、鬲。位于西边的 SM885 属四期早段，墓主性别不详，仰身直肢；位于东部的 SM886 属四期晚段，墓主为女性，仰身直肢。属于四期晚段的 SM871 与 SM890 东西并列，墓向朝南，均随葬陶觚、爵、鬲，此外 SM871 随葬有铅觚、爵礼器，地位可能稍高于 SM890。SM891 与 SM893 东西并列，头向南，随葬陶觚、爵、鬲，但位于西边的 SM891 属四期早段，早于属四期晚段的 SM893。从上述的分析可以看出，当墓葬头向南时，成组或并排的墓葬以西侧的年代略早或地位略高。这与前述 A 组看到的头向北的并排墓葬以东部年代略早正好相反。以墓主头向为基准，似乎右侧的墓葬比左侧的墓葬略早，也就是说墓地是从右侧开始建立的。这种规律有待以后殷墟的发掘与研究中加以注意。

K组墓葬可分辨年代者三期共6座，主要位于该组西北部，相对集中。四期早段者4座，四期晚段者较多，共15座。未见殷墟早期墓葬。虽然分组的条件十分充足，但由于该组墓葬规模均较小，随葬品多是单件陶鬲，很多墓主信息也缺失，因而很难进行深入讨论。

L组位于G、H、J组南部，东西横长。墓主以头向西为主。墓葬盗损严重，只能判断2座墓葬属殷墟三期，1座为殷墟四期早段。

M组远离于其他组墓葬，似为单独的墓地。三期墓葬有2座，四期早段有3座，四期晚段有7座。墓主头向以南向为主，随葬品以陶觚、爵、盘、簋为主。从SM374往南，连续5座墓基本南北垂直成一条线。SM374属四期早段，最早，往南依次是属于四期晚段的SM424、SM425及SM426、SM427。这种现象在D组，如SM571、SM588、SM585亦如此分布。这种分布形式值得注意。

N组与I组一样远离于其他各组，三期2座，四期早段1座。SM913、SM914、SM915应属同期并列，其南的SM916、SM917略晚。这种墓葬分布规律符合殷墟墓葬普遍的排列方法。

第二节　北区墓葬的分组与布局

孝民屯北区的考古发掘工作主要由河南省考古研究所组织发掘，中国社会科学院考古研究所只发掘了北区的一小部分，且发掘区南北狭长，因而此次发表的墓葬应是当时家族墓葬的一部分。据此就难以从布局的角度深入讨论墓葬的分组与布局特征。以下只是根据现有材料略加说明。

北区发掘，中国社会科学院考古研究所发掘的是北区的西部，东部大片区域由河南省考古研究所（现河南省文物考古研究院）发掘。除最南端NM166外，北部的墓葬有两组相对集中分布，我们称之为A组、B组。A、B组之外零星分布的墓葬则很难判定。（图10－9）

A组墓葬以北向为主，其中东南部相对集中的几座墓葬更以北偏西0～10度而有别于其他墓。该组中，以NM155年代最早，为殷墟文化二期晚段，持续到四期晚段。随葬品以陶觚、爵为主，个别有单件鬲。其中NM154保存完好，规模较大，出土有青铜觚、爵、尊、卣、鼎及陶觚、爵等，年代为殷墟四期晚段。

在A组的西侧，有两座头向东的殷墟文化二期墓葬NM148、NM149，都随葬有陶鬲。

南部的B组墓葬仍以北向为主，但南向墓葬增多。未见二期墓葬，以三、四期为主。随葬品中除常见的陶觚、爵外，陶盘较多，另有陶簋、罐等。其中四期晚段的NM169规模略大，出土有青铜觚、爵及陶觚、爵、鬲、罐、盘及簋等，是陶器随葬品最齐全的一座。

北区墓葬中，不见南区墓葬常见的陶豆。

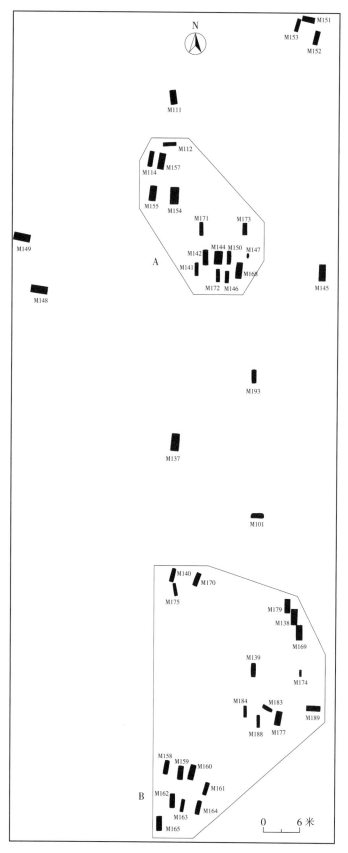

图 10-9　北区墓葬分组平面图

（北区墓葬编号前 "N" 省略）

第十一章 墓主等级与身份探析

相较于殷墟其他区域墓葬来说，孝民屯遗址殷墟墓葬的等级普遍偏低。即便如此，通过分析可以发现，这些墓葬之间还存在一定的差异。本章试图对此作简要讨论。

一 墓主等级

我们主要依据葬具形制、墓室面积、随葬品数量来判断墓葬之间的等级差异。

墓葬形制、墓室面积、随葬品数量分类表

葬具类型		墓葬数量	墓口平均面积（平方米）	随葬品平均数（件）	墓葬数量百分比
一椁一棺墓	没有被盗、随葬铜铅容器的墓葬	13	2.91	19.77	2.02
	没有被盗、主要随葬陶器的墓葬	20	2.53	4.5	3.11
	被盗、但出铜铅容器的墓葬	4	2.33	4.25	0.62
	被盗、不出铜铅容器的墓葬	57	2.87	4.91	8.85
	小计	94	2.78	6.85	14.6
一棺墓	没有被盗、随葬铜铅容器的墓葬	15	2.27	8.13	2.33
	没有被盗，主要随葬陶、铜（小件）、玉、骨、贝的墓葬	154	1.78	2.28	23.91
	没有被盗、无随葬品的墓葬	26	1.53	0	4.04
	被盗扰的墓葬	120	1.98	1.87	18.63
	小计	315	1.86	2.22	48.91
简易或无葬具墓		177	1.13	0.51	27.48
葬具不明墓葬		58	2.17	0.84	9.01
合计		644	1.82	2.3	100.00

（说明：随葬品中由于贝、蚌等往往数量较多，实际可能是某种串饰，如果按单个计算，会严重影响到统计数据，因而本表中未计算此类随葬品的数量。另外 SM30 车马坑未计算在此数据内）

殷墟墓葬等级一般由墓葬的规模（面积）、随葬品及葬具形制等可以做出较为准确的判断。依据上表可以看出，葬具、墓室面积、随葬品件数三者是按相同规律变化的。

一棺一椁墓共计 94 座，占总数的 14.6%，墓口平均面积为 2.78 平方米，随葬品平均数为 6.85 件

（由于94座墓中61座被盗，被盗率远高于其他类型的墓葬，因而随葬品数大大减少。即便如此，此类墓的随葬品平均数量也高于其他类型墓葬）。

一棺墓共有315座，占总数的48.83%，墓口平均面积为1.86平方米，随葬品平均数为2.22件。

简易或无葬具墓共177座，占27.44%，墓口平均面积1.13平方米，随葬品平均数为0.51件。

需要说明的是，尚有58座葬具不明墓葬。之所以不明，最主要的原因是被盗挖造成的，从墓口平均面积上推测，这些墓葬主要应是一棺一椁墓。一棺一椁墓由于面积较大，容易被盗掘者发现，且随葬品较多，更是盗掘者专注的目标。

据上述分析可知，孝民屯殷墟墓葬实际上主要有三类，即一棺一椁墓、一棺墓、简易或无葬具墓。以一棺一椁墓数量最少，简易或无葬具墓其次，一棺墓数量最多，整体呈纺锤形结构。占人口最多数的中间阶层实际上还是拥有一定的财力、物力甚至是社会地位，构成了本墓地当时的"中产阶级"。而居于上层的一棺一椁墓所代表的人口实际也不少，这些人是否就是当时的"上层贵族"还缺乏明显的证据。与殷墟其他区域墓葬相比，孝民屯墓葬缺乏高等级者。

排除盗扰因素，可以发现，即使均是一棺一椁墓或一棺墓，由于随葬品数量的不同，相应的墓葬数量及墓口平均面积也有显著的变化。

没有被盗的一棺一椁墓中，随葬有铜、铅容器的墓葬共有13座，墓口平均面积为2.91平方米，平均随葬器物19.77件；只随葬陶器的一棺一椁墓有20座，墓口平均面积为2.53平方米，平均随葬4.5件器物。据此可知，此时墓主人随葬器物的多少是衡量其身份的最重要的指标。

一棺墓中，共有195座墓没有被盗扰。随葬有铜、铅容器的墓葬15座，墓口平均面积为2.27平方米，平均随葬器物8.13件；随葬品以陶器、小件铜器、玉器、骨器等为主的墓葬154座，墓口平均面积降到1.78平方米，平均随葬器物也只有2.28件；而26座没有被盗扰，也没有随葬品的墓葬，墓口平均面积仅有1.53平方米。这些数据表明，即便葬具基本相当，墓葬的面积及墓主随葬的物品还是有细微的差别。面积越小，随葬的器物越少，甚至没有。可能是墓主的"经济实力"是造成这种差别的主要原因。

至于177座简易或无葬具墓，被盗扰者较少，基本就是"原生状态"，墓口面积仅1.13平方米。与上述两大类墓葬相比，这些墓葬的主人可能处于社会的最底层。

需要指出的是，本次发掘，灰坑、夯土基址中有30余处发现有人骨。以前把这些墓葬归为另一种葬俗，称其为"灰坑葬"或"陶棺葬"，并称此类人多身无分文，是"奴隶"，并以此说明商代社会应是"奴隶社会"。毫无疑问，这些人多属非正常死亡，社会等级低下。但其数量还十分有限，能否依据这么少的数据来说明整个社会性质，需要做深入的研究。我们更愿意认为，这些人可能被用于各种祭祀场景，但当时社会的主要阶层应是以一棺墓为主体的人群，他们有一定的资产甚至是社会地位。这些人骨随着其出土单位发表，收录在本系列报告的第一卷中。

二 墓主身份

以下通过随葬品情况，我们尝试对墓主身份进行探析。

共32座墓葬出土67件青铜礼器及24件铅礼器。其中铜觚27、爵25、鼎6、簋3、瓿2、卣2、斝1、尊1；铅觚7、爵6、鼎4、簋6、罐1。

　　商代墓葬重酒器组合，其中铜（铅）斝、爵件数被认为是衡量墓主身份、等级的重要指标。有学者认为殷墟时期目前所发现者最高等级应是出土 10 套铜斝、爵的墓葬，如妇好墓[1]。这是有道理的。目前在殷墟发现并公开发表有 2 套铜斝、爵（角）以上的墓葬共 37 座，套数越多，墓葬数量越少，呈金字塔状。2 套者最多，有 24 座。孝民屯遗址殷墟墓葬中，除 SM17 及 SM85 各出土 2 件铜爵外，其余均属 1 套铜斝、爵的等级。但这并不能说明此遗址内墓葬等级普遍很低，因为尚有很多规模较大的墓被盗掘一空，SM22，墓口面积达 6 平方米，且其南部的 SM30 车马坑可能是其陪葬坑，如其未被盗，应随葬至少 3 套铜斝、爵。与孝民屯遗址相邻的殷墟西区墓地，939 座殷墟墓葬中，有 67 座墓葬共出土 175 件青铜礼器，出土青铜礼器墓葬的比率为 7.14%，平均每座墓葬出土 2.61 件[2]。与其相比，孝民屯墓葬出土青铜（铅）礼器的比率是 4.97%，平均每座墓葬出土 2.84 件。考虑到许多墓葬、特别是大中型墓葬普遍被盗，可以看出两个墓地出土青铜礼器的墓葬及平均出土件数基本是相当的。

　　但该区域墓葬随葬带铭文（族徽）的青铜礼器相对较少。只在 SM16、M17、SM926 及 NM137 共四座墓有铭文铜器。这与殷墟西区墓地形成了鲜明的对比。

　　SM17 属殷墟文化三期，共出土 7 件青铜礼器，其中 4 件铸有铭文。其中斝（SM17：6）、爵（SM17：2）及鼎（SM17：11）铸有"㑩"字，爵（SM17：5）铸有"辛卣"二字。铸有"㑩"字铭文的青铜器殷墟曾有出土。属殷墟文化四期的孝民屯北地 M2065，与此次发掘区相距不远，该墓内出土铜鼎（M2065：1）内壁也铸有"㑩"字，被释为"京"[3]，其写法与 SM17 的相同。对于该铭文是否应释为"京"，学者们尚有不同见解。爵（SM17：5）铭"辛卣"，"卣"字不多见。传世品中曾见殷墟时期"卣"[4]鼎及西周早期"卣父乙"斝[5]。SM17 中出土 2 件铜爵和 1 件铜斝。从以上的铭文分析可以看出，"㑩"字铭文铜器共 3 件，显系同一家族，而"辛卣"字铭文铜器仅有 1 件铜爵（SM17：5），可能属其他家族。这一组合形式与同时期墓葬青铜器组合形式有所不同，单件的铜爵显然不能代替配套的斝、爵来表现墓主的身份与地位。这样，该墓主的身份则属一套铜斝、爵的级别，这一点也可从墓葬规模、棺椁形制及其他随葬品得到印证。而具有不同铭文的单件铜爵的来源与性质值得探讨，有可能是通过赏赐、赠予或婚姻等途径为该墓墓主所有的。

　　SM16 属殷墟四期早段，SM16：4 铜爵之鋬下有铭文"㑩"字，与 SM17 相同。说明这两座墓主人可能属同一家族成员。

　　在孝民屯遗址灰坑等遗迹中出土较多与铸铜青铜器相关的工具，突出的代表就是陶鼓风嘴与磨石或砺石（参见遗物卷）。这些器物在部分墓葬中也有随葬，如 SM952、SM676、SM590、SM637 内随葬有陶鼓风嘴；在 SM22、SM384、SM51、SM867、SM73、SM607 等出土有磨石或砺石。另外，还有 21

〔1〕 黄铭崇：《从考古发现看西周墓葬的"分器"现象与西周时代礼器制度的类型与阶段（上篇）》，《史语所集刊》第八十三本，第四分，2012 年。
〔2〕 中国社会科学院考古研究所安阳工作队：《1969~1977 年殷墟西区墓葬发掘报告》，《考古学报》1979 年第 1 期。
〔3〕 中国社会科学院考古研究所：《殷墟青铜器》图七一 4. 第 453 页图版说明七九，文物出版社，1985 年。
〔4〕 中国社会科学院考古研究所：《殷周金文集成》第三册第 259 页拓片 1153 号，中华书局影印，1989 年；《殷周金文集成释文》第二卷第一一五三号器物，香港中文大学出版社，2001 年。
〔5〕 中国社会科学院考古研究所：《殷周金文集成》第三册第 9 页拓片 477 号，中华书局影印，1989 年；《殷周金文集成释文》第一卷第四七七号，香港中文大学出版社，2001 年。

件青铜刀出土。虽然青铜刀在其他墓葬中也十分常见，但考虑到孝民屯遗址的性质即以青铜铸造为主体，那么有理由相信，这些随葬陶鼓风嘴、磨石、青铜刀等工具的墓主人，其生前可能是铸铜工匠，死后随葬象征其身份的工具，并葬在工作区附近。这种居葬合一的模式正是殷墟最为常见的方式。

后　记

　　本报告是《安阳孝民屯》考古发掘报告第四卷，主要报道的是殷墟墓葬，因此也可称之为《安阳孝民屯》之殷墟墓葬卷。

　　如何编写一本考古报告，一直是学术界讨论的话题，仁者见仁，智者见智。报告编写者均为此费尽思量，本报告的编写也不例外。

　　报告编写之初，编写者就拟采用《天马曲村》的方式，以墓葬为单位，全面报道每一座墓葬的信息，并据此思路做了大量的前期工作，包括修复、绘图、照相，且最终形成了报告初稿。其间曾因报告出版成本太高，这一版本几近夭折。最后，在单位领导的大力支持下，终得以此种方式全面报告发掘资料，也算是我们坚守初心而得始终吧。

　　坦率地说，全部报道相关材料，除了需要花费大量的时间进行整理外，也面临着"风险"。这种风险指的是材料本身的"瑕疵"，也即考古发掘过程中出现的各种纰漏等会一览无遗。尽量客观地反映考古发掘状况，直面发掘中的疏漏，对发掘者而言需要勇气。虽然我们自认为墓葬的田野工作做得比较细致，提取到一些此前殷墟发掘较少关注的信息，诸如葬具结构、墓底桩孔、墓主服饰、墓室布幔等，但终究是大规模地配合基础建设的发掘，时间紧、任务重、工作进度快，同时现场参与人员众多、经历和背景差异较大等的窘境就不可避免。以致在发掘报告整理和撰写过程中，当完全按照比较理想和规范的标准来审视这批墓葬的全部发掘材料时，发现少部分墓葬的图、文和影像资料不同程度留下了缺憾。依据地层学原理，必须是晚期遗存清理完以后才可清理早期遗迹，这是考古发掘的基本常识。孝民屯遗址内殷墟墓葬大量被盗，盗沟或盗洞在深入到墓底后往往会变成横向，以掏挖墓葬内的随葬品。如果按着考古地层学原理，必须清理完盗沟或盗洞，然后才能清理未被盗扰的部分。但这在实际操作过程中很难实行，特别是较深的墓葬，如果单独清理盗洞，肯定会存在墓室塌陷等危险，同时，这也会大大增加时间和人力成本。我们采用的办法就是先挖一部分盗扰遗迹，再清理一部分未盗扰遗迹，二者大体同时清理至墓底。这种方法降低了风险、节约了时间，但收集材料时很难绘制盗沟或盗洞的剖面图。所以读者会发现，很多墓葬的平剖面图中，盗沟和盗洞的剖面图往往是缺失的。另有个别的、形制十分简单的墓葬，发掘时未绘制剖面图。希望诸如此类的瑕疵能够得到广大读者的理解。

　　本报告是集体劳动的成果。发掘之时，中国社会科学院考古研究所抽调各研究室中坚力量充实发掘队伍，同时大量外聘有经验的考古发掘技师，相关信息在报告各卷前言中有充分的说明，在此不一一赘述。

　　发掘工作完成后，墓葬整理工作随之开始，主要由何毓灵统筹安排。前期的工作主要是清洗、修复各类随葬品。此部分工作主要由郭明珠、屈光富、王艳霞、王卫国等人负责完成；器物主要由郭明珠、刘晓珍、刘缀生绘制；形制复杂、电脑难以绘制的器物、遗迹图多由刘缀生、刘晓珍手工绘制墨线图；大部分遗迹图及器形、纹饰简单的器物图主要由马媛媛、杨霞、何凯、李媛慧等人扫描后用电脑处理。

前期工作完成后，报告的正式编写工作始于2010年。具体的编写工作由何毓灵负责。《安阳孝民屯》报告编写组的成员在主编王巍、王学荣的召集下，多次对墓葬报告的编写体例进行讨论，大家分别从报告体例、相互衔接、资料的完整性与易用性等方面提出很好的建议。2011年，报告的初稿基本完成。本报告的编写得到诸多师友的帮助，相关专家提出了宝贵的修改意见。在此，向大家致以诚挚的谢意！

王巍、王学荣撰写了本系列报告的前言。本卷报告共有十一章，其中第八章由李志鹏完成，SM30车马坑部分由岳占伟完成，其余均由何毓灵完成。田野发掘时的人骨鉴定工作由王明辉在现场完成，并出具了鉴定报告。后期室内整理时张桦又对提取回室内的所有人骨再次进行了鉴定，并出具了鉴定报告（王明辉、张桦的鉴定报告附在各自的墓葬资料中）。在编写过程中，岳俊燕、王丹、赵俊杰、申文喜等人多次对报告的数据进行核对，大大减少了报告中的疏漏。英文提要由加拿大英属哥伦比亚大学荆志淳教授翻译。

时光飞逝，转眼间离孝民屯遗址发掘已经十四年了。虽然报告编写者奋力拼搏，试图尽快公布此次发掘成果，但与学术界对我们的期许尚有距离。在此，我谨代表所有报告编写人员向关心、支持与理解我们的读者、学界同仁表示衷心的感谢！

编　者
2018 年 4 月

ANYANG XIAOMINTUN

IV – Late Shang Burials

(Abstract)

Located in the west part of Yinxu, the site of Xiaomintun had been intensively excavated in the 1970s, and copious findings dating to the Yinxu period were unearthed, particularly in its south and southeast parts, an area often referred to the "West Zone Cemetery at Yinxu".

In 2003-2004, a large-scale excavation was undertaken at Xiaomintun, covering an area of about 6 hectares. It revealed material remains of different periods including Yangshao, Longshan, pre-dynastic Shang, Yinxu, Western Zhou, Warring States, Wei-Jin, Tang-Song, and Ming-Qing. Among the most conspicuous are abundant remains associated with the settlement dominated with semi-subterranean buildings of late Yinxu Phase I, and large foundry of Phases II-IV for casting ritual bronzes.

Anyang Xiaomintun is a five-volume monograph on the 2003-2004 excavation. This is Volume IV detailing burials of the Yinxu period.

Extensive archaeological excavations have shown the settlements at Yinxu were characterized by the comprescence of habitation and burial, i. e. a habitation area contains a large number of contemporary burials. This is also the case at Xiaomintun. This volume details each of 645 burials excavated by the Institute of Archaeology at the Chinese Academy of Social Sciences; it is the first time to have such burial-by-burial reporting at Yinxu, and it is also rare among excavation monographs of Xia-Shang-Zhou archaeology.

All 645 excavated burials are spatially distributed in two sectors: the south sector with 598 burials and the north with 47 burials. Among those whose dates can be clearly identified are 2 of Phase I, 12 of Phase II, 103 of Phase III, and 242 of Phase IV. Overall these burials are heavily looted; and larger burials were more likely plundered.

With painstaking excavation, we were able to identify construction methods of various tomb structures. In some burials, inside the second ledge platform (*ercengtai*) are several wooden poles based on the bottom of the tomb, which might have escaped excavator's attention in the past.

In terms of their size and structure, the excavated burials show a hierarchical division, the larger the fewer. Larger burials often contain no grave good due to severe looting conditions, with a few exceptions such as SM17, NM137 etc. , those are relatively well preserved. The majority of excavated burials are small, usually furnished only with pottery of relatively simple types and assemblages. Among pottery types are *gu, jue, li, dou, gui*, *pan*, *guan* etc. The characteristic pottery assemblage is *gu*-goblet and *jue*-cup, typical of grave goods at Yinxu. In addition to bronzes, pottery vessels, jades, bones and other goods, animal remains were also found, including cattle, sheep, pig, dog, chicken, fish etc. Occasionally there were human sacrifices. Tomb SM30 is a horse-and-chariot pit, possibly of attendant nature.

In terms of spatial association, head orientation of the dead, bronze emblem, pottery assemblage and other criteria, the burials in south sector are divided into 14 groups. Burials in each group vary in number, but they cluster together, their dead are consistently oriented, with largely similar pottery assemblages. According to bronze inscriptions (emblems), some burials may be identified of the same lineage. An example is Group C, distant from other groups, consisting of 3 burials centered in SM16 and SM17 both of which are well preserved, of one-chamber and one-coffin, and supplied with ritual bronzes. SM16 is furnished with one set of bronze *gu* and *jue*, dating to early Phase IV, SM17 with two *jue* and *ding* each, one *gu*, *gui* and *you* each, dating to Phase III. In spite of different phases, both burials belonged to 舟 lineage. Burials within the same lineage cemetery might show different ranks, suggesting lineage members were socially differentiated, with the lineage chief ranking the highest.

The burials in south sector are intermingled with the remains of bronze foundry. They are mostly dated to Phases III and IV, indicative of close associations. Furthermore, among grave goods in some burials are artefacts related to bronze casting, such as ceramic molds, bronze knives, tuyères, grinding stones, etc., suggesting that those tomb occupants here might be artisans for bronze casting. Therefore, we may call them "artisan's tombs".

Although there remains room for improvement, it's our greatest hope that this volume shall contribute to the archaeological study of mortuary institutions, settlement patterns, craft production organization and management during the Yinxu period.